DIE NAZARENER IN ROM

DIE NAZARENER IN ROM

Ein deutscher Künstlerbund der Romantik

Prestel-Verlag München

Deutsche Ausgabe des Ausstellungs-Kataloges
›I Nazareni a Roma‹, herausgegeben von Klaus Gallwitz,
übersetzt aus dem Italienischen von Ingrid Sattel,
Elfriede Storm und Marianne Ufer

Ausstellung: Klaus Gallwitz in Zusammenarbeit mit
Judith Huber, Gianna Piantoni und Stefano Susinno,
in der Galleria Nazionale d'Arte Moderna, Rom,
22.1. bis 22.3.1981.

Dieser Katalog enthält 255 Abbildungen,
davon 41 in Farbe.
Umschlagvorderseite: Johann Friedrich Overbeck,
Italia und Germania, 1811-20, Kat. 78.
Umschlagrückseite: Johann Friedrich Overbeck,
Sulamith und Maria, 1812, Kat. 77.

CIP-Kurztitelaufnahme der Deutschen Bibliothek:

Die Nazarener in Rom: – e. dt. Künstlerbund d.
Romantik; [Ausstellung in d. Galleria Nazionale
d'Arte Moderna, Rom, 22.1.-22.3.81] /
[hrsg. v. Klaus Gallwitz. Übers. aus d. Ital.
von Ingrid Sattel ...] – Dt. Ausg. – München:
Prestel 1981 –
Einheitssacht.: I Nazareni a Roma ⟨dt.⟩

NE: Gallwitz, Klaus (Hrsg.), Galleria Nazionale
d'Arte Moderna e Contemporanea ⟨Roma⟩; EST

Passavia Druckerei GmbH Passau 1981
ISBN 3 7913 0555 7

Inhalt

Klaus Gallwitz

Einleitung

In der Galleria Nazionale d'Arte Moderna e Contemporanea in Rom hat vom 22. Januar bis 22. März 1981 im Rahmen des deutsch-italienischen Kulturaustausches die Ausstellung ›I Nazareni a Roma‹ (Die Nazarener in Rom) stattgefunden, die zum erstenmal die Kunst der deutschen Romantiker in der italienischen Hauptstadt in einem großen Überblick zeigte. Bundespräsident Carstens und Staatspräsident Pertini hatten das Patronat der Ausstellung übernommen, die durch die Außenminister der Bundesrepublik Deutschland und der Republik Italien, Genscher und Colombo, eröffnet wurde. Staatspräsident Pertini stattete der Ausstellung am Tage nach ihrer Eröffnung einen ausführlichen Besuch ab, der weit über protokollarische Gepflogenheiten hinauswies. In der italienischen Öffentlichkeit und Presse verzeichnete sie eine über die Erwartungen gehende positive Resonanz.

Die Ausstellung wurde im Auftrage des Auswärtigen Amtes vom Direktor des Städelschen Kunstinstitutes in Frankfurt in enger Zusammenarbeit mit der Kunsthistorikerin Judith Huber (Rom) sowie den zuständigen Abteilungsleitern Gianna Piantoni und Stefano Susinno von der Galleria Nazionale d'Arte Moderna vorbereitet. Giorgio de Marchis, Sopreintendente der Galleria Nazionale d'Arte Moderna e Contemporanea, hat ihr die großzügigste Förderung zuteil werden lassen. Ihre Präsentation in Rom wurde von der Fachwelt als beispielhaft hervorgehoben.

Aus Anlaß dieser Ausstellung sind von italienischer Seite die berühmten Fresken der Nazarener im Casino Massimo restauriert und konserviert worden, so daß das Casino als das bedeutendste Zeugnis romantischer Monumentalmalerei in die Ausstellung einbezogen werden konnte. Diese umfaßte insgesamt mehr als vierzig Gemälde und hundertzwanzig Zeichnungen aus annähernd vierzig öffentlichen und privaten Sammlungen, darunter Leihgaben aus Dänemark, England, den Niederlanden, Österreich, der Schweiz und der Bundesrepublik Deutschland. Die italienische Ausgabe des Kataloges, herausgegeben von der Galleria Nazionale d'Arte Moderna im Verlag De Luca, Rom, entstand unter Mitarbeit von italienischen, österreichischen und deutschen Kunsthistorikern. Mit geringfügigen Abänderungen und Kürzungen, die vor allem die sorgfältigen und ins einzelne gehenden technischen Restaurierungsberichte über die Fresken im Casino Massimo betreffen, wird er jetzt in deutscher Sprache vorgelegt.

Der neue Katalog

Der Prestel-Verlag in München hat sich zu dieser Ausgabe entschlossen, weil der vorzügliche italienische Katalog ebenso wie die römische Ausstellung Anfang 1981 selbst einem interessierten deutschen Publikum nur begrenzt zugänglich war. Wie nur wenige Kapitel der Kunstgeschichte erwies sich gerade die Kunst der Nazarener als gleicherweise für beide Nationen interessant. *Italia und Germania* figurierten deshalb auch beispielhaft bildlich und in vielen Erwähnungen wörtlich für ein gleichberechtigtes, freundschaftlich verbundenes Nebeneinander von Italien und Deutschland in Geschichte und Gegenwart. Das zwanzig römische Jahre, die Zeit von 1810 bis 1830, umfassende Thema von Ausstellung und Katalog ergänzte und vertiefte zugleich die Frankfurter Unternehmung von 1977, als im Städelschen Kunstinstitut die Kunst der Nazarener und ihre Wirkungsgeschichte in Deutschland und Westeuropa bis tief ins 19. Jahrhundert hinein verfolgt wurden. Der umfassende und ausführliche Katalog jener Städel-Ausstellung ist seit langem vergriffen. Umso wünschenswerter schien uns die Fortsetzung der künstlerischen und wissenschaftlichen Diskussion, die sich neben verschiedenen Einzeluntersuchungen, die zwischenzeitlich erschienen sind, in gebundener und konzentrierter Form erstmals wieder anläßlich der römischen Ausstellung und ihres Kataloges anbot. Das Forum der Untersuchungen ist bei begrenztem Thema breiter und vielseitiger geworden. Der internationale Aspekt zeigt sich noch offener, in der Thematik wie im Verzeichnis der Autoren. Gleichwohl haben wir eine Reihe von Bildkommentaren unverändert aus dem seinerzeitigen Frankfurter Katalog übernommen, weil sich gerade in der Kontinuität der Forschung Ergebnisse und Zusammenhänge befestigen und überprüfen lassen.

Während für die in deutscher Sprache abgefaßten Texte keine oder nur geringfügige Änderungen durch die Autoren vorgenommen wurden, weichen die hier übersetzten italienischen Beiträge durch einige Ergänzungen von der römischen Katalogedition ab. Bibliographie und Zeittafel (von Giovanna Bonasegale Pittei zusammengestellt) wurden für die deutsche Ausgabe überarbeitet.

Daß die willkommenen Änderungsvorschläge der italienischen Autoren in bereitwilliger Weise vom Prestel-Verlag angenommen und berücksichtigt wurden, ist neben den Übersetzern Ingrid Sattel, Elfriede Storm und Marianne Ufer vor allem der großen Arbeitsleistung und Sorgfalt seiner Mitarbeiter Dörthe Emig und Michael Pächt zu danken.

Gemeinsame Interessen

Die wichtigste Voraussetzung, die zu der Ausstellung geführt hat, ist ohne Zweifel das auch in Italien wiedererwachte Interesse am 19. Jahrhundert. Im Gegensatz zu der Bedeutung, welche die französische Nation traditionell ihrer großen kulturellen Entwicklung im vergangenen Jahrhundert beimißt, die ihr noch heute in ungebrochenem Selbstbewußtsein gegenwärtig ist, beschäftigt Italiener und Deutsche ein seit Generationen problematisches Verhältnis zum Zeitalter Napoleons, der Restauration und der späten nationalen Einigung. Faschismus und Nationalsozialismus haben durch ihre einseitige und rigorose Ausbeutung emotionaler und ideologischer Positionen das Verhältnis zum 19. Jahrhundert noch mehr belastet und kompliziert.

So wird es verständlich, daß gerade in diesen beiden Ländern eine kritische Beschäftigung mit dem so lange Zeit ›verpönten‹ Jahrhundert in größerem Umfang erst in der jüngsten Vergangenheit einsetzte. Auch die Kunstgeschichte hat in letzter Zeit wiederholt und systematisch an diesem Komplex gearbeitet, der in Forschungsprojekten, besonders der Fritz Thyssen-Stiftung, und in retrospektiven Ausstellungen für die Fachwelt und ein größeres, aufnahmebereites Publikum gleichermaßen erschlossen worden ist. Das ästhetische Verdikt, das über viele Produkte des 19. Jahrhunderts ausgesprochen war, wird revidiert, und bisher wenig beachtete Leistungen rücken wieder ins Blickfeld eines allgemeineren Interesses. Der Nazarener-Freund Minardi und die sogenannten ›Puristen‹, die in Rom in der Nachfolge von Klassizismus und Romantik eine führende Rolle spielten, erfahren gerade jetzt durch verschiedene Publikationen und eine umfassende Ausstellung eine neue Bewertung. Mit der wichtigen Phase des römischen Aufenthaltes der Nazarener wurde unsererseits ein begrenzter, gleichwohl klar umrissener Beitrag vorgeschlagen, der eine gemeinsame wissenschaftliche Bearbeitung einschloß, da er sich auch vom Gegenstand her besonders gut für die Fragestellungen der italienischen Forschung empfahl.

›Die Nazarener in Rom‹ – das ist zu gleichen Teilen ein italienisches wie ein deutsches Thema. Zudem hatte die letzte große Ausstellung, die der Kunst der Nazarener im Frankfurter Städel gewidmet war, auch eine äußerst lebhafte Resonanz bei italienischen Kunsthistorikern gefunden. Wir stimmten darin überein, daß die römische Ausstellung von den Ergebnisen des Frankfurter Kataloges und den mit der Ausstellung im Städel verbundenen Erfahrungen ausgehen sollte. Das größere Umfeld der Frankfurter Ausstellung hatte viele Fragen offen gelassen, die es lohnend erscheinen ließen, im begrenzteren Gebiet der römischen Ausstellung noch einmal gestellt zu werden.

Mit dieser Themenwahl sollte auch vermieden werden, daß sich eine Ausstellung in Rom allein oder vor allem durch den Reiz der Exotik rechtfertigte, wie zum Beispiel eine

Franz Pforr, *Sulamith und Maria,* 1811. 34 x 32 cm. Schweinfurt, Sammlung Schäfer

Präsentation deutscher Landschaftsmalerei der Romantik. Genausowenig sollte das schon durch viel zu viele Veranstaltungen strapazierte ›Italienerlebnis‹ deutscher Künstler im 19. Jahrhundert noch einmal angepriesen werden. Derartige Ausstellungen haben sich im kleineren wie im größeren Umfang selbst als Ableger einer spezifisch deutschen Spätromantik zu erkennen gegeben und die gegenseitige Verständigung eher behindert als gefördert.

Es erschien uns darum auch mehr als nur ein Akt der Höflichkeit, daß die Galleria Nazionale d'Arte Moderna in Rom ihr hundertjähriges Bestehen 1981 mit der Nazarener-Ausstellung eröffnete. Das erste Kunstmuseum des geeinten italienischen Staates erfüllte mit seiner Gründung und Bestimmung einen Traum der Nazarener, indem es die Werke lebender, nationaler Künstler in einer Hauptstadt sammelte und ausstellte. Dies war ihnen in ihrem Vaterland Deutschland erst und auch nur teilweise in späten Jahren wiederfahren. Unter der Leitung von Giorgio de Marchis hat die Galleria Nazionale eine Aufgabe übernommen, die weit über ihre bisherigen Zuständigkeiten hinausgeht: Sie ist auf dem Wege, ein Zentrum für die internationale Kunst des 19. und 20. Jahrhunderts, der kunstgeschichtlichen Forschung, der Katalogisierung und Restaurierung zu werden. Sie hat in ihren Aktivitäten einen ähnlichen Weg beschritten wie das Centre Pompidou in Paris und damit die traditionellen Funktionen des Museums beträchtlich erweitert. Diese Entwicklung kam unserer Ausstellung in jeder Hinsicht zugute.

Eine Ausstellung bewirkt Denkmalpflege

Zweifellos hat die Nazarener-Ausstellung den verantwortlichen Veranstaltern und Leihgebern Sorgen bereitet, die immer mit reisenden Kunstwerken verbunden sind. Die konservatorischen Probleme waren nicht geringer als bei vergleichbaren Veranstaltungen. Die Bereitschaft, so viele qualitätvolle Werke nach Rom zu entleihen, gründete auf dem Vorschlag, das Casino Massimo mit seinen Fresken in die Ausstellung einzubeziehen. Das einzige erhaltene Hauptwerk romantischer Monumentalmalerei in Rom bot sich geradezu als Zentrum und Auslöser der Ausstellung an. Eine der wichtigsten und folgenreichsten Anstöße nazarenischer Kunst, die Freskenmalerei, konnte bei allen bisherigen Ausstellungen deutscher Kunst der Romantik naturgemäß nicht vertreten sein oder nur – wie auch in Frankfurt 1977 – fotografisch dokumentiert werden.

Mit der großzügigen Entscheidung der zuständigen italienischen Ministerien, Mittel für die vollständige Restaurierung und Konservierung der Fresken bereitzustellen, begannen in Deutschland die Vorbereitungen für die Ausstellung. Wir erhielten aus München die Zusage für ein nazarenisches Schlüsselwerk, Overbecks *Italia und Germania*, auf das wir seinerzeit in Frankfurt verzichten mußten. Durch diese und andere beispielhafte Leihgaben erwies sich zum wiederholten Male, daß der Zeitpunkt, die Thematik und der Ort der Ausstellung als besonders sinnvoll und unterstützenswert anerkannt wurden. Das Projekt konnte für sich in Anspruch nehmen, in einer Zeit spektakulärer und prestigeträchtiger, aber dennoch vielfach überzogener Aktivitäten als Modell für eine planvolle, zweckgerichtete Zusammenarbeit in wissenschaftlicher und denkmalpflegerischer Hinsicht einen neuen Weg zu beschreiten. Besonderer Dank gebührt daher dem Ministero per i Beni Culturali e Ambientali für seine Entscheidung, noch in diesem Jahre die zum langfristigen Schutz der Fresken im Casino Massimo erforderliche Außenrenovierung vorzunehmen, um so dieses einzigartige Denkmal monumentaler Malerei zu sichern und zu erhalten.

Zur Auswahl der Werke

Das Panorama der Ausstellung und ihre Anordnung läßt sich in einem Katalog nicht wiederholen. Der visuelle und räumliche Kontext war sinnfällig und besonders glücklich an die Säle der Galleria Nazionale gebunden. Der historische Hintergrund und der geistige Zusammenhang der Künstler und ihrer Werke spiegelten noch einmal den genius loci des frühen 19. Jahrhunderts in Stadt und Campagna. Die Nähe Raffaels und der großen Quattrocentisten verdunkelte merkwürdigerweise und entgegen der Erwartung mancher Besucher keineswegs die eher kleinformatige Kunst der Deutschen. Die Kontraste zwischen Außen und Innen, der lärmenden Weltstadt und dem musealen Interieur, waren wohl schon zur Entstehungszeit der Bilder und Zeichnungen erheblich.

Einige Wünsche und Belange für die Darstellung des Themas blieben unerfüllt. So war es nicht möglich, noch erhaltene Kartons, die den Freskomalereien unmittelbar vorausgingen, in die Ausstellung einzubringen. Gerade hier, aber auch allgemein bei den Gemälden und Zeichnungen, wurde die Abwesenheit wichtiger Werke aus den Museen in Berlin/DDR, Dresden und Leipzig bemerkbar. Diese Museen waren auf der Frankfurter Ausstellung 1977 noch mit Leihgaben vertreten. Auch die in Städels Testament von 1816 festgelegte Bestimmung, den Stiftungsbesitz nicht auszuleihen, gestattete es dem Institut nicht, die in Frage kommenden Werke der Nazarener nach Rom zu geben.

Weitaus gewichtiger jedoch als das Fehlen einzelner Werke war die Anwesenheit einer so großen und qualitätvollen Zahl von Gemälden und Zeichnungen, die mit wenigen Ausnahmen in der wichtigen Phase nazarenischer Kunst in Rom zwischen 1810 und 1830 entstanden sind. Wir haben, wie leicht einzusehen ist, unsere Argumentation zur Auswahl der Künstler freier und zugleich begrenzter geführt, als dies bei der Frankfurter Ausstellung der Fall war. Die Beteiligung von Carstens und Koch entspricht ihrer hervorzuhebenden Bedeutung für die römische Situation, die die Lukasbrüder antrafen und die auch auf sie einwirkte. Ebenso ist die enge Nachbarschaft von Karl Philipp Fohr zu den Künstlern in Sant'Isidoro mit allen Widersprüchen in Rom klar ersichtlich. Aber auch einen so überzeugenden Zeichner wie Ferdinand Olivier haben wir mit einbezogen. Obwohl gerade er niemals in Italien war, hat er wie kein anderer das ›nazarenische‹ Element am reinsten in seinen Arbeiten nördlich der Alpen formuliert und verbreitet.

Die ausgestellten Gemälde und Zeichnungen waren in thematische und historische Gruppen gegliedert, um den weit gespannten und zugleich dezidierten Bereich nazarenischer Kunst zu veranschaulichen. An ihren Bildern haben die Künstler in der Regel lange gemalt, bedingt durch ihre, auch im technischen Sinne, unakademische Arbeitsweise und eine gewisse rituelle Innigkeit. Ihrem vor-raffaelischen Ansatz folgend, räumten sie der Zeichnung eine besondere Rolle ein und erreichten in diesem Medium die für sie typische Verbindung von Präzision und Askese. Der scharfe Stift gibt vielen Arbeiten auf Papier eine eigentümliche halluzinatorische und zugleich realistische Ausstrahlung. In der integrierten Hängung in Rom zeigte sich wieder, daß gerade die Zeichnung der Nazarener ihr überragender Beitrag zur deutschen Romantik ist.

Innerhalb der zeitlichen Begrenzung lag uns daran, die frühen Jahre der Nazarener in Rom – also die Jahre zwischen 1810 und 1825 – ausführlicher zu verdeutlichen als die Spätzeit, die durch eine gewisse Kanonisierung und Popularisierung gekennzeichnet ist. Die Übersiedlung der Lukasbrüder nach Rom 1810 ist durch zwei Werke markiert, die auch in der Ausstellung vertreten waren: Pforrs *Einzug Rudolfs von Habsburg in Basel 1273* und Overbecks Freundschaftsbild von Franz Pforr. Ludwig I., ein Förderer der nazarenischen Künstler in Rom, wurde 1825 König von Bayern und berief Cornelius als Direktor an die Münchner Akademie. Erst vier Jahre später, 1829, wurde die wechselvolle Arbeit an den Fresken des Casino Massimo beendet. Diese Daten geben das äußere Gerüst für eine Fülle von Beziehungen und Wirkungen, die aus dem freundschaftlichen, fast naiven Anfang der aus Wien exilierten Künstler zu den inthronisierten Platzhaltern an den deutschen Akademien führte.

Wir haben versucht, in der Ausstellung und ebenso im Katalog, diese Entwicklung nazarenischer Kunst, vor allem im Rahmen der römischen Bedingungen im frühen 19. Jahrhundert, nachzuvollziehen und deutlich zu machen. Allein das Inhaltsverzeichnis des Kataloges gibt Auskunft über die verschiedenen wissenschaftlichen Aspekte, unter

Philipp Veit, *Italia,* 1834–36. 284,5 x 191 cm. Frankfurt am Main, Städelsches Kunstinstitut

Philipp Veit, *Die Einführung der Künste in Deutschland durch das Christentum,* 1834–36. 284 x 611 cm. Frankfurt am Main, Städelsches Kunstinstitut

Philipp Veit, *Germania,* 1834-36. 285 x 192 cm. Frankfurt am Main, Städelsches Kunstinstitut

denen das Thema behandelt wird. Das Autorenverzeichnis zeigt an, daß die Zusammenarbeit und Aufteilung der Themen unter italienischen, österreichischen und deutschen Kunsthistorikern nicht nur wünschenswert, sondern auch notwendig und möglich ist.

Leihgeber und Mitwirkende

Die Erfahrungen der Nazarener-Ausstellung 1977 im Frankfurter Städel sind unserem römischen Vorhaben zugute gekommen. Leihgeber wie auch die offiziellen Stellen brachten uns das gleiche Wohlwollen entgegen und erneuerten so das Vertrauen, das uns schon in Frankfurt bewiesen wurde. Wir haben vielfachen Grund, allen Kollegen, Sammlern und Freunden zu danken, die ihre Zusage gaben, die Ausstellung nach Kräften zu unterstützen. Gerne erwähne ich noch einmal die große und ermutigende Bereitwilligkeit zur Mitarbeit seitens der Museen in Österreich, England, Dänemark, Holland und der Schweiz. Allen Leihgebern sei, auch im Namen unserer italienischen Kollegen, herzlich für ihre Mitwirkung gedankt.

Die unmittelbare Zusammenarbeit mit der Galleria Nazionale d'Arte Moderna e Contemporanea, mit Giorgio de Marchis und seinen Mitarbeitern, vor allem mit Gianna Piantoni und Stefano Susinno, war ein großer Gewinn in der Sache und zugleich ein Beweis der freundschaftlichen Gesinnung. Besonders hilfreich, umsichtig und ausdauernd hat Judith Huber in Rom immer wieder vermittelt, neues Material erarbeitet und sich als engagierte und gründlich recherchierende Mitarbeiterin bewährt. Herzlich gedankt sei auch der Biblioteca Hertziana in Rom für alle erwiesene Unterstützung bei der Vorbereitung der Ausstellung und des Kataloges. Sigrid und Günter Metken (Paris) haben durch ihre aktive und kompetente Mitwirkung nicht nur wesentlich zum Gelingen des ganzen Unternehmens beigetragen, sondern auch die so wichtige Verbindung zur Frankfurter Ausstellung 1977, an der sie schon beteiligt waren, aufrecht erhalten und wieder belebt.

Da in den letzten drei Jahren die Fäden immer wieder im Städel zusammenliefen, erwähne ich besonders gerne meine Mitarbeiterin Elisabeth Heinemann, die unermüdlich über alle Etappen der Vorbereitungen hinweg zur Realisierung von Ausstellung und Katalog beigetragen hat. Mit ihr beteiligten sich auch immer wieder Wissenschaftler und die Verwaltung des Städel an der Arbeit, so daß unser Institut, das in seiner frühen Geschichte so wichtige Anstöße aus dem Kreis der Nazarener in Rom erhielt, nun seinerseits Gelegenheit zu einer Gegenleistung hatte, die es ganz besonders gerne angesichts seiner historischen Verbindung mit Italien wahrnahm.

Die wechselvolle Geschichte dieser Ausstellung und ihrer Vorbereitung hat mich oft an die Zusammenarbeit erinnert, zu der sich die Maler des Casino Massimo wechselnd und vielfach ohne die Aussicht auf einen sicheren Ausgang ihres Auftrages zusammenfanden. Wenn meine Mitarbeiter und Freunde an unserem Projekt mitunter eine ähnliche Empfindung überfiel, dann eint alle auch hier die Vorstellung, daß wir in diesem Sinn nazarenisch und brüderlich gearbeitet haben.

Die Bilder und Zeichnungen dieser Romantiker aus Deutschland kehrten für einige Zeit nach Rom zurück, wo sie vor mehr als hundertfünfzig Jahren entstanden sind. Wir danken unseren italienischen Kollegen und Freunden für die Gastfreundschaft, die sie abermals den Nazarenern gewährten.

Die Nazarener in Rom

Gianna Piantoni

Einige Aspekte des nazarenischen Gedankens

Ut pictura poesis

Das Verhältnis der bildenden Künste zur Dichtkunst ist in der philosophisch-theoretischen Diskussion der Klassik und der Romantik von grundlegender Bedeutung. Eine Untersuchung der deutschen kunsttheoretischen Diskussion im Verlaufe der Jahre vor und nach der Jahrhundertwende erlaubt einige Betrachtungen über den Ursprung des nazarenischen Gedankens sowie dessen Verbindung und Unterschied zur klassizistischen Kunst richtig zu verstehen. Dadurch erhalten wir weitere Elemente für die Behauptung einer ungebrochenen Kontinuität zwischen den beiden Stilepochen des Klassizismus und der Romantik, wie auch einer Gleichzeitigkeit entgegengesetzter Tendenzen, einer Erkenntnis der Kunstkritik der letzten Jahre[1].

Einerseits lenkten Lessings Thesen über die spezifischen Ausdrucksmittel der verschiedenen Künste die Aufmerksamkeit auf die Unterschiedlichkeit der künstlerischen Aussage, das entscheidende Problem eines Vergleichs zwischen der Dichtkunst und der bildenden Kunst blieb damit jedoch bestehen und bestimmte weiterhin die theoretische Diskussion wie auch die künstlerische Praxis: Eben darum übten sich Künstler wie Füssli, Blake, Flaxman und Carstens mit neuen Stilmitteln[2] im Rahmen der verschiedenen im ›Sublimen‹ und im ›Sturm und Drang‹ zusammenlaufenden Tendenzen, um ihrer Auseinandersetzung mit literarischen Werken Ausdruck zu verleihen.

In der romantischen Konzeption übernimmt die Dichtkunst die führende Rolle innerhalb einer neuen Weltanschauung; ihr Verhältnis zu den anderen Künsten wird infolgedessen zum Hauptgegenstand jener theoretischen Überlegungen, wie man sie so oft in Briefen und anderen kurzen Schriften der Nazarener antrifft. August Wilhelm und Friedrich Schlegel, die Hauptanreger dieser Problemstellungen, sind bekanntlich auch die direkten Gesprächspartner der Nazarener: So finden wir in den in der Zeitschrift ›Athenäum‹ veröffentlichten Beiträgen der beiden Schlegel jene fundamentalen Prinzipien formuliert, die für die Nazarener zum Programm wurden. In dem ›Gespräch über die Poesie‹ von Friedrich Schlegel (1800) und in der in Dialogform gehaltenen Schrift ›Die Gemählde‹ von August Wilhelm Schlegel (1799) wird die Überlegenheit der Dichtkunst über die anderen Künste hervorgehoben, da sie den allem Kunstschaffen innewohnenden Weltgeist darstelle[3].

Das Verhältnis der bildenden Künste zur Poesie wurde von August Wilhelm Schlegel anläßlich der Rezension zu den Flaxmanschen Illustrationen 1799[4] untersucht, worin er an dem Prinzip festhielt, daß die Malerei als bildlicher Kommentar der literarischen Darstellung zu sehen sei; und so schrieb er denn auch in ›Die Gemählde‹: »Das Verhältnis der bildenden Künste zur Poesie hat mich oft beschäftigt. Sie entlehnen Ideen von ihr, um sich über die nähere Wirklichkeit wegzuschwingen, und legen dagegen der umherschweifenden Einbildungskraft bestimmte Erscheinungen unter. Ohne gegenseitigen Einfluß würden sie alltäglich und knechtisch, und die Poesie zu einem unkörperlichen Fantom werden ... Sie (die Poesie) soll immer Führerin der bildenden Künste sein ...«[5]

So wie der griechischen Heldensage die Relieftechnik und der Tragödie die Vollplastik entsprachen, so kann die Malerei einziges Interpretationsmittel der modernen, der ›romantischen‹ Poesie sein, behauptete August Wilhelm Schlegel in seinen ›Vorlesungen über dramatische Kunst und Literatur‹ (1808/09)[6]. Er nahm hier auch die Schillerschen Kategorien des ›Naiven‹ und ›Sentimentalischen‹ für die Charakterisierung der antiken und der modernen Poesie wieder auf: »Das griechische Ideal der Menschheit war vollkommene Eintracht und Ebenmaß aller Kräfte, natürliche Harmonie. Die Neueren hingegen sind zum Bewußtsein der inneren Entzweiung gekommen, welche ein solches Ideal unmöglich macht, daher ist das Streben ihrer Poesie, diese beiden Welten, zwischen denen wir uns geteilt fühlen, die geistige und sinnliche, mit einander auszusöhnen und unauflöslich zu verschmelzen ...«[7]

Der Aufsatz Friedrich Schillers ›Über naive und sentimentalische Dichtung‹ (1795-96) kann, gerade durch die Vermittlung August Wilhelm Schlegels, auf die romantisch-nazarenische Geisteshaltung eingewirkt haben. Ebenso wirkt er fort in der Herausbildung jener theoretischen Prinzipien, über die im römischen Kreis um Carl Ludwig Fernow während seiner Vorlesungen debattiert wurde, die er über die Ästhetik Kants hielt und gleichzeitig mit einer Revision im Schillerschen Sinn der eigenen strengen klassizistischen Auffassung verband[8]. Carstens, der Künstler, der Fernow gleichzeitig inspirierte und ihm als Beispiel für seine theoretischen Ausführungen diente, ist als Schlüsselfigur zu betrachten, wenn man diese klassisch-romantischen Problemstellungen im Kreise der Deutschrömer begreifen will. Zu diesem Kreis gehörten in den ersten Jahren nach der Jahrhundertwende besonders Koch und Wächter, die sich durch die Lektüre der Zeitschriften ›Die Horen‹ und ›Athenäum‹ sowie in Gesprächen über neue Tendenzen der Philosophie und Literatur informierten, so daß ihre klassizistische Kunstauffassung unter dem Einfluß der philosophischen Ideen

Schillers und der Prinzipien der beiden Schlegel, wie sie sie vor ihrer Hinwendung zum Katholizismus dargelegt hatten, eine deutliche Färbung im Sinne einer religiös patriotischen Romantik annahm. Es erscheint also gerechtfertigt, in Rom die Entwicklung eines ›sentimentalen‹ Klassizismus[9] Schillerscher Prägung zu sehen, der in vieler Hinsicht Anknüpfungspunkte zu den kulturellen Ursprüngen der Nazarenerbewegung aufweist. So zeigt diese vor allem eine besondere, von der ›Sehnsucht‹ beherrschte, sozusagen psychologische Neigung zu einer Rückwendung in die Vergangenheit, in der aber der Mythos Schillers vom ›harmonischen‹ Menschen in der Wiedererlangung des rechten Verhältnisses zwischen Gefühl und Vernunft ersetzt wird durch eine Rückkehr zum ›Göttlichen‹ nach der Vertreibung aus dem ›irdischen Paradies‹.

Die Poesie als ›Mutter der Künste‹

Die von den beiden Schlegel verfochtene Theorie der Überlegenheit der Poesie über die anderen Künste wird von den Nazarenern geteilt, und vor ihnen bereits von Koch, der die Schlegelschen Schriften seit ihrem Erscheinen in der Zeitschrift ›Athenäum‹ sicherlich kannte. Denn gerade hieraus leitet sich die These der gleichzeitigen Entwicklung der Poesie und aller anderen bildenden Künste in einer geschichtlichen Epoche her. Friedrich Schlegel schreibt in seinem Aufsatz über Raffael (1803): »Die italiänische Malerei scheidet sich deutlich und bestimmt in die alte und die neue, wie die italiänische Poesie; und wenn die Wunderlichkeit des Mantegna uns an die des Dante erinnern, die Schönheit des Perugins aber mit der des Petrarca verglichen werden kann, so dürfen wir den Tizian und Correggio auch recht wohl neben Tasso und Guarini stellen. Es ist dabei gar nicht um das Witzesspiel der Vergleichung zu tun, sondern nur um die einfache aber wichtige Bemerkung, daß die Natur in ähnlichen Sphären meist den gleichen Gang der Produktion beobachtet, und sich dieselben Stufen der Entwicklung zeigen.«[10]

Deshalb sieht Koch zusammen mit Schlegel die Kunst der Vergangenheit unter diesem Aspekt: »In Epochen der Kunstblüte florirten meistens alle Künste zusammen; denn ohne das kann die einzelne Kunst sich nicht auf den Punkt der Vollendung erheben. Die Dichtkunst ist die Mutter von allen; ohne sie müssen sich die andern zum Naturalismus wenden, oder Künste des Bedürfnisses, d.h. Handwerk werden. Mit den griechischen Poeten lebten gleichzeitig die größten Künstler, sobald die Dichtkunst sich verlor, fingen auch die übrigen zu sinken an. Da in Italien Dante, Petrarca, Ariosto lebten, blühten auch die übrigen Künste; mit Torquato Tasso hat in Italien die Poesie ein Ende, ebenso die bildende Kunst. Zu Dantes Zeit fehlte es der Malerei zwar noch an Ausbildung und Fertigkeit, aber in ihrem hauptsächlichen Elemente, insofern sie poetisch ist, war sie schon fähig, der Dante'schen Poesie die Hand zu reichen, ja sie hatte damals einen tiefern Sinn, als sie in der Periode nach Raffael, bei so großer Vervollkommnung ihrer äußern Mittel, zeigt. In Vergleichung mit Dante erscheint Tasso wie die Caracci gegen Michelangelo. Insbesondere hängen Bildnerkunst und Malerei mit der Architektur eng zusammen ... Der Olympische Jupiter war nicht des Tempels wegen da; vielmehr hatten Statue und Tempel den gleichen Zweck, sie machten ein Kunstwerk aus.«[11]

Diese Auffassung von der Gleichzeitigkeit des Verhältnisses Dichtkunst-Bildende Kunst, die Koch beinahe mit den Worten Friedrich Schlegels formuliert, findet in der Ausmalung des Casino Massimo in Rom ihren vollkommensten Ausdruck. Sie ist auch einer der Hauptbeweggründe bei der Wiederentdekkung der ›Primitiven‹, wobei die von Friedrich Schlegel festumrissene, ungewöhnliche Zeitspanne jener Entwicklungslinie der Künste, die von Giotto bis zum frühen Raffael reicht, für die ganze Gruppe der Nazarener zum Dogma ihres geistigen und künstlerischen Glaubensbekenntnisses wurde.

Wie Koch schreibt, »ist es nicht unmöglich, alle Künste zu umfassen, da sie aus Einem Princip entspringen, wie die Philosophie alle Kenntnisse übersieht und belebt«[12]. Damit bekräftigt er, wie schon die Brüder Schlegel, ein Grundprinzip der Romantik, wonach die Poesie nicht nur Urquell aller Inspiration ist, welche die Künste vereinigt und deren technische Besonderheiten, wie Lessing sie bestimmte, überwindet, sondern auch in einem Werke das einigende Formprinzip darstellt.

Unter allen Künsten kann lediglich die Malerei der Poesie nahekommen, weil sie technischen Zwängen am wenigsten unterworfen ist, und gerade gegen die Prinzipien des ›Funktionalismus‹, Errungenschaften der klassizistischen Lehre rationalistisch-empirischen Ursprungs, behauptet Friedrich Schlegel, die Malerei sei eine göttliche Kunst. Gleichzeitig scheint Schlegel die Schillersche Definition der Kunst als ›Spiel‹ wiederaufzunehmen, und zwar als dem einzigen Moment, in dem sich dem Menschen die Möglichkeit zur Erreichung einer harmonischen Vereinigung von Gefühl und Vernunft bietet, wie auch die These von Tieck und Wackenroder, die auf einer Umkehrung der ganz und gar weltlichen Ethik des Weimarer ›Mythos‹ von einem Neo-Humanismus aufbaut, dieses Streben nach der Harmonie des Menschen von einer rationalen und weltlichen auf eine irrationale und religiöse Ebene versetzt.

Im ›Nachtrag italiänischer Gemälde‹ (1803) schreibt Friedrich Schlegel über die Malerei: »Eben weil sie eine *göttliche* Kunst ist, müssen wir ihren Ursprung in der Freiheit und Willkür suchen, deren Erfolg die Menschen zufällig zu nennen pflegen, denn nur die Notwendigkeit und Notdürftigkeit kennend, und nur in dieser lebend, begreifen sie die höhere Kraft der Freiheit, nur als Ausnahme von der gemeinen Regel, das Positive nur als Negation des Negativen. Ich will sagen, andre vielleicht recht nützliche Künste mögen notwendig sein, so, daß man mit Recht von ihnen sagen kann, sie mußten entstehen, sobald nur die Vernunft des Menschen und irgend eine materielle Bedingung gegeben war. Aber ferne sei es von uns, durch solcherlei Behauptung uns an der heiligen Kunst der Malerei zu vergehen: recht wohl könnte der Mensch ohne sie bestehen. Das System der an sein reines Wesen notwendig geknüpften Bedingungen und notwendig aus ihr hervorgehenden Kräfte würde dadurch nicht verändert oder unvollständig gemacht werden, wohl aber würde ihm eins der wirksamsten Mittel fehlen, sich mit dem Göttlichen zu verbinden, und sich der Gottheit zu nähern, wenn er dieser weit mehr als vernünftigen, sondern gottbegeisterten Kunst entbehrte.«[13]

Im Gegensatz zu den analytischen Urteilen der klassizistischen Kritik, insbesonders denen von Mengs, besteht Schlegel auf der Einzigartigkeit eines Kunstwerks sowie auf dessen individuellem Ausdruck und erkennt in der Erfindung und in der Ausführung die beiden grundlegenden Momente sowohl in der Malerei wie in der Dichtung, indem er schreibt:

»So wie die Erzeugnisse der Kunst in die sogenannten Gattungen und Arten, so teilt man das Wesen und Leben zerstörend, auch die Kunst selbst in gewisse Bestandteile, die man Zeichnung, Ausdruck, Kolorit, oder was weiß ich sonst, zu benennen pflegt. Schrecklicher Irrwahn, so dasjenige, was ursprünglich und ewig eins ist, zu zerreißen, und töricht das Ganze zu vernichten, wo freilich vor der groben Behandlung der höhere Geist entfliehen muß. Aber alt ist dies Übel, alt nämlich unter den Neuern. Bei den Caraccis schon mag der Irrtum sich indirekt finden, und Mengs hat das Verdienst ihn am deutlichsten ausgesprochen zu haben. Kein Maler ist derjenige Maler zu nennen, bei dem nicht alles dieses sich gegenseitig bestimmt, und der bei *der* Zeichnung, bei *dem* Ausdruck ein anderes Kolorit haben könnte, oder umgekehrt; und nichts versteht der Kenner von der Malerei, der da glaubt, Raffael hätte besser kolorieren können, oder Correggio besser zeichnen. Es ist verdrießlich, solches Alphabet aller Kunstbildung noch sagen zu müssen ... Und was ist dieses? – Es ist Geist und Buchstabe, Erfindung und Ausführung. In allem menschlichen Tun bleibt eine große Lücke zwischen diesen beiden Dingen, in der Philosophie und im Leben, wie in der Kunst; ja es lassen sich ganz bestimmt Gemälde aufzeigen, von denen man sagen kann, die Absicht darin ist groß und vortrefflich, auch die Ausführung ist kunstvoll und nicht gemein, doch entspricht sie keinesweges der Absicht vollkommen, so daß diese ganz erreicht wäre; andre Gemälde aber sind in der Ausführung musterhaft zu nennen, die Absicht aber, wiewohl sie nicht ganz ohne solche sein werden, und sein können, ist doch minder bedeutend, als in andern Gemälden. Nur aber ist in der guten Ausführung, Zeichnung sowohl als Kolorit und Ausdruck, oder was man sonst noch einzelnes der Art aufzählen mag, mit zu begreifen, und zwar so, daß das alles nur ein einziges harmonisches und untrennbares Ganzes ist. Auch ist die Erfindung so zu verstehen, daß, was man Anordnung und Komposition nennt, mit darunter verstanden ist; mit einem Worte, die *Poesie* in dem Gemälde.«[14]

Insbesondere setzt sich Philipp Veit – aufgrund seiner ständigen Verbindung zu Friedrich Schlegel – mit dem Verhältnis zwischen Poesie und bildender Kunst in einem besonderen Aufsatz, ›Der Schild des Achilles nebst allgemeinen Bemerkungen über bildende Kunst und ihre Grenzen‹[15], auseinander. Während er einerseits für eine Unabhängigkeit des bildenden Künstlers von der Poesie eintritt, sucht er andererseits auch wieder Anknüpfungspunkte zu ihr, ohne dabei seine besondere Eigenheit zu verlieren. Lessing bleibt noch immer, wenn auch in der Interpretation durch Friedrich Schlegel, verbindlich für jede Untersuchung des Problems; bereits Lessing hatte der Poesie den Vorrang vor den bildenden Künsten gegeben, weil sie in dem »unendlichen Raum unserer Einbildungskraft« umherschweift[16]. Er hatte auch die kanonischen Unterscheidungen bestimmt: »Wenn es wahr ist, daß die Malerei zu ihren Nachahmungen ganz andere Mittel oder Zeichen gebrauchet als die Poesie, jene nämlich Figuren und Farben in dem Raume, diese aber artikulierte Töne in der Zeit, wenn unstreitig die Zeichen ein bequemes Verhältnis zu dem Bezeichneten haben müssen, so können nebeneinander geordnete Zeichen auch nur Gegenstände, die nebeneinander existieren, aufeinander folgende Zeichen aber auch nur Gegenstände ausdrücken, die aufeinander oder deren Teile aufeinander folgen ... Es bleibt dabei: die Zeitfolge ist das Gebiet des Dichters, so wie der Raum das Gebiet des Malers.«[17]

Obwohl Friedrich Schlegel diese Unterscheidungen gerade aufgrund der romantischen Auffassung der Dichtkunst als einer alle Künste einigenden Kraft verstand, wollte er diese Spaltung überwinden, da sie für ihn, im Gegensatz zu Lessing, nicht mehr im Begriff zu suchen, sondern technisch-expressiver Art ist.

Veit, der sich in den langen Jahren seines Schaffens oft mit den Vorstellungen Friedrich Schlegels auseinanderzusetzen hatte, beruft sich, um für die bildende Kunst den Anspruch auf Selbständigkeit durchzusetzen, wieder auf die Prinzipien Lessings und zieht die Grenzen der bildenden Kunst in Betracht, indem auch er also der Poesie eine Vorrangstellung einräumt. Der Maler oder bildende Künstler kann nur eine bestimmte Situation festhalten, indem er den wichtigsten Moment einer Erzählung auswählt und die vorausgegangenen sowie die nachfolgenden Ereignisse ausschließt. Diese Auswahl ist schwierig, weil der Maler sich nicht in beschreibende Einzelheiten verlieren kann, wie es auch schwierig ist, die innere Dramatik der verschiedenen psychologischen Vorgänge und die immanenten Gefühle darzustellen, die der Betrachter nur erahnen kann. Dennoch muß der Maler bei der Historienmalerei und Bildern dramatischen Inhalts sich streng an die literarische Vorlage halten. In den Geschichten des Alten und Neuen Testaments findet er indessen eine unerschöpfliche Quelle figürlicher Darstellungen, obwohl die alten Meister, wie Orcagna im *Triumph des Todes,* noch auf einem bislang unbetretenen Gebiet wirkten[18]. Indem Veit nun also das Problem des Verhältnisses Poesie –

bildende Kunst unter dem Aspekt der ›Erzählung‹ anpackt, grenzt er die an sich viel tiefere Frage, wie sie von Friedrich Schlegel gestellt worden war, auf die weit ergiebigere Quelle der Inspiration, nämlich die biblische Geschichte, ein, da diese gerade dem Maler, mit seiner Fähigkeit, unsichtbaren Dingen eine ›Form‹ zu verleihen, entgegenkommt. In der Natur sieht er die andere Quelle, welcher der Künstler seine Motive entnehmen kann:

»Eben so wenig als der Dichter der Worte, kann der Künstler der Natur entrathen, um seine Gedanken zu versinnlichen; die ganze sichtbare Schöpfung gehört zu seinem Bereich, und nichts, gar nichts von allem Geschaffenen ist davon ausgeschlossen. Außerhalb dieser Grenzen ist es ihm nicht möglich, irgend etwas zu ersinnen, nur bleibt es ihm überlassen, in dem Vorhandenen das Gemeine vom Edeln zu sondern, durch einen feinen, gebildeten Sinn und geläuterten Geschmack aus dem Gewöhnlichen, Alltäglichen die Spuren einer höhern unverderbten Gestaltung herauszulesen, wie sie sich dem eingeweihten Blick hier und dort, in Farben oder Formen, mehr oder minder deutlich, am lebendigsten und klarsten oft im menschlichen Antlitz, im seelenvollen Aufleuchten des Auges zeigt.

Dieses Auffinden des Edelern, ich möchte sagen Primitiven, in der ganzen, theilweise entweihten, von ihrer ursprünglichen Herrlichkeit herabgesunkenen Natur bildet den Begriff des Schönheitssinnes, und dieser Schönheitssinn ist es, der nicht nur den idealsten Schöpfungen, der herrlichsten Wiedergestaltung des Menschen, sondern auch den mehr untergeordneten Verzweigungen der Kunst, der Darstellungen aus der Blumen-, Pflanzen- und Tierwelt, ja der Nachbildung des Geringsten aus dem weiten Schöpfungsreiche das eigentliche künstlerische Gepräge verleihen kann.«

Ideal und Natur
Die Malerei – »Poesie in Formen und Farben«

In den ersten theoretischen Diskussionen in den Entstehungsjahren der Nazarenerbewegung steht des öfteren die Beziehung von Ideal und Natur zur Debatte, wie es aus den Briefen Sutters und Pforrs hervorgeht, bevor sie in der in Dialogform gehaltenen Schrift von Wilhelm Schadow, ›Der moderne Vasari‹[20], zu einem der Grundsätze der Nazarener wurde. Im Gegensatz zu den von klassizistischen Theoretikern und allen voran von Mengs (auf den sich die Nazarener voller Polemik berufen) verfochtenen Thesen wird nun dieses Verhältnis umgedreht, doch bleibt es als ständiger Bezugspunkt bestehen.

Sutter vertritt in ›Über das Zeichnen nach Antiken‹ (1809-10) die Notwendigkeit, die Zeichnung zu studieren und dabei von der Natur auszugehen, um »von da zum Studium des Antiken oder des Ideals« überzugehen, wobei der Künstler nur, wenn er »die schönsten Formen« der Natur beherrscht, darangehen kann, die Antiken zu kopieren, und dies ist der einzige Ausgangspunkt in der Entwicklung des neuen Künstlers. »Die größten Kunstwerke der Alten beweisen uns, daß sie nach einem System der Kunst studierten und in der Ausübung einen Zweck hatten, der auf diese Art schwerer zu erreichen ist, indem das Ideal nur dem vollkommnen Künstler eigen ist und wir deutlich sehen, daß, je mehr wir die Natur nachahmen, wir die idealischen Schönheiten der Antiken besser begreifen.«

Die beiden Momente der Erfindung und der Ausführung, die in der klassizistischen Praxis oft, wie beispielsweise bei Canova, voneinander getrennt sind, müssen wieder vereinigt werden: »Die erste Idee erfordert die höchste Begeisterung, die letzte Vollendung das tiefste Gefühl ...« Trotzdem bleibt die Bindung an den anderen grundsätzlichen Punkt der Unterscheidungen Lessings bestehen in dem bedeutenden Moment der Wahl des darzustellenden Gegenstandes, welche »schon ein Kunstwerk ist«, gerade weil sie je nach den Möglichkeiten des figürlichen Ausdrucksmittels besonders durchdacht werden muß.

Die Geschichten des Alten und des Neuen Testaments, obwohl schon von den Alten in »unerreichbarer Weise« dargestellt, sind dennoch die einzigen »für den frommen forschenden Geist des Künstlers, der manche minder deutliche Szenen der Bibel mit würdiger Poesie ansprechend vorstellen kann. Dies scheint mir die wahre Kultur der Kunst, wenn sich mit Poesie Nachahmung der Natur und Liebe der Ausführung vereint, welches auf die Bahn der Altväter führt, worauf sie nur erreicht und auf diese Art fast sogar übertroffen werden konnten«[21].

Dieselben Prinzipien wurden von den beiden an der Spitze der Bewegung stehenden Künstlern Overbeck und Pforr vertreten und von Schadow in seiner neuen, auf der endgültigen Ordnung dieser Grundsätze basierenden Geschichte der Malerei dargelegt. So läßt Wilhelm Schadow in ›Der moderne Vasari‹ die Person des imaginären Dialoges sagen: »Das Kunstwerk ist eine verwirklichte Idee: fehlt die ideale Vorstellung, so verdient es nicht den Namen eines solchen, fehlt aber die naturgemäße Wirklichkeit, so bleibt es mindestens ein unvollkommenes Kunstwerk; daher nur diejenige Methode die völlig richtige sein kann, welche beide Bedingnisse zu vereinigen strebt.« Und deshalb bleibt die Zeichnung wesentlich, weil »das Kunstwerk eine Poesie in Formen und Farben«[22] ist.

Es ist demnach notwendig, dieses Ausdrucksmittel mit einer vollkommenen Beherrschung der Zeichnung und der Farbgebung ins Einvernehmen zu bringen. Wenn aber die Zeichnung das wesentliche Ausdrucksmittel in der klassizistischen Theorie war, um die jenseits der Erscheinungswelt stehende Idee zu erfassen, und wenn bei Carstens diese Suche eine ethisch-philosophische, an Kant orientierte Bedeutung angenommen hatte, so füllt sie sich in der theoretischen Konzeption und der praktischen Ausführung der Nazarener mit den verschiedensten allegorisch-symbolischen Bedeutungen, da sie nach dem ›göttlichen‹ Plan suchen, der sich in der Natur manifestiert. Die Linie ist nicht mehr oder wenigstens nicht nur ›Umriß‹, und auch nicht Fixierung primärer Strukturen des Gedankens, der Idee, sondern das Erkennen der göttlichen Vorsehung, in der Erscheinungswelt des unberührten Schönen im irdischen Paradies vor dem Sündenfall, das gleichermaßen vom Universalen zum Besonderen übergeht.

Friedrich Schlegel zeigt in der ›Arabeske‹ den Ursprung der Malerei auf und bezieht sich dabei auf die in der Kultur des 18. Jahrhunderts festgelegten Definitionen in bezug auf ihre Entstehung als ›outlines‹, die dann von Flaxman in der abstraktesten Weise interpretiert wurde.

Der Begriff ›Arabeske‹ wird sodann in der Theorie einer symbolischen Kunst vertieft, wie sie Friedrich Schlegel seit seinen ersten Schriften bis zu dem Moment, als er zum Förderer der Nazarenerbewegung wurde, und zwar besonders durch die Empfehlungen an seinen Stiefsohn Philipp Veit, formulierte. Die ›Arabeske‹ nimmt also die Bedeutung an, die sich in der Auffassung von Tieck und Wackenroder widerspiegelte, wonach die Kunst das Sprachrohr Gottes war, der sich in der Natur in Form von ›Hieroglyphen‹ manifestierte.

Wenn die Malerei »Poesie in Formen und Farben« ist, wie Wilhelm Schadow[23] geschrieben hatte, so wird in jenen Jahren, in denen die Festlegung der Grundsätze für das Schaffen der Nazarener erfolgt, auch die Farbe zum Gegenstand der Untersuchungen. Aus einem Meinungsaustausch zwischen Overbeck, Pforr und Passavant kann man entnehmen, auf welche Weise das Problem um 1808 behandelt wurde. Es waren die Jahre, in denen Goethe seine 1810 erschienene Abhandlung ›Zur Farbenlehre‹ schrieb, und Runge an seinen Untersuchungen über die symbolische Bedeutung der Farben arbeitete.

Pforr schreibt in einem Brief vom 1. August 1808 an Passavant: »Overbeck und ich haben zusammen eine Entdeckung gemacht, die uns mit der Zeit als Künstler von sehr großem Nutzen sein kann, es ist nämlich, den Charakter der Farben, mehr als man getan hat, mit der Malerei zu verbinden und überhaupt jeder leblosen Sache ihren eigentümlichen Charakter abzulernen und dadurch ein Bild sprechender und übereinstimmender zu machen. In den meisten Gemälden findet man nur eine gewisse Ordnung der Farben, die aber keinen andern Zweck hat, als dem Auge zu schmeicheln und die Übergänge von einem Gegenstand zu dem andern sanft zu machen, dadurch denn die Harmonie der Farben hervorgebracht wird; unser Bemühen ist aber eine Harmonie des Menschen, den ich vorstelle, mit den Farben seines Gewandes hervor zu bringen.«[24]

Dies sind Überlegungen, die noch sehr lebhaft eine Kritik an jener Auffassung von der Farbe durchblicken lassen, die im Denken des 18. Jahrhunderts mit seiner sensualistisch-empirischen Tradition so großen Beifall gefunden hatte, wodurch der Farbe weniger Bedeutung beigemessen wurde als der Zeichnung. Diese Auffassung wurde besonders in den Thesen des Klassizismus vertreten, die stärker an eine streng idealistische Interpretation gebunden waren[25].

Eine derartige Kritik an der Farbe als »Schmeicheln der Augen« geht folglich nicht von einem Blickwinkel wie dem Kants aus, wonach die Farbe ein reines »Vergnügen der Sinne« war, sondern sie wird unter einem ethisch-religiösen Aspekt betrachtet.

Die Farbe wird somit zum Ausdruck der ›Einzigartigkeit‹ des Gegenstandes und deshalb in ihrer Beziehung zum natürlichen und physischen Wesen desselben untersucht und gleichzeitig als Ausdruck einer universellen Auffassung der ›Harmonie‹ betrachtet. Es handelt sich um eine allegorisch-symbolische Vorstellung, die ihr historisches Beispiel im Gebrauch der Farbe bei den ›Primitiven‹ findet, und sich auf einer spekulativen Ebene bewegt, gerade nur angedeutet wird, und einerseits weit von den komplizierten Forschungen Goethes, andererseits auch von den tiefer in eine symbolische Interpretation eingehenden Untersuchungen Runges entfernt ist.

Die Überlegungen Pforrs lenken jedoch die Aufmerksamkeit auf das Verhältnis der Farbe zum psychischen und physischen Wesen des Subjekts, so daß der Begriff ›Harmonie‹ die Bedeutung von Übereinstimmung der Farbe mit dem psychologischen Charakter annimmt. »Wir haben genau acht gegeben und haben gefunden, daß fast jeder Mensch, wenn er freie Wahl hat, sich zu kleiden, sich immer nach seinem Charakter kleiden wird. Besonders nützlich wird uns diese Entdeckung, dieses auf die Malerei anzuwenden, bei dem Abbilden von Weibern sein. Denn der Mann trägt sich mehr nach seinem Beruf und Amt, ... Aber die weibliche Kleidung ist sehr wenig verschieden ...« In einem späteren Brief an den Freund Passavant geht Pforr ausführlicher auf diese zusammen mit Overbeck gemachten Beobachtungen ein, indem er über die geeigneten Farben, die zur Haarfarbe passen müssen, welche wiederum mit den psychologischen Merkmalen in Einklang zu stehen hat, folgendes zusammenfaßt: »Schwarzes Haar macht zweierlei Hauptzüge kenntlich; entweder Stolz und Kälte oder Munterkeit und Fröhlichkeit; das scheint sehr verschieden zu sein, aber gib nur acht und Du wirst finden, daß wir wenigstens nicht unrecht haben. Braunes Haar bezeichnet gutmütige Fröhlichkeit, unschuldige Schalkheit, Naivität und Munterkeit, blondes Haar Eingezogenheit, Bescheidenheit, Herzensgüte und Stille, im ganzen überhaupt mehr leidend als handelnd. Was rotes Haar bedeutet mit einem Gesicht dazu, wie es sich gehört, brauche ich Dir nicht auszulegen.«

Solche Beobachtungen sind den Theorien Lavaters über die psychophysische Einheit nicht unähnlich und führen zu einer Überlegung über das natürliche Aussehen, um das Göttliche im Menschen zu finden, das heißt die von Wackenroder festgestellte platonische Mnesis, die durch einen intuitiven Prozeß stattfindet.

Als Friedrich Schlegel das Werk Raffaels untersuchte, stellte er eine Parallele zwischen dem Gebrauch der Farbe in der Poesie und in der Malerei auf. Dies ist auch das Prinzip, nach dem die Farbe der ›Primitiven‹ mehr nach ihrem ›strukturellen‹ als symbolischen Wert geschätzt wird. Schlegel bemerkt bei der Beschreibung der *Madonna mit dem Diadem,* die heute nicht mehr für ein Werk Raffaels gehalten wird: »Die Farben sind etwas verloschen, doch ist noch sichtbar, daß Rot, Weiß und Blau in dem Gewande der Maria hier auf eine Weise verbunden und kontrastiert waren, wie die Dichter solche Farben zu brauchen und zu deuten pflegen; und eine solche mehr dichterische als malerische Konstruktion der Farben, war diesem Künstler wohl überhaupt eigen. Ich finde manchmal da eine Neigung zu reinen Massen der entschiedensten roten, grünen, oder weißen Farben, die dann wie zu reinen Akkorden ohne alle Dissonanzen verschmolzner und bläulicher Schattierungen einfach verbunden sind, welche Manier für die bloß phantastische und grotesk fröhliche Malerei, wenn es eine solche gäbe, eben so angemessen sein würde, als die Verschmelzung aller nicht einfachen, sondern gleichsam dissonierenden Farben, wie im Correggio, die für die sentimentale Malerei einzig angemessene ist.«[26]

Wenn also die Kunst durch die ›Phantasie‹ und das ›Gefühl‹ als einziges Mittel zur Wiedervereinigung mit Gott nach dem ›Sündenfall‹ betrachtet wird, so muß die Geschichte der Kunst der Vergangenheit als Geschichte dieses ›Sündenfalles‹ angesehen werden. Pforr drückt in seiner Schrift ›Über die Frage, ob es notwendig sey das Gefühl durch die Vernunft zu befestigen‹ (1808)[27] klar diese Auffassung aus, die Jahre später auch von Philipp Veit in seinem Vortrag ›Verschiedene Gedanken über Phantasie‹[28] bekräftigt wird. Pforr schreibt: »Gott der nicht allein Wesen schaffen wollte, die sich nähren ausbreiten und die Erde bevölkern könnten, sondern die Menschen seyn, und als diese die höchste Stufe unter allen Geschöpfen auf Erden erreichen sollten, gab zum Ersatz des verlohrnen Paradiesses dem ernsten Leben die heitre Kunst ... durch die Kunst wurden die Menschen immer noch an das Schöne der Natur gebunden und dadurch hat sie dieselben gebildet erhalten, bis zu dem grossen Zeitpunkt, da Gott seinen Sohn auf die Welt sendete, um die Gebrechen der Menschheit zu lösen.«[29]

Hier scheint Pforr die Tradition der Verinnerlichung des religiösen Gefühls, die von Hamann, Herder und vom Pietismus in das Denken Wackenroders, Tiecks und der Schlegel überging, bis zur letzten Konsequenz zu treiben. Wie unlängst Strack[30] hervorhob, ist für Wackenroder der Künstler von Gott inspiriert, während für August Wilhelm Schlegel das Göttliche im Menschen selbst liegt, der als dessen Sprachrohr wirkt. Und dennoch muß man in der völligen ›Ästhetisierung‹ der von Tieck erlebten religiösen Erfahrung die wirkliche Vorläuferin der Nazarenerbewegung erkennen, zumindest im Augenblick der Entstehung der Bruderschaft, das heißt in dem Moment der lebhaftesten Diskussion und des intensivsten Eifers. Die Religiosität wird zur Quelle eines ästhetischen Genusses, und diese Übertragung der Frömmigkeit auf die ästhetische Ebene ist ein deutliches Indiz für die von dem modernen Künstler durchlebte Isolierung und ihrer Projektion ins Irrationale, wie sie in dem Märchen Wackenroders, ›Ein wunderbares morgenländisches Märchen von einem nackten Heiligen‹[31], zum ersten Mal glänzend dargestellt wird. Aus diesem Gefühl der Isoliertheit erwächst die Notwendigkeit des Wirkens innerhalb einer ›Gemeinschaft‹, jedoch außerhalb der Gesellschaft.

Eine solche Daseinsform wurde aber von den Nazarenern nur zum Teil verwirklicht, denn sie versuchten, aus der Abgeschlossenheit herauszukommen und ihre Rolle als ›primitive‹ Maler annehmbar zu machen, wobei sie es sich außerdem zur Pflicht machten, den neuen Künstler zu erziehen.

Aber so wie für Friedrich Schlegel, bevor er mit seinen Ausführungen in der Zeitschrift ›Europa‹ Stellung bezog, das Christentum mehr als ›eine Poesie der Vernunft‹[32] erlebt wurde denn als eine historische Religion, und als solche wie eine neue Mythologie reich an Bildern war, so sah auch Pforr in seiner Untersuchung über Verfall und Wiederaufblühen der Künste die Wiedergeburt der Kunst nach den Barbareneinfällen: »Kaum ist die Ordnung der Dinge wieder hergestellt, so erhebt sie sich von neuem, aber wie unähnlich ihrer frühern Zeit, statt dem bewunderten Troz eines egyptischen Apolls stellt sie die edle Liebe des Heilands dar, statt einer aus dem Bade steigenden Venus steht eine Maria da, die voll Demuth auf den eingebohrnen Gottes sieht ... Jetzt stehen in Italien Raphael und Michel Angelo glänzend auf, in Deutschland blüht die Kunst herrlich durch Albrecht Dürer und Holbein.«[33]

Die Wiederentdeckung der Primitiven

Die Geschichte des ›Erfolges‹ der ›Primitiven[34] in diesen Jahren, die in gewisser Hinsicht vor allem unter einem historisch-ideologischen Aspekt zu untersuchen ist, muß noch geschrieben werden und kann hier nicht weiter vertieft werden. Die Jahre um 1800 wurden unter anderen von Rosenblum studiert. Er konzentrierte seine Aufmerksamkeit besonders auf das Interesse für die italienischen Maler des Trecento und Quattrocento, das im Rahmen jener Forschungen herangereift war, mit denen sich Künstler wie William Ottley oder David Pierre Giottino Humbert de Superville und John Flaxman durch ihr Studium der ›Primitiven‹ beschäftigt hatten und die eine Erneuerung der figürlichen Kunst durch eine Eliminierung des perspektivisch-illusionistischen Raums anstrebten.

Die verschiedenen Phasen dieses Interesses sind auch in dem Kreis Goethe-Meyer, Tischbein, Carstens und Wächter wahrnehmbar, deren Einfluß auf die Entstehung der Nazarenerbewegung in Wien auch unter diesem Gesichtspunkt nicht zu unterschätzen ist. Auch Koch berichtete in den ersten Jahren des Jahrhunderts in seinen Briefen begeistert von seinen Besuchen im Camposanto von Pisa und bezeichnete die Brüder Riepenhausen als Rivalen in seinen Interessen[35].

Auch diese Interpretation der ›primitiven‹ mittelalterlichen Kunst, verbunden mit der folgenreichen Wiederentdeckung altbewährter Ausdrucksmittel wie der Umrißlinie, die zum konstruktiven Element eines Bildes wird, oder der ›reinen‹ Farbe sowie des Raums als geistiger ›Kategorie‹ (man denke nur an Carstens), wird von den Nazarenern übernommen. Sie behielt auch dann noch ihre Wirkung, als die durch die entscheidende Vermittlung Friedrich Schlegels herbeigeführte mystisch-sentimentale Bekehrung in Wackenroder und Tieck stattfand. Denn es handelte sich um eine Vermittlung, die, gerade weil sie eine Übertragung von der dichterischen Struktur entnommenen Lesarten mit sich bringt, auch zu neuen ›Lesarten‹ auf visuellem Gebiet anregt.

Passavant, der in seiner Schrift ›Ansichten über die bildenden Künste‹ (1820)[36] die verschiedenen theoretischen Positionen der Nazarener untersucht, stellt seine Geschichte der ›primitiven‹ toskanischen Kunst in eine Parallele zur Entwicklung der Poesie, die er in Verbindung zur politischen Freiheit sieht, welche damals in den Stadtstaaten geherrscht habe. Die Beurteilung der Kunst des 14. und 15. Jahrhunderts erfolgt nach anderen Kriterien: Passavant ist beeindruckt von der Symbolträchtigkeit der Werke Giottos und seiner Schule, Werke, die nicht nur einen »tiefen religiösen Charakter« aufweisen, sondern auch »tiefste Erkenntniss des menschlichen Geistes« verraten. Bei Masaccio lobt er besonders die »Wahrheit und Lebendigkeit der Darstellung, den Ausdruck in den Bewegungen und Köpfen seiner Figuren«, während Fra Angelico wie kein anderer den »Ausdruck eines reinen seligen Gemüths so ungemischt« darzustellen weiß. Maler wie Benozzo Gozzoli, Filippo Lippi, Botticelli und Ghirlandaio studieren nun auch »die Natur gründlicher« und Signorelli zeichnet sich durch ein »gründliches Studium der Zeichnung und des Colorits« aus, außerdem gelingt es diesem in besonderer Weise, in die »Tiefe der Idee« einzudringen. Hier gesellen sich ethische Kriterien zu ästhetischen, die aber noch schwankend nach einer Interpretation der beiden Prinzipien der nazarenischen Auffassung von der ›Idee‹ und der ›Natur‹ suchen, wie sie in der Entwicklung der toskanischen Kunst des Quattrocento, insbesondere ihres neuplatonischen Ursprungs, eine Parallele im nazarenischen Schaffen finden und eine Einheit von Zeichnung und Farbe erstreben, um aus dem Kunstwerk im Sinne Wilhelm Schadows »eine Poesie in Formen und Farben« zu machen.

Diese neue Geschichte der primitiven Kunst fand ihren Endpunkt im frühen Raffael. Tatsächlich ist Raffael für Friedrich Schlegel der letzte der ›Primitiven‹ und der erste der ›Modernen‹[37]. »Es ist nicht nur«, schreibt Friedrich Schlegel in ›Zweiter Nachtrag alter Gemälde‹, »dass er [Raffael] den frommen Sinn der älteren Maler, wie eines Angelico oder Perugino, mit aller Blüte der Kunst und dem Gipfel der Bildung zu vereinigen wußte; sondern wenn je ein Maler nicht bloß himmlisch begeistert, sondern göttlich erleuchtet genannt werden darf, so war es Raffael.«[38]

Wenn Raffael als der größte Interpret des Schönen und Michelangelo als der des Sublimen in ihrer Gegenüberstellung einen der Brennpunkte der klassizistischen Theoretiker bildeten, so wird Raffael nun von Friedrich Schlegel als einziges Vorbild und nicht einmal so sehr als Ausdruck des idealen Schönen hingestellt, als vielmehr aufgrund seiner ›Neigung zur Universalität‹. In der Tat ist die vorzügliche Eigenschaft seiner Kunst jene Universalität, welche die Manier und den Stil anderer wesensverwandter Künstler zu übernehmen und zu einer neuen Gesamtheit zu vereinigen versteht, das heißt jene ›Synthese‹, die dann für die nazarenischen Künstler in ihrer Hinwendung zur Vergangenheit einen paradigmatischen Wert annimmt.

Die Nazarener nehmen sich auch die ›Natürlichkeit‹ Raffaels zum Vorbild, indem sie diesen Aspekt gerade den kritischen Untersuchungen, die in den allerersten Jahren des Jahrhunderts in jener klassisch-romantischen Atmosphäre von einschneidender Wirkung waren, nicht nur von Friedrich Schlegel, sondern gleichzeitig auch von dem römischen Kreis um Fernow übernehmen. Den Künstlern, die das ›Sublime‹ und die Phantasie verherrlichten, werden die anderen vorgezogen – von den Primitiven bis zu Raffael –, die den Weg des ›Schönen‹ und ›Natürlichen‹ bezeichnen in dem Augenblick, als der Klassizismus abgelehnt wird, da er als Kunst für ein gebildetes Publikum gilt (vgl. Passavant) und deshalb dem Programm der Nazarener für eine volkstümliche Kunst entgegensteht.

Fernow selbst sieht diesen Aspekt Raffaels ganz deutlich: »Rafaels Scenen des Kindermords hingegen ..., seine Anbetung der Hirten u.a. sind jedem der sie betrachtet, dem ungebildeten Landmanne, wie dem gebildeten Städter, durch die große Deutlichkeit der Handlung, durch die treffliche Wahrheit des Ausdrucks verständlich.«[39]

Overbeck zeigte in einer kurzen Schrift von 1810, ›Die drei Wege der Kunst‹, in einer Metapher die drei möglichen Wege für den Künstler: die ›Natur‹ (Dürer), das ›Schöne‹ (Raffael) und das ›Sublime‹ (Michelangelo)[40].

»Der erste ist der grade einfache Weg der Natur und der Wahrheit, ein unverdorbner Mensch findet hier unendlich viel und mancherlei, das sowohl sein Herz anspricht als auch seine Neugier befriedigt; er geht schlecht und recht durch ein gutes ergiebiges Land, wo oft schöne Aussichten den Wandrer ergötzen. Zwar muß er sichs nicht verdrießen lassen, auch dann und wann eine öde Heide zu durchschreiten, die bisweilen mit unterlaufen, allein dafür ist denn auch wieder der Horizont meistens helle, und die Sonne der Unbefangenheit geht niemals unter. – Es ist der betretenste von allen, und besonders bemerkt man viele niederländische Fußtritte. Man muß sich freuen, wenn man die ältesten darunter verfolgt, wie sie so stät in beständig gleicher Richtung fortlaufen, denn es läßt sich wohl vermuten, daß die Wandrer, von denen diese herstammen, unbekümmert ihre Straße fortgezogen sind, und man findet auch unter diesen keine Spur, die nicht bis ans Ende reicht. – Nicht so verhält es sich mit den Neusten, die die gehen meistens nur Zickzack, bald rechts, bald links, und es läßt sich schließen, daß diejenigen, von denen diese herstammen, viel hin und her auf beiden Seiten müssen gegafft haben und oft unschlüssig gewesen sind, ob sie nicht lieber umkehren und einen andren Weg einschlagen sollten; von denen verlieren sich aber darum auch viele in die Heiden und Sandwüsten hinaus, in unwegsame Gegenden ... Wer aber immer grade auf dem vorgezeigten Weg fortschreitet, der kann sein Ziel nicht verfehlen; und was dieser Weg vor den andern Reizendes hat, ist besonders, daß er durch ein ebnes Land führt, wo es keine Berge zu steigen gibt, vielmehr immer bequem zu gehn ist, solange man sich aber nicht auf der einen oder andern Seite in die Moräste oder in die Sandwüsten verirrt; ... Auch findet der aufmerksame Beobachter alles, was man nur auf Erden sehen kann, auf diesem Wege wieder, und Langeweile hat man niemals; allein damit sich ein junger Künstler nicht allzuviel verspreche, muß ich kurz heraus sagen, man sieht im Grunde doch nichts mehr und nichts weniger, als was eben auch andre Menschen alle Tage auf der Gasse sehen.

Der andere Weg aber, der Weg der Phantasie, der durchs Land der Fabeln und Träume führt, ist grade das Gegenteil von dem ersten. – Da kann man nicht hundert Schritte auf ebenem Boden machen, sondern immer gehts bergauf und bergab über furchtbare Klippen und an steilen Abgründen vorbei, und nicht selten muß man sogar entsetzliche Sprünge wagen über grundlose Tiefen hinweg. Darum wer nicht die Natur dazu hat, dem würde es bei dem ersten Schritt schwindeln, und nur besonders starke Naturen sind im Stande, diesen Weg einzuschlagen und bis ans Ziel zu gelangen. ... nur wenige wagen sich in dies Revier, und selbst die Wenigen haben keine Gemeinschaft untereinander, der eine schweift hierhin, der andre dorthin, jeder ist sich selbst genug, keiner gibt auf den andern acht. Vor allen glänzt hier die leuchtende Bahn des *Michel-Angelo* durch die Nacht. (...)

Wer aber die sanfteren Eindrücke liebt, wer weder das Ungeheure fassen kann, noch auch an der Alltagswelt genug hat, und weder am grellen Mittagslicht wie im Lande der Natur, noch an stürmischer Nacht wie im Lande der Phantasie Behagen findet, sondern lieber im holden Zwielicht wandelt, dem rate ich an, den dritten Weg zu betreten, der zwischen den beiden obengenannten grade in der Mitte liegt; den Weg des Ideals oder der Schönheit ... So wechseln hier beständig Morgen- und Abendröte, Wahrheit und Schönheit gatten sich und aus ihrer Umarmung geht das Ideal hervor. So zeigt sich hier selbst das Fabelhafte noch im Lichte der Wahrheit, und wiederum selbst die nackte Wahrheit mit Rosenduft der Schönheit umhüllt.«[41]

Nur sehr schwer wird man unter den zahlreichen Zeugnissen der Nazarenergruppe prägnantere Ausdrücke als die Overbecks finden. Die beschwörende Kraft der besonderen geistigen Spannung dieser ersten Identifizierung von Kunst und Leben bezeugt eine Existenzkrise, die im ›modernen‹ Sinn erlebt wurde in dieser dramatischen historischen Übergangsphase, aus welcher der Lukasbund hervorging, der seine römische ›Einsiedelei‹ im ehemaligen Kloster S. Isidoro fand.

Der ›moderne‹, in sich selbst zurückgezogene Künstler ist weniger der ›Eremit‹ aus dem Märchen Wackenroders, als vielmehr ein ›Wanderer‹ auf der Suche nach einer freundlichen Natur, der ›wahren Heimat‹[42].

1 Vgl. hierzu auch die einleitenden Abhandlungen von G.C. Argan und M. Cacciari im Ausst.-Kat.: *Classici e romantici tedeschi in Italia.* Venedig 1977
2 Vgl. R. Rosenblum: *Transformations in late Eighteenth Century Art.* Princeton 1970[3], Kap. IV
3 F. Schlegel: ›Gespräch über die Poesie‹ (1800), in: *Athenäum,* III
4 A.W. Schlegel: ›Ueber Zeichnungen zu Gedichten und John Flaxman's Umrisse‹ (1799), in: *Athenäum,* II, und in: *Sämmtliche Werke,* IX, Leipzig 1845, S. 202–257
5 A.W. Schlegel: ›Die Gemählde‹, in: *Athenäum,* II, S. 134
6 A.W. Schlegel: ›Vorlesungen ueber dramatische Kunst und Literatur‹, in: *Sämmtliche Werke,* Leipzig 1846
7 Ebenda Bd. V, S. 17 (Erste Vorlesung)
8 Vgl. G. Piantoni: ›Le obiezioni della critica tedesca: il Saggio su Antonio Canova di C.L. Fernow‹, in: *Studi canoviani,* I/2, Rom 1973, S. 11–37
9 Vgl. zu dieser Interpretation auch W. Busch: ›Der sentimentale Klassizismus bei Carstens, Koch und Genelli‹, in: *Kunst als Bedeutungsträger. Festschrift für Günter Bandmann.* Berlin 1978, S. 317–343
10 F. Schlegel: ›Vom Raffael‹, in: *Kritische Friedrich Schlegel-Ausgabe,* Bd. VI, München 1959, S. 57
11 J.A. Koch: *Gedanken eines in Rom lebenden Künstlers* (1810), in verkürzter Form hrsg. von D.F. Strauss: *Kleine Schriften.* Leipzig 1862, S. 309
12 Ebenda S. 310
13 F. Schlegel: ›Nachtrag italiänischer Gemälde‹ (1803), in: *Kritische Friedrich Schlegel-Ausgabe,* VI, München 1959, S. 71
14 F. Schlegel: ›Nachtrag italiänischer Gemälde (1803)‹, a.a.O., S. 74–75
15 Ph. Veit: *Zehn Vorträge über Kunst* (hrsg. von L. Kaufmann). Köln 1891
16 G.E. Lessing: *Laokoon* (1766). Paderborn und Würzburg 1937
17 Ebenda S. 45 und 55
18 Ph. Veit, a.a.O.
19 Ph. Veit: ›Über die Verzweigungen der Kunst, vorzüglich über Genre- und Landschaftsmalerei‹, in: *Ph. Veit, a.a.O.,* S. 38/39
20 W. von Schadow: *Der moderne Vasari. Erinnerungen aus dem Künstlerleben.* Berlin 1854
21 Abgedruckt in: F.H. Lehr: *Die Blütezeit romantischer Bildkunst, Franz Pforr, Der Meister des Lukasbundes.* Marburg/Lahn 1924, S. 307–310
22 W. von Schadow, a.a.O., S. 82 f.
23 W. Schadow, a.a.O.
24 F. Pforr: ›Über den Charakter der Farben‹, in: *F.H. Lehr,* a.a.O., S. 275 f.
25 Vgl. z.B. die Überlegungen von C.L. Fernow: ›Über den Begriff des Kolorits‹, in: *Römische Studien,* Bd. II, Zürich 1806
26 F. Schlegel: ›Nachricht von den Gemälden in Paris‹, in: *Kritische Friedrich Schlegel-Ausgabe,* Bd. IV, München 1959, S. 41 f.

27 Abgedruckt bei *F. H. Lehr, a. a. O.*, S. 298-306

28 Ph. Veit, a. a. O.

29 F. Pforr in: *F. H. Lehr*, a. a. O., S. 300

30 F. Strack: ›Die göttliche Kunst und ihre Sprache. Zum Kunst- und Religionsbegriff bei Wackenroder, Tieck und Novalis‹, in: R. Brinkmann: *Romantik in Deutschland*, Stuttgart 1976, S. 369-391

31 Jüngste Studien über die Ästhetik Wackenroders, vgl. L. Zagari: ›Il santo nudo e la ruota del tempo. L'impasse dell'intellettuale nella fiaba di Wackenroder‹, in: *Studi Germanici*, XIX, 1, 1976, S. 26-73, und M. Bonicatti und T. Musi: ›Wackenroder: nuove ipotesi interpretative‹, in: *Studi Germanici*, Nr. 2-3 (im Druck)

32 F. Schlegel in: ›Fragmente über die Poesie‹, in: H. Eichner: *Friedrich Schlegel. Fragmente zur Poesie* ... Literary Notebooks 1797-1801, London 1957, Fr. 1816

33 F. Pforr in: *F. H. Lehr*, a. a. O., S. 301

34 Dazu die grundlegende Arbeit von L. Venturi: *Il gusto del Primitivi*, Bologna 1926, der zahlreiche andere, noch speziellere Untersuchungen in jüngster Zeit folgten, u. a. H.-J. Ziemke: ›Ramboux und Assissi‹, in: *Städel-Jahrbuch*, N. F. 3, 1971, S. 167-212

35 J. A. Koch, Brief von 1803, in: *Lutterotti 1940*, S. 35, Anm. 76

36 J. D. Passavant: *Ansichten über die bildenden Künste* ... Heidelberg und Speyer 1820, S. 37 ff.

37 Wie auch R. Assunto richtig bemerkt in: F. Schlegel: *Pagine su Raffaello*, Urbino 1973, S. 21

38 F. Schlegel: ›Zweiter Nachtrag alter Gemählde‹ (1805), in: *Kritische Friedrich Schlegel-Ausgabe*, Bd. IV, München 1959, S. 101 ff.

39 C. L. Fernow: ›Über Raffaels Teppiche‹ (1796), a. a. O., S. 125

40 F. Overbeck, abgedr. in: *F. H. Lehr*, a. a. O., S. 303-307

41 Ebenda S. 303-306

42 Indem er die neuen Interpretationsmöglichkeiten der Landschaftsmalerei betrachtet, beschreibt Ph. Veit diese geistige Dimension folgendermaßen: »Und sollte nicht vielleicht gerade in dieser ungestillten Sehnsucht, in diesem Drängen nach der Ferne, ob vielleicht jenseits des begrenzenden Horizontes ein wahrer Friede, eine wahre Heimath zu finden sei, die eigentlichen Poesie der Natur zu suchen sein, die Quelle jener eigenen Stimmung, die den Dichter begeistert und die, wenn sie glücklich wiedergegeben worden, den schönsten Reiz eines landschaftlichen Gemäldes ausmacht?« in: ›Über die Verzweigungen der Kunst, vorzüglich über Genre- und Landschaftsmalerei‹, a. a. O., S. 42. Vgl. zu dieser Problematik M. Cacciari: ›Dialettiche classico-romantiche‹, in Ausst.-Kat. *Classici e romantici tedeschi in Italia*. Venedig 1977

Michael Krapf

Zu den Voraussetzungen der Entstehung des Lukasbundes in Wien

Wie es zur ersten Sezession von Malern von der Akademie in Wien kommen konnte – ein folgenschwerer Prozeß, der sich von nun ab innerhalb der Kunstentwicklung wiederholen sollte –, ist mehrfach gedeutet worden[1]. Allerdings sind zur Deutung der Beweggründe für die Abspaltung häufig Dokumente herangezogen worden, die nach der Zeit des eigentlichen Exodus von Overbeck und Pforr aus Wien (1810) aufgezeichnet wurden. Meist sind es die Briefe Joseph Sutters aus Wien an Overbeck nach Rom[2], die zum Beweis dafür dienen sollten, daß die Abspaltung eine bewußt-kalkulierte, gegen die Akademie gerichtete war. Vor allem jener Brief vom 30. August 1811 ist es, in dem Sutter berichtet, daß er keines Preises für würdig befunden worden sei, der die Abspaltung im nachhinein dramatisiert hat (allerdings ist so die Situation durch die Brille Sutters gesehen). Dagegen haben Feuchtmüller und nach ihm Bachleitner[3] das Revolutionäre der Ideen nicht in den Vordergrund gestellt wissen wollen und das Programmatische des Aktes des Abzuges aus Wien in Abrede gestellt. Die Lukasbrüder seien in Frieden mit der Akademie aus Wien nach Rom weitergezogen, so Feuchtmüller, wollten auch kein eigentlich neues Kunstprogramm verwirklichen, sondern die ›Wahrheit‹, jeder auf seine Art. Lediglich von Jensen[4] wurde eingehend analysiert, was die Sache von seiten der direkt Betroffenen, Overbeck und Pforr, erhellt, mit welchen Vorstellungen die beiden nach Wien gekommen seien, anders gesagt, wie ihre in Wien gesetzten Erwartungen ausgesehen haben mochten.

Obwohl dabei die Akademie als Dachorganisation der Künstler wie als Bildungsinstitut berücksichtigt wurde, wurde eigentlich nicht gefragt, an welchen normierten, unüberschreitbaren Regeln Overbeck und Pforr in Wien gescheitert sind. Ihr Kampf wurde entweder aus Selbstzeugnissen gedeutet oder aber von den Professoren der Akademie her, vor allem natürlich von Füger, gesehen, der Interesse daran haben mußte, das Persönliche der Auseinandersetzung mit der Akademie auf eine ›höhere Ebene‹ zu transponieren[5]. Ergänzend dazu soll versucht werden, einmal die ›Gegenprobe‹ zu machen, das heißt, daß als erstes die Strukturen der Akademie und der geltenden Kunstpolitik aufgezeigt werden sollen. Erst im zweiten Teil soll, daraus erwachsend, der individuelle Kampf des einzelnen bis zum Abgang aus Wien verfolgt werden. Alles in allem, so die These, soll gezeigt werden, daß Overbeck und Pforr unter den gegebenen Umständen an Wien scheitern mußten: An der Akademie als Institution, weil sie sich außerhalb der Ordnung stellten, an der Kunst und letztlich an sich selbst, weil eine individualfreundliche Kunst im Sinn einer extremen Romantik in Wien zur gegebenen Zeit nicht zu verwirklichen war.

Außer Zweifel steht dabei, daß Wien lediglich als Übergangsphase innerhalb einer viel breiter angelegten Nord-Süd-Wanderung von Künstlern innerhalb Europas mit dem Ziel nach Rom zu gelangen zu betrachten ist. Jedoch ist diese entscheidend, ja sogar genetisch gesehen notwendig, da in Wien weit mehr als anderswo die Möglichkeit gegeben war, gegen ein intaktes, staatlich gelenktes Lerninstitut, eben die Akademie, anzurennen. Für eine, wenn auch nur kurze Zeit, sind sowohl Overbeck als auch Pforr dem Mythos von der Erlernbarkeit der Kunst aufgesessen. Jedoch waren in Wien die Fronten aufgrund der extremen staatlichen Stützung einer verspäteten Aufklärungskunst zu sehr verhärtet, als daß es zu einer Diskussion kommen konnte. Diese ist erst für die Zeit nach dem Abgang der Lukasbrüder im Jahr 1810 bezeugt[6]. Dabei scheint besonders wichtig zu sein, daß es zu keiner Diskussion kam, zu keiner wie immer gearteten Infiltrationsbewegung, da ohne Zweifel die Radikalität der Gruppe darunter empfindlich gelitten hätte: Die nächste Stufe der Konsolidierung nach ›dem Bruch‹ mit der Akademie mußte in Rom vonstatten gehen. Das Schicksal des zurückgelassenen Sutter in Wien beweist, daß der Kampf gegen die Akademie vergeblich war und nur in Panik zum selbstzerstörerischen Akt der Kunstvernichtung aus Protest führen konnte. So feiert er ein Bußopfer ›verworfener Kunst‹ und verbrennt dabei Studienzeichnungen nach seinen Lehrern Füger, Caucig, Maurer und Schmuzer: »Alle diese Mißgeburten meines Fleißes habe ich ins Feuer geworfen, indem ich sie vorher in Stücke gerissen und bei jedem Riß ausrufte es lebe St. Lucas! oder zum Opfer der Kunstwahrheit! oder es lebe unsere Bruderschaft, oder, die Afterkunst soll verderben! ...«[7] Allein daraus ersieht man deutlich genug, daß die Auseinandersetzung mit einer mächtigen, ungebrochenen Institution ihre Opfer fordert, während Overbeck und Pforr in Rom verwirklichen konnten, was in Wien nicht möglich gewesen war.

Nicht anders erging es Scheffer von Leonhardshoff, bevor er 1814 nach Rom ging (allerdings ist für ihn Wien keine Durchgangsstation wie für die Deutschen, weshalb für ihn der Lernprozeß nach Sutters ›Einführung‹ in die Kunst so eigentlich erst unter der Ägide Overbecks in dessen inzwischen eingerichteter Kunstschule in Rom beginnt[8]).

Die zweite Generation innerhalb der Romantik in Wien unter der Patronanz von Ferdinand Olivier[9] (ab 1811) kennt dieses

Problem des ›Unterwanderns‹ bereits nicht mehr: Die Durchdringung der romantisch-katholischen Kreise Wiens durch die deutsch-römische Kolonie ist bereits vor sich gegangen. Das Abseitsstehen von der Akademie und von der offiziellen Kunstpolitik war ab dieser Zeit bereits zur Regel geworden. Lediglich bei Joseph Anton Koch wiederholt sich noch einmal in ganzer Deutlichkeit der bekannte ›Abstoßungsprozeß‹, wie er bei Overbeck und Pforr zu beobachten war. Auch ihm war die Akademie und deren Regelzwang zum Verhängnis geworden, bevor er wie die Lukasbrüder – Wien als ›Durchgang‹ benutzend – 1815 nach Rom zurückkehrte. »Wien verlasse ich mit Freuden«, schreibt Koch, »aber der Abzug aus Deutschland verursacht mir Schmerz, es sind doch viele gute Leute darinnen zerstreut. O, wenn doch die Nation als Nation sich nicht so fremd wäre, da hätten wir sicher eine vaterländische Kunst und wir Künstler würden uns auch allda wohlbefinden, aber in Ermangelung dessen ist immer das Asyl der Kunst in Italien.«[10]

Aber gerade dieser Hang zum Nationalen war es, der der Akademie als Bildungsinstitution für eine feudal-übernational geprägte Kunst besonders suspekt erschien. Wie nun diese ›Gegenseite‹ dachte, an der Overbeck und Pforr scheiterten, bzw. dialektisch gesehen, welche Zielvorstellungen den Künstler bei der Verwirklichung seiner Aufgabe, der Herstellung von Kunst, zu leiten hätten, kann Friedrich Schlegels ›Aussichten für die Kunst in dem österreichischen Kaiserstaat‹[11] entnommen werden. Dort heißt es einleitend: »Die k.k. Akademie der vereinigten bildenden Künste feierte am 12. Februar d. J. den Geburtstag Sr. k.k. Majestät durch die Publikation der neuen, von dem Monarchen erteilten Statuten und durch eine öffentliche Preisverteilung...« Als Kurator der Akademie hielt Fürst Metternich die Rede, der zu entnehmen ist, wie er sich – und durch ihn ausgedrückt, das Kaiserhaus – eine Verbesserung der Zustände an diesem Lerninstitut vorstellen könnte. Es zeichnet sich eine Vorstellung von Kunst ab, die aus der Aufklärung entwickelt ist, das ›Gemeine‹ hinter sich läßt, um in einer Art Evolution zum Künstlertum fortzuschreiten, eine Vorstellung, die den Romantikern, da sie, wie Schlegel sich ausdrückte, zu den Quellen des Menschheitsgeschlechtes zurückzukehren wünschten, zuwiderlief: »Der Kunst auf ihren höhern Stufen genügt das Gemeine nicht mehr. In ihrer Kindheit hat der bloße Handwerker den Wahn ein Künstler zu sein; dem noch rohen Volke scheint jeder Farbenaufwand Malerei, jedes Schnitzwerk, Bildhauerei.«[12] Die Überheblichkeit einer solchen höfischgesteuerten Kunstauffassung liegt auf der Hand: Bedenkt man, daß die Brüder Grimm den Sagenstoff des ›einfachen Volkes‹ zu sammeln begannen und vor allem Pforr das Mittelalter förmlich zu erfühlen trachtete, daß die Stoffe für Graphik und Gemälde diesen ›Vorlagen‹ entnommen wurden (man denke an den *Einzug König Rudolfs von Habsburg in Basel 1273*), kann man ermessen, daß die Lukasbrüder mit dieser Art von erlernbarer Malerei nicht einverstanden sein konnten. Um dem erhöhten Bildungsanspruch gerecht zu werden, sollte ein eigener Lehrstuhl der Theorie der Kunst gegründet werden. Die Unterscheidung zwischen dem ›gewöhnlichen‹ und dem ›zu höherem geborenen Künstler‹, wobei die klassizistische Kunst als Vor- und Leitbild hingestellt wurde, trug dazu bei, die Kluft zu vertiefen. Wien sollte einst Schulen besitzen wie Italien oder die Niederlande, so Metternich, der resümiert: »... das Handwerk verschwindet, die Kunst tritt an seine Stelle...« Als Anreiz sieht er an, daß der Kaiser eine Ausstellung der Werke vaterländischer Künstler angeordnet habe – die erste solche wurde für 1813 bestimmt –, jedoch sollte auch diese gemäßigt sein. Metternich endigte mit den Worten, daß nichts weltbürgerlicher sei als gerade Wissenschaft und Kunst. Das Vaterland als solches tritt erst durch die Hintertüre ein, indem der ›Dank des Vaterlandes‹ seine Verwirklichung im Bild als Gegenwelt ersetzen soll. Statt dessen wird ein wohlabgewogenes Angebot vorgestellt: »Das Studium der Kunst, der Sinn für alles Große und Schöne, der wahre Nationalreichtum, vom wahren Nationalruhme unzertrennlich, werden sich in gleichen Verhältnissen erheben.« In der Antwort der Akademie wird endlich völlig unverblümt das Vernunftdenken einer vergangenen Epoche zitiert, indem das Genie in die Schranken der Vernunft tritt, während »bloße ungeregelte Ausbrüche natürlicher Kraft« als barbarisch abgelehnt werden. Aufgehoben solle all das in der weisen Organisation einer kaiserlichen Akademie sein, einem Hort der Erziehung, wogegen sich Overbeck und Pforr von 1806 bis 1809 vergeblich wandten. Es wird eigens festgehalten, daß die Rompreise von Wien aus vergeben werden sollten, was natürlich Zentralismus und Abhängigkeit förderte. »Die divergierenden Strahlen sollten in einem Brennpunkt gesammelt werden«, wodurch die unumschränkte Herrschaft der Akademie außer Zweifel stehen sollte. Auch der Präses der Akademie, Joseph von Sonnenfels, sprach sich für eine gemäßigte »Revolution von oben« aus, indem er lediglich eine allgemeine »Wiedergeburt der vaterländischen Kultur der Künste« forderte.

Gegen die Erlernbarkeit der Kunst setzt Schlegel in seiner Antwort die Theorie vom ›Talent‹, das zum ›Genie des Schönen‹ seinen Weg gehe, den ›Charakter‹, der mitwirken müsse, damit Kunst entstehen könne. Er macht weiter darauf aufmerksam, daß das Publikum vergessen worden sei, die Öffentlichkeit, die er sich in Ausstellungen zur Belebung der Künste dachte: Sie sei von den karitativ-spendenden, die Künstler monopolgleich fördernden Kreisen vergessen worden. Das Publikum müsse allerdings auch durch die Tat – etwa in Form von Ankäufen oder Bestellungen – die Liebe zur Kunst beweisen, wodurch die Kunst erst fähig sei, das ganze Leben zu durchdringen. Ein besonderes Anliegen ist ihm im Gegensatz zu Metternich der Inhalt der Kunst selbst; er empfiehlt die altdeutsche Kunst zum Studium, das Zeitalter Maximilians und Dürers, was besonders von Pforr seit der Wiener Zeit verfolgt wurde. In einer typischen Doppelgeleisigkeit, die für die Nazarener entscheidend werden wird, sieht er die Alternative zum vaterländischen im religiösen Bild, wobei diesem sogar das Primat zukommt:

»Unter allen Gegenständen und Bestellungen dürften daher die religiösen, die, welche zum Gebrauch der Andacht und zur Verherrlichung der Kirchen bestimmt sind, für die Kunst die würdigsten und die vorteilhaftesten sein.«[13] Schlegel verspricht sich davon eine Erweiterung des an Kunst interessierten Publikums, das gelehrten und mythologischen Gegenständen des Altertums gegenüber keine Beziehung hätte. Eine solche von ihm entworfene Kunst, wie sie letztlich Overbeck und Pforr in typischer Zweigeleisigkeit zu entwickeln suchten, »wirkt recht eigentlich auf den Menschen überhaupt«. Daß Schlegel sich dabei natürlich auf die Position zurückzieht, Mensch sein bedeute Religion haben, wird erst im fortgeschrittenen Nazarenismus zum Problem, da die ›Wirkung auf alle‹ bei immer größer werdender Einseitigkeit des Programmes – man denke an den einseitigen Musterkatalog des Thematischen innerhalb des nazarenischen Kirchenbaues[14] – ausbleibt. Der Totalitätsanspruch zerbricht an neuen Interessen, die Schlegel in seiner utopischen Geschichtsschau nicht wahrhaben wollte. Andererseits wirkt es wie berechnend-drohend, wenn Schlegel meint: »... der Mensch kehre am Ende doch immer wieder zu den natürlichen Gegenständen seiner Verehrung und Liebe zurück.«

Neben den beiden großen Hauptthemen, dem vaterländischen und dem religiösen Kultbild – besonders wird dabei die Verbildlichung österreichischer Geschichte gefordert, da sie an poetischen Schönheiten und Gegenständen so außerordentlich reich sei –, schleicht sich noch eine dritte Sparte ein: jene Gegenstände und Darstellungen, »welche bestimmt sind, das Privatleben zu verschönern...«. Dabei solle nicht wie in den Palästen der Reichen Luxus und Mode vorherrschen, sondern bei einfacher bürgerlicher Lebensweise die Nähe und der Anblick schöner Kunstwerke erheitern. Auch hierin kann vor allem Pforr beim Wort genommen werden, der sich in *Sulamith und Maria* ein bürgerliches Leben mit Frau und Kind erträumt[15]. Noch Scheffer von Leonhardshoff schließt in seiner Formulierung der *Schlafenden Familie* an diesen bürgerlichen Strang der Selbstfindung des Künstlers als Künstler an und sieht seinen Weg innerhalb der Gemeinschaft, wenn auch durch Aufträge abgesichert außerhalb des Prokrustesbettes der Akademie: »... gib bald ein frommes Mädchen mir, die meiner niemahls unwerth einst traulich mit mir lebt, an der ich mich erfreue, wenn ich des Tages Arbeit gut vollendet, die sittlich mir mit holden Worten meinen Fleiß belohnt ... laß Mutter Vater werden, o lange noch wirds weilen ... ja Dank ists dir, wenn ich in Furcht und Liebe meine Kinder fromm erziehe.«[16]

Erst dieser Konnex zwischen Künstler und Gesellschaft außerhalb des Höfisch-Feudalen ermöglicht ein sorgenfreies, wenn auch einfaches bürgerliches Leben. Um diesen Punkt von Auftrag und Leben in der Gemeinschaft kreisen noch die letzten Gedanken Scheffers von Leonhardshoff. In den frühen zwanziger Jahren verändert sich dann auch die Gesellschaft, indem neben dem Adel das Bürgertum erstarkt: Der »gelehrte Kreis der gebildeten Kenner« machte eine zukunftsweisende Verbürgerlichung durch – man denke an die Rollen Erzherzog Johanns und Hormayrs für Österreich[17] –, während die »Wirkung auf alle Stände«, von Schlegel gefordert, weiterhin als utopisches Ziel vor Augen stand.

Mit den aufgezeigten Verhältnissen, mit den gesellschaftlichen Zwängen wie mit der Belehrungswut der Akademie, hatten sich die Einwanderer in Wien zurechtzufinden. Diese Einwanderung ging in mehreren Schüben vor sich: Seit 1806 kamen fast zur selben Zeit die Brüder Schlegel, Tieck, Eichendorff, Körner, Zacharias Werner, Bettina und Clemens Brentano, von 1804–1808 folgten als bildende Künstler Ludwig Schnorr von Carolsfeld, Pforr (1805), Overbeck (1806) und Ludwig Vogel. Obwohl sich Wien in der Zeit von 1806–1820 zu einem Sammelbecken des intellektuellen und künstlerischen Deutschland entwickelt hatte – Wien war während des Kongresses Zentrum Europas[18] –, konnte es niemals uneingeschränkt den Führungsanspruch behaupten, auch wenn Friedrich Schlegel dafür warb, und Dorothea Schlegel an ihre Freundin Caroline Paulus schrieb: »Ich sage dir, es ist jetzt in ganz Deutschland kein Heil als unter dem Hause Österreich.« So sehr die deutsche Kolonie in Wien Anklang auf literarischem und philosophischem Gebiet zu finden suchte, so bald regte sich der Widerstand: Hierin artikulierten sich sehr früh die bildenden Künstler wie Overbeck und Pforr, die in Wien keinen fruchtbaren Boden für ihre anfangs schwer adäquat formulierbaren Erlebniswerte fanden. Wächter ist einer der ersten, aus dessen Briefen Resignation spricht: »Ja ich halte Wien gar nicht für den Ort, wo in der höheren Malerei sich gewisse Gefühle so zu entwickeln Gelegenheit haben, daß solche in hellen Flammen aufloderten. – Noch etliche Jahre in Wien und es ist um mich geschehen.«[19]

Wie Wächter als Animator für Overbeck und Pforr das Publikum sieht, das Schlegel als Käuferschicht heranzubilden suchte, daß es für »höhere Malerei« keinen Sinn habe, auch wenig begeisterungsfähig sei, so sah es auch der 1812 zuziehende Joseph Anton Koch. Zu dieser Keimzelle des wachsenden Protestes gegen die Stadt und deren Indifferenz sowie gegen die Akademie stoßen der Reihe nach weitere Unzufriedene, die den Freundschaftsbund um Overbeck und Pforr erweitern: der Schwabe Wintergerst, die Schweizer Vogel und Hottinger, und lediglich ein Wiener, Josef Sutter, der allerdings im Kampf gegen die Akademie eine führende Rolle spielte[20]. Das erste Zusammentreffen dieser sechs Gleichgesinnten fand am 10. Juli 1808 statt, ein Jahr, bevor sich der Orden konstituieren sollte. Man einigte sich, alle vierzehn Tage zusammenzukommen und die Arbeiten gemeinsam zu beurteilen. Am 10. Juli 1809 wurde der Lukasbund geschlossen, wobei der Bundesbrief mit Wappen und Devise für jedes Mitglied ausgestellt wurde. Da die Akademie im Winter 1809/10 nur für eine beschränkte Anzahl von Schülern wieder eröffnet wurde und Overbeck und Pforr nicht bei den Aufgenommenen waren, blieb nur noch der Abschied[21]. Rom ersetzt Wien. Überdenkt man die rohen Fakten, darf man allerdings nicht vergessen, daß Wien und die Akademie manches Positive in der Basis boten: Man verdankte ihr jene erstrebte ›Sicherheit der Hand‹, die, trotz jedes jugendlichen Impetus, von ihr wegzukommen, auch weiterhin bestimmend blieb. Overbeck hat später niemals geleugnet, daß er diese ohne Zweifel seinen Wiener Studien verdankte. Vor allem die späten Kartons der Nazarener als Vorlage für die Wandmalerei eines Overbeck oder Cornelius erforderten sie wieder[22]. Was abgelehnt wurde, war auch mehr das sture Schema als die Ausbildung selbst. Die Wiener Akademie als Zwischenstadium auf dem Weg nach Rom vermittelte unter Fügers Einfluß weit mehr als die Pariser Akademie handwerkliche Fertigkeit und wissenschaftliche Kenntnisse[23]. Der Lehrbetrieb wird sowohl von Füger selbst (in einem Brief an Meyer) als auch von Pforr an seinen Vormund Sarazin geschildert. Der Unterricht umfaßte die Anfangsgründe der historischen Zeichnung, das Zeichnen und Modellieren nach Antiken, den theoretischen Unterricht (Anatomie, Gewandstudie), den Unterricht in Geschichte und Mythologie, und erst als Krönung dieser Ausbildung das Malen selbst[24]. Die ›dunklen Träume‹ der Lukasbrüder blieben dabei allerdings ausgeklammert, ›Herz, Seele und Empfindung‹ sollten erst nach Bewältigung des rein Stofflichen Eingang finden. Der schwerfällige Lehrbetrieb wurde besonders von Overbeck und Pforr als entnervend empfunden, bis im Februar 1807 ein Besuch bei Wächter die Wende herbeiführen mußte[25]. Seine sittliche und moralische Einstellung imponierte weit mehr als die Bravour des Pinsels, die zu erlangen den Deutschen, das ist das Entscheidende, nicht gegeben war. Overbeck schreibt über dieses Versagen in der streng-akademischen Manier auch deutlich genug in einem Akt der Selbsterkenntnis: »Es ist mir nicht gegeben, meine Sachen so keck, ich möchte sagen à la Füger, hinzuwerfen... Allein, seit ich Wächter kenne, habe ich mich darüber getröstet...«[26] Das Ende der ›leichten Hand‹ war gekommen; im Juni des Jahres war Overbeck so weit, den festen Vorsatz zu fassen »immer nur nach seiner eigenen Überzeugung zu handeln«.

So steht am Anfang einer neuen Kunstentwicklung wie so häufig das Scheitern am alten System. Erst im Scheitern begreift Overbeck im Jahr 1807 anläßlich des Besuches bei Wächter, daß er etwas anderes als systemkonform zu sein gewollt habe bzw. wolle, nämlich, wie er selbst an seinen Vater schreibt, mit sich selbst »aufs Reine zu kommen«. Interessant dabei ist, daß das anders geartete Wollen einer ›menschlicheren Kunst‹ nach einem anderen künstlerischen Ausdruck sucht, der, weil neu, vom Kollektiv als stümperhaft abgelehnt wird. Erst nach dem Abgang Pforrs und Overbecks aus Wien erfahren wir in ganzer Härte, was der Akademie an dieser Richtung nicht gefallen hat, das, was eben als chinesisch-gotisch bezeichnet wurde. Weitaus interessanter als diese spätere Ablehnung scheint aber zu sein, daß das Versagen, in der überkommenen Art zu arbeiten, von Overbeck zugegeben wird, und andererseits, daß ein Ersatz-Professor, nämlich Wächter, eigentlich ein Mentor, gefunden wurde, der den neuen Weg aufzeigen konnte. Dieser konnte, das ist dabei wesentlich festzustellen, auch technisch bewältigt werden. Der Bruch innerhalb der Entwicklung ist vollzogen, wobei der neue Weg, zu einer eigenen künstlerischen und menschlichen Form zu finden, weiterhin ebenso kompromißlos gegangen wird, wie vordem über zehn Stunden pro Tag an der Akademie kopiert wurde[27].

Der Abgang von der Akademie, die nun für die eigene Entwicklung als nutzlos erkannt ist, führt weiterhin dazu, daß es zu keinerlei Kompromiß kommen konnte. Ein Einsickern pseudo-romantischen Gedankengutes, wie in Österreich im Lauf der weiteren Entwicklung durchaus üblich (vgl. etwa die Landschaften Fischers, Rebells oder Schnorrs), war nicht mehr möglich, da die Basis der technischen Bravour nicht nur abgelehnt wurde, sondern vorerst gar nicht bewältigt worden war. Konsequent verfolgt bedeutet das, daß das technische Versagen im alten Fügerschen Sinn einerseits und das Offenstehen eines neuen Weges im Sinne Wächters, die kompromißlose Haltung und der Abgang aus Wien, der daraus resultierte, die Voraussetzungen für den Stil des Nazarenismus geworden sind.

Außer Zweifel steht ferner, daß für den Kreis um Overbeck – von der persönlichen Situation her gesehen, die ja zur Sprache kommen soll – der Besuch der neu eröffneten Kaiserlichen Galerie ein Schlüsselerlebnis eigener Art darstellt. Schon bald waren ja die Lukasbrüder der Meinung gewesen, die Pforr ausspricht: »Jeder ging einen eigenen Weg, ohne den anderen nachzuahmen. Wir fanden zwar, daß, je weiter wir fortgingen, wir uns immer mehr von den Grundsätzen der Akademie entfernten, dagegen fanden wir, daß wir uns der Art der alten Meister immer mehr näherten.«[28] Vorschub geleistet wurde dieser Annäherung in den nach Schulen geordneten Sammlungen, vor allem der über hundert altdeutschen Gemälde, die die Neuorientierung einleiteten. Lobte Overbeck anfangs die Italiener Sarto, Romano und Perugino, sogar Rubens[29] und van Dyck, so sagten ihm seit dem Belvedere-Besuch besonders die deutschen und niederländischen Maler des 15. und 16. Jahrhunderts zu. Das »kecke Hinwerfen« des Figurenmaterials à la Füger wird dort spontaner als je zuvor abgelehnt und die »Zusammenschau« der Altdeutschen und frühen Italiener zu bindender Formel und Vorbild. Die einfache Sprache des Ausdrucks dieser wird nicht mehr als Unbeholfenheit gelesen, sondern als die eigentliche verbindliche ›Wahrheit‹ des gefühlten heiligen Schauens. Was sie für die eigene Arbeit zu verwerten suchten – nur in dieser ›Anwendbarkeit‹ ist der Vorbildcharakter greifbar –, ist auch die Einarbeitung mittelalterlicher Symbolbezüge (Pflanzen und Tiere als sprechende Attribute, Umdeutung der traditionellen Mutter-Kind-Beziehung für das Madonnenbild, Symbolwert der Farbe und der Landschaft[30]). Daneben scheint ihnen besonders das ›Umkippen‹ vom Attributraum zum Systemraum der Renaissance entsprochen zu haben, standen Overbeck und Pforr doch selbst vor der Aufgabe, das jahrhundertelang intakte Systemgehäuse seit der Renaissance gleichsam naiv schauend rückzuentwickeln, um den nötigen Effekt des Kindlich-Gesehenen herbeizuführen. Auch wenn diese archaisierende Note nicht nur bei den Nazarenern, sondern etwa bei Flaxman und Blake in England, bei den ›Barbus‹ und etwa beim jungen Ingres zu finden ist[31], so kommt doch im vorliegenden Fall dazu, daß die Öffnung der Galerie im Belvedere gerade zur rechten Zeit erfolgte, als in der Rückwärtswendung zu den Quellen der Malerei der rechte Weg gefunden zu sein schien. Pforr schreibt an Passavant über diesen Besuch am 24. November 1806 aus Wien. In der italienischen Schule hätte sie besonders Morettos *Hl. Justina*[32] beeindruckt: »Bittend kniet vor ihr ein Mann in schwarzer altdeutscher Kleidung [!], neben ihr liegt ein weißes Einhorn, der Hintergrund stellt eine angenehme Gegend mit Gebäuden vor.«[33] Aus dieser Stelle läßt sich besonders gut erschließen, was den Freunden positiv auffällt: das ›altdeutsche Element‹ als Einstieg zur Rückkehr zur guten alten Zeit, das Einhorn als Symbolbezug und die »angenehme Gegend« als Folie ohne direkt-realen Charakter, wodurch gleichsam das Heilig-Gegenständliche in den Vordergrund gerückt erscheint, während der Landschaft eher Andeutungs- und Stimmungscharakter zukommen[34]. Der »denkende Ernst und die sanfte Güte« des Kopfes verweisen auf den Aspekt des gefühlten Sehens. Von den Italienern wird noch Correggio erwähnt, während bei den Deutschen Dürer entdeckt wird, woraus sich allmählich die Raffael-Dürer-Bipolarität entwickelt, wie sie in Wackenroders ›Herzensergießungen …‹ erstmals beschworen wurde und bei Pforr Gestalt annahm[35]. Wie Pforr lassen auch Overbeck Tintoretto, Veronese, Carracci und Tizian kalt, während neben dem genannten Moretto Perugino und Raffael ›entdeckt‹ werden, wie auch die deutsche Schule: »Manches schien uns sonst hier steif und gezwungen, jetzt mußten wir gestehen, daß das beständige Betrachten von Gemälden, welche eine jede Verrichtung, wenn sie auch noch so gewöhnlich, in einer übertriebenen, oft bis zum Lächerlichen affektierten Stellung zeigten, unser Urtheil irre geführt hatte, und daß wir deswegen diese aus der wirklichen Natur aufgefaßten Gebärden für steif und ohne die gehörige Bewegung geachtet hatten.«[36] Deutlich kommt in dieser ›Selbstkritik‹ die Umkehrung der Werte zum Ausdruck. Hatte Overbecks Vater noch 1809 auf Rubens als »Kraftspeise« aufmerksam gemacht, um die elegisch-dichterischen Versuche des Sohnes in ein klassisch-realistisches Geleise zu lenken, so wurde letztlich als Ideal das Gegen-Bild gewählt. Es kam durch die stete Anschauung dazu, daß gerade das Linkische in den Gemälden der Alten als das Natürlich-Richtige angesehen wurde. In einer einmaligen Umkehrung wird die Natur durch die ›Welt der Bilder‹ so gesehen, wie sie zu sein hätte: einfach, unaffektiert, gut. Der Ausklammerungsprozeß beginnt für den Nazarenismus hier: Was nicht dem Ideal der Bilder entsprach, konnte in Wirklichkeit nicht echt sein und umgekehrt.

Die Studien und Bilder, die aus diesem konkreten Wien-Erlebnis erwuchsen, sind fast ausnahmslos ideal-ortsungebunden, wenn man von direkten Naturstudien (Schneeberg-Reise im August 1807), von den Porträts der Freunde untereinander und der Aufnahme des Habsburg-Themas bei Pforr absieht[37]. Neben kleineren Arbeiten sind es insbesondere zwei programmatische Werke, die noch während des Wiener Aufenthaltes begonnen wurden. Wie oft bei Overbeck und Pforr, die aufeinander bezogen arbeiteten[38], handelt es sich bezeichnenderweise um zwei Einzugsthemen, den *Einzug Christi in Jerusalem* Overbecks (erst in den 20er Jahren vollendet) und den *Einzug König Rudolfs von Habsburg in Basel* von Pforr (1809 in Wien begonnen, 1810 in Rom vollendet). Gemeint ist sicherlich auch in einer typischen Weise der Umsetzung der eigene Einzug in Wien selbst wie jener neue in die Welt der Kunst. In nuce greifbar sind die zwei Pole nazarenischer Arbeit für die Folgezeit: das religiöse Historienbild und das vaterländische Thema, das romantisch-märchenhafte Züge aufweist. Entwickelt hat sich diese Arbeitsteilung direkt aus dem Freundschaftsbund und war damit gewissermaßen programmatisch wie das Einzugsthema selbst, was Jensen 1974 in seinem Aufsatz ›Overbeck in Wien…‹[39] deutlich gesehen hat. Das Schlüsselerlebnis dafür dürfte ohne Zweifel die Schneebergreise im Frühherbst 1807 gewesen sein: Pforrs Blätter zeigen zum ersten Mal den ›reinen Strich‹ der Nazarener und bringen thematisch den Künstler auf der Wanderschaft realiter und im Bild als Bild der Suche nach dem Streben nach künstlerischer Vollendung (daneben sind die Köpfe in Grau von Overbeck, etwa *Gottlieb Grunow* oder die *Heilung des blinden Tobias* vom selben Jahr tastende Versuche auf dem Weg zum Neuen)[40]. Weitere Erstlinge wie die *Auferweckung des Lazarus* (1808), der *Traum Josefs* (1808/10) und das *Selbstbildnis mit der Bibel* (1808/09) zeigen ebenfalls den Weg der Selbstfindung auf. Jedoch sind auch sie verschlossen und keimend, oft wie Visionen, vielleicht als ›visio somniata‹ empfunden[41], was auch vom Thematischen her (Traum, Auferweckung, Einzug in eine erwünschte Vergangenheit) angesprochen wird. Demselben Bild einer absoluten Gegenwartsferne entsprechen auch die Bildthemen Pforrs der Wiener Zeit, wie der *Graf von Habsburg und der Priester* (1809), wo Kirche und weltliche Macht versöhnt werden, der *Hl. Georg* (vor 1810), die Zeichnungen zu Goethes ›Götz von Berlichingen‹ oder die *Allegorie der Freundschaft* (1808), die den Geist des Lukasbundes verkörpert. Im ›Wiener Komponierverein‹ werden, auch für die weiteren Mitglieder des Bundes verpflichtend, Themen aus dem Alten Testament empfohlen, wie die ›Geschichte Jakobs‹, Tobias, das Buch Ruth oder ›Elias in der Wüste‹[42]. Wintergerst bewältigt im Sinne Wächters zur selben Zeit die *Zuführung der Hagar* (1809). Die Themen des Alten Testamentes als ›würdige Themen‹ sind als bewußt kalkulierter Rückgriff zu verstehen und sollen ohne Zweifel auch hier die Sehnsucht nach den Ursprüngen zum Ausdruck bringen wie die Vergangenheitssucht innerhalb des ›erträumten Historienbildes‹ durch Pforr kreiert und vermenschlicht wurde. Anfangs werden also ›moralische Gegenstände‹ aufgesucht, bevor in einer nächsten Stufe versucht werden sollte, die wahre Schönheit des Körpers durch die Vorzüge des Geistes auszudrücken.

Daß die Zeit in Wien auch noch später, vor allem innerhalb der Erinnerung an die Akademiezeit, ein bedeutungsvolles Nachspiel in Rom haben sollte, ist evident: Gemeint ist das Verhältnis Overbecks zu Scheffer von Leonhardshoff, der ihm die verlorene Freundschaft zu Pforr (gest. 1812) ersetzen soll. Overbeck findet in ihm, der aus Wien 1814 nach Rom kam, seine Jugendtage – nun in Rom – wieder: Daß sich das Verhältnis nun allerdings unmerklich in eine Lehrer-Schüler-Abhängigkeit gewandelt hat, ändert nichts an der Tatsache, daß Overbeck den verlorenen Freund im Wiener Scheffer wiedergefunden zu haben glaubt. Scheffer versetzt dann auch die Aufnahme in den Lukasbund Ende des Jahres 1815 in eine eigenartig wirkende, fast negative Euphorie, die in der ergreifenden Stelle zum Ausdruck kommt: »Den 17. September [1815] ward ich und Overbeck und Ruschwey in der Villa Pamphili, wo der Overbeck von dem Tod des liebevollen Pforr sprach – und schwer war mein Herz getrübt ohne daß ich weinen konnte, und erst bei der erfreulichen Erinnerung, daß ich bald zu ihm komme, wurde mein Herz durch Freudentränen, welche mir schwer genug zu verbergen wurden vor beiden, erleichtert. O Pforr, laß mich so glücklich sterben wie du starbst, auf daß ich bald bei dir im neuen Jerusalem bin und Gott mit dir loben kann Amen.«[43] Wenig später wird sich Scheffer selbst seiner eigenartigen Mittlerfunktion bewußt, begreift, wie sehr Overbeck neben Sutter, der in Wien zurückgeblieben war, einen Wiener Freund und Bruder in seinem näheren Strahlungsgebiet gewünscht haben mag, war doch Wien der Ausgangspunkt der Bewegung des Lukasbundes gewesen. Scheffer deutet die Absicht an, »bey ruhiger Gelegenheit der wahren Kunst in Deutschland Wiedergeburt zu beschreiben durch Pforr, Overbeck etc. in Wien. Einen besonderen Wert muß es für euch alle liebe Brüder haben, es war der Ort, in welchem ihr von dem Heiligen Geiste belebt, die so wichtige Laufbahn der neuwiedergeborenen Kunst in der Wahrheit für Gott ergriffen und ihr die echte Gestalt wiedergegeben habt.«[44] Scheffer weiß von den glücklichen Tagen in Wien, die Overbeck und Pforr verlebt haben und tröstet sich damit, daß er dorthin – krankheitsbedingt – bereits 1816 zurückkehren muß. In der Person Scheffers hat Overbeck in der Zeit der Krise nach dem Tod Pforrs ein Bindeglied gefunden, das den Traum von der verlorenen Jugend in Wien mit einem Nachvollzug der Freundschaft verbinden konnte. Je mehr Overbeck in Scheffer seine Wünsche von der Vollendung Pforrs hineinlegen konnte, desto mehr liebte er ihn als dessen Ebenbild und als sein eigenes Spiegelbild. Scheffer seinerseits schlüpfte in die Rolle Pforrs, übernahm dessen Part, indem er sich sogar ein Sterben in dessen Sinn vorstellen konnte. Pforrs Sterben, von Overbeck anschaulich und ergreifend geschildert und im Bund mündlich tradiert, war das eigentliche Ende der Wiener Zeit für Overbeck gewesen: In Scheffer als Unterpfand für das verlorene Glück hatte es noch einmal kurz eine zumindest gefühlsmäßig-intellektuelle Erweiterung bzw. Verlängerung gefunden[45].

Nach 1815 gehörte das Wien-Erlebnis für Overbeck der Vergangenheit an: Das Scheitern in Wien war die Voraussetzung für das geworden, was in Rom in einem zukunftsweisenden Konsolidierungsprozeß erarbeitet wurde.

Diese Sehnsucht nach einem neuen verbindlichen Zentrum für Europa kann zurückverfolgt werden bis zu den Inkunabeln der Romantik in der Dichtung, wo der Grundstein gelegt wurde. Wien als Zentrum des Widerstandes gegen die napoleonische Gefahr übte nicht nur auf die zugewanderten Künstler eine eigenartige Faszination aus; gerade in dieser alten katholischen Stadt sollte eine neue christliche Kunst im Sinne des Altdeutschen entstehen. Die Basis dafür liegt in dem Wunsch begründet, zu einer natürlichen Einheit zu finden, die in Deutschland nicht vorstellbar war. Deutschland als Konglomerat winziger Kleinstaaten war denkbar ungeeignet für die Schaffung einer Hauptstadt, wo sich die Intelligenz des Landes wie in einem Sammelbecken finden sollte, wie das etwa in Paris, London oder Rom von selbst der Fall war. Man sah sich gezwungen, in ein als fremdartig-exotisch empfundenes Wien auszuweichen, wohin sich all diese Wünsche projizieren ließen, ohne daß sofort die Realität dem utopischen Verwirklichungsmaterial Grenzen auferlegte. Wien sollte dementsprechend Zentrum Europas werden – und wenn schon nicht Zentrum, so sollte die Bewegung dieser religiösen Erneuerung zumindest von dort den Ausgang genommen haben, wie Scheffer schrieb. Sutters Briefen entnehmen wir, daß dieses Europa in der Folge aufgeteilt werden sollte, wie nach Christus das Evangelium in der Formel des »Gehet hin und lehret« Verbreitung finden sollte. Diese Europa-Idee ist erstmals in Novalis' Essay ›Die Christenheit oder Europa‹ (1799) greifbar und wird wenig später durch Friedrich Schlegel aufgegriffen, der die von ihm herausgegebene Zeitschrift ›Europa‹ (ab 1803) genannt hat[46]. Die reale Enge der deutschen Kleinstadt hatte zur Vorstellung eines utopischen Reiches geführt: »Es waren schöne, glänzende Zeiten, wo Europa ein christliches Land war, wo Eine Christenheit diesen menschlich gestalteten Weltteil bewohnte; Ein großes gemeinschaftliches Interesse verband die entlegensten Provinzen dieses weiten geistlichen Reiches.« Auch wenn niemals deutlich ausgesprochen wurde, daß dieses Reich in Wien sein Zentrum haben sollte, so entsprechen jedoch in der Folge viele Züge der Situation Wiens (auch wenn es sich bei Novalis um den Entwurf eines geistlichen Reiches handelt)[47]. Das Zusammenfallen von Gegensätzlichem in Wien wird vom Schlegel-Kreis besonders drastisch empfunden. Ein Kaiser als Symbolfigur steht gegen die Zersplitterung der Macht in Deutschland, ein Christentum gegen den Zerfall in Deutschland seit der Reformation, das ›gute Regiment‹ der Habsburger gegen die Vielfalt der Interessen in Deutschland, ein weites Hinterland mit nie gesehenen ›Provinzen‹ in all ihrer Fremdartigkeit gegen das allzu Bekannte. Das nicht so sehr Direkt-Zupackende, sondern das Von-oben-Lenkende des österreichischen Kaisertums entsprach dem Prinzip des Herrscherlich-Ruhenden im Gegensatz zur Aktionspolitik Napoleons. Dieses ›Altertümeln‹, auch wenn von Goethe als solches gebrandmarkt, sollte allerdings durchaus nicht im rein Historischen befangen bleiben, sondern wohl auch Konsequenzen für die Wirklichkeit zeitigen. Nur der ›Wurf von der Einheit‹ – vorläufig wurde er auf Wien als Zentrum des Reiches projiziert – ermöglichte die Konfrontation von deutscher Vorstellung von Einheit, wie sie die Phantasie geschaffen hatte, und habsburgischer Mehrstimmigkeit in der Einheit, wie sie der Wirklichkeit entsprach.

1 Vgl. v.a. K. Andrews, The Nazarenes, Oxford 1964; J. Chr. Jensen, Overbecks Eintritt in die Wiener Akademie und ein Brief von H.F. Füger, in: Kat. Romantik und Realismus in Österreich, Schloß Laxenburg 1968, S. 33; R. Feuchtmüller, Vom Lukasbund zur Wiener Spätromantik, in: Kat. Romantik und Realismus in Österreich, Schloß Laxenburg 1968, S. 45; L. Grote, Joseph Sutter und der nazarenische Gedanke, München 1972; J. Chr. Jensen, Overbeck in Wien 1806-1807, in: *Anzeiger des Germanischen Nationalmuseums,* 1974, S. 105; R. Bachleitner, Die Nazarener, München 1976; Ausst.-Kat. Die Nazarener, Städelsches Kunstinstitut, Frankfurt a.M., 1977, S.41 (von H.-J. Ziemke)

2 L. Grote, Aus den Briefen von Joseph Sutter an Overbeck und die Lukasbrüder in den Jahren 1810-1815, in: *Zschr. f. Kunstgesch.,* IV, 1935, S. 127

3 Feuchtmüller, Vom Lukasbund zur Wiener Spätromantik, a.a.O., S. 45; Bachleitner, a.a.O.

4 Jensen, Overbeck in Wien, a.a.O., S. 105

5 M. Howitt, Friedrich Overbeck, Freiburg i. Br. 1886, S. 77ff.

6 Grote, Aus den Briefen von Joseph Sutter, a.a.O., S. 127

7 Grote, a.a.O., S. 127

8 M. Krapf, Ausst.-Kat. J.E. Scheffer v. Leonhardshoff, Wien 1977, S.70ff.

9 H. Schwarz, Salzburg und das Salzkammergut, Wien 1936 (erweiterte Neuauflage Salzburg 1977); derselbe: H. Reinholds Bericht über seine Reise nach Salzburg, Tirol und Oberösterreich im Sommer 1818, in: *Mitt. der Ges. f. Salzb. Landesk.* 1927, S. 155; R. Feuchtmüller, Leopold Kupelwieser und die Kunst der Österr. Spätromantik, Wien 1970; F. Novotny, F. Oliviers Landschaftszeichnungen von Wien und Umgebung, Graz 1971; als ältere grundlegende Arbeit: L. Grote, Die Brüder Olivier, Berlin 1938

10 O. Lutterotti, Joseph Anton Koch, Berlin 1940, S. 179

11 F. Schlegel, Aussichten für die Kunst in dem Österreichischen Kaiserstaat, in: *Ansichten und Ideen von der christlichen Kunst,* hrsg. v. H. Eichner, Krit. F. Schlegel-Ausg., Bd.IV, 1 Abt. München–Paderborn–Wien 1959, S.213

12 Vgl. dazu die völlig abweichende Situation in München bei: H.C. Ebertshäuser, Malerei im 19. Jahrhundert. Münchner Schule, München 1979, S. 23. V. a. im ›Kunstverein‹ bildet sich dort ein demokratisch-bürgerliches Element heran, das ein Gegengewicht zur hierarchischen Struktur an der Akademie darstellt. Vgl. auch die Rolle des Kreises um Ludwig I. auf S. 51

13 Schlegel, a.a.O., S. 213ff.

14 Bachleitner, a.a.O.; G. Lindtke, Overbecks Karton zum Rosenwunder des hl. Franz in Assisi, in: *Pantheon,* 27. Jg., 1969, S. 237

15 F.H. Lehr, Franz Pforr ..., Marburg/L. 1924 und W. Teupser, Italia und Germania von Pforr und Overbeck, Berlin 1943

16 Krapf, a.a.O., S. 148

17 H. Bisanz, Wien und die Romantik, in: Ausst.-Kat. Scheffer v. Leonhardshoff, 1977, S. 9ff.

18 Ausst.-Kat. Romantik in Österreich, Residenzgalerie Salzburg 1959 (E.H. Buschbeck)

19 Zit. nach H. Schwarz, Salzburg und das Salzkammergut, a.a.O.

20 Howitt, a.a.O., S. 77 und v. a. Grote, Sutter und der nazarenische Gedanke, a.a.O., auch: J. Chr. Jensen, I Nazareni – Das Wort, der Stil, in: Ausst.-Kat. Klassizismus und Romantik in Deutschland, 1966, S. 46 und ders.: Das Werk des Malers J. Wintergerst, in: *Zsch. d. dt. Vereins f. Kunstwissensch.,* Bd. XXI, Jg. 1967, S. 21

21 Ziemke, a.a.O., S. 41

22 Vgl. G. Lindtke, Overbecks Karton ... in Assisi, a.a.O., S. 237

23 Bachleitner, a.a.O., S. 21

24 Lehr, Pforr, a.a.O., S. 32

25 V. a. Jensen, Overbeck in Wien, a.a.O., S. 105

26 Jensen, a.a.O.

27 Das ergreifende Psychogramm bei Jensen, a.a.O., S. 105

28 Bachleitner, a.a.O., S. 28

29 Howitt a.a.O., S. 92

30 Ausst.-Kat.: Die Nazarener in Österreich 1809-1939, Neue Galerie am Landesmuseum Joanneum, Graz 1979 (v. Ch. Steinle)

31 K. Lankheit, Revolution und Restauration, Baden-Baden 1965, S. 166

32 Von Overbeck und Pforr für eine Arbeit Pordenones gehalten. Deshalb wurde auch auf dem Weg von Wien nach Rom in Pordenone eine kleine Feier abgehalten (Ziemke, S. 41)

33 Lehr, a.a.O., S. 260

34 Vgl. Scheffer von Leonhardshoffs ›Weltlandschaft‹ im Bild der *Hl. Caecilia,* die Landschaft im Bild *Vittoria Caldonis* von Overbeck.

35 Vgl. die Abb. 62 bei Lehr (Raffael und Dürer)

36 Howitt, a.a.O., S. 83

37 Ausst.-Kat. Die Nazarener, a.a.O., S. 41

38 Teupser, a.a.O.

39 Jensen, Overbeck in Wien, a.a.O.

40 Jensen, a.a.O.

41 Vgl. Krapf, Scheffer v. Leonhardshoff, a.a.O., S. 149

42 Vgl. Grote, Sutter ..., a.a.O., S. 61

43 Brieffragment aus der Slg. Winterstein in München (mit weiteren tagebuchartigen Bemerkungen)

44 Krapf, a.a.O., S. 84

45 Krapf, a.a.O., S. 50

46 Lankheit, Revolution und Restauration, a.a.O., S. 166

47 Ob es sich um ein geistliches oder weltliches Reich handelt, spielt eine relativ unerhebliche Rolle für unsere ohnehin ›wirklichkeitsferne‹ Interpretation. Eine weitere Stelle entspricht diesem Einheitsstreben: »An seinem Hof [des Oberhauptes] versammelten sich alle klugen und ehrwürdigen Menschen aus Europa« (Novalis)

Günter Metken

Italien und Rom aus der Sicht der Nazarener

Um das Bild Italiens bei den Nazarenern zu entwerfen, muß man sich zunächst klarmachen, was sie von diesem Land kannten. Da man nicht mehr wegen der Altertümer, sondern den heiligen Orten zuliebe herkam, entfielen die römische Antike und Großgriechenland. Die wenigsten sind ausdrücklich in Pompeji, Herculaneum und Paestum als obligaten Pilgerzielen der klassizistischen Generationen vor ihnen gewesen, von den Tempeln Siziliens ganz zu schweigen. In der Ewigen Stadt selbst wurden die römischen Ruinen allenfalls als Folie früher Stätten des Christentums aufgesucht, nicht um ihrer selbst willen. Niemand war weiter von der Idee der Grand Tour mit ihren gesellschaftlichen Verpflichtungen entfernt als die Fratelli di S. Isidoro, denen es um Versenkung und religiös-ästhetische Meditation ging. Entsprechend war ihr Erscheinen für einheimische, an auftrumpfende Künstlersitten gewöhnte Augen ungewöhnlich, wie G. de Sanctis noch sehr viel später in seinem Werk über ›Tommaso Minardi e il suo tempo‹ 1900 mitteilt: »Diese Deutschen wurden Nazarener genannt. Sie trugen langes Haar und den Bart geteilt. Ihre Kleidung war nachlässig, und weil sie grobes Schuhwerk anhatten, gab man ihnen auch den Spottnamen Scarponi (Nagelschuh). Es war eine bedürftige Schar, welche das Studium der Kunst zum Lebenszweck machte und alle Treffpunkte der angenehmen Gesellschaft mied. Ihre einzige Belustigung waren lange Fußwanderungen, auf denen sie an den naiven Spielen und Übungen des Volkes teilnahmen. Diese strenge Lebensführung mußte den meisten unserer Künstler, die gern feierten und ab frühen Abend in den Schenken saßen, fremd vorkommen.«

Vor allem »Overbeck, ein langer, schlanker und blonder Jüngling, der, in altdeutscher Tracht, mit einem versonnenen, naiven Gesicht, flatternden kastanienfarbigen Locken und dem schwarzen Samtbarett auf dem Scheitel, eine wirkliche Ähnlichkeit mit Raffael hat« (Atterbom 1818). Es ist bezeichnend für seine Weltentrücktheit, daß er zuletzt mit Gewissensbissen wegen der auf weltliche Dinge verschwendeten Zeit an den Fresken zum ›Befreiten Jerusalem‹ von Tasso arbeitete, obschon sie zu seinen frischesten und inspiriertesten Lösungen auf dem Gebiet der Wandmalerei gehören. Als Marchese Carlo Massimo Anfang 1827 stirbt, fühlt Overbeck sich von seinem Vertrag entbunden und eilt sofort nach Assisi, um dort für die Portiunkula-Kapelle von S. Maria degli Angeli ein Fresko über Mariä Rosenwunder in Angriff zu nehmen, das heute leider nach einem Erdbeben und entsprechenden Ausbesserungen völlig entstellt ist.

Die Ziele, welche die Lukasbrüder in Italien aufsuchten, waren durch ihre Überzeugungen bestimmt, nicht durch Neugier auf fremde Verhältnisse. Es waren Kunstwallfahrten. Auf dem Weg nach Rom ließen sie sich 1810 in Venedig durch Bellini bezaubern, wie vor ihnen schon Albrecht Dürer, in dessen Fußstapfen sie bewußt traten. Raffaels wegen legte man die Route über seinen Geburtsort Urbino: »Mit der Andacht eines frommen Pilgers, der die heilige Erde endlich nach manchem Schritt betritt, ritt ich an Overbecks Seite durch das Tor; ›Wo steht das Haus, wo der Heilige geboren wurde, und was ist noch hier, was sich auf ihn bezieht?‹«, notiert Franz Pforr unter dem 15. Juni 1810 in seinem Reisetagebuch für den Vater. Urbino ist von nun an für die Deutschrömer ebenso kanonisch wie das Florenz des Fra Angelico. In Bologna imprägnierten sich die Maler mit der frommen Demut eines Francesco Francia, den man aus seinem Wackenroder – der selbst nie in Italien gewesen war – kannte und Perugino an die Seite stellte. Und Peruginos wegen gingen viele, nicht zuletzt Overbeck selbst, zum Kopieren nach Perugia. Mit der Zeit wurden die Wege immer ausgedehnter, namentlich die Rückreise, auf der man möglichst viel für den Rest des Lebens im grauen Norden speichern wollte: Kirchen, Devotionen und Kunstwerke. Von der politischen Gliederung Italiens, von seinem unglaublich verzweigten kulturellen Partikularismus und dem jetzt freilich verblaßten Glanz des 18. Jahrhunderts mit seinem Rationalismus, seinen Reformen wurde wenig wahrgenommen, gehörten diese Zustände doch für Geister, die à la Novalis an ›Die Christenheit oder Europa‹ glaubten, zu den verwerflichen, in jedem Fall zu überwindenden. Selbst Rom wurde hingenommen wie es war. In einer rückgewandten Utopie befangen, war man weder durch sein Ambiente ganz hingerissen noch vom herrschenden Elend befremdet.

Wie ganz anders reagiert da anno 1802 der nur wenig ältere Gottlieb Schick, der aber noch in der schwäbischen Aufklärung groß geworden war und bei dem Republikaner David in Paris gelernt hatte: »Die Regierung des Papstes ist die schlechteste, die sich nur finden läßt. Die Prinzen vom Hofe haben das ganze Land in Pacht und lassen die Hälfte davon aus der verfluchten Ursache wüst liegen, daß das Korn immer im Preise bleibe. Das gemeine Volk geht darüber zu Grunde. Sie essen das Brod, wie man bey uns das Confekt ißt; ein Stück Brod in der Größe eines Kreutzer-Weckens kostet nach unserem Geld 3 Kreutzer. Das Pfund Butter 1 fl und etliche Kreutzer; daher schmelzen die Leute mit allerley unreinlichem Fett, das ihnen das Fieber zuzieht. Die Armuth, die unter dem gemeinen Volke herrscht, geht über alle Beschreibung. Der Hunger treibt sie zum Äußersten; sie wühlen in Misthaufen, und was sie da finden, das nur einigermaßen zu essen ist, verschlingen sie mit dem größten Appetit. Wenn sie abgenagte Knochen finden, so nagen sie sie noch einmal ab; verdorrte Stücke Brod, die vielleicht schon ein paar Monate auf der Straße liegen mögen, sind ihnen noch nicht zu schlecht zu essen. Es ist auch gar nicht selten, daß Menschen hier Hunger sterben. Die Italiener achten nicht darauf, sie sind an diese Auftritte gewöhnt.«

Auch die in sich gekehrten Nazarener sahen dergleichen nicht, so wenig wie sie das sensualistische Klima Roms wahrnahmen. Wie befremdet waren sie daher, als Goethes ›Italienische Reise‹ 1816 in ihre Hände gelangte und im Hause Niebuhr gemeinsam gelesen wurde; Cornelius, Overbeck, Koch, Platner, Schadow und Mosler waren anwesend. »Mir ist dieses eigentlich gräßlich«, schreibt Niebuhr an Savigny, »wenn man so eine ganze Nation und ein ganzes Land bloß als eine Ergötzung für sich betrachtet, in der ganzen Welt und Natur nichts sieht, als was zu einer unendlichen Dekoration des erbärmlichen Lebens gehört, alles geistig und menschlich Große, alles was zum Herzen spricht, wenn es da ist, vornehm beschaut, wenn es vom Entgegengesetzten verdrängt und überwältigt worden, sich an der komischen Seite des letzteren ergötzt.« Und während der gemeinsamen Lektüre sagt Cornelius, wie tief es ihn bekümmere, daß Goethe Italien so gesehen habe. »Entweder habe ihm das Herz damals nie geschlagen , das reiche warme Herz, es sei erstarrt gewesen, oder er habe es gleich festgekniffen. So ganz und garnicht das Erhabene an sich kommen zu lassen, das Ehrwürdige zu ehren, aber so viel Mittelmäßiges zu protegieren.« Und Niebuhr fährt fort: »Über Palladio waren wir alle einig, daß alle die in Venetien waren, weder zu Vicenza, noch an Santa Justina zu Padua, noch an San Giorgio und den anderen Kirchen seines Baus zu Venedig etwas gesehen, was wir rein und wahrhaftig schön nennen möchten, und daß es ganz unbegreiflich sei, wie der, der Erwin von Steinbachs Manen zuerst huldigte, der uns vielleicht allen, mittelbar, den Sinn wieder hell gemacht, hier erhabene Antike sehe, den regensburger Dom nicht einmal nenne. Das müsse wohl an einer unglückseligen Stimmung, an einem sich Verstocken gegen das Gewaltige liegen, um alles stolz zu besitzen, als unabhängiges Eigentum behandeln, zu seiner Zeit es verschmähen zu können. Und alle jammerten gen Himmel über das unselige weimarer Hofleben, in dem Simson seine Locken verloren habe.«

Niebuhr, der von »Neu-Rom« in Analogie zu New York sprach, stießen die barocken Kirchen, der Karneval, der Gesang auf den Straßen natürlich ab. Die Maler, naiver und freieren Gemüts, verschmähten, namentlich in der zweiten Generation, den Korso und die Maskenbälle keineswegs. Es war aber doch, eingestimmt durch Wackenroder, ein schlichtes, altchristliches Italien und Rom, das sie suchten und, begünstigt durch den politischen Dornröschenschlaf unter französischer Besetzung und späterer katholischer Restauration, auch fanden. Die Nazarener wirkten in der Windstille vor dem Entstehen des italienischen Nationalbewußtseins, ohne sich dieser historischen Vakanz überhaupt bewußt zu sein. Die Ewige Stadt, in der sie sich niederließen, war für sie keine zeitliche. An Rom und seiner Umgebung schätzte man die Anschauung biblisch-patriarchalischer Zustände, das Ambiente einer zeitenthobenen Krippenkunst. Noch am 9. Oktober 1828 schreibt Joseph Führich an seine Eltern: »Man hat in Deutschland nur in der Idee eine Anschauung von den Zeiten und dem Leben der Patriarchen. Könnte ich mit Euch eine Wanderung durch die entlegeneren

Abb. 1 C. J. Lindström, *Più presto di me non farà nessuno,* Aquarell (Karikatur auf Bartolomeo Pinelli). Stockholm, Nationalmuseum

Abb. 2 C. J. Lindström, *Ach welch ein gemütliches Blümchen,* Aquarell (Karikatur auf einen deutschen Maler). Stockholm, Nationalmuseum

Theile Roms oder das Sabiner- oder Latiner-Gebirge machen, Ihr würdet Euch wundern, die alte Welt so entschieden in lebenden Bildern vor Euch zu sehen. Mir ist oft auf solchen Streifzügen (wenig Störendes abgerechnet), als wenn ich in den Zeiten Abrahams und Josephs lebte. Ich sehe die Menschen so handeln und sich bewegen, wie ich sie dort geschildert finde, bis auf kleine Züge: selbst die bürgerliche und politische Verfassung trägt das Gepräge jener Zeiten, und die Überfeinerung unserer Tage ist unter das Dach des hiesigen gemeinen Volkes noch nicht gedrungen.«

Kein Wunder, daß man sich kraft seiner Isolierung teilweise überlegen fühlte, vor allem als immer mehr Künstler über die Alpen strömten, worüber sich schon Schick mokiert hatte: »An allen Enden und Orten sind sie mit Portfeuillen, Staffeleyen und Gepäkke und ich sehe es ihnen an, sie haben nicht eher Ruhe, biß die ganze Gegend mit Stumpf und Stiel und Mann und Maus gezeichnet in ihren Portfeuills ruht. Überall hallen Felsen und Thäler von deutschen Dissonanzen wieder, diese unermüdsamen Menschen, die von der kleinen Ameise den Fleiß erlernt haben.«

Der deutsche Rock kommt in Mode, den auch Ludwig von Bayern zum Ergötzen der Einheimischen trägt. Nach dem Abschiedsfest für den scheidenden Kronprinzen schreibt Schnorr im Frühjahr 1818 an Quandt, was manche andere sicher auch gedacht haben: »Fast alle Deutschen, die nur einige Zeit sich hier aufhalten, schließen einen zärtlichen Bund mit Rom, und gewiß selten verläßt es einer ohne Schmerzen, um so mehr, als man hier eigentlich erst recht in das deutsche Wesen hineinkommt, geschweige denn heraus, wenn man anders nicht will. Denn wo findet man wohl so viel treffliche Deutsche versammelt als gerade hier? und wo fühlt man sich mehr zu seinem Landsmann hingezogen als in dem fremden Lande? Wenn man den innerlichen Zusammenhang der Dinge betrachtet, meine ich fast, man müsse Rom zu Deutschland rechnen; sind wir auch nur hundert, und jene hunderttausende, das eigentliche wahre Rom gehört doch uns. Besonders seit der letzten Zeit, wo der Kronprinz (Ludwig von Bayern) da war, fühlten wir uns recht; wäre es auf uns angekommen, wir hätten den Prinzen zum König von Rom gemacht und die Italiener zum Tempel hinaus gejagt.«

Abb.3 Jean-Auguste-Dominique Ingres, *Ansicht von S. Maria Maggiore*, 1808-11. Montauban, Musée Ingres

Abb.4 Alexander Kanoldt, *Olevano*. Lithographie, 1924

Einen Tempel, den wohlgemerkt nur die frommen und kunstsinnigen Deutschen zu heiligen verstanden. Die meisten Künstler trugen ihr Vaterland an den Schuhen mit sich oder hatten es innerlich nie verlassen. Sie besaßen dort Bräute, von denen sie, wie Jakob von Rachel, Jahre hindurch erwartet wurden. Römerinnen haben nur Cornelius und Veit geheiratet, gut italienisch konnten die wenigsten, unter ihnen wieder Cornelius. Reichtum und Musikalität der regional so differenzierten Sprache, die den Kenner Goethe bezaubert hatten, blieben ihnen vielfach verborgen. Italien wurde mit dem befangenen Blick dessen gesehen, der eine literarische Idealvorstellung vom Lande mitbringt. Was nicht in die vorgefaßte Meinung paßte, hat man übersehen oder verdrängt. Die Abschirmung wurde begünstigt durch das Leben in Zirkeln, anfangs im Kloster, später auf dem Pincio und dem Kapitol. Regelmäßig traf man sich im Café Greco, dessen Enge Felix Mendelssohn-Bartholdy, ein Neffe des preußischen Konsuls, später boshaft geschildert hat.

Selbst das Interesse an Rom ist partiell, von der Aussicht aus dem eigenen Fenster, einer Begegnung oder Laune gelenkt, durch den Freundeskreis eingeengt, selten durch Entdeckerlust vorangetrieben. Überaus selten findet sich in den Skizzenheften der Nazarener der Versuch, mit dem Bleistift ein ganzes Viertel zu erkunden oder gar einen Überblick von Rom zu wagen. Wie sehr unterscheiden sich die introvertierten Deutschen hier von einem Ingres, der zur Zeit ihrer Ankunft, zwischen 1808 und 1811, die Serie seiner Romzeichnungen zu Papier bringt. Obschon im linearen Purismus, der Lautlosigkeit und Menschenleere der Stadt den Lukasbrüdern, mit denen er sympathisierte, durchaus vergleichbar, zeigt Ingres' Zyklus doch auch sein topographisches Interesse. Systematisch eignet er sich die Ewige Stadt an, die wie bei den Deutschen hauptsächlich aus Kirchen, Klöstern und Campaniles besteht, kaum aus antiken Ruinen. Das alltägliche Leben, die Straßen und buntscheckigen Plätze bleiben auch bei ihm ausgespart. Konzentrisch strahlt diese graphische Erfassung von der Villa Medici und dem Pincio aus, greift auf die anderen Hügel Roms über und mündet mehrfach in Panoramen. Rom als Stilleben, gewiß, als Anti-Rom im Sinne Piranesis, aber doch als Totalität einer Stadt weltmännisch neugierig gefaßt. Man stelle sich die Magie eines solchen Albums bei Schnorr oder dem nicht nach Italien gekommenen Ferdinand Olivier vor, dessen Bruder Friedrich, wie übrigens auch Rehbenitz, nur einen schwachen Ersatz lieferte. Der Versuch wurde nicht unternommen, weil er außerhalb des Horizonts von Künstlern lag, die zwar mittelalterliche Bauten liebten, sich aber ganz von akademischen Traditionen und ihren topographisch-zeichnerischen Gepflogenheiten gelöst hatten.

Natürlich gab es nuanciertere Einstellungen gegenüber Rom und Italien, namentlich bei Peter Cornelius. Zwischen Askese und Sinnenfreude, Overbeck und Italianità hin- und hergerissen, nahm er 1813 seine Illustrationen zu ›Romeo und Julia‹ in Angriff, um, wie es in einem Brief an Wenner heißt, nicht nötig zu haben, sich »gegen die schönen Eindrücke Italiens zu verschließen. Es mag wohl nichts existieren, das meinen Wünschen so entspricht, in dem sich das südliche, italienische Leben mit seiner glühenden Farbe in einer nordischen Natur spiegelt«.

Vor allem die zweite, undogmatische Künstlergeneration kommt offenen Auges nach Rom. In der kurzen Zeit, die ihm dort zur Arbeit bleibt, achtet Karl Philipp Fohr nicht nur auf die Physiognomien des deutschen Malerkreises, sondern auch auf seine Umwelt. Franz Horny, durch eine Lungenkrankheit zum Aufenthalt in den Sabiner Bergen gezwungen, umkreist Olevano von allen Seiten und vertieft sich in die Lebensweise der Bewohner, so wie er auch die Vegetation studiert. Kristallinisch wie eine geologische Bildung hält er den am Berg hochgeschichteten Ort mit der Burg fest. Alexander Kanoldt, ein Maler der Neuen Sachlichkeit, wird 1924 in seinen Ansichten von Olevano direkt an Horny anschließen, den ländlichen Ort freilich in eine kubische Zukunftsvision überführen.

Und da ist vor allem Julius Schnorr von Carolsfeld, der 1818 in Rom eintrifft. In Wien hatte Ferdinand Olivier sein Auge für bedeutsame Einzelheiten geöffnet. »Der liebe Gott steckt im Detail« – man könnte das scherzhafte Arbeitsmotiv Aby Warburgs auf die mit spitzem Stift Punktuelles aufspießenden Nazarener anwenden. Man müßte dann allerdings auch vom Doppelblick der Deutschrömer sprechen, welcher das mikroskopisch Kleine und das umrißhaft Große miteinander verbindet, das Dürersche Rasenstück und den Freskenkarton sozusagen. Zugleich kurz- und weitsichtig, fehlt ihnen eigentlich die mittlere Distanz, welche Figuren und Vordergrund organisch zusammenführt und den Menschen samt seinen Verrichtungen ins Zentrum rückt.

Selbst Schnorr macht da nur eine bedingte Ausnahme, obwohl bei ihm Lebenslust und Freude am ungezwungenen Beobachten unverkennbar sind. Sie machen seine sorgfältig redigierten Briefe aus Italien zu einem ebenso brillanten und schalkhaften wie seriösen Lesevergnügen. Das Behagen in Rom, die Freude an lokalen Zuständen durchdringen jede Zeile, auch wenn Schnorr die Einheimischen eher als gesunde Naturwesen schätzt, ihre Kultur aber im Niedergang sieht, und dies vermutlich schon seit dem ausgehenden Mittelalter. Denn für die Reize weltoffener Stadtkulturen blieben ja alle Nazarener blind. Und wenn man Szenen entwarf, dann waren es Idealschauplätze, die eine Mittelstellung zwischen Romantik und Historismus einnehmen, ein mehr erträumtes als erlebtes Italien wiedergeben. Die Titel mögen für sich sprechen: *Merenda in den Farnesischen Gärten, Rom zur Zeit der Renaissance, Italienisches Landleben*. Die Urbanität ist hier genauso idyllisch und zeitenthoben wie manche nazarenische Landschaften mit Mönchen und Eremitagen weltfremd sind. Schnorr schreibt nach seiner Ankunft an Quandt: »Italien ist gewiß das Land, wo die Natur sich noch am unverdorbensten und noch am meisten in ihrer ursprünglichen Schönheit sich erhalten hat. Das Thun und Treiben der Italiener hat noch einen viel natürlicheren und gesünderen Schnitt, als ich bei den Bewohnern anderer Länder, die ich gesehen, gefunden habe, wenn er auch in der Kultur zurück und innerlich fast ganz herunter gekommen ist. So brauch ich also Sie wohl nicht erst zu versichern, daß ich mein Schicksal preise, das mich hierher geführt; und nun vollends Rom! wenn mich das nicht erfüllte mit seinen zahlreichen Wundern, so müßte ich doch ganz erschrecklich verholzt sein.«

Jens Christian Jensen

Die Bildniskunst der Nazarener

In memoriam Hans Geller

So sehr man mit einer Erweiterung und Auffüllung der Stilbenennung ›Nazarener‹ beziehungsweise ›Nazarenismus‹ einverstanden sein kann, wie sie Ulrike Krenzlin vorgeschlagen hat[1], so wenig gibt es eine Möglichkeit, hier auch die Bildniskunst einzubeziehen. Es ist ja kein Zweifel, daß die historische Komponente, die von Beginn an für die Gesinnung der Nazarener – fast möchte man sagen – ausschlaggebend gewesen ist, gerade im Spätstadium der Stilbewegung, in den Jahrzehnten von 1830 bis 1860 (und darüber hinaus) zur tragenden Grundlage des Nazarenismus geworden ist. Damit war die Bewegung in den Historismus verflochten, der neben der aus dem 18. Jahrhundert übernommenen und im neuen Jahrhundert geradezu glorreich entwickelten realistischen Grundhaltung in ganz Europa Malerei, Graphik, Skulptur und besonders die Architektur mitgeprägt hat. Krenzlin hat die historische Dynamik trefflich beschrieben: »Der Historismus setzt die Romantik überhaupt erst in die Lage, Universalkunst zu sein. Er gibt ihr die Möglichkeit, Ideen, Kunstgut, Stile usw. vergangener Jahrhunderte und außereuropäischer Kulturkreise phantasiestiftend und emotional hochgestimmt zu kombinieren. Anders gesagt, der Historismus ist entnormierend.« Für die kunsthistorische Forschung wird sich also für die Zukunft die Frage nach der Bedeutung des Nazarenismus für die Kunst in und nach der Mitte des 19. Jahrhunderts stellen, wobei die Monumentalmalerei vordringlich bearbeitet und erschlossen werden muß.

Aber wie steht es in diesem Zusammenhang mit der Bildniskunst? Ich beginne mit einer These. Sie lautet: Nazarenische Bildniskunst gibt es im spezifischen Sinne nur während zweier Jahrzehnte, nämlich von 1810 bis 1830. Sie entwickelt sich in einer Frühphase von 1807 bis 1810 aus Spätbarock und Klassizismus. Sie wird um und offensichtlich nach 1830 von anderen Auffassungen aufgesogen, wobei der Realismus sich als ausschlaggebend erweist.

Diese These bestätigt im ganzen das verdienstvolle Bildniskompendium von Hans Geller. Seine 1952 erschienene Materialsammlung[2] hat sich nicht nur längst als unentbehrlich erwiesen, sie ist mit ihrer zeitlichen Eingrenzung auf die drei Jahrzehnte von 1800 bis 1830 – wie sich herausgestellt hat – auch überaus sinnvoll. Geller, der kein Kunsthistoriker, sondern begeisterter Kenner, Sammler und Kunstenthusiast gewesen ist, hat wiederum bewiesen, wie fruchtbar für jede Forschung derartige scheinbar geistlose Fleißarbeiten als unverzichtbare Grundlagen sind. Deshalb sei mein Text dem Andenken dieses Mannes gewidmet, für den die Begegnung der deutschen Nazarener-Romantiker mit Italien, eine Begegnung, die sich in Rom wie in einem Brennpunkt konzentrierte, zum persönlichen Bekenntnis geworden war.

Die nazarenische Bildnisform wird im engsten Freundeskreis der Lukasbrüder entwickelt. Spitzt man den Sachverhalt zu, so wird man sagen können, daß diese Bildform aus der Freundschaft zwischen Friedrich Overbeck und Franz Pforr hervorging. Am Anfang stehen zwei Bildnisse von der Hand Overbecks, beide 1807 in Wien im Rahmen der Akademie entstanden, das *Selbstbildnis* (Abb. 1) und das *Bildnis Franz Pforrs* (Abb. 2). Beide wurden 1807 von dem Schüler der Wiener Kunstakademie mit Kreiden gezeichnet und haben ein verhältnismäßig großes Format[3].

Beide entwickeln aus der spätbarocken Bildnistradition, wie sie in Wien vom Akademiedirektor Heinrich Friedrich Füger und seinem Akademiekollegen Johann Baptist von Lampi mit Sensibilität und Brillanz vergegenwärtigt wurde, eine eigene, sehr persönliche Auffassung. Die Kreidetechnik erinnert zumal im Selbstbildnis Overbecks an die Crayon-Technik des 18. Jahrhunderts, der ovale Bildausschnitt weist ebenfalls zurück. Aber der klare Zublick, dazu Direktheit und private Einfachheit der Auffassung erinnern über die späten Bildnisse des Dresdners Anton Graff an Philipp Otto Runges bekanntes Kreideblatt, dem *Selbstbildnis am Zeichentisch* aus dem Jahre 1802[4]. Overbecks Bildnis seines Freundes Pforr (Abb. 2) geht einen Schritt weiter in der Überwindung der spätbarocken Bildnismanier. Schon konzentriert sich alles auf den Kopf, auf das Haar und die Gesichtszüge. Schulterpartie und Bildfläche werden demgegenüber deutlich summarisch behandelt. Schon in diesen frühen Bildnissen wird ein Grundproblem der künstlerischen Existenz Overbecks sichtbar: Er ist ein Künstler, dem ›alles leicht von der Hand geht‹, dem die technischen Seiten des Zeichnens und Malens keine besonderen Schwierigkeiten bereiten und der sein Talent also immer wieder zur Ordnung rufen, an ein künstlerisches Wollen binden muß, um nicht in gefällige Routine zu verfallen. (Nicht zuletzt dieser Sachverhalt hat dann später zu asketischer Disziplinierung geführt.)

Pforrs *Selbstbildnis,* das vermutlich nicht viel später als die beiden Bildniszeichnungen Overbecks entstanden ist (Kat. 85), geht über diese mit einem energischen Schritt hinaus. Die gefällige Wendung des Profils ist verschwunden. Direkte Frontalität charakterisiert das Bild. Hier wird kein Augenblick mehr festgehalten, der sich in spontaner Zuwendung äußert, sondern ein Zustandsbildnis ist hier gemalt, das ohne Umwege auf die Exi-

Abb. 1 Friedrich Overbeck, *Selbstbildnis,* 1807.
Darmstadt, Hessisches Landesmuseum

Abb. 2 Friedrich Overbeck, *Portrait eines Jünglings (Franz Pforr),* 1807.
Darmstadt, Hessisches Landesmuseum

stenz des Dargestellten zielt, alles Posierende damit als verächtliche Verschleierung denunzierend. Hier dominiert die Zeichnung, Farbe tritt als zweites hinzu. Sie betont den Bildgrund als raumlosen Plan, sie unterstützt die Zeichnung, indem sie Akzente verstärkt – Haar, Kragen – und im Gesicht die Binnenzeichnung ersetzt. Es ist klar, daß dieses Bildnis nicht ohne Kenntnis von Bildnissen der Dürerzeit entstanden sein kann. Diese für die ganze nazarenische Kunstauffassung folgenreiche Begegnung mit dem Altdeutschen hat also vermutlich Pforr herbeigeführt, nicht Overbeck.

Das wird besonders deutlich, wenn man Overbecks *Selbstbildnis mit der Bibel* aus der Zeit von 1808/1809 (Kat. 59) aus diesem Gesichtswinkel ins Auge faßt. Gemessen an Pforrs knapp gefaßtem Schulterbild (Kat. 85) ist dies die bürgerliche Selbstdarstellung eines Künstlers, die sich bruchlos in die Porträtkunst um 1800 einfügt. Es ist ein kontemplatives Bekenntnisbild, denn die Bibel wird bedeutungsvoll vorgezeigt. Büste und Säulenmöbel links spielen auf das klassizistische, antikisierende Formenideal an, die Bücher in dem Bord rechts auf den sich unterrichtenden, denkenden Künstler, der klassizistisches Bildungsgut vergegenwärtigt. In Zusammensicht mit dem Pforrschen Selbstbildnis aber bietet sich noch eine weitergehende Deutung an: Der Maler blickt von der Bibellektüre auf, er wendet den klassizistischen Attributen den Rücken. Die grundierte Leinwand auf der Staffelei ist leer. Das heißt doch: Neues beginnt, das Alte ist abgetan. Das Selbstbild könnte also sehr wohl den Bruch mit der Akademie und mit dem Stil, den die traditionsgebundenen Lehrer vertraten, bekunden und besiegeln.

Jedenfalls sind alle um 1810 gemalten Bildnisse von Overbecks Hand einfacher und strenger. Sie scheiden alles bürgerliche Beiwerk in unbedingter Konzentration auf das Gesicht, auf die äußerste Substanz des Menschen aus, wobei auch jede Andeutung von Raum als Zeichen konventioneller Einengung rigoros weggelassen wird, – wir kommen auf diese Bildform noch zu sprechen. Oder sie verleihen dem Hintergrund eine neue Qualität, – so zuerst im Bildnis des Arztes Martini aus dem Jahre 1809[5].

Einen vorläufigen Höhepunkt dieser frühen nazarenischen Bildnisform stellt Overbecks Bildnisgemälde von dem Freunde Pforr dar, das der Lübecker Bürgermeisterssohn 1810 in Rom als Huldigung an den nahen Gefährten der entscheidenden

Wiener Jahre gemalt hat (Kat. 60). Es ist ein programmatisches Bild, über das sich Overbeck selbst in einem Brief an den Lukasbruder Sutter 1810 geäußert hat[6] und das er zeit seines Lebens besonders in Ehren hielt. Hier, in diesem Gemälde, ist die Bildform festgelegt, die für die Nazarener bis um 1830 vorbildlich geworden ist. Die Verbindlichkeit dieses Bildnistypus ist natürlich nicht unbedingt gegeben, sondern sie wird von jedem Künstler individuell anverwandelt, – in diesem Zusammenhang beweist zum Beispiel das Bildnis *Mathilde Winz* von Julius Schnorr von Carolsfeld (Abb. 3) die tiefgreifende Wirkung dieses Bildtypus. Ebenso überzeugende Beispiele gibt es von allen genuinen Nazarenern[7]. Das berühmte *Familienbild* (Abb. 4)[8] Friedrich Overbecks, 1820 begonnen, vollendet 1830, ist eine der schönsten Ausprägungen dieser Bildnisform.

Diese Brust- oder Gürtelbildnisse mit reichem, sich voll entfaltenden Hintergrund oder mit einem Vorhang, der zur Seite gezogen ist, so daß ein Ausblick in Landschaft freigegeben wird, leiten sich von der italienischen Bildniskunst der Frührenaissance der 2. Hälfte des Quattrocento her, von Bildnissen Peruginos, Lorenzo Lottos, von Piero della Francesca und dem

Abb. 3 Julius Schnorr von Carolsfeld, *Mathilde Winz,* 1827-29. Bremen, Kunsthalle

jungen Raffael. Immer aber gibt dieser Hintergrund bei den Nazarenern kein genrehaftes Ambiente, sondern er ist den Porträts bedeutungsvoll attributiv beigegeben als Hinweis auf künstlerische Berufung und auf das Bekenntnis zu einer Kunstanschauung. Diese Hinweise können durch die Darstellung von Landschaften und Architekturen ebenso gegeben werden wie durch Figurenszenen oder einzelne Figuren.

Overbecks Darstellung des Freundes Pforr (Kat. 60) entfaltet im Hintergrund, vor dem die Halbfigur aufgerichtet ist, eine Fülle von Hinweisen, die zeichenhaft ein ganzes Programm vergegenwärtigen. Die gotische Stube als Bekenntnis zur deutschen Kunst des späten Mittelalters, das strickende, im Andachtsbuch lesende Mädchen mit der Lilie als Zeichen privater Glückserfüllung, der Falke auf der Stange vor dem Himmel als Signum eines kämpferischen Kunstwollens (›Schlachtenmaler‹ wollte Pforr werden), die altdeutsche Stadt und die italienische Küstenlinie dahinter beziehen sich auf die gegenseitige Bedingtheit und innige Verschwisterung deutschen und italienischen Daseins. Auch die an mittelalterliche Tracht gemahnende Kleidung (Jahre vor der von Ernst Moritz Arndt propagierten ›altdeutschen Tracht‹ hier gemalt!) des Dargestellten ist programmatisch, die Katze dagegen weist wiederum auf häusliche Eintracht hin. Das Weinlaub mit den Trauben, das die gotische Spitzbogenrahmung überwachsen hat, läßt an die Erfüllung des Künstlers im frommen Werk denken. Die aus dem Stein gehauenen, unten in zwei Rosenblüten endenden Ranken weisen auf Unerschütterlichkeit und Durchsetzungsvermögen des Künstlers, sein Signum, Totenkopf und Kreuz, auf den Glauben an Tod und Auferstehung in Christus hin. Auch der Rahmen gehört in gewisser Weise zum Bildtypus. Er ist nicht oft in dieser strengen Weise als Fenster ausgebildet, begnügt sich zuweilen mit der aus der Renaissance übernommenen fensterbrett-artigen Barriere, wird auch oft ganz weggelassen. Tritt er aber hinzu, verstärkt er den historischen Rückbezug des Bildnisses auf die Kunst des Mittelalters.

Es gibt noch eine andere, radikalere Version des nazarenischen Bildnisses. Sie setzt bei Pforrs hier nun mehrfach zitiertem Selbstbild von 1807 an (Kat. 85), hat bei Overbeck gleichzeitige Pendants[9] und wird durch Pforrs Selbstbildnis von 1810 im Frankfurter Städel-Museum (Kat. 86)[10] zur gültigen Form geprägt. Dieses Selbstbild »verläßt sich ganz auf die Linie ... Im Ölbild treibt die Farbe, welche sich nicht von der Fläche des Grundes befreien will, die auf der Vorzeichnung räumlich wirkenden Überschneidungen rigoros an die Fläche zurück. Die Werte des Raumes splittern auf: das Gesicht faßt zwei verschiedene Ansichten zusammen, das Profil und das Halbprofil nach rechts. Die Haare sind eine feste dunkle Kappe. Sie scheint lose über das nackte Haupt gesetzt. Sie ist etwas nach links verschoben. Das bestärkt den Eindruck von etwas roh Zugehauenem, das den Kopf kraftvoll und formelhaft prägt wie der eiserne Stempel das Bild der Münze. Die großen Augen sind das Zentrum, Augen, die ihr Ziel nicht fixieren, sondern beschwö-

Abb. 4 Friedrich Overbeck, *Familienbild*, 1820–30. Museen für Kunst und Kulturgeschichte der Hansestadt Lübeck

ren.«[11] – Die Vorzeichnung zu diesem Bildnis hat man sich vorzustellen wie die *Bildniszeichnung Johannes Veit* von Overbecks Hand aus der Zeit um 1811 (Abb. 5). Das ist eine Arbeit, die die Hauptzüge des Kopfes in dünnen Linien eindeutig benennt, auf jede Binnenausführung, auf jede Schattierung verzichtet und so den Eindruck von Endgültigkeit und Vergeistigung erweckt und hierin weit über die kühlen klassizistischen Umrisse hinausgeht.

Mit diesem Selbstbild Pforrs von 1810 und mit den gleichzeitigen Overbeckschen Freundesbildnissen – man vergleiche das Bildnis *Joseph Wintergerst* (Kat. 62) und das des *Joseph Sutter* (Kat. 61) – ist diese radikalere Version des oben beschriebenen Bildnistypus gefunden und festgelegt. Diese Variante nimmt die Aufgabe des Bildnisses wörtlich, indem sie sich zumeist im knapp gefaßten Schulter- oder Brustbild verkörpert, das kein Hintergrund schmückt oder mindert, sondern das ein planer Grund wirkungsvoll steigert. Das Bildnis des jungen *Julius Schnorr von Carolsfeld* (1820), gemalt von Friedrich Olivier[12], gehört ebenso diesem Typus an wie *Die Brüder Konrad und Franz Eberhard,* deren Bildnis Johann Anton Ramboux 1822 in Rom schuf (Kat. 95), und das fast wie ein späteres Gegenstück zu Philipp Veits *Doppelbildnis Johannes Veit / Friedrich Overbeck*[13] wirkt. Es liegt auf der Hand, daß auch dieser Bildnistypus direkt von den Bildnissen Dürers, Holbeins, Baldung Griens usw. abzuleiten ist. Er verarbeitet also eher eine altdeutsche Bildnistradition.

Dieser, sich in zwei Erscheinungen aufgliedernde Bildnistypus ist also schon um 1810 voll ausgeprägt. Er ist in engstem Freundeskreis entstanden und wird erst nach 1815/18 objektiviert, indem er auch bei Bildnisaufträgen verwendet wird. Die Wurzel dieses Typus ist also innere Verbundenheit, die Zuneigung Gleichgesinnter, das Zusammengehörigkeitsgefühl derer, die als Neuerer gegen eine von Traditionen gefesselte Welt stehen. Es sind Freundschaftsbilder sui generis[14]. Vielleicht läßt sich dadurch die ungewöhnliche Strahlungskraft dieses Bildnistypus erklären. Sie vermochte es über zwei Jahrzehnte hin, alle realistischen Tendenzen in ein geistiges Formenkonzept einzubinden, das sich aus der Idealität der Kunst der Dürerzeit wie aus der des Klassizismus einen schöpferischen wie bestätigenden Zustrom erschlossen hatte. Hieraus wurden Maßstab und Forderungen nach Wahrhaftigkeit gewonnen, die nicht oberflächliche Ähnlichkeit meinte, sondern Konfession.

Die Zeichnung spielte als spontane und privateste künstlerische Ausdrucksmöglichkeit naturgemäß in diesen beiden Jahr-

Abb. 5 Friedrich Overbeck, *Johannes Veit*, 1811. München, Privatsammlung

zehnten eine Rolle, die so bedeutungsvoll gewesen ist, daß nicht nur der Begriff ›Die Bildniszeichnung der deutschen Romantik‹[15] geprägt werden konnte, sondern daß die Bildnismalerei trotz großartiger Schöpfungen daneben fast als sekundär erscheint. Denn die überragenden Leistungen nazarenischer Bildniskunst manifestieren sich in Bildniszeichnungen, die sich einerseits nach Hunderten bemessen (Geller führt ca. 1400 Zeichnungen auf und schätzt den Umfang auf über 2000) und in dieser Menge ein großes inneres Bedürfnis dieser Künstlergeneration dokumentieren. Andererseits erreichen sie in ungewöhnlicher Dichte eine Beseeltheit, Differenzierung und brillante Schärfe linearer Artikulation, die einen Höhepunkt innerhalb der deutschen Zeichnung überhaupt darstellen.

Es ist nun wiederum eine gewichtige Tatsache, daß auch in der Zeichnung etwas, das man spezifisch als nazarenisch ansprechen kann, ausschließlich in den beiden Jahrzehnten von 1810 bis 1830 erreicht worden ist. Aus den Jahren 1817 und 1818 stammen die Studien zum Gruppenbildnis deutscher Künstler im römischen Café Greco von Karl Philipp Fohr. Vor 1820 sind auch die zeichnerischen Hauptwerke Philipp Veits entstanden. Die Bildnisse des *Römischen Porträtbuchs* von Julius Schnorr von Carolsfeld sind zwischen 1818 und 1824 in Rom gezeichnet worden, die Bildnisse der Fürstenfamilie Massimi von Josef Führich um 1828. Des Vielzeichners Carl Vogel von Vogelsteins Folge von Künstlerbildnissen (Geller: 142) beginnt um 1815 und hat vor 1830 ihr Qualitätvollstes geleistet. Auch die Bildniskunst der Lukasbrüder, allen voran Cornelius und Overbeck, Wilhelm von Schadow und Philipp Veit, hat um diese Zeit spätestens ihren Höhepunkt überschritten. Soweit ich sehe, ist es einzig Friedrich Preller und August Lucas gelungen, nazarenische Idealität im Bildnis noch in den Jahren 1828 bis 1832/34 gleichsam für den eigenen Stil neu zu entdecken und zu vergegenwärtigen[16].

Es ist in diesem Rahmen unmöglich, die Bildniszeichnung der Nazarener auch nur annähernd in ihren individuellen und übergeordneten Aspekten zu erörtern. Fest steht, daß für die nazarenischen Bildnisse Dürers Bildnisgraphik und die seiner italienischen und deutschen Zeitgenossen entscheidend gewesen ist. Hier wie dort herrscht das Brustbild vor, der Bildraum wird negiert, alles konzentriert sich auf den Kopf, der Körper wirkt wie ein Sockel. Selbst Karl Philipp Fohr hält sich an jede dieser Festlegungen, wenn er auch immer fähig bleibt, aus diesen auszubrechen. Es erweist sich also, daß der von mir für die Malerei definierte nazarenische Bildnistypus auch für die gezeichneten Darstellungen gilt.

Gerade Fohrs Bildnisse scheinen besonders geeignet, um nazarenische Bildnisauffassung abschließend zu charakterisieren. Denn schon um 1817/18 hat er den kritischen Punkt des nazarenischen Porträts getroffen. Das Bildnis des Malers Ramboux (Kat. 20) schärft die Bildform an, indem es den Dargestellten nicht – wie meist in nazarenischen Bildnissen – im sich öffnenden Halb- oder Dreiviertelprofil zeigt, sondern in der geschlossenen Form des Profils. Entsprechend gliedern durchlaufende Linien das Schulterbildnis, indem sie Kontur, Mützenform, dazu Kragen- und Schulterpartien festlegen. Diese Festlegung erfüllt sich jedoch in Linien, die höchste Gleichmäßigkeit in der Stärke mit höchster Sensibilität im Duktus verbinden. Nicht starr ist dieses mit spitzem Bleistift gezeichnete Liniengerüst, sondern es wird von schwingender Musikalität bestimmt. Die Binnenzeichnung legt jetzt nicht Schattenpartien fest, um Gesichtszüge oder Körpervolumen plastisch herauszuarbeiten, sondern sie faßt mit über die Binnenkonturen hinweglaufenden Schraffurfeldern die gesamte Schulterpartie zusammen. Die Hutfaltungen werden durch verschiedene strenge Schraffuren in die Bildfläche gebunden, so daß der Hut zwar als plastische Einheit erscheint, aber nicht rund und voluminös, sondern als aus klaren Flächenteilen zusammengesetzt. Weiter tragen dünne, spitze Schraffurgruppen in das Gesicht – bei den Augen, der Nase und am Kinn – nicht Plastizität, sondern Empfindung und Ausdruck.

Prüft man diese Beschreibung des zeichnerischen Vorgehens von Karl Philipp Fohr an den Bildnissen *Franz Horny* (Kat. 18) und *Wilhelm Schadow* (Kat. 19) nach, so bestätigt und ergänzt sie sich. Bei beiden Bildnissen fällt die sorgfältige Herausarbeitung des Haares auf, dessen Strähnen wie Schilfblätter ineinander verflochten sind. Der Bleistift zeichnet hier Strukturen. Er gibt nichts Tatsächliches mit allen Mitteln wieder, sondern sieht das Modell durch ein ordnendes Auge, das genau sein will und dieses Ziel durch eine Hand erreicht, die virtuos fast abstrakt zu nennende Strichlagen in einen strukturellen Formenkanon umzuwandeln versteht. Immer ist das Auge, scharf und übergroß gezeichnet, sternenhaftes Zentrum des Bildnisses. Beim Bildnis *Wilhelm Schadow* (Kat. 19) zeigt sich die Tendenz, in das Gesicht mit hauchdünnen Bleistiftschraffuren einzudringen, es als plastische Einheit zu begreifen. Aber dies bleibt in Ansätzen stecken.

Wagen wir also eine Definition nazarenischer Bildniskunst: Sie sucht einen idealen Ausgleich zwischen einer strengen, objektivierenden Formenkonzeption – die sich in einem auch den Gemälden zugrundeliegenden Liniengerüst verkörpert –, und der wahrhaftigen Erfassung der Individualität des Dargestellten, die die Frage der äußeren Richtigkeit aufwirft. Das Formenkonzept wird aus einem Linienstil gewonnen, der auf die Fläche bezogen ist und sich durch den dürerischen und praeraffaelischen ›Primitivismus‹, ebenso durch den klassizistischen Umrißstil bestätigen läßt (in der Malerei übernimmt diese Seite des Konzepts zusätzlich die Lokalfarbe).

Der Wille zur Porträtähnlichkeit bringt plastische Elemente ins Bild, Köpfe und Gesichter wollen als plastisch-räumliches Abbild erlebt sein, die den Dargestellten als lebensvolles Wesen spiegeln. Beide Prinzipien in eine zwingende Balance zu bringen, dies macht nazarenische Bildniskunst aus. Dabei ist das Überwiegen des ideellen Formenkonzepts leicht hinzunehmen als Ausdruck von Lauterkeit und Beseelung. Die Ähnlichkeit und damit die Frage der plastisch-räumlichen Verdeutlichung von sichtbarer Wirklichkeit jedoch setzt die entscheidende Grenze. Entgleitet hier die Darstellung, begnügt sie sich mit dem ›ähnlichen Porträt‹, wird sie zum realistischen Abbild und fällt damit aus dem idealen Konzept des Nazarenismus. Gerade die Bildnisroutiniers im Umkreis der Nazarener wie Carl Barth und Carl Vogel von Vogelstein zeigen in der Entwicklung ihres Bildnisstils exemplarisch diesen Sachverhalt auf. Nach 1830 jedoch ist die Entwicklung nicht mehr aufzuhalten und steuert auf den Ethos des Realismus zu.

Die Bildniskunst von Karl Philipp Fohr ist insofern Höhepunkt nazarenischer Bildnisauffassung, als sie diese Balance nicht durch Askese erreicht, sondern in elementarem Zugriff, dem Idealität angeboren scheint und der dennoch mit offenem Blick Wirklichkeit beobachtet und ins Bild setzt. Wie selbstverständlich schmiegt sich abbildliche Wirklichkeit in Idealität, fügt sich die Vielfalt der Natur in strukturelle Ordnung. Vielleicht vergegenwärtigen Fohrs Bildnisse wie die keines anderen den langen glücklichen Augenblick des nazarenischen Porträts.

1 Vgl. Ulrike Krenzlin, Zu einigen Problemen nazarenischer Kunst. Goethe und die Nazarenische Kunst, in: *Städel-Jahrbuch,* N.F., Bd. 7, 1979, S. 231 ff.

2 Hans Geller, Die Bildnisse der deutschen Künstler in Rom 1800–1830. Mit einer Einführung in die Kunst der Deutschrömer von Herbert von Einem. Berlin 1952.

3 Darmstadt, Hessisches Landesmuseum; Abb. 1: 35,2 x 30,6 cm, Abb. 2: 35,7 x 27,2 cm. Vgl. J.C. Jensen, Overbeck in Wien 1806 bis 1807. Kalendarium seiner Freundschaft mit Pforr und die Wandlung seiner Kunstanschauungen, in: *Anzeiger des Germanischen Nationalmuseums Nürnberg,* 1974, S. 105 ff., dort Abb. 3 und 1

4 Hamburger Kunsthalle (J. Träger, Philipp Otto Runge und sein Werk, Nr. 220)

5 Lübeck, Museum für Kunst und Kulturgeschichte, Öl auf Leinwand, 35 x 27 cm. – Vgl. Jens Christian Jensen, Friedrich Overbeck. Die Werke im Behnhaus. Lübecker Museumshefte 4, o.J. (1963) Nr. 10

6 Brief datiert 10. Oktober 1810, siehe: Margaret Howitt, Friedrich Overbeck. Sein Leben und Schaffen, 2 Bde., Freiburg i.Br. 1886, Bd. 1, S. 161 f.

7 Man vergleiche die Selbstbildnisse von Johann David Passavant, 1818 (Städelsches Kunstinstitut, Frankfurt a.M.), Philipp Veit, um 1815 (Mittelrheinisches Landesmuseum, Mainz), und Wilhelm von Schadow, um 1815 (National-Galerie Berlin/West), – das Bildnis der Frau Clara Bianca von Quandt, um 1820, von J. Schnorr von Carolsfeld (National-Galerie Berlin/West), – das Bildnis der Fanny Ebers, um 1826, von Wilhelm von Schadow (Neue Pinakothek, München) usw.

8 Vgl. J.C. Jensen, Friedrich Overbeck. Die Werke im Behnhaus – siehe Anm. 5 – Nr. 15: Öl auf Nußbaumholz. 46,5 x 37 cm. Lübeck, Museen für Kunst und Kulturgeschichte

9 Vgl. das Bildnis Gottlieb Grunow und das Bildnis Jung von 1807, beide in der Hamburger Kunsthalle

10 Frankfurt am Main, Städelsches Kunstinstitut, Öl auf Leinwand, 22,7 x 17,1 cm

11 Zitat aus: J.C. Jensen, Gedenkblatt für den Maler Franz Pforr, den Freund Friedrich Overbecks, in: *Der Wagen. Ein Lübeckisches Jahrbuch,* 1963, S. 83

12 Staatliche Kunstsammlungen Dresden, Gemäldegalerie Neue Meister, Öl auf Leinwand, 44,5 x 36,5 cm

13 Das Gemälde, ehemals Besitz der Gemäldegalerie in Mainz (Öl auf Leinwand, 34 x 51,5 cm) verbrannte 1930 im Münchner Glaspalast zusammen mit vielen anderen Hauptwerken der Romantik. Abb. siehe bei: C.G. Heise, Overbeck und sein Kreis, München 1928, Kat. und Taf. 49. – Die von Heise gegebene Datierung ›Frühling 1810‹ wird man in ›um 1815/18‹ berichtigen müssen

14 Vgl. Klaus Lankheit, Das Freundschaftsbild der Romantik, Heidelberg 1952; Lankheits Begriff des Freundschaftsbildes erweist sich nach wie vor als tragfähig.

15 Nachdrücklich propagiert durch eine Ausstellung: Die Bildniszeichnung der deutschen Romantik. Ausst.-Kat.; Museum für Kunst und Kulturgeschichte, Lübeck 1957 (bearb. von J.C. Jensen)

16 Prellers Zeichnungen seines ersten italienischen Aufenthalts – sie sind mit das Beste, was er überhaupt auf diesem Gebiet geschaffen – sind bisher nicht in größerem Zusammenhang publiziert. H. Geller, siehe Anm. 2, weist für die Bildnisse einiges nach. – Für Lucas siehe: Andreas Franzke, August Lukas 1803–1863, in: *Kunst in Hessen und am Mittelrhein,* Heft 12, 1972 (mit Werkkat.)

Judith Huber

Ausstellungen deutscher Künstler in Rom 1800-1830

Seit dem Ende des 18. Jahrhunderts bedienten sich die bildenden Künstler zunehmend der öffentlichen Ausstellung, um das Publikum auf ihre Arbeiten aufmerksam zu machen, wodurch gerade die Ausstellung zum wichtigsten Mittel für die Verbreitung neuer Kunstströmungen wurde.

Italien nimmt innerhalb der Entwicklung der Kunstausstellungen einen Sonderplatz ein. Haben sich doch gerade hier seit der Renaissance Ausstellungsformen gebildet, welche – von der Akademie unabhängige – Tendenzen aufweisen, die als Charakteristika eines freien, modernen Kunstlebens zu bewerten sind[1]. Bereits im 16. Jahrhundert diente dem Künstler in Italien zur Schaustellung seiner schöpferischen Leistungen einerseits das eigene Atelier, das durch den Besuch von Auftraggebern, Künstlerfreunden und Interessenten aus der privaten Sphäre heraustrat und somit bereits eine gewisse Öffentlichkeitsfunktion erhielt; andererseits wählte er die öffentliche Ausstellung, durch die er in den Wettstreit mit Künstlerkollegen trat und sich dem Urteil des Publikums stellte. Diese öffentlichen Ausstellungen konnten im eigenen Atelier oder in Kirchen stattfinden, meist unter großer Anteilnahme des Publikums. Die 1593 eröffnete Accademia di S. Luca in Rom war ab 1607 an jedem Lukastage dem Publikum zugänglich. Ab 1621 veranstaltet sie eine regelmäßige Ausstellung der neuen Arbeiten und ab 1577 werden alljährlich Preiskonkurrenzen festgesetzt, die als Ansporn dienen sollten, und seit dem 17. Jahrhundert werden sie mit großem Pomp gefeiert. Ab 1702 wird der Concorso Pio Clementino in dreijährigem Abstand ausgetragen (es kommen dabei nur religiöse Themen zur Ausstellung), und die Arbeiten waren ab 1716 für eine Woche nach der Preisverteilung in den Sälen des Kapitols zu sehen; ab 1768 wechselt er mit dem ebenfalls triennalen Concorso Balestra für profane und mythologische Geschichte. Außer diesen feierlichen Concorsi werden alljährlich die Concorsi Scolari mit Preisverteilung und Ausstellung abgehalten[2].

Die Akademie als offizielle, die jeweils herrschende Kulturanschauung präsentierende Institution und die Vorrangstellung ihrer Mitglieder im römischen Kulturleben mußte durch die Concorsi ihren hohen Repräsentationsanspruch zur Schau stellen. Diese akademischen Vorstellungen wurden jedoch an Glanz von den alljährlich am St. Josephstag stattfindenden Festtagsausstellungen der aus der Gegenreformation hervorgegangenen Congregation der Virtuosi al Pantheon übertroffen. Zudem war es Sitte, bedeutende neue Werke, besonders solche, die in die Fremde gehen sollten, der öffentlichen Besichtigung zugänglich zu machen.

Auch die Konkurrenzentwürfe zu den großen Staatsaufträgen pflegten dem Publikum vorgelegt zu werden, und überhaupt liebte man es, die Arbeiten rivalisierender Künstler in Ausstellungen vergleichen und kritisieren zu können: »Das römische Volk ist von jeher daran gewöhnt gewesen, das Schönste und Höchste als etwas anzusehen, was ihm von Rechts wegen gehöre, und man findet deshalb nirgends so wenig lauten Enthusiasmus bei so richtiger Schätzung des wahren Kunstwerthes, und bei so scharfer oft beißender Kritik, welche nur zuweilen durch Nationalrücksichten gemildert oder geschärft wird«, schildert Kölle im Jahre 1833 die römische Kunstszene[3]. Regelmäßige Ausstellungen, die meist mit der künstlerischen Ausschmückung von Straßen, Häusern und Läden verbunden waren, fanden in Rom an den Namenstagen der jeweiligen Kirchenpatrone statt: am 15. August in S. Rocco, anläßlich der Festa di Ripetta (nach 1736), am 24. August in S. Bartolomeo dei Bergamaschi (seit 1650), am 29. August in S. Giovanni Decollato (ab etwa 1620) und am 10. Dezember in S. Salvatore in Lauro (seit 1675). Dabei waren jedoch nicht nur Werke zeitgenössischer Künstler ausgestellt, sondern auch Werke älterer Meister, zum Teil ganze Sammlungen als Leihgaben aus Privatbesitz. Die Akademie selbst erhält erst 1802 unter Canova einen festen Saal für Kunstausstellungen im Locale dei Convertiti am Corso.

Am Ende des 18. Jahrhunderts, als Rom als Kulturzentrum eine neue Blüte erlebte, traten vor allem ausländische Künstler durch ihre Atelierausstellungen an die Öffentlichkeit: 1785 Jacques Louis David mit dem *Schwur der Horatier* im eigenen Atelier, und Jakob Asmus Carstens mit seinen Werken im ehemaligen Atelier Pompeo Batonis; ein verzweifelter Versuch, aus der Isolierung auszubrechen und öffentliche Anerkennung zu gewinnen. Diese Ausstellung wurde als die ›Taufe der neuen deutschen Kunst‹ enthusiastisch gefeiert. Carstens war damit einer der ersten Künstler, der ganz auf sich selbst gestellt und in direktem Gegensatz zu den herrschenden Kunstansichten und der Akademie den Weg der Anerkennung über eine öffentliche Ausstellung suchte: »The immediate future belonged to his revolutionary individualism«, sagt Pevsner.

Während den französischen Künstlern, die noch dazu meist Pensionäre ihrer Akademie waren, auch nach dem Zusammenbruch des Imperiums die Säle der Akademie in der Villa Medici zur Verfügung standen, waren die – meist mittellosen – deutschen Künstler auf die eigenen Ateliers angewiesen. Goethe besuchte bei seinem römischen Aufenthalt im Jahre 1787 die französische Kunstausstellung und 1789 das Atelier des jung verstorbenen J.D. Drouais; seiner an der Kunstlehre des 18. Jahrhunderts geschulten Betrachtungsweise mußte aber die Kunst Davids und Drouais' ebenso fremd bleiben wie die J.A. Carstens'[4].

Im Jahre 1805 erregte das *Dankopfer Noahs* von Gottlieb Schick bei seiner Ausstellung unter dem Portikus des Pantheon großes Aufsehen; das nicht streng religiös-dogmatische, sondern philosophisch deutbare Werk machte vor allem auf August Wilhelm Schlegel ungeheuren Eindruck[5]. Im November und Dezember 1808 stellte Schick dann im Hause des bayerischen Gesandten, Bischof von Häffelin, mehrere Bilder aus, darunter seinen *Christus, den Kelch segnend,* die *Drei Marien* und die *Himmelfahrt Christi.* Der von einem deutschen Künstler bis dahin unerreichte Erfolg wurde Schick schließlich auf einer internationalen Kunstausstellung auf dem Kapitol im Jahre 1809 zuteil, wo ihm eine französische und italienische Abordnung ›im Namen aller ihrer Landsleute (Künstler, Kenner, Liebhaber) den Preis und die Krone‹ überreichten[6].

1805, kaum in Rom angekommen, hatten die Brüder Franz und Johannes Riepenhausen den Plan gefaßt, ihre »Lesche so zu zeichnen, daß (sie) sie im Pantheon ausstellen können«[7].

1810, als die Lukasbrüder Overbeck, Pforr, Vogel und Hottinger in das verlassene Kloster von Sant'Isidoro einzogen, war Rom Hauptstadt eines französischen Departements. Franzosen gaben den Ton an, sie erteilten die Bildaufträge, ließen sich porträtieren und ihre Villen malerisch ausstatten[8]. Die jungen französischen und deutschen Künstler hatten bis zu diesem Zeitpunkt freundschaftlich miteinander verkehrt und gemeinsam ausgestellt: Christian Rauch war Mitglied der Jury der von Franzosen veranstalteten internationalen Ausstellung auf dem Kapitol im Jahre 1809, auf welcher Ingres, Metz, Granet neben Koch, Schick, Rauch und Thorvaldsen zu finden waren[9]; auf der französischen Veranstaltung desselben Jahres sah man neben einer *Figure d'étude* von Ingres eine Marmorgruppe *La Musa e l'Amore* und ein Gips-Basrelief *Madonna mit Kind* von Konrad Eberhard[10]; ein Jahr später stellten dort die Brüder Riepenhausen eine *Amorinenverkäuferin* und die *Hl. Cäcilie* aus[11].

Je mehr die Anzahl der in Rom lebenden deutschen Künstler zunahm, deren Aufenthalt nicht durch Pensionen finanziert wurde, die sozusagen um das tägliche Brot kämpfen mußten, vor allem nach der Wiederkehr der päpstlichen Herrschaft, desto mehr mußte ihnen daran gelegen sein, durch gemeinsames Auftreten in der Öffentlichkeit Interessenten und Käufer auf sich zu ziehen. Der päpstliche Hof fiel als Auftraggeber aus; weshalb sich das Interesse auf die aus den nordischen Ländern angereisten Kunstliebhaber konzentrierte.

Aber nicht allein die Berufs- und Erwerbsangelegenheiten drängten die Nazarener schon frühzeitig, eine gemeinsame Ausstellung zu erwägen, mehr lag ihnen an einer öffentlichen Reaktion auf den bis dahin nur auf theoretischer Ebene ausgetragenen Ideenstreit, und auf eine allgemeine Habilitierung der Künstlerschaft.

Bereits 1812 kamen die Lukasbrüder zur Überzeugung, daß das wirksamste Mittel zu einer Förderung der angestrebten Kunstreform das Beispiel Carstens aufzeige, nämlich die Werke dem Urteil des Publikums zu unterbreiten[12]. Kurz vor und während der Befreiungskriege von 1813 hatten sich die in Rom verbliebenen deutschen Künstler unter nationalem Vorzeichen zur Ponte-Molle Gesellschaft zusammengetan. Mit Freude begrüßten die Künstler die Wiederkehr der alten Zustände und feierten mit Begeisterung die Erhebung des Vaterlandes und den Befreiungskampf in einer Siegesfeier, die von den verbündeten Nationen am 21. April 1814 in der Villa Borghese begangen wurde. In dieser siegestrunkenen Stimmung, genau zwei Tage nach dem Einzug Papst Pius' VII. in Rom am 24. Mai 1814, schreibt Overbeck an Vogel: »... (ein) anderer Geist (hat) die hiesigen Künstler ergriffen. ... als zu deiner Zeit der Fall war ... Diesen nun zu nähren und immer zu wecken, haben wir einen Gedanken in Vorschlag gebracht, der bereits allgemeinen Beifall findet, den nämlich, hier eine große Ausstellung deutscher und überhaupt nordischer Kunstwerke zu veranstalten, indem dieses vor der Hand der einzige Weg zu sein scheint, mit unsern Kunstgegnern, sowohl den Anhängern der Accademien als auch der neuen französischen Schule oder sonst irgend eines Unwesens, in öffentlichen Kampf aufzutreten und die allgemeine Stimme zum Richter aufzufordern ... welcher Zeitpunkt könnte passender sein als der jetzige, wo der Zeitgeist in jeder Rücksicht einen ganz neuen Umschwung erleidet, und es gewiß sehr bald Gelegenheit geben wird zur Ausführung großer Werke.«[13] Ganz ähnlich spricht sich Cornelius dem Frankfurter Verleger Wenner gegenüber aus[14]. Durch die Ausstellung erhoffte man sich also sowohl Anerkennung als offizielle Aufträge. Aber noch im Jahre 1818 beklagt sich Julius Schnorr, daß die Deutschen niemals Ausstellungen veranstalteten, »welches eigentlich Unrecht ist«; so trug er sich mit dem Gedanken, durch eine eigene öffentliche Ausstellung seiner Werke an neue Aufträge zu kommen[15].

Nach dem Wiener Kongreß überflutete ein Strom von Reisenden, vor allem begüterte Deutsche, Engländer und Russen Italien, woran nicht nur Römer verdienten, sondern auch viele der anwesenden Künstler.

Koch malt zwei kleine Bildchen (Landschaft mit dem hl. Martin und mit dem hl. Benedikt) für den bayerischen Grafen von Schönborn-Wiesentheid im Jahre 1815, die Riepenhausen 1815-16 ein *Mädchen aus der Fremde* für eine Miss Melish aus England, etwas später den *Sänger vor dem König* für den russischen Generalkonsul Krause; Schadow erhält 1818 den ersten Auftrag durch den bayerischen Kronprinzen *(Hl. Familie unter dem Portikus)* und Schnorr von Carolsfeld verkauft seine *Hochzeit zu Cana* an den Schotten Will Cathcard. »Leichter verständliche Veduten« wie diejenigen Catels oder Landschaften fanden selbstverständlich eher Käufer als religiöse Werke[16]. Durch die damals in Rom weilenden Deutschen (z.B. Caroline von Humboldt, Henriette Herz, August Kestner, Barthold,

Georg Niebuhr, Kronprinz Ludwig von Bayern), die mit den Künstlern freundschaftlich verkehrten und sie in ihrem Streben ermunterten, fanden diese nicht nur in die höhere Gesellschaft Einlaß, sondern vereinzelt auch Käufer für ihre Werke. Denn bisher hatten weder Regierungen noch Behörden in Deutschland Interesse an ihnen gezeigt. Eine Ausnahme bildeten nur der preußische Generalkonsul Bartholdy und der preußische Gesandte Niebuhr, der, obwohl der Kunst ›im engen Sinn‹ skeptisch gegenüberstehend, zunächst für sie mehr erwirkte, als ihr späterer ›Abgott‹ Kronprinz Ludwig von Bayern[17]. Besonders engagierte sich auch Dorothea Schlegel, Mutter der Maler Johannes und Philipp Veit, während ihres zweijährigen Romaufenthaltes. Zu ihren vielen Plänen und Einfällen, wie man den deutschen Künstlern helfen könnte, gehörte eine permanente Kunstausstellung, welche wohlhabende Fremde anziehen und orientieren sollte. Als geeignetes Gebäude hatte sie den Palazzo Venezia in Aussicht genommen und auch gleich einen Custoden bei der Hand, den »armen braven Sutter«[18].

Über Jahre hinweg geplant, verdankte die Ausstellung ihre Entstehung schließlich einem zufälligen Ereignis, dem Besuch des österreichischen Kaiserpaars an Ostern 1819 am päpstlichen Hof. Der Zeitpunkt der Ausstellung war delikat; wenige Wochen vorher war August von Kotzebue durch den Studenten Sand ermordet worden und man hatte den Kaiser vor den Künstlern im ›deutschen Rock‹ bereits gewarnt. Außerdem hatte der durch Goethes Abhandlung ›Neudeutsche-religiös-patriotische Kunst‹ (Ueber Kunst und Alterthum. Zweytes Heft. 1817) eingeleitete klassizistisch-romantische Ideenstreit seinen Höhepunkt erreicht. Trotz Niebuhrs Bedenken fand die Ausstellung mit seiner, Caroline von Humboldts und Bartholdys finanzieller Unterstützung statt. In zwei Sälen des Palazzo Caffarelli, Sitz der preußischen Gesandtschaft, gelangten 175 Werke von 65 Künstlern im April 1819 zur Ausstellung[19]. Die eindrucksvolle Veranstaltung wies alle Künstler von Rang und Namen auf; neben der älteren, noch im Klassizismus geschulten Generation um Reinhart, Koch, Rohden, Catel und Riepenhausen triumphierte die neudeutsche Gruppe um Cornelius, Overbeck, Rudolph und Wilhelm Schadow, Johannes und Philipp Veit und Sutter, und die jüngeren Künstler wie Schnorr, Friedrich Olivier und Fohr († 1818) allein schon durch ihre zahlenmäßige Überlegenheit; sieben Bildhauer, fünf Kupferstecher, zwei Bronzegießer und ein Stempelschneider trugen zur Vielfalt der Ausstellung bei, die somit zu einem wirkungsvollen »Dokument romantischen Wollens«[20] erhoben wurde und weittragende Folgen für die Zukunft hatte, was zum Zeitpunkt der Ausstellung allerdings noch nicht absehbar war.

Die Hoffnung der Künstler, Kaiser Franz würde das gemeinsame Unternehmen würdigen und sein Interesse durch Ankäufe bekunden, wurde enttäuscht. Er »gab den Künstlern (vielmehr) den Rat, nicht zu sehr die alten Deutschen nachzuahmen und sich recht an die Natur zu halten ... in Wien hätten's auch so altdeutsch werden wollen, er hätt's ihne aber ausgeredt; ... (Fürst) Metternich hat sich (dagegen) einen schlechten Namen gemacht durch die Art seines Benehmens gegen Künstler und durch sein Urteil«, berichtete Julius Schnorr dem Vater[21]. Ungewöhnlich aufmerksam, aber auch sehr widerspruchsvoll waren die Besprechungen in den deutschen Zeitungen. Besonders scharf ging der anonyme Rezensent der Allgemeinen Zeitung vom 23. Juli 1819 gegen Werke und Sitten der Künstler vor[22]; Bartholdy, den man für den Urheber hielt[23], tadelte darin ihr »Nachäffen« frühitalienischer Malerei, ihre »unausstehliche Affektion« bei malerischer Unfähigkeit und ihr »schwermüthiges, sittlich und intolerantes, fanatisches« Benehmen. Friedrich Schlegels erster Bericht zur Ausstellung im Österreichischen Beobachter vom 23. April[24], der sich in einer Aufzählung der beteiligten Künstler und einer knappen Verteidigung gegen den erhobenen Vorwurf der Steifheit und einseitigen Nachahmung der altdeutschen und frühitalienischen Kunst erschöpft hatte, war fast unbeachtet geblieben und von den Künstlern als viel zu diplomatisch befunden worden. Auch hatte sich Goethe noch einmal in die Diskussion eingeschaltet[25] und sah triumphierend ihre »Lehre in Caffarelli begraben«.

»Auf Dich [Friedrich Schlegel] sind nun alle die Herzen und Hoffnungen der Niedergetretenen gerichtet, und eigentlich auch bist Du es ihnen schuldig, daß Du Dich ihrer annimmst, denn sie leiden doch dadurch, daß sie zuerst Jünger Deiner Lehren wurden«, drängt Dorothea Schlegel am 7. August 1819[26]. Schlegels ausführliche Stellungnahme vom 7. September in den Wiener Jahrbüchern der Literatur[27] richtet sich in erster Linie gegen die in der Allgemeinen Zeitung vorgebrachten Vorwürfe, indem er die Gelegenheit ergreift, sein romantisches Programm noch einmal – und zwar in gemäßigterer Form als je zuvor – aus den Grundsätzen heraus zu entwickeln. Schlegels Argumentation folgt J.D. Passavant in seinen 1820 erschienenen ›Ansichten über die bildenden Künste ...‹[28]. Positiv beurteilen auch das Kunstblatt von 1819[29] und der Historiker Joh. Friedr. Böhmer[30] den Ausgang der Ausstellung. Skeptisch äußert sich dagegen der preußische Gesandte Niebuhr in einem Brief an den König[31]. Die Diskussionen um die Ausstellung hielten auch im Jahre 1820 an[32], weshalb man von einer neuen Veranstaltung absah: sie hatte zu »Parteylichkeiten, ja feindlichen Äußerungen und Kunstkritiken in deutschen Zeitungen ... Veranlassung gegeben ...«, gibt Johann Gottlob von Quandt zur Erklärung.[33]

Erst 1822, aus Anlaß des Besuchs des preußischen Königs Friedrich Wilhelm II., organisierte man wieder eine Kollektivausstellung von vierzehn preußischen Künstlern in den Wohnräumen des Generalkonsuls Bartholdy im Palazzo Zuccari alias Casa Bartholdy. Der König hatte bereits 1814 sein Interesse an italienischen Kunstwerken, besonders an Raffael, bekundet, die er durch deutsche Künstler in Paris kopieren ließ[34]. In Rom ›ermunterte‹ er seine hiesigen Künstler durch mehrere Erwerbungen und Bestellungen und zeigte, »wie sehr es ihm am Herzen liegt, die Kunst königlich zu unterstützen« (J.D. Passavant unter dem Pseudonym Johannes v.F. für das Kunstblatt)[35]. Die Nazarener beherrschten das Feld und bestimmten den Gesamteindruck. Auch ohne in den Lukasbund aufgenommen zu werden, waren in der Zwischenzeit viele junge Künstler den Lukasbrüdern gefolgt. Allerdings konstatiert Schnorr eine Änderung in der Künstlerschaft: »... Mir scheint, es ist ein gesündrer Sinn herrschend geworden, das kopfhängerische, kränkliche, flausröckige Wesen ist nicht mehr zu spüren ... wenn man's genau untersucht, war auch früher eben jenes ungesunde Wesen, von dem geschickte Leute leider früher nicht freizusprechen waren, häufig Ursache, daß sich manche wider uns erklärten, die an sich fähig und willig gewesen wären, sich dem Bessern anzuschließen.«[36]

Die Hoffnung auf eine permanente Gelegenheit zur Schaustellung ihrer Arbeiten erfüllte sich für die deutsch-römischen Künstler durch Kronprinz Ludwig von Bayern, der für diesen Zweck in der Via Margutta 76–79 einige Atelierräume mietete. Die erste Ausstellung wurde am 19. Januar 1825 eröffnet und ging im März zu Ende[37]. Vierzehn Künstler stellten aus, darunter acht Maler, fünf Bildhauer und ein Kupferstecher. Die Prunkstücke der Ausstellungen waren für Julius Schnorr die Landschaften; er selbst stellte zwei Kartons zu den Fresken im Casino Massimo aus, Koch eine große Landschaft mit Regenbogen und Reinhold zwei Landschaften mit religiöser Staffage.

Die Räumlichkeiten in der Via Margutta entsprachen den spartanischen Lebensgewohnheiten der Künstler und ihres Gönners in Rom: »Es ist ein kleines unansehnliches Häuschen ..., wo unsere vaterländischen Künstler in einigen engen niedern Zimmerchen ihre Arbeiten mit einer Anspruchslosigkeit zur Schau stellen, die nur einigen vortrefflichen Männern unter ihnen, den meisten aber nichts weniger als eigen und natürlich ist. Viele Arbeiten können gar nicht einmal in ein günstiges Licht gestellt werden; während außerdem manche brave Leistungen wegen der Armuth ihrer Urheber sogar eines anständigen Rahmens ermangeln.«[38]

Der Zeitpunkt war von kommerziellen Überlegungen bestimmt; denn im Winter kamen bis zu 15000 Fremde in die Stadt, und »wer reist, hat Geld; fast jeder nach seinen Kräften wünscht immer, ein Andenken an Italien mit fortzunehmen, und besonders Landschaften«, hatte der 1824 verstorbene Franz Horny seine Mutter aufgeklärt[39].

Eine kleine Sommerausstellung im Mai 1825 in den Ateliers der Maler Lengerich und Hempel sollte die Zeit während der Schließung der offiziellen Ausstellung in der Via Margutta überbrücken helfen. Es stellten wenige Künstler aus, darunter auch die jüngere Generation mit Ludwig Richter, Öhme, Schilbach und Stölzel[40]. Landschafts-Genre und religiöse Malerei hielten sich dabei das Gleichgewicht.

In Deutschland begrüßte man mit Wohlwollen diese neuen Initiativen[41]. Aber nur noch zweimal wiederholt sich die Winterausstellung; in den Jahren 1826 und 1827. 1826 nimmt nur ein Teil der Künstlerschaft teil; die österreichischen Künstler – im Gegensatz zu den deutschen – Pensionäre ihrer Akademien, halten sich infolge von Parteilichkeiten der Ausstellung fern. Von den dreizehn anwesenden Künstlern (zehn Maler, zwei Bildhauer, ein Architekt) hebt Schnorr besonders Koopmanns *Madonna,* eine Landschaft Rohdens, Overbecks Zeichnung *Lasset die Kindlein zu mir kommen,* Jacobs *Auferweckung des Lazarus,* und Landschaften von Richter und Fries hervor[42]. Gerade mit den Werken von Ludwig Richter und Ernst Fries treffen zwei gegensätzliche Landschaftsauffassungen aufeinander: die traditionelle, an Poussin orientierte historische Landschaft Richters und die »große, neuartig untermalte und schnell beendete« Landschaft von Fries; man stand nicht mehr wie bisher vor den traditionellen Motiven in Subiaco, Tivoli und Olevano, denn die neue Sehweise, das neue Verhältnis zur Natur verlangte nach neuen Motiven und einem neuen Stil. »Ueberhaupt schien man mehr und mehr gewisse Einseitigkeiten zu fühlen, die aus der großen Vorliebe und dem Studium der ältesten Schulen entstanden waren, und man faßte jetzt das eigentliche Malerische mehr ins Auge« (Richter)[43].

Die Glanzstücke der Ausstellung aus dem Jahre 1827 waren nach Meinung des Korrespondenten des Berliner Kunstblattes Overbecks Zeichnung *Johannes in der Wüste* und Catels *Capuzinerkloster auf der Insel Capri* und *Tassos Tod.* Als Charakteristika deutsch-nationaler Kunst bezeichnet er »nicht das Gemeinschaftlich-Nationale« sondern »eben die Mannigfaltigkeit selbst«[44]. Im selben Jahr erfolgt zu Ehren König Ludwigs I. von Bayern eine Sonderausstellung. Zu den von der Jahresausstellung übernommenen Werken gesellen sich Arbeiten Schnorrs (Zeichnungen zu Homers ›Odyssee‹), ein *Seesturm* von Catel, eine Campagnalandschaft von Welker und ein Genrestück *(Römische Osteria)* von Lindau; im angrenzenden Atelier des Malers Jacob wurde eine kleine Ausstellung mit eigenen Werken zusammengestellt: eine Kreuzigung, eine Venus, und eine *Hl. Familie auf der Flucht.*[45]

Die streng abgesonderte Gruppe der Nazarener beginnt sich nach außen zu öffnen und gegen Ende des Jahrzehnts finden wir deutsche und französische Künstler wieder vor den gleichen Motiven: 1827 zeichnet Ernst Fries seinen französischen Kollegen Corot und malt mit ihm in Civitá Castellana.

Im Mai 1828 findet anläßlich des Besuchs des sächsischen Prinzen Friedrich August ebenfalls eine kleine Sonderausstellung statt; man wählt aber nicht die in der Zwischenzeit von der päpstlichen Regierung zur Verfügung gestellten offiziellen Ausstellungsgebäude an der Porta del Popolo, sondern die Werkstatt des Bildhauers Pettrich[46].

Ein päpstlicher Erlaß aus dem Jahre 1827 hatte das seit dem 17. Jahrhundert übliche Aufstellen »fertig gewordener Kunstwerke in Kirchen« untersagt und zum Ersatz einen Saal rechts vom Eingang der Porta del Popolo angeboten[47]; zur Eröffnung stellte Peter Rittig seine *Himmelfahrt* aus. Diese neue Einrichtung, von der päpstlichen Presse »wie eine große Kulturtat gepriesen«, war nicht mehr als ein Notbehelf; auf engem, mangelhaft beleuchtetem Raum kamen die von der päpstlichen Zensur zugelassenen Werke zur Aufstellung. Noack schildert eine Reihe kurioser Zwischenfälle, in denen Kunstwerke zurückgezogen werden mußten; unter den abgewiesenen Kunstwerken befand sich auch Overbecks *Ruhe auf der Flucht* (!)[48].

Im Oktober 1828 fand die letzte bedeutende Ausstellung deutscher Künstler auf römischem Boden statt. Anlaß war, wie oft in der Vergangenheit, ein festliches Ereignis: der Besuch des preußischen Kronprinzen Friedrich Wilhelm. Der preußische Gesandte Christian Carl Josias von Bunsen stellte wie sein Vorgänger Niebuhr im Jahre 1819 Räume im Palazzo Caffarelli zur Verfügung und unterstützte das Vorhaben auch finanziell. 63 Künstler, darunter 25 Preußen, stellten an die 200 Werke aus. Bunsen besorgte auch die deutsche Übersetzung des italienisch gedruckten Kataloges[49]. Viele der fertigen Werke preußischer Künstler waren bereits vorher an die gleichzeitig stattfindende Berliner Akademie-Ausstellung verschickt worden.

Der festliche Rahmen bot ein letztes Mal Gelegenheit, einen Überblick über das deutsche Kunstschaffen in Rom zu geben. Catel, Koch, Overbeck, Johannes und Philipp Veit, Rittig, die Brüder Riepenhausen und andere in Rom lebende Künstler und Neuankömmlinge wie Führich und Magnus schließen den neun Jahre zuvor so eindrucksvoll demonstrierten deutsch-römischen Kreis. Das bekannteste Werk der Ausstellung, Overbecks *Italia und Germania,* veranlaßte den Berichterstatter des Berliner Kunstblattes zu einer Betrachtung über die Vorgänge von vor über zehn Jahren, indem er die Diskussion um romantische Grundsätze noch einmal aufgreift: »Overbeck, nun das angebliche Haupt dieser wunderlichen antipittoresken Malersekte, allein nicht ihr Urheber ... hat ... unverkennbar sich freigemacht von jenen dürftigen Grundsätzen, welche sein seltenes Talent in Fesseln hielten ...Übrigens können wir hier die Bemerkung nicht unterdrücken, daß die pietistische Aesthetik schwerlich vielen Kunstjüngern so verführerisch geworden wäre, hätten sie gewußt, daß nicht ein Meister ihres Faches der Erfinder derselben sey, sondern ein kränklicher Gelehrter, der ein sieches Leben zu früh endete, um zur vollen geistigen Reife gelangen zu können.«[50] Der Zeitpunkt zu einem neuen Meinungsstreit war schlecht gewählt: Die großen Nazarener hatten in der Zwischenzeit volle Anerkennung gefunden, und ihre Mission an den deutschen Akademien hatte längst begonnen.

Neben den ›Festtagsausstellungen‹ zu Ehren fürstlicher Rombesucher und den Jahresausstellungen in der Via Margutta hatten die Atelierausstellungen stark an Aktualität eingebüßt. Außer den oben erwähnten Ausstellungen im Atelier Lengerichs und Hempels (1825), Jacobs (1827) und Pettrichs (1828) wissen wir nur, daß Franz und Johannes Riepenhausen ihr großes Historienbild *Heinrich der Löwe beschützt Barbarossa* im Jahre 1825, und Heinrich von Heß seinen *Parnaß* im Jahre 1826 im eigenen Atelier besichtigen ließen; beide Male verhinderten die gigantischen Ausmaße der Bilder den Transport zu einem anderen Ausstellungsort. Und solange die Ausstellungen unter dem Portikus des Pantheon erlaubt waren, finden wir dort vereinzelt deutsche Teilnehmer: Im Oktober 1823 waren Eggers' *Christus mit Maria und Magdalena* und Begas' *Taufe Christi* zu sehen.

Der Erfolg von 1828 schien die jahrelangen Bemühungen der Künstler um eine Reorganisierung des römischen Ausstellungswesens in Form eines Kunstvereins (»fortwährende Kunstausstellungen der entstehenden Kunstwerke«), wie sie in Deutschland zum Teil schon seit 1818 (Karlsruhe) bestanden, zu belohnen. Am 24. November 1829 wird die sogenannte ›Società degli Amatori e Cultori delle Belle Arti‹ gegründet[51], zu deren Initiatoren 58, überwiegend deutsche, Künstler zählen. Die erste Ausstellung findet 1830 unter großen Festlichkeiten auf dem Kapitol statt[52]. Die Einrichtung hielt jedoch nicht, was man sich davon versprochen hatte, weshalb »die ersten Künstler in jedem Fach« in den dreißiger Jahren auf die persönliche oder Kollektivausstellung im eigenen Atelier, wie man sie schon in den zwanziger Jahren gepflegt hatte, zurückgriffen oder bei besonderen Anlässen auf repräsentativere Räumlichkeiten auswichen. So stellten die österreichischen Künstler 1837 im Palazzo Venezia aus, die sächsischen 1838 in der Villa Malta, und alle zusammen 1838 in den Werkstätten Reinharts, Catels, Elsässers und Lindaus[53].

Daß sich die deutsch-römischen Künstler auch im internationalen Kunstgeschehen behaupteten, beweist die mehr oder weniger regelmäßige Teilnahme an ausländischen Ausstellungen; man beschickte aber vor allem die Akademie- und Kunstvereinsausstellungen in Deutschland. Zu den beständigsten Ausstellern zählten Catel, Koch, Overbeck, Reinhart und Senff; wir finden sie in Berlin, Dresden, München, Karlsruhe und Kopenhagen[54], Catel und Overbeck auch in Paris[55]. Die übrigen Künstler zogen die Institutionen ihrer Heimatstädte vor; so stellte Schnorr überwiegend in Leipzig und Dresden aus, Führich in Prag, Hermann in Breslau und Sutter in Wien[56]. Die Rezension J.G. von Quandts zu einer dieser Ausstellungen (Dresden 1825) hatte denn auch den Meinungsstreit zwischen Künstlern und Kunstkritik neu entfacht[57]; man antwortete aus Rom mit einer – wie gewöhnlich scharfen – »Zurechtweisung« in der Allgemeinen Zeitung unter dem Titel ›Betrachtungen und Meynungen über die jezt in Deutschland herrschende Kunstschreiberei, von Künstlern in Rom‹[58]. Hatte Rom die Künstler zu allen Zeiten zusammengeführt, so hielt sich die Gruppe der Nazarener und ihrer Nachfolger bis zum ausgehenden zweiten Jahrzehnt des Jahrhunderts von den italienischen und französischen Kollegen abseits. Kontakte unterhielt man nur mit Canova (†1822), Camuccini und dem Thorvaldsenschüler Tenerani.

An der römischen Akademie S. Luca selbst war der Unterricht bis in die zwanziger Jahre streng klassizistisch ausgerichtet; bei den Preiskonkurrenzen herrschten bis 1822 Themen aus der griechischen und römischen Mythologie und Geschichte vor [59]. Auf der Neapolitanischen Ausstellung in Rom im Jahre

1824 waren die bemerkenswertesten Werke eine Kopie nach der *Sibylle* Domenichinos der Galleria Borghese und ein *Abel zündet das Opferfeuer an* (Kunstblatt 64, 1824), während sich in Mailand auf der 1. Ausstellung der Accademia di Brera im selben Jahr der »Romanticismus ... wie ... überall ... des Genies bemächtigt hatte« (Kunstblatt 63, 1825). Das Interesse im deutschen Ausland konzentrierte sich auf die von deutschen Künstlern organisierten Ausstellungen, und man berichtete regelmäßig von den Akademieausstellungen in Mailand und Florenz. Die Vorgänge an der römischen Accademia di S. Luca wurden von deutschen Künstlern und Kritikern gleichermaßen ignoriert, wie im übrigen auch die »hiesigen Zeitungen ... keine Beurtheilungen des Ausgestellten, zuweilen aber bezahlte Lobhudeleien (enthalten), welchen sie ›articolo communicato‹ vorsetzen; das Giornale arcadico lobt die Freunde seiner Mitarbeiter, wagt aber auch keinen Tadel«[60]. Es traf wohl immer noch die witzige Bemerkung von Üxkülls aus dem Jahre 1811 zu: »In der Akademie von Rom in St. Luca bemerkt man auch Fortschritte, obgleich nicht in dem Verhältnis mit den Fêten, die man deswegen gab ...«[61]

Mit mehr Interesse verfolgten die Deutschen (Künstler und Kritik) die französische Kulturszene in Rom. Aber wagte sich einmal ein deutscher Kunstjünger (z. B. Oesterley) in eine französische Ausstellung, so lautete sein Urteil im Jahre 1827[62] nicht anders als das des Kunstkritikers im Jahre 1825[63], das Julius Schnorrs aus dem Jahre 1818[64], oder gar jenes des Baron von Üxküll von 1811[65]: »Die französische Ausstellung hat ... wenig Bedeutendes geliefert. Auch hier zeigt sich recht der Gegensatz zwischen Franzosen und Deutschen. Jene scheinen kaum eine Ahnung von Kunstpoesie zu haben und tragen einen theatralisch gespreizten Akt mit Fertigkeit, Zuversicht, ja einer gewissen Eleganz auf Leinwand, die Deutschen haben Mühe, das Zuströmen poetischer Ideen zu mäßigen, und mühen sich in der Ausführung ab ...«

Der von den deutschen Künstlern vor allem zwischen 1810 und 1830 in Rom gezeigte Zusammenhalt (trotz aller Parteilichkeiten) und errungene Erfolg ist aus der besonderen Situation im fremden Lande zu verstehen, wo der Deutsche zwar einen »zärtlichen Bund mit Rom schließt«, sich aber gleichzeitig »mehr zu seinem Landsmann hingezogen (fühlt)« (Schnorr), und den politischen und sozialen Verhältnissen in Deutschland selbst. Dort (in der Heimat) »herrschaftliche Diener«, hier »Handwerker, die von ihrer Zunft leben, Leute mit einer Bestimmung«, wie es Franz Horny formuliert hatte.

Der Drang zur Popularisierung ihrer Kunst und zur Einflußnahme auf das Leben der Nation führte über die geplante volkstümliche Bilderbibel, in enger Zusammenarbeit mit einer kleinen Gruppe von Kupferstechern, zur Erneuerung der monumentalen Freskomalerei bis hin zu den großen Kollektivausstellungen zwischen 1819 und 1828.

Die neue Auffassung von freundschaftlichen und engen Beziehungen zwischen den Künstlern – Malern, Bildhauern, Architekten, Kupferstechern einerseits und Lehrern und Schülern andererseits –, die das Kernstück der nazarenischen Reform bildete, fand ihren schönsten Ausdruck im gemeinsamen Arbeiten und Ausstellen der Werke.

1 Vgl. dazu G.F. Koch: *Die Kunstausstellung. Ihre Geschichte von den Anfängen bis zum Ausgang des 18. Jahrhunderts.* Berlin 1967, S. 87ff.; ders.: »Italien und die Anfänge der neuzeitlichen Kunstausstellung«, in: *Akten des 21. Intern. Kongr. f. Kunstgesch. in Bonn 1964,* Bd. III., S. 30-46; – Alfr. Dresdner: *Die Entstehung der Kunstkritik im Zusammenhang der Geschichte des europäischen Kunstlebens.* München 1968² (1. Aufl. 1915).

2 M. Missirini: *Memorie per servire alla storia della romana Acc. di S. Luca fino alla morte di Antonio Canova.* Rom 1823, S. 401

3 Kölle: *Rom im Jahre 1833.* Stuttgart (Tübingen) 1834, S. 143f.

4 Goethe bezeichnete die deutsche Künstlergruppe um Carstens als die »Sekte« der »Anhänger der Totalität im Kunstwerke« im Gegensatz zu den »Atomisten«, die durch Friedrich Müller vertreten wurden; in: J.W. v. Goethe: *Winckelmann und sein Jahrhundert in Briefen und Aufsätzen.* Tübingen 1805, dazu v.a. Becker 1971, S. 49f., ibid. S. 52. – Eine dem Kunstverständnis Goethes verwandte Auffassung vertraten dagegen W. Tischbein, A. Kaufmann, F. Bury, A. Chr. Dies und A. Trippel, die zum engsten Kreis seiner römischen Kunstgenossen und Freunde zählten; s.d. Goethes *Italiänische Reise.* Hrsg. v. Chr. Schuchardt. Bd. I. Stuttgart 1826, darin: S. 168ff. (1. Röm. Aufenthalte) und S. 388ff. (2. Röm. Aufenthalt).

5 A.W. Schlegel: »Schreiben an Goethe über einige Arbeiten in Rom lebender Künstler«, in: *Jen. Allg. Lit.-Ztg.,* 1805, Intelligenzblatt Nr. 120-121, abgedr. in: Stuttgart 1976*, S. 178f.

6 Brief Schicks vom März 1810, im Auszug abgedr. in: Stuttgart 1976*, S. 40

7 Brief Franz Riepenhausens vom 10. August 1805 an den Vater, abgedr. bei O. Fiebiger: »Zwei römische Briefe des Malers Franz Riepenhausen aus dem Jahre 1805«, in: *Deutsche Rundschau* CLXXVI, Juli-Sept. 1918, S. 219

8 Vgl. dazu W. Becker: *Paris und die deutsche Malerei 1750-1840.* München 1971, S. 69

9 Ausst.-Kat. Rom: Spiegazione delle Opere di Pittura, Scultura Architettura ed incisione esposte nelle stanze del Campidoglio il di 19 Novembre 1809

10 *Extra-Beylage z. Morgenblatt f. gebild. Stände* 4, 1810(2), S. 3-4

11 W. Becker: *Paris und die deutsche Malerei 1750-1840.* München 1971, Anm. (zum Text) 534

12 Brief Sutters vom 23. Jan. 1812 an Overbeck, in Stichworten wiedergegeben bei L. Grote: *Joseph Sutter und der nazarenische Gedanke.* München 1972, S. 275

13 M. Howitt: *Friedrich Overbeck. Sein Leben und Schaffen. Nach seinen Briefen und anderen Dokumenten des handschriftlichen Nachlasses.* Bd. I., Freiburg i. Br. 1886, S. 447-448

14 Brief vom 24. Mai 1814, in H. Riegel: *Peter Cornelius. Festschrift zu des großen Künstlers hundertstem Geburtstage.* Berlin 1883, S. 248

15 Brief vom 23. Sept. 1818 an die Schwester Ottilie, in J. Schnorr v. Carolsfeld: *Briefe aus Italien, geschrieben in den Jahren 1817-1827.* Gotha 1886, S. 102

16 Ludwig Richter: *Lebenserinnerungen eines deutschen Malers.* Frankfurt a. M. 1886, S. 141 f. – Richter machte diese Äußerung in Zusammenhang mit einigen Werken Kochs (*Schmadribach, Landschaft bei Tivoli* etc.) und vor allem Cornelius' *Kluge und törichte Jungfrauen,* die er drei Winter lang (1823-1826) in Kochs Atelier stehen sah.

17 »Sehr schöne Talente erscheinen hier zum Erstaunen, und niemand ist wohl eifriger als ich, ihre Entwicklung zu fördern ... Meine Sendung hat hier, ohne blöde Bescheidenheit zu reden, vielleicht viel gewirkt.« – Brief an Jacobi vom 26. Juni 1818, abgedruckt bei: E. Haufe: *Deutsche Briefe aus Italien.* Leipzig (Hamburg) 1965, S. 204 f.

18 H. Finke: *Der Briefwechsel von Friedrich und Dorothea Schlegel 1818 bis 1820.* Kempten 1923, S. 67. Brief vom 23. Juli 1818

19 *Catalogo degli oggetti di arte che sono esposti nel Palazzo Caffarelli al Campidoglio in occasione dell'augusta presenza delle loro maestà Imperiali Reali Apostoliche.* Rom 1818. – Die *Grazien* von Thorvaldsen kamen nicht zur Ausstellung; später stellte der Schweizer Salathé einige Werke aus. Ein alphabetisches Verzeichnis in deutscher Übersetzung gibt J. D. Passavant seinem Büchlein *Ansichten über die bildenden Künste und Darstellung des Ganges derselben in Toscana ...,* Heidelberg und Speyer 1820, als Anhang bei.

20 H. v. Einem in seiner Einführung zu H. Geller: *Die Bildnisse der deutschen Künstler in Rom 1800-1830.* Berlin 1952, S. 35.

21 Brief vom 18. April 1818, in J. Schnorr v. Carolsfeld: *Briefe aus Italien, geschrieben in den Jahren 1817-1827.* Gotha 1886, S. 128; vgl. dazu auch L. Seidler: *Erinnerungen* (Hrsg. H. Uhde). Berlin 1922, S. 265 ff. und Joh. Janssen (Hsrg.): *Johann Friedrich Böhmers Leben,* Bd. I. Freiburg i. Br. 1886, S. 59; Böhmer bemerkt ironisch zur Klage der Künstler, Fürst Metternich sei ein »schlechter Zahler«, daß dies wohl nicht zuträfe, denn »Fürst Metternich war Protektor der Kunst, zwar nicht der deutschen, revolutionären, aber der französischen, die seinem Salongeist besser entsprach. Für ungeheure Summen kaufte er sich französische Modebilder, und bezahlte sie baar. Was lag ihm daran, daß die deutsche Künstler sein Benehmen undeutsch und unwürdig fanden ...«

22 Beilage zur Allgemeinen Zeitung. Nr. 124, 1819, S. 493-496

23 »Der Aufsatz ist von Bartholdy und ist so hämisch, tückisch, bitter und lästerlich als wie vom bösen Geist selbst ... dieses mal muß hinlänglich grob und tüchtig geschlagen werden, daß dem Affen die Lust vergeht ...« Dorothea an Friedrich Schlegel, 7. August 1819, in H. Finke: *Der Briefwechsel von Friedrich und Dorothea Schlegel 1818-1820.* Kempten 1923, S. 259

24 Der am 23. April 1819 verfaßte Bericht erscheint unter dem Titel »Auszug aus einem Schreiben aus Rom« im: *Österreichischen Beobachter* Nr. 127, 1819, abgedr. in: *Kritische Friedrich-Schlegel-Ausgabe.* Bd. IV. (Hrsg. und Einl. H. Eichner). München-Paderborn-Wien 1959, S. 233-236

25 Ein Epigramm, das in den »Zahmen Xenien« erschienen ist: »Ich gönnt' ihnen gern Lob und Ehre, / Können's aber nicht von außen haben / Sie sehen endlich doch ihre Lehre / In Caffarelli begraben«, in J. W. Goethe: *Gedenkausgabe der Briefe und Gespräche.* (Hrsg. E. Beutler). Zürich 1953, S. 379; vgl. auch den anonymen Beitrag in: *Jenaische Allgemeine Literatur-Zeitung* 1819, Nr. 198 und 199

26 H. Finke: *Der Briefwechsel von Friedrich und Dorothea Schlegel 1818 bis 1820.* Kempten 1923, S. 259

27 *Wiener Jahrbücher der Literatur.* Bd. VII. Juli-Sept. 1819: »Über die deutsche Kunstausstellung zu Rom, im Frühjahr 1819, und über den gegenwärtigen Stand der deutschen Kunst in Rom«, abgedr. in: H. Eichner: Kritische Friedrich-Schlegel-Ausgabe. Bd. IV., S. 237-259

28 Vgl. Anm. 19

29 *Kunstblatt* Nr. 7, 1819 ›Ausstellung der Werke deutscher Künstler im Palast Caffarelli zu Rom. April 1819‹

30 Joh. Janssen (Hrsg.): *Johann Friedrich Böhmers Leben.* Freiburg i. Br. 1868, Bd. I, S. 58 ff. und S. 111 f., Bd. II., S. 42

31 »Sie werden von der Ausstellung gehört haben, die hier veranstaltet ward. Eine Sache, die ich zu hindern wünschte, weil sich voraussehen ließ, daß man sie nicht mit Gunst und Liebe aufnehmen würde, und deren bedurfte die Sache um nicht den ganz entgegengesetzten Erfolg zu bringen. Wären Euer Königliche Hoheit gekommen, es wäre dann die Zeit gewesen.« Er versichert am Ende des Briefes, nie eine Zeile in der Allg. Ztg. geschrieben zu haben, »und werde es nie«. Brief vom 25. Sept. 1819, in P. Kaufmann: *An der Wiege der deutschen Malkunst des neunzehnten Jahrhunderts. Niebuhr und Cornelius.* o. O. o. J. (1827?), S. 308

32 *Kunstblatt* Nr. 10, 1820, S. 37-40 und Nr. 11, S. 42

33 »Wanderungen durch die Werkstätten deutscher Künstler in Rom«. Bericht im *Kunstblatt,* Nr. 66, (17. August) 1820

34 dazu L. Seidler: *Erinnerungen.* Berlin 1922, S. 225

35 *Kunstblatt* Nr. 18, (3. März) 1823

36 Brief vom 29. Juli 1820, J. Schnorr v. Carolsfeld: *Briefe aus Italien, geschrieben in den Jahren 1817-1827.* Gotha 1886, S. 183

37 Brief Schnorrs vom 19. Jan. 1825 an Quandt, Schnorr op. cit. S. 483; dazu auch: *Kunstblatt* Nr. 19, 1825

38 *Berliner Kunstblatt.* Jan. 1828, S. 23 (»Kunstausstellungen in Rom. Aus einem an Herrn Dr. Förster gerichteten Schreiben eines Freundes«)

39 Brief vom Ende Sept. 1823 an die Mutter, in: E. L. Schellenberg: *Der Maler Franz Horny. Briefe und Zeugnisse.* Berlin 1925, S. 215

40 Brief Schnorrs am 12. Mai 1825 an Rehbenitz, Schnorr op. cit. S. 485

41 »Der Gedanke in einem eigens dazu bestimmten Lokale die fertigen Arbeiten der Künstler auszustellen, kann für diese selbst von großem Nutzen seyn und ist sehr lehrreich und angenehm für Kunstliebhaber und Kenner. Diese Ausstellung giebt auch weniger bekannten Künstlern das Mittel in die Hand, ihre Werke zur Kenntnis des Publikums zu bringen, und wirklich wird die Ausstellung schon sehr häufig von Einheimischen und Fremden besucht.« J. Haller in: *Wöchentliche Kunstnachrichten (Bamberg).* Nr. 405, S. 149 bis 150 (vom 16. April 1825)

42 Schnorr am 7. Mai 1826 an Quandt, Schnorr op. cit. S. 516 f; *Kunstblatt* Nr. 54, (6. Juli) 1826 (Bericht aus Rom, Mitte Mai)

43 »In zwei Monaten war das schöne Bild (Fries, *Meerbusen von Spezia,* d. Verf.) fertig, und um dies gleich hier beizufügen, wo denn die Künstler mit ihren Urtheilen sich in zwei Parteien trennten. Die Historienmaler und strengeren Stilisten zogen das meinige vor, wegen der idealen und stylvollen Richtung, während die Anderen das Bild von Fries wegen der gewandten Technik und der feinen malerischen Wirkung erhoben.« L. Richter: *Lebenserinnerungen eines deutschen Malers.* Frankfurt a. M. 1886, S. 241

44 *Berliner Kunstblatt* I, 1828, S. 23-26 (vgl. Anm. 38)

45 Ibid. S. 26-27

46 F. Noack: *Deutsches Leben in Rom 1700-1900.* Stuttgart (Berlin) 1907, S. 210

47 *Kunstblatt* Nr. 44, 1827 (Rom, den 28. April 1827)

48 Dazu F. Noack: *Deutsches Leben in Rom 1700-1900*. Stuttgart (Berlin) 1907, S. 209

49 *Katalog der Ausstellung im großen Saale des Palazzo Caffarelli auf dem Capitol während des Aufenthaltes Sr. königl. Hoh. des Kronprinzen von Preußen im October und November 1828 (nach dem it. Orig. übers.)*, als Anhang III. in Chr. Carl Jos. Freih. v. Bunsen: *Aus seinen Briefen und nach eigener Erinnerung geschildert von seiner Wittwe*. (Dt. Ausg. Frdr. Nippold) Leipzig 1868

50 *Berliner Kunstblatt* 1, 1829, S. 30-32

51 Dazu F. Noack: *Das Deutschtum in Rom seit dem Ausgang des Mittelalters*. Bd. I. Berlin (Leipzig) 1927, S. 502. Lt. H. Geller: *Das ›Pio Istituto Catel‹ und sein Stifter*, in: *Miscellanea Bibliothecae Hertzianae*, München 1961, S. 498-501, bes. S. 500, kommen Ludwig Catel besondere Verdienste um die Entwicklung des damals erst aufkommenden Ausstellungswesen zu. »Die ersten Kunstausstellungen in Rom, die den Ruhm der sich dort entfaltenden neuen deutschen Kunstrichtung erst eigentlich über die Alpen trugen, sind seiner Initiative und regen Mithilfe zu danken.«

52 Außer Noack op. cit. dazu aus ital. Sicht: Gugl. de Sanctis: *Tommaso Minardi e il suo tempo*. Rom 1900, S. 173-176 und S. 179 (Kap. XIV.: »Le Esposizioni della Società promitrice di Belle Arti ...«)

53 F. Noack: *Deutsches Leben in Rom 1700-1900*, S. 211

54 Dazu: *Die Kataloge der Berliner Akademie-Ausstellungen. 1786-1850* (Bearb. H. Börsch-Supan). 3 Bde., Berlin 1971; *Die Kataloge der Dresdner Akademie-Ausstellungen. 1801-1850* (Bearb. M. Prause). 2 Bde., Berlin 1975; *Kataloge der Kunstausstellungen der Königlich-baierischen Akademie der bildenden Künste*, davon die Jahrgänge 1811 bis 1838 konsultiert; jeweilige Notizen im *Kunstblatt* (Stuttgart) und *Berliner Kunstblatt*.

55 W. Becker: *Paris und die deutsche Malerei 1750-1840*, Liste 2: »Werke deutscher Maler in Paris«, München 1971.

56 Notizen aus *Kunstblatt*, J. Schnorr v. Carolsfeld: *Briefe aus Italien, geschrieben in den Jahren 1817-1827*. Gotha 1886; L. Grote: *Joseph Sutter und der nazarenische Gedanke*. München 1972 (für Sutter).

57 »Sie erwähnen in Ihrem Brief auch des Manifests, das von sieben Künstlern zu Rom gegen die über Kunst Schreibenden erlassen worden ist. Die Hauptveranlassung dazu hat ein Aufsatz gegeben, den man Ihnen zuschreibt ... Es beklagen sich mehrere darin angegriffene Künstler auf das bitterste über Härte und Ungerechtigkeit des Tadels, und einige behaupten, daß die darin ausgesprochenen Urteile ihnen den größten Verdruß und Nachteil in Hinsicht ihres Bestehens zugezogen haben...«, Brief Schnorrs vom 23. Juni 1826 an Quandt, in J. Schnorr v. Carolsfeld: *Briefe aus Italien, geschrieben in den Jahren 1817-1827*. Gotha 1886, S. 519

58 *Allgemeine (Augsburger) Zeitung*, Nr. 119-121, 1826. Die Unterschriften stammen von Fr. und Joh. Riepenhausen, Joseph Koch, Reinhart, Rohden, Albert Thorvaldsen, Ph. Veit, Catel. Overbeck und Schnorr verweigerten die Unterschrift; Overbeck allerdings, ohne den Text gekannt zu haben.

59 M. Missirini: *Memorie per servire alla storia della romana Acc di S. Luca fino alla morte di Antonio Canova*. Rom 1823, bes. S. 386f.

60 Kölle: *Rom im Jahre 1833*. Stuttgart (Tübingen) 1834

61 Baron von Üxküll: *Fragmente über Italien in Briefen an einen Freund*. 1811 (o. O.). Dritter Brief, S. 87

62 E. Oesterley in einem Brief vom 29. März 1827 an den Bruder, abgedr. in H. Geller: *Ernste Künstler-fröhliche Menschen*. München 1947, S. 161

63 Korrespondent des *Morgenblatts*, Nr. 111, 1825 (daraus zit.).

64 Schnorr im Brief vom 23. Sept. 1818 an die Schwester Ottilie, J. Schnorr v. Carolsfeld: *Briefe aus Italien, geschrieben in den Jahren 1817-1827*. Gotha 1886, S. 102

65 Baron von Üxküll op. cit. (Anm. 61). Auf der französischen Ausstellung fand er eigentlich nur Kopien nach Michelangelo »groß und schön aufgefaßt«, alles andere waren »Französische Grenadiers, zu Theseus gestempelt, Modelle zu Apollo und Hyazinth umgeschaffen, Freudenmädchen ... zu Griechinnen und Römerinnen erhoben, das alles ... sehr prätensionsvoll und theatralisch und von der Art, wo Hamlet sagt: that oetherods' Herod ...«

Sigrid Metken

Der unfreiwillig ethnographische Blick

Italienische Volkskunst in den Bildern der Nazarener

Befragt man die Bilder und Zeichnungen der Nazarener, die während ihrer oft ausgedehnten Aufenthalte in Italien entstanden sind, nach dem volkstümlichen Leben, den Bräuchen, den Trachten und Gebärden der einfachen Leute und den von diesen damals benutzten Gegenständen, so kann das Ergebnis dem Kunsthistoriker ebenso aufschlußreich sein wie dem Volkskundler. Erst das in der Romantik erwachende Interesse am Volksleben, den populären Bräuchen und alltäglichen Sachgütern machte diese Dinge als selbständiges Thema der Kunst möglich. Zwar spielte die reale Umwelt zu allen Zeiten eine mehr oder minder deutliche Rolle in der Kunst, so daß beispielsweise die gotische Malerei oder die geschnitzten Motive der Chorgestühle (um nur zwei prägnante Beispiele zu nennen) immer intensiver als ergiebige Quelle für eine historische Volkskunde herangezogen werden. Aber ihre Interpretation ist oft sehr schwierig und muß ganz behutsam vorgenommen werden, waren damals doch viele Dinge Topoi, die an weit auseinanderliegenden Orten und sogar zu verschiedenen Zeiten den gleichen Holzschnitt-Vorlagen entlehnt wurden und keineswegs die wirklich gelebte Realität wiedergeben[1]. In späteren Jahrhunderten diente das Volksleben, oder was man dafür hielt, vielfach als pittoreske Staffage, die als Stimmungsträger eingesetzt wurde und durchaus austauschbar war. Auch hier ist der Wirklichkeitsgehalt nur mit Vorsicht zu bestimmen. Die große Ausnahme dabei ist die niederländische Malerei des 16. bis 18. Jahrhunderts, deren frühe Bürgerlichkeit ganz selbstverständlich den realistisch beobachteten Alltag zum Thema der Kunst erhebt. Aber auch dort noch ist Symbolisches, Allegorisches, Anekdotisches und von anderen Malern Übernommenes vom wirklich Üblichen und Alltäglichen zu unterscheiden. Erst das 19. Jahrhundert wird sich der Besonderheit regionaler, charakteristischer und nicht beliebig austauschbarer Volkskulturen langsam bewußt.

Overbeck allerdings nimmt, als er 1810 nach Rom kommt, das Volksleben der Italiener kaum wahr. Trotz seiner *Vittoria Caldoni* (1821), die er übrigens in stilisierter und vereinfachter Albaneser Tracht malt, und obschon er die Natur zur einzigen Lehrmeisterin des Künstlers erklärt, sind seine Themen jeder präzisen Zeitlichkeit enthoben. Vereinzelte Zeichnungen, die sich mit dem Italien seiner Gegenwart befassen, wie *Aus dem römischen Leben* (1819/20) sollen eine allgemeine Atmosphäre suggerieren, ohne Einzelheiten zu schildern. Auch in seinen Briefen ist nur von Kunst, Religion, Menschen und Bildern die Rede, nicht von der italienischen Umwelt. Sie wird umso eindringlicher von der nächsten Generation erlebt, von den 1816 in Rom eintreffenden Landschaftern Karl Philipp Fohr und Franz Horny und am entschiedensten von dem 1818 angelangten Julius Schnorr von Carolsfeld.

»Hier in Italien«, schreibt er schon am 20. Juli 1818 an seine Schwester Ottilie[2], »sieht man unter den gemeinen Leuten ganz prächtige Sachen; ihr ganzes Leben, ihre Verrichtungen haben einen viel natürlicheren, poetischeren Schnitt als bei uns. Es hat mir viel Vergnügen gemacht, mehrere Sachen derart zu zeichnen.« Oder am 12. September an Hofrat Rochlitz: »Und was nun den Künstler insbesondere anbelangt, so ist das Treiben und Leben des Italieners, seine Erscheinung fürs Auge im ganzen weit mehr geeignet, ihn aufzuregen, als das Treiben deutscher Bauersleute; wenigstens sehe ich eine schöne Albaneserin auf ihrem Maultier weit lieber als die Frau Höhn aus Schönfeld mit ihrem Tragkorb auf dem Rücken, gleichsam selbst ein Lasttier.«

Wirklich mußte das im damaligen Italien übliche Tragen auf dem Kopf, dessen Folge die »königlich«-aufrechte Haltung und der schöne Gang waren, das nordische Malerauge, das den Anblick nicht gewohnt war, besonders entzücken. Wieder und wieder haben Horny, Schnorr, Fohr, aber auch Randfiguren wie Rehbenitz, Nerly und Friedrich Wasmann Frauen mit einer Last auf dem Kopf dargestellt; mit Vorliebe von hinten, da aus dieser Sicht die gestreckte Haltung und die graziöse Nackenlinie besonders reizvoll zur Geltung kommen. Was tragen sie? Wäschebündel, Körbe in vielen Formen von der flachen Schale bis zum bauchig geschwungenen Henkelkorb, Krüge, Äste, einen umgekehrten Kessel auf einem Brett, der vielleicht einen großen Käse schützt, dazu die sehr charakteristischen Kupfergefäße zum Wasserholen, die doppelhenkeligen conche, die so häufig vorkommen, daß man an ihrer Alltäglichkeit nicht zweifeln kann[3]. Besonders empfänglich für diese populären Szenen war der zwischen 1823 und 1826 in Rom weilende Ludwig Richter, der damals mit den Nazarenern eng befreundet war und in seinen ›Lebenserinnerungen eines deutschen Malers‹ am ausführlichsten und häufigsten auf das Volksleben eingeht[4]. »Am Brunnen gab es viel des Plauderns, Scherzens und helles Lachen der Mädchen und Frauen. Ihre anmutig schönen Bewegungen beim Aufheben der conca auf den Kopf, das stattliche Einherschreiten mit dieser Last, welches ebensoviel Vorsicht wie elastisch gleichmäßigen Gang erfordert, ergötzte uns Maler.« Und: »Hübsche, schwarzäugige Mädchen steigen langsam den Talweg herauf, den Kopf belastet mit Körben voll süßer

Abb. 1 Franz Horny, *Frau mit Korb*. Berlin/DDR, Kupferstichkabinett und Sammlung der Zeichnungen

Feigen oder früher Trauben (uve zitelle) welche schon im Monat August reif sind.«

Auf Karl Philipp Fohrs letztem Bild, einer Berglandschaft von 1818, trägt die junge Mutter die noch leere, im warmen Kupferton funkelnde conca in der herabhängenden Rechten, während ihr Söhnchen daneben mit Mühe und Vorsicht einen Wärmetopf (scaldino) auf dem Kopf balanciert. Dieses in Rocca Canterano in den Sabiner Bergen entstandene Bild zeigt eine Herbstlandschaft, so daß hier der mit Glut zu füllende Terrakottatopf, der zum Wärmen der Hände dient und deshalb die typischen, überhöhten Henkel hat, bei aller Realistik symbolisch eingesetzt ist und auf den nahen Winter anspielt[5]. Gewinnt so der Kunsthistoriker aus der präzisen Kenntnis des Gegenstands ein zusätzliches Argument für die Bildinterpretation, können dem Volkskundler die ovalen Körbe, in denen junge Mütter auf verschiedenen Zeichnungen Hornys aus der Gegend von Olevano ihre Babys auf dem Kopf tragen, ein willkommener Beleg für diese Transportart zu Beginn des 19. Jahrhunderts sein[6].

Wer mit offenen Augen nach Italien kam, mußte die Frauen mit ihren Spinnrocken bemerken. Überall im Freien trugen sie die handliche Werggabel mit sich, um in heiterer Geselligkeit nicht untätig zu bleiben. Bezeichnenderweise setzte Overbeck, als er 1810 Salomos Spruch vom tugendsamen Weib illustrierte, das viel edler denn die köstlichsten Perlen ist, seine Hausfrau in eine Stube vor ein Spinnrad. Nicht daß dieses schon im 14. Jahrhundert nachgewiesene Gerät nicht auch in Italien seit langem in Gebrauch gewesen wäre, aber wirklich sichtbar war der billige, leicht transportable Spinnrocken, der die Mädchen nicht im Haus zurückhielt. Im Norden wurde er nur noch selten benutzt, schon weil dort das Leben im Freien keine wichtige Rolle spielte, so daß er den meisten Malern eher aus Märchenerzählungen denn aus eigener Anschauung geläufig war. Bekanntlich sticht sich Dornröschen an einer Spindel und versinkt

Abb. 2 Karl Philipp Fohr, *Landschaft bei Rocca Canterano in den Sabiner Bergen*, 1817. Privatsammlung

Abb. 3 Friedrich Wasmann, *Italienerin mit Spinnrocken*, 1832. Berlin/DDR, Kupferstichkabinett und Sammlung der Zeichnungen

daraufhin in hundertjährigen Schlaf, bis der Prinz sie erlöst. Wieder sind es Horny, Fohr, Schnorr und Wasmann, die das liebenswürdige Motiv mehrfach aufgreifen, wobei gelegentlich die Märchenstimmung mitenthalten ist. Zum Beispiel in Hornys *Italienischem Landleben* von 1820. Zwei Frauen beschäftigen sich dort mit Spinnen, wobei das Woll- oder Wergbündel auf der Kunkel der einen mit einem rot-weiß gewürfelten, von Knöpfen geschlossenen Band gehalten wird, während die andere einen mit Kerbschnitt verzierten, in einer korbförmigen Erweiterung endenden Rohrspinnrocken unter die Linke geklemmt hat. Ein hübsch gedrechselter Knopf ziert die Spitze. Auf einer Zeichnung von Wasmann (1832) von größerer Lebensechtheit steckt ein ebenfalls gekerbter Rockenstock fest in der Schürze des Mädchens, so daß es beide Hände zum Drehen des Fadens und Aufwickeln auf der Spindel frei hat. Auch wenn der Spinnrocken von manchen Künstlern als Attribut fleißiger Weiblichkeit gebraucht wird, ist allein schon diese Wahl und mehr noch sein überaus häufiges Vorkommen Beweis für die Selbstverständlichkeit dieser Handarbeit. Daß diese schönen Spinnerinnen, nachdem einmal ihre anmutigen Gesten genau studiert waren, aber auch beliebig eingesetzt werden konnten, entnehmen wir einem Brief Schnorrs an seinen Gönner Johann Gottlob Quandt, in dem er sich bereit erklärt, auf einem für ihn geplanten Bild den Rosenkranz eines Mädchens gegen einen Spinnrocken auszutauschen, »teils weil Sie es wünschen, teils weil ich wirklich glaube, daß mir diese Beschäftigung die schönsten Motive darbietet«[7].

Schöne Motive sahen die Maler offensichtlich auch in den Klein- und Wickelkindern, die auffallend häufig dargestellt sind. Noch immer wurden die Neugeborenen wochenlang, ja über Monate, fest gewickelt, häufig sogar noch mit farbig abgesetzten Bändern verschnürt. Nur die Arme waren frei, so daß man gänzlich eingebundene Babypakete – soweit es sich nicht um die ersten Lebenstage handeln soll – sogleich als archaisierenden Bildtopos erkennen kann. Daß so viele Frauen – auch während der Arbeit – ein Kleinkind auf dem Arm tragen, deutet über den reizvollen Gegenstand hinaus darauf hin, daß es bei der arbeitenden Bevölkerung wirklich üblich war, diese hilflosen Wesen überall mit sich herumzuschleppen.

Naturgemäß sind es die Landschafter, die in ihren Kompositionen Ernteszenen wie das Pflücken der Feigen oder Weintrauben einfügen. Aus der Vielfalt der dabei benutzten und als Staffage herumstehenden Körbe, die sie mit ihren spitzen Bleistiften so genau wiedergeben, daß man sie nachflechten könnte, wäre leicht ein reichhaltiger Formenkatalog dieser Behältnisse zu erstellen. Manchmal häufen sie sich zum Stilleben wie auf der Zeichnung *Blick aus der Casa Baldi in Olevano* (1822) von Heinrich Reinhold[8]. Ähnliches ließe sich über die Tongefäße sagen oder von den Fässern, Flaschen und Korbbouteillen auf Catels Kneipenbild. Diese Sachkonterfeis können als historisches Glied die Kontinuität bestimmter Gerätetypen belegen.

Gerade weil die Nazarener und die unter ihrem Einfluß arbeitenden Maler in ihrem Purismus alles Pittoreske und Genrehafte meiden, sind ihre Realien wirklich an Ort und Stelle gesehen und mit der Akribie naturkundlicher Illustrationen wiedergegeben. Daß sie an Volksfesten und Bräuchen als Thema der Malerei nicht interessiert sind, zeigt das gänzliche Fehlen dieser Motive, obschon sie selber, wie ihre Schriften beweisen, durchaus daran teilnahmen. Weder das Blumenfest in Genazzano (früher Genzano) am Fronleichnamstag, das von den meisten besucht und mehrfach beschrieben wird, noch der römische Karneval oder die zahlreichen Prozessionen haben in ihren Werken Spuren hinterlassen. Wider Erwarten war es gerade Overbeck, der glaubte, mit einer Szene aus dem römischen Karneval ein bedeutungsvolles Thema gestalten zu können. Am 27. September 1811 notiert er in seinem Tagebuch[9]: »Am Nachmittag Disput mit Pforr über bildliche Vorstellungen aus unserer Zeit. Meine Idee, eine Zeichnung vom Carneval zu machen mit jener Episode die ich in der Natur selber sah, den Zug einer Bruderschaft mit einem Leichnam auf der Bahre, um der Sache eine ernsthafte Wendung und Sinn und Bedeutung zu geben, wird bestritten; doch nach meinem Gefühl nicht widerlegt.« Freilich ging es ihm keineswegs um ein Registrieren des Brauchs, sondern um ein außergewöhnliches Zusammentreffen und den symbolisch-moralischen Gehalt. Ein Bild dieser Art ist nie entstanden.

Auch Johann Anton Ramboux' 1821 gemaltes *Fronleichnamsfest in Genzano mit großer Prozession* widerspricht der nazarenischen Enthaltsamkeit, Volksszenen zu gestalten, nur bedingt, macht es doch einen merkwürdig altertümlichen Eindruck und ist weit eher von Bildkompositionen der Frührenaissance inspiriert als von der damaligen Wirklichkeit. Einzelheiten freilich wie der Traghimmel und die Fahnen mögen genau beobachtet sein. Besonders gilt dies für die hinreißend schön gelegten Teppiche aus lauter Blüten, über die die Prozession schreitet und denen sie den Namen ›Blumenfest‹ verdankt. Auch Ludwig Richter[10] zeigt sich von dem »eigentlichen Prachtstück des Festes, der mit dem herrlichsten Blumenteppich bedeckten Straße« beeindruckt, »denn dieselbe ist breit und stark aufsteigend und der ganze mittlere Weg ist mit Arabesken, Wappen und Emblemen aller Art überdeckt, welche durch die prächtigsten Farben großer Blumenmassen mosaikartig hergestellt sind. Die Prozession zog unter den üblichen Böllerschüssen und Glockengeläute über alle die schönen Blumenbilder und brachte sie teilweise in Unordnung«.

Von Ramboux' *Fronleichnamsfest* abgesehen, finden wir nur den auf wenige Personen reduzierten Adventsbrauch der pifferari dargestellt[11]. Er war zu Beginn des 19. Jahrhunderts in voller Blüte und wurde nicht nur von den Nazarenern, sondern von den meisten Künstlern, die damals in Rom waren, festgehalten. Während der letzten neun Tage vor dem Weihnachtsabend kamen nämlich aus den Abruzzen und aus Latium Hirten in die Stadt. Sie spielten vom Morgengrauen bis tief in die Nacht mit ihren Querpfeifen (pifferi), Dudelsäcken (zampogne e pive), Flöten und Schalmeien vor den unzähligen Madonnenbildern an Kirchen und in Hausnischen weihnachtliche Weisen und begleiteten sie mit Gesang. Schon ihre charakteristische Tracht mit weiter Pelerine, Kniehosen und den in der römischen Campagna gebräuchlichen, über die Waden geschnürten Sandalen, den ciocie, mochte die Zeichner reizen. 1820 hielt Johann Adam Klein zwei dieser frommen Straßenmusikanten fest[12]. Besonders liebevoll hat sich Gustav Heinrich Naeke zur gleichen Zeit in die Details der Gewänder und Instrumente seiner beiden Hirten – ein alter mit dem Dudelsack und ein ganz junger mit der Schalmei – vertieft, während Reinhold[13] 1822 drei pifferari vor einem Marienbild in der römischen Stadtmauer als Vordergrundstaffage für die Ansicht der Kaiserpaläste benutzt. Dieser Brauch der novena hat Joseph Führich 1830 sogar zum Genre verführt[14]: trotz winterlicher Kälte sitzen vor einer locanda im Freien Koch, Dräger und er selber an einem Tisch. Eine Bedienung bringt gerade Rotwein und Essen, Führich hält seine Hände über ein Kohlenbecken, während ein alter und ein junger pifferaro einer Madonna mit Kind, vor der eine Kerze brennt, aufspielen. Die Kniehose des Jungen ist aus zottigem Ziegenfell genäht, sein spitzer Hut ist auf den Boden gefallen, eine Frau in volkstümlicher Tracht schaut neugierig ums Hauseck auf die fröhliche nächtliche Szene im Kerzenlicht.

Der unfreiwillig ethnographische Blick, das absichtslose Festhalten vieler Geräte und Gesten, macht – zusammen mit ihrer Genauigkeit – die Nazarener als Quelle für den Volkskundler Italiens so zuverlässig. Schon wenig später, um 1830, beginnt in der Malerei des 19. Jahrhunderts die Hinwendung zum arrangierten Bauerngenre, das in der zweiten Jahrhunderthälfte immer mehr in Mode kommt. Gerade das italienische Volksleben wird in anmutigen Posen für den frühen Tourismus unermüdlich aufbereitet und den Erwartungen angepaßt. Daß sich auch in dieser Richtung neben gefälligen und gefragten

Abb. 4 Franz Horny, *Weinlese* (Detail), 1822. Erfurt, Museum

Klischees ein liebevoller Realismus regionaler, ja lokaler Eigenheiten annimmt, soll nicht bestritten werden. Aber es war unendlich schwer, malerischen Verlockungen zu widerstehen. Das kündigt sich schon auf Ludwig Richters Ausflug nach Ariccia 1824 an[15]: »... die vorübergehenden Leute in ihren bunten Trachten amüsierten mich köstlich. Man hätte ganze Skizzenbücher anfüllen können mit den reizendsten Gruppen und Figuren. Die Frauen und Mädchen mit den scharlachroten, knapp anliegenden Jäckchen, oft mit Goldborten geziert, mit den viereckig gelegten Kopftüchern, die Männer mit ihren spitzen Hüten hemdärmelig, mit buntseidenen Leibbinden, Mönche, die Kinder, Weinkärrner mit den wunderlichen Karren mit Velletriwein beladen, zu Fuß, zu Esel, oft singend und tamburinschlagend, immer eine Staffage hübscher als die andere.« Von hier zum Klischee ist nur ein Schritt.

Abb. 5 Friedrich Nerly, *Frau mit Kupferkesseln*. Bremen, Kunsthalle

Abb. 6 Joseph von Führich, *Selbstbildnis mit J. A. Koch und J. A. Dräger den Pfeifern zuhörend,* 1830. Vaduz, Sammlung Liechtenstein

Abb. 7 Gustav Heinrich Naeke, *›Pifferari‹*. Dresden, Kupferstichkabinett

1 Als ein Beispiel aus der schon beträchtlichen Literatur: Ausst.-Kat. Alltag und Fest im Mittelalter. Gotische Kunstwerke als Bilddokumente, Wien, Orangerie des Unteren Belvedere, 14.11.1969 bis 15.11.1970

2 Julius Schnorr von Carolsfeld, Briefe aus Italien, geschrieben in den Jahren 1817-1827, Gotha 1886, S.82, 349

3 Paolo Toschi, Arte popolare italiana, Rom 1960, S.275, Abb.377 und S.280, Abb.387

4 Ludwig Richter, Lebenserinnerungen eines deutschen Malers, Dachau bei München 1921, S.105f., 108

5 Toschi, S.251, Abb.339, 341

6 Z.B.: *Olevano mit heimkehrenden* Landleuten, 1817, Aquarell und Bleistift, Privatsammlung, abgeb. in: Arthur von Schneider, Deutsche Romantiker-Zeichnungen, München o.J., Abb.11
Landschaft bei Olevano, ca. 1819, Bleistift, Wien, Albertina, abgeb. in: Bernhard Dörries, Zeichnungen der Frühromantik, München 1950, S.138
Wandernde Landleute, Bleistift, ehem. Kunsthandel, abgeb. in: Deutsche Romantik. Handzeichnungen, hrsg. von Marianne Bernhard, München 1974, Bd.1, S.613.

7 Schnorr, undatierter Brief von 1822, S.404. – Die Kenntnis der Geräte und der bei ihrer Handhabung ausgeführten Gesten käme auch manchem Bildtitel und mancher kunsthistorischen Motivbeschreibung zugute. Zumal die Zeichnungen mit Spinnerinnen tragen oft falsche oder ungenaue Unterschriften.

8 Abgeb. in: Bernhard, Bd.2, S.1328

9 Howitt, Bd.1, S.180

10 Richter, S.154

11 Hans Geller, I Pifferari, musizierende Hirten in Rom, Leipzig (1954). – Paolo Toschi, Noël dans la tradition populaire, in: Le Livre des Jours Italiens. Noël, hrsg. von E. Baggio, Rom 1962, S.71

12 Abgeb. in: Bernhard, Bd.1, S.712

13 Abgeb. in: Bernhard, Bd.2, S.1321

14 Hans Geller, Die Bildnisse der deutschen Künstler in Rom 1800-1830, S.49, Nr.222, Abb.121

15 Richter, S.104

Christoph Heilmann

Kronprinz Ludwig von Bayern und die Nazarener-Bewegung

»Die Liebe, mit der der Kronprinz an Rom hängt, ist wirklich ordentlich rührend. Er findet hier (in München) alles schal und frostig und als ich nach der gewöhnlichen Weise ihn auf den alten Trostgrund der hier interessanten Menschen bringen wollte, sagte er etwas sehr Hübsches. Jacobi nämlich fiel ein und meinte, Rom müsse erst schön sein, wenn man dort mit Deutschen lebte und sagte im Scherz, man müsse es noch, wie ehemals so oft, mit Deutschen erobern. ›Behüte der Himmel‹, sagte gleich der Prinz, ›immer nur als Fremder, nie als Herr möchte ich in Rom sein‹.« Daß diese Worte, die kein geringerer als Wilhelm von Humboldt während eines München-Aufenthalts am 1. November 1808 an Caroline schrieb[1], weit mehr bedeuten als die damals landläufige Italien-Sehnsucht, geht jedenfalls aus den einzigartigen kulturpolitischen Leistungen Ludwigs in München und Bayern hervor. Davon berichten die zahlreichen Ludwig-Monographien[2] ebenso ausführlich wie die zeitgenössischen Kulturberichte, wobei es jedoch auch an kritischen Stimmen des In- und Auslands nicht fehlt[3].

Das Ausgerichtetsein auf die Stilepochen der italienischen Kunst erscheint für die Kunstpolitik Ludwigs offenkundig und wird dementsprechend allseits hervorgehoben. Hierbei ist darauf hinzuweisen, daß es neben der dem klassischen Ideal verpflichteten Strömung ebenso starke Akzente gibt, die im deutschen Mittelalter gründen, wie das für die Romantik allgemein gilt, die in Raffael und Dürer den Gipfel der Entwicklung der Kunst sah.

Zum Zeitpunkt, als Wilhelm von Humboldt die eingangs zitierten Worte schrieb, war der Kronprinz gerade 22 Jahre alt und hatte bereits begonnen, die kulturelle Entwicklung Münchens entschlossen und zunehmend aktiv in die Hand zu nehmen. Äußerer Anlaß war 1806 die Erhebung Bayerns zum Königreich durch Napoleon und der bedeutende Gebietszuwachs hauptsächlich infolge der Einverleibung ehemals reichsunmittelbarer Territorien. Es galt, die neu hinzugekommenen Landesteile dem altbayerischen Stammland zu integrieren und die bisherige kurfürstliche Residenz als Hauptstadt des neuen Königreichs zu einem für ganz Deutschland beispielhaften kulturellen Zentrum auszubauen[4].

Die Durchsetzung dieses hauptsächlich vaterländisch erzieherisch verstandenen Ziels, sowie die sich zuweilen überstürzenden politischen Ereignisse hinderten den Kronprinzen vorläufig daran, Rom wiederzusehen, das bei einem ersten Besuch in dem 18jährigen einen unauslöschlichen Eindruck hinterlassen hatte und das ihn bis zur Wiederkehr »zwölf Jahre lang wie einen Liebenden mit Sehnsucht nach der Geliebten durchdrang«[5].

Während jedoch damals ausschließlich Antike und Klassizismus sein Kunstempfinden entzündeten, begeisterten ihn jetzt bei seinem zweiten Rom-Aufenthalt 1818 ebenso die Nazarener mit ihrer Idee einer »neudeutsch religiös-patriotischen Kunst«[6], wovon sie gerade eben in den Fresken für den preußischen Konsul in Rom, Salomon Bartholdy, ihr erstes gemeinschaftliches Zeugnis abgelegt hatten. Ludwig, der – damals noch ganz von den patriotischen Idealen der Befreiungskriege durchdrungen – in Rom als Deutscher kenntlich sein wollte, trug hier den sogenannten deutschen Rock, den er in München selbst, einem Verbot seines Vaters zufolge, nicht tragen durfte[7].

Während die eingeschworenen Klassizisten im Gefolge des Kronprinzen, wie beispielsweise Leo von Klenze und Johann Martin von Wagner, diese überschwengliche Begeisterung für das Altdeutsche und die Kunst der Nazerener ablehnten, fand nur der tief gläubige Dr. Ringseis Verständnis für Ludwigs Überzeugung, daß man in den Wandgemälden der Casa Bartholdy »die Wiege der wiedergeborenen Freskokunst« sehen müsse[8]. Und diese Kunstgattung war es, die Ludwig vor allem zur Ausschmückung seines monumentalen Programms öffentlicher Bauten in München brauchte. Es ist sein ausschließliches Verdienst, kongenial die schöpferischen Ideen der Nazarener für seine eigenen Vorstellungen erkannt zu haben und er war der erste und lange Zeit einzige Monarch, der durch Aufträge diesen Künstlern zum Durchbruch und schließlich – wenn auch nur für kurze Zeit – zu Weltruhm verhalf.

Im freundschaftlichen Verkehr mit den deutschen Künstlern in Rom gab sich der Kronprinz wie ein Privatmann und pflegte Kontakt ebenso mit den Vertretern einer hauptsächlich religiösen Kunst um Overbeck wie auch mit den im Klassizismus fußenden Künstlern um Thorvaldsen und Koch. Für diese offene, nicht dogmatisch festgelegte Haltung gibt es genügend Beweise, wovon Catels Bild *Kronprinz Ludwig in der spanischen Weinschenke zu Rom* oder die Berichte des Abschiedsfestes der Künstler für Ludwig in der Villa Schultheiß 1818 am bekanntesten sind[9]. So verschieden die künstlerischen Äußerungen der beiden Hauptgruppen wie der Künstler untereinander waren, so einte sie doch ein großer Gedanke, den der mit Overbeck und Cornelius gleichermaßen eng befreundete Dr. Ringseis folgendermaßen darlegt: »Nur soviel von unseren deutschen Künstlern Cornelius, Overbeck, Schadow, den Gebrüdern Veit, Eberhardt, Koch, Schnorr, Fohr, Ruhl, Mosler, Barth,

Platner etc. Alle sind überzeugt, und es ist nicht bloß ein gesagter, sondern ins Leben übergegangener Ernst, daß man das sein müsse, was man im Bilde darstellen wolle; sie sind überzeugt, daß Gegenstände *religiösen* und *geschichtlich vaterländischen* Inhalts etc. der Darstellung am würdigsten sind, daß man aber innerlich christlich, und innerlich deutsch sein, daß das Christenthum und die Deutschheit Fleisch und Blut müssen geworden sein, damit die Darstellungen von beiden wahrhaft seien.«[10] Eine solche Verinnerlichung des Kunstwollens, wie sie allein unter dem religiösen Gesichtspunkt auch für den ›pictor christianus‹ der Dürer-Zeit schon gegolten hat, kam den Vorstellungen des Kronprinzen entgegen, die er mit seinen Auftragsplänen für München verband. Während Wien und Berlin trotz dringlicher Vorstellungen und Empfehlungen von Platner, Niebuhr und anderen[11] für die deutschen Künstler in Rom keine Verwendung fanden, gewann Kronprinz Ludwig Cornelius für die Ausmalung der Festsäle der Glyptothek in München. Sicherlich hat der kurz zuvor vom Fürsten Massimo an Cornelius, Overbeck und etwas später an Julius Schnorr ergangene Auftrag für die Ausmalung der drei Gartensäle die Berufung nach München begünstigt. Ludwig dürfte Cornelius' derzeit gerade in Arbeit befindlichen Entwurf für die Decke des Dantezimmers gekannt haben, mit dem dieser einen »Markstein in der Geistesgeschichte des 19. Jahrhunderts«[12] geschaffen hat. In einer Verbindung von Poesie und Religion, wie sie Tieck und Schlegel für die Erneuerung der Kunst vorschrieben, hat Cornelius Dantes Gedicht als einer der ersten von Grund auf in seiner Gesamtheit gedanklich erfaßt und ihm eine gleichwertige bildnerische Form gegeben. Nach eigener Aussage wollte Cornelius mit der Aufnahme des Massimo-Auftrags, der dann wegen des Rufs nach München im Entwurfsstadium stecken blieb, seine Dienste im Vaterland signalisieren[13]. Denn das Ziel der Nazarener war es, jedenfalls damals noch, in Deutschland monumentale Kunstwerke al fresco zu schaffen[14] und damit auf möglichst weite Teile ihres Volkes zu wirken, wie das auch der Freund Franz Pforrs und Overbecks, Johann David Passavant, in seiner 1820 erschienenen Schrift mit entwicklungsgeschichtlichen Parallelen zum spätmittelalterlichen Italien aufgezeigt hatte.

Ähnlich dem Entwurfskonzept für die Fresken des Casino Massimo mit seiner der Raumarchitektur folgenden Gliederung und der thematischen Vorausdeutung des literarischen Stoffs auf christliche Bedeutungsinhalte verfuhr Cornelius dann auch in der Münchner Glyptothek[16]. Als Vorbereitung für die in den Sammlungsräumen aufzustellenden antiken und klassizistischen Skulpturen wählte er jedoch Themen aus der griechischen Mythologie, die er in freier Gestaltung als ganzheitlich zusammenhängendes Thema symbolisch verstanden wissen wollte: die Beziehung zwischen Göttern und den von ihnen abhängigen Menschen. Zwischen dem dafür vorgesehenen Göttersaal und dem Heroensaal lag das Vestibül, das der Prometheus-Sage gewidmet war, dem Urbild des schaffenden Künstlers. Erschaffung des Menschen, Beseelung und selbst verschuldeter Untergang sowie die schließliche Errettung durch den Übermenschen Hercules zeigt zwar offenkundige Analogien zur christlichen Lehre und entsprach damit dem mit seinen Massimo-Fresken beschrittenen Weg der Romantik, in der figuralen wie in der dekorativen Gestaltung aber griff Cornelius jetzt auf die Schule des reifen Raffael zurück und erfüllte damit eine für ihn selbstverständliche Forderung nach der Kongruenz von Form und Inhalt.

Cornelius empfand die Glyptotheksfresken nicht als Rückgriff, sondern betonte wiederholt die Begegnung mit der Antike als kraftspendende Notwendigkeit um seiner eigenen künstlerischen Entwicklung sowohl, als auch um der Kontinuität des Geschichtlichen willen. Von Einem zitiert in diesem Zusammenhang eine Beschreibung der Entwürfe der Glyptotheksfresken von Peder Hjort vom 9. Dezember 1818, die einem Brief von Cornelius an den Kronprinzen beigefügt waren: »Das Altertum ist jetzt, wie die Natur selbst, ein unzertrennliches Element unserer gesamten Bildung, aber es muß, wie der Leib, in sich verschlossen bleiben, damit das übersinnliche Element des Christentums in voller Kraft hervorwalle.«[17]

Die poetische Verschmelzung antiker und christlicher Überlieferung, das Aufarbeiten von Vergangenem mit neuen Inhalten, wie überhaupt das Bewußtsein für die Kontinuität des Geschichtlichen gelten seit jeher als besondere Eigentümlichkeiten der Romantik. Bei der Vielfalt des vorgefundenen Formenvokabulars, das man als Vorbild gleichsam wie die Natur studierte, und seine sinngemäße Anwendung auf die Inhalte der Alten Meister, so wie man sie jetzt deutete und verstand, brachte allerdings die Gefahr, sich in akademischen Dogmen wieder neu festzufahren, von denen man sich vor kurzem erst befreit zu haben glaubte. Dieses Schicksal ereilte nicht nur die in Rom gebliebenen Nazarener um Overbeck, die sich von neuen Einflüssen dadurch reinhalten zu können glaubten, indem sie die Aufgabe der Kunst bald ausschließlich in religiösen Inhalten sahen; auch die Cornelius-Schule in München entging diesem Circulus vitiosus nicht, weil sie über der angestrengten Durchdringung humanistisch-christlicher Gedankenketten und deren typisierter Darstellungsweise die lebendige künstlerische Individualität vernachlässigte, ja sie vergessen wollte und bekämpfte.

Vor diesem Hintergrund muß die Kunstpolitik des Kronprinzen und späteren Königs Ludwig I. gesehen werden, der aus seinem Geschichtsverständnis heraus seinerseits möglichst vielen Richtungen der Bildenden Künste Raum ließ, wenn auch seine eigene, im klassischen Humanismus gründende romantische Einstellung die Position der Cornelius-Schule lange begünstigte. Dr. Ringseis, als Leibarzt und Vertrauter des Kronprinzen wiederholt mit diesem und auch 1818 während jener drei Monate in Rom, gibt ausführlich Bericht über Ludwigs Beziehung zu den dort lebenden deutschen Künstlern, die er fast täglich in ihren Ateliers besuchte, sie zu Diskussionen an seinen Tisch bat und mit Aufträgen beehrte. Ringseis betont, daß es sich dabei nicht um eine bloße Liebhaberei handle, sondern um eine tief gegründete Herzenssache. Christentum und Vaterland seien ihm die bewegenden Kräfte für die Kunst, und in diesem Zusammenhang hebt Ringseis die Notwendigkeit für eine möglichst vielseitige christliche Kunstäußerung hervor und zieht den Vergleich mit der Vielzahl der Vogelstimmen. »Ja wir werden wieder ein Kunstzeitalter erblühen sehen ... In neuen Zungen reden, aus Sälen und Kirchen, unvergängliche Bildwerke zu uns, und der Alten hohe Bildsäulen beginnen von ihren Gestellen zu steigen. Aber nicht, um in geist- und seelenloser Nachahmung wieder ertödtet zu werden, sondern wiedergeboren, frei und in eigenthümlicher Kraft.«[18]

Mit der Thronbesteigung Ludwigs 1825 sollten diese hochgesteckten Ziele dann mit bewundernswerter Energie weiter in die Tat umgesetzt werden.

Da der lieber im Stillen wirkende Overbeck der wiederholt an ihn ergangenen Einladung, nach München zu kommen, nicht folgen wollte, berief Ludwig schließlich 1825 Julius Schnorr von Carolsfeld, der seit 1817 in Rom dem Nazarener-Kreis angehörte. Der diesem ursprünglich zugedachte Auftrag eines Odyssee-Freskenzyklus in Klenzes neuem Königsbau war bis zu seiner Ankunft 1827 in München von König Ludwig dahin abgeändert worden, daß Schnorr nunmehr fünf Säle mit der Nibelungensage ausmalen sollte[19]. Diese Arbeit nahm – mit zunehmend längeren Unterbrechungen – vierzig Jahre in Anspruch, zusammen mit einem weiteren Freskenzyklus in der Residenz aus der Geschichte Karls des Großen, Barbarossas und Rudolfs von Habsburg. Der dritte mit Großaufträgen in Freskotechnik betraute Maler war Heinrich Heß, der 1821 nach Rom kam und bereits hier mehrere Bilder in Öl für den Kronprinzen malte: eine kleine Landschaft mit Rompilgern, Porträts von Thorvaldsen und der Marchesa Florenzi sowie das monumentale Bild des Parnaß. In München, wohin er 1826 auf Cornelius' Vorschlag an die Akademie berufen wurde und an den Glyptotheksfresken mitarbeitete, erhielt er die neben der Ausmalung der Ludwigskirche bedeutendsten Aufträge religiöser Programm-Malerei: die in Anlehnung an die Wirkung der Mosaiken der Capella Palatina in Palermo al fresco auszumalende Allerheiligen-Hofkirche und die Ausmalung der nach frühchristlich-italienischem Vorbild erbauten fünfschiffigen Basilica St. Bonifaz.

Neben den mehr lyrisch-poetischen Bereichen zuzurechnenden Wandmalereien in den Königlichen Privatgemächern mit Darstellungen aus der deutschen Romantikerliteratur, die von Künstlern der Cornelius-Schule wie Kaulbach und Schwind stammen, entstand seit den dreißiger Jahren in München eine weitere Gattung innerhalb der Freskomalerei: die sogenannten historischen Landschaften von Karl Rottmann. Schon in München an den heroischen Landschaftsbildern Joseph Anton Kochs geschult, der zu der Zeit gerade die Dantefresken im Casino Massimo vollendete, reiste Rottmann im Auftrag des Königs 1826 und nochmals 1829 nach Italien, um Studien beliebter Gegenden aufzunehmen, die er dann zu Beginn der dreißiger Jahre als Wandbilder in den Hofgartenarkaden ausführte. Diesem Zyklus folgte ein weiterer mit historisch bedeutsamen Gegenden Griechenlands.

Diese zahlreichen und vielseitigen Aufträge, die Ludwig in München durch deutsche Künstler aus Rom ausführen ließ, gehen alle auf die von den Nazarenern, wie es heißt, wiederentdeckte Freskomalerei des Mittelalters und der Renaissance zurück[20]. In München zeigten sie erstmals ihre für die breite Öffentlichkeit bestimmte Wirkung und breiteten sich in der Folge von hier über Deutschland und ganz Europa aus.

Es sollte hier klargemacht werden, daß Ludwig I. sich zu keiner Zeit ausschließlich für die Vorstellungen und Belange der Nazarener eingesetzt hat, sondern daß diese nur eine Facette, wenn auch eine sehr wesentliche, innerhalb seiner christlich-vaterländisch gesinnten Kunstpolitik darstellen. Allein schon das so verschiedenen Zwecken dienende Sich-Verfügbar-Machen zyklischer Wandbilder zeigt eine Vielschichtigkeit, wie sie von den Orthodoxen unter den Nazarenern nicht beabsichtigt und daher auch nicht gebilligt werden konnte. Zweifelsohne liegt darin der Grund für Overbecks Absage an den Kronprinzen, nach München zu gehen.

Nach mehreren Jahrzehnten des Vergessenseins der Nazarener zur Zeit des emporblühenden Impressionismus hat man erst in unserem Jahrhundert ihre weittragende Bedeutung für die Kunstgeschichte wieder erkannt. Denn ihnen ist das Erwachen des Interesses für Frühstadien der Kunst zu danken. Das Erkennen des Kunstwerts der Vorstufen, wie italienisches Quattrocento oder archaische Kunst, wurde von den Nazarenern begründet und durch die Präraphaeliten populär gemacht[21].

1 Wilhelm und Caroline von Humboldt in ihren Briefen. Bd. III. Berlin 1909, S. 7

2 A. v. Raczynski: Geschichte der neueren deutschen Kunst, Bd. II, Berlin 1840 – K. A. Heigel: Ludwig I., König von Bayern. Leipzig 1872 – H. Reidelbach: König Ludwig I. von Bayern und seine Kunstschöpfungen. München 1888 – P. W. von Pölnitz: König Ludwig von Bayern und J. M. Wagner. München 1929 – M. Doeberl: Entwicklungsgeschichte Bayerns, Bd. III, hrsg. v. M. Sprudler. München 1931 – E. Franz: München als deutsche Kulturstadt im 19. Jahrhundert. Berlin 1936 – E. C. Contecorti: Ludwig I von Bayern. München 1937 – R. Messerer: Briefwechsel zwischen Ludwig I. von Bayern und J. G. Dillis 1807-1841. München 1966 –

B. Hardtwig: König Max Joseph als Kunstsammler und Mäzen, in: Ausst.-Kat. Wittelsbach und Bayern, Bd. III/1, München 1980, S. 423 ff. – G. Scheffler: Einleitung, in: Ausst.-Kat. Deutsche Künstler um Ludwig I. in Rom, München 1981, S. 7 ff.

3 K. Andrews: The Nazarenes. Oxford 1964, S. 40 ff.

4 A. v. Raczynski: a.a.O., Bd. II, S. 159 f. – E. Weis: Das neue Bayern – Max I. Joseph, Montgelas und die Entstehung und Ausgestaltung des Königreiches 1799-1825. In: Ausst.-Kat. Wittelsbach und Bayern, Bd. III/1, München 1980, S. 49 ff. – ebenda H. Bauer: Kunstanschauung und Kunstpflege in Bayern von Karl Theodor bis Ludwig I., S. 347 ff.

5 W. Frh. v. Pölnitz: Ludwig I. von Bayern und Johann Martin von Wagner. München 1929, S. 117, Anm. 361. – Der im hohen Alter 1856 an Wagner geschriebene Brief Ludwigs gibt diesen Satz unkorrekt: »... Rom, nach dem mich 12 Jahre lang wie einen Geliebter nach seiner Geliebten Sehnsucht durchdrang ...«

6 So der entschiedene Gegner der Nazarener und Freund Goethes Heinrich Meyer in: Kunst und Altertum, 1817, 1, H. 2

7 P. D. A. Atterbom: Reiseerinnerungen aus Deutschland und Italien. Berlin 1867, S. 183

8 Pölnitz, a.a.O. S. 118

9 E. Förster: Peter von Cornelius. Bd. I, Berlin 1974, S. 212 ff. – E. Ringseis, Erinnerungen des Dr. Johann Nepomuk von Ringseis. Bd. I, Regensburg und Amberg 1886, S. 522 ff.

10 Ringseis, a.a.O., Bd. I, S. 477

11 Deutsche Briefe aus Italien. Hrsg. E. Haufe, o.O. (1964), S. 177. – E. Förster, a.a.O., Bd. I, S. 179 ff.

12 K. Gerstenberg: Italien. Dichtungen in Wandgemälden deutscher Romantiker in Rom. München 1961, S. 11

13 Brief an den Frankfurter Verleger Wenner vom 20. Februar 1817. Vgl. K. Andrews, a.a.O., S. 48

14 H. v. Einem: Ein unveröffentlichter Brief des Peter Cornelius aus Rom. In: Festschrift für Wilhelm Waetzold. Berlin 1941, S. 308

15 Ansichten über die bildenden Künste und Darstellung des Ganges derselben in Toscana; zur Bestimmung des Gesichtspunktes, aus welchem die neudeutsche Malerschule zu betrachten ist. Von einem deutschen Künstler in Rom. Heidelberg und Speyer 1820

16 Siehe dazu zuletzt H. v. Einem: Die Ausmalung der Festsäle durch Peter Cornelius. In: Ausst.-Kat. Glyptothek München 1830-1980. München 1980, S. 214 ff. – Der Beitrag stützt sich wesentlich auf eine derzeit im Druck befindliche umfangreiche Arbeit von F. Büttner, Studium zum frühen und mittleren Werk von Peter Cornelius.

17 H. v. Einem, a.a.O. (1980), S. 227

18 E. Ringseis, a.a.O., Bd. I, S. 469

19 I. Nowald: Die Nibelungenfresken von Julius Schnorr von Carolsfeld im Königsbau der Münchner Residenz 1827-1867, Kiel 1978

20 Dies bezieht sich nicht auf die Freskotechnik, die ja während des 17. und des ganzen 18. Jahrhunderts gerade in Rom und im Alpenraum, insbesondere in Bayern, mit schönstem Erfolg geübt wurde. Das Wiederentdecken bezieht sich vielmehr auf die programmatischen Inhalte, die man als Werte dem gerade überwundenen Barockzeitalter nicht zuzubilligen bereit war.

21 C. Neumann, Rembrandt. Bd. I, München 1924, S. 11

Katalog

Verfasser der Katalogtexte:

Jörg Garms *(J. G.)*, Jorgen B. Hartmann *(J. B. H.)*, Judith Huber *(J. H.)*, Michael Krapf *(M. K.)*, Peter Märker *(P. M.)*, Anton Merk *(A. M.)*, Maria Grazia Messina *(M. G. M.)*, Günter Metken *(G. M.)*, Sigrid Metken *(S. M.)*, Gianna Piantoni *(G. P.)*, Bernhard Rittinger *(B. R.)*, Ettore Spalletti *(E. Sp.)*, Ellen Spickernagel *(E. S.)*, Margret Stuffmann *(M. S.)*, Stefano Susinno *(S. S.)*, Hans-Joachim Ziemke *(H.-J. Z.)*.

Die Texte zu den Katalognummern 5, 6, 10, 14, 27, 59, 60, 61, 71, 73, 89, 110, 116, 121, 124, 131, 132, 137 wurden aus dem Ausstellungskatalog ›Die Nazarener‹, Frankfurt a. M. 1977, übernommen.

Verfasser der Künstlerbiographien:

Rita Cavanna *(R. C.)*, Judith Huber *(J. H.)*, Ingrid Sattel *(I. S.)*.

Asmus Jacob Carstens
St. Jürgen 10.5.1754 – Rom 25.5.1798

Bis zu seinem sechzehnten Lebensjahr besucht der verwaiste Carstens die Domschule von Schleswig. Nach verschiedenen Versuchen, seinem Wunsch Maler zu werden zu entsprechen, wird er 1771 von seinem Vormund zu einem Weinhändler in die Lehre gesteckt. Diese Jahre benützt Carstens zu einem mühsamen autodidaktischen Studium: er liest besonders die Klassiker sehr eifrig, knüpft Beziehungen in der Hoffnung, daß man ihm in seinen Malversuchen weiterhilft, und macht sich die theoretisch-praktischen Anleitungen einiger Lehrbücher zu eigen. Volljährig verläßt er 1776 die Anstellung, studiert während eines kurzen Aufenthalts bei einem Vetter eine Sammlung antiker Gemmen und siedelt schließlich nach Kopenhagen über, wo er die von Nicolai Abildgaard geleitete Kunstakademie besucht. Da der trockene akademische Unterricht seiner idealistischen und moralischen Auffassung zuwider ist, kehrt Carstens der Akademie bald den Rücken, um seine autodidaktischen Studien fortzusetzen. Er vertieft sein theoretisches und literarisches Wissen (seine Lektüre dehnt sich nun auf Ossian, Milton und Klopstock aus) und findet im Studium von Abgüssen klassischer Skulpturen und Stichen nach Werken Raffaels und anderer Meister der Renaissance volle Befriedigung. Interessant ist, daß er seine Studien und Kopien nicht vor den Modellen ausführt, denn »so war mir als ob mein Gefühl dabei erkalte«, wie er selbst sagt (Fernow 1806, S.20); vielmehr beschränkt er sich auf das bloße Ansehen der ihn interessierenden Werke, um sie dann später aus der Erinnerung und nach der Idee, die er von ihnen gefaßt hat, zu zeichnen. In der Hoffnung, ein Romstipendium zu gewinnen, nimmt er 1780 am Jahreswettbewerb der Akademie teil, erhält jedoch nur einen Trostpreis, den er entrüstet zurückweist. Drei Jahre später macht er sich trotz seiner Geldnot und seiner schwachen Gesundheit auf die Reise. In Italien besucht er zunächst Mantua, um die Wandgemälde Giulio Romanos zu studieren, von denen er später sagt: »Hier sah ich endlich, was ich so lange zu sehen gewünscht hatte (ein grosses Werk der neueren Malerei ...); diese Malereien waren ganz für mein Gefühl, gross, voll feuriger Phantasie und von geistreicher Erfindung, ernst und kräftig im Stil ...« (Fernow 1806, S.47f.). Seine Not zwingt ihn jedoch, nach einem kurzen Aufenthalt in Mailand, wo er das *Abendmahl* Leonardos und die Kartons von Raffaels *Schule von Athen* bewundert, Italien wieder zu verlassen. Bei einem Zwischenaufenthalt in Zürich lernt er Salomon Gessner und Johann Kaspar Lavater kennen und läßt sich dann in Lübeck nieder, wo er eine Zeit ständigen Elends zubringt und wo er 1786 mit dem jungen Maler und späteren Philosophen Carl Ludwig Fernow Freundschaft schließt, der sein erster Kritiker und Biograph werden sollte. 1788 kann Carstens dank der Unterstützung des Bürgermeisters C.A. Overbeck (Vater Friedrichs) und des Kunstsammlers M.Rodde nach Berlin übersiedeln. Hier tritt er durch seine Teilnahme an den Ausstellungen der Kunstakademie endlich an die Öffentlichkeit und verdient sich das Notwendigste zum Leben mit Buchillustrationen, unter anderem der ›Mythologie‹ von Karl Wilhelm Ramler und der ›Götterlehre‹ von Karl Philipp Moritz. Der Erfolg seiner Zeichnung *Sturz der Engel* (Staatliche Kunstsammlung, Weimar) auf der Ausstellung von 1789 und insbesondere seine Freundschaft mit Moritz und dem Architekten Christian Genelli führen 1790 zu seiner Ernennung zum Akademieprofessor. Zwei Jahre später erhält er durch die Unterstützung des Kultusministers von Heinitz das ersehnte Italienstipendium.

Nach einem Besuch in Florenz, wo er die Werke Michelangelos und anderer Renaissancekünstler studiert, erreicht er im Oktober 1792 endlich Rom und bezieht in der Via del Babuino eine Wohnung. Er ist ein eifriger Gast des Café Greco und bald bekannt in Künstlerkreisen durch leidenschaftliche Diskussionen und sein scharfes Urteil über die Arbeit anderer Künstler. So bleibt Carstens auch in Rom ein Isolierter; engere Beziehungen hat er nur zu einigen Gelehrten und Kunstsachverständigen, wie auch zu einem kleinen Kreis von Kollegen und Bewunderern wie Joseph Anton Koch, Eberhard Georg Friedrich von Wächter und dem Bildhauer Bertel Thorvaldsen. Die Begegnung mit den antiken Denkmälern, mit Raffael und vor allem Michelangelo bestätigt Carstens vollkommen in seinem künstlerischen Streben und regt ihn zu intensiver schöpferischer Tätigkeit an. Gefestigt in seinem Entschluß, in Rom zu bleiben, mietet er ein Jahr darauf das verlassene Atelier des Malers Pompeo Batoni, wo er eine Ausstellung seiner bedeutendsten römischen Werke veranstaltet: *Die Überfahrt des Megapenthes, Die Parzen, Zeit und Raum (Uranos und Cronos), Das Gastmahl des Plato, Der Tanz der Musen (Der Parnass), Die Helden im Zelte des Achill, Die Argonauten beim Kentauren Chiron, Achill und Priamos, Die Geburt des Lichts, Ganymed, Sokrates im Korbe.* Keines dieser Werke ist in Öl gemalt, wofür er die Gründe in einem wohl an Genelli gerichteten Brief darlegt: »Der Grund warum ich kein Oelgemälde zur Ausstellung gehabt habe, ist, weil es hier eine Menge Pinseler gibt, die zugleich auch grosse Schreier sind und die das ganze Verdienst der Kunst nicht im Kolorit (denn das wäre was reelles) sondern im mechanischen Handwerk sehen ...; darum habe ich nur in Tempera und Aquarell gearbeitet, um diesen Leuten nicht in die Quere zu kommen« (Fernow-Riegel 1867, S.129; Heine 1928, S.180). Auch hier ereifert sich Carstens gegen den Formalismus in der Kunst und zugunsten idealer Themen wie in seinen eigenen klassizistischen Werken, in denen er streng plastische Gestalten wiedergibt und sich sichtbar auf Michelangelo beruft. Die Ausstellung, die von einem von ihm geschriebenen und von Fernow redigierten Katalog begleitet ist, findet bei den italienischen und englischen Künstlern größeren Anklang als bei seinen deutschen Kollegen und entfacht in Künstlerkreisen eine heftige Diskussion. Im Laufe des gleichen Jahres veröffentlicht Fernow eine begeisterte Rezension der Ausstellung im ›Neuen Teutschen Merkur‹, und das Ereignis findet in ganz Deutschland einen solchen Widerhall, daß eine wahre ›Carstens-Affaire‹ daraus wird, in die unter anderen auch Goethe und Schiller verwickelt werden. Natürlich ist der Minister von Heinitz nicht sonderlich über die ›Carstens-Affaire‹ erfreut, vielmehr fordert er diesen in einem Brief auf, einige seiner Arbeiten zur Akademieausstellung einzuschicken und unverzüglich nach Berlin zurückzukommen. Der Künstler sendet drei Werke ab, teilt jedoch mit, er habe keineswegs die Absicht, Rom aufzugeben. Dies führt zu einem heftigen Briefwechsel mit von Heinitz, in welchem Carstens die Institutionen angreift und die Freiheit und moralische Verpflichtung des Künstlers verteidigt, was schließlich den endgültigen Bruch mit der Berliner Akademie zur Folge hat.

Die folgenden Jahre sind gekennzeichnet durch den unermüdlichen Schaffenseifer des Künstlers, und dies trotz der fortschreitenden Verschlechterung seines Gesundheitszustandes. Bereits zur Zeit seiner Ausstellung arbeitet er an einem seiner Meisterwerke: *Die Nacht mit ihren Kindern* (Staatliche Kunstsammlung, Weimar), in dem er ein schon in der Illustration zur ›Götterlehre‹ von Moritz in Berlin behandeltes Thema entwickelt. In der gleichen Zeit arbeitet er auch an Themen der frühromantischen Literatur, z.B. *Fingals Kampf mit dem Geist von Loda* (Kunstmuseum, Kopenhagen) und eine Zeichnung zu Goethes ›Faust‹, *Die Hexenküche* (Kupferstichkabinett, Kopenhagen). Nicht zu vergessen sind einige Zeichnungen nach der ›Göttlichen Komödie‹ Dantes, mit der ihn Fernow in der Schlegelschen Übersetzung bekannt macht. Nach einer kurzen Erholung in den Albanerbergen beginnt er 1797 einen Bildzyklus zur ›Argonautensage‹ (Kupferstichkabinett, Kopenhagen), der wie auch die Zeichnung *Das goldene Zeitalter* (Thorvaldsens-Museum, Kopenhagen) durch seinen im Mai 1798 erfolgenden Tod unvollendet bleibt. *R.C.*

Herrn Professor Jorgen B. Hartmann sei an dieser Stelle gedankt für seine wertvollen Angaben zu dieser Biographie.

Literatur: Fernow 1806; Alten 1866; Fernow-Riegel 1867; Sach 1881; Grimm 1915, S.219ff.; Koehler 1920, S.85ff.; Kuhn 1924; Heine 1928; Kamphausen 1941; Bramsen 1947, S.190ff.; Zeitler 1954, S.129-143; Einem 1958; Busch 1978, S.317; Tschmelitsch 1979, S.11ff.

I

1 Fingals Kampf mit dem Geist von Loda, 1796

Öl auf Leinwand, 78,5 x 100,5 cm
Provenienz: *In Auftrag gegeben von der deutsch-dänischen Dichterin Friederike Brun, nachdem sie bei einem Besuch im römischen Atelier des Künstlers am 11. Februar 1796 ein Aquarell (vom Februar 1796, heute in schwedischer Privatsammlung), gesehen hatte. Von der Königlichen Galerie in Kopenhagen 1849 erworben.*
Lit. und Ausst.: *Brun 1800, S. 281, 284; Fernow 1806, S. 240 (Übergabe des Aquarells 1798 an Frauenholz, Nürnberg); Schopenhauer 1810, S. 58; Riegel 1869, Taf. 28; Alten 1866, Nr. 76; Fernow-Riegel 1867, S. 375; Oppermann 1906, S. 138, Johansen 1910, S. 68; Berlin 1939; Lutterotti 1940, Z. 69, Kamphausen 1941, S. 214ff.; Kamphausen 1951, S. 171-172, Abb. S. 188; Schloß Gottorp 1954, Nr. 1; Rom 1957, Nr. 138, Taf. 76; Okun 1967, S. 341, Abb. 39a; Kiel 1968, Nr. 8, Taf. 1; Ternois 1969, S. 183, Abb. 8, Christensen 1972, S. 7-31, bes. S. 13-16 (Abildgaard), 16-17 (Carstens); Hamburg 1974, Nr. 16; Briganti 1977, Abb. S. 118.*
Statens Museum for Kunst, Kopenhagen

Die für die Zeit des Sturm und Drang typische Begebenheit ist Ossians Dichtung ›Carric-thura‹ entnommen.
In einer Gewitternacht hat sich König Fingal beim Schein des Mondes von seinen Kriegern entfernt. Bei dieser Gelegenheit erscheint ihm der furchterregende Geist von Loda, den schwarze Wolken ihm entgegentragen. An dem den heidnischen Göttern heiligen Ort nahe dem Abgrund kämpft der Held mit erhobenem Schwert gegen den feindlichen Geist, der sich »ohne Körper in der Luft« auflöst. Die pseudodramatische und theatralische Szene inspiriert sich, soweit es die bärtige Hauptfigur angeht, an den verschiedenen Darstellungen Gottvaters in der Schöpfungsgeschichte der Sixtinischen Kapelle.
Die literarische Mode des Ossianismus entstand nach der Veröffentlichung des ersten Zyklus im Jahr 1760 durch den Schotten James Macpherson (Christensen 1972, S. 7)

und wurde von jener illustrativen Kunst weitergeführt, die Nicolai Abildgaard in Dänemark verbreitete, als er um 1782 *Fingal schaut im Mondlicht die Geister seiner Vorfahren* malte (Statens Museum for Kunst, Kopenhagen, vgl. B. Skovgaard: ›Maleren Abildgaard‹, Sammlung Kunst i Danmark, Kopenhagen 1961, S. 14, Abb. 28; Christensen 1972, S. 14). Später malte der Künstler *Culmins Geist erscheint seiner Mutter* (um 1794, Nationalmuseum, Stockholm, vgl. C. Perefelt: ›Abildgaards manieris‹, in: ›Konsthistorisk Tidskrift‹, XXX, 1961, 1-2, S. 23, Abb. 11). Die Darstellung *Ossians* aus dem Jahr 1785 ist dynamisch und stark in der Auffassung (Statens Museum for Kunst, Kopenhagen). Es ist mehr als wahrscheinlich, daß Carstens, bevor er Kopenhagen verließ, sich – wie er es üblicherweise tat – das Werk Abildgaards näher ansah, während er seinen Fingal ausführte (L. Swane: ›Kunstmuseets Aarsskrift‹, XXIV, 1937, S. 16).
In der Federzeichnung des Schotten Alexander Runciman (1768-1771 in Rom) erscheinen zwei ähnliche Figuren im Kampf, doch in einem anderen Sinn. Es handelt sich um Achill, der von dem Fluß Skamandros angegriffen wird (schon interpretiert als ›Fingal im Kampf mit Loda‹! s. Ausst.-Kat.: ›The Fuseli Circle in Rome‹. New Haven 1979, Nr. 7; mit dem Hinweis auf eine ähnliche Komposition desselben Themas durch den Franzosen E.A. Gibelin; der Künstler schenkte die Skizze Johan Tobias Sergel, Nationalmuseum, Stockholm, um 1768-71. – E. Josephson: Sergels fantasi. Stockholm 1956, I, S. 117, Abb. 138).
In den Hell-Dunkel-Kontrasten des Nachtstücks von Carstens sind Anklänge an Füssli zu bemerken (z.B. *Die Höhle der Verzweiflung*, um 1796, Ausst.-Kat. Johann Heinrich Füssli, Hamburg 1974/75 Nr. 9; vgl. auch die prophetischen Visionen von William Blake, z.B. *The Ancient of Days*, 1794, Ausst.-Kat. William Blake, Hamburg 1975, Kat. Nr. 35, Taf. IV). Th. Oppermann erwähnt zu Recht die unglücklichen Verkürzungen und die anatomischen Mängel in der Figur des Loda und weist auch auf die falsche Beleuchtung durch das Mondlicht hin. Die Wiedergabe der Felsen ist dilettantisch und die Rezeption der Natur muß als dürftig bezeichnet werden. Hingegen wird die Szene von dem illustrativen Sinn für das Heroische und das Monumentale beherrscht (1906, S. 138).
Joseph Anton Koch lehnt sich in einer lavierten Sepiazeichnung, die in die Jahre 1796/97 datiert werden kann, an die Komposition von Carstens an, doch im entgegengesetzten Sinn und mit einem gänzlich selbständigen landschaftlichen Hintergrund (Brief an den Nürnberger Kunsthändler Frauenholz vom November 1797, s. Lutterotti 1940, Verz. Z 69, Abb. 121, aus der Sammlung Fohn, Rom; Berlin 1939, Nr. 154; Okun 1967, S. 341). Koch fertigte eine Abfolge von 53 Zeichnungen an, die sich heute im Thorvaldsens Museum befinden. Sie waren für eine Herausgabe des ›Ossian‹ bestimmt, die Napoleon – einem Liebhaber der schottischen Dichtung – zum Geschenk gemacht werden sollte, wozu es aber nie kam. In dieser Abfolge ist die das Duell zwischen Fingal und Loda wiedergebende Zeichnung beinahe eine Kopie der Version von Carstens (Christensen 1972, S. 17ff.). Als blutleeres Plagiat des Carstensschen Originals kann auch die Zeichnung von 1814 des jungen dänischen Malers Christian Gottlieb Kratzenstein-Stub (1783-1816) bezeichnet werden, der sich von 1810 bis 1811 in Rom aufhielt. Sie wurde als Umrißzeichnung nachgebildet und erschien in einem posthumen Album von 1818 (›Haandtegninger af C.G. Kratzenstein-Stub ... durch den Freund C.Chr. Bang neu herausgegeben‹, Kopenhagen 1844, S. 13ff., Taf. 13). Friederike Brun gelingt es in einem posthumen Verzeichnis der Arbeiten des Kratzenstein-Stub nur mit Mühe, die geistigen Vorzüge seiner rein figürlichen Komposition, der er die wilden Hunde Fingals hinzufügt, gegenüber der von Carstens gewählten Ausführung hervorzuheben. Nach Meinung der Brun ist der Fingal des Stub »wahrhaftiger und kraftvoller« als der von Carstens »in der Pose eines Fechtmeisters« (in ›Athene‹, Bd. 8, Kopenhagen, Januar-Juni 1817, S. 277). *J.B.H.*

2 Das Goldene Zeitalter, 1798

Umrißzeichnung, Bleistift auf dunkelbeige Papier
50,5 x 86 cm
Provenienz: *Erworben von Bertel Thorvaldsen*
Lit. und Ausst.: *Fernow 1806, S. 231-235; Müller 1849, S. 123, Nr. 328; Alten 1866, Nr. 96; Fernow-Riegel 1867, S. 385; Riegel 1869, Bd. 1, S. 30, Taf. 43; Heine 1928, S. 168 (mit einer harten Kritik an der Überarbeitung Thorvaldsens der authentischen Kopie); Kamphausen 1941, S. 239-242, Taf. 37, Abb. 78-79; Kiel 1968, Nr. 9; Meddelelser fra Thorvaldsens Museum 1970, S. 143; Kopenhagen 1975, S. 196, B 299*
Thorvaldsens Museum, Kopenhagen
Inv. Nr. D 816

Diese skizzierte Zeichnung geht auf die ersten Monate des Jahres 1798 zurück, als der dem Tode nahe Künstler einen letzten schöpferischen Aufschwung erlebte (Fernow 1806, S. 231-235). Der Anstoß für die Wahl des Gegenstandes war die Lektüre der ›Werke und Tage‹ des Hesiod (Verse 106-126) in deutscher Übersetzung. Die Episode ist als Vision einer besseren Welt jenseits des Lebens auf dieser Erde zu interpretieren, wo Friede, Überfluß und Heiterkeit herrschen. Wie Kamphausen beobachtet, handelt es sich nicht um einen weit zurückliegenden Zustand eines ursprünglichen Glücks im Sinne von Rousseau, sondern um den sehnsüchtigen Wunsch nach einer glücklichen Zukunft, eines »Et in Arcadia ego«, worauf sich Sulzer in der Einführung zu seiner ›Theorie der Künste‹ bezieht: Die Verbesserung wird durch das vorwärtsschreitende künstlerische Schaffen erreicht werden. Die Szene ist in einem idyllischen grünen Tal mit reicher mittelmeerischer Vegetation angesiedelt, wo es Wasser im Überfluß gibt. Die nackten Figuren der Hauptgruppen geben sich dem Müßiggang, dem Tanz, der familiären Zuneigung, der unschuldigen Liebe und dem Pflücken der Früchte hin, welche die Natur ihnen bietet. Der linke seitliche Figurenkomplex umfaßt die drei Menschenalter. Die Mittelgruppe zeigt das harmonische Zusammenleben von Eltern und Kindern. Die Pose des jungen, unter der Platane sitzenden Vaters mit dem kleinen Kind auf dem Knie ist eine freie Wiedergabe des gerade erschaffenen Adam an der Decke der Sixtina. Dieses Motiv Michelangelos wird in dem bei der Quelle Schlafenden im Vordergrund rechts nochmals aufgenommen. Der Reigen nimmt das vorige Thema mit dem Tanz der Musen wieder auf (1793), doch in einem umgekehrten Sinn.
Diese Skizze verrät die Freundschaft und Zusammenarbeit mit Joseph Anton Koch, der schon 1797 von dem Thema ein Aquarell angefertigt hatte, in dem die Landschaft vorherrscht (Albertina, Wien; Lutterotti 1940, Z 942, Abb. 123). Es liegt daher nahe, daß Carstens thematische Anregungen von

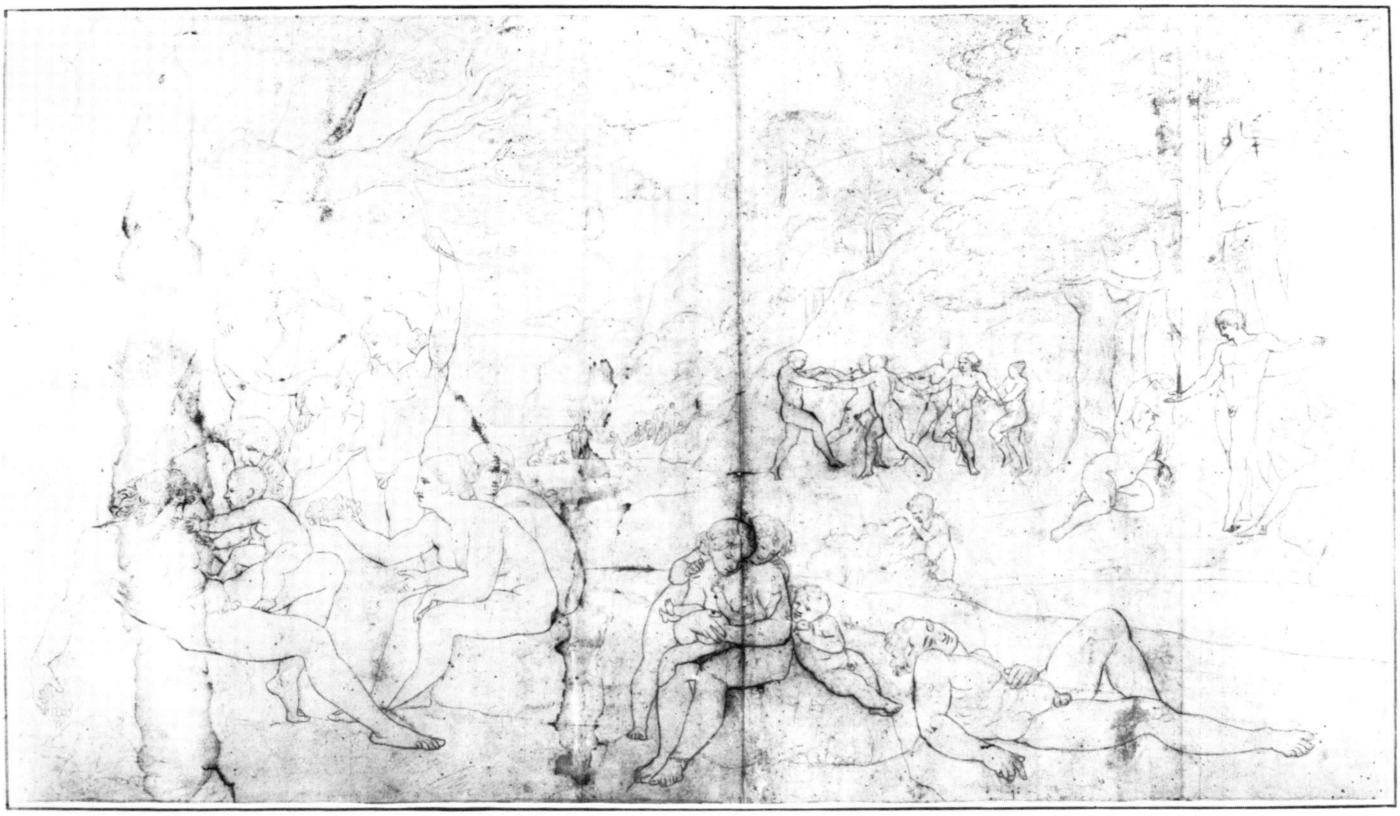

2

Koch erhalten hat. Dieser fertigte 1811 eine Kopie von dem Original des Carstens an, die er jedoch in den landschaftlichen Einzelheiten veränderte und intensiver gestaltete (Lutterotti 1940, Z 392, Abb. 124; Kamphausen 1941, S. 239, 242, Abb. 79). Eine andere Kopie zeichnete Bertel Thorvaldsen (Thorvaldsens Museum, Kopenhagen. Heine 1928, S. 168; Kamphausen, S. 239, 242, Abb. 78). Außerdem entstand 1812 in Kopenhagen ein Ölbild auf Leinwand, für das J.J. Rubby die Figuren und Franz Catel die Landschaft malte (Kopenhagen 1975, S. 196, B. 299). Ferner wurde ein Abdruck (?) mit Bleistift, laviert mit Chinatusche hergestellt (Ny Carlsberg Glyptothek, Kopenhagen. Kamphausen S. 406, Taf. 36), der weder 1867 von Riegel, S. 385, noch 1866 von von Alten, Nr. 96, erwähnt wird. Auch in der, obwohl sehr generellen Deutung des ›Baumschlages‹ ist Kochs Einfluß auf Carstens spürbar. In diesen Kontext fügt sich eine Federzeichnung von John Flaxman (1787-94 in Rom) mit dem Titel *The Golden Age* ein; sie stellt ein junges Paar mit Kindern dar (D. Irwin: John Flaxman 1755-1826, Bildhauer, Illustrator, Zeichner, 1979, S. 33, Abb. 39) und nähert sich thematisch der Mittelgruppe bei Carstens. Das Thema des Goldenen Zeitalters wird von Hans von Marées in zwei Versionen wiederaufgenommen werden (I, 1879-85, Bayerische Staatsgemäldesammlungen, München. II, 1880-83, Galerie Schleißheim. J. Maier-Graefe, H. v. Marées, München 1909, Bd. 2. Verz. Nr. 457, 523). Eine ähnlich idyllische Atmosphäre ist für die Gemälde von Puvis de Chavannes (1824-98) bezeichnend, z.B. *Le Repos,* (Musée de Picardie, Amiens) und *Vision Antique* (Musée des Beaux-Arts, Lyon).

J.B.H.

Franz Louis Catel
Berlin 22.2.1778 - Rom 19.12.1856

Der Sohn französischer Calvinisten aus Sedan ist bereits in früher Jugend, gemeinsam mit dem Bruder Ludwig Friedrich, im Spielzeugladen des Vaters in Berlin beschäftigt, wo er eigenhändig Spielsachen und andere Gegenstände aus Holz schnitzt. Hier werden die beiden Brüder bald vom Kupferstecher Daniel Chodowiecki entdeckt, der sie ermuntert, sich an der Berliner Akademie der Künste einzuschreiben, wo Catel dann bis 1797 studiert. In diesem Jahr unternimmt er eine Reise nach Frankreich und besucht die Pariser Kunstakademie. 1799 erscheint Goethes ›Hermann und Dorothea‹ mit Radierungen von Catel, die der Autor in einem Brief vom 28. Oktober desselben Jahres an Wilhelm von Humboldt, der gleichfalls in Paris lebt, lobend erwähnt: »Er zeigt in seinen Arbeiten ein schönes Talent, nur sieht man daran (...), dass er in der Zerstreuung der Welt lebt« (*Goethes Briefe* [1799], Weimar 1893, Bd. 14, Nr. 4130; die Originalzeichnungen für die zehn Illustrationen befinden sich, zusammen mit anderen des Künstlers, im Goethe-Museum, Düsseldorf). Goethes Bemerkung bezieht sich auf die Lebensweise des Künstlers, der bereits in jenen Jahren auf schnellen Gewinn aus war und seine Kunst den Forderungen des Marktes anpaßte. Er betreibt gleichzeitig seine Geschäfte in Berlin, wo er mit dem Bruder künstlichen Marmor für Mosaike produziert, die damals zur Ausschmückung herrschaftlicher Villen sehr gefragt waren.

Nach der Rückkehr nach Berlin im Jahre 1800 heiratet Catel im Jahr darauf Sophie Friederike Kolbe, die Tochter des Stikkers Christian Friedrich, die bereits 1810 stirbt. In diesen Jahren übt er sich in der Aquarelltechnik und sendet zwei Landschaften (sein bevorzugtes Genre) zur Weimarer Kunstausstellung von 1802 ein, die von Goethe sehr günstig aufgenommen werden. Ab 1807 setzt er seine Ausbildung in Paris fort und vertieft seine Kenntnisse in der Ölmalerei. Für zahlreiche Künstler, die sich zu dieser Zeit in Paris befinden, ist das Musée Napoléon für das Studium der großen italienischen Meister obligatorisch, allen voran Bilder von Raffael, die nach dem napoleonischen Raubzug durch Italien hier ausgestellt sind. Während seines langen Aufenthaltes in Frankreich führt Catel in Neuwiller im Elsaß die Freskierung des Landhauses von General Clarke (früher Gouverneur von Berlin und nun französischer Kriegsminister) aus. In Paris hat er Gelegenheit, deutsche, von romantisch-patriotischen Idealen beseelte Künstler kennenzulernen, darunter die Brüder Heinrich und Ferdinand Olivier.

Ende 1811 übersiedelt Catel nach Rom, wo sich bereits sein Bruder befindet. Der Kontakt zu den Lukasbrüdern ist schnell hergestellt; er besucht regelmäßig ihre Aktabende im Refektorium von S. Isidoro, wo seine technischen und perspektivischen Anleitungen von den Nazarenern gern aufgenommen werden, er hingegen ihre künstlerischen Bestrebungen nicht voll anerkennen kann, wenn er auch 1816 an einem ihrer Kollektivunternehmen, der Ausmalung der Casa Bartholdy, teilnimmt. Im Jahre 1812 unternimmt er seine erste Reise nach Süditalien, wohin er den französischen Archäologen A.L. Millin begleitet und die Ausgrabungen von Pompeji besucht. Catel liefert dann auch die Zeichnungen zu der Veröffentlichung Millins, ›Descriptions des tombeaux qui ont été découverts à Pompei dans l'année 1812‹ (Neapel 1813). In der Folge wird der Süden Italiens sein bevorzugtes Reiseziel und eine unerschöpfliche Quelle für seine Landschaften und Genreszenen. Seine lebhaft kolorierten Darstellungen des Volkslebens und seine Veduten aus dieser Zeit sind beim Publikum sehr beliebt und bringen ihm Ruhm und Reichtum ein.

Um die für ihre Schönheit berühmte Margherita Prunetti, Tochter des römischen Schriftstellers Michelangelo, ehelichen zu können (November 1814), schwört er seinen calvinistischen Glauben ab und tritt zur katholischen Religion über. Zwischen 1816 und 1818 malt Catel in der Casa Bartholdy zwei Supraporten: eine Leinwand mit der *Gefangenschaft Josephs* (verschollen) und ein Fresko mit den *Pyramiden von Ägypten* (Pio Istituto Catel, Rom). In der gleichen Periode beschäftigt er sich vorwiegend mit dem Problem der Lichtwirkung durch Gegenlicht und löst es, indem er den Bildvordergrund im Dunkeln läßt, wodurch die Helligkeit in seinen Hintergrundslandschaften zur größtmöglichen Geltung kommt. Ab 1818 wird der Künstler mit Aufträgen durch die europäische Aristokratie derart überhäuft, daß seine Wohlhabenheit ihm erlaubt, ein kostspieliges Haus an der Spanischen Treppe zu erwerben, in dem Künstler, Gelehrte und Aristokraten aus und ein gehen.

1819 beteiligt er sich an der ersten gemeinsamen Ausstellung der deutschen Künstler im Palazzo Caffarelli mit einer neapolitanischen Landschaft und zwei Historienbildern, inhaltlich inspiriert an den deutschen Sagen des Mittelalters. Außer seiner Freundschaft zu Joseph Anton Koch, dessen Kunst sich allerdings in eine ganz andere Richtung bewegt und dessen Karriere nicht so glücklich verläuft, ist für Catel die Bekanntschaft mit dem norwegischen Landschafter Johan Christian Dahl, dem Freund Caspar David Friedrichs, zwischen 1820-21 bedeutungsvoll. Ihm dankt er die Überwindung seines Schwankens zwischen Klassizismus und Romantik, das bis zu diesem Zeitpunkt sein Werk gekennzeichnet hatte. Zudem verrät ihm der Norweger das Geheimnis seiner ungemein breiten Farbskala und unterweist ihn in der richtigen Anwendung der Luft- und Lichteffekte. Von den neuen Versuchen aus dieser Zeit zeugen mehrere neapolitanische Landschaften wie z.B. *Neapolitanischer Fischer mit seiner Familie* (Thorvaldsens Museum, Kopenhagen), die bereits auf Werke der Posillipo-Schule hinweisen (Catels Freundschaft mit dem bedeutendsten Vertreter dieser Schule, Giacinto Gigante, fällt in das Jahr 1826).

Ein Zeugnis seiner tiefen Freundschaft mit dem bayrischen Kronprinzen Ludwig ist das Gemälde von 1824, *Kronprinz Ludwig in der spanischen Weinschenke zu Rom* (Kat. 3), in welchem auch die Künstler Thorvaldsen, Schnorr und Catel selbst zu erkennen sind. Das Jahr 1826 ist bedeutsam durch einige offizielle Ehrungen des Malers wie die Berufung an die Berliner Kunstakademie (von Catel abgelehnt) oder die Ernennung zum Ehrenmitglied der Akademie von Antwerpen. Im selben Jahr ist Catel unter den Unterzeichnern (zusammen mit Johann Christian Reinhart, den Brüdern Riepenhausen, Joseph Anton Koch, Johann Martin von Rohden, Thorvaldsen und Philipp Veit) des Schreibens gegen die Kunstkritiker des ›Kunstblatts‹, denen die Künstler vorwerfen, nichts von Kunst zu verstehen und oberflächlich über sie zu urteilen (vgl. ›Drei Schreiben aus Rom‹, veröffentlicht 1833). Für die Gräfin Kielmannsegge aus Dresden, die mit der Kunst Caspar David Friedrichs tief vertraut ist, malt Catel eine Reihe von Bildern über die »verschiedenartigen Lufterscheinungen und Lichteffekte in bezug auf verschiedene Gemütsstimmungen« (zit. in Geller 1961, S. 499; zwei dieser Gemälde sind im Spreewald-Museum, Lübbenau).

1829 befindet er sich unter den Begründern der ›Gesellschaft der Liebhaber und Förderer der schönen Künste‹, deren Anliegen in der Unterstützung von Ausstellungen der in Rom lebenden Künstler besteht. Er arbeitet auch gemeinsam mit anderen Malern, darunter Gigante, an der Illustration des 1834 in Neapel veröffentlichten ›Viaggio pittoresco nel Regno delle Due Sicilie‹ von R. Liberatore mit. Aus dieser Zeit stammt, neben verschiedenen Porträts, eines der seltenen Werke religiösen Inhalts von Catel: ein Altarbild mit der *Auferstehung Christi*, das er im Auftrag Heinrichs von Preußen 1834 malt. Das Gemälde wird von diesem der evangelischen Luisenkirche in Berlin-Charlottenburg gestiftet und 1944 zerstört. Aus den verschiedenen Jahrgängen des ›Kunstblatts‹ wissen wir auch von der Teilnahme Catels an europäischen Kunstausstellungen in diesen Jahren.

Bis 1845 verwaltet Catel die Unterstützungskasse für notleidende Künstler; dieser Einrichtung – heute Pio Istituto Catel – vermacht er vor seinem Tod seine sämtlichen unverkauften Bilder, Studien und Zeichnungen und, da er kinderlos geblieben ist, die damals bedeutende Summe von 80000 römischen Scudi. Er ist auch ein Mitbegründer des 1845 ins Leben gerufenen ›Künstler-Vereins in Rom‹, dessen Vorsitz er bis 1852 innehat. Das Grab des am 19. Dezember 1856 in Rom verstorbenen Catel befindet sich in der Kirche S. Maria del Popolo. *I. S.*

Literatur: Zu einer umfassenden Quellenangabe über den Künstler vgl. A. Concina Sebastiani, in: Diz. Biogr. d. Italiani, Bd. 22 (1979), ad vocem.

3

3 Kronprinz Ludwig in der spanischen Weinschenke zu Rom, 1824

Öl auf Leinwand, 63 x 73 cm
Bez.: an der linken Wand des Raumes ›Chercer. Vaser‹, an der rechten ›= Spagna = Vini = Diversi = Stravechi‹; auf der Rückseite befindet sich eine Pause der Figuren mit Bezifferung und Namensangabe der Porträtierten. Die Beschriftung rechts oben lautet: »Spanisch-Portugiesische Wein-Niederlage des Don Raffaele Anglada alla Ripa grande in Rom den 29. Februar 1824«.

Provenienz: *Im Auftrag des Kronprinzen von Bayern entstanden. Aus der Privatsammlung König Ludwigs I. von Bayern*
Lit. und Ausst.: *Catel 1824; Fahrmbacher 1851, S. 223-224; Ringseis 1886, I, S. 88; Boetticher 1891, I, S. 163, Nr. 12; Noack 1902; Berlin 1906, Nr. 266; Lichtenberg-Jaffé 1907, S. 69-73; Noack 1907, S. 219-220; München 1912, Nr. 129; Lübeck 1926, Nr. 8; Waetzoldt 1927, S. 91; Rom 1932, Nr. 87; München 1950, Nr. 31; Geller 1952, Kat. Nr. 146; ders. 1961, S. 498-501; Speyer 1954/55, Nr. 14; Andrews 1964, Kat. Nr. 34a; Hartmann 1965/66, S. 17-18; Andrews 1967, Taf. XXVI; München 1967, S. 15 (darin zit: Bayerische Landes-Industrie-Gewerbe- und Kunstausst. Nürnberg 1882, Nr. 2124 und Jahrhundertschau Deutscher Malerei. Wiener Sezession 1926, Nr. 82); Buschbaum 1967, S. 14, Farbtaf.; Köln 1977, S. 53, Abb. S. 54; Gregorovius 1978³, S. 264; Keller 1979, S. 43, Taf. 41; Ude 1979, S. 11-12; München 1979, S. 153 f. und Nr. 255.*
Bayerische Staatsgemäldesammlungen, München
Inv. Nr. WAF 142

Seine Reise nach Unteritalien und Sizilien im Winter 1823 beschloß Kronprinz Ludwig von Bayern mit einem Frühjahrsaufenthalt in Rom, wo er nicht – wie üblich – in der Villa Malta, sondern in der Nähe der Kirche S. Trinità dei Monti oberhalb der Spanischen Treppe bis Ende April 1824 logierte. Wie wir durch Memoirenwerke und Briefe aus Rom wissen, liebte es der spätere König von Bayern, in zwangloser Weise mit deutschen Künstlern zu verkehren, ihnen zu Ehren kleine Feste zu veranstalten, oder sie in die Osteria des spanischen Weinhändlers Don Raffaele d'Anglada, eines früheren Schiffskapitäns, zum Frühstück mit frutti di mare, d.h. Austern, Fisch und dergleichen, und »einem ächten Glas dry Madera oder Xeres« einzuladen. »Der spanische Don ist dabei sehr eifersüchtig auf diesen Ruf.« (Fahrmbacher 1851, S. 223). Auch wurde es beinahe eine feste Einrichtung Ludwigs, mit den ihm nahestehenden Künstlern, vor allem J.M. v. Wagner, Reinhart, Thorvaldsen und seinen ständigen Begleitern Dr. Ringseis und v. Seinsheim, in den ›Stanzen Raffaels‹ an der Ripa Grande am Tiber bei einem Gläschen Wein den Tag zu beschließen. Die Osteria ließ sich noch zu Noacks Zeiten (um 1900) als Bottega im Erdgeschoß von San Michele, dem Aventin gegenüber, nachweisen, obwohl der zu Ludwigs Zeiten so rege Schiffsverkehr und das fröhliche Leben und Treiben bereits aufgehört hatten und das Weintrinken am Tiberufer aus der Mode gekommen war. Durch einen Brief Catels vom 20. März 1824 an Joh. Gottl. v. Quandt in Dresden erfahren wir von Ludwigs Auftrag: »... Kürzlich habe ich ein kleines Bambocciaden-Bild (= Darstellung aus dem Volksleben, benannt nach dem niederländischen Maler Pieter van Laer genannt ›Il Bamboccio‹) für den Kronprinzen von Bayern beendigt. Seine königliche Hoheit hatten gnädigst zum Abschied für Herrn von Klenze ein kleines Dejeuner auf Ripa grande beim Don Raffaele veranstaltet und trug mir auf, diese Scene durch meinen Pinsel zu verewigen ... Dargestellt sind von l. nach r.: Der Wirt, Kronprinz Ludwig, Thorwaldsen, L. v. Klenze, Graf v. Seinsheim, J.M. v. Wagner (stehend), Ph. Veit, Dr. Ringseis (stehend), J. Schnorr v. Carolsfeld, Catel, Baron v. Gumppenberg. Durch die offene Tür sieht man den Aventin jenseits des Tiber ...« (Archiv der Bayerischen Staatsgemäldesammlungen). Der durch seine Schilderungen der italienischen Landschaft und des italienischen Volkslebens berühmt gewordene Künstler schließt mit diesem heiteren Gruppenbild an die großen holländischen Sittenbilder des 17. Jahrhunderts an. Wie in anderen Interieur-Bildern, z.B. dem *Garten Friedrichs IV., Herzog von Sachsen-Gotha-Altenburg, in Rom* (1818) und dem 1824 entstandenen *Schinkel in Neapel* faszinierte Catel auch hier der Kontrast von kargem, kühl-dunklem Innenraum und üppiger, lichtüberfluteter Landschaft. Gleich einem immensen Breitwandgemälde stellt sich das pittoresk ländliche Rom den Augen der illustren Gäste dar. Es spricht für den aufgeschlossenen Sinn des Auftraggebers, den erfolgreichen und weltoffenen Catel und nicht einen ausgesprochenen Nazarener für diesen Auftrag ausgewählt zu haben, der vom Künstler gleichermaßen die Fähigkeit zu Bildnis-, Genre-, und Landschaftsmalerei erforderte. Catel war damit zum »malerischen Chronisten deutsch-römischer Künstlerherrlichkeit« (W. Waetzoldt) geworden, der uns eine zuverlässige Porträtsammlung des Kreises um Ludwig gab, dessen auffallende Erscheinung, dessen ganze außerordentliche Art die Römer verwunderte, bis sie sich daran gewöhnten. »Kein fremder Fürst ist in Rom populärer gewesen als er« (Gregorovius 1978[3], S. 265). *J.H.*

4

4 Villa Malta in Rom, um 1840

Aquarell über Bleistift, 26,9 x 42,3 cm
Provenienz: *Aus dem Nachlaß König Ludwigs I. 1868 als »Unbekannt. Italienische Landschaft« übernommen.*
Lit. und Ausst.: *München 1950, Nr. 34; Bernhard 1974, Nr. 94; Darmstadt 1977, Nr. 33; München 1979/80, Nr. 9, Abb. 47*
Staatliche Graphische Sammlung, München Inv. Nr. 21 783

Von einer an der Via Sistina gelegenen Terrasse aus geht der Blick zur Villa Malta und dem dahinterliegenden Kloster Sant'Isodoro, an das sich die weite unbebaute Campagna anschließt.

Die wegen ihrer gesunden Luft, der Nähe der Stadt und der herrlichen Aussicht berühmten Hügel um Rom lockten die Römer seit altersher, dort Weinberge und Landhäuser anzulegen. Einer der ersten Römer, der sich auf dem Pincio eine unvergleichlich schöne Villa baute, war der legendäre Lucullus. Die wechselhafte Geschichte dieses nach einem Senatorengeschlecht aus der späten Kaiserzeit, den Pincii, benannten Hügels schildert am eindringlichsten Ferdinand Gregorovius 1978[3], S. 249-271; daneben berichten ausführlich Fahrmbacher 1851, S. 255-261 und Noack 1907, S. 218-237 über die Villa zu Zeiten Ludwigs von Bayern. Die zwischen Villa Medici und Villa Ludovisi gelegene, seit dem 18. Jahrhundert zum Besitz der französischen Minoriten von S. Trinità dei Monti gehörende ›Villa‹ (ein einfaches Gebäude aus dem 17. Jahrhundert mit Turm), wurde jedoch von diesen nicht selber bewohnt, sondern an römische Familien verpachtet; die bekanntesten unter ihnen waren die Parmeggiani, Graf Domenico della Torre und Gius. Ant. Celani, die ihrerseits an Maler, Bildhauer und Gelehrte weitervermieteten. Die Gegend um den ländlich-stillen Pincio (Via Sistina, Gregoriana, Capo le Case, Sant'Isidoro, della Purificazione und Pinciana) wurde so zunehmend Domäne der überwiegend ausländischen Künstler. Der Name der Villa dürfte von dem zwischen 1775 und 1777 hier residierenden Malteser Botschafter, Giacomo Lauro Bailli de Breteuil herrühren, da die Bezeichnung ›Giardino di Malta‹ erstmals 1780 in dem Pfarregister von Sant'Andrea delle Fratte auftaucht (Nachlaß Noack, im Besitz der Bibl. Hertz., Rom; hier: A 30-A 32. Register 1494-1869). Zu den ersten deutschen Gästen in der Villa gehörten Anna Amalia Fürstin von Sachsen-Weimar (1789), Friederike Brun, J. v. Rehfues, Wilh. v. Humboldt mit Familie, und 1810 die Lukasbrüder, ehe sie sich in das verlassene, abgeschiedene Kloster der irischen Mönche, Sant'Isidoro, zurückzogen. In den sieben Zimmern des ersten Stockwerkes richteten sie sich zu einem monatlichen Mietpreis von 7 Scudi provisorisch ein (K.E. Hoffmann: Ludwig Vogel. Aus Leben und Briefen. Zürich 1921, S. 29). Den Höhepunkt in ihrer Geschichte erlebte die Villa unter dem bayerischen Kronprinzen und späteren König Ludwig I., der 1817/18 und 1820/21 hier zu Gast war, ehe er 1827 die Villa dem schwedischen Bildhauer Joh. Niclas Byström abkaufen konnte, und sie 1829 bezog. Die Villa mit den zahlreichen Auf- und Anbauten und Künstlerateliers, deren vornehmste Zierde die Orangen- und Zitronenpflanzungen im angrenzenden Garten bildeten, konnte und sollte keine repräsentative Residenz sein, sondern dem König als beschaulich-stilles Domizil dienen, wie er selbst in einem Distichon gesteht:

»Wie wert bist du mir, liebes Asyl, wo endlich den Menschen
Findet der König aufs neu, welchen daheim er verlor.«

Der so wenig ansehnliche Bau, über den ein reicher Römer einmal gespottet haben soll: »Sire, dies ist keine Villa, sondern nur ein Krautgarten« (Gregorovius 1978[3], S. 263), gereichte wohl seinem fürstlichen Besitzer zu Ehren, wie ein »... gelehrter Cardinal – ein geistreicher Mann von persönlicher Würde – ... fein-verbindlich (bemerkte), daß König Ludwig auch darin Karl dem Großen ähnlich sey, daß er sich zum Patrizier von Rom gemacht« (Fahrmbacher 1851, S. 248f.). Die Villa war zu Ludwigs Zeiten beliebtes Thema von Darstellungen, oder Standort für die »schönste Aussicht auf Rom«. Um 1810 zeichnete J.A. Koch die Villa mit dem viereckigen, gedrungenen Turm vom östlich gelegenen Kloster Sant'Isidoro aus; auf einer Zeichnung Overbecks (1819) und einem Aquarell Ramboux' (1820) fällt der Blick über den tief gelegenen Innenhof der berühmten Casa Buti schräg nach oben auf die die Villa zur Via Sistina abschließende Gartenmauer, welche der Turm und die Gebäudeteile um weniges überragen; einen ähnlichen Standpunkt wählten C.T. Dalbano (Memoria e frammenti, Neapel 1839) und P. Letarouilly (Edifices de Rome moderne ..., Brüssel 1849-1869) für ihre Tafelwerke, nämlich aus der ehemaligen Casa di Salvator Rosa, mit Blick auf die Villa. Domenico Quaglio schuf 1830 für König Ludwig eine Vedute der südlichen Hauptfront der Villa vom Dach eines Nachbargebäudes der Casa Buti aus, und Edward Lear zeichnete die an der Via Capo le Case befindliche Haupteinfahrt zur Villa (1838). Die Villa diente dagegen J.Chr. Reinhart für sein – in vier Ansichten gegebenes – Gesamtpanorama von Rom (Auftrag König Ludwigs, 1829-1835) als Standort.

Vorliegendes Blatt wurde von einem der Villa Malta westlich gelegenen Garten aufgenommen. Wir wissen, daß westlich des Giardino di Malta, aber noch zu dessen Grund gehörend, ein kleines Sommerhaus stand, das vermietet wurde. Vielleicht wollte der Künstler das Blatt dessen ›Hausherrn‹ widmen.

Dem im Ausst.-Kat. München 1979/80 ausgesprochenen Zweifel bezüglich der Zuschreibung an Catel ist zuzustimmen, obwohl einige Elemente ihm nicht unähnlich sind: das warme durchsichtige Kolorit, die leichte Pinselführung und der in Form einer offenen Pergola gewählte Standort; allerdings arbeitet Catel die Hell-Dunkelwerte stärker heraus. Fremd sind ihm dagegen die Steifheit der weiblichen Staffagefigur mit Wasserkrug und der in den Vordergrund gesetzten Agave, sowie die heftig hingesetzten Wolken. Eine gewisse Ähnlichkeit besteht mit einem J.M. v. Rohden zugeschriebenen Aquarell in der Kunstsammlung Düsseldorf (*Römischer Hof*, Düsseldorf 1965/66, Nr. 167). *J.H.*

Peter von Cornelius

Düsseldorf 23.9.1783 – Berlin 6.3.1867

Cornelius beginnt seine Ausbildung unter der Leitung des Vaters, der Maler und Inspektor der Gemäldegalerie in Düsseldorf war. Seit 1795 besucht er die Kurse des klassizistisch ausgerichteten Peter Langer an der Kunstakademie, der jedoch dem Schüler wenig Talent zuschreibt und ihm den Rat gibt, sich einem Handwerk zuzuwenden. Um seine Familie zu erhalten, arbeitet Cornelius als Illustrator, setzt aber trotzdem seine Studien fort. Von 1803 bis 1805 nimmt er an dem Wettbewerb von Weimar teil, der ihm als einzigen Erfolg eine von Goethe ausgesprochene und ganz allgemein gehaltene Anerkennung seines Talents einbringt. Es sind die Jahre, in denen Cornelius sich dank der Freundschaft mit F. Flemming und K. J. Mosler dem romantischen Denken und dem Kreis von Personen nähert, in dem es gepflegt wird. So lernt er die Brüder Boisserée und den Domherrn und Gelehrten Wallraf, sowie deren Sammlungen der altdeutschen und altniederländischen Malerei kennen. 1806 erhält der Künstler mit Unterstützung Wallrafs den Auftrag für die Ausmalung der Quirinskirche in Neuss. Auf Betreiben des Verlegers Willmans übersiedelt Cornelius 1809 nach Frankfurt, wo er neben einigen Konzessionen an den akademischen Geschmack sich ganz der romantischen Poetik verschreibt und seine eigene Formensprache bestimmt. Mit der *Heiligen Familie* (Kat. 5), die er für den Fürsten von Dalberg malte, und den ersten Zeichnungen für den an Goethes ›Faust‹ inspirierten Zyklus wendet sich Cornelius ganz dem christlich-nationalen Ideal und der Tradition der deutschen bildenden Kunst zu (grundlegend für diese Entwicklung waren die 1808 veröffentlichten Reproduktionen der Stiche Dürers für das Gebetbuch des Kaisers Maximilian I., die auf Cornelius großen Einfluß ausübten). Sulpiz Boisserée zeigt 1811 Goethe einige von Cornelius für den ›Faust‹ angefertigte Zeichnungen, die aber dem Dichter keine große Begeisterung entlocken. Dies geht auch aus einem Brief an Cornelius hervor, in dem Goethe ihn zwar lobt, ihm aber ein eingehenderes Studium Dürers und der italienischen Meister empfiehlt (vgl. den Briefwechsel Goethe-Cornelius, zit. in Benz 1940, S. 160ff.).

In demselben Jahr reist Cornelius dank der Hilfe des Verlegers Wenner nach Italien, doch erfüllt ihn dabei ein ganz anderer Geist als der, zu dem Goethe ihm geraten hatte. Die Reise bis Rom ist von der Begeisterung für die deutsche künstlerische Tradition erfüllt, wogegen er der italienischen Kunst und Kultur noch eher fremd gegenübersteht. Der Künstler, der in Begleitung des Malers Christian Xeller reist, interessiert sich vor allem für die Zeugnisse der mittelalterlichen Kunst: er besucht Mailand, Parma, Piacenza, Modena und Bologna, wo er die Werke von Giotto und Francia bewundert.

Nach kurzen Aufenthalten in Florenz und Siena erreicht Cornelius Rom, wo er sich sofort mit Friedrich Overbeck in Verbindung setzt, mit dem er, wie alle Neuankömmlinge, die Stadt besucht. Wenn er nach seiner Ankunft an den Freund Mosler schreibt: »Ich sage Dir, Mosler, und glaube es fest: ein deutscher Künstler sollte nicht aus seinem Vaterlande gehen!« (März 1812, zit. in Förster 1874, I, S. 114–120), so ist doch schon in den ersten römischen Zeichnungen zum ›Faust‹ ein Einfluß der italienischen Kunst und besonders Raffaels zu beobachten, der in dem Zyklus der Illustrationen zum ›Nibelungenlied‹ noch augenfälliger wird. Die Bewunderung für das italienische Quattrocento und die Bemühung um die Wiedergeburt der deutschen Kunst führen Cornelius immer näher an Overbeck heran, und 1812 tritt er dem Lukasbund bei. Seine Werke aus dieser Periode, z.B. die verschiedenen Versionen der *Grablegung Christi* (s. z.B. Kat. 14) und das nie beendete Ölbild *Die fünf klugen und die fünf törichten Jungfrauen* (Kat. 10) zeigen, daß sich der Einfluß der Nazarener auf sein Schaffen vor allem auf die Idee beschränkt, da Cornelius sich vom formalen Gesichtspunkt her nie ihrer lyrischen Auffassung hingibt und auch nicht auf die Beziehungen zur deutschen Tradition verzichtet.

Im Sommer 1813 begibt er sich nach Orvieto, um die Fresken von Luca Signorelli zu studieren, die in ihm eine tiefe Bewunderung auslösen. Davon zeugt ein Brief an Overbeck vom 19.8.1813 (zit. in Förster 1874, I, S. 133ff.). Nach der Rückkehr von einer Florenzreise schreibt Cornelius einen begeisterten Brief an Joseph Görres, in dem er die Überzeugung ausspricht, daß das Fresko »das unfehlbare Mittel« für die Wiedergeburt der deutschen Kunst sei (Brief vom 3.11.1814, zit. in Förster 1874, I, S. 152ff.; siehe im Katalog unter ›Dokumente‹). Die Gelegenheit zur Ausführung eines Freskobildes ergibt sich im folgenden Jahr, als der preußische Generalkonsul J.S. Bartholdy, um die Tätigkeit der deutschen Künstler zu unterstützen, Cornelius, Wilhelm Schadow, Philipp Veit und Overbeck den Auftrag zur Ausmalung seines römischen Wohnsitzes im Palazzo Zuccari erteilt, wo ein Zyklus über *Joseph in Ägypten* entstehen soll. Cornelius, der die Episoden *Joseph deutet die Träume des Pharao* und *Die Wiedererkennung Josephs durch seine Brüder* übernommen hat, erreicht in diesen Werken seine volle Ausdrucksfähigkeit. Im Jahr 1817, als er die bedeutsame Freundschaft mit dem preußischen Diplomaten und Historiker Barthold Georg Niebuhr schließt, erhält der Künstler den Auftrag, einen Flügel des Casino Massimo mit Szenen aus der ›Göttlichen Komödie‹ Dantes auszumalen. Wie die vorbereitenden Zeichnungen und die Kartons für das ›Paradies‹ zeigen, entwirft Cornelius, unbekümmert um den erzählerischen Fortgang der Dichtung, einen symbolischen Figurenkomplex, der vor allem den geistigen Gehalt des Werkes ausdrücken will. Die Ankunft des prinzlichen Mäzens Ludwig von Bayern in Rom bedeutet eine Wende im Leben des Künstlers, der den Auftrag zur Dekoration der Glyptothek in München annimmt und Philipp Veit die Arbeit im Casino Massimo überläßt. Er kehrt im Herbst des Jahres 1818 nach Deutschland zurück. Kaum in München angekommen, erhält Cornelius das Angebot, die Leitung der Akademie in Düsseldorf zu übernehmen. Er kann sich aber dem ihm von dem Prinzen übertragenen Auftrag nicht entziehen und versucht, daneben auch der Berufung nach Düsseldorf gerecht zu werden. Bis zum Jahr 1824, als er die Leitung der Akademie in München übernimmt (die er vollständig nach seinen ästhetischen Idealen reorganisiert), verbringt er den Winter in Düsseldorf und arbeitet im Sommer mit seinen Schülern in den Sälen der Glyptothek. Für diesen Freskenzyklus entwirft Cornelius ein kompositorisches Programm von symbolischem Charakter, dessen Inhalt die ideale Kontinuität von der klassischen bis zur christlichen Welt ist, die sich in Darstellungen entwickelt, welche den Mythen des Prometheus, der Helden und Götter entnommen sind. Das mangelnde Interesse des Künstlers an den technischen Problemen der Ausführung und die zu freie Mitwirkung der Schüler lassen das Werk unharmonisch erscheinen. Cornelius wird einer so harten Kritik ausgesetzt, daß der König die Ausführung der Fresken in der Loggia der Pinakothek, für die der Künstler zwischen 1826 und 1836 die Skizzen gemacht hatte, Clemens von Zimmermann überträgt.

1829 erhält Cornelius den Auftrag, die Freskendekoration im Innern der entstehenden Ludwigskirche zu übernehmen. Hierzu schreibt er an die Freundin Emilie Linder: »Denken Sie, mein Glück! Ich soll nach Vollendung der Glyptothek eine Kirche (aus)malen. Schon seit sechzehn Jahren trage ich mich herum mit einem christlichen Epos in der Malerei, mit einer gemalten Commedia Divina ...« (Brief vom 20.1.1829, zit. in Förster 1874, II, S.6). Sein Entwurf wird aber nicht angenommen, und er muß sich darauf beschränken, die ›Dreieinigkeit‹ zu behandeln. Von einer tiefen religiösen Spannung erfüllt, entwirft der Künstler in zwei römischen Aufenthalten (1830–31 und 1833–35) den vollständigen Plan des Werkes und fertigt einige Kartons davon an. Zwischen 1836 und 1839 malt er von eigener Hand *Das Jüngste Gericht*, das wegen seiner außerordentlich hieratischen Auffassung vom König ungünstig beurteilt wird, was die Übersiedlung des Künstlers nach Berlin zur Folge hat. In Preußen findet Cornelius endlich die Möglichkeit, an seinem Plan einer figürlichen Zusammenfassung des christlichen Gedankens zu arbeiten, als Friedrich Wilhelm IV. ihm die Dekoration des Camposanto überträgt, der beim Dom entstehen soll. In den Jahren 1843 und 1845 ist er in Rom, wo er außer vorbereitenden Zeichnungen den Karton für *Die Apokalyptischen Reiter* (ehemals Nationalgalerie, Berlin) ausführt. Die Revolution von 1848 unterbricht das Projekt, an dem er jedoch weiterarbeitet. Ab 1853 lebt Cornelius wieder in Italien, um erst 1861, wenige Jahre vor seinem Tode, nach Berlin zurückzukehren.

R.C.

Literatur: Grimm 1865, S.70ff., Grimm-Cornelius 1865, S.300ff.; Riegel 1866; Förster 1874; Grimm 1875, S.360ff.; Riegel 1883; Grimm 1884, S.451ff.; Cornelius 1904; Koch 1905; Eckert 1906; Kuhn 1916; Firmenich-Richartz 1920, S.17; Kuhn 1921; Kaufmann 1928, S.212, 290ff.; Salomon 1930; Koetschau 1934; Benz 1940; Einem 1954, S.104ff.; Andrews 1961, S.109ff.; Graberg 1970.

5 Die heilige Familie, 1809/11

Die hl. Elisabeth mit dem Johannesknaben und einem musizierenden Engel vor der Muttergottes mit dem Kind
Öl auf Leinwand, 64 x 54 cm
Provenienz: *Erworben 1922 im Austausch als Leihgabe des Historischen Museums Frankfurt a. M.; gemalt für den Großherzog von Frankfurt, Fürst-Primas Carl von Dalberg*
Lit. und Ausst.: *Frankfurt 1972, S. 64ff. (mit ausführlicher Lit.), Taf. 8; Frankfurt 1977, B2*
Städelsches Kunstinstitut, Frankfurt am Main
Inv. Nr. HM47

Der Titel des Bildes ist irreführend, scheint aber alt zu sein: nicht die hl. Familie, sondern der Besuch der hl. Elisabeth bei Maria ist dargestellt.
Das Bild entstand in Cornelius' Frankfurter Zeit, zwischen Oktober 1809 und August 1811, eher gegen das Ende dieser Zeit. Vom Auftraggeber wurde es wegen seiner Strenge und Altertümlichkeit nicht geschätzt; es kam zum Bruch zwischen Cornelius und Carl von Dalberg.
Auf dem Gebiet der Malerei ist das Bild das wichtigste Zeugnis für Cornelius' Beschäftigung mit altdeutscher und altniederländischer Kunst; Cornelius kannte diese Bilder aus den Sammlungen Wallraf und Boisserée. Die Architektur zeigt spätromanische Motive, vielleicht nach Zeichnungen und Aufnahmen, die Sulpiz Boisserée seit 1809 für seine ›Denkmale der Baukunst am Niederrhein‹ (1833) sammelte; verwandte Architekturen kommen in Cornelius' Zeichnungen zu den ›Nibelungen‹ und zum ›Faust‹ vor. *H.-J. Z.*

6 Knabenkopf

Bleistift, 19,4 x 17,4 cm
Unbezeichnet
Provenienz: *E. Sohn-Rethel, Düsseldorf*
Lit. und Ausst.: *Heise 1928, S. 36; Grimschitz 1941, Taf. 28; Lübeck 1957, Nr. 4; Lübeck 1969, Nr. 12; Paris 1976, Nr. 31; Frankfurt 1977, E21*
Privatsammlung, München

Die Zeichnung ist einer Reihe von Bildnissen, die in der römischen Zeit von Cornelius entstanden, verwandt und wie diese zwischen 1811-1818 zu datieren. Selbst in dieser Darstellung eines ihm als Individuum gegenübertretenden Knaben zeigt sich der schon in dieser Frühzeit bei Cornelius vorhandene Wille zur Monumentalisierung der Form. Er äußert sich hier in der Strenge des Gesichtsausdrucks, dem das spezifisch Kindliche fehlt, in der Massivität der Formen und deren bewußter Bindung in die Fläche. Durch die Korrespondenz der Winkel von Haar, Schulter und Hemdausschnitt, die die Beziehung zum Blattrand herstellen, und somit die plastischen Formen in die Fläche verspannen, entsteht ein festes, tektonisches Blattgefüge. Jede Einzelform – z. B. Mund, Nasenflügel, Augen – ist ein Teil dieses Systems. Ihm dient auch die an den altdeutschen Silberstift erinnernde Präzision und Knappheit der zeichnerischen Technik. *P. M. – M. S.*

7 Doppelbildnis Overbeck-Cornelius 1812

Bleistift, 42,4 x 37 cm
unten ein Streifen von 1,9 cm angestückt
Bez. u. r.: »Zur Erinnerung an unsern Freundt C. F. Schloßer von F. Overbeck und J. P. Cornelius in Rom d. 16. März 1815« (die Zwei später von fremder Hand als Fünf nachgezogen)
Provenienz: *1969 im Kunsthandel Zürich erworben. Bis 1886 Baron Bernus, Heidelberg, 1926 in Kölner Privatbesitz, 1929-1969 in der Sammlung Mrs. E. Lehnsen, New York.*
Lit. und Ausst.: *Howitt 1886,* I, *S. 228; Leipzig 1926, Nr. 71; Brasch 1927, S. 41; Lankheit 1952, S. 123, 127; Geller 1952, S. 46, Nr. 160; Andrews 1964, Nr. 1; Lübeck 1969, S. 19ff., Nr. 5; Grote 1972, S. 97; Bernhard 1974, S. 106; Frankfurt 1977, D2, Abb.*
Privatbesitz, München

Eines der Freundschaftsbilder der Romantik. Diese waren von keinem Auftraggeber bestellt und nicht für die Öffentlichkeit bestimmt. Sie sollten als Erinnerung die Verbundenheit mit einem abreisenden oder in der Ferne weilenden Freund dokumentieren. Unsere Zeichnung ist Christian Schloßer gewidmet, dem Schwager Goethes, der sich 1808-1812 in Rom aufgehalten hatte. Zum Zeichen ihrer geistig-künstlerischen Bruderschaft zeichneten sich Overbeck und Cornelius gegenseitig auf einem Blatt, wobei sie ihren persönlichen Stil zu vereinheitlichen suchten, damit eine geschlossene Gruppe entstand. Die beiden Köpfe sind ohne Kontakt nebeneinandergestellt. Dies und die Parallelität sind Kennzeichen nazarenischer Gruppenbildnisse, welche die Gleichwertigkeit der Mitglieder als Angehörige eines privatisierten ›Ordens‹ betonen. Als Ausgangspunkt ist das holländische Gruppenporträt des 16. Jahrhunderts, z. B. die *Jerusalemfahrer* von Jan van Scorel, genannt worden. *G. M.*

5

6

7

8

9

8 Romeo und Julia

Feder über Bleistift, 37,5 x 44,8 cm
Bez. u. r.: »P. Cornelius«
Lit. und Ausst.: *Kuhn 1921, S. 110-111; Prestel 1925, Nr. 193, Abb. 11.*
Kunsthalle, Hamburg, Inv. Nr. 1950/94

Noch ehe Cornelius 1811 mit den Zeichnungen zu Goethes ›Faust‹ begann, waren Illustrationen für Shakespeares Tragödie ›Romeo und Julia‹ geplant. In Rom griff der Künstler dieses Vorhaben wieder auf, um es, wie er am 13. Mai 1813 an Wenner schrieb, nicht nötig zu haben, sich »gegen die schönen Eindrücke Italiens zu verschließen. Es mag wohl nichts existieren, das meinen Wünschen so entspricht, indem sich das südliche, italienische Leben mit seiner glühenden Farbe in einer nordischen Natur spiegelt«.
Die Zeichnung stellt den Anbruch des Tages dar, an dem Julia Paris heiraten soll. Die Eltern halten ihre Tochter, welche der Zaubertrank von Pater Lorenzo in einen tiefen Schlaf versenkt hat, für tot und beklagen sie. Die Musikanten zur Linken erinnern zum einen an Dürers Dudelsackbläser, zum anderen an Figuren im italienischen Stil. Auch der Saal im Hause Capulet mutet halb gotisch, halb renaissancehaft an. Die Stilmischung ist bezeichnend für das Zusammengehen nordeuropäisch-nazarenischer mit italienischen Elementen. Obschon weniger aufgewühlt, erinnert die Szene an die Illustrationen zum ›Nibelungenlied‹. Cornelius wählt einmal mehr eine monumentale Lösung, welche die Grenzen der literarischen Illustration sprengt und sich dem Fresko nähert. *G. M.*

9 Der Judaskuß, 1812

Federzeichnung, 24 x 19 cm
Bez. u. l.: »Cornelius del in / Roma 1812«
Kunstmuseum, Düsseldorf, Inv. Nr. 18/165
G. M.

10 Die fünf klugen und die fünf törichten Jungfrauen

Öl auf Leinwand, 114 x 153 cm
Unbezeichnet
Provenienz: *Erworben 1861 durch den Galerieverein, Düsseldorf.*
Lit. und Ausst.: *Riegel 1870, S. 376, 393, 426; Förster 1874, S. 146, 151, 163, 191; Riegel 1883, S. 80, 93, 247, 385, 404; Eckert 1906, S. 39; Kuhn 1921, S. 111ff.; Einem 1954, S. 111f.; Andrews 1964, S. 101; Zeitler 1966, S. 212; Düsseldorf 1969, S. 71ff.; Frankfurt 1977, C2, Abb.*
Kunstmuseum, Düsseldorf, Inv. Nr. 4011

Matthäus 25, 1-13, enthält das Gleichnis von den zehn Jungfrauen, die dem Bräutigam entgegengingen. Nur fünf von ihnen hatten Ölvorrat für ihre Lampen bei sich; die anderen konnten, als der Bräutigam verspätet erschien, ihre Lampen nicht entzünden. So gingen nur die klugen Jungfrauen mit ihm hinein zur Hochzeit.
Cornelius schätzte die biblischen Gleichnisse aufgrund ihres Symbolgehaltes. Hier sind es die in der Komposition dominierenden klugen Jungfrauen, die den Betrachter unmißverständlich auf die erstrebte christliche Lebensführung hinweisen.
Christus, umgeben von Heiligen des Alten und Neuen Testamentes, tritt aus der Paradiestür, die Petrus geöffnet hat, auf die klugen Jungfrauen zu; die törichten erscheinen im Hintergrund. Die kontrastreiche Licht-Dunkel-Verteilung und die kräftige Akzente schaffende Farbigkeit prägen den Bildeindruck ebenso wie die mächtigen, effektvoll gewandeten Gestalten, die sich nicht frei im Raum entfalten, sondern nach Art »manieristischer« Flächenmuster gestaltet sind. Aus dieser Spannung leben die großen, seelenvollen Gebärden und die Mienen mit ihrem starken emotionalen Ausdruck. Einzelne Motive, wie die törichten und die drei stehenden klugen Jung-

10

frauen, gehen auf die vatikanischen Fresken Raffaels *(Parnass, Borgobrand)*, die Ornamente der Paradiesestür auf Raffaels Tapisserien und Ghibertis Baptisteriums-Tür in Florenz zurück.

1813 entstanden die ersten Entwürfe für das Bild, an dem Cornelius bis 1816 arbeitete, ohne es zu vollenden. Der Auftrag für die Fresken in der Casa Bartholdy mag das Interesse an dem Ölbild vermindert haben. Bei Cornelius' Abreise von Rom 1819 blieb das Bild in der römischen Werkstatt J.A. Kochs zurück und kam dann in die Sammlung des Bildhauers B. Thorvaldsen in Kopenhagen, ohne daß die Besitzverhältnisse jemals geklärt wurden. 1848 war das Bild wieder in Rom; 1861 auf der Kunstausstellung in Köln, wo es für die Düsseldorfer Galerie erworben wurde. *E. S.*

11

11 Aufblickendes Mädchen

Rückseite: zwei Gewandstudien
Schwarze Kreide, weiß und braun gehöht
45 x 28,2 cm
Nachlaßstempel
Provenienz: *Erworben 1925 bei F. A. C. Prestel, Frankfurt, aus dem Nachlaß des Künstlers*
Lit. und Ausst.: *Riegel 1876, Nr. 269, S. 419; München 1979/80, Nr. 10, Abb. 23; Büttner 1979, S. 215, Abb. 6*
Staatliche Graphische Sammlung, München
Inv. Nr. 1925: 40

Frank Büttner bestimmt die Zeichnung als Studie zur vordersten der klugen Jungfrauen auf Peter Cornelius' Düsseldorfer Gemälde der Parabel von den fünf klugen und den fünf törichten Jungfrauen. Die Gewandstudien auf der Rückseite erkannte schon Riegel (1883) als Vorarbeiten zur Gestalt des Pharao auf dem 1817/18 entstandenen Wandbild der Casa Bartholdy *Joseph deutet die Träume des Pharao*. Das Blatt ist demnach zwischen 1813 und 1816 anzusetzen.

Die genaue Verwendung der Studie für die vor Christus kniende und zu ihm aufblikkende Jungfrau zeigt, wie Cornelius schon beim Modellstudium das zukünftige Bild vor Augen stand. Darin und im Zeichen nach dem nackten weiblichen Akt unterscheidet er sich von seinen Freunden des Lukasbundes. Die gleichmäßig feine Binnenzeichnung entspricht in ihrer stecherhaften Struktur den späten Zeichnungen zum ›Nibelungenlied‹. In der Wahl farbigen Papiers und farbiger Kreiden für Lichthöhung und Pupille folgt Cornelius noch Akademiegepflogenheiten und Traditionen des 18. Jahrhunderts. *G. M.*

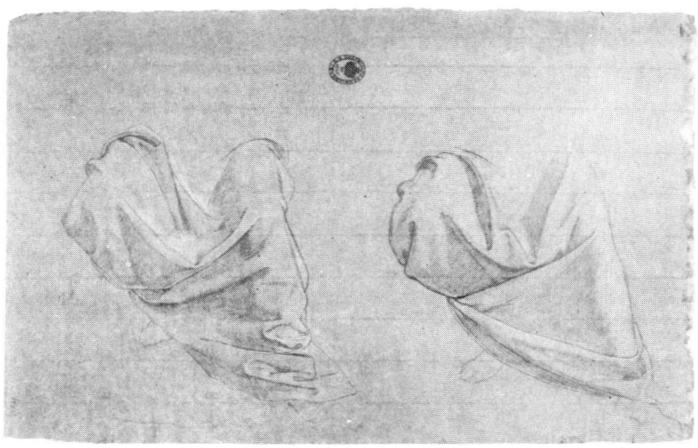

11 V

12

12 Kopien nach Wandbildern in der Casa Bartholdy, 1817/18

Öl auf Papier, auf Leinwand aufgezogen
52 x 108 cm
Unbezeichnet
Provenienz: *Sammlung des Prinzen Johann Georg von Sachsen. Von Dr. Hans Posse, Dresden, 1943 für das geplante Museum in Linz erworben. Leihgabe der Bundesrepublik Deutschland*
Lit. und Ausst.: *Donop 1889, S. 31-33; Frankfurt 1977, B22, Abb.*
Staatliche Museen Preußischer Kulturbesitz Nationalgalerie, Berlin, Inv. Nr. F. V. 47

Die fünf Miniaturen geben Wandbilder aus dem 1815-17 von Cornelius, Overbeck, Schadow und Veit gemeinsam ausgemalten Empfangszimmer der Casa Bartholdy in Rom wieder. Die originalen Fresken wurden Ende des 19. Jahrhunderts abgenommen und in die Berliner Nationalgalerie überführt. Sie befinden sich heute in der Nationalgalerie in Ost-Berlin. Die Kleinkopien wurden von den vier Künstlern nach ihren eigenen Fresken angefertigt und in einem Rahmen vereinigt. Sie sind teilweise 1817 (Veit), teilweise 1818 (Overbeck) datiert. Von den Wandbildern sind dargestellt: *Die sieben fetten Jahre* (Ph. Veit), *die Klage Jakobs um Joseph* (Schadow), *Joseph und die Frau des Potiphar* (Ph. Veit), *Die sieben mageren Jahre* (Overbeck) und *Joseph deutet die Träume des Pharao* (Cornelius). Die Montierung und ihre Verzierungen sind zeitgenössisch, doch ist über ihre Entstehung nichts ermittelt. Die fünf Kopien wurden im Herbst 1818 auf der Berliner Akademie-Ausstellung gezeigt. Sie sollten dem deutschen Publikum die neuesten Arbeiten der deutschen Künstler in Rom vorführen und für Aufträge in der Heimat werben, wie aus einem Brief hervorgeht, den Konsul Bartholdy – als Auftraggeber der Fresken – am 9. März 1817 an den preußischen Staatskanzler von Hardenberg richtete: »So viele Aufopferung es mich gekostet, mehr als die Hälfte meines Gehaltes darauf zu verwenden, diesen braven jungen Männern Gelegenheit zu verschaffen, sich einen Namen zu machen, so sehr sehe ich mich dadurch belohnt, daß ihr Werk gelungen und selbst der Nation zur Ehre gereicht ... – Nicht bloß unsere Maler zu Rom verdienen Aufmunterung durch Bestellungen (die beste Art der Unterstützung), sondern wir haben das Glück, auch in anderen Zweigen der Künste hier tüchtige und hoffnungsvolle junge Leute zu besitzen.« *G. M.*

Friedrich Overbeck, *Die sieben mageren Jahre* (Lunette). Peter Cornelius, *Die Wiedererkennung Josephs durch die Brüder*. Ehem. Rom, Casa Bartholdy; jetzt Berlin/DDR, Staatliche Museen, Nationalgalerie

Philipp Veit, *Die sieben fetten Jahre* (Lunette). Peter Cornelius, *Joseph deutet die Träume des Pharao.*
Ehem. Rom, Casa Bartholdy; jetzt Berlin/DDR, Staatliche Museen, Nationalgalerie

Friedrich Overbeck, *Der Verkauf Josephs durch seine Brüder*. Ehem. Rom, Casa Bartholdy; jetzt Berlin/DDR, Staatliche Museen, Nationalgalerie

Wilhelm Schadow, *Die Klage Jakobs um Joseph*. Ehem. Rom, Casa Bartholdy; jetzt Berlin/DDR, Staatliche Museen, Nationalgalerie

13

13 Männliches Bildnis, vermutlich Gustav Heinrich Naeke

Feder, Spuren von Bleistift, 15,5 x 12 cm
Unbezeichnet
Lit. und Ausst.: *Simon o. J., Abb. S. 6; Karl & Faber 1979, Nr. 9, Abb.*
Stiftung Ratjen, Vaduz

Der sächsische Künstler Gustav Heinrich Naeke hielt sich von 1817 bis 1825 in Rom auf; in dieser Zeit dürfte auch unser Porträt entstanden sein, das zum Vergleich mit Karl Philipp Fohrs Zeichnung für sein geplantes Gruppenbild auffordert. Fohrs Fassung (Geller 1952, Nr. 873, Abb. 308) wirkt unmittelbarer und individueller. Bei Cornelius ist, wie immer, eine stärkere Stilisierung zu beobachten, die zum Typischen drängt. Exakt rahmt das Haar den Kopf; der linken Schlußlocke antwortet im Sinne der Balance die rechte. Gefüllte und freigelassene Stellen sind genau verteilt. Dem nach links versetzten Scheitel entspricht in der Ponderierung die Nase rechts, die das ganze Gesicht wie ein Strebepfeiler abstützt. Das Bild des Künstlers als Seher scheint angestrebt, gewissen Baumeisterphysiognomien der Spätgotik nicht unähnlich. Die nach oben gewandten Augen verstärken noch diesen Eindruck.

G. M.

14 Grablegung Christi

Öl auf Holz, 34 x 47,1 cm
Unbezeichnet
Provenienz: *Sammlung des Bildhauers Bertel Thorvaldsen.*
Lit. und Ausst.: *Förster 1874, Bd. 1, S. 165ff.; Riegel 1866, S. 392; Riegel 1883, S. 93; Kuhn 1921, S. 102ff.; Einem 1954, S. 111; Andrews 1964, S. 33, 102; Lindtke 1964, S. 87; Kopenhagen 1975, S. 196; Paris 1976/77, S. 30; Frankfurt 1977, C3, Abb.*
Thorvaldsens Museum, Kopenhagen
Inv. Nr. B113

Cornelius ahmt hier die *Grablegung Christi* von Raffael nach (Rom, Palazzo Borghese), jedoch ohne deren Trennung der Figurengruppen und den Aufwand an Bewegung und Gegenbewegung zu übernehmen. Statt dessen schafft er in nazarenischer Umwandlung eine bildparallele Hauptgruppe von fast statischem Charakter. Dabei arbeitet er Trauer und Betroffenheit der Personen nachdrücklich heraus. In der Wahl dieses Vorbildes unterscheidet sich Cornelius von seinen römischen Freunden, die sich stärker von den Madonnen Raffaels beeindrucken ließen (vgl. Frankfurt 1977, C20 und C28). Er bevorzugte die *Grablegung,* da sie, wie zeitgenössische Kunstschriftsteller hervorhoben, aufgrund ihres »höchst gefühlvollen Ausdrucks« (Ebhardt 1972, S. 114) den großen tragischen Figurengruppen aus der Antike ebenbürtig war. So ist es zu erklären, warum er in einer Reihe von Versionen dieses Themas (Riegel 1866, zählt sieben auf) die Nachfolge Raffaels anzutreten versuchte.

Die Literatur plaziert das Bild mit unterschiedlichen Jahresangaben gewöhnlich in die römische Zeit Cornelius'. Allerdings erinnert Lindtke daran, daß Cornelius selbst berichtete, er habe die *Grablegung* in Düsseldorf gemalt (1821-1825). *E. S.*

14

Johann Christoph Erhard

Nürnberg 21.2.1795 - Rom 20.1.1822

Schon in frühester Jugend erhält Erhard Unterricht durch Christoph Zwinger an der städtischen Zeichenschule von Nürnberg. Ab 1809 ist er Lehrling bei dem Kupferstecher Ambrosius Gabler in der gleichen Stadt und erlernt das graphische Handwerk. Hier malt er bereits seine ersten Landschaften, für die er eine besondere Neigung zeigt; seine Motive findet er in der ländlichen Umgebung der Vaterstadt. Sein Interesse für Pferde und Militärgruppen findet Nahrung, als zwischen 1812 und 1814 russische Truppen in Nürnberg stationiert sind.

Gemeinsam mit seinem Studienkollegen Johann Adam Klein begibt er sich 1816 nach Wien, um sich insbesondere dem Studium der Landschaft und der Pflanzen zu widmen. Daneben gilt sein Interesse den großen Kunstschätzen dieser Stadt. In den Jahren 1817 und 1818 unternimmt er größere Fußwanderungen in die verschiedenen Gegenden Österreichs. Wie viele andere junge Künstler verdient er sich seinen Lebensunterhalt durch Buchillustrationen verschiedenster Art im Auftrag einiger Verlage. 1819 kann er endlich die Reise nach Rom antreten, wohin ihn sein Freund Reinhold begleitet, der dem Wiener Kreis der Romantiker um Ferdinand Olivier, Schnorr und Joseph Anton Koch nahesteht. Der Einfluß, den Reinhold in diesem Sinne auf Erhard ausübt, ist für diesen von nicht geringen Folgen. Die römische Landschaft, die Kunstdenkmäler aus der Vergangenheit sowie das Leben des römischen Alltags regen ihn zu unermüdlicher Tätigkeit an. In Rom findet Erhard seinen Freund Klein wieder und schließt sich Landschaftsmalern wie Koch, Schnorr und Horny an.

Eine tiefe Gemütserkrankung, begleitet von mystischen Wahnvorstellungen, führt im Dezember 1820 zu einem Selbstmordversuch durch Vergiftung, und nur der rührenden Pflege seiner Freunde Klein und Reinhold gelingt es, Erhards Gesundheitszustand wiederherzustellen. Ein Erholungsaufenthalt in Olevano trägt dazu bei, daß der Künstler für kurze Zeit wieder Freude an seiner Arbeit findet, was durch Werke wie z.B. das nicht datierte Aquarell *Am Nordtor von Olevano* (Kunsthalle, Hamburg) bezeugt wird, in dem er ein idyllisches Landleben in einer unberührten Natur schildert. Nach Rom zurückgekehrt befällt ihn von neuem eine tiefe Melancholie, und die Zweifel an seinem künstlerischen Talent zermürben ihn derart, daß er am 18. Januar 1822 seinem Leiden mit einem Pistolenschuß ein Ende macht.

Der künstlerische Nachlaß Erhards (Zeichnungen und Radierungen), von Johann Adam Klein und den Antiquaren Harzen und Börner erworben, befindet sich heute in verschiedenen deutschen Sammlungen, darunter das Kupferstichkabinett und die Sammlung der Zeichnungen in Berlin (DDR) und die Hamburger Kunsthalle. *I. S.*

Literatur: Apell 1866 (mit einem Katalog von 195 Werken); Apell 1875.

15

15 Ponte Salario, 1820

Aquarell über Bleistift, 14 x 20,2 cm
Rückseite: Landschaftsstudie in Bleistift
Bez. u. l.: »Ponte salara. gez. den 27. April 1820«
Lit. und Ausst.: *Heidelberg 1917, Nr. 95 (als Ernst Fries); München 1950, Nr. 96 (als E. Fries); Düsseldorf 1965/66, Nr. 207, Abb. 11 (als »Unbekannter deutscher Künstler«); Düsseldorf 1971, Nr. 13, Taf. 11; Köln 1972/73, Nr. 41; Bernhard 1974, Nr. 257; Robels 1974, S. 75f., Taf. 60; Dublin 1976, Nr. 31; Jensen 1978, Kat. Nr. 13, Farbt. 6*
Kunstmuseum, Düsseldorf, Inv. Nr. 24/78

Auf seinen Wanderungen mit H. Reinhold, E. Welker und J. A. Klein durch die römische Campagna im Jahre 1820 schuf Erhard zahlreiche Landschaftsskizzen, darunter die beiden vorliegenden aus Düsseldorf.
Das obere Aquarell zeigt die nach dem Salzhandel zwischen Römern und Sabinern benannte Via Salaria in ihrem Verlauf nach Norden über den berühmten Ponte Salario, die aus republikanischer Epoche stammende Brücke über den Fluß Aniene. Nicht weit entfernt davon lag das antike Antemnae, einer der legendären Herkunftsorte der durch die Römer geraubten Sabinerinnen. Etwas weiter hinten erhebt sich die Ruine eines antiken Grabmals mit mittelalterlichem Turm; hinter den sanften Hügelkuppen, wo sich die Weite der Campagna ausbreitet, steigt der mächtige Bergzug des Monte Soracte auf.
Im unteren Aquarell nimmt Erhard das Motiv der Hügelkuppen rechts der Brücke noch einmal auf, rückt sie allerdings näher heran, und führt die in der oberen Studie nur angedeutete figürliche Staffage mit dem typischen zweirädrigen Karren und Reitern weiter aus.
Die sanften Gründe, Geländefalten und Hügel stufen das offene Land in zarten frühlingsfrischen Tönen vom sattgrünen Vordergrund bis zum stählernen Blau des fernen Soracte, der den Übergang von der Erde zum Himmel schafft. Erhard nimmt – ähnlich dem älteren Landschaftsmaler Johann Martin von Rohden – das Sichtbare in allen Einzelheiten auf und sucht damit »den Zauber der Natur zu ergründen«. Er fängt die Stille und Größe der unendlichen, einfach und streng gebauten Campagna objektiv und ohne programmatische Absicht,

aus reiner Freude am Erleben der Landschaft, ein. »... Wer Muße hat, hier alles Einzelne zu durchgehen, der findet unbegreifliche Standpunkte, einen Reichtum ..., der sich immer wieder durch sich selbst von der Phantasie neu befruchtet. Den großen Unterschied zwischen diesen und unsern Gegenden finde ich darin, daß die unsern uns immer entweder aus uns hinaus ins Ungestüme, oder in uns hinein, ins Düstere, treiben, immer unruhig oder schwermütig, also empfindsam machen. Hier löst sich alles in Ruhe und Heiterkeit auf. Man bleibt immer klar, immer gleichmütig, immer objektiv gestimmt« (Wilhelm von Humboldt am 23. August 1804 in einem Brief an Goethe, in: W. v. Humboldt: Briefe. München 1952, S. 261).

Die subtile, tiefempfundene Linie ohne jede stilisierende Absicht kennzeichnet auch andere Zeichnungen Erhards: so seine *Römische Campagna gegen Frascati und die Albanerberge,* 1820 (Kunstmuseum, Düsseldorf), und weitere Campagnaskizzen in der Kunsthalle Hamburg.

Von einem ähnlichen Standpunkt aufgenommene Zeichnungen kennen wir von Dies, Catel, Faber, Fohr, Reinhold, Rottmann, Schirmer, Preller d. Ä. und Weinbrenner. *J. H.*

Karl Philipp Fohr

Heidelberg 26.11.1795 - Rom 29.6.1818

Fohr erhält seine erste Ausbildung durch den Maler Friedrich Rottmann, gemeinsam mit dessen Sohn Carl. Er zeigt von Anfang an eine Neigung zur Landschaftsmalerei, die er eifrig in der Umgebung seiner Heimatstadt übt. Hier wird er von Georg Wilhelm Issel, einem vorzüglichen Landschafter und Hofmaler in Darmstadt, ›entdeckt‹. Issel nimmt den jungen Künstler mit nach Darmstadt, um für seine weitere Ausbildung zu sorgen. Er vermittelt ihm kleinere Aufträge und die Bekanntschaft mit wichtigen Persönlichkeiten, besonders dem Erzieher des Erbprinzen, Philipp Dieffenbach, dem späteren Biographen Fohrs. Der berühmte Pädagoge und Historiker weckt in Fohr die Begeisterung für den Mythos, die Legende und die mittelalterliche deutsche Kunst und führt ihn bei der Großherzogin Wilhelmine Louise ein, die dem Maler ein Jahresgehalt aussetzt. Dank dieser Mittel kann Fohr 1815 nach München gehen, um sich an der Kunstakademie einzuschreiben. Hier befreundet er sich mit dem Studienkollegen Ludwig Sigismund Ruhl, der – weiter fortgeschritten als Fohr – ihm die Grundelemente der Ölmalerei beibringt. Da er durch die intensiven Übungen in dieser Technik den Unterricht der Akademie vernachlässigt, wird er beinahe von ihr verwiesen.

Bereits in Darmstadt hatte Fohr Zeichnungen nach dem Roman über die Ritterwelt zur Zeit des dritten Kreuzzuges von Friedrich de la Motte-Fouqué ›Der Zauberring‹ angefertigt, in denen der gefühlsbetonte Künstler anstelle der wilden Abenteuer und waffenklirrenden Schlachten die innige Verbundenheit des Menschen mit der Natur ausdrücken wollte. Nun setzt er diese Tätigkeit zusammen mit Ruhl fort, wobei er die Landschaften zeichnet und der Freund die Figuren hineinsetzt. Das erste Ölbild Fohrs in Zusammenarbeit mit Ruhl (Staatliche Museen Preußischer Kulturbesitz, Nationalgalerie, Berlin) beschließt auch seine Beschäftigung mit dem ›Zauberring‹. Gleichzeitig beginnt er mit Ruhl einen Bilderzyklus zur ›Melusine‹ von Tieck, einem deutschen Märchen aus dem Mittelalter; in diesen Umrißzeichnungen nähert sich Fohr den altdeutschen Holzschnitten (heute in den verschiedenen deutschen Museen verstreut). Als er 1815 auf der Münchner Akademieausstellung Joseph Anton Kochs *Landschaft mit Regenbogen* sieht, die ihn durch die klassisch-heroische Wiedergabe tief beeindruckt, beschließt er nach Rom zu gehen, um unter der Leitung Kochs weiterzustudieren.

Nach einem letzten Aufenthalt in Heidelberg, wo er zu einer Studentengruppe stößt, die für Freiheit und Demokratie eintritt und ihre patriotischen Gefühle durch ihre altdeutsche Tracht demonstriert (den ›deutschen Rock‹ führt Fohr daraufhin in Rom bei den Nazarenern und ihren Freunden ein), macht er sich im Herbst 1816 auf den Weg nach Italien. In Rom nimmt er sogleich Verbindung mit den Lukasbrüdern auf und wird von Joseph Anton Koch freundlich aufgenommen, unter dessen Leitung er bald solche Fortschritte macht, daß es scheint, als würde er wirklich seinen Vorsatz wahrmachen, »den berühmtesten Landschaftsmaler Koch in weniger Zeit noch (zu) übertreffen« (Brief an die Eltern vom 14.4.1817, in: Dieffenbach 1823, S.138). Fohr widmet sich fast ausschließlich der Landschaftsmalerei und entwickelt dabei die ›heroische‹ Manier Kochs auf eine echt romantische Art: Er verbindet den Typus der italienischen Landschaft mit den Vorstellungen der Romantiker über ein wiederzuentdeckendes Mittelalter, indem er Motive und Themen aus dem Ethos der alten Meister vom Mittelalter bis hin zur Hochrenaissance schöpft und auf elegische Weise darstellt. Dies wird am Beispiel seiner letzten Komposition *Italienische Landschaft mit Hirten und Pilgern* (1818; Sammlung Ludwig von Hessen und bei Rhein, Schloß Wolfsgarten) deutlich, wo er eine idealisierte Vedute mit Figurengruppen in Renaissancegewändern kombiniert.

Daß Fohr auch ein ausgezeichneter Porträtist ist, bezeugen unter anderem ein bedeutendes *Selbstbildnis* (1816; Kurpfälzisches Museum, Heidelberg) sowie das *Gruppenbild der deutschen Künstler im Café Greco* (1817/18; Städelsches Kunstinstitut, Frankfurt a.M.), die auf eindrucksvolle Weise die Fähigkeit des jungen Künstlers, in den Charakter der Dargestellten einzudringen, zeigen. Daneben interessiert sich Fohr auch in Rom für die Historienmalerei und nähert sich dabei besonders dem Nazarener Pforr, wie seine Zeichnungen zum *Nibelungen-Triptychon* (Städelsches Kunstinstitut, Frankfurt a.M.) zeigen.

Auf tragische Weise kommt Fohr, erst zweiundzwanzig Jahre alt, am 29. Juni 1818 ums Leben: er ertrinkt im Tiber, bei einem gemeinsamen Bad mit Freunden. *I. S.*

Literatur: Dieffenbach 1823; Hardenberg-Schilling 1925; Grote 1941, S.99ff.; Schneider 1925 (mit Werkkat.); Bergsträsser 1952, S.187ff.; Poensgen 1957; Frankfurt 1968 (mit weiterer Lit.); Stein 1974, S.17ff.

16

16 Hochgebirgslandschaft am Meer um 1816

Aquarell und Feder, 58,5 x 78,8 cm
Lit. und Ausst.: *Wiesbaden 1922, Nr. 33; Darmstadt 1924, Nr. 13; Grossberger 1924, Nr. 3 der zweifelhaften Blätter; Heidelberg 1925, Nr. 77, S. 9; Hardenberg-Schilling 1925, S. 44ff., 71, Abb. 14; Leipzig 1926, Nr. 95; Lohmeyer 1935, S. 240, Abb. 135; Darmstadt 1967, Nr. 68, Abb. auf der Katalogrückseite; Frankfurt 1968, Nr. 121, Abb. 46*
Privatsammlung, Deutschland

Das große Aquarell ist vermutlich in Rom entstanden, geht aber, wie die *Heimkehr von der Jagd* auf Eindrücke der Tirolreise im Sommer 1815 zurück. Die Landschaft ist gewaltig. Dramatisch ballen sich die Wolken, im Hintergrund verhüllen sie die Gipfel der »fürchterlich hohen Illyrischen Gebürge«. Das Schloß ist eine Ruine wie der zerborstene Baumriese im Vordergrund, dessen bizarr zerfetzte, abgestorbene Äste sogar über den Weg gestreckt sind. Die von einem Tirolerburschen geführten drei Reisenden zu Pferd muß diese wilde Szenerie beeindrucken. Nur ein kleines Holzkreuz links oben auf dem Felsvorsprung und der Regenbogen dahinter sind versöhnlichere Zeichen. Die Stimmung der damals aufkommenden Reisen ins Hochgebirge, das noch nicht alle Schrecken verloren hat, ist eindrucksvoll wiedergegeben. Für Fohr auffallend die kühlen, an Caspar David Friedrich erinnernden Farben des ungemein qualitätvollen Werkes: Grau, Grün und Ocker in feinsten Nuancen. *S. M.*

17

17 Heimkehr von der Jagd, um 1818

Öl auf Holz, 48,8 x 45,3 cm
Lit. und Ausst.: *Dieffenbach 1823, S. 83ff., 116, 148 (Brief vom 2.5.1818); Riegel 1876, S. 335; Wiesbaden 1922, Nr. 32; Darmstadt 1924, Nr. 10; Grossberger 1924, Nrn. 6, 572; Heidelberg 1925, Nr. 74, S. 9; Hardenberg-Schilling 1925, S. 21, 61, 72, Abb. 21; Leipzig 1926, Nr. 84; Lohmeyer, S. 244f., Abb. 136; Benz-Schneider 1939, S. 137; Wiesbaden 1947, Nr. 22, Abb. VI; Brion 1967, S. 259; Frankfurt 1968, Nr. 6, Abb. 7*
Privatsammlung, Deutschland

Das für die Erbprinzessin von Hessen gemalte Bild beschreibt Fohr in einem Brief an seine Eltern vom 2. Mai 1818 als »eine Burg in einer hohen Gebirgslandschaft an der italiänischen Gränze gegen Illyrien, mit großen historischen Figuren«. Die heroische, an Koch erinnernde Bergkulisse geht auf eine anscheinend nicht erhaltene Zeichnung während seiner Reise nach Tirol und Oberitalien im Sommer 1815 zurück. Sie wird durch die Abendstimmung, Nebelschwaden und das zeitenthobene, berittene Paar, das der mittelalterlichen Burgfeste korrespondiert, in ihrer Dramatik noch gesteigert. Besonders die Dame auf ihrem Schimmel mit dem Falken auf der Linken scheint eher einem Märchen als der Realität entnommen zu sein. Nicht nur auf den Betrachter des Bildes, sondern auch auf die Holzsammler links vorne mit dem an der Schulter der Mutter eingeschlafenen Kleinkind wirken die Hunde, Reiter und Jagdknechte wie eine Erscheinung. Die einfachen Landleute unterstreichen mit ihrem verhältnismäßig realistischen Aussehen die romantische Spannung zwischen der Wirklichkeit und dem Wunderbaren.
Es gibt dazu eine Vorzeichnung in Leipzig (Museum für bildende Künste, Inv.Nr. 3147), einen Ausschnitt mit der gleichen Burg, einem Lautenspieler und einer auf einem Esel reitenden Dame mit Spinnrocken in der Kunsthalle Karlsruhe, der eine Widmung vom 9. April 1817 trägt (Inv.Nr. 1949-13; Abb. in Frankfurt 1968, Nr. 126) und mehrere Figurenskizzen im Frankfurter Städel (Inv.Nr. 157 v und 157 r). *S. M.*

18 Horny mit Barett, 1817/18

Bleistift, 12,7 x 10,1 cm
Unbezeichnet
Provenienz: *Fohr-Album, Geschenk der Geschwister Fohr 1908*
Lit. und Ausst.: *Grossberger 1924, Nr. 38; Heidelberg 1925, Nr. 65.6; Lübeck 1926, Nr. 71; Leipzig 1926, Nr. 111; Geller 1952, Nr. 550, Abb. 190; Schneider 1952, S. 15, 26ff., Abb. 23; Poensgen 1957, S. 5, 23-30, Abb. 22; Frankfurt 1968, Nr. 148, Abb. 54*
Kurpfälzisches Museum, Heidelberg
Inv. Nr. Z 215

Fohr hat den ihm nahestehenden Horny zweimal für sein geplantes *Gruppenbild* porträtiert, en face und im Profil. Die Vorderansicht zeigt das auch durch Overbecks Zeichnung (Geller 1952, Nr. 548, Abb. 186) beglaubigte breite, fast gemütlich-bürgerliche Gesicht, das die lockigen Haare wie eine Perücke umgeben. Unsere seitliche Wiedergabe im Barett und altdeutschen Rock vergeistigt den Dargestellten und hebt ihn in eine gewisse Zeitlosigkeit, entindividualisiert und stilisiert ihn. *G. M.*

18

19

20

19 Wilhelm von Schadow, 1817/18

Bleistift, 13,2 x 10,4 cm
Unbezeichnet
Provenienz: *Fohr-Album, Geschenk der Geschwister Fohr 1908*
Lit. und Ausst.: *Grossberger 1924, Nr. 60; Heidelberg 1925, Nr. 64.2; Geller 1952, Nr. 1184, Abb. 461; Schneider 1952, S. 22, Abb. 9; Lübeck 1957, Nr. 20; Poensgen 1957, S. 5, 23-30; Darmstadt 1961, Nr. 15; Schadow 1962, Nr. 155; Andrews 1964, Abb. 77c; Frankfurt 1968, Nr. 154; Paris 1976/77, Nr. 45, Abb.*
Kurpfälzisches Museum, Heidelberg
Inv. Nr. Z 206

Vorarbeit für das *Gruppenbild der deutschen Künstler im Café Greco* in Rom. Der besinnliche Zug, den auch andere Porträts Schadows zeigen, wird von Fohr bis zur Selbstversenkung gesteigert. Von oben, mit geschlossenen Augen gegeben, erscheint er wie schlafend oder träumend – ein Ausdruck, zu dem die scharfe Nase und der energische Mund im Widerspruch zu stehen scheinen. Das Haar, bei Fohr immer zum psychischen Habitus der Modelle gehörend und Teil ihrer Innenwelt, liegt hier als eine Art Schutzdach über dem sinnenden, gedankenschweren Haupt. *G. M.*

21

20 Johann Anton Ramboux, 1817/18

Bleistift, 12,4 x 11,7 cm
Unbezeichnet
Provenienz: *Fohr-Album, Geschenk der Geschwister Fohr 1908*
Lit. und Ausst.: *Grossberger 1924, Nr. 54; Heidelberg 1925, Nr. 67.6; Lübeck 1926, Nr. 83; Leipzig 1926, Nr. 111; Geller 1952, Nr. 1031, Abb. 382; Schneider 1952, S. 30, Abb. 31; Poensgen 1957, S. 5, 23-30; Darmstadt 1961, Nr. 14; Andrews 1964, S. 39, 106ff., Abb. 30c; Köln 1966/67, Nr. 124, Abb. 30; Frankfurt 1968, Nr. 150*
Kurpfälzisches Museum, Heidelberg
Inv. Nr. Z 227

Wenn die annähernd fünfzig Bildnisstudien Fohrs für das *Gruppenbild* im Café Greco, wie Andrews bemerkt, zum Besten der deutschen Romantik gehören, dann verdient das Porträt des Trierer Malers Johann Anton Ramboux eine besondere Erwähnung. Fohr gelingt hier eine ideale Verbindung von archaisierenden Elementen – altdeutsche Zeichnung, Medaillenprofil, unterstützt durch Mütze und Rock – und modernem psychologischen Ausdruck, eine Verbindung, die Ramboux' Stellung als Vermittler zwischen überkommener Kunst und Gegenwart entsprach. Er, der frühe italienische Malerei kopierte und die Kunstdenkmäler Triers aufnahm, wurde 1843 zum Konservator des Wallraf-Richartz-Museums in Köln bestellt und unterstützte den Wiederaufbau des Kölner Doms. *G. M.*

21 Mädchenkopf, 1817

Bleistift, 19,8 x 24,4 cm
Bez. l. o.: »jioli iogli / la tregia Zopf / . . . . ercinella«
Rückseite: Wolkenstudie
Provenienz: *Erworben 1932 von der Ludwigs-Galerie, München*
Lit. und Ausst.: *Baumeister 1952, S. 16-17; Lübeck 1957, Nr. 214, Abb. XVII; München 1979/80, Nr. 24, Abb. 26*
Staatliche Graphische Sammlung, München
Inv. Nr. 1932: 19

Zunächst Cornelius zugeschrieben, von Grote und Jensen Horny zugeordnet. Baumeister machte 1952 die Zuweisung an Fohr glaubhaft. Er sieht eine Verwandtschaft mit dem Porträt von *J. A. Ramboux,* was die klare Profillinie und die zarte Augenbraue der abgewendeten Gesichtshälfte angeht. Die Wolkenstudie auf der Rückseite läßt sich mit einer fast gleichgroßen in der Sammlung Winterstein vergleichen.
Das junge Mädchen ist laut Beischrift eine Italienerin. Hinter dem nicht ganz lesbaren Wort »..ercinella« verbirgt sich wohl ein Kosename. Sehr ausgeprägt das große dunkle Auge. Plastisches Gewicht bekommt das sonst nur in Umrissen gegebene Gesicht durch die Frisur. Die Bezeichnung »la tregia« (= treccia, der Zopf) oben links belegt des Künstlers besonderes Interesse an dieser Haartracht, um die eine gedrehte Schnur dreifach gewunden ist. Der Zopf mit Tüchlein ist um den Hinterkopf gelegt. Fohr benutzt die Wiedergabe des Haares sehr häufig als individuelles Merkmal, ja als Charakterstudie.
Die Dargestellte ähnelt der *Olimpia Buti* auf einer Bildniszeichnung von Ludwig Sigismund Ruhl (1817, Staatliche Kunstsammlungen, Kassel). Die Freunde Fohr und Ruhl lebten in Rom von November 1816 bis März 1917 in der Casa Buti auf dem Pincio. Vermutlich verbirgt sich eine der drei Töchter der Wirtin, Elena, Vittoria oder Olimpia, hinter dem unbekannten Mädchen. *G. M.*

22

23 Wilhelm von Harnier, 1817

Feder, 14 x 8,9 cm
Bez. l. u.: »Rom, den 7 : April zur Erinnerung an sl Freund Fohr, 1817«
Provenienz: *Dresden und Wien, Sammlung Boguslaw Jolles; 1941 erworben im Kunsthandel Darmstadt*
Lit. und Ausst.: *Geller 1952, Nr. 428, Abb. 141; Schneider 1952, Anm. S. 13; Poensgen 1957, S. 55ff., Abb. S. 56; Jensen 1968, S. 45; Frankfurt 1968, Nr. 125; Karlsruhe 1978, S. 170, Nr. 982*
Staatliche Kunsthalle, Karlsruhe
Inv. Nr. 1949-10

Wilhelm von Harnier, Maler, Jurist und späterer hessischer Legationsrat in Darmstadt, hielt sich vom 28. Januar bis zum 9. April 1817 in Rom auf und wohnte mit Fohr im gleichen Haus. Unter dem 7. April notiert er in seinem Tagebuch, Fohr habe ihn in altdeutscher Tracht gezeichnet. Das altertümelnde Blatt ist in Feder über Bleistift ausgeführt, wie Fohrs Porträts der Heidelberger Studenten aus dem Jahr 1816. Es fehlt ihm die malerische Modellierung der römischen Bleistiftbildnisse und deren komplexer psychologischer Ansatz. *G. M.*

22 Johann Nepomuk Ringseis um 1817

Bleistift, 24,4 x 20,9 cm
Unbezeichnet
Provenienz: *Fohr-Album, Geschenk der Geschwister Fohr 1908*
Lit. und Ausst.: *Grossberger 1924, Nr. 55; Heidelberg 1925, Nr. 71.5; Leipzig 1926, Nr. 111; Lübeck 1926, Nr. 102; Schneider 1952, S. 14, 15, 32, Abb. 35; Poensgen 1957, S. 5, 23-30, Abb. 20; Frankfurt 1968, Nr. 173*
Kurpfälzisches Museum, Heidelberg
Inv. Nr. Z 247

Johann Nepomuk Ringseis (1785-1880) war Mediziner und Leibarzt Ludwigs I. von Bayern, den er auf seinen Italienreisen 1817/18, 1820/21 und 1823/24 begleitete. Er kannte den gesamten deutsch-römischen Künstlerkreis, für den er oft beim Kronprinzen vermittelte. Unsere Zeichnung ist wahrscheinlich eine Vorarbeit zu Fohrs geplantem *Gruppenbild der deutschen Künstler im Café Greco;* auf den – unabgeschlossenen – Gesamtentwürfen kommt er freilich nicht vor. Auch andere Künstler haben Dr. Ringseis gezeichnet, z. B. Ramboux. *G. M.*

23

Joseph von Führich

Kratzau (Nordböhmen) 9.2.1800 - Wien 13.3.1876

Die Ausbildung Joseph Führichs beginnt bei seinem Vater Wenzel, der Maler und Steinmetz in einem böhmischen Dorf war. Bei ihm arbeitet er bis zum 18. Lebensjahr. Auf den Rat des Direktors Joseph Bergler hin nimmt Führich 1819 an der jährlich stattfindenden Ausstellung der Akademie in Prag mit zwei Bildern teil, die Episoden aus der Geschichte Böhmens zum Gegenstand haben.

Da seine Werke vom Publikum und der Kritik gut aufgenommen wurden, entschloß sich der Kratzauer Gutsherr Graf Clam-Gallas, Führich das Kunststudium zu ermöglichen. Dieser übersiedelt im folgenden Jahr mit seiner Familie nach Prag, wo er seine Studien an der Akademie aufnimmt und auch gelegentlich als Illustrator arbeitet. In diesen Jahren beschäftigt er sich intensiv mit romantischer Kunst: Er liest Novalis, Tieck, Wackenroder, beide Schlegel. Die Illustrationen von Cornelius für Goethes ›Faust‹ rufen in ihm eine tiefe Bewunderung hervor. Während einer, wahrscheinlich im Jahr 1820 stattgefundenen Reise hat er Gelegenheit, in Dresden den Karton von Overbeck für *Olindo und Sofronia* zu sehen, der zu den Fresken des Casino Massimo gehörte. Hierzu schreibt Führich: »Was ich von Cornelius gesehen, floss mit dieser anderen Eigentümlichkeit in mir zu einem ganzen zusammen, aus dem mir einigermassen klar wurde, was die neuere deutsche Kunst, von der ich öfter schon gehört und gelesen hatte, anstrebe« (aus der ›Selbstbiographie‹, in Dreger 1912, S. 82). Entscheidend für das Entstehen eines eigenen Stils wird jedoch das Werk Dürers. 1822 ist er in Wien, wo er seine Kenntnisse von der Kunst des Mittelalters und der Renaissance vertieft. Dort verkehrt er auch im Kreis von K. Russ, dessen Malerei religiöse und historisch-patriotische Themen zum Gegenstand hat und von einer sehr konservativen Haltung geprägt ist. Führich entwickelt zusammen mit seinem Freund F. von Oertingen, der seine Begeisterung für die nationale künstlerische Tradition und die romantischen Ideale teilt, den Plan für einen Zyklus von Illustrationen über ›Das Leben der heiligen Genoveva‹ von Tieck. Mit diesem Werk, an dem er in Prag von 1824 bis 1825 arbeitet, bestimmt der Künstler seinen eigenen Stil und erringt einen bedeutenden Erfolg, der ihm, auch dank des Interesses und der Anteilnahme des Fürsten Metternich, zu einem Stipendium für Italien verhilft. Nach einem letzten Aufenthalt in Wien, der ihm die persönliche Begegnung mit Friedrich und Dorothea Schlegel bringt, reist Führich nach Rom, wo er Anfang 1827 eintrifft. Bei den Besuchen der Stadt ist er vor allem, wie man in seiner Selbstbiographie liest, an den Zeugnissen der christlichen Kunst interessiert; außerdem nimmt er sogleich Kontakt zu den deutschen Künstlern auf, mit denen er sich im Café Greco trifft. Natürlich bewundert er die Fresken der Casa Bartholdy und die in der Ausführung begriffenen des Casino Massimo. Hier lernt er Joseph Anton Koch kennen, durch den er Beziehungen vor allem zu Julius Schnorr, Philipp Veit und Overbeck aufnimmt. Sie werden so eng, daß er sehr bald der Lukasbrüderschaft beitritt, mit deren künstlerischem Programm einer vorwiegend religiösen Verpflichtung er sich völlig identifiziert. Sein Talent und sein bescheidener, von Frömmigkeit geprägter Charakter verschaffen ihm die Achtung Overbecks, was ihm noch im Laufe des Jahres den Auftrag einbringt, den Tasso-Saal im Casino Massimo zu beenden. Bei dieser Arbeit begegnet Führich allerdings vielen Schwierigkeiten, da er an das Kompositionsschema und die schon ausgeführten Fresken Overbecks gebunden ist, was besonders in den Bildfeldern *Rinaldo und Armida, Rinaldo im Zauberwald* und *Die Kreuzfahrer am Heiligen Grabe* sichtbar wird. Hingegen gelingt es ihm, seine eigenen erzählerischen Fähigkeiten in dem monochromen Fries mit kleineren Episoden aus dem ›Befreiten Jerusalem‹ Tassos auszudrücken, der am Sockel der Wände verläuft und die Hauptszenen miteinander verbindet. Führich besitzt eine größere Sensibilität für die Wiedergabe von Raum und Farben als Overbeck. Seine akademische Ausbildung nutzend, entfernt er sich von den altdeutschen Malern und von Dürer, um in eine nähere Beziehung zur italienischen Renaissance, vor allem zu den Fresken Raffaels im Vatikan, zu treten. Diese neue Tendenz im Stil Führichs, die in der monumentalen Aufgabe noch behindert und nicht frei vom Abgleiten in die Rhetorik ist, führt ihn zur vollen Reife in den religiösen Werken von bescheidenerem Ausmaß. Während seines römischen Aufenthaltes legt Führich nicht nur seine Poetik fest, sondern er vertieft auch seine Religiosität, was in eine Verpflichtung gegenüber der katholischen Doktrin einmündet. Als 1829 die Arbeiten am Casino Massimo beendet sind, begibt er sich mit A. G. Zimmermann nach Neapel, wo die Zeugnisse der Kunst und die Schönheit der südlichen Landschaft ihn faszinieren. Besonders diese Landschaft bewundert er, wenn sie Ausflüge nach Paestum, zur Halbinsel Sorrent und zu den Inseln des Golfes machen. Im Juli verläßt Führich endgültig Rom, nachdem er eine Aufforderung Ludwigs von Bayern, nach München zu kommen, abgelehnt hat. Er geht nach Österreich und wird dort zum führenden Vertreter der nazarenischen Malerei. Während der Rückreise macht er in Perugia halt, um die bedeutendsten künstlerischen Stätten der Toskana zu besuchen, und bewundert vor allem die Werke des Fra Angelico und die Fresken des Camposanto von Pisa.

Die erste Arbeit nach seiner Rückkehr nach Wien ist eine Sepia-Zeichnung, *Jakob und Rahel,* die er für den Fürsten Metternich ausführt, der ihn unterstützt, damit er den Posten des Zweiten Konservators der Lambergschen Akademischen Kunstsammlung erhält. Seine Bewerbung wird jedoch vom Akademischen Rat verworfen, was ihn dazu zwingt, nach Prag zurückzugehen. Hier verbringt er zwei Jahre, nimmt die Arbeit an den Illustrationen zur ›Genoveva‹ wieder auf und beginnt einen neuen Zyklus, der sich ›Triumph des Erlösers‹ nennt. Außerdem malt er viele Bilder religiösen Inhalts. 1834 erhält er endlich die Berufung an die Lambergsche Gemäldegalerie und siedelt nach Wien über, wo er Edward von Steinle, Leopold Kupelwieser, F. Kadlik und J. D. Böhm wiedertrifft, zu denen er in Rom freundschaftliche Beziehungen angeknüpft hatte. 1838 ist er wiederum in Italien, mit dem Auftrag, aus dem Bestand der Akademie in Venedig eine gewisse Anzahl von Werken der italienischen Schule auszuwählen, um sie an die Wiener Akademie zu überführen. In diesen Jahren vollendet der Künstler einige seiner bedeutendsten Werke: z. B. *Jakob und Rahel* (1836, Kat. 27). Führich erringt einen bemerkenswerten Erfolg mit der Ausstellung seiner Bilder *Der Gang Mariens über das Gebirge* (1841, Österreichische Galerie, Wien) und *Der Gang nach Gethsemane* (1843, ebenda), die in ihrer Gefühlstiefe und kompositorischen Gelöstheit zu seinen besten Werken zählen. Im Jahr 1840 wird Führich Inhaber des neu geschaffenen Lehrstuhls für historische Komposition an der Kunstschule der Akademie, und seine Kurse ziehen, obwohl die Meinungen über die Qualität seines Unterrichts durchaus nicht einhellig sind, eine große Zahl von Schülern an. In den Jahren 1844-46 ist er neuerlich mit der Ausführung eines Monumentalzyklus beschäftigt: es sind die Kreuzwegfresken in der Johann-Nepomuk-Kirche in der Praterstraße.

Seit seiner Rückkehr nach Wien hatte Führich Verbindung mit katholisch-reaktionären Kreisen aufgenommen, vor allem mit den Leuten, die sich um den Maler und Schriftsteller Friedrich August von Klinkowström scharten, zu denen unter anderem K. Rösner, A. von Brenner, Joseph Görres und A. von Hübner gehörten. Wegen dieser Freundschaften und vor allem wegen seiner Beziehungen zu dem ultrakonservativen Orden der Redemptoristen war Führich beim Ausbruch der Revolution 1848 gezwungen, nach Böhmen zu fliehen.

Im Jahr darauf, als er wieder nach Wien zurückgekehrt war, überträgt man ihm die Leitung der Spezialschule der Akademie. 1850 erhält Führich seinen bedeutendsten Auftrag: die Freskendekoration der Altlerchenkirche, für die er ein Kompositionsprogramm entwirft und einige Kartons fertigstellt. Die Ausführung überläßt er aber fast völlig seinen Schülern. In dieser Periode befaßt er sich mit der theoretischen Ausarbeitung seiner Poetik und schreibt Aufsätze wie ›Von der Kunst‹ und ›Die Kunst und ihre Formen‹, die 1866 bis 69 bzw. 1880 erscheinen.

Die letzten fünfzehn Jahre seines Lebens zählen dank der Freundschaft und Zusammenarbeit mit dem Verleger A. Dürr zu den fruchtbarsten seiner langen Laufbahn. Zwischen 1863 und 1875 arbeitet Führich an zahlreichen Sammlungen von Stichen nach religiösen Themen, die ihm nach ihrer Veröffentlichung zu großer Popularität verhelfen. *R. C.*

Literatur: Zimmermann 1868, S. 181 ff. und 209 ff.; Führich 1883; Dreger 1912; Wörndle 1914; Geller 1947.

24

25

24 Bildnis Maria Führich, 1821–1826

Bleistift, 21 x 16,5 cm
Bez. u. r.: »Maria Führich«
Provenienz: *Erworben 1941 aus Privatbesitz*
Lit. und Ausst.: *Dreger 1912, S. 58ff., Anhang 1, S. 234; Wörndle 1914 (dieses Bildnis ist nicht verzeichnet), S. 40, Nr. 213; Bernhard 1974, Abb. 442*
Graphische Sammlung Albertina, Wien
Inv. Nr. 29072

Maria Anna Antonia (1811–1888) war die einzig Überlebende von elf bereits im Säuglings- oder Kindesalter verstorbenen Geschwistern Führichs.

In dem nachdenklich-ernsten Ausdruck des fast frontal den Betrachter anblickenden Mädchens manifestiert sich bereits jenes Streben nach Innerlichkeit, wie es der gesamten romantischen Bildniszeichnung eigen ist.

Kräftige, schwungvoll durchgezogene Bleistiftstriche umgrenzen scharf und modellieren sparsam aber zumeist hart, in nur wenig einander kreuzenden Parallelschraffen die Dargestellte vor seitlich leicht schraffiertem Grund. Außerhalb des Gesichtes wird die Linie breiter und läßt die Modellierung nach. Das sich hier äußernde Bemühen, die Linie in ihrer Eigenständigkeit durchgehend hart zu betonen, gleichzeitig aber zur Differenzierung plastischer Werte einzusetzen, ist charakteristisch für die Zeit, da Führichs Zeichenkunst unter dem ersten Eindruck der Altdeutschen stand.

Ein Vergleich mit der weicher und flächiger gehaltenen, wohl erst knapp nach seinem Romaufenthalt (und nicht davor, wie Wörndle meint) entstandenen Bildniszeichnung Maria Antonias in Basel (Kupferstichkabinett des Kunstmuseums Basel, Inv. Nr. 1949.78) zeigt die Veränderung der Dargestellten wie auch der Darstellungsweise in den folgenden Jahren. *B. R.*

25 Bildnis des Malers Jakob Götzenberger, 1829

Bleistift auf hellbräunlichem Papier
23,4 x 18,2 cm
Bez. r. auf dem Rockkragen: JF (verbunden)
Rückseite: r. u. eigenhändige Widmung Götzenbergers: »Mein Herz und Dein Herz / Die haben einander gern: / Und weiter nichts. / Jacob Götzenberger / aus Heidelberg. / Rom d 3 April 1829.«
Lit. und Ausst.: *Schneider 1935, S. 31/32 u. Abb. Taf. 14b (irrtümlich als ›Selbstbildnis Götzenbergers‹); Geller 1952, Kat. Nr. 383, Abb. 131; Lübeck 1957, Nr. 47; Karlsruhe 1966, Nr. 25; Karlsruhe 1978, S. 207, Nr. 1191*
Staatliche Kunsthalle, Karlsruhe
Inv. Nr. VIII 1504

Jakob Götzenberger (1802 Heidelberg bis 1866 Darmstadt), Schüler von Cornelius in Düsseldorf, weilte 1828–31 in Rom, wo er mit den Vorarbeiten zu den Fresken der Universitätsaula in Bonn beschäftigt war.

Führich zeichnete wohl knapp vor seiner Abreise aus Rom (Juli 1829) das Bildnis des Freundes zur Erinnerung, worauf die Widmung schließen läßt.

Der Blick des im Dreiviertelprofil gezeigten jungen Künstlers ist versonnen in die Ferne gerichtet. Die durchwegs feine und weich-flüssige Linie betont durch Stufung ihrer Stärke und Dichte besonders den Umriß der rechten Gesichtshälfte, vor allem den der Stirn, die Augen und in geringerem Maße Nase und Mund sowie den lockigen Fall des strähnigen Haares als wesentliche Ausdrucksträger von durchwegs linearem Charakter. Nur äußerst sparsam und zart ist eine Modellierung des Gesichtes angedeutet, so daß dieses zwischen den teils raumhaltigen Locken des Haares körperlos der Fläche verbunden bleibt.

Im Vergleich mit dem Bildnis der Maria Führich wird der Weg zu Zartheit, reicher Abstufung und Weichheit der Linie sowie zur Ausdünnung der plastischen Werte sichtbar, wie er etwa auch an den Porträts der Familie Massimi unter dem Eindruck der römischen Kunst der Nazarener ablesbar ist. *B. R.*

26 Hüon und Scherasmin begegnen Oberon im Zaubergarten 1827–1829

Feder, braune und schwarze Tinte 38,3 x 46,8 cm
Provenienz: *Erworben 1927 aus Privatbesitz*
Lit. und Ausst.: *Wörndle 1914 (diese Zeichnung ist nicht verzeichnet, den Hinweis darauf wie auf C. M. Wielands Textstelle verdanke ich Fritz Koreny), S. 49, Nr. 268; Boerner 1941, Nr. 112; Wien-Adelaide 1977, Nr. 62*
Graphische Sammlung Albertina, Wien
Inv. Nr. 25.337

Im Jahre 1829 erschien eine illustrierte Ausgabe von Wielands ›Oberon‹ mit sechs Stahlstichen nach Zeichnungen Führichs bei Weidmann in Leipzig.

Führichs Bild stellt jenen Moment in Wielands Epos (1780) dar, wo dem jungen Ritter Hüon in Begleitung des alten Scherasmin auf seiner abenteuerlichen Reise nach Bagdad in einem verwunschenen Wald der knabenhafte Waldgeist Oberon erscheint:

Und in der Ferne erblicken sie in Büschen
Ein Schloß, das wie aus Abendrot gewebt
Sich schimmernd in die Luft erhebt.
Mit Augen worin sich Lust und Grauen mischen
Und zwischen Traum und Wachen zweifelhaft
Schwebt Hüon sprachlos da und gafft
Als plötzlich auf die goldnen Türen flogen
Und rollt ein Wagen daher, den Leoparden zogen.

Ein Knäblein schön, wie auf Cytherens Schoß
Der Liebesgott saß in dem Silberwagen
Die Zügel in der Hand. »Da kommt er auf uns los,
Mein bester Herr« ruft Scherasmin mit Zagen
Indem er Hüons Pferd beim Zaume nach sich zieht;
»Wir sind verloren! flieht, o flieht!
Da kommt der Zwerg!« – »Wie schön er ist!« spricht jener.
»Nur desto schlimmer! Fort! und wär er zehnmal schöner!« (Wieland, Oberon, 2. Gesang)

Führich hält sich im Gegenstand und in der Darstellung sehr genau an den Text und läßt die unterschiedliche Reaktion bei dem gemeinsamen Erlebnis der beiden befreundeten Ritter deutlich werden. Während Hüon gebannt und verzückt auf die von rechts kommende Erscheinung starrt, packt der alte Scherasmin mit grimmigem Entsetzen die Zügel beider Pferde, um sie zur Flucht herumzureißen.

Die Reitergruppe erscheint im Gesamtumriß, in der Zusammenfügung der Figuren und im Parallelismus der Beine der Pferde zu einer einzigen Gestalt zusammengeschlossen, welche sich aber im Bereich der Köpfe der Ritter und Pferde sowie der Arme Scherasmins nicht nur verdichtet, sondern auch differenziert. Das enge Neben- und Untereinander und die Herauswendung des vorderen Pferdekopfes unmittelbar neben dem Haupte Scherasmins veranschaulichen die unterschiedliche Bindung der Reiter an die Erscheinung, begleitet durch den Bewegungsablauf von der Querrichtung in die Frontale. Die Reitergruppe in ihrer von diesem Zentrum gegen die Ränder rasch abnehmenden Plastizität ist in eine kleinteilige, durchaus flächig gehaltene Umgebung von unterschiedlicher Dichte eingebettet. Getrennt durch die Zäsur der Wolke, wird das Bild nach rechts durch die Gegenbewegung Oberons und die Gräser und Farne unten, sowie nach links durch das Waldstück hinter und über der Reitergruppe abgeschlossen.

Das Differenzieren und Zusammenrücken der gegenständlich wichtigsten Ausdrucksträger, Gesichter und Hände, an der Entscheidungsstelle des Bildgeschehens zur Verdeutlichung seines ›inneren Sinnes‹ ist von Anfang an im Werke Führichs zu beobachten. Der unräumliche, schichtenmäßige Bildaufbau, die gestufte, von vorne gegen den Hintergrund abnehmende Plastizität, die relative Selbständigkeit und teilweise Undichte des Hintergrundes sind Erbe seiner frühklassizistischen Akademieausbildung in Prag. In der Thematik und den Einzelmotiven, der Linienführung und Differenzierung der Feinstruktur aber wird der Einfluß der ›Altdeutschen‹ sichtbar, während sich im linearen Zusammenschluß sowie in der Zurückdrängung der plastisch-körperlichen Werte ein charakteristisches Streben romantischer Zeichnung im Sinne Pforrs (vgl. z. B. *Der Drachenkampf des hl. Georg,* 1809/10, Städelsches Kunstinstitut, Frankfurt a. M.) und Overbecks (vgl. z. B. *Odoardo und Gildippe,* 1823, Casino Massimo, Rom) äußert. Das Überwiegen des altdeutschen und vorrömischen Einflusses in dieser Zeichnung hängt wohl mit dem romantischen Thema zusammen, könnte aber auch auf einen etwas früheren Entstehungszeitpunkt, also eher am Beginn der römischen Zeit Führichs (1827) hindeuten.

Nicht diese größere Zeichnung in ihrer bildhaften Form, sondern eine kleinere, im Format der Illustration (ehemals in der Sammlung Prinz Georg von Sachsen, Dresden) bildete die unmittelbare Vorlage zu dem von Hoffmann ausgeführten Stich in der Buchausgabe. *B. R.*

27 Jakob und Rahel am Brunnen, 1836

Öl auf Leinwand, 66 x 92 cm
Bez. r. u.: »Jos. Führich pinxit / A. D. 1836«
Provenienz: *1878 als Geschenk von A. R. v. Ölzelt-Newin vom Hofmuseum Wien erworben.*
Lit. und Ausst.: *Wörndle 1914, S. 72; Wien 1954, S. 30; Andrews 1964, S. 131; Frankfurt 1977, C 8, Abb.*
Österreichische Galerie, Wien, Inv. Nr. 2095

Nach 1. Mose, 29, 6–28 begegnet Jakob auf der Flucht vor Esau zu seinem Verwandten Laban dessen Tochter Rahel auf der Viehweide. Nach langjährigem Dienst bei Laban heiratet Jakob Rahel.

Durch ihre Stellung im Bildzentrum und den pyramidalen Aufbau wirken Jakob und Rahel statisch; trotzdem werden sie in den die Darstellung bestimmenden Tiefenzug einbezogen, in dem Bewegung und Gegenbewegung der Personen- und Tiergruppen zu einem Ausgleich gebracht sind.

Wenn auch die Komposition von G. H. Naekes *Jakob und Rahel* beeinflußt scheint (Frankfurt 1977, C 14), weist sie partiell –

z.B. in der Körperstellung und der stofflichen Wiedergabe von Wasser, Hausteinen, Erdboden, Schaffellen – eine Führich in dieser Zeit eigentümliche, größere Naturnähe auf. Er selbst begründete diese religiös und erklärte, sie bei Dürer vorgefunden zu haben; dieser zeige eine »kräftige Plastik auch bei Gegenständen mystischer Art« und habe den Schauplatz der heiligen Begebenheiten nicht nur als Beiwerk dargestellt. Führich leitete daraus für seine christlichen Bilder die Forderung ab, »auch den kleinsten Gegenstand, der mit dem Geliebten in irgendeiner Beziehung steht, liebend zu beachten« (Dreger 1912, S. 85ff.).
Das gleiche Thema hatte Joseph von Führich nach seiner Rückkehr aus Rom in einer Sepia-Zeichnung für seinen Förderer Fürst Metternich behandelt (Wörndle 1914, S. 51). Das Gemälde wurde 1869 in Wien von J. Jakoby und P. Kaeser in Kupfer gestochen. *E. S.*

28 Die Legende des hl. Isidor, 1839

Öl auf Leinwand, 63,4 x 84,2 cm
Bez. u. l.: »Jos. Führich pinx. A. D. 1839«
Provenienz: *Ankauf 1920 von Frau Major Metzger, Heidelberg*
Lit. und Ausst.: *Wörndle 1914 (das Ölbild ist nicht verzeichnet), S. 75, Nr. 414; Mannheim 1957, Nr. 52, Abb. 20; Fricks 1969, S. 47, Nr. 20*
Städtische Kunsthalle, Mannheim, Inv. Nr. 493

Isidor (um 1070–1130), ein Bauer aus Madrid, verbrachte nach der Legende täglich vom frühen Morgen an mehrere Stunden bei der Andacht, ging aber dann mit solchem Eifer an die Arbeit, daß er des Abends stets mehr ausgerichtet hatte als seine Stammesgenossen. Als sein Herr feststellen wollte, ob er durch sein Gebet nicht die Arbeit vernachlässigte, sah er, wie die beiden weißen Stiere, von einem Engel geleitet, pflügten, während Isidor im Gebet daneben kniete. Der Schutzpatron der Bauern wurde 1628 von Papst Gregor XV heiliggesprochen. Auch seine Frau Maria gelangte durch ihre Frömmigkeit in den Ruf der Heiligkeit.
Führich stellt in seinem Ölbild nicht eine in der Legende enthaltene bestimmte Situation dar, sondern faßt die Erzählung und ihren vorbildhaften Sinn zu einer neuen erzählerisch-allegorischen Bilderfindung zusammen. Während Isidor pflügt und seine Frau am Spinnrocken sitzt, erhebt er Haupt und Sinn gegen den Himmel, wo, einer Vision gleich, Engel erscheinen, die seinen Tagesablauf darstellen und verklären: Dem Morgenengel, der rechts über dem Hahn auf dem Zaun mit erhobener Fackel und Glocke, den Stern über dem Haupt, aus der Wolke emporsteigt, folgen ein mit der Leier Gott lobender, auf Isidor niederblickender Engel und jener, dessen Gebet wie der Rauch aus dem Kesselchen, das er am Höhepunkt des Tages hochhält, und wie er

26

selbst emporschwebt. Dann wendet sich ein Engel, die Früchte des Feldes als Ertrag der Tagesarbeit in seinem Schurz haltend, zu Isidor zurück, worauf der den Abend personifizierende Engel, den Abendstern über dem Haupt, den Tag mit einem Glöckchen ausläutend und die Fackel hinter dem Berg verlöschend, entschwebt.
In dem durch den Horizont in zwei etwa gleich große streifenförmige Zonen geteilten Bild wird die Bewegung des Pflügenden und der Sitzenden von rechts nach links von dem reichen landschaftlichen Hintergrund unten und von jener der in hellen Farben gehaltenen schwebenden Engel darüber derart begleitet, daß das irdische vom himmlischen Geschehen überhöht und mit ihm auch zu einem das gesamte Bild erfassenden Bewegungsablauf zusammengeschlossen erscheint. Trotz der dominanten bildparallelen Querbewegung ist das Bild um die Mitte geordnet, wo einzig der aufblickende Profilkopf des Heiligen den Horizont überragt und der Mittelengel von der symmetrischen Einwärtsbewegung der beiden Nachbarengel flankiert wird, aber auch nach den Seiten durch das Hinaufsteigen rechts und das Hinabschweben links geschlossen. Dabei erfahren die Bewegungen des hl. Isidor, der Sitzenden und des Stieres in denen der darüberschwebenden Engel ihre jeweilige Entsprechung und Fortsetzung ins Leichtere, Symbolische, wird der figurale Reigen durch Blickverbindungen noch enger geknüpft, sowie durch die flachen, schwungvollen Linien der Flügel nach oben und die Landschaftsfolie nach unten und der Seite fest im Bild verankert.

27

Eine Vorzeichnung zu diesem Gemälde an der Akademie der bildenden Künste (Inv.Nr. 8485), Wien, aus dem Jahre 1837 zeigt in zum Teil etwas anderen Haltungen und Blickrichtungen der Figuren das Bemühen um sinnfällige Beziehungen und Zusammenhänge der Komposition in einem früheren, dem Ölbild aber schon sehr nahen Zustand. Das Thema beschäftigt Führich bereits in seiner Jugendzeit (Skizzenbüchlein 1815, Albertina, Wien, Inv.Nr. 30487) und im Jahre 1824 (Bleistiftzeichnung, Hall, Tirol, Privatbesitz) und noch 1871, jedoch immer in einer der Legende direkt entnommenen Situation. Das Bedürfnis, Inhalte durch die Darstellung eines Bewegungsablaufes entlang der Bildfläche, etwa im Sinne einer Gehbewegung, auszudrücken, um den Betrachter in das Fortlaufende oder Zyklische der Erzählung hineinzuversetzen, ohne einen bestimmten, im Text genannten Moment zu illustrieren, wie das hier geschieht, findet nämlich gerade in jenen Jahren bei Führich etwa in dem *Gang nach Gethsemane* 1839 (Österreichische Galerie, Wien, Inv.Nr. 218) oder in dem *Gang Mariens über das Gebirge* 1841 (ebendort, Inv.Nr. 2094) seinen Niederschlag. Letzteres wird auch ähnlich dem hl. Isidor von einer Landschaftsfolie und Engel begleitet.

Die Anregungen älterer Kunst zu dieser Darstellungsweise, insbesondere Raffaels, sind nur sehr allgemeiner Art, ähnlich auch der Einfluß Overbecks. Die spezifische Bilderfindung in ihrer rhythmisch-dynamischen Durchgestaltung und differenzierten Feinstruktur bleibt Führichs eigene Leistung. *B. R.*

28

Franz Theobald Horny

Weimar 23.11.1798 - Olevano 23.6.1824

Bereits im Alter von acht Jahren erhält Horny den ersten Kunstunterricht von seinem Vater Conrad, Maler und Kupferstecher, in der Zeichenschule von Weimar, die unter dem Patronat Goethes steht. Seine starke Neigung zur Landschaftsmalerei wird von Johann Heinrich Meyer gefördert, der ihn anleitet, Werke der Holländer, Franzosen und Italiener des 16. und 17. Jahrhunderts und vor allem des Zeitgenossen Philipp Hakkert zu kopieren.

Im Mai 1815 lernt Horny den jungen Kunsthistoriker Carl Friedrich von Rumohr kennen, der in der Folge sein Beschützer, Freund und Lehrer wird und ihn ein Jahr darauf auf seine Kosten mit nach Italien nimmt. In München halten sich beide drei Monate auf, so daß Horny Gelegenheit hat, die dortige Kunstakademie zu besuchen, ohne jedoch besonderen Nutzen daraus zu ziehen. Hier sieht Horny zum ersten Mal Werke von Joseph Anton Koch, die seiner Kunst die ersehnte Richtung geben. Auf der Reise nach Rom im November 1816 wird dem jungen Künstler bewußt, wie sehr ihn der akademische Unterricht der Weimarer Zeit in seinen Versuchen, die italienische Landschaft nach der Natur zu zeichnen, hemmt; was ihm fehlt, nach der Meinung des Freundes Rumohr, ist die praktische Ausübung unter der Einweisung eines echten Künstlers, wie zum Beispiel Koch. Nach einem längeren Aufenthalt in Florenz, wo er unter der Anleitung Rumohrs die alten italienischen Meister studiert, gelangt Horny endlich zum Jahresende nach Rom. Im Café Greco macht er die Bekanntschaft Kochs und vieler deutscher Künstler; Koch nimmt ihn freundlich als Schüler in seinem Hause auf und ermuntert ihn, eifrig nach der Natur zu zeichnen. Horny zeigt Interesse für die Art und Weise, wie Koch in seinem Werk die Natur wiedergibt: Für Koch übernimmt die menschliche Figur die Funktion, das Wesen einer Landschaft und gleichzeitig die Stimmung, die diese im Betrachter hervorrufen soll, zu bestimmen. Kochs Unterricht wird vervollständigt durch das Studium der menschlichen Gestalt, das in der Privatakademie der deutschen Künstler vor einem lebenden Modell durchgeführt wird, anstatt vor Gipsabgüssen wie an den Akademien. In diesem Zusammenhang erscheint ein Bericht des Künstlers (abgedruckt bei Schellenberg 1925, S. 64) besonders aufschlußreich: »Ich bin der Allerjüngste hier und alle wünschen sich meine Jahre; muss mich aber ganz verflucht anstrengen, um nur einigermassen mit den anderen fortzukommen, denn fast alle haben eminente Talente. Mit dem alleinigen Landschaftsmalen kommt man hier gar nicht gut durch; Herr Koch selbst ist zugleich ein vorzüglicher Historienmaler und weiss seine Landschaften außerordentlich poetisch zu staffieren und ich muss jetzt Figuren zeichnen lernen, dass mir die Schwarte knackt, und alle Abende in der Gesellschaft der deutschen Künstler mit nach dem Modell zeichnen; das sind jetzt freilich noch harte Nüsse, aber binnen einem Jahr soll es ganz anders mit mir aussehen. (...) In den paar Tagen, daß ich bei H. Koch bin, (habe ich) in dieser Hinsicht mehr gelernt, als wie in Deutschland in einem Jahr; denn es ist was ganz anderes, wenn man einen praktischen Künstler zur Seite hat.«

Bei einem längeren Aufenthalt im Sommer 1817 in den Sabiner Bergen und in Olevano, wo er begeistert die Landschaft zeichnet, schließt sich Horny auch enger an Cornelius an, der in dieser Zeit mit den Fresken der Casa Bartholdy beschäftigt ist. Cornelius beauftragt ihn mit Entwürfen von Pflanzen und Blumen (heute besonders Nationalgalerie, Berlin und Schloßmuseum Weimar), da er beabsichtigt, ihm die Rahmendekoration mit Frucht- und Blumengirlanden um das Deckenfresko im Dantezimmer des Casino Massimo anzuvertrauen, an dessen Entwurf er gerade arbeitet. In diesen Aquarellen gelingt es Horny, ein inniges und spontanes Verhältnis zur Natur auszudrücken und seinen Auftraggeber voll zu befriedigen. Da Cornelius jedoch aufgrund seiner Berufung nach München den Auftrag im Casino Massimo nicht ausführt, läßt sich auch Hornys Beteiligung an den Fresken nicht verwirklichen. Die romantische Kunstauffassung der Nazarener ist inzwischen in das Werk des jungen Malers eingedrungen, was zum Beispiel sein Aquarell *Rom zur Zeit der Renaissance* (1821; Kurpfälzisches Museum, Heidelberg) bezeugt, im Auftrag Johann David Passavants für den Grafen Baudissin gemalt.

Bereits im Sommer 1818 zeigen sich die ersten Anzeichen einer Tuberkulose, die Horny zu längeren Erholungsaufenthalten auf dem Land zwingen. Bei seinen kurzen Besuchen in Rom wohnt er bei seinen Freunden Rehbenitz, Schnorr von Carolsfeld und Friedrich Olivier (den ›Capitolinern‹) im Palazzo Caffarelli auf dem Kapitol. In Olevano und Umgebung widmet er sich dem Porträtieren der Landschaft in aquarellierten Zeichnungen, wie z.B. der *Ansicht von Olevano* (um 1822; Staatliche Museen Preußischer Kulturbesitz, Nationalgalerie, Berlin). Sein enger Kontakt zu den Nazarenern führt schließlich zum Bruch mit seinem Freund und Beschützer von Rumohr, als Horny gegen seinen Willen zum Gegenstand eines Streits zwischen diesem und dem Maler und Schriftsteller Johann David Passavant wird. Trotzdem setzt Horny vor seinem Tod in Olevano 1824 laut Testament Rumohr als Erben seiner Skizzenbücher und seines letzten Ölbildes ein. *I. S.*

Literatur: Schellenberg 1925 (mit Briefen des Malers); Goltermann 1927 (mit Lit.); Scheidig 1954 (mit weiterer Lit.).

29 Italienisches Landleben, um 1820

Aquarell 56,7 x 85,5 cm
Unbezeichnet
Provenienz: *Nachlaß Milde 1909.*
Lit. und Ausst.: *Schellenberg 1925, S. 188; Dörries 1950, S. 29, Abb. S. 9 (Detail), 140; Scheidig 1954 (Oeuvrekatalog), Nr. 317; London 1959, Nr. 761; Börsch-Supan 1972, S. 118f.; farb. Abb. 82; Lübeck 1976, Nr. 83; Frankfurt 1977, E33, Abb.*
Museen für Kunst und Kulturgeschichte der Hansestadt Lübeck, Inv. Nr. AB 1068

Horny hat dieses Aquarell, eine seiner figurenreichsten Kompositionen, sonstiger Gewohnheit entgegen, ausgeführt »ohne im Geringsten nach der Natur zu studieren«, wie er im März 1822 an die Mutter berichtet. Dieses Landleben in Olevano schildert ein irdisches Paradies. Nicht nur das Fehlen von harter Arbeit, Alter oder Armut deuten darauf hin, vielmehr vermitteln die heitere Geselligkeit, der ruhig genossene Augenblick, der hier verewigt scheint, den Eindruck. Zudem ist der von Früchten strotzende Feigenbaum eine häufig gebrauchte Metapher gesegneten Überflusses. Schon in der Bibel wird das friedvolle Sitzen unter ihm wiederholt als Inbegriff verheißener Glückseligkeit beschrieben (1 Könige 5/5, Micha 4/4, Sacharja 3/10 u.a.). Die domestizierte Landschaft, die sich in der Ferne auf blaue Berge weitet, wird von feiertäglich beschäftigten Menschen bewohnt. Ein Haus, Mauerstücke und das dichte Laubwerk der Bäume umschließen sie schützend und grenzen ihren Bereich zum Offenen hin ab. Im Mittelpunkt die flächige Gruppe der gelöst in ihren weiten Röcken sitzenden Frauen, die Kinder hüten oder – ländlichen Parzen gleich – Wolle spinnen. Ihre Trachten geben zu lebhaften Farben Anlaß. Obschon Horny seine Komposition nicht nach Naturstudien malte, waren ihm doch die Gegenstände so vertraut, daß er sie genau wiedergeben konnte: die Art etwa, wie ein Kleinkind sorgsam gewickelt und mit blauen Bändern verschnürt wurde oder Form und Verzierung der Spinnrocken. Ein junger Mann pflückt in seltsam verschnörkelter Verrenkung, die den bizarr gewachsenen Baumstamm wiederholt, Feigen in einen Korb. Rechts kommen zwei Frauen mit ihren Kupferkrügen plaudernd zum Wasserholen. Links gehen Männer mit einem Hund vorbei, eine Frau trägt Essen auf die Felder, im Hintergrund werden Hühner gefüttert. Eine traumhafte Stimmung geht von dem Bild aus. Das Ornamentale und Teppichhafte läßt Kompositionen des italienischen Quattrocento durchscheinen. Bei den Nazarenerfreunden fand dieses Bild lebhafte Zustimmung: »So brachte ich diese Aquarellzeichnung und noch viele andere nach Rom, und zwar nicht ohne Herzklopfen wegen der Schwachheit der Zeichnung, weil ich wohl einsah, daß, wenn ich alles nach der Natur studiert hätte, es ganz anders hätte werden müssen, und weil ich das strenge Urteil in Rom kannte; aber ganz wider mein Erwarten wurden sie ganz außerordentlich aufgenommen und machten großes Aufsehen, und anstatt ich mir Tadel erwartet hatte, erntete ich großes Lob. Selbst Overbeck und die besten, die sie sahen, sagten mir viel Schönes und Aufmunterndes; man fand Phantasie und poetische Auffassung der Natur darin, welches man hier für das wahre Gepräge des Künstlers hält, denn für die bloße Geschicklichkeit und Machwerk gibt man hier sehr wenig, als eine Sache, die man lernen kann ... (Schellenberg 1925, S. 188). *S. M.*

30 Landschaft aus den Sabiner Bergen um 1820

Feder über Bleistift, aquarelliert, 41,8 x 52,4 cm
Provenienz: *Aus dem Fohr-Album*
Lit. und Ausst.: *Heidelberg 1919, Nr. 65 (als Fohr); Heidelberg 1925, Nr. 89; Goltermann 1927, S. 55–58 (als Horny); Kraus 1930, S. 25, Abb. 9 (als Fohr); Lohmeyer 1935, S. 255, Abb. 155 (als Fohr); Hamburg 1935, Nr. 91; Schilling 1935, S. 24, Taf.; Wiesbaden 1937, Nr. 132; Dörries 1950, S. 149; München 1950, Nr. 143; Scheidig 1954, Kat. Nr. 292, Taf. 39; Washington 1955/56, Nr. 133, Taf.; München 1956, Nr. 151; London 1959, Nr. 758; Darmstadt 1961, Nr. 30; Jensen 1978, S. 19, Kat. Nr. 46, Farbtaf. 58 (als ›Landschaft bei Paliano‹)*
Kurpfälzisches Museum, Heidelberg
Inv. Nr. Z 272

Eine mächtige Baumkulisse im fast unbearbeiteten Vordergrund leitet zu einer großzügigen und gewaltigen Landschaft von drei horizontal gelagerten Höhenzügen über. Unterschiedliche Bodenformation und Vegetation innerhalb der drei Bergzüge einerseits und scharfe Gegensätze von Berg und Tal andererseits werden durch Farbe und graphische Struktur auf subtilste Weise differenziert. Heftig in den Raum stoßende Gräser, zum Teil blaugrün getuscht, ein kräftig grüner Kastanienbaum aus weichen moosigen Polstern und wuchtig in die Landschaft ausgreifenden Zweige, die das »Gefühl einer dichten Gegenwärtigkeit erwecken« (Dörries 1950, S. 33) führen über einen grauaquarellierten knorrigen Baum zum weicheren, welligen, baumbewachsenen ersten Höhenzug in Blaugrün. Die weichen runden Formen zurücknehmend, steigt der zweite Bergrükken mit dem weithin sichtbaren Kastell von Paliano bereits klarer in den Formen und entschiedener im Wechsel von felsigen Taleintiefungen und sanften Hügeln in zarten Nuancen von Gelbgrün bis Blaugrün aus der Ebene auf. Dahinter richtet sich majestätisch der kahle, fast körperlos schwebende Monte Serrone auf; seine herbe klare Gestalt erfährt durch den bestimmten Umriß, die strenge Linienführung und die präzise Binnenzeichnung aus zartesten Federschraffuren einen hohen Wirklichkeitsgehalt, welcher durch das transparente Rosa, das sich gegen den Himmel absetzt, fast »aus dem realen Bezug ausbricht«. Am Himmel ziehen flüchtig skizzierte, tiefhängende Wolkengruppen vorüber.

Obwohl sich Horny noch nicht vom sacrosankten Aufbau der heroischen Landschaften Kochs mit ihrer typischen Staffelung von Vorder-, Mittel- und Hintergrund, der den Ausschnitt rahmenden Baumkulisse und der schematischen Verteilung der breiten Massen von beschatteten und lichten Flächen löst, übertrifft er seinen Lehrer und manchen Nazarener durch die Klarheit seiner Linie, Farben und des Lichtes, die zu selbständigen Ausdruckswerten werden. Diese Synthese von Linie und Farbe hebt die Landschaft über die gewöhnliche Darstellung zu einer allgemeingültigen Aussage empor. Hornys Abstraktionsvermögen begegnet uns nicht nur auf reinen Landschaftsstudien, sondern auch auf mehreren Olevano-Ansichten, deren terrassenförmiger Anstieg ihn immer und immer wieder zu neuen Entwürfen inspirierte. Die links im Vordergrund flüchtig skizzierten Figuren, eine kniende und eine stehende Gestalt, zeigen einerseits, daß für Horny Landschaft ohne Staffage noch undenkbar war, andererseits kann das Nichtausführen der Gruppe innerhalb der weitgeführten Zeichnung als Ausdruck seiner – durch ständigen nazarenischen Einfluß gehemmten – realistischen Sehweise verstanden werden.

29

30

Horny, den die Lichtphänomene der Sabiner Berge zunehmend faszinierten, von denen man »bei uns keinen Begriff, und um sie wiederzugeben, die Malerei keine Mittel hat« (Brief vom Anfang Nov. 1822 an die Mutter, Schellenberg 1925, S. 198), bricht aus der durch Poussin vorgegebenen, kontemplativen Naturanschauung Kochs zunehmend aus, um sein spontanes und impulsives Naturerlebnis in einer eigenen, ganz persönlichen Formensprache auszudrücken. Einen ähnlichen Zauber übten die farblichen Erscheinungen der Sabiner Berge auf den russischen Schriftsteller Pavel Muràtov aus: »In den Stunden des Sonnenunterganges wird es (das Saccotal) in eine Farbe getaucht, die unmöglich in Worte gekleidet werden kann. Blaue, türkise, violette, rote und goldene Tonalitäten wechseln auf den Bergzügen, und das Panorama nimmt die grandiose Feierlichkeit einer idealen Landschaft an. Morgens und abends nehmen sie einen so intensiven künstlerischen Ausdruck an, daß sogar die Landschaften Claude Lorrains dagegen wie Erinnerungen an eine kleine intime Kunst erscheinen« (P. Muràtov, Immagini d'Italia (russische Ausgabe). Moskau 1913², Bd. II, S. 123-124, zit. n. Belloni 1970, S. 10). Die sorgfältig beobachteten atmosphärischen Erscheinungen, von denen wir durch zahlreiche Skizzen und die Briefe an die Mutter wissen, scheint Horny im Hinblick auf größere Gemälde geplant zu haben. Zahlreiche Zeichnungen und Skizzen mit Gebirgsmotiven liegen diesem Blatt zugrunde; verwandt sind ein Aquarell in gleichem Besitz (Inv. Nr. Z 871), eine Bleistiftstudie in Lübeck (Museen für Kunst und Kulturgeschichte, Inv. Nr. H 143) und eine Fohrzeichnung (Aukt.-Kat. Boerner, Leipzig 1938, Nr. 174, Taf. XVII). *J. H.*

31 Ansicht von Subiaco mit Landleuten, um 1821

Rückseite: Landschaft mit Eseltreibern
Feder in Braun über Bleistift, 22,5 x 26,2 cm
Bez.: auf der Rückseite »Franz Horny fc / Schüler und Freund Rumohrs«
Provenienz: *1922 von Prof. Dr. F. Becker, Frankfurt a. M., erworben*
Lit. und Ausst.: *Essen 1958, Nr. 326; London 1959, Nr. 760 (›Near by Olevano‹); Düsseldorf 1962, Nr. 717; Düsseldorf 1965/66, Nr. 69; London/New York 1968, S. 9, Abb. 10; Andrews 1968, S. 289; Belloni 1970, S. 65; Düsseldorf 1971, Nr. 19, Taf. 4; London 1972, Nr. 648; Köln 1972/73, Nr. 37; Bernhard 1974, Nr. 607; Robels 1974, S. 81, Abb. 46; Dublin 1976, Nr. 44; Darmstadt 1977, Nr. 88*
Kunstmuseum, Düsseldorf, Inv. Nr. FP 22/231

Subiaco, das auf das antike Sublaqueum (Sublacus) zurückgehende Bergstädtchen in den Sabiner Bergen, ist vor allem durch die beiden Klöster S. Benedetto und S. Scolastica berühmt geworden.
Bereits am Ende des 18. Jahrhunderts war Subiaco von deutschen Malern ›wiederentdeckt‹ worden; so kennen wir Zeichnungen und Radierungen von J. Chr. Reinhart aus den Jahren 1794 und 1797 (vgl. dazu I. Feuchtmayr: Johann Christian Reinhart. München 1975, WV 68 und Z 261).
Carl Friedrich von Rumohr, der Förderer Hornys, von dessen »Lob und Tadel der junge Horny gleichsam lebte oder starb« (Scheidig 1954, S. 69), hatte Hornys Begabung für eine realistische Naturwiedergabe erkannt und ihn in dieser Richtung bestärkt. Während seines Frühjahrsaufenthaltes in Rom im Jahre 1821 traf Rumohr seinen Schützling mit zahlreichen Studien und einer großen Landschaft an, wo er (Horny) »... alle darauf vorkommenden Figuren, Tiere und Bäume mit Genauigkeit nach der Natur studiert hatte« (Brief vom 19. März 1822 an die Mutter, Schellenberg 1925, S. 190); »Baron Rumohr war so erfreut hierüber, daß er mir die größten Lobsprüche erteilte und ermunterte und sagte, ich solle ihm eine Zeichnung machen von dem Kloster San Benedetto bei Subiaco, welche ich auch nachher ausführte ...« (ibid.).
Eine rauhe Felskulisse zur Linken und ein dunkler, von unwirtlicher Vegetation begleiteter Wassertümpel rahmen die bildmäßig durchgeführte Zeichnung im Vordergrund; kräftige parallele Schraffuren in der Senkrechten und Waagerechten wechseln mit rhythmisch beschwingten Linien, welche die »unterschiedliche Erscheinungsform der gewachsenen Natur« und der kräftig gezeichneten Bodenformation charakterisieren: Die schattigen Partien im Vorder- und Mittelgrund sind zusätzlich laviert. Bevor unser Blick ungehindert das weite Anienetal durchstreift, wird er von einem drohend-mächtig ins Bild ragenden Bau, der aus dem 18. Jahrhundert stammenden Kirche S. Andrea, gebrochen, hinter welcher in »kristallinischer Härte« und Transparenz das pyramidal am Felshang hochsteigende Subiaco erscheint. In das vom Aniene durchzogene und von dichtem Baumbestand streifenartig durchsetzte Tal stoßen rhythmisch die Ausläufer bewaldeter und steiniger Hänge; ein intensiver Lichtstrahl trennt den locker schraffierten massiven Monte Calvo, die höchste Erhebung der Simbrivinischen Hügel, vom Tal; der Bergzug dahinter wird mit einer flüchtigen Linie angedeutet.
Wie selbstverständlich fügt sich die Staffage der in pittoresken Landestrachten majestätisch einherschreitenden Frauen in das Bildgefüge ein; eine weidende Ziegenherde, ein Boot auf dem Fluß, lagernde, wandernde und reitende Figürchen im Mittelgrund bereichern diese im nazarenischen Sinne ausgewogene Landschaft zusätzlich.
Horny hat die von dem etwas jüngeren deutschen Dichter Wilhelm Waiblinger als »kolossal, großartig, sogar finster und monströs, schrecklich da und dort, und dabei für die genaue Beobachtung wieder gemildert durch rundliche Konturen, unendlich verzaubert aber und ganz unvergleichlich durch südliche Beleuchtung« (Canitz 1839, Teil II. Wanderung ins Sabinerland, S. 116) geschilderte Sabinerlandschaft in nazarenisch-stilisierender, idealisierender Art abgemildert. Dabei entsprach gerade deren mächtiger und gewaltiger Charakter mit den ungeheuren Fernsichten der strengen und herben Auffassung Hornys, wofür es zahlreiche Beispiele gibt. Denn entgegen der Kochschen und nazarenischen Auffassung ist für Horny das großaufgefaßte Landschaftsmotiv kennzeichnend, mit Blick auf ferne Bergzüge und großzügig hingesetztem Mittelgrund, dessen Schichtung kühn und ohne jede stilisierende Absicht festgehalten wird. Seine Stärke lag im Erfassen der Charakteristik einer Landschaft, worin ihm sein ausgeprägtes Gefühl für den Ausdruckswert der Linie entgegenkam.
Die Zeichnung, von der wir nicht wissen, ob sie im Zusammenhang mit Rumohrs Auftrag im Frühjahr 1821 entstand, ist sicherlich durch vorangegangene Skizzen vorbereitet worden. Sie wird aber spätestens während oder nach Hornys Aufenthalt in Subiaco in Gesellschaft von Koch und Graf Baudissin im Oktober 1821 entstanden sein.
Die für Rumohr bestimmte Zeichnung hatte den Baron, der seinen Schützling zu sehr unter dem Einfluß der nazarenischen Freunde Schnorr, Friedrich Olivier und Rehbenitz vermutete, derart aufgebracht, daß er seinen Unmut Horny gegenüber in einem »... zwar derben Brief, aber reich an väterlichen Zurechtweisungen und viel urteilsvollen Ermahnungen ...« (Brief vom 8. August 1821, Schellenberg 1925, S. 172) äußerte. Ohne Hornys Wissen spielte J. D. Passavant in seinem Meinungsstreit mit Rumohr eben diese Zeichnungen gegen Horny aus, was zum Bruch zwischen dem Baron und Horny führte.
Eine von der kleinen spätmittelalterlichen Brücke des S. Francesco aus aufgenommene Zeichnung befindet sich in Dresden (K. Zoege von Manteuffel. Die Zeichnungen von Franz Horny im Dresdner Kupferstichkabinett, in: Der Cicerone, XVI, 1924, S. 272-279, Abb. 3); eine weitere in der Nationalgalerie in Berlin.

Rückseite:

Landschaft mit Eseltreibern

Die traditionell als ›Landschaft mit Eseltreibern‹ bezeichnete Skizze ist von einem erhöhtem Standort aus aufgenommen. Horny gibt eine alltägliche Szene wieder: ein Zug von bergaufwärts ziehenden Bauersleuten. Mit großzügigen, gebündelten Parallelschraffuren modelliert er plastisch den schmalen landschaftlichen Ausschnitt. Horny weiß die einfachste Studie mit einer überraschenden Vielfalt graphischer Ausdrucksmittel wiederzugeben.
Ähnliche Szenen dürften sich in seinen erhaltenen Skizzenbüchern finden. Auf der bei K. Zoege von Manteuffel abgebildeten *Ansicht von Subiaco dal ponte di Subiaco* wird die auf den Triumphbogen zuführende Straße ebenfalls von einer Mauer begrenzt, hinter welcher das Gelände steil ansteigt; unser Blatt wurde von einem etwas entfernter liegenden Standort aufgenommen.
J. H.

31

32

32 Blick auf Olevano, vorne Pilger und Einsiedler

Feder in Braun über Rötel, laviert
52,7 x 37,3 cm
Provenienz: *Von der Martin-von-Wagner-Stiftung übernommen*
Lit. und Ausst.: *Scheidig 1954, S. 177, Kat. Nr. 270 a; London 1959, Nr. 757; Belloni 1970, S. 65*
Martin-von-Wagner-Museum der Universität Würzburg, Inv. Nr. 663

»Olevano de'Borghese heißt der Ort, wo ich in der Gesellschaft des Herrn von Rumohr, Grafen Seinsheim und des Meisters Cornelius drei für mich unvergeßliche Wochen zugebracht habe. Das ist ein wahres Zauberland, gewiß einer der schönsten und bedeutendsten Punkte Italiens ... Überhaupt ist die ganze Gegend so phantastisch, daß man es in Deutschland gar nicht glauben würde, wenn man Zeichnungen davon sähe. Man ist nämlich im Sabinergebirge, alle Orte liegen ganz oben auf Felsen wie Schwalbennester, mit alten Schlössern und Burgen ... und die Farbe! davon hat man keine Ahnung« (Brief »2 Tage nach St. Peter und Paul« (= 1. Juli) 1817, Schellenberg 1925).
Die wilde Schönheit des Berglandes von Olevano hatten J. A. Koch und der leidenschaftliche Jäger J. Chr. Reinhart künstlerisch entdeckt; als einen der ersten nahm Koch Gottlieb Schick nach Olevano mit, durch den wir erstmals von dem Bergdörfchen erfahren (Brief aus dem Jahr 1804, zit. nach Noack: Das deutsche Rom. Rom 1912, S. 232). Die bis zur Wiederentdekkung durch die deutschen Maler vergessene Landschaft hatte zuletzt durch den Historiker Carlo Bartolomeo Piazza Erwähnung gefunden, der sie für ihre »copia delle olive e per l'abbondanza dell'oglio isquisto che si fa su questo aprico si, ma fertile e delizioso colle o monte ...« rühmte (C. B. Piazza: La Gerarchia Cardinalizia. Rom 1703, S. 242, zit. n. Belloni 1970, S. 11 und Anm. 5).
Horny liebte das terrassenförmige Olevano, das ihn zu zahlreichen kubisch gestuften Entwürfen von strengem Aufbau und scharf gegliedertem Kontur anregte.
Das bildmäßig durchgeführte Blatt aus Würzburg gibt im Ausschnitt den Blick auf Olevano und das am Fuß des Ortes liegende Saccotal. Die diagonal gesetzte Waldkulisse mit üppigen bizarren Buschgruppen unter einem mächtigen schattenspendenden Baum nimmt beinahe die Hälfte des Blattes ein; das zerklüftete, geschichtete Gelände wird durch dichte gekreuzte Schraffuren und Lavierung in hellere und dunklere Schatten getaucht und durch unbearbeitet gelassene Bahnen mit Licht durchsetzt. Das Spiel von rhythmisch fortlaufenden Diagonalen steigert sich bis in den Mittelgrund zum pyramidal ansteigenden Olevano, um von dort in abgemilderter Form bis zu den Bergen zu verlaufen.
Die parallelen und gekreuzten Schraffuren, die langgezogenen und schwingenden, abstrakt linear und plastisch gebündelten Striche werden gemäß den Helligkeitswerten im Bilde und zur Differenzierung von pflanzlicher und organischer Natur und architektonischen Elementen eingesetzt; in seinem graphischen Erfindungsreichtum wurde Horny in Zusammenhang mit Dürer und Holbein genannt (vgl. dazu Hinweise im Ausst.-Kat. München 1979/80, Nr. 34, bes. S. 38 ff.).
Nach Art Kochs hat Horny die im Bildvordergrund liegende Erdwelle mit Pflanzen, Felsen und einem angeschnittenen Baum dicht besetzt und mit einer Staffage mit Einsiedler und Pilger – einem vertrauten romantischen Motiv – nach Art Schnorrs, der in den Jahren 1819 und 1821 öfters in Olevano weilte, bereichert. Auch die tanzenden, singenden und musizierenden Mädchen am Brunnen sind in ihrer idealisierten Auffassung nazarenischen Einflüssen verpflichtet. Horny, »... der bloß ein glückliches Auge für Form und Farbe, einen ursprünglichen richtigen Natursinn (hat), und ganz dazu gemacht (ist), das erfreuliche in den vorübergehenden Erscheinungen fest zu halten und auszudrücken« (C. Fr. v. Rumohr, zit. in Scheidig 1954, S. 75), erscheint als tragische Figur. Im Einflußbereich von klassisch-heroischer Landschaftsauffassung eines an Poussin geschulten Koch und von nazarenisch idealisierenden Ideen eines Schnorr, Olivier und Rehbenitz gelang es ihm nicht, seine eigentlichen Fähigkeiten zu einer realistischen Gestaltungsweise frei zu artikulieren.

J. H.

33

33 Männlicher Akt, um 1821/22

Bleistift, 23,2 x 15,1 cm
Provenienz: *Erworben 1976 von der Galerie Arnoldi-Livie, München*
Lit. und Ausst.: *Boerner 1909, Nr. 81; Scheidig 1954, S. 164, Kat.Nr. 133 (ohne Abb.); München 1976, Nr. 11 (Abb.); Karlsruhe 1978, Nr. 1606 (S. 269), Abb. S. 40*
Staatliche Kunsthalle, Karlsruhe
Inv.Nr. 1976-66

Bereits in seinem zweiten Brief aus Rom am 17. Januar 1817, also knapp zwei Wochen nach seiner Ankunft, stöhnt Horny: »... ich muß jetzt Figuren zeichnen lernen, daß mir die Schwarte knackt, und alle Abende in der Gesellschaft der deutschen Künstler mit nach dem Modell zeichnen« (Schellenberg 1925, S.64). J.A. Koch hatte keine Zeit verloren, seinen ihm von Baron von Rumohr anvertrauten Schützling zum Modellzeichnen anzuhalten: »... so war meine Idee, daß er fürs erste auf die Akademie gienge, um nach dem Nackten zu zeichnen, zweitens daß er nach dem Scelett des Menschen zeichne und Fischers Anleitung darüber durchlese und sich in den Kopf präge um nach diesem die Anatomie besser zu verstehen ...« (Brief vom 30. November 1817 an v. Rumohr, Scheidig 1954, S.40ff.). Es darf aber bezweifelt werden, daß dieses mühsame und trockene Studium, das der nach klassizistischem Muster ausgebildete Koch für seinen Schüler vorsah, auch im Sinne des jungen Horny war. Eher dürften ihm – auch bei seinen späteren Besuchen in Rom als Gast im Palazzo Caffarelli die abendlichen Zeichenstunden nach Akt und Gewand zugesagt haben, welche die Bewohner des Kapitols, Schnorr, Olivier und Rehbenitz, regelmäßig abhielten (s. d. Schellenberg 1925, S.135, Brief Hornys vom 26. April 1820; Schnorr-Briefe I. 9, S.104, vom 8. März 1822). Verwunderlich ist allerdings die geringe Anzahl von überlieferten Akt- und Gewandstudien von der Hand Hornys: Scheidig führt insgesamt 12 Gewandstudien (Kat.Nr. 122-132), das Selbstporträt als Ganzakt im Weimarer Skizzenbuch von April bis September 1821 (Kat.Nr. 235b, Abb. S.85), die vorliegende Zeichnung und eine Teilstudie zu einem männlichen Akt (Kat.Nr. 272) auf. Weder bei Scheidig noch im Karlsruher Bestandskatalog wird der bei Dörries (Dörries 1950, S.32, Abb.11) abgebildete schöne weibliche Halbakt im Profil aufgeführt, den dieser in das Jahr 1822 datiert.

Kraftvoll, wenn auch nicht in dem schwingenden federnden Strich, der seine Landschaftszeichnungen oder Porträts (z.B. der Familie Baldi, Weimar) kennzeichnet, baut Horny den sich auf einen Stock stützenden, den Fuß hochstellenden Männerakt auf. Wenn auch der Kontur und die Körperoberfläche nicht mit der gewohnten Sicherheit behandelt sind, und die Linie noch nicht souveräner Träger der Formen ist, welche auch die plastische Wirkung hervorruft, so erkennt man dennoch die Andeutung zu einer Oberflächenbehandlung im Sinne seiner Landschaftszeichnungen. Die aus einer Vielheit von Einzelstrichen zusammengesetzte Umrißlinie ist weit entfernt vom kontinuierlichen, puristischen Kontur der Nazarener. Ein Vergleich mit den ebenfalls 1822 entstandenen *Knaben mit Schalmei* von Schnorr und Friedrich Olivier macht die unterschiedlichen Auffassungen bereits durch die Wahl des Standmotivs augenfällig: hier die zurückgenommene, zärtlich-freundschaftliche Stellung des knabenhaften Körpers – dort die entschiedene, kraftvolle Haltung des erwachsenen Modells mit gespannten Muskeln, harter bis knochiger Rückenpartie und derb-häßlichem Gesicht. Die Verwandtschaft dieses Modells mit dem Hirtenjungen im Weimarer Skizzenbuch von 1821/22 (Scheidig, Kat.Nr. 234b und Taf. 31b) wurde bereits erkannt (Karlsruhe 1978), obwohl es schwer fällt, den fast in der Art eines Akademiemodells posierenden jungen Mann mit dem verträumten Hirten zu identifizieren. *J.H.*

Victor Emil Janssen

Hamburg 11.6.1807 – Hamburg 23.9.1845

Seit 1823/24 ist Janssen Schüler der Zeichenschule des Genremalers Siegfried Detlev Bendixen in Hamburg. Bereits in diesen Jahren nähert er sich dem romantischen Gedanken, indem er in den Kreis junger Künstler um die Familie Speckter tritt und Mitglied des von Johann Heinrich Wichern gegründeten Christlichen Vereins wird. 1827 begibt er sich nach München, um unter der Anleitung von Cornelius und Schnorr von Carolsfeld an der Akademie zu studieren. Hier frequentiert er besonders die Hamburger Künstler und ist vor allem mit K. Koch und Friedrich Wasmann befreundet. In dieser Periode kommt Janssens bedeutendes künstlerisches Talent zur vollen Reife, wie das *Selbstbildnis an der Staffelei* (um 1828-30, Kunsthalle, Hamburg) beweist, das als sein Hauptwerk dasteht.

Im Herbst 1833 kann er dank eines Stipendiums eine Reise nach Rom antreten, wo er seinen Freund Wasmann wiedertrifft. Mit diesem zusammen knüpft er enge Beziehungen zu Overbeck und zu den anderen noch in Rom befindlichen Nazarenern. Ende 1835 kehrt er nach München zurück und arbeitet mit von Heß an den Fresken der Bonifatius-Basilika, doch muß er sich bald von diesem Auftrag zurückziehen, weil eine Knochentuberkulose seine Gesundheit untergräbt. Die Krankheit und sein verschlossenes Wesen entfremden ihn den Freunden immer mehr. 1843 kehrt er, nachdem er fast alle seine Arbeiten vernichtet hat, nach Hamburg zurück und stirbt dort zwei Jahre später.

In seiner Selbstbiographie schreibt der Freund Wasmann über Janssen: »Sein Leben war fortan ein beständiger Zweifel an sich selber, so dass er, ungeachtet der liebevollen Bemühungen seiner Freunde, mit seinen Arbeiten nie mehr ins Klare kam« (Wasmann 1915, S.48). Tatsächlich hat Janssen sehr wenig geschaffen, auch vor seiner Krankheit. Unter den wenigen Arbeiten sind außer dem schon genannten Selbstporträt das Rundbild *Der gute Hirte* (wahrscheinlich um 1835 in Italien gemalt; Kunsthalle, Hamburg) und ein anderes *Selbstbildnis* (ehemals in dem 1931 verbrannten Münchner Glaspalast) zu nennen. Bemerkenswert sind auch seine Zeichnungen, Studien und einige in Italien ausgeführte Landschaften. *R.C.*

Literatur: Lichtwark 1906, 12; Wasmann 1915; Pauli 1925; Klée-Gobert 1943; Klée-Gobert 1974.

34 Selbstbildnis an der Staffelei
1828–30

Öl auf Papier, auf Leinwand, 56,6 x 32,7 cm
Unbezeichnet
Provenienz: *1928 aus der Sammlung Grönvold erworben*
Lit. und Ausst.: *Klée-Gobert 1943, S. 25, 63ff.; Paris 1976/77, Nr. 109, Abb.; Frankfurt 1977, D6, Abb.*
Kunsthalle, Hamburg, Inv. Nr. 2488

Der früh verstorbene Hamburger Maler lernte von 1827 bis 1832 an der Münchner Akademie bei Cornelius und Schnorr von Carolsfeld und lebte anschließend zwei Jahre in Italien. Wieder in München, nahm er an der Ausmalung der Bonifatiuskirche durch Heß teil. Eine Knochentuberkulose lähmte seine Entfaltung, er hinterließ wenige vollendete Werke. Das im Alter von etwa 22 Jahren wohl in München gemalte Selbstbildnis vereinigt Realismus und allegorische Hinweise. Im seitenverkehrten Bild des Spiegels steht der Künstler vor der Staffelei. Sein Blick und der nackte Torso lassen Anzeichen der Krankheit erkennen. Durch das grelle Licht von links erscheint der Rücken noch gebeugter, das Gesicht noch fahler. Illusionslos beobachtet der Maler sich selbst. Die Blumen im Vordergrund und die abgeschnittene Blüte sind Vanitas-Zeichen und deuten somit melancholisch auf die Vergänglichkeit hin.

G. M.

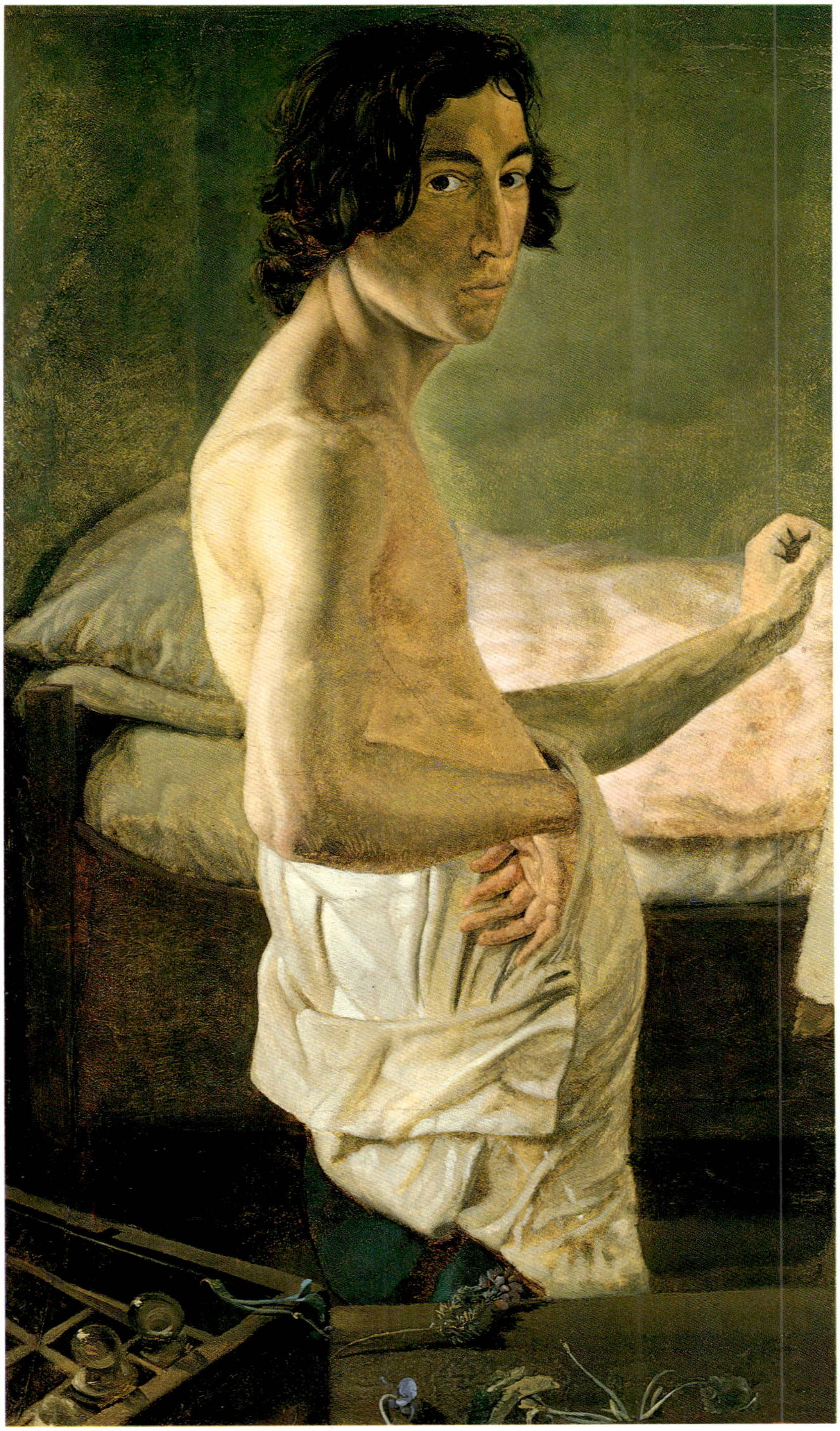

34

35

35 Kopf eines Mannes, 1834

Schwarze Kreide, 31,7 x 24,8 cm
Bez.: »Rom 1834«
Kunsthalle, Hamburg, Inv. Nr. 54851

Auch diese leicht abgewandte Profilansicht eines Mannes zeigt die für Janssens römische Zeit charakteristischen Merkmale: das sich fast verselbständigende Haar, das wie gemeißelte, aufs feinste modellierte Gesicht, zu dem der Bart den Rahmen abgibt. Der Gegensatz zwischen glatter Haut und dichter, gekräuselter Haar- und Barttracht läßt an eine Landschaft mit ihrem Wechsel von Wäldern und freien Flächen denken. Janssen baut seine Gesichter wie Landschaften auf, mit der fanatischen und zugleich distanzierten Naturtreue des Botanikers und einem bemerkenswerten Sinn für zusammenfassende Gestaltung. *G. M.*

36

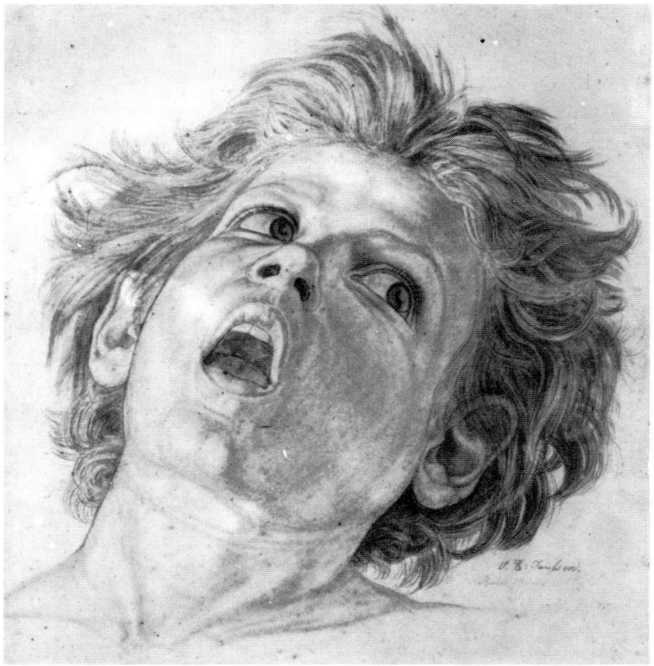

37

36 Greisenkopf, 1834

Kreide, 36,9 x 29 cm
Bez.: »Rom 1834«
Lit. und Ausst.: *Klée-Gobert 1943, S. 70-71, 95; Paris 1976/77, Nr. 111, Abb.*
Kunsthalle, Hamburg, Inv. Nr. 41 240

Aus einer Reihe von Vorstudien für religiöse Bilder. Der geöffnete Mund und der erstaunte, ja zweifelnde Aufblick des alten Mannes lassen vermuten, daß es sich um das Modell eines Hirten für die Anbetung der Könige handelt, die Janssen nach seiner Rückkehr aus Italien in München begann, dann aber zerstörte. Der Naturalismus der Zeichnung ist nicht Selbstzweck, sondern fügt sich einer Struktur aus Linien und formalen Entsprechungen ein, welche von der Detailliertheit im einzelnen zur Monumentalität des Ganzen vermitteln. Noch die momentanste Regung erstarrt zu einer Art Maske; aus der Vorzeichnung wird ein in sich abgeschlossenes Werk. *G. M.*

37 Kopf eines Knaben, 1834

Bleistift, 23,3 x 21,8 cm
Bez.: »V. E. Janssen, Rom 1834«
Lit. und Ausst.: *Klée-Gobert 1943, S. 97; Paris 1976/77, Nr. 110, Abb.*
Kunsthalle, Hamburg, Inv. Nr. 38755

Dank seinem Sinn für Komposition und Monumentalität im kleinen entwirft Janssen keine barocke Pathosstudie, auch keine häßliche Groteske, sondern eine vom gesträubten Haar eingefaßte Maske, die allgemein an den Kopf der Medusa erinnert. Zum Ausdruck tragen die Starre des verzerrten Gesichts und der zum Schrei geöffnete Mund bei. Früher wollte man in der Zeichnung die freie Nachahmung des verrückten Kindes in Raffaels *Verklärung Christi* erkennen. Heute wird ein Arbeiten direkt nach dem Modell, vielleicht eines epileptischen Knaben, angenommen. *G. M.*

Joseph Anton Koch

Obergiblen (Tirol) 27.7.1768 - Rom 12.1.1839

Joseph Anton Koch, Sohn eines armen Tiroler Häuslers, wird vom Weihbischof August von Ungelter entdeckt, der ihn 1782 in der Seminarschule von Dillingen unterbringt und vom Bildhauer Ignaz Ingerl und vom Maler Johann Jakob Mettenleiter unterrichten läßt. 1785 besorgt ihm der gleiche Mäzen einen Studienplatz an der Hohen Karlsschule in Stuttgart, die durch die Strenge ihrer Erziehungsmethoden berüchtigt ist (Friedrich Schiller war ihr drei Jahre zuvor entflohen). Einige Jahre lang erträgt Koch das harte Schulregime und entlädt seinen Haß auf das veraltete Unterrichtssystem in sarkastischen Karrikaturen in der Art Hogarths, bis er schließlich 1791 seine Fluchtpläne in die Tat umsetzt. Seine Begeisterung für die französische Revolution, deren Widerhall selbst über die Mauern der Karlsschule gedrungen ist, führt den Flüchtigen nach Straßburg, wo er zu Jakobinern Beziehungen aufnimmt. Derweil setzt er sein Studium autodidaktisch fort und zeichnet die Schweizer Alpenlandschaft, wo er die Zeit zwischen 1793-94 verbringt. Ende 1794 unternimmt er eine Fußreise nach Italien über den Gotthard, Mailand, Bologna, Florenz, Rom und gelangt bis nach Neapel, wo er sich zwei Monate aufhält und auch Salerno und Paestum besichtigt.

Im Frühling 1795 siedelt er sich in Rom an, nachdem ihm sein englischer Freund und Beschützer Dr. George Nott eine Pension für drei Jahre zugesichert hat. Er befreundet sich sogleich mit Asmus Jacob Carstens, dessen Einfluß auf ihn bestimmend ist: Carstens besichtigt mit ihm die römischen Kunstschätze, die antiken Denkmäler, die Werke Michelangelos und Raffaels, weiht ihn in die Mythologie und in die Werke der Weltliteratur ein. Mit großem Eifer studiert und kopiert Koch die Werke der alten Meister und zeichnet die römische Landschaft nach der Natur. Im Winter, zwischen 1796 und 1798, frequentiert er regelmäßig die Privatakademie der deutschen Künstler, die seit 1789 unter der Leitung des Landschafters Johann Christian Reinhart steht und wo vor allem die menschliche Figur nach einem lebenden Modell studiert wird. Nach dem Tode von Carstens vollendet und sticht Koch 1799 die Entwürfe zum *Argonautenzyklus* und kopiert viele Zeichnungen des Freundes. In dieser Periode entdeckt er, wahrscheinlich unter dem Einfluß von Reinhart, seine eigentliche Begabung für die Landschaftsmalerei mit historisch-mythologischen Motiven. Sein Vorbild wird nun die klassische Landschaftsmalerei des Nicolas Poussin, den er allerdings nur durch Kupferstiche kennt.

Die römische Republik der Jahre 1798/99 veranlaßt viele ausländische Künstler, Rom zu verlassen. Koch, der sein Leben lang seinen demokratischen und republikanischen Ideen treu bleibt, selbst dann noch, als die erste Begeisterung für die Revolution in offene Feindschaft gegen die französischen Rombesetzer umschlägt, läßt sich in seiner regen Tätigkeit nicht stören. In diesen Jahren ist er mit den Entwürfen für eine Serie von Radierungen zum ›Oberon‹ Wielands beschäftigt, in denen die idealisierte Interpretation den Tendenzen der damaligen Landschaftsmalerei entspricht. Gleichzeitig interessieren ihn auch biblische Themen, die er in Sepiazeichnungen entwirft. Für eine Luxusausgabe des ›Ossian‹ für Napoleon liefert er 53 Vorzeichnungen für den Stich. Auch beschäftigt er sich intensiv mit der ›Göttlichen Komödie‹ Dantes, die er zum Teil auswendig kann und in den Jahren zwischen 1800-05 als Quelle der Inspiration für unzählige Zeichnungen benützt.

Die volle künstlerische Reife erlangt Koch im Jahre 1805 mit der *Landschaft mit dem Regenbogen* (erste Version; Staatliche Kunsthalle, Karlsruhe), die er *Große griechische Landschaft* nennt; seine poetische Auffassung der Landschaft zeigt sich in einem beinahe unendlich konstruierten Raum, über den sich ein Regenbogen wölbt, mit einer idealen Stadt in der Ferne und einer Hirtenszene im Vordergrund (zum Symbolgehalt dieser und der 1815 von der Münchner Akademie erworbenen Version vgl. Borries 1967). In der gleichen Periode verarbeitet der Künstler die während seiner Besuche in Pisa und Florenz aus der italienischen Malerei des 14. und 15. Jahrhunderts geschöpften Eindrücke, wobei der Einfluß der 1805 in Rom angelangten Brüder Riepenhausen bestimmend gewesen sein dürfte. Seit dieser Zeit schafft Koch nämlich (wenn auch nicht immer sogleich vollendete) Werke religiösen Inhalts, wie zum Beispiel das große Tafelbild mit *Christus unter den Schriftgelehrten im Tempel,* das er 1808 beginnt und erst 1822 vollendet (früher in Rom bei den Erben; Lutterotti 1940, Taf. 20).

Koch ist der ›Entdecker‹ der Landschaft der Sabiner Berge, die in der Folge für seine eigenen und die Werke vieler romantischer Künstler zur unerschöpflichen Quelle der Inspiration wird; in Olevano begegnet er dann Cassandra Ranaldi, die 1806 seine Frau wird.

Mit den ersten Nazarenern, die 1810 nach Rom kommen, tritt Koch sogleich in freundschaftlichen Kontakt. Wenngleich seine im wesentlichen klassizistische Formensprache bereits romantische Elemente aufgenommen hat, lehnt er die Tendenzen der Lukasbrüder ab und bleibt seinem eigenen Stil vollkommen treu. Berühmt sind die Versammlungen der deutschen Künstler im Café Greco, in denen Koch den Mittelpunkt der Kunstgespräche bildet und von allen uneingeschränkt als Meister anerkannt wird. Für die Münchner Akademieausstellung von 1811 malt Koch eine große Öllandschaft, *Subiaco* (früher in Leipzig, seit dem Zweiten Weltkrieg verschollen), die große Bewunderung hervorruft und zeigt, wie sehr die italienische Landschaft der künstlerischen Auffassung Kochs entgegenkommt. Von 1811 stammt auch das Pendant, eine *Tiberlandschaft bei Acqua Acetosa* (Staatliche Museen, National-Galerie, Berlin/DDR).

Die ständige wirtschaftliche Not veranlaßt Koch, 1812 mit seiner Familie nach Wien zu ziehen, wo er hofft, günstigere Verhältnisse vorzufinden. Trotz der herzlichen Aufnahme im Kreis um Friedrich Schlegel und die Humboldts, wo er mit den Malern Ferdinand Olivier und Julius Schnorr von Carolsfeld Freundschaft schließt, auf die er einen gewissen Einfluß ausübt, enttäuscht ihn die kulturelle Situation in Wien so sehr, daß er um seine Zukunft als Künstler fürchtet, wie er in einem Brief an den Freund Langer in München vom 20.9.1815 klagt (Lutterotti 1940, Nr. 37, S. 175). Dennoch führt die Wiener Zeit im Schaffen Kochs eine Wende herbei; denn hier widmet er sich vorwiegend der Ölmalerei, wobei er in Ermangelung anziehender Motive auf seine Zeichnungen der Schweizer und römischen Landschaft zurückgreift. Dank der Vermittlung des Malers Robert von Langer wird er 1812 zum korrespondierenden Mitglied der Münchner Kunstakademie ernannt, was bedeutet, daß er auch aus dieser Richtung Aufträge erwarten kann. 1814 gewinnt er mit seiner *Landschaft mit dem Dankopfer Noahs* (Städelsches Kunstinstitut, Frankfurt a. M.) in München den ersten Preis. Wie es scheint, führt das Verhältnis zu Friedrich Schlegel und den jungen romantischen Künstlern von Wien dazu, daß Koch nun in seine Landschaften historische Themen einfügt, wodurch diese an Ausdruck gewinnen (vgl. dazu den Brief an Robert von Langer, in Lutterotti 1940, Nr. 18, S. 159).

1815 treibt ihn und seine italienische Frau großes Heimweh nach Rom zurück, wo er mit erneutem Eifer an die Arbeit geht und wieder Mittelpunkt des dortigen Künstlerlebens wird. Nachdem die Franzosen aus der Stadt verjagt worden sind, kehren zahlreiche Freunde und mit ihnen die Kunstliebhaber, die dafür sorgen, daß die Künstler nicht untätig sind, allmählich zurück. Bis 1820 verarbeitet Koch die in der Wiener Zeit empfangenen neuen Impulse. Diese Periode ist gekennzeichnet durch eine emsige Zusammenarbeit mit den verschiedenen Mitgliedern des Lukasbundes, die zwischen 1816 und 1818 an den Fresken der Casa Bartholdy arbeiten: So scheint zum Beispiel Cornelius einen Anteil zu haben an der *Landschaft mit der Heimkehr Jakobs* von Koch (Museum der bildenden Künste, Leipzig), in der jener die Figuren ausführt, während Koch in die *Flucht nach Ägypten* von Cornelius eine Tiberlandschaft malt (vgl. Lutterotti 1940, Brief Nr. 39, S. 211). Nach seiner Teilnahme an der deutschen Ausstellung im Palazzo Caffarelli auf dem Kapitol im Jahre 1819 vollendet Koch sein bedeutendes Werk *Tiroler Landsturm im Jahre 1809 unter Andreas Hofer,* ein hochdramatisches Bild historisch-allegorischen Inhalts (Ferdinandeum, Innsbruck).

Zwischen 1819 und 1821 ist Koch schwer an Malaria erkrankt und seine Produktion dieser Periode beschränkt sich auf einige Entwürfe für ein gemeinsames Projekt einer volkstümlichen *Bilderbibel,* an dem Schnorr von Carolsfeld, Heinrich Maria von Heß, Karl Begas und andere beteiligt sind. Während der in den Sommermonaten in Olevano verbrachten Erholungszeit arbeitet Koch an Landschaftsstudien, die in seinem Werk einen wichtigen Platz einnehmen. Noch einmal setzt die Schaffenskraft des Künstlers die Zeitgenossen in Erstaunen, als er 1825 den 1818 an Philipp Veit abgegebenen Auftrag der Ausmalung eines Raumes des Casino Massimo annimmt. Er entwirft die Kartons mit Szenen aus Dantes ›Göttlicher Komödie‹ und malt seinen Freskenzyklus bis zum März 1828.

In diese Periode fällt die Freundschaft mit dem deutschen Dichter August von Platen, der zwischen 1826 und 1830 in Rom weilt und Koch bei der endgültigen Niederschrift der ›Kunstchronik‹ zur Hand geht, die 1834 in Karlsruhe veröffentlicht wird und in welcher der Maler seine Gedanken zur Kunst darlegt und das derzeitige römische Kunstleben beschreibt. Die Produktion der letzten zwei Jahrzehnte zeigt ein Nachlassen der für die mittlere Schaffensperiode typischen Freude an leuchtenden Farben. Dennoch gelingt es Koch immer noch, Meisterwerke hervorzubringen, wie zum Beispiel das Bild voller dramatischer Ausdruckskraft *Macbeth und die Hexen* (Kunstmuseum, Basel) von 1829, zu dem er den Stoff direkt aus dem originalen Shakespearetext schöpft, da ihm die Schillersche Übersetzung nicht genügt. Das gleiche Thema bearbeitet er in einer zweiten Version (1835).

Ein neuer bedeutender Auftrag ergeht an Koch 1832 durch den Leipziger Verleger Hermann Härtel (in Rom von 1829 bis 1832): er soll die Entwürfe zu einem Freskenzyklus in Härtels ›Casa Romana‹ in Leipzig liefern, der später von jungen Landschaftsmalern ausgeführt wird. Koch bereitet dazu sieben Aquarelle vor, die Landschaften mit mythologischen Szenen zeigen. Gleichzeitig benützt er die Entwürfe zu Ölgemälden, wahren Meisterwerken wie die *Landschaft mit Apoll unter den Hirten* (ehemals Sammlung Brockhaus, Leipzig).

Während seine Werke in verschiedenen europäischen Ausstellungen (wie der vom Münchner Kunstverein 1834) bewundert werden, lebt Koch in Rom in ständiger Geldnot und von Krankheiten geplagt. Endlich bewilligt ihm Kaiser Ferdinand I. 1838 das langersehnte Jahresgehalt von 600 Gulden. 1839 stirbt er und hinterläßt das unvollendete Werk *Landschaft mit dem Raub des Ganymed* (Landesmuseum, Hannover). Die Nachricht von seinem Tod erfüllt die ganze römische Künstlergesellschaft mit Trauer und ein feierlicher Leichenzug geleitet den beliebten Maler zum Friedhof bei der Petersbasilika. Der Freund Reinhart verfaßt den Text für die Grabinschrift. *I. S.*

Literatur: Lutterotti 1940; Koch 1942; Pfister-Burkhalter 1950, S. 195 ff.; Zeitler 1954, S. 129–134; Mantese 1965, S. 44 ff.; Borries 1967, 3; Neidhardt 1968, S. 81 ff.; Lutterotti 1968, S. 20 ff.; Innsbruck–Wien 1968; Busch 1978, S. 317 ff.; Eberle 1980, S. 207.

38

38 Dante und Vergil an den Ufern des Acheron, 1803

Federzeichnung, braune Tusche auf Bleistift
29,7 x 37,2 cm
Bez.: nicht eigenhändig signiert, u. r.: »Koch f.«
Provenienz: *Sammlung Fürstin Caroline Sayn-Wittgenstein, von E. Hirsch in München 1921 erworben*
Lit. und Ausst.: *Hirsch 1921, Nr. 204, Taf. XXX; Berlin 1939, Nr. 219; Lutterotti 1940, S. 34, Z547, Abb. 145; Lutterotti 1944, Abb. 46; London 1959, Nr. 770; Wien 1972, S. 146, Nr. 163; München 1979/80, Nr. 53, Abb. 5*
Staatliche Graphische Sammlung, München
Inv. Nr. 1921: 147

Die profunde Kenntnis Kochs von der ›Göttlichen Komödie‹ und das beständige Interesse für eine malerische Deutung der Dichtung Dantes gehen auf die erste Zeit seines römischen Aufenthalts, wahrscheinlich auf die Jahre 1796-97, zurück, als er mit Carstens und dem Kunsttheoretiker C.L. Fernow Freundschaft schloß, der in Rom als Vermittler des Klassizismus von Weimar und der ersten ästhetischen Formulierungen von A.W. und F. Schlegel auftrat. In dieser kulturellen Umwelt wird vor allem das Sublime und Heroische in den Gesängen des ›Inferno‹ geschätzt, und Koch beginnt um 1801/02 mit der Ausarbeitung der ersten Illustrationen für den Text Dantes, obwohl er noch keinen festen Auftrag hatte.

Das vorliegende Blatt stellt den Traum Dantes an den Ufern des Höllenflusses dar, während Charon die Seelen der Verdammten in seinem Nachen entführt (Inferno, III. Gesang, Verse 82-135) und gehört zu den frühesten Illustrationen. Es wurde um 1803 ausgeführt (Brief vom 30.1.1802 an Frauenholz, in Lutterotti 1940, S. 142, und Brief vom 15.4.1803 an Uexküll, in Schneider 1938, S. 190).

Die Komposition ist teilweise von Carstens' Blatt *Der Auszug des Megapenthes* beeinflußt, das Koch noch vor 1803 gesehen hatte, demselben Jahr, in dem Fernow alle in seinem römischen Atelier verbliebenen Werke des dänischen Malers nach Deutschland brachte. Dennoch scheint es, als ob Koch sich direkt mit Michelangelo vergleichen wollte, an dem auch Carstens sich inspiriert hatte. Der klassizistischen Poetik des Sublimen entsprechend, wurde Michelangelo als dessen einziger und unübertroffener Interpret betrachtet. Er blieb auch für Koch ein obligatorischer Anhaltspunkt, um in der Malerei das ›Plastisch-Dramatische‹ der Poesie Dantes auszudrücken, wie es der zeitgenössischen Definition entsprach, die in Schellings Aufsatz ›Über Dante in philosophischer Beziehung‹ (1802/03) enthalten war. Durch die Verwendung scharf ausgeprägter Umrißlinien und das Hervortreten anatomischer Einzelheiten in den heftigen, einander gegenübergestellten Gesten, die ein absichtlich plastisches Relief der Formen entsprechend dem eigentümlichen Kanon der klassizistischen Poetik hervorrufen, verwirklicht er in figürlicher Form die bedeutungsvollsten Szenen des ›Inferno‹. Dabei interpretierte er den Text Dantes in einer Weise, die vielfach den gleichzeitigen ersten kritischen Untersuchungen A.W. Schlegels entsprach. Tatsächlich lobt der Schriftsteller, als er für Goethe eine Zusammenstellung über die bildende Kunst Roms im Jahr 1805 schrieb, die Zeichnungen Kochs zu Texten Dantes. Als er seine früheren Urteile über die Illustrationen Flaxmans zu Dante wiederlas, erkannte er den österreichischen Maler als den besseren Interpreten der Dramatik des ›Inferno‹ Dantes an (Schlegel 1805, S. 257).

Koch war weit entfernt von den reinen Abstraktionen der *outlines* von Flaxman und bestand darauf, die Formen mit »Licht und Schatten« zu modellieren (J. A. Koch, zit. in Stuttgart 1980, S. 46). Er behielt diese Zeichentechnik auch in den folgenden Jahren bei, als er schon in dieser Periode festgelegte Kompositionsideen anläßlich der vorbereitenden Studien für die Fresken des Casino Massimo überarbeitete.

Dieselbe Zusammenstellung wurde von Koch 1825/26 in drei Zeichnungen mit nur wenigen Veränderungen wiederaufgenommen, wahrscheinlich um die Darstellung von Charons Nachen auf der Freskenwand des ›Inferno‹ im Casino Massimo festzulegen (jetzt im Ferdinandeum in Innsbruck und zit. in Lutterotti 1940, Z318, 319, 320). Die in Berlin befindliche Zeichnung kann als eine erste Idee zu demselben Thema gewertet werden.

Von Koch sind etwa 210 Zeichnungen als Illustrationen zur ›Göttlichen Komödie‹ bekannt, die sich alle auf die Gesänge des ›Inferno‹ beziehen, außer einigen wenigen, die Szenen aus dem ›Purgatorio‹ behandeln. Die meisten befinden sich in Karlsruhe, Dresden, Innsbruck und Wien.

Der Plan Kochs, eine Ausgabe der ›Göttlichen Komödie‹ mit diesen Illustrationen herauszubringen, ließ sich nicht verwirklichen. Erst nach dem Tod des Malers wurden einige seiner Zeichnungen veröffentlicht: ›Iconografia Dantesca del pittore Giuseppe Antonio Koch‹ (Dante'sche Ikonographie des Malers Joseph Anton Koch), XLVI Bildtafeln, Porträt mit einem Vorwort und Erläuterungen von Prof. Giovanni Ghirardini, besorgt und auf eigene Kosten herausgegeben von Cav. dott. Emilio Valle, Valdagno 1904.

Nach dem hier gezeigten Blatt wurde zwischen 1806 und 1807 eine Radierung ausgeführt. *G. P.*

39 Die Wucherer werden in den Pechsee geworfen, um 1803

Feder und Bleistift, 36 x 28 cm
Bez.: signiert auf der Rückseite
Lit. und Ausst.: *Lutterotti 1940, Z 147; Recklinghausen 1958, Nr. 28*
Hessisches Landesmuseum, Darmstadt
Inv. Nr. HZ 4279

Die bedeutendsten Episoden aus dem XXI. Gesang des ›Inferno‹ werden hier von Koch durch ein aufeinanderfolgendes und sich kreuzendes Gewirr rascher Linien umrissen. Von links treten die beiden Dichter auf die Brücke zwischen der Kulisse und der Grube ins Bild. Dante, der sich auf Vergils Rat hinter einem Felsen verborgen hat, versteckt sich beim Anblick der Teufel. Vergil spricht auf der Mitte der Brücke mit Malebranche und verlangt von ihm, daß er die anderen Teufel fernhalten solle. Nachdem Dante von Vergil beruhigt wurde, gesellt er sich zu diesem, während Malebranche die Teufel davonjagt. Auf der rechten Seite des Blattes erscheinen die beiden Dichter nochmals und haben sich bis zum äußersten Rand der Brücke vorgewagt, um den wirbelartigen und zugleich tragischgrotesken Reigen der Teufel zu beobachten, welche die Sünder in den Pechsee zurücktreiben. Auf der linken Seite führt Koch den Teufel mit einem Verdammten auf dem Rücken heran, dessen Fußgelenke er festhält, und den Dante zuerst nicht sieht. Mit der Darstellung dieser Einzelheit, die genau dem Danteschen Text entspricht, zeigt Koch seine vollkommene Kenntnis desselben, die er in dem Fresko des ›Inferno‹ im Casino Massimo anwendet. Deshalb kann man in der Aufeinanderfolge und den Verflechtungen der Szenen auf diesem Blatt eine erzählerische Synthese feststellen, die darauf abzielt, die komplexe Dynamik der Bilder Dantes figürlich zu interpretieren. Von dieser Absicht sind alle Kompositionen für die ›Göttliche Komödie‹ erfüllt und übertreffen damit jene Episodenhaftigkeit, die Koch den anderen Dante-Illustratoren, insbesondere Flaxman, vorwirft. Die Erzählung ist in ihren einzigartigen Augenblicken dargestellt, denen sich auch andere, kollaterale, zugesellen, die teilweise den Kompositionen von Carstens entnommen sind; sie wird zu einer beständig fortdauernden Suche Kochs, um die Bedeutung des Textes so klar wie möglich mitzuteilen. Gleichzeitig dringt der Künstler, wie beispielsweise in dieser knappen Skizze, tief in die Bildhaftigkeit und die komplexen Allegorien der Sprache Dantes ein: in der wiederholten Erscheinung der beiden Dichter stellt er das Zentralmotiv dar, an dem der Gesang sich inspirierte: der Wunsch nach einer Kenntnis Dantes, vermischt mit einer Furcht, sowie das sichere Einherschreiten Vergils als Symbol des Vertrauens in die Vernunft, der die groteske Tierhaftigkeit der Teufel gegenübersteht. Der von Dante beschriebene Verrat Malebranches an Vergil wird von Koch weggelassen.

Dieses Blatt stellt zusammen mit verschiedenen anderen einzelne Szenen aus dem XXI. und XXII. Gesang dar und kann um das Jahr 1803 datiert werden. Es ist gewissermaßen eine erste Version der weiter ausgeführten und mit leichten Varianten versehenen Zeichnung desselben Gegenstandes, die sich im Landesmuseum in Hannover befindet (vgl. Lutterotti 1940, Z 309, Abb. 165). *G. P.*

39

40

40 Dantes Traum, 1822–25

Aquarell, 39 x 31,6 cm
Bez. auf der Rückseite: »Aus dem Nachlaß von Peter von Cornelius an Dr. H. Riegel – an L. G. Boerner, Leipzig im März 1868«
Provenienz: *Nachlaß Peter v. Cornelius, Dr. H. Riegel; L. G. Boerner 1868, erworben von O. Meyer 1914*
Lit. und Ausst.: *Lutterotti 1940, Z257, Abb. 174*
Augustiner Museum, Freiburg, Inv. Nr. G 2909

Vergil zeigt Dante die Berge, die zu überwinden sind, um zum ›Purgatorio‹ zu kommen, und Dante träumt, wie ein neuer Ganymed von einem Adler in die Lüfte getragen zu werden. Von links kommt die hl. Lucia den Dichtern entgegen, um ihnen zu helfen (Purgatorio IX, Verse 13–57). Diese Skizze kann wahrscheinlich als ein erster Entwurf für das Freskobild ›Purgatorio‹ in dem Dante gewidmeten Saal des Casino Massimo betrachtet werden. Es steht in einer gewissen Beziehung zu einer Zeichnung in der Berliner Nationalgalerie, die dasselbe Thema in einem ähnlichen Kompositionsschema behandelt. Diese Berliner Skizze wird von Architekturelementen des Quattrocento begrenzt, die Gerstenberg-Rave und Lutterotti für eine erste Idee halten, welche dann bei der Dekoration des Dante-Saales nicht verwirklicht wurde. Eine dritte, dieser ähnliche Zeichnung stellt den Engel an der Pforte des Purgatorios dar mit Dante und Vergil und entspricht einer Szene, die im Text Dantes unmittelbar auf seinen Traum folgt und die gleichen Architekturelemente besitzt (vgl. Gerstenberg-Rave 1934, S. 73, Abb. 55; Lutterotti 1940, Z270 u.a. ähnliche Studien: Z138, Z228 und Z750, überarbeitet von Wittmer).
Deshalb kann dieses Aquarell, dessen Ausführung so weit gediehen ist, daß es bereits die Wirkung der in Freskotechnik angelegten Komposition zu haben scheint, um 1822 datiert werden. In diesem Jahr erhielt Koch den endgültigen Auftrag zur Beendigung des Dante-Saales, dessen Decke schon von Ph. Veit mit Fresken ausgemalt war. Auf jeden Fall ist das Aquarell vor 1825 entstanden, denn in diesem Jahr ist offenbar die Wand mit dem Purgatorio ausgeführt worden, auf der Koch den ›Traum Dantes‹ nicht gemalt hat. Der auf dem Thron sitzende Engel am Eingang des Purgatorio ist jedoch geblieben.
In dem Entwurf zu dieser Szene kann die Aufteilung der Architektur auf einen Plan hindeuten, in dem die einzelnen Figurengruppen isoliert auftreten sollten, so wie es anfänglich auch Cornelius in den ersten Dekorationsskizzen für das Gewölbe mit dem ›Paradies‹ des Dante-Saales im Casino Massimo vorgesehen hatte, wo dann Blumengirlanden gemalt wurden.
Im Aquarell wird die architektonische Aufteilung in Felder zugunsten einer Zusammenfassung mehrerer Szenen innerhalb einer kompositorischen Einheit aufgegeben. Dies ist ein absichtlich gewähltes Merkmal aller figürlichen Darstellungen, die Themen Dantes zum Gegenstand haben, um dadurch die Einheit der ›Göttlichen Komödie‹ hervorzuheben. Die Komposition ist gegenüber der Zeichnung (vgl. Gerstenberg-Rave 1934, Abb. 55) geschlossener und ausgewogener. Der Mittelpunkt des Bildes wird von den zwei Darstellungen des schlafenden und dann in den Himmel entführten Dichters eingenommen. Neben der Aufwärtsbewegung steht die symmetrische Anordnung der beiden Figuren der hl. Lucia und des Vergil, die in den mächtigen Schwüngen einer diagonalen und gekrümmten Flugbahn aufgeht. Die räumliche Komposition mit den geometrisierenden und einschneidenden Linien greift auf Vorbilder des toskanischen Quattrocento zurück und läßt eine Sensibilität erkennen, die der Poetik des Sublimen von William Blake nahesteht. *G. P.*

41 Heroische Landschaft mit Regenbogen (Motiv bei Salerno) nach 1803

Bleistift, 53,5 x 43,3 cm
Provenienz: *Erworben 1908 (C. G. Boerner, Leipzig)*
Lit. und Ausst.: *Lutterotti 1940, Nr. 575, Abb. 204; Lutterotti 1944, S. 43, Abb. 70; Konstanz 1958, Nr. 110; Andrews 1964, vgl. Taf. 27; Borries 1967, S. 22, Abb. 11; Bernhard 1974, S. 781*
Germanisches Nationalmuseum, Nürnberg Inv. Nr. HZ3210

Die Datierung ist wegen der oftmaligen Beschäftigung Kochs mit diesem Schlüsselthema schwankend (zwischen 1803 und 1806 entstanden). Die *Heroische Landschaft* in der Fassung der Karlsruher Kunsthalle von 1805 bildet den Auftakt: Von Koch selbst nur als die große griechische Landschaft mit dem Regenbogen bezeichnet, handelt es sich realiter um eine »schöne Gegend bei Salerno auf dem Weg nach Paestum, mit antiken Städten auf Gebirgen in frappantem Licht«, also eine Vision Großgriechenlands (Lutterotti 1944). Dazu wird – entweder als Vorstudie oder danach, im Jahr 1806, wie Lutterotti meint – das Blatt des Germanischen Nationalmuseums entstanden sein, bevor es fast zehn Jahre später zur weit bekannteren Fassung der Neuen Pinakothek in München (datiert 1815) kommt. Interessanterweise greift Koch auch in der weit ›bildmäßigeren‹ Fassung in München auf Teilbereiche der Zeichnung zurück, besonders im Motiv der Stadt, der Felsen und des Meeres, auch wenn insgesamt Koch bei der letzten Auseinandersetzung mit dem Thema der letzte Schliff, gewissermaßen die Poesie, wie die genrehaften Einschübe, das Motiv des durch Schwäne und Boot belebten Sees, die Tiefe des Einblickes in die Landschaft, beschäftigen. Auch der Regenbogen, der dem Bild den Namen gab, ist endgültig zu einem meteorologischen Phänomen geworden: der Totalitätsanspruch ist zugunsten einer festgefügten landschaftlichen Kompaktheit, die aus Teilräumen aufgebaut wird, aufgegeben worden. Der Regenbogen, der das wichtige Hauptwerk Kochs anfangs noch zu einem ›erdenlebenhaften‹ Rundpanorama postbarocken Charakters zusammenschloß – hierin erinnert es noch entfernt an die Idylle –, rundet in der Zeichnung und im späten Münchner Bild nur noch ab: die reale Gebautheit hat den Schein des fiktiven Erlebens zu ersetzen. *M. K.*

42 Blick vom Garten des Klosters S. Isidoro auf Rom, 1810

Bleistift, Feder in Schwarz, Pinsel in Braun, 36,2 x 47,4 cm
Bez. in der Mitte u.: »G. Koch in Roma fecé«; auf der Rückseite: »Von dem Kloster S. Isidor auf dem Mon . . . gegen S. Peter in Rom«
Provenienz: *Im Bestand vor 1903*
Lit. und Ausst.: *Lutterotti 1940, Z 638; Stuttgart 1960, S. 203, Nr. 661; Andrews 1964, Taf. 15b. Die Zeichnungen und Aquarelle des 19. Jahrhunderts in der Graphischen Sammlung der Staatsgalerie Stuttgart, 1976, Kat. 782; Jensen 1978, Kat. 48, Abb. 10*
Staatsgalerie, Stuttgart, Inv. Nr. 4172

Das Blatt gehört zu jenen Arbeiten, die Koch als Vorlagen für die zwanzig Radie-

41

rungen der *Römischen Ansichten* benutzte (1810 in Rom erschienen). Während es zur Zeichnung *Blick von S. Isidoro* keine übereinstimmende Radierung gibt, hat sich eine solche zum Gegenstück *Blick von S. Balbina auf die Ruinen der Thermen des Caracalla* (ebenfalls Staatsgalerie, Stuttgart) erhalten. Der Blick auf Rom gewinnt nicht zuletzt aufgrund der Staffage sinnbildhafte Bedeutung und nähert sich so gesehen dem Ideal der ›menschlichen Landschaft‹ der Nazarener. Auch Andrews sieht sie in ihrer Haltung der Exemplifizierung des mönchischen ›ora et labora‹ – dafür stehen Disputation und Gartenarbeit – als Vorstufe an, möchte sie jedoch entgegen Lutterotti, der sie 1810 datiert, früher entstanden wissen (noch ist der Garten mit den irischen Franziskanermönchen bevölkert, bevor ab September 1810 die Lukasbrüder in S. Isidoro Einzug hielten). Von Lutterotti wird in Berlin ein weiterer *Blick vom Kloster S. Isidoro auf S. Peter in Rom* erwähnt, dessen Gegenstück *Blick von S. Balbina auf die Ruinen der Kaiserpaläste in Rom* sich in Dessau befindet (Lutterotti 1940, Z 638). Die Landschaft Kochs ist demzufolge vom Inhaltlichen her nicht ohne Einfluß auf die Nazarener: Für sie wurde das Begießen der Pflanzen zum Sinnbild des Lebens, die Arbeit mit Schaufel und Haue zu jenem des Sterbens und Vergehens (vgl. Friedrich Oliviers *Begräbnis,* Akademie der bildenden Künste, Wien, und Scheffers *Landschaft mit Mönchen* in München, Graphische Sammlung, Inv.Nr. 1940:31). Ein später Reflex dieses Totalitätsanspruches im ›einfachen Tun‹ des Lebens ist in Ferdinand Oliviers *Garten des Kapuzinerklosters in Salzburg* (Museum der bildenden Künste, Leipzig) aus dem Jahr 1826 greifbar.

M.K.

42

43

43 Die Wasserfälle von Subiaco, 1813

Öl auf Leinwand, 58 x 68 cm
Bez. u. l. auf Tafel: »G. Koch fece 1813«
Lit. und Ausst.: *Boetticher 1895-1901, I/2, S. 750, Nr. 9; Jaffé 1905, S. 113, Nr. 11; Stein 1917, S. 65; Leipzig 1926, Nr. 159; Thieme-Becker 1927, S. 83, 85; Berlin 1939, Nr. 17; Lutterotti 1940, G. 25, Abb. 26; Lutterotti 1944, Abb. 86; Köln 1971, Abb. 12; Rom/Wien 1972, Kat. Nr. 200; London 1972, Kat. 171; Berlin 1976, S. 204; Keller 1979, S. 130, Taf. 1*

Staatliche Museen Preussischer Kulturbesitz, Nationalgalerie Berlin, Inv. Nr. NG 554

Koch selbst bezeichnet das Bild, das im Atelier in Wien, wo sich Koch von Juli 1812 bis Oktober 1815 aufhielt, entstanden ist, in Briefen als »romantisch« und als »ganz im Geschmack des Caspar Poussin, nur im Kolorit lustiger« (Lutterotti). Indem er sich durch die Schaffung einer »universellen Landschaft« in die Tradition der großen Landschafter seit dem 17. Jahrhundert einfügt, erneuert er sie gleichzeitig, faßt sie jedoch im Sinn der Tradition durchaus als Spiegelbild menschlichen Seins und Handelns auf. In diesem Sinn ist die Landschaft auch belebt, was die für Koch typischen aufsteigenden Rauchsäulen »aus den Wohnungen der Menschen« ebenso bezeugen wie das wandernde Bauernpaar, das sichtlich auf das Thema der *Flucht nach Ägypten* anspielt, wodurch die Landschaft mit den bisweilen antikischen

44

Resten zu einer pseudo-biblischen werden kann. Das Bild, zu dem zwei Studienblätter existieren (Lutterotti, Z 896, 991), wurde von dem Malerfreund Kochs, Robert von Langer (Sohn des Münchener Akademie-Direktors Peter von Langer) für dessen Vater 1812 zum Namenstag bestellt. Dem umfangreichen Schriftwechsel darüber entnehmen wir, daß Koch am 20. Oktober 1812, nachdem verschiedene Motive vorgeschlagen worden waren, mit der Arbeit begann: »Es ist eine Gegend bei Subiaco mit einem Wasserfall, dem nämlichen, wie der auf Herrn von Asbecks Bild dieser Gegend [vor Juni 1812 in Rom gemalt], nur von einer anderen Seite« (Lutterotti, G 25). Im Jahr 1814 in München als *Wasserfall des Teverone bei Subiaco* zur Ausstellung gelangt, wird das Bild von Rumohr in einer Besprechung hervorgehoben: die Figur sei in landschaftlicher Hinsicht sehr glücklich behandelt, was heißt, daß die Einbindung in diese für Koch als besonders gelungen angesehen wurde. *M.K.*

44 Tibergegend bei Rom mit fröhlichen Landleuten, 1818

Öl auf Leinwand, 74,5 x 105 cm
Bez. u. l.: »I. Koch, Tyrolese, 1818«
Provenienz: *Vermächtnis Emilie Linder 1867*
Lit. und Ausst.: *Jaffé 1905, Taf. 10; Lutterotti 1940, S. 90ff., 213, Abb. 50, 222; Andrews 1961, S. 112ff., Abb. 3–5.*
Kunstmuseum, Basel, Inv. Nr. 394

Koch berichtet in einem Brief vom 21.2. 1818 an Langer: »Diesen Monte Mario habe ich nun schon zweimal gemalt, nun werde ich ihn noch zum dritten und letzten Mal malen, alsdann bin ich des Dinges satt.«
Das Bild zeigt somit einen Ausblick vom Monte Mario gegen den nach der großen Tiberschlinge sichtbaren Ponte Molle bei Rom mit den Sabiner Bergen im Hintergrund und wird durch die Staffagefiguren des Vorder- und Mittelgrundes idyllisch-heiter belebt.
Streifig gelagerte, kurvig begrenzte helle und dunkle Flächen bauen abwechselnd die flachwellige Landschaft gemeinsam mit den sparsam eingesetzten Senkrechten und steilen Schrägen der Baumstämme, Archi-

45

tekturen und Menschen an den Rändern auf. So entsteht trotz gleichbleibend scharfer Linie und Klarheit der Einzelformen der Eindruck eines weiten belebten Landschaftsraumes, der aber durchwegs fest an die Bildfläche gebunden bleibt.
Eine andere der drei von Koch erwähnten, dieser sehr ähnliche, 1817 gemalte kleinere Fassung befand sich früher in der Sammlung Brockhaus in Leipzig (Lutterotti 1940, G 47). Die Vorzeichnung zu jener in Basel (Kupferstichkabinett; Lutterotti 1940, Z 3) sowie eine dieser offenbar unmittelbar vorausgehende, jetzt verschollene Zeichnung, ehemals in Leipzig (Abb. 10 bei Jaffé 1905, Lutterotti 1940, Z. 998) zeigen im großen und ganzen bereits den Aufbau der beiden Ölgemälde. Dagegen stellt eine von Andrews publizierte Studie in Oslo offenbar den frühesten bekannten Entwurf dieses Themas mit Figuren dar, dem nur mehr die erste reine Landschaftsstudie in seinem römischen Skizzenbuch (Akademie, Wien, Lutterotti 1940, Abb. 222) vorausgeht. Gegenüber jener, nahezu symmetrisch durch steil nach den Seiten ansteigende Schrägen und krause Baumformen bestimmten Landschaftsstudie wird in der Osloer Zeichnung der Wille zur Orthogonalität, Asymmetrie der Seiten und Unterteilung des Geländes in analoge, kurvig begrenzte flache Formen in der Mitte deutlich, wie es, verstärkt durch Farb- und Hell-Dunkelwerte auch im ausgeführten Ölbild zu beobachten ist. Der Prozeß der ›Idealisierung‹ in Kochs Landschaftsbildern zeigt sich gerade hier in der Vereinfachung und gegenseitigen Annäherung der Naturformen zu Teileinheiten, sowie deren Zusammenfügung und Ausrichtung an den Grenzen des Bildfeldes als stabiles Ambiente für die Figuren. Die Vorbilder einer derartigen Gestaltungsweise liegen, gemäß klassizistischer Auffassung, bei den großen italienischen und französischen Landschaftsmalern des 17. Jahrhunderts: bei Domenichino (vgl. z.B. *Landschaft mit dem Soracte und dem taufenden hl. Johannes*, 1610–1615/1626–1628, Cambridge), bei Poussin (vgl. z.B. *Orpheus*, 1650, Louvre, Paris) und Lorrain (vgl. z.B. *Landschaft mit tanzenden Figuren – Isaak und Rebekka*, 1648, National Gallery, London). Zum Unterschied von jenen verzichtet Koch jedoch weitgehend auf Luft-

perspektive und spezifische atmosphärische Beleuchtung. Er präzisiert und umgrenzt vielmehr alle Einzelformen gleichwertig und schafft in dieser flächenbezogenen, die Linie betonenden Sicht eine Voraussetzung für die romantische Landschaftsmalerei.

B. R.

45 Gewitterlandschaft mit heimkehrendem Reiter (Golf von Salerno) um 1830

Öl auf Leinwand, 75,7 x 103 cm
Bez. u. r.: »I. K.«
Provenienz: *Erworben 1862*
Lit. und Ausst. *Boetticher 1895-1901, I/2, S. 720, Nr. 51; Jaffé 1905, S. 114, Nr. 22; Thieme-Becker 1927, 21, S. 86; Berlin 1939, Nr. 56; Lutterotti 1940, Nr. 74; Lutterotti 1944, S. 98, Abb. 121; London 1959, S. 170, Kat. 235; Stuttgart 1961, S. 65; Neapel 1962, Nr. 57; Grohn 1966, III, Farbabb. S. 700; Stuttgart 1968, S. 99*
Staatsgalerie, Stuttgart, Inv. Nr. 92

Als Spätwerk weist das Bild als Neuschöpfung bereits Charakteristika auf, welche es mit den Arbeiten der kommenden Generation verknüpfen. Die »befreiend wirkende Weite des Raumes« (Lutterotti) und das grandiose Naturgefühl weisen auf ähnliche Darstellungen bei Friedrich Preller (1804 bis 1878) und Rottmann (1797-1850) bis Feuerbach und Böcklin voraus, wo das Naturerlebnis vom Heroischen in das Surreale gesteigert erscheint. Mehrere vorbereitende Zeichnungen sind erhalten, unter anderem ein Sepiablatt von 1830 in München und ein ebensolches mit Reitern in Berlin, das dem Gemälde am nächsten kommt (Lutterotti 1940, Nr. 74). Dagegen fast sakral im Erleben der Landschaft kennt das ausgeführte Gemälde das Motiv des doppelten Regenbogens, der die Befreiung nach dem Gewitter anzeigt, nicht mehr das Naturdrama selbst. Wir werden an die erste Fassung der *Landschaft mit Regenbogen* in Karlsruhe (1805 entstanden) erinnert, wo sich Koch erstmals des Bogens als sakralen Elements und Zeichen des Friedens bedient hat. Die Staffage von Karl Wilhelm Freiherr v. Heideck (1788-1861) wirkt merkwürdig befremdend-geschliffen: fast, als wäre die naiv-gefühlvolle Note verschwunden, die Kochs Menschendarstellung der reifen Zeit auszeichnet. *M. K.*

46

46 Macbeth und die Hexen, 1834

Aquarell, 28,6 x 43,5 cm
Bez. u. l.: »J. Koch. 1834«
Provenienz: *Erworben 1926*
Lit. und Ausst.: *Berlin 1939, Nr. 61; Lutterotti 1940, S. 125 (Anm. 383), 263 (Z 432), S. 221 (G 73), 224 (G 87), 240 (Z 97); Lutterotti 1944, S. 96; Köln 1949, Nr. 217; Andrews 1961, S. 113; Wille 1962, S. 26; Robels 1967, S. 67, Abb. 56; Einem 1978, vgl. Abb. 62; Keller 1979, S. 130, Taf. 2*
Wallraf-Richartz-Museum, Köln
Inv. Nr. 1926/23

Lange bevor Koch das berühmte Gemälde im Kunstmuseum in Basel (1829) und die letzte Fassung im Tiroler Landesmuseum (1835) vollendet hatte, taucht die gespenstische Szene in seinem Bildervorrat auf: erstmals in einer 1796 datierten Gouache (Lutterotti 1940, Z 541). Das Kölner Aquarell bringt fünf Jahre nach der Basler Fassung erstmals den in den Lüften herannahenden Hexenzug, ein Motiv, das in den späten Fassungen ebenso gesteigert wurde wie das vom Blitz getroffene Schiff in den Wogen des Meeres, das in den Gesprächen der Hexen eine tragende Rolle spielt: »Kann ich nicht sein Schiff zerschmettern, / Sei es doch umstürmt von Wettern. / Schau, was ich hab', / Weis her, weis her. / Daum' des Lotsen; sinken sah / Ich sein Schiff, dem Land schon nah.« (Macbeth I, 3). Die vierzigjährige Beschäftigung mit diesem Thema hatte zu einer ständigen Anreicherung der Natur in ihrer elementaren Gewalt geführt, die den Rahmen zu diesem ›Seelendrama‹ bilden sollte. So soll Koch auch die Schillersche Nachdichtung des Dramas nicht genügt haben, weshalb sich der Künstler laut Beda Weber Geist, Kraft und Derbheit aus dem Originaltext geholt hat. Neben dem Aquarell in Köln entstanden vor der Innsbrucker Endfassung ein Bildchen auf Holz von 1834/35 im Museum in Wuppertal-Elberfeld, zu dem eine quadrierte Vorzeichnung existiert (Lutterotti 1944, Abb. 23). Koch verbindet in diesem ›Elementen-Bild‹ sichtlich heterogene Genres, wie in der Malerei seit dem beginnenden 19. Jahrhundert mit Ausnahme von Philipp Otto Runges Gemälde *Petrus auf dem Meer* (1806 entstanden) nur selten üblich: Die Küstenlandschaft (im Geist Vernets mit der verfallenden Burg als Stimmungselement) mit der pathosgetragenen Begegnungsszene davor. Das erste große Panorama des Shakespeare-Stoffes wurde so in mehreren Varianten zum Hauptwerk der Spätzeit Joseph Anton Kochs. Wie Lutterotti bemerkt, zeigt das »mehr nach einer Vision als nach der Natur gemalte Bild« Koch auf dem Weg über die »heroische Landschaft« der reifen Zeit hinaus zu einem neuen Pathos-Stück. *M. K.*

Gustav Heinrich Naeke

Frauenstein 4.4.1786 - Dresden 10.1.1835

Als Sohn eines Amtsmannes, der in Dresden eine ehrenvolle Stellung bekleidet, besucht Naeke ab 1803 die Kunstakademie, an der ihn der Einfluß seiner Lehrer Josef Grassi und Chr. Hartmann prägt. Letzterem verdankt er das Interessse für die in Dresden verbreitete romantische Richtung, die sich in einer gesteigerten poetischen Auffassung der mittelalterlichen Sagen und Legenden äußert. Hartmann macht ihn auch mit Goethes ›Faust‹ bekannt, aus dem er dann den Stoff für Zeichnungen und Ölgemälde wie *Faust und Gretchen* (1811; Museum der bildenden Künste, Leipzig) schöpft.

Bereits als ausgereifte Künstlerpersönlichkeit zieht er nach Rom, wo er sich dem Kreis um Overbeck anschließt und sich die Ideale der Nazarener zu eigen macht. Mit großem Eifer studiert er die Meister des 14. und 15. Jahrhunderts und kopiert Giotto, Benozzo Gozzoli, den frühen Raffael und vor allem Pinturicchios Fresken in der Kapelle des hl. Bernardinus von Siena in der Kirche S. Maria in Aracoeli. Er setzt auch in Rom seine Faustillustrationen fort, dem Beispiel Cornelius' folgend, dessen Ausdruckskraft er jedoch nicht zu erreichen vermag. Daneben porträtiert er die Freunde und zeichnet die römische Landschaft und Architektur (Kupferstichkabinett, Dresden); seine Vorbilder hierin sind Koch, Fohr, Schnorr und Philipp Veit. Von großer Bedeutung sind seine zarten Frauenstudien in der Tracht von Albano (Kupferstichkabinett, Dresden).

1819 beteiligt er sich an der Ausstellung der deutschen Künstler im Palazzo Caffarelli mit der Zeichnung *Vertreibung von Adam und Eva aus dem Paradies,* nach einem Relief von Konrad Eberhard, in welcher die Aneignung des nazarenischen Gedankens voll zum Ausdruck kommt. In der gleichen Periode ist er mit dem großen Altarbild *Christus erscheint den Aposteln* (Naumburger Dom) beschäftigt, das ihm durch Vermittlung seines Freundes Schnorr von Carolsfeld vom Naumburger Domherrn Baron von Ampach aufgetragen worden ist und das er erst 1830 vollendet. Ein weiterer bedeutender Auftrag für ein Bild von beträchtlichen Dimensionen ergeht an ihn 1820 durch den Kunstsammler G. von Quandt, ein Freund Schnorrs: *Die Almosen verteilende hl. Elisabeth* (verschollen), ein Bild, das Naeke 1827 vollendet und das auf der Dresdner Akademieausstellung großes Aufsehen erregt und als eines der ersten Zeugnisse der Nazarener in dieser Stadt gilt. Nach seiner Rückkehr nach Dresden wird Naeke 1825 als Professor an die Akademie berufen, wo er die Kunst der Nazarener einführt und deshalb als der ›erste sächsische Nazarener‹ bezeichnet wird.

Der Auftraggeber der *hl. Elisabeth,* Gottlob von Quandt, der mit dem Künstler in enger Freundschaft verbunden ist, spricht nach seinem Tode folgendermaßen über ihn: »Er besass alle Eigenschaften welche mir mangeln: Ruhe und Gleichgewicht des Geistes und des Herzens, und so kann ich wohl sagen, dass ich einen Teil von mir selbst verloren habe ... er starb als ein Weiser« (Neidhardt 1976). *I. S.*

Literatur: Kugler 1853, S. 171 ff.; Herzog zu Sachsen 1926; Neidhardt 1976.

47 Blick über die Dächer Roms, um 1820

Feder über Bleistift, 14,2 x 18,5 cm
Bez. l.: (später) »Naecke«
Lit. und Ausst.: *Leipzig 1926, Nr. 175; Körte 1935, S. 58-59, Taf. 43 B; Darmstadt 1961, Nr. 51; Darmstadt-Landesmuseum 1961, Nr. 43; Heidelberg 1964, Nr. 412; Köln 1972/73, Nr. 42; Bernhard 1974, Nr. 891; Darmstadt 1977, Nr. 45; Jensen 1978, Kat. Nr. 55, Abb. 6*
Hessisches Landesmuseum, Darmstadt
Inv. Nr. HZ 4287

Zu seinem eigentlichen Stil findet Naeke, der bereits in seiner Dresdner Zeit überwiegend Themen aus der literarischen Romantik gestaltete, eigentlich erst in Rom, im Kontakt mit den Werken Overbecks, Cornelius' und Veits. Während seines römischen Aufenthaltes (1817-1825) wohnt er in der auf dem Pincio gelegenen Via Sistina Nr. 64, damals Teil der von Trinità dei Monti nach S. Maria Maggiore führenden Strada Felice (dazu J. B. Hartmann: Via Sistina ultramontana, in: Strenna dei Romanisti, XXIX, 1968, S. 191-202); den auf der vorliegenden Zeichnung festgehaltenen Ausschnitt nahm Naeke dagegen vom Palazzo Zuccari in der Via Gregoriana auf.

Der scheinbar zufällig gewählte Bildausschnitt enthüllt sich bei näherer Betrachtung als kunstvoll aufgebaute Komposition, nichtsdestoweniger naturgetreu, aus rahmenden Vertikalen, einander entgegengesetzten und versetzt zueinander verlaufenden Diagonalen und das Bildgefüge einbindenden Horizontalen.

Der Blick fällt zunächst über die schräg in die Bildmitte gesetzte Rückseite des Maskentores, das von mächtigen Agaventöpfen und einer weiblichen Sitzfigur bekrönt ist, in ein kleines Gärtchen mit Apfel- und Lorbeerbäumen; dahinter erscheint das angrenzende ›Haus der Padri delle Scuole‹. Über die Via Gregoriana hinweg schweift unser Blick über die Dächer Roms zum allmählich ansteigenden, weithin sichtbaren Quirinalshügel mit der damaligen päpstlichen Residenz; rechts, wo die Kuppeln der Kirchen SS. Nome di Maria und S. Maria di Loreto angedeutet sind, verliert sich unser Blick am Horizont. Der zarte, aber sichere Strich, der Wechsel von geöffneten und geschlossenen, sonnenbeschienenen und beschatteten Flächen und die bis ins Detail wahrheitsgetreue Auffassung, belebt durch die liebevoll gezeichneten Pflanzen, machen die reizvolle Zeichnung zu einem kleinen nazarenischen Meisterwerk.

Der sensible und scheue Künstler schuf seine wenigen Werke in absoluter Isolation, wie Schnorr von Carolsfeld überliefert: »... Näcke läßt mich nichts sehen ...« (Schnorr-Briefe II. 15. 1823, S. 427f.), oder »Näcke arbeitet den ganzen Tag, zeigt aber immer noch nichts. Seine Gewissenhaftigkeit bei der Arbeit ist zur Krankhaftigkeit geworden. Die Lebendigkeit seiner Bilder erliegt unter der Korrektheit« (ibid. II. 19. 1823, S. 451). Dieser eigenbrötlerische, an seinen künstlerischen Fähigkeiten zweifelnde Künstler stand andererseits in sehr hohem Ansehen: So trug ihm Kronprinz Ludwig von Bayern die Ausmalung des von Schnorr zunächst wegen Krankheit abgelehnten Ariost-Zimmers im Casino Massimo an. Schnorr selbst schreibt zu diesem Zeitpunkt an seinen Vater: »Overbecks und Näckes Arbeiten interessieren mich am meisten, ... Näcke ist in dieser letzten Zeit ganz gewaltig aufgetreten. Ein paar Jahre lang hat er gar nichts gezeigt, kaum sich selbst, denn er war immer sehr verschlossen. Jetzt ist er viel mitteilender, heiterer, er läßt es zu, daß man seine Arbeiten sieht« (I. 32. 1820, S. 177f.). In einem dieser unbeschwerten Augenblicke könnte unser Blatt entstanden sein, das P. F. Schmidt zu folgenden Worten inspiriert zu haben scheint: »... seine Formenwelt gehörte ihm allein. Es ist das eine fließende Schönheitslinie voll rhythmischer Empfindung, bei großer Achtung vor dem Naturbild; im Ausdruck zart, ja von ängstlicher Bescheidenheit. ... in seiner Gesamterscheinung bleibt er nicht nur höchst rein, sondern auch persönlich« (P. F. Schmidt: Bildnis und Komposition vom Rokoko bis zu Cornelius. München 1928, S. 125-126).

J. H.

47

Johann Heinrich Ferdinand Olivier

Dessau 1.4.1785 - München 11.2.1841

Ferdinand erhält seinen ersten Zeichenunterricht in Dessau in den Jahren 1801-02 von dem Landschaftsmaler Karl Wilhelm Kolbe. Während kurzer Aufenthalte in Berlin 1802-03 und 1804 besucht er die berühmten Vorlesungen August Wilhelm Schlegels über schöne Literatur und Kunst.

1804 begibt sich Ferdinand mit seinem Bruder Heinrich (ebenfalls Maler) nach Dresden, das damals durch seine Kunstakademie, die zu den bedeutendsten in Deutschland zählt, und durch seine berühmte Gemäldegalerie einen besonderen Anziehungspunkt für die Künstler bildet. Unbefriedigt über den akademischen Unterricht der Neoklassizisten Jakob Wilhelm Mechau und Carl Ludwig Kaaz, fühlt sich Ferdinand angezogen von Caspar David Friedrich, dessen Künstlerpersönlichkeit in jener Zeit Aufsehen zu erregen beginnt durch seine symbolhaft verklärte Darstellung der Landschaft des Nordens.

Dank seiner guten französischen Sprachkenntnisse geht er 1807 in diplomatischer Mission nach Paris, wo ihn die Fülle der Kunstschätze begeistert, so daß er sich schon bald seines Auftrags entledigt, um sich ausschließlich dem Studium der im Musée Napoléon ausgestellten italienischen, deutschen und flämischen Meister widmen zu können. Die Unterstützung durch verschiedene Persönlichkeiten, darunter Friedrich Schlegel und der österreichische Botschafter Graf Metternich, sowie einige Bildaufträge für Dessau, erlauben ihm einen Parisaufenthalt bis 1809. Sein Interesse für die Landschaftsmalerei veranlaßt ihn im folgenden Jahr zu einer Harzreise mit seinem Bruder Friedrich. Mit diesem läßt sich Ferdinand 1811 in Wien nieder, wo er gleich nach der Ankunft seine zukünftige englische Frau Margaret Velpy, eine Witwe mit drei Kindern, kennenlernt. Hier nimmt er die Beziehungen zu Friedrich Schlegel wieder auf und schließt Freundschaft mit dessen Stiefsohn Philipp Veit, mit Julius Schnorr von Carolsfeld und Joseph Anton Koch, dem Olivier Klärung und Richtung in seinem Schaffen verdankt. Im Jahre 1813 verzichtet Ferdinand schweren Herzens auf eine Teilnahme am Befreiungskrieg gegen Napoleon, da er für seine neue Familie Sorge tragen muß.

In Wien erreicht der Künstler zwischen 1811 und 1815 seine volle Reife mit Landschaften, in die er Szenen aus dem Alten und Neuen Testament einfügt und sich so immer mehr den von Friedrich Schlegel 1804 in der Zeitschrift ›Europa‹ dargelegten Prinzipien über eine christliche Landschaftsmalerei, die sich an den alten Holländern und Deutschen inspirieren soll, nähert. Hauptvorbild Ferdinand Oliviers ist Albrecht Dürer. Seit 1814 gilt er als Anführer der Künstlergruppe, die sich in seinem Haus versammelt: seine beiden Brüder Friedrich und Heinrich, Schnorr von Carolsfeld, Theodor Rehbenitz und Philipp Veit, eine Gruppe, die in Wien den Bezugspunkt bildet für alle Künstler, die Anschluß suchen an die neue, romantische Richtung. Den Lukasbrüdern in Rom erscheint sie deshalb wie eine Wiederkehr ihres Bundes.

Ferdinands erster Mäzen ist Friedrich Schlosser, der 1815 als Vertreter von Frankfurt am Wiener Kongreß teilnimmt und zwei Bilder von ihm erwirbt: eine *Abendlandschaft mit Jägern* und eine *Heilige Familie,* die Schlosser Goethe zeigt, der sie allerdings mißbilligt.

Im gleichen Jahr begleitet Ferdinand Philipp Veit auf seiner Reise nach Rom bis Salzburg. Hier ist er so entzückt von der Stadt und ihrer Landschaft, daß er beschließt, die deutschen Künstler mit dieser noch unerschlossenen Gegend bekanntzumachen. Im Sommer 1817 tritt er daher zusammen mit Friedrich eine neue Reise nach Salzburg an, und wochenlang füllen die Brüder unermüdlich ihre Skizzenbücher mit Landschaftszeichnungen an. Dieses Erlebnis führt den Künstler zum Höhepunkt seines Schaffens. Nach der Rückkehr in sein Atelier zeichnet er dann bis ins kleinste Detail viele seiner Studien im Sinne der altdeutschen Meister voll aus und benützt sie als Vorlagen für Ölgemälde, die sogleich Käufer finden.

In dieser Periode der Salzburger Motive, die bis 1829 dauert, beschäftigt sich Ferdinand Olivier auch mit der Lithographie und Radierung und stellt in dieser Technik Serien Salzburger Landschaften zusammen, wie z.B. die der *Sieben Wochentage* (Städelsches Kunstinstitut, Frankfurt a.M.), die die Freunde in Rom wegen der meisterhaften Ausführung in Staunen versetzen. Die zyklische Thematik, die in diesen Serien ausgedrückt ist, entspricht der typisch romantischen Konzeption Ferdinand Oliviers vom Kreislauf der gottgeschaffenen Welt und einer besonderen Natureinheit: Der Einbindung des Menschen in den Naturrhythmus, d.h. als Teil der Natur und dargestellt in Harmonie mit sich selbst und mit der Außenwelt, wobei das religiöse Element zum wesentlichen Bestandteil des Lebens wird. 1817 werden Ferdinand, sein Bruder Friedrich und Schnorr in den Lukasbund aufgenommen. Die Trennung von Schnorr, der am Ende des gleichen Jahres nach Rom abreist, trifft Ferdinand sehr schmerzlich, denn er selbst muß zurückbleiben. Seinen Kontakt zu der römischen Gruppe der Nazarener hält er sein Leben lang aufrecht.

1818 werden in Wien die Aquarelle von Jan Vermeyen (1500 bis 1559) aufgefunden, die als Kartons für Wandteppiche mit *Szenen der Schlacht Karls V. in Tunesien* ausgeführt worden waren. Sie erregen große Bewunderung unter den romantischen Künstlern und Ferdinand Olivier veröffentlicht eine ausführliche Besprechung in der Zeitschrift ›Janus‹, deren Mitherausgeber er ist. Er sieht in Vermeyen einen romantischen Historien- und Landschaftsmaler, der »nichts geringeres verdient als stets neben den ruhmwürdigsten Heroen der alten Kunst gepriesen zu werden« (in: Grote 1938, S. 247).

In der gleichen Zeitschrift veröffentlicht der Künstler bis 1819 Artikel kunsttheoretischen Inhalts, unter denen eine ausführliche ›Tagesgeschichte der bildenden Kunst‹ in welcher er das römische Kunstleben beschreibt und sich dabei auf Briefe von Schnorr stützt, einen besonderen Platz einnimmt. Die Trennung von Schnorr und dem Bruder Friedrich bringt für Ferdinand eine Zeit tiefer Einsamkeit mit sich. Im Sommer 1823 zieht er deshalb mit seiner Familie aufs Land vor den Toren Wiens, um sich ganz dem Studium der Landschaft zu widmen.

Seit 1824, dem Jahr der Rückkehr Friedrichs aus Rom, spielt Ferdinand Olivier mit dem Gedanken, nach München überzusiedeln, wo im Gegensatz zu Wien ein Fürst das für die Künstler unternimmt, wovon die Romantiker seit Jahrzehnten träumen: Ludwig von Bayern beabsichtigt mit seinen vielen Initiativen, die deutsche Kunst aus der römischen ›Verbannung‹ zu erlösen. Mit Schnorrs Hilfe geht der Wunsch Ferdinands 1830 in Erfüllung und nach einer zweijährigen Wartezeit erhält er einen Ruf an die Akademie als Sekretär und Professor für Kunstgeschichte, eine Tätigkeit, die ein künstlerisches Schaffen ausschließt. Er stirbt in München am 11.2.1841. *I. S.*

Literatur: Schaden 1836; Olivier 1928; Dessau 1930; Grote 1938 (mit weiterer Lit.); Lindtke 1963; Novotny 1971.

48

48 Blick in die Heugasse, 1815

Bleistift, 11,9 x 21,7 cm
Provenienz: *Erworben 1939 (Auktion Boerner)*
Lit. und Ausst.: *Grote 1938, S. 137, Abb. 76; Auktion Boerner, 28. April 1939, Kat. 2; Wien 1969, Kat. 218; Novotny 1971, S. 11, Kat. 5, Taf. IV; Hamburg 1976, Kat. 251*
Graphische Sammlung Albertina, Wien
Inv. Nr. 28271

Mit Recht spricht Fritz Novotny von einer »kompromißlosen Art des Raumausschnittes«, dessen sich Olivier bedient hätte, wie von der scharfen Tiefenflucht, die das Motiv so ungewöhnlich sein läßt. Trotz der Darstellung real kenntlicher Bildgegenstände (Palais Schwarzenberg hinter der Gartenmauer rechts, Stephansdom im Hintergrund vor Kahlenberg und Leopoldsberg) bestürzt die Szenerie, der das Einschmeichelnde der kommerziellen Vedute völlig fehlt. Zur Fremdartigkeit des Bekannten tragen die fast surreal anmutenden Dach- und Kaminformen bei. Ein von derselben Stelle aus – etwa von einer Dachkammer aus – aufgenommenes Blatt Joseph Anton Kochs (in der Akademie in Wien) zeigt im Vergleich deutlich, wie eigenwillig Olivier den Blick führt: Die Tiefenbetonung wird durch den erhöhten Standpunkt ebenso wie durch die parallel laufenden Mauern des Schwarzenbergparks gesteigert, eine Gewohnheit, die auch bei Friedrich Olivier auffällt (vgl. dessen *Gasse in Olevano*). Die »Zurechtrückung mit dem Ziel einer harmonischen Sänftigung« (Novotny) wird erst nach dem Salzburg-Erlebnis deutlicher spürbar: vgl. etwa die 1823 datierte *Straße in Mödling* (Grote 1938, Abb. 191), wo die Raumflucht gegen das frühe Blatt deutlich gemäßigt erscheint. *M. K.*

49

49 Tongrube in Wien-Matzleinsdorf 1814/15

Feder, Tusche auf bläulichem Naturpapier
15,7 x 24,3 cm
Provenienz: *Erworben 1939 (Auktion Boerner)*
Lit. und Ausst.: *Grote 1938, S. 139, Abb. 78; Boerner 1939, Kat. 4; Heise 1959, S. 58, Abb. 39; Novotny 1960, Taf. 40a; Andrews 1964, Abb. 37; Nürnberg 1967, S. 126; Wien 1969, Kat. 219; Novotny 1971, S. 10, 12, Taf. II; Bernhard 1974, S. 990; Hamburg 1976, Kat. 252; München 1979, S. 87, Anm. 59; München 1979/80, Kat. 65; Vaughan 1980, S. 186, Abb. 122 (als ›Private Collection‹)*
Graphische Sammlung Albertina, Wien
Inv. Nr. 28.272

In seiner herben, fast brutal desillusionierenden Romantik – Heise spricht davon, daß das Motiv »nicht eigentlich romantisch« sei –, zählt das Blatt zu den großartigsten Schöpfungen der Wiener Zeit. Von der Thematik her ungewöhnlich in der Schilderung der Kehrseite einer gefälligen Stadtlandschaft, wirft Olivier in einer Zeit der Glättung der Dinglichkeit den Blick hinter die Kulissen. Der Mann am Pumpenschwengel verrichtet im Gewirr kubischer Formen fast wie deplaziert seine Arbeit im Lehmbruch, ein zweiter lehnt selbstvergessen an einer Gartenmauer. »Sie wirken in derselben Weise traumbefangen, in ihrer Einsamkeit wie benommen von dem stummen, unerbittlichen Dahinfließen der Zeit und von der Trauer der Vergänglichkeit« (Novotny). Als nobilitierender Gegenstand ist die sogenannte Rauchfangkehrerkirche (Florianskirche) auf der Wiedner Hauptstraße (1966 demoliert) dargestellt, von Süden her gesehen, hinweg über Ziegelei und Lehmbrücke bis zu den Wienerwaldbergen im Hintergrund (vgl. die thematisch ähnlich, wenn auch ›landschaftlicher‹ gesehene *Lehmbrücke in Alt-Matzleinsdorf*). Der »verwunschene Ort«, wie Grote den Steinbruch sah, wird gleichsam nachträglich aus seiner stereometrischen Einfachheit herausgehoben, indem er durch den sakralisierenden halbrunden Bogenabschluß – wie etwa bei Scheffer oder danach Schwind – in das Objektiv-Gültige gesteigert erscheint (vgl. die *Salzburger Landschaften*, in denen sich Olivier desselben Motivs bedient). Jenseits jeder Poetisierung bleibt die Landschaft immer von einer merkwürdigen Sachlichkeit erfüllt, so als sträubte sich diese frühe ›Industrielandschaft‹ dagegen, von Gefühl angereichert zu werden. Als Anregung kommt die altdeutsche Kunst, insbesondere die Graphik Dürers in Frage, aber auch die Niederländer des 15. Jahrhunderts sowie Maler-Schilderer von ›Herrschaftsveduten‹ des 18. Jahrhunderts (wie etwa der Stecher Delsenbach). Die »spiritual, neo-Düreresque world«, wie Andrews sie nannte, stellt ohne Zweifel das stärkste Gegengewicht zur naturalistischen Landschaft des 19. Jahrhunderts dar. *M. K.*

50

50 Bauleute beim Hausbau, 1818

Bleistift auf Tonpapier, 17,4 x 26,6 cm
Bezeichnet: »F O«
Provenienz: *Nachlaß Overbeck*
Lit. und Ausst.: *Grote 1934, S. 300-301; Novotny 1971, S. 10, Abb. 6; Paris 1976/77, Nr. 157, Abb.*
Museen für Kunst- und Kulturgeschichte der Hansestadt Lübeck, Inv. Nr. O 139

Das Blatt mutet in seinem extremen Purismus modern an. Kubisch vereinfachte Baukörper, glatte Wände und das Fehlen von Vegetation kennzeichnen die Komposition. Das schlichte Motiv – drei Zimmerleute fügen die Balken zum Hausbau – wird durch den Bogen symbolisch überhöht. Die Männer arbeiten still, in einem Klima religiöser Versenkung. Es sind christliche Werkleute im Geiste des hl. Josef als Zimmermann, für die die Arbeit den Alltag heiligt. Deshalb zeigt Olivier nicht primär die Realität der Baustelle, sondern eine Art stummes, sakrales Ballett im Einklang mit den Symmetrieachsen der Zeichnung, in deren Zentrum die Sonnenuhr an der Turmwand sitzt, andeutend, daß ohne Gottes Segen (Sonne) kein Werk gedeiht.

G. M.

51

51 Der Graf von Habsburg und der Priester, 1816

Öl auf Holz, 33,3 x 50 cm
Provenienz: *Erworben 1962, vorher v. Praunsche Familienstiftung*
Lit. und Ausst.: *Grote 1938, S. 132ff., Abb. 70; Coreth 1959, bes. S. 19-25; Schadendorf 1966, S. 163, Abb. 20; Grote 1972, S. 80, Abb.; Frankfurt 1977, B4, Abb.; Paris 1979, Nr. 55*
Germanisches Nationalmuseum, Nürnberg
Inv. Nr. GM 1549

Ein Priester bringt das Altarsakrament zu einem Sterbenden. Graf Rudolf von Habsburg (1218-1291), späterer deutscher König, bietet dem Geistlichen sein Pferd an, damit er über den Fluß gelangen kann. Die Geschichte war aus alten Chroniken und flämischen Bildern des 17. Jahrhunderts bekannt und wurde zur Zeit der Nazarener durch eine Ballade von Friedrich Schiller aktualisiert. Zudem gab es große Thesenblätter der ›Pietas Austriaca‹, z.B. von G.Ph. Rugendas, Augsburg 1727, welche mit diesem Beispiel die traditionelle Anhänglichkeit des Hauses Habsburg an die katholische Kirche und seine Verehrung der Eucharistie darlegten. Der Stoff zeigt eine Verbindung von weltlicher und geistlicher Macht, die man sich auf die Gegenwart übertragen wünschte. Auch Pforr, Wintergerst, Krafft, Ruß, Catel und Führich haben das Thema als Beispiel der Unterordnung von Macht (und Kunst) unter die Religion aufgegriffen. Oliviers Fassung, 1816 in Wien gemalt, will den Geist des Mittelalters in der überschaubaren Handlung und in der aus Dürerschen Einzelheiten (Burg, Fachwerkhaus) zusammengesetzten Landschaft spürbar machen. *G.M.*

52

52 Der Weingarten des Erzpriesters in Olevano, 1832

Öl auf Leinwand, 24 x 31 cm
Bez. r. u.: »FO«
Provenienz: *1920 erworben*
Lit. und Ausst.: *Justi 1923, S. 13, 14; Dessau 1930, S. 13, Nr. 44; Thieme-Becker 1932, XXVI, 2; Grote 1938, S. 342, Abb. 229; Rave 1945, 8, Nr. und Abb. 44; Berlin 1976, S. 296*
Staatliche Museen Preußischer Kulturbesitz, Nationalgalerie, Berlin, Inv. Nr. NG 1396

Teil eines Zyklus von vier Bildern, von denen lediglich der *Weinberg* überliefert ist, der 1832 in München entstand. Als Vorlage und Vorbild dienten Julius Schnorrs Zeichnungen aus dem *Olevaneser Landschaftsbuch* (um 1821, Kupferstichkabinett, Dresden), die Olivier für das Bildchen umgesetzt hat. Er brachte so seine Bewunderung für die Schöpfungen seines Freundes zum Ausdruck, ein an sich typischer Akt der Freundschaftsbezeugung, wie er in der frühen Romantik ständig begegnet (vgl. die lange Reihe der ›Freundschaftsbilder‹ von Overbeck, Pforr oder Cornelius). Dargestellt ist die Wein- und Feigenernte im Garten des Erzpriesters, auf dessen Räumlichkeiten durch ein bescheidenes Kreuz über dem Fenster des Nebengebäudes hingewiesen wird. Er selbst begrüßt, hinter der Laube erkennbar, eine junge Frau: Diese schemenhaft wirkende Nebenszene bildet den wirkungsvollen Kontrast zur real-bukolischen Umwelt des Alltagsverständnisses. Die heilige Naturgesetzlichkeit des Erntens soll einen Teil des Lebensrhythmus ausmachen. Umgesetzt wird dieser Werdegang der Natur im Thema der beiden gelagerten Frauen. Das Essen der Trauben und das Trinken des Weines ist so als symbolische Handlung aufzufassen. Noch immer ist der Einfluß Joseph Anton Kochs spürbar, dessen Naturschilderung verbindlich bleibt, auch wenn das heroische Element durch das Alltäglich-Mythische ersetzt wurde.

M. K.

Woldemar Friedrich Olivier

Dessau 23.4.1791 – Dessau 5.9.1859

Friedrich besucht gemeinsam mit den Brüdern Heinrich und Ferdinand von 1801 bis 1802 die Schule in Dessau und den Zeichenunterricht des Malers Karl Wilhelm Kolbe, zudem die Lektionen des Hofbildhauers Friedemann Hunold. Mit 19 Jahren beschließt er, Bildhauer zu werden, doch als die Malerbrüder Ferdinand und Heinrich aus Paris zurückkehren, läßt er sich von ihnen überzeugen, ihrer Richtung zu folgen. 1810 begleitet er Ferdinand in den Harz und übt sich unter der Anleitung des Bruders im Zeichnen der Landschaft. Ab 1811 ist er in Wien und studiert an der Kunstakademie. Er wohnt bei Ferdinand und schließt Freundschaft mit Schnorr von Carolsfeld, Rehbenitz und Philipp Veit. Wie viele andere junge Männer zieht auch er 1813 in den Befreiungskrieg gegen Napoleon und gelangt dabei bis nach London und Paris. Nach der Rückkehr nach Wien schließt er sich Joseph Anton Koch an, dem er eine technische Verbesserung in der Landschaftsmalerei verdankt; stärker sind allerdings die Impulse, die er von den Nachfolgern des Lukasbundes empfängt.

Seine eigentliche Tätigkeit als romantischer Künstler beginnt jedoch im Frühling 1815, als er in völliger Anlehnung an die nazarenischen Bestrebungen seine Landschaftszeichnungen in der Manier Dürers mit allegorisch-religiösen Motiven ausschmückt. Während der Sommermonate, die er 1817 mit Ferdinand in der Salzburger Umgebung verbringt, übt er sich im Zeichnen der Landschaft nach der Natur.

1818, ein Jahr nach der Aufnahme in den Lukasbund und der Romreise Schnorrs, unternimmt auch Friedrich die Reise nach Italien, wobei ihm eine finanzielle Unterstützung des Herzogs Leopold Friedrich von Anhalt sehr zustatten kommt. Gegen Ende des Jahres in Rom angelangt, zieht er zusammen mit Schnorr in eine Wohnung in der Via di Porta Pinciana 37, wo bereits die Brüder Veit leben. Schnorrs angesehene Stellung kommt auch Friedrich Olivier zugute. So hat er unter anderem das Glück, mit dem Freunde und mit Rehbenitz im November 1819 im Palazzo Caffarelli auf dem Kapitol eine neue Wohnung zu beziehen; die drei Künstler heißen von nun an nur noch die ›Capitoliner‹, um sie von den ›Trinitasten‹ zu unterscheiden, d.h. den deutschen Künstlern, die in der Gegend um Trinità dei Monti wohnen und fast alle zum katholischen Glauben übergetreten sind. Das milde Wesen und die tiefe und aufrichtige Frömmigkeit Friedrichs verfehlen nicht ihre Wirkung auf gleichgesinnte Künstler wie Overbeck und Cornelius.

1819 beteiligt sich der Maler an der ersten Ausstellung der in Rom wirkenden deutschen Künstler, die anläßlich des Besuchs des österreichischen Kaisers in Rom im Palazzo Caffarelli stattfindet, bei dem Monarchen jedoch nur geringes Interesse findet. Friedrich Olivier stellt den Karton für ein später ausgeführtes Ölgemälde aus, der den *Einzug der Familie Noah in die Arche* darstellt (Staatliche Museen, Nationalgalerie, Berlin/DDR). Den Karton hatte er von Wien mitgebracht, wo er sich in dem Jahr vor seiner Romreise fast ausschließlich der Historienmalerei gewidmet hatte. Sein Vorbild hierzu waren die Kartons des manieristischen Malers Jan Vermeyen, die Anfang 1818 in Wien ans Licht gekommen waren und denen die Oliviers besondere Aufmerksamkeit geschenkt hatten: Friedrich hatte daraus zahlreiche Figuren kopiert, die er in seinen späteren Kompositionen zu verwerten gedachte.

Im Sommer 1819 begibt er sich zum ersten Mal in die Sabiner Berge, um die vielgepriesene Landschaft zu studieren. Das Jahr darauf widmet er sich vor allem den *Romansichten,* unter denen die Ausblicke vom Palazzo Caffarelli einen herausragenden Platz einnehmen. In dieser Periode macht sich der Einfluß des Landschafters Horny auf Friedrichs Schaffen besonders bemerkbar. Mit dem Kreis der Nazarener teilt er das Interesse für die Porträtkunst, wie am Beispiel eines *Porträts von Schnorr* (1820; Staatliche Kunstsammlungen, Dresden) zu sehen ist. Dank der Vermittlung Schnorrs erhält er 1820 den bedeutenden Auftrag für eines der neun Altarbilder für den Naumburger Domherrn von Ampach, mit Szenen aus dem Leben Christi. Das Gemälde, das Ende 1821 vollendet ist und *Christus und die Pharisäer mit dem Zinsgroschen* darstellt (Naumburger Dom), ist jedoch von geringerer Qualität als die *Arche Noahs,* wie die offensichtliche Schwierigkeit in der Bewältigung der großen Dimension und die Ausdrucksarmut der einzelnen Figuren zeigen.

In der deutschen Bibliothek im Palazzo Caffarelli, zu deren Gründern Friedrich Olivier gehört, finden auch die Versammlungen des Komponiervereins statt, einer Vereinigung deutscher Künstler, die sich im April 1821 zusammenschließen, um in Gemeinschaftsarbeit eine volkstümliche Bilderbibel herauszugeben. Trotz des anfänglichen Eifers aller Beteiligten löst sich der Verein bereits nach einem Jahr wieder auf, ohne den Plan durchgeführt zu haben. Friedrich Olivier bleibt als einziger dem Vorhaben treu und schließt 1836 ein Werk ab, das fünfzig Vorzeichnungen mit Szenen aus dem Neuen Testament umfaßt und von dem Schweizer H. Merz und dem Dresdner J.C. Thaeter in Kupfer gestochen wird.

Eines der bedeutendsten Werke dieser Jahre, das an das Ende seines Romaufenthaltes fällt, ist das Ölgemälde *Landschaft vor der Porta S. Paolo* (1822; Staatliche Museen, Nationalgalerie, Berlin/DDR). Der Entwurf zu diesem Bild war von Schnorr durch die Einfügung eines Reiters bereichert worden und dies war nicht das erste Mal, daß der Freund Olivier zur Hand gegangen war, da es diesem noch an Geschicklichkeit in technischer Hinsicht fehlt, wie er selbst gesteht. Seine unsichere Stellung – seine Kunst findet außerhalb des Kreises seiner nächsten Freunde kaum Beachtung – veranlaßt Olivier, in die Heimat zurückzukehren. Er hofft, in Dessau eine frei gewordene Stelle als Zeichenlehrer übernehmen zu können, doch muß er sich bis zum Sommer 1824 mit einem bescheidenen Posten in einer schlesischen Provinzstadt begnügen. Nach Wien zurückgekehrt, heiratet er 1825 eine der beiden Stieftöchter Ferdinands, Fanny Heller.

Wie Ferdinand, ist auch Friedrich stark von München angezogen, wo die Brüder auf eine Verbesserung ihrer finanziellen Lage und ihrer künstlerischen Stellung hoffen. Durch die Vermittlung Schnorrs, der mit der anderen Stieftochter Ferdinands verheiratet ist, kann Friedrich 1829 die Reise nach München antreten und mit eigenen Werken an der Ausstellung des Kunstvereins teilnehmen. Außer Historienbildern und italienischen Landschaften stellt er seine berühmte *Italienische Serenade* aus (Staatliche Museen, Nationalgalerie, Berlin/DDR), die er wahrscheinlich noch in Italien unter dem Einfluß Hornys gemalt hatte.

Schnorr beschäftigt ihn in München bei der Freskendekoration in der neuen Residenz des Königs, von der sich Friedrich jedoch bald zurückzieht, da er sich dieser monumentalen Aufgabe nicht gewachsen fühlt. Um 1830 widmet er sich vor allem der *Bilderbibel,* ein Werk, das er gleich nach seiner Rückkehr aus Rom wiederaufgenommen hatte und das von Ernst Förster im ›Kunstblatt‹ Nr. 18 vom 3. März 1835 sehr positiv rezensiert wird. In den vierziger Jahren wendet er sich von neuem der Landschaft zu und findet interessante Motive in der Münchner Umgebung. Auch greift er zurück auf seine italienischen Skizzenbücher, um nach diesen Vorlagen Ölbilder zu malen, wie unter anderem die *Ansicht von S. Sabina auf dem Aventin* (1845; Staatliche Galerie, Dessau). Außer Porträts seiner Kinder und Freunde, ein Genre, in dem seine wahre Stärke liegt, bringt sein Talent weiter keine bedeutenden Werke mehr hervor. 1848 tritt er in die Münchner Bürgerwehr ein und nimmt an der Revolution teil. 1850 kehrt er endgültig in seine Heimatstadt Dessau zurück, wo er von allen vergessen am 5. September 1859 stirbt. *I. S.*

Literatur: s. Ferdinand Olivier.

53

53 Der Kämmerer aus dem Morgenland, 1815

Bleistift, 29,4 x 48,2 cm
Bez. r. u.: »den 20 ten August 1815«
Provenienz: *Nachlaß Overbeck*
Lit. und Ausst.: *Dessau 1930, vgl. Kat. 206; Grote 1938, S. 142, Abb. 83 (Wiener Fassung); Lübeck 1971, Kat. 31*
Museen für Kunst- und Kulturgeschichte der Hansestadt Lübeck, Inv. Nr. AB 127

Im Gegensatz zur ›Taufe des Kämmerers‹, wie sie dem barocken Verständnis vom Einbruch des Übernatürlichen in die reale Welt entsprach, ist hier das entscheidende Ereignis davor in einer exotischen Wanderlandschaft dargestellt: »Und siehe, ein Äthiopier, ein Kämmerer und Würdenträger der Kandace, der äthiopischen Königin, der Verwalter ihres gesamten Schatzes, war zum Gottesdienst nach Jerusalem gekommen und befand sich nun auf dem Heimweg. Er saß auf seinem Wagen und las den Propheten Isaias« (Apostelgesch., Kap. 8). Der Apostel Philippus nähert sich dem Wagen, wie ihm gesagt wird, und wird dem Kämmerer die Stelle im Sinn des Neuen Testamentes auslegen. Noch ist die ereignislose Stille vor der Bekanntschaft dargestellt: Philippus als der ›ewige Erdenwanderer‹ (vgl. diesen Typus bei Olivier, Grote 1938, Abb. 82) geht in der sengenden Sonnenhitze, sein Gesetz gleichsam als Antrieb in sich tragend, seinem ihm vorbestimmten Ziel entgegen, während der Kämmerer im Nachdenken versunken erscheint. Der Kontrast der in sich ruhenden Gestalten, die ihr gemeinsames Schicksal noch nicht ahnen, wirkt um so ergreifender, als die sich unter dem schweren Joch befindenden Ochsen das Schicksal des ›Erdenwanderers‹ fast erschütternd-menschlich in ihrer Ausdruckskraft replizieren. Die innere Distanz alles Dinglichen und das gleichzeitige Aufgehobensein in der Landschaft ist in der Zeichnung ergreifender erfaßt als im Aquarell der Albertina in Wien, das ein Jahr später, 15. Juni 1816, entstanden ist. Abgesehen von diversen Unterschieden ist das Aquarell bildhafter und nähert sich dem Historienbild. *M. K.*

54

54 Villa Borghese

Lavierte Bleistiftzeichnung, 18,2 x 24,9 cm
Bez. u. r.: »in d. Villa Borguese: .... den 23 ten Sept.«
Städtische Kunsthalle, Mannheim

55 Straße in Olevano, 1819

Feder in Braun über Bleistift, 21,6 x 12,5 cm
Bez. auf der Rückseite: »In Olevano; Freitag den 10 t Juli 1819«
Provenienz: *Erworben 1959 als Geschenk der Erben von Dr. Alfred Seyler*
Lit. und Ausst.: *Deusch 1937, Abb. 59; Grote 1938, S. 260, Abb. 175; Bernhard 1974, S. 1043; Jensen 1978, Kat. 65, Abb. 42; Kleßmann 1979, Abb. 57; München 1979/80, Kat. 68, Abb. 32*
Staatliche Graphische Sammlung, München
Inv. Nr. 1959: 31

Wie häufig in den besten Blättern operiert Olivier mit dem Prinzip des ›Einklemmens‹ des optisch relevanten Materials, mit jenem der Sturz-Perspektive bzw. der extremen Raumflucht. Die Gasse mit den Schemen der sich wie Automaten bewegenden Frauen führt in die Tiefe, während dem andererseits die trostlos zerborstenen Treppenstufen entsprechen – an sich ein Vanitas-Bild –, die den ›Weg in die Hölle‹ kennzeichnen, der bezeichnenderweise zum Motiv des verschlossenen Tores führt (vgl. Ferdinand Oliviers zertretene Treppe im *Petersfriedhof*). Überhaupt ist das Blatt nur im Nachhang der Wiener Zeit und des Erlebnisses der herb gesehenen Wiener Vorstadtlandschaft zu verstehen. In Olevano selbst ist es die Begegnung mit Franz Horny – neben den Einflüssen durch den frühen Schnorr –, die zu einer neuen Vergeistigung geführt haben. Fehlte Olivier zwar, wie er später einmal bekannt hat, Fertigkeit und Geschicklichkeit der Hand, so verstand er es andererseits, dieses Manko dadurch auszugleichen, daß er oft unversöhnbar scheinende Gegensätze aufeinanderprallen ließ, wie es die Verbindung von Fluchtraum und Idylle sind: Hierin ist das Blatt auch stärker als das nach 1822 entstandene Bild *Italienisches Ständchen* (Nationalgalerie, Berlin). Dieses ist wohl von der Stimmung her angereichert – ein Lautenspieler, das Liebespaar unter Orangenbaum, verträumt Beobachtende im Mondlicht werden aufgeboten –, hat jedoch gegen die kompromißlose Herbheit jenes Blattes verloren. Die »zeitlose stille Seligkeit« (Grote) in ihrer Verharmlosung kann die artifizielle unterkühlte Romantik der frühen Zeit nicht ersetzen, auch wenn vom Material und den Maßen her (Öl auf Leinwand, 37x26 cm) eine Nobilitierung eingetreten ist. *M. K.*

55

56

56 Ansicht von S. Stefano Rotondo in Rom, 1820

Feder, laviert, 18,5 x 25 cm
Bez. u. l.: »F Olivier«, u. r.: »St. Stefano Rotondo«
Lit. und Ausst.: *Dessau 1930, Nr. 214; Grote 1938, S. 255, vgl. Abb. 162ff.; Düsseldorf 1965/66, Kat. 126; Bernhard 1974, S. 1032; Kleßmann 1979, Abb. 52*
Kunstmuseum, Düsseldorf, Inv. Nr. 19/972

Ein unter verkehrten Vorzeichen stehender Horror vacui läßt die Darstellung zu einer der ›leergefegtesten‹ der Nazarener-Generation um 1820 werden. Der aus frühchristlicher Zeit stammende Rundbau mit dem einfachen Kegeldach (aus dem 5. nachchristlichen Jahrhundert und von Papst Simplizius geweiht) scheint schon allein als Bildgegenstand bzw. als heiligmäßiges Thema Olivier besonders entsprochen zu haben, hatte er doch im Sommer des Jahres 1820 die Absicht, bezeichnenderweise meist sonntags, wohl als eine Art ›Gottesdienst‹, die frühen Kirchen Roms aufzusuchen und zu zeichnen (vgl. auch die *Abtei della Trefontane* an der Via Laurentina vor Rom, 1820). Von der Technik her ist die lavierte Federzeichnung mit einem Blatt von Julius Schnorr *Inneres eines Hofes in Sorrent* (Staatliche Kunstsammlungen, Dresden) zu vergleichen, das ebenfalls 1820 zu datieren ist. Karl Philipp Fohr hat in seiner späten Zeit – man denke etwa an die *Ponte Salario* (abgeb. in Frankfurt 1977, E 35) – diesen ›breiten Stil‹ mit dem Pinsel, allerdings im Aquarell, vorweggenommen. Bestimmend und ergreifend jedoch jenseits jeder genrehaften Anreicherung im Sinne Fohrs oder Schnorrs ist die bedrückende, zeit- und lautlose Leere, die nicht zuletzt durch kahle ungeschmückte Mauern und mangelnde Vegetation evoziert wurde. Hierin sind diese Arbeiten jenseits ihrer zeitlichen Bedingtheit de Chiricos Städtebildern wahlverwandt: als ›Denkmäler‹ tief verschütteten Memento-mori-Empfindens. Olivier sieht in ihnen das nazarenische Italien, »wo selbst die Häuser von den geringsten Leuten einen gewissen Stil haben« (Grote). *M. K.*

57 Auf der Piazza Margana, 1822

Bleistift und Federzeichnung laviert, Sepiafeder
18,3 x 24,8 cm
Bez. u. M.: »Auf der Piazza Margana«
Lit.: *Grote 1938, S. 255, Abb. 165*
Städtische Kunsthalle, Mannheim

57

Während seines römischen Aufenthaltes von Ende 1819 bis 1823 wählte Friedrich Olivier mit Vorliebe die frühchristlichen Kirchen mit ihrem einfachen Äußeren »als hauptsächlichen Hintergrund für seine Straßenansichten« (Grote), aber gleichermaßen faszinierten ihn Ansichten der volkstümlichen Viertel der Stadt, reich an bis dahin unbeachtet gebliebenen Motiven.
Die in unmittelbarer Nähe zur Piazza Venezia und zum Kapitol gelegene Piazza Margana (Olivier wohnte ab November 1819 im Palazzo Caffarelli) erhielt ihren Namen nach der Familie Margani, die hier ihre Besitzungen und ihren Turm – die Torre dei Margani – hatte; fünf Gassen fließen auf dem kleinen Plätzchen zusammen, das mit seinen Häusern und Palästen aus dem 16. bis 18. Jahrhundert eine der »più charatteristiche e raccolte piazzette« in Rom bildet (C. Pietrangeli: Guide rionali di Roma, 24 Rione X-Campitelli, Teil I, Rom 1975, S. 34f.). Olivier stellt den aus einem Gewirr von schmalen turmähnlichen Häusern, Eingängen und der Torre dei Margani bestehenden Komplex, der sich stufenartig an ein rückwärtiges Gebäude anlehnt, in abstrahiert stilisierten Kuben dar.
Durch zwei hohe, dunkel aquarellierte Streifen an den Schmalseiten der Zeichnung verengt der Künstler den Blick auf das reizvolle Häusermosaik. Die menschenleere Piazza wird durch nichts belebt, denn auch die im Profil gegebene, sitzende Staffagefigur – romantischen Rückenfiguren gleich – erlebt nur als neutrale Betrachterin das architektonische ›Bühnenbild‹. »Es ist das nazarenische Italien«, das Friedrich Olivier sah, »wo selbst die Häuser von den geringsten Leuten einen gewissen Stil haben ...« (zit. n. Grote 1938, S. 255).
Farbnotizen auf den Mauern geben an, wie sich der Künstler die Skizze koloristisch ausgeführt dachte.
Stilistisch und stimmungsmäßig verwandt sind: Eine *Ansicht von S. Stefano Rotondo in Rom* aus dem Jahr 1820 (Kunstmuseum, Düsseldorf) (Kat. 56) und eine *Landschaft* (treffender *Stadtlandschaft*), bezeichnet und datiert »Freitag den 7t Juli 1820« (Kunsthalle, Mannheim). *J. H.*

58

58 Gebäude mit Säulenhalle
1818–1822 (?)

Bleistift, 16 x 20,8 cm
Bez.: »OF« (verbunden) auf einem Stein
Provenienz: *Ankauf, von Galerie l'Art Ancien, Zürich 1965*
Lit. und Ausst.: *Zürich 1965, Nr. 17; Bernhard 1974, S. 1025*
Staatliche Museen Preußischer Kulturbesitz Nationalgalerie, Berlin, Inv. Nr. NG 27/65

Die eigentliche Schlüsselfigur der aktionslosen Ein-Mann-Szene, der Hirte in der Campagna, ist in der Absichtslosigkeit des erschöpften mittäglichen Vor-sich-Hinschauens zu einem ›Denkmal‹ einer Locus-amoenus-Situation geworden: Eine neue nichts-wollende Innerlichkeit ersetzt das angestrengt-gerichtete Schauen, das die Romantik im Typus des ›Zeichners in der Landschaft‹ (vgl. etwa Pforrs Typus der *Schneebergreise,* oder Julius Schnorrs Blatt in der Albertina) geprägt hatte. Eine bewußte Leere, die in der spärlichen Vegetation greifbar wird, steht im sichtlichen Kontrast zur Bogenstellung des nobilitierenden Nebengebäudes einer ländlichen fattoria. Olivier bedient sich noch später dieses Gebäudetypus: So in der Darstellung *Maria und Johannes im Garten* (um 1845) und in der *Hl. Familie* (abgeb. bei Grote, Olivier, Abb. 242, 243), nur daß in der späten Zeit der Landschaftsausschnitt weiter gefaßt wurde. Im Versuch, den sitzenden Hirten mit den überkreuzten Beinen in völliger Isoliertheit zur Umwelt (in der er aufgehoben wäre) zu begreifen, steht Olivier vereinzelt da: eine bewußt-schöne Komposition wird absichtlich vermieden und durch die radikale Vereinzelung des Individuums ersetzt. *M. K.*

Johann Friedrich Overbeck

Lübeck 3.7.1789 - Rom 12.11.1869

Friedrich Overbeck, Sohn des als Politiker und Dichter bekannten Christian Adolph, wuchs in einer Umwelt heran, die von evangelischer Frömmigkeit und kulturellen Anregungen beherrscht war. Als Friedrich im Alter von fünfzehn Jahren ein ernsthaftes Interesse an den bildenden Künsten verriet, gestattete ihm sein Vater, nach Überwindung seiner ersten Bestürzung, den Unterricht des klassizistischen Malers J.N. Peroux zu besuchen. Im Jahr 1805 lernte Overbeck durch A. Kestner die Zeichnungen nach Werken italienischer Meister des Trecento und des Quattrocento kennen, welche die Brüder Riepenhausen in Italien angefertigt hatten. Er war davon zutiefst beeindruckt. Diese Werke und die Freundschaft mit Kestner führten zu einer Annäherung an die Welt der Romantik und trugen entscheidend zu seinem Entschluß bei, Maler zu werden. Ein Jahr darauf reist er nach Wien, um die Akademie zu besuchen, die von Heinrich Füger, einem zu dem Kreis von Mengs gehörenden Künstler, geleitet wurde. Overbeck geht mit Eifer und Entschiedenheit an seine Studien, ist aber bald von dem Eklektizismus und den Wiederholungen des akademischen Unterrichts enttäuscht. So durchlebt er eine Periode der Ungewißheit und Frustration, die erst ein Jahr später durch die Freundschaft mit dem Studiengenossen Franz Pforr beendet wird. Die beiden, von denselben künstlerischen Idealen und einer starken geistigen Spannung erfüllten Freunde befreien sich gemeinsam von den akademischen Fesseln und leiten den Reifeprozeß ihrer künstlerischen Persönlichkeiten ein. In diesem Werdegang des Wachstums und der Klärung spielt die Beziehung zu dem Maler Eberhard von Wächter eine wichtige Rolle. Wächter, ein Freund und Nachfolger von Carstens, bestärkt sie in ihrer Stellungnahme gegen die Akademie und drängt darauf, daß sie nach Rom gehen. Schon zu Anfang des Jahres 1808 bekundet Overbeck in zwei Briefen an seinen Vater (Howitt 1886, 1, S.64ff.) die wesentlichen Kriterien seiner Poetik und Formensprache: die religiöse Verpflichtung, den empfindsamen Ton und die Suche nach einem einfachen, ›natürlichen‹ Stil, der gleichzeitig von einer beschwörenden Ausdruckskraft sein soll. Unter solchen Voraussetzungen entstehen Werke wie *Die Auferstehung des Lazarus* (1808; Behnhaus, Lübeck) und *Josephs Traum* (1810, Kat.65), in denen außer der Übereinstimmung mit dem Stil Pforrs der Einfluß der altdeutschen und der italienischen Malerei augenfällig ist, welche Overbeck in den Stichen und Gemälden der Sammlung Liechtenstein und der Galerie des Belvedere entdeckte. Zu ihm und Pforr stoßen im Laufe des Jahres 1808 die Akademiestudenten Ludwig Vogel, Johann Conrad Hottinger, Joseph Wintergerst und Joseph Sutter, die den Widerstand der beiden gegen die offizielle Kunst teilen. Die jungen Maler beschließen, sich mit einer gewissen Regelmäßigkeit zu treffen, um ihre Ideen auszutauschen und ihre Werke dem Urteil aller zu unterwerfen. Im Laufe dieser periodischen Zusammenkünfte bildet sich der Plan zu einer gemeinsamen Verpflichtung heraus, für die Wiedergeburt der Kunst im christlich-nationalen Sinne zu wirken, der im folgenden Jahr in der Institution des ›Lukasbundes‹ Gestalt annimmt.

Als die Akademie, nach der durch die Invasion Napoleons verursachten Unterbrechung, 1810 ihre Kurse für einen zahlenmäßig beschränkten Schülerkreis wiederaufnimmt, gehören Overbeck, Pforr und Vogel zu den Ausgeschlossenen und entscheiden sich für die Abreise nach Italien. Mit ihnen geht auch Hottinger, während Sutter in Wien bleibt und Wintergerst schon nach München zurückgekehrt war. Nachdem die Künstler Venedig, Bologna und Urbino einen Besuch abgestattet hatten, kamen sie im Juni endlich in Rom an, das für sie vor allem die Hauptstadt der christlichen Welt und der großen künstlerischen Tradition des Mittelalters und der Renaissance war, während sie der klassischen Vergangenheit Roms gleichgültig gegenüberstanden. Einige Zeit nach ihrer Ankunft läßt sich die Gruppe in dem verlassenen Kloster von S. Isidoro nieder, was bei dem von den ›Herzensergießungen‹ und den ›Phantasien‹ Wackenroders sowie ›Franz Sternbalds Wanderungen‹ von Tieck beeindruckten Overbeck eine große Freude auslöst, der das gemeinschaftliche, von mönchischen Ideen geprägte Leben als eine unabdingbare Voraussetzung für die Wiedergewinnung der geistigen Reinheit und der Poetik der alten Meister hält. Die der Gemeinschaft angehörenden Maler werden ihrer langen Haare wegen, die zuerst von Overbeck getragen wurden, und ihres frommen und zurückgezogenen Lebens halber bald in Künstlerkreisen bekannt, wo man sie die ›Nazarener‹ nennt.

In der mystischen Atmosphäre von S. Isidoro beweist Overbeck seine Rolle als geistiger Führer der Gruppe und schreibt den Aufsatz ›Drei Wege in der Kunst‹, in dem er den Weg der Natur mit Dürer, den des Sublimen mit Michelangelo und den des Schönen mit Raffael gleichsetzt. Er selbst folgt dem letzten der drei Wege. Nach dem Tode von Pforr im Jahre 1812 durchlebt Overbeck eine tiefe religiöse Krise, die im folgenden Jahr mit seinem Übertritt zum katholischen Glauben ihre Lösung findet. In den Jahren 1816-17 führt Overbeck in der Casa Bartholdy den Freskenzyklus mit *Die sieben mageren Jahre* und *Der Verkauf Josephs durch seine Brüder* aus, in dem er, seine Beziehung zu Raffael und der umbrischen Malerei bestätigend, zur vollen Reife des Ausdrucks gelangt. Noch im Jahr 1817 erhält er den Auftrag, einen Saal des Casino Massimo mit Szenen zu dekorieren, die sich an der Dichtung Tassos, ›Das befreite Jerusalem‹, inspirieren sollen. Für diesen Freskenzyklus entwirft Overbeck einen Figurenkomplex, der von der erzählerischen Beschreibung des Gedichts selbst unabhängig und nur dazu bestimmt ist, den idealen und moralischen Inhalt desselben in einem lyrischen und an symbolischen Anmerkungen reichen Stil hervorzuheben. 1818 heiratet er die Österreicherin Anna Schiffenhuber Hartl, die berühmte ›Nina‹, die er auf dem märchenhaften Fest in der Villa Schultheiss kennengelernt hatte, das anläßlich der Abreise des prinzlichen Mäzens Ludwig von Bayern aus Rom gegeben wurde. Mit ihr und dem kleinen Sohn Alfons zusammen malt er sich in dem *Selbstbildnis mit der Familie* (1820-22; Behnhaus, Lübeck).

Die zwanziger Jahre sind für Overbeck eine Zeit der intensiven Tätigkeit und einer bemerkenswerten religiösen Verpflichtung. Dies ist tatsächlich die Periode, in der sich die Polemik zwischen den ›Trinitisti‹, den Katholiken, die wie Overbeck in der Nähe von Trinità dei Monti wohnen, und den ›Capitolini‹, der Gruppe von Protestanten, die sich im Palazzo Caffarelli auf dem Kapitol zusammenfinden, entzündet. Außer den Fresken des Casino Massimo schafft Overbeck in diesen Jahren zahlreiche andere Werke, darunter *die Auffindung des Moses* (Kunsthalle, Bremen), *Ostermorgen* (Kat. 72) und *Italia und Germania* (Kat. 78), das mit dem Bild *Sulamith und Maria* (Sammlung Schäfer, Schweinfurt) von Pforr eine gewisse Übereinstimmung zeigt. Er schreibt darüber: »Dass ich nun aber gerade die Idee einer Germania und Italia wählte, darüber gibt mein besonderer Standpunkt hier als Deutscher in Italien Aufschluss. Es sind die beiden Elemente gleichsam, die sich allerdings einerseits gegenüberstehen, die aber zu verschmelzen nun einmal meine Aufgabe, wenigstens in der äusseren Form meines Schaffens ist und bleiben soll, und die ich deshalb hier in schöner inniger Befreundung mir denke« (Brief an Wenner vom 31.1.29, zit. in Howitt 1886, I, S. 478-483). 1829 beschließt Overbeck, sich ausschließlich der religiösen Malerei zu widmen, weshalb er die Fertigstellung der Fresken im Casino Massimo Führich anvertraut. Er selbst geht nach Assisi, wo er auf der Fassade der Portiunkula das Fresko vom *Rosenwunder* malt. Von Cornelius und der Freundin Emilie Linder gedrängt, kehrt er 1831 nach Deutschland zurück, wo man ihn überall mit warmer Begeisterung aufnimmt. Aber trotz der vielen Aufforderungen zum Bleiben und der Angebote, bedeutende Aufgaben zu übernehmen, kehrt der Künstler nach Rom zurück, was hauptsächlich den Mahnungen seiner Frau zuzuschreiben ist. In dem folgenden Jahrzehnt widmet Overbeck sich der Ausführung des Bildes *Der Triumph der Religion in den Künsten* (Städelsches Kunstinstitut, Frankfurt a. M.), in dem er die Berufung der Kunst zur Lobpreisung der Religion feiert. 1840 stirbt sein Sohn, was für Overbeck den Beginn einer Periode der Einsamkeit und kulturellen Isolierung bedeutet. Seine Poetik entfernt sich nun immer mehr von den Interessen der jungen Generationen, und sein Werk wird nur noch von einem kleinen Kreis konservativer Katholiken geschätzt. In den letzten zwanzig Jahren seines Lebens ist er vor allem mit den vorbereitenden Arbeiten für das Monumentalwerk *Die sieben Sakramente* beschäftigt, die in einer Serie von Gobelins dargestellt werden sollen, und deren Kartons sich heute in der Vatikanischen Pinakothek befinden. Dort hängen auch die großen, durch Stiche bekannt gewordenen Aquarelle mit den vierzehn Kreuzwegstationen, die er für Pius IX. ausführte. *R. C.*

Literatur: Kestner 1841; Overbeck 1841, S. 163 ff.; Laderchi 1848; Mandolini o. J.; Atkinson 1882; Howitt 1886; Lehr 1924; Heise 1928; Heise 1931, S. 63, 233 ff.; Teupser 1943; Jensen-Overbeck 1963, S. 4, 8.

59

59 Selbstbildnis nach rechts mit der Bibel, 1809

Öl auf Leinwand, 55,5 x 44,5 cm
Bez. l. u. auf einer Tafel: »Joh: Friedr/Overbeck/ 1809«
Provenienz: *1914 durch Vermächtnis der Charlotte Overbeck erworben*
Lit. und Ausst.: *Howitt 1886, S. 400; Lütgendorf 1915, Nr. 407; Brasch 1927, S. 51; Heise 1928, S. 30, Nr. 3; Geller 1952, S. 19; Jensen 1963, S. 36, Nr. 8; Andrews 1964, S. 96; Lindtke 1967, Nr. 119; Bachleitner 1976, S. 18ff.; Lübeck 1976, Nr. 162, S. 99; Frankfurt 1977, D 11, Abb.*
Museen für Kunst und Kulturgeschichte der Hansestadt Lübeck, Inv. Nr. G 54

Im September 1808 war das Bild im wesentlichen vollendet. 1809 malte Overbeck erneut daran und brachte bei dieser Gelegenheit wohl die Signatur an. Das Bild ragt über die Serie kleiner Porträts hinaus, die Overbeck von den Freunden seiner frühen Wiener Zeit gemalt hat. Er baut auf den Vorbildern der bürgerlich aufklärerischen Porträtkunst des späten 18. Jahrhunderts auf: Er stellt sich halbfigurig in Zeittracht in seinem Zimmer dar. In der meditierenden Haltung umschreibt er sein wesentliches künstlerisches Interesse: die Verpflichtung auf religiöse Inhalte und die Darstellung religiöser Stimmungen. Dies war aber für ihn noch nicht alleinbestimmend, wie in seinem späteren Werk, sondern er war noch mit den vorangegangenen klassizistischen Kunst und Bildungsidealen verbunden, die mit den Büchern auf der Kommode und der antikischen Büste verdeutlicht werden sollen. Als erste Formulierung des Themas kann die Zeichnung Overbecks im Hessischen Landesmuseum, Darmstadt, gelten. Daran schließt sich die Vorzeichnung zur Radierung *Selbstbildnis von links mit der Bibel* (Behnhaus, Lübeck). *A. M.*

60 Franz Pforr, 1810

Öl auf Leinwand, 62 x 47 cm
Unbezeichnet
Provenienz: *Bis zum Tode Overbecks 1867 war das Bild in dessen Besitz, 1887 wurde es von der Nationalgalerie erworben.*
Lit. und Ausst.: *Howitt 1886, S. 161; Lehr 1924, S. 194f., S. 326f.; Brasch 1927, S. 51; Geller 1952, Nr. 996; London 1959, Nr. 24; Andrews 1964, S. 98; Bauer 1968, S. 166; Börsch-Supan 1972, S. 30f.; Grote 1972, S. 75; Bachleitner 1976, S. 52; Frankfurt 1977, D 15, Abb.; Paris 1979/80, Nr. 53*
Staatliche Museen Preußischer Kulturbesitz, Nationalgalerie, Berlin, Inv. Nr. A II 381, NG 1002

Overbeck schrieb über dieses Bildnis am 10.10.1810 an Sutter: »... Er steht in altdeutscher Kleidung in einem offenen gotischen Fenster, das mit in Stein gehauenen Verzierungen umgeben und von Weinreben umrankt ist. Man sieht in ein Fenster hinein, an dessen gegenüberliegender Seite im Hintergrunde an einem hohen Fenster ein junges Weib (etwa die Seinige) sitzt, mit Stricken beschäftigt und zugleich in einem geistlichen Buch lesend. Vor ihr, auf einem Tisch stehen Lilien in einem Gefäße und in dem Fenster auf einer Stange sitzt ein Falke; hinten sieht man auf eine gotische Stadt und drüber hinweg auf das Meer. Das ganze soll ihn in der Lage vorstellen, in der er sich am glücklichsten fühlen würde.« Diese Vorstellung geht auf Äußerungen Pforrs aus einem Brief an die Lukasbrüder (Lehr 1924, S. 293) zurück: Er sieht sich als Schlachtenmaler in dem Stübchen mit Bildern aus der Vorzeit an den Wänden und an einem Tisch sitzt eine liebliche, schöne Frau mit Hausarbeit beschäftigt; auch ein Ehebett ist zu sehen. Bei Overbeck erscheint Pforr nicht mehr als Handelnder, sondern füllt statisch nach dem Vorbild der Bildnisse des 15. Jahrhunderts den Bogen. Die Frau spielt durch ihre Haltung an dem Lesepult und die Lilie in der Vase auf die ikonografische Norm für Maria an. Im Hintergrund wird die Italia- und Germania-Problematik erläutert: eine deutsche, gotische Stadt vor einer mediterranen Küstenlandschaft. Aufgrund der nazarenischen Farbsymbolik kommt der madonnenhaften Frau ein sanftmütiges und liebenswürdiges und Pforr ein heiligmäßiges Wesen zu. Overbeck formuliert in diesem Bild seines Freundes Pforr das Ideal eines nazarenischen Künstlers. *A. M.*

60

61

61 Joseph Sutter, 1810

Öl auf Papier, auf Leinwand aufgezogen
18 x 15 cm
Unbezeichnet
Provenienz: *1883 erworben*
Lit. und Ausst.: *Eberlein-Heise 1928, Nr. 7; Heise 1928, Nr. 236; Celle 1949, Nr. 63; Berlin 1968, S. 166; Geller 1952, Nr. 1407; Andrews 1964, S. 72a; Grote 1972, S. 6; Frankfurt 1977, D14*
Staatliche Museen Preußischer Kulturbesitz, Nationalgalerie, Berlin, Inv. Nr. A II 382; NG 1317

Heinrich Bauer (Celle 1949) erkannte in dem Dargestellten Joseph Sutter. Das Bildnis gehört zusammen mit dem von Wintergerst (Kat. 62) und einem weiteren von Hottinger aus der Kunsthalle Bremen zu einer Serie von Freundschaftsbildnissen, die Overbeck in den Anfangsjahren des Lukasbundes, etwa 1810, gemalt hat. In diesem Zusammenhang muß auch noch das Selbstbildnis von Pforr (Kat. 86) und das Bildnis Martinis von Overbeck aus dem Jahr 1809 genannt werden. *G. M.*

62 Joseph Wintergerst, 1810

Öl auf Papier, 16,3 x 12,8 cm
Unbezeichnet
Provenienz: *1909 von J. F. Lahmann geschenkt*
Lit. und Ausst.: *Heise 1928, S. 31, Nr. 8; Eckert 1936, S. 35; Geller 1952, Nr. 1567, Abb. 581; Andrews 1964, Abb. 76b; Krafft-Schümann 1969, S. 264 (mit Bibl.); Paris 1976/77, Nr. 162, Abb.; Frankfurt 1977, D13, Abb.*
Kunsthalle, Hamburg, Inv. Nr. 1231

Dargestellt ist Joseph Wintergerst, Mitbegründer des Lukasbundes. Während Overbeck bei den Porträts des Jahres 1807 und dem Bildnis Martinis aus dem Jahr 1809 eher versucht, das Naturvorbild in seinen malerischen Werten wiederzugeben, abstrahiert er hier zugunsten von Linie und Fläche. Der enge Rahmen, der strenge Gesichtsausdruck und der angehobene Blick, die scharfen Konturen tragen zur konzentrierten Vereinfachung im Hinblick auf eine ideale Gesichtskonstruktion bei. Gleichzeitig wird man an die Anfänge des Individualporträts bei den frühen Niederländern erinnert. Wintergerst erscheint in gleicher Haltung inmitten von Malerfreunden auf dem *Einzug Christi in Jerusalem* (Brief vom 17.2.1810), der 1942 in einer Lübecker Kirche verbrannte. *G. M.*

62

63

63 Bildnis Giovanni Colombo
um 1811

Schwarze Kreide auf grauem Papier
18,8 x 13,1 cm
Unbezeichnet
Provenienz: *Erworben 1931*
Lit. und Ausst.: *Howitt 1886, I, S. 149-151 und passim; Jensen-Zeichnungen 1963, Nr. 122; Lübeck 1971, Nr. 38*
Museen für Kunst und Kulturgeschichte der Hansestadt Lübeck, Inv. Nr. 1931/191

Giovanni Colombo wurde um 1784 bei Brescia geboren und starb am 19. Februar 1853 in Rom. Erste Ausbildung seit 1804 an der Akademie in Wien, dann Rückkehr nach Italien und 1810 in Rom, wo er als einziger Italiener Mitglied des Lukasbundes wird. Lebt 1811-12 mit Overbeck zusammen im Kloster S. Isidoro. Werke von ihm sind kaum bekannt. Er hilft Overbeck bei den Vorbereitungen für die Wandbilder im Casino Massimo und malt selbst 1817/18 eine Freskolunette im Museo Chiaramonti des Vatikan, welche das Aufgehen der archäologischen Akademie zu Rom in der Accademia di S. Luca zeigt. Später hauptsächlich als Gemälderestaurator tätig.
Overbeck schätzte an Colombo »seine Liebe zur Bibel, sowie sein anspruchsloses Wesen« (Brief an den Bruder, 19. Juli 1810). Er hält ihn für einen tüchtigen Zeichner, obwohl »nicht ganz rein von akademischen Ansichten« (ebenda), die ihm wohl durch Wächter vermittelt waren, mit dem er auch korrespondierte. Nach Auskunft von Cornelius ist Colombo »ein strenger Katholik und einer der edelsten Italiener nach altem Schlag. Er spricht gut deutsch und besitzt ein sehr grosses Kunsttalent« (Brief an Mosler, März 1812). *G. M.*

64

64 Dürer und Raffael vor dem Throne der Kunst, um 1810

Bleistift, 25,5 x 20 cm
Unbezeichnet
Provenienz: *Privatsammlung*
Lit. und Ausst.: *Hinz 1971, S. 17ff.;*
Paris 1979/80, Nr. 52 (für Pforr)
Graphische Sammlung Albertina, Wien
Inv. Nr. 23.694

Sich direkt auf Wackenroders ›Herzensergießungen eines kunstliebenden Klosterbruders‹ beziehend, zeigt Overbeck Raffael (links) und Dürer (rechts) vor dem – neugotischen – Thron der christlichen Kunst kniend, der sie sich weihen. Diese ist als weibliche Allegorie mit Bischofsstab und Buch gegeben, um den Helm trägt sie die Dornenkrone, auf der Brust das Kreuz. Sie nimmt das Bild des zu ihr aufblickenden Dürer, eine herbe Kreuzigung, entgegen. Raffael dagegen hält ein sanftes Madonnenbild in der Linken, während er die Rechte Dürer reicht, so sich an die Idee der Kunst als Gottesdienst anschließend. Hinter Raffael, der sowohl mädchen- als auch knabenhafte Züge trägt, gewahrt man Rom (= Italien), hinter dem betont männlichen Dürer Nürnberg (= Deutschland). Das Heilige Römische Reich Deutscher Nation, soeben durch Napoleon endgültig aufgelöst, ersteht hier im Kunsttraum der Nazarener neu.

Das programmatische Blatt dürfte 1810 in Rom entstanden sein, zeitgleich mit der Zeichnung Pforrs zum selben Thema, die sich in einem Kupferstich von Karl Hoff (ca. 1832–35) erhalten hat. *G. M.*

65 Josephs Traum, 1810

Bleistift, 21,8 x 23 cm
Bez. auf der Rückseite: »Overbeck, aus seiner Jugend, durch Veit erhalten«
Lit. und Ausst.: *Der Wagen 1940, Abb. S. 137;*
Düsseldorf 1965/66, Nr. 137
Kunstmuseum, Düsseldorf, Inv. Nr. 21/65

Vorzeichnung für das gleichnamige Ölbild (Kat. 66). *S. M.*

66 Josephs Traum, 1810

Öl auf Leinwand, 22,3 x 32,2 cm
Provenienz: *1914 von Charlotte Overbeck vermacht*
Lit. und Ausst.: *Howitt 1886, I, S. 119, II, S. 400; Lübeck 1926, Nr. 224; Leipzig 1926, Nr. 312; Heise 1928, Nr. 4; Deusch 1937, Abb. 45; Basel 1949, Nr. 53; Kiel 1956, Nr. 67; London 1959, Nr. 275; Jensen 1963, S. 18f., 38, Nr. 11, Abb. 12; Andrews 1964, S. 97, Nr. 14c, 78c; Lindtke 1967, Nr. 121;; Lübeck 1976, Nr. 164; Paris 1976, Nr. 161, Abb.; Frankfurt 1977, B 8, Abb. S. 71; Einem 1978, S. 115, Abb. 111.*
Museen für Kunst und Kulturgeschichte der Hansestadt Lübeck, Inv. Nr. G 392

Das kleine Bildchen stellt nach Matthäus 2,13 dar, wie der Engel Joseph auffordert, vor Herodes' Zorn mit Frau und Kind nach Ägypten zu fliehen. Die reizende Ungeschicklichkeit in der Behandlung der Raumperspektive, eine gewisse hölzerne Steifheit der Figuren und die Wolke, die den lichtumflossenen Himmelsboten trägt, erinnern an den naiven Malstil volkstümlicher Votivtafeln, auf denen das Übersinnliche in ähnlich kompakter Weise gegenwärtig ist. Dem norddeutschen Protestanten Overbeck mag diese populäre Malerei in Wien besonders aufgefallen sein.
Durch die Fensteröffnung hinter dem Engel sieht man die Silhouetten der morgenländischen Könige davonreiten, die kurz zuvor von ihm gewarnt worden waren. Keith Andrews hat als formale Quelle einen Stich von Raphael Sadeler aufgefunden (Andrews 1964, 78c), der in ›Bavaria Sancta‹ von Matthaeus Raderus erschienen ist (München 1615-1628, 4 Bde.). Er schildert in frappierend ähnlicher Komposition, wie Wilhelm der Pilger dem Grafen Albert von Bogen im Traum erscheint und ihn auffordert, als Dank für seine wiedererlangte Gesundheit Kloster Windberg zu gründen. Daß niederländische und flämische Andachtsgraphik des 16. und 17. Jahrhunderts auch noch in späterer Zeit auf Overbeck anregend wirkte, wies Henri Dorra mit verschiedenen Bildvergleichen nach (Dorra 1973, S. 3-6).
Besondere Zärtlichkeit verwandte der junge Künstler auf Mutter und Kind, denn das im April/Mai 1810 kurz vor der Abreise nach Rom noch in Wien gemalte Bildchen war als Gabe für die Schwester Charlotte gedacht, um sie über den Tod ihres ersten Kindes zu trösten. Er schickte es am 15. Mai 1810 nach Lübeck ab. *S. M.*

65

66

67

67 Madonna vor der Mauer, 1811

Öl auf Holz, 33,5 x 23 cm
Auf der Rückseite Emblem des Lukasbundes, Palme und »Roma 1811«
Provenienz: *Nachlaß Charlotte Overbeck, 1914*
Lit. und Ausst.: *Howitt 1886, I, S. 171, 176, 223; Jensen-Overbeck 1963, S. 19-21, 38-39; Lübeck 1976, Nr. 165.*
Museen für Kunst und Kulturgeschichte der Hansestadt Lübeck, Inv. Nr. G 296

Das Werk wurde im Herbst 1811 in Rom ausgeführt. Am 14. September notiert Overbeck in sein Tagebuch den Vorsatz, »vor allem aber mein kleines Madonnenbildchen zu vollenden«. Unter dem 16. Oktober desselben Jahres wird der Abschluß des Werkes angezeigt. Während dem letzten Weihnachtsfest mit Pforr wurde das Bild »mit Laubwerk verziert auf einen erleuchteten Tisch gestellt, auf dem für jeden von uns Geschenke lagen«. Durch die Vermittlung seines Sohnes Johannes erwarb Bankier Simon Veit in Berlin das Gemälde für zwanzig Dukaten und machte es später dem Vater des Künstlers zum Geschenk. Eine vorbereitende Zeichnung wird im Kupferstichkabinett der Staatlichen Kunstsammlungen Dresden (Inv. Nr. C 1937-505) aufbewahrt.

Es ist ein zartsinniges und nach innen gewandtes Werk von stiller Gläubigkeit. Alle Aufmerksamkeit richtet sich auf die Mutter Gottes. Ihre Gestalt wurde aus dem Kopf entworfen, denn schon in Wien hatte Overbeck beschlossen, ohne weibliche Modelle zu arbeiten, um nicht bestimmter feiner Empfindungen verlustig zu gehen. Das Ergebnis ist eine gewisse Unausgeglichenheit der Proportionen zwischen Beinen und Büste. Die Linien, welche die Figur einschließen, bilden eine Pyramide. Die leichte, durchsichtige Farbgebung lehnt sich an die Malerei des Quattrocento an. Die anmutige Landschaft zur Linken steht der Art des Perugino nahe.

Darstellungen der Madonna mit dem schlafenden Jesuskind im Schoß sind sehr selten und stellen Präfigurationen der Passion wie der Pietà dar, um so mehr, als der Knabe eine Passionsblume in der Hand hält. *G. M.*

68 Anbetung der Könige, 1811

Lavierte Federzeichnung auf Pergament 16,7 x 22 cm
Provenienz: *Nachlaß Rehbenitz*
Lit. und Ausst.: *Howitt, I, S. 221 f.; Jensen-Zeichnungen 1963, Nr. 121, Abb. S. 34; Lübeck 1971, Nr. 37*
Museen für Kunst und Kulturgeschichte der Hansestadt Lübeck, Inv. Nr. 1948/12

Als Karoline von Bayern am 16. Dezember 1811 bei Overbeck ein Bild bestellen ließ, wählte er als Thema die Anbetung der Könige, glücklich, diesen »Lieblingsgegenstand für eine fromme, kunstliebende Königin« malen zu können. Die Zeichnung war bereits fertig und fand den Beifall der Auftraggeberin. Die Komposition subsumiert niederländische, deutsche und italienische Gestaltungen des Themas, ohne sich an eine bestimmte Vorlage sklavisch zu halten. Immerhin glaubt man Dürers Vorbild herauszuspüren. Der mittlere König hingegen weist eine vage Ähnlichkeit mit Leonardos berühmtem Selbstbildnis auf, einer Rötelzeichnung von 1511/13 in der Turiner Biblioteca Reale, während der kniende Weise und sogar Joseph florentinischen Fassungen des Themas verpflichtet erscheinen, etwa Gentile da Fabriano oder Leonardos *Epiphanie* von 1481/82 in den Uffizien. Das Motiv des von außerhalb zuschauenden Zeugen – hier ein melancholischer Joseph – kann niederländischen Formulierungen entnommen sein. Mutter und Kind werden durch den überraschenden Hintergrund der nackten Ziegelwand gebührend herausgehoben, eine Lösung, die auch Overbecks *Madonna vor der Mauer* (Kat. 67) aus dem gleichen Jahr gegen ablenkende Einzelheiten abschirmt.

Den Orient suggerieren ein Dromedar und ein Kamel. Ikonographisch fällt auf, daß zwar die traditionellen drei Lebensalter der Morgenländer in etwa gewahrt sind, aber den obligaten Mohrenkönig scheint Overbeck als zu pittoresk aufgegeben zu haben. Die spektakulär aufgehende Sonne im Hintergrund ist ein Symbol des neugeborenen Erlösers.

Das 1813 vollendete Ölbild, heute in der Kunsthalle Hamburg, ist nicht nur seitenverkehrt ausgeführt, sondern weist auch sonst beträchtliche Änderungen in Architektur und Staffage auf. *S. M.*

68

69

69 Verkündigung und Heimsuchung 1814

Bleistift, 30,4 x 40,8 cm
Bez. r. u. mit Ligatur: »FO 1814«
Provenienz: *1831 von Emilie Linder beim Künstler erworben und 1867 dem Basler Museum vermacht*
Lit. und Ausst.: *Howitt 1886, I, S. 473f., II, S. 405, 413; Lübeck 1926, Nr. 273; Heise 1928, Nr. 21; London 1959, Nr. 793; Jent 1970, S. 54f. und Anhang S. 28, 30; Frankfurt 1977, C 16, Abb. S. 134; Schuster 1978, S. 57f. Abb. 30*
Kunstmuseum, Basel, Inv. Nr. 1867.52

Die beiden Szenen des Diptychons werden nach Usancen des 15. Jahrhunderts von einem Architekturrahmen zusammengefaßt. Er ist im zarten Buchillustrationsstil gehalten, der sich an den Randleisten des Dürerschen Gebetbuchs für Kaiser Maximilian von 1515 inspiriert haben mag (Gottvater!). Nepomuk Strixner hatte diese 1808 in München lithographiert und somit allgemein zugänglich gemacht.

Die *Verkündigung*, mit den traditionellen Attributen der Lilienvase und des *hortus conclusus* – beides Symbole der Jungfräulichkeit –, ist links von einem Ziehbrunnen und einer italienischen Kirche mit offenem Glockenturm begrenzt. Das überaus seltene Motiv, daß Joseph, der künftige Nährvater, den verschlossenen Garten pflegt und begießt, ist möglicherweise ein sinnreicher Einfall Overbecks. Die Anwesenheit Josephs im Verkündigungsgärtlein läßt sich nur einmal auf der Annunziatatafel des Meisters von Sainte Gudule um 1500 nachweisen (Musée Royal d'Art Ancien; abgeb. in Wyss 1973, Abb. 32). Joseph spielt auch bei der *Heimsuchung* eine aktive Rolle als Begleiter beim Gang zur Base Elisabeth. Sogar in den kleinen Rahmenszenen ist er – seiner Bedeutung im 19. Jahrhundert entsprechend – noch zweimal vertreten: in der Mitte unten bei der Vermählung mit Maria, rechts daneben erklärt ihm ein Engel im Traum die jungfräuliche Mutterschaft. Ob die Ruine im Hintergrund der *Heimsuchung* und der Weinstock über den beiden Frauen symbolisch zu deuten sind, mag dahingestellt bleiben. Mit Sicherheit sind die Trauben auf dem mittleren Rahmen, über dem Gottvater mit der Heilig-Geist-Taube thront, auf Christus zu beziehen.

Die konventionellen Figuren geben den beiden Guckkastenszenen eine Blässe und Melancholie, die den Betrachter abkühlt. Die Bleistiftzeichnung ist eine Vorarbeit zu einem Aquarell von 1816 für den Hamburger Kaufmann Nolte, das sich heute in Mexiko befindet (Jent spricht von einem Gemälde). Die beiden Szenen wurden häufig reproduziert und als populäre Andachtsgraphik oder religiöser Wandschmuck verbreitet, und das nicht nur in Deutschland, sondern beispielsweise auch in Frankreich. Als kolorierte Kreidelithographie von Julien Jacot gab sie um 1860 der Pariser Verlag Jules Basset heraus (abgeb. in: Ausst.-Kat. Bürgerliches Wandbild 1840-1920 von Christa Pieske, Wanderausstellung 1975/76, Nr. 110, farb. Abb. S. 72). *S. M.*

70

70 Tod des Leonardo da Vinci, 1816
Bleistift, 33,2 x 41,3 cm
Provenienz: *1831 von Emilie Linder beim Künstler erworben und 1860 dem Basler Museum vermacht*
Lit. und Ausst.: *Howitt 1886, II, S. 405; Andrews 1964, S. 103-104, Abb. 24b; Jent 1970, S. 54ff. und Anhang II, S. 28; Paris 1976/77, Nr. 163, Abb.*
Kunstmuseum, Basel, Inv. Nr. 1860.41

Leonardo da Vinci war 1517 von Franz I. von Frankreich nach Amboise eingeladen worden, wo er, wie Vasari berichtet, zwei Jahre später in den Armen des Königs starb. Während das Thema der französischen Akademie im 18. Jahrhundert verschiedentlich als Übung in »gotischen Kostümen« vorgelegt wurde, war es in der deutschen Kunst ungewöhnlich. Overbeck wurde zu dem Stoff durch die 1797 erschienenen ›Herzensergießungen eines kunstliebenden Klosterbruders‹ von Wackenroder und Tieck angeregt, worin Leonardo als Muster des »kunstreichen und tiefgelehrten Künstlers« erscheint. Sein Tod wird nach Vasari geschildert: »Der König besuchte ihn fleißig in seiner Krankheit und bezeigte sich sehr besorgt um ihn. Als er einst auch zu ihm kam, an sein Lager trat und der alte Mann sich im Bett aufrichten wollte, um dem Könige für seine Gnade zu danken, ward er unvermerkt von einer Schwachheit überfallen, – der König unterstützte ihn mit seinen Armen, – aber der Atem ging ihm aus, – und der Geist, der so viele und grosse Dinge gewirkt hatte, welche noch jetzt in ihrer Vollkommenheit bestehen, war durch einen einzigen Hauch, wie ein Blatt von der Erde, weggeweht.« – Dann wird die Künstlerlegende zu Apotheose: »Wenn der Glanz der Kronen das Licht ist, welches das Gedeihen der Künste vorzüglich befördert, so kann man die Szene, die am Ende von Leonardos Leben steht, gewissermaßen als eine Apotheose des Künstlers ansehen; in den Augen der Welt wenigstens mußte es für alle Taten des großen Mannes ein würdiger Lohn erscheinen, in den Armen eines Königs zu erblassen.«
Dies Verhältnis zwischen Künstler und ihn verehrendem Herrscher läßt erahnen, welche Hoffnungen die Nazarener in den späteren König Ludwig I. von Bayern setzen mochten. Der Priester rechts, der Leonardo das Sterbesakrament gebracht hat, besiegelt darüber hinaus die von Overbeck verkündete Einheit von Kunst und Religion. An dieser Überhöhung wirkt im Sinne einer Pathosformel auch die Vorbildszene, nämlich der *Tod der Maria* in Albrecht Dürers Holzschnittfolge *Das Marienleben* (1510) mit; allerdings ist sie monumental vereinfacht und in eine Kirche der französischen Frührenaissance verlegt.
Zwei Jahre nach Overbecks Zeichnung bestellte der französische Gesandte, Comte de Blacas, bei Ingres ein Gemälde zum gleichen Thema (Petit Palais, Paris), das im Troubadourstil ausgeführt wurde. *G. M.*

71 Ruth und Boas, 1818

Bleistift, 13,5 x 19,6 cm
Bez.: »FO (monogrammiert) 1818«
Provenienz: *1915 aus dem Nachlaß Overbecks*
Lit. und Ausst.: *Howitt 1886, I, S. 439f., II, S. 406; Heise 1928, Kat. Nr. 184 (als Ferd. Olivier); Heise 1959, Abb. 32 (als Ferd. Olivier); Jensen 1962, S. 363ff.; Jensen 1966; Bernhard 1974, S. 1090; Lübeck 1976, Nr. 125; Frankfurt 1977, E51*
Museen für Kunst und Kulturgeschichte der Hansestadt Lübeck, Inv. Nr. AB 224

Dargestellt ist die bei den Nazarenern beliebte (vgl. Frankfurt 1977, E73) alttestamentarische Geschichte der Ruth, die Ähren auf dem Feld des Boas sammelt. Overbeck hat das bildmäßig ausgeführte Blatt 1819 an seine Eltern in Lübeck gesandt. In einem Begleitbrief bezeichnete er Nina Schiffenhuber, die in dem Jahr zuvor seine Frau geworden war, als Modell für die Ruthfigur (vgl. Frankfurt 1977, E50). Die Gebäude links von Boas meinen offenbar ein italienisches Bergstädtchen; die der Ruth (= Nina Schiffenhuber) rechts zugeordnete gotisch-deutsche Stadt könnte Wien sein, die Stadt also, aus der Overbecks junge Frau stammte. Über das darin anklingende Germania-Italia-Motiv hinaus, hat Overbeck somit wahrscheinlich in der Begegnung von Ruth und Boas den allgemein-menschlichen Aspekt gesehen, der sie als Gegenstand eines Hochzeitbildchens geeignet erscheinen ließ.
Wie die Zeichnungen Overbecks dieser Zeit allgemein, weist auch diese äußerste Verhaltenheit im Ausdruck auf. Das wird nicht zuletzt durch den ›altdeutschen‹ Charakter, der bei Overbeck im zweiten Jahrzehnt stark ist, verursacht. Körperauffassung, Bodenformation, die vereinzelten Gewächse im Vordergrund, auch das Monogrammtäfelchen sind typisch für diese ›altdeutsche‹ Haltung, die in späteren Jahren einer ausschließlich an der italienischen Malerei der Hochrenaissance orientierten Sehweise weicht (vgl. Frankfurt 1977, E54). *P. M. – M. S.*

72 Ostermorgen, um 1818

Öl auf Leinwand, 131 x 102 cm
Lit. und Ausst.: *Howitt 1886, I, S. 413f., II, S. 404; Berlin 1906, Nr. 1295; Düsseldorf 1909, Nr. 451 a; Düsseldorf 1922, Nr. 972; Lübeck 1926, Nr. 230; Heise 1928, Nrn. 15, 15a (Detail); Hamburg 1937, Nr. 88; Peters 1955, Nr. 43, Abb.; Brüssel 1958, Nr. 99, Abb. 78; London 1959, Nr. 277; Verbeek 1965, S. 297f., Abb. 68; Düsseldorf 1968, Nr. 4236, Abb. 98; Einem, S. 120, Abb. 109*
Kunstmuseum, Düsseldorf, Inv. Nr. 4236

Schon 1813 wollte Overbeck dieses Thema für den Vater seines Schweizer Malerfreundes Ludwig Vogel gestalten, der ihm ein Bild in Auftrag gegeben hatte. Damals scheiterte er und konnte nicht nochmals von neuem beginnen, »denn es schien mir schon in der ganzen Anordnung zu liegen, und ich meinte, jeder müßte darin erkennen, daß ich hier hatte der Raphaelischen Composition ausweichen wollen, dort der von Dürer, dort wieder der von Pforr, die ich beständig vor Augen hatte ...«, schreibt er am 26. Mai 1814 an Vogel in Zürich (Howitt 1886, I, S. 324f., vgl. auch S. 213, 313, 336, 356).
1817 wagt er sich, seiner »großen Vorliebe für den Gegenstand« wegen, erneut an einen Christus, der Magdalena im Garten erscheint, wie Johannes 20,1 ff. erzählt. Es ist der Augenblick, da Magdalena den Auferstandenen erkennt. Beide zeigen einen gesammelten Ernst, der die Distanz, die sie fortan trennt, erkennen läßt. Von den liebenswürdigen Verspieltheiten früherer Darstellungen, auf denen Christus als Gärtner verkleidet erscheint, hat Overbeck nichts übernommen. Er betont die Unerhörtheit des Augenblicks, die Intensität der Begegnung und die Göttlichkeit Jesu. Das nazarenische Heilandsbild ist voll ausgebildet. Dieser schlanke, hochgewachsene Christus im karmesinroten Mantel, dessen Körper nicht einmal von Wundmalen entstellt ist, mit langem, fließendem Haar, zartem, blondem Bart, einem schmalem, friedfertigen Antlitz voll milder Schönheit und sanft-entschlossenem Ausdruck wird für die offizielle Kirchenkunst – zumindest in Deutschland – das ganze 19. Jahrhundert hindurch verbindlich bleiben.
Die Szene spielt am frühen Morgen »da es noch finster war«. Schwarz und massiv begrenzen Fels und Bäume die Begegnung. Nur allmählich lösen sich die Nebel der weiten Landschaft, deren Einzelheiten noch verschwimmen. Petrus und Johannes haben das leere Grab gesehen und eilen, diese Botschaft den andern Jüngern zu bringen. Ockerfarben und zinnoberrot heben sich ihre Gestalten leuchtend vom Hintergrund ab. Ihre geistige Spannung überträgt sich auf den Betrachter. Mit diesem sehr spirituellen Ostermorgen ist Overbeck eines seiner schönsten, überzeugendsten Andachtsbilder geglückt. *S. M.*

71

72

73

74

73 Madonna mit Kind

Öl auf Holz, 65,8 x 47,1 cm
Bez. auf der Rückseite des Rahmens: »Friedrich Overbeck: Maria col Bambino«
Provenienz: *Sammlung des Bildhauers Bertel Thorvaldsen*
Lit. und Ausst.: *Howitt 1886, II, S. 402; Lindtke 1964, S. 89; Kopenhagen 1975, S. 220; Frankfurt 1977, C 18, Abb.*
Thorvaldsens Museum, Kopenhagen
Inv. Nr. B 136

Die in der Haltung vergegenwärtigte innige Beziehung zwischen Maria und dem Jesuskind wird durch die zurückhaltende Farbigkeit und die Formgebung ihrer menschlich-intimen Qualität beraubt, z.B. durch die blockhaft erscheinenden Körperformen, die starren Faltensysteme des Gewandes, die glatten Gesichtszüge. Die Madonna besaß für Overbeck wie für die meisten Nazarener eine hohe Symbolkraft: »Sie ist daher das Bild der wahren Weiblichkeit selbst, weil in ihr Mutter und Jungfrau Ein Wesen ausmachen; und jedes wahrhaft weibliche Wesen ist der Madonna darin gleich« (Quandt 1819, S. 198). Die zahlreichen Darstellungen bezeugen, wie die Künstler die sozialen Erwartungen an Eigenschaften und Verhaltensweisen der Frau auch durch den religiösen Anspruch zu unterstützen versuchten.
Laut Howitt ist das Bild vor 1819 entstanden, da es in diesem Jahr in Rom ausgestellt war. *E. S.*

74 Die Predigt Johannes des Täufers

Bleistift, Feder, 37,3 x 83,5 cm
Unbezeichnet
Lit. und Ausst.: *Frankfurt 1977, A 3, Abb.*
Sammlung Keith Andrews, Edinburgh

»Die Quelle der Poesie für die alten Maler ... war die Religion, wie beim Angelico, beim Perugino«, schrieb Friedrich Schlegel. Overbeck, der sich im dritten Jahrzehnt von der altdeutschen Malerei immer mehr der italienischen Frührenaissance zuwendet, zeichnet 1823 in Perugia nach Predellenbildern Peruginos für die dortige Kirche S. Agostino. Es geht um die Darstellung des freien Raums mit der kreisförmig angeordneten Gruppe der Zuhörer. Der scharfe Linienstil Overbecks vereinzelt die Figuren zu lauter Modellstudien, während sie auf dem Original durch Bewegung und plastisch-malerische Nuancierung in einer Art Reigen verbunden sind. Der predigende Täufer im Zentrum steht wie auf einem Denkmalssockel. Auch die skulptural aufgefaßten Gestalten im Kreis um ihn muten wie Standplastiken an; gegenüber Perugino ist eine verhärtende (und erkaltende) Monumentalisierung unverkennbar. *G. M.*

75

75 Auffindung des Mosesknaben um 1824

Bleistift und Kreide, 43 x 57,3 cm
Provenienz: *Seit 1831 im Besitz von Emilie Linder und 1867 dem Museum vermacht*
Lit. und Ausst.: *Howitt 1886, I, S. 475f., II, S. 407, 413; Lübeck 1926, Nr. 272; Heise 1928, Nr. 26; Fischer 1951, S. 426f., Abb. 370; Jensen – Zeichnungen 1963; Jent 1970, S. 54f. und Anhang II, S. 29; Bremen 1975*
Kunstmuseum, Basel, Inv. Nr. 1867.29

Der Bildaufbau folgt hier dem gleichen Schema, das Overbeck auf seinen diversen Fassungen der *Auferweckung des Lazarus* benutzt hat (Inv.Nr. G 66, Behnhaus, Lübeck, 1808; mehr noch die Zeichnung im Besitz von Keith Andrews, um 1815, abgeb. in Frankfurt 1977, B 7, S. 71). Aufrecht wie Christus inmitten seiner Freunde in Bethanien steht hier die Tochter des Pharao zwischen ihren knienden oder niedergebeugten Gespielinnen. Der im Binsenkörbchen aufgefundene Mosesknabe, der auf des Pharao Befehl wie alle männlichen Nachkommen der gefangenen Juden im Nil hätte ertränkt werden müssen, rührt die Mädchen, so daß er – wie später Christus dem Kindermord – dem grausamen Verdikt entschlüpfen wird (2 Moses 2/3 ff.). Rechts hinten wagt sich seine Schwester Mirjam, die versteckt alles beobachtet hat, hervor, um sein weiteres Schicksal zu erlauschen. Die sehr körperhaft modellierte, liebliche Zeichnung ist der Entwurf für ein 1824 fertiggestelltes Ölbild auf Holz, das 1820 von J.H. Albers in Bremen bestellt worden war (Inv.Nr. 102-1856, Kunsthalle Bremen, abgeb. in Frankfurt 1977, C 19, S. 137). Die Studie kam 1831 in den Besitz von Emilie Linder, die sie 1867 dem Basler Museum vermachte. *S. M.*

76 Abraham und die drei Engel um 1822/24

Lavierte Federzeichnung über Bleistift
56,5 x 67 cm
Provenienz: *J. Wiedemann, 1950*
Lit.: *Jensen-Zeichnungen 1963, Nr. 128, Abb. S. 41*
Museen für Kunst und Kulturgeschichte der Hansestadt Lübeck, Inv. Nr. 1950/89

Die drei Engel, die nach Genesis 18/1-16 Abraham zur Mittagszeit erschienen, »da der Tag am heißesten war«, verhießen dem hochbetagten Ehepaar den Sohn Isaak. In der westlichen Kunst wird diese Szene als Präfiguration der Verkündigung an Maria interpretiert. Mittagsglut und Verkündigungsgestus stellt auch Overbeck besonders heraus. Links im Hintergrund die mächtige, schattenspendende Eiche mit dem Tisch, an dem der Patriarch die drei Engel – Sinnbild der Trinität – bewirten wird. Sara, ins Haus geschickt, um das Mahl zu bereiten, zweifelt an der so späten Fruchtbarkeit. Besonders reizvoll ist die botanische Varietät des Hains von Mamre.

S. M.

76

77

77 Sulamith und Maria, 1812

Schwarze Kreide und Kohle auf Karton
91,7 x 102,2 cm
Provenienz: *Erworben 1928 aus römischem Privatbesitz*
Lit. und Ausst.: *Howitt 1886, 1, S. 178, 181, 197, 226; Heise 1959, S. 38f., Abb. 21; Jensen-Overbeck 1963, S. 39, Nr. 13, Abb. 14; Jensen-Zeichnungen 1963, Nr. 123; Nürnberg 1966, S. 83, unter Nr. 114; Lübeck 1976, Nr. 166; Frankfurt 1977, B 9, Abb. S. 71; Düsseldorf 1979, Nr. 179, Abb. S. 415*
Museen für Kunst und Kulturgeschichte der Hansestadt Lübeck, Inv. Nr. AB 126

Karton für *Italia und Germania*. Links hinter Sulamith erkennt man den Brautzug der Doppelhochzeit, so wie ihn Pforrs Legende schildert. Ein bekränzter Jüngling mit Pforrs Zügen ist neben dem Priester am deutlichsten zu sehen (vgl. Geller 1952, Nr. 954). Dieses später aufgegebene Motiv findet sich noch auf der Ölskizze der Sammlung Schäfer.

Eine bislang unbeachtete Entwurfszeichnung (siehe Abb. unten) befindet sich in amerikanischem Museumsbesitz. Obschon sie nur wenig mehr als die Hälfte des obigen Kartons mißt, scheint sie doch die Originalmaße aufzuweisen, denn – von flüchtig angedeuteten Oberkörpern abgesehen – zeigt sie nur eine Kopfstudie der beiden Mädchen. Im Profil der Maria-Germania ist das ingreske Element fast noch stärker als im fertigen Gemälde betont. Dabei sei erinnert, daß gerade im Herbst 1811 Ingres' *Jupiter und Thetis* fertig geworden und in seinem Atelier in der Via Gregoriana ausgestellt war, wo ohne Zweifel auch Overbeck die fast gerade Nasenstirnlinie der Thetis hatte sehen können.

Mehr als die Germania weicht die madonnenhafte Sulamith-Italia mit lang herabfallenden Locken, zwei schweren Perlen in den Ohren und einem vollen, großflächigen Gesicht von der Endfassung ab (vgl. Abb. S. 9). Ihre Züge lassen sich mit denen der *Madonna vor der Mauer* (Kat. 67) von 1811 vergleichen. *S. M.*

Overbeck, *Studie für Sulamith und Maria*

78

78 Italia und Germania, 1811–1820

Öl auf Leinwand, 94 x 104,3 cm
Provenienz: *1833 von Ludwig I. von Bayern erworben*
Lit. und Ausst.: *Pforr 1927, S. 51 ff.; Howitt 1886, I, S. 178, 180f., 195f., 226, 235, 387, 478ff., II, S. 411; Lübeck 1926, Nr. 246; Heise 1928, Nr. 13; Teupser 1943; Lankheit 1952, S. 130ff., Abb. 29; Andrews 1964, S. 27f., 92, farb. Abb. 3; Andrews 1967, S. 13, farb. Abb. IX; Baumgart 1974, S. 214, Abb. 132; Bachleitner 1976, S. 53ff.; Mittlmeier 1977, S. 180, Nr. 59; Einem 1978, S. 120, Abb. 112*
Bayerische Staatsgemäldesammlungen, München
Inv. Nr. WAF 755

Im Hochgefühl ihres engen Bruderbundes, getragen von der Begeisterung der ersten römischen Zeit, entwarfen Pforr und Overbeck – jeder für den andern malend – ein Inbild dieser Freundschaft und ihrer unterschiedlichen Kunstideale. Verkörpert sollte beides durch erträumte Bräute werden. Sulamith, die taubenäugige Geliebte aus Salomos Hohem Lied, ist Overbeck zugedacht, der Italiens Kunst der Raffaelzeit zuneigt, während Maria die Züge eines deutschen Mädchens trägt und Pforrs Bevorzugung der altdeutschen Malerei widerspiegeln soll.
Die gemeinsame Idee scheint Pforr besonders zielstrebig aufgegriffen zu haben. Am 25.9.1811 schenkt er seinem Herzensfreund ein kleines, handschriftliches Buch ›Sulamith und Maria‹, in dem er in zehn kurzen Kapiteln und im naiven Erzählton alter Legenden die Lebensgeschichte der beiden Zwillingsschwestern ausbreitet. Er schwelgt in ihren Vorzügen, schildert das vorherbestimmte Zusammentreffen mit den beiden Malerfreunden, Brautstand, Hochzeit und den Auftrag eines Königs, sein neuerbautes Münster mit Fresken auszumalen. Schon sechs Tage zuvor, am 19. September, notiert Overbeck in seinem Tagebuch: »Schöne Stunde mit Pforr in der Abenddämmerung vor dem Carton von Maria und Sulamith.« Die gemeinsamen Träume vor der Allegorie der »auserwählten Bräute« in Overbecks Zelle wiederholen sich wie ein geheimer Kult, bis Pforr nach Albano geht.
Overbecks Komposition basiert auf zwei Zeichnungen Pforrs mit dem Titel *Allegorie der Freundschaft*, wovon eine auf den August 1808 zurückgeht und Passavant, Overbeck und Pforr gewidmet ist (Inv. Nr. 15923, Städelsches Kunstinstitut, Frankfurt a. M., abgeb. in: Frankfurt 1977, E 41/E 42).
Aber auch er selber hat im gleichen Jahr auf seinem Karton zum *Einzug Christi in Jerusalem* (Inv. Nr. 1960/16, Behnhaus, Lübeck, abgeb. in: Jensen-Overbeck 1963, S. 13) zwei einander zärtlich zugeneigte Frauengestalten als Allegorie ihrer Freundschaft eingefügt. Im Herbst 1811 war Overbecks erste maßgetreue Studie fertig. Im Februar 1812 hat er sie durchgepaust und in der geplanten Bildgröße einen Kreidekarton ausgezeichnet. Nach Pforrs Tod im Juni 1812 fühlte sich Overbeck nicht fähig, sein Bild zu vollenden. Es blieb liegen und wurde erst, nachdem er 1815 einen Auftrag dazu vom Frankfurter Kunsthändler Wenner angenommen hatte, 1828 fertiggestellt. Im Herbst dieses Jahres figurierte es in der deutschen Ausstellung des Palazzo Caffarelli und 1832 auf der Kunstausstellung in München. So fand Cornelius leicht Gehör, als er 1833 König Ludwig I. zum Ankauf »dieser Perle« für die geplante Neue Pinakothek in München riet.
Die private, nur dem Freund bestimmte und verständliche Allegorie war nun ins Allgemeine ausgeweitet. Von den ursprünglich drei Komponenten der Herzensfreundschaft, des weiblichen Wunschbildes und des Kunstideals dominierte nun die letztere. Aus Sulamith und Maria waren »ehrbare Frauen geworden«, wie Overbeck am 31.1.1829 an Wenner schrieb, nämlich Italia und Germania, die einander suchen und ergänzen. »Es sind die beiden Elemente«, fährt er fort, »die sich allerdings einerseits fremd gegenüberstehen, die aber zu verschmelzen nun einmal meine Aufgabe, wenigstens in der äußeren Form meines Schaffens ist und bleiben soll, und die ich deshalb hier in schöner inniger Befreundung mir denke ... Es ist endlich, wenn es allgemeiner ausgesprochen werden soll, die Sehnsucht gemeint, die den Norden beständig zum Süden hinzieht, nach seiner Kunst, seiner Natur, seiner Poesie.«
Hinter der lorbeerbekränzten Italia öffnet sich eine ideale italienische Landschaft mit Bergen, Wasser und einer Einsiedelei. Eine gotische Phantasiestadt bildet den Ausblick im Rücken der blondlockigen Germania mit ihrem bräutlichen Myrthenkranz. Werbend ergreift sie mit beiden Händen die Hand der Italia, die zart gewähren läßt und sichtlich die Gebende ist. Die lebhafte Farbigkeit der stilisierten Renaissancegewänder mit ihren leuchtenden Kontrasten läßt an gotische Tafelmalerei denken, während die Klassizität der makellos schönen Gesichter – vor allem das Profil der Germania – den Vergleich mit Ingres nicht zu scheuen braucht.
Eine Ölskizze der Sammlung Schäfer in Schweinfurt, deren genaues Entstehungsdatum (zwischen 1811 und 1828) nicht bekannt ist, zeigt, daß ursprünglich hinter den beiden Figuren ein gewirkter Teppich geplant war, wie er um 1500 auf italienischen und flämischen Darstellungen der Madonna mit Kind fast traditionell den Hintergrund bildete (Andrews 1964, 78 d). Jensen glaubt (Zeichnungen 1963, Nr. 123), die Skizze sei erst um 1840/50 von einer jüngeren Hand aus dem Overbeckkreis gemalt worden. In diesem Fall bleibt merkwürdig, daß die Bildparaphrase auf ein so persönliches und weit zurückliegendes Motiv zurückgreift, wie es der Hochzeitszug der beiden Bräute darstellt, der im Hintergrund angedeutet ist.
Eine zweite, möglicherweise eigenhändige Fassung des Bildes ist nach dem Zweiten Weltkrieg in sächsischem Privatbesitz aufgetaucht und befindet sich heute in den Staatlichen Kunstsammlungen, Dresden (Inv. Nr. 2813, abgeb. in: Paris 1976/77, S. 144, Nr. 166). *S. M.*

79

79 Vittoria Caldoni, 1821

Öl auf Leinwand, 89 x 65,8 cm
Provenienz: *Auftrag Ludwigs I. von Bayern*
Lit. und Ausst.: *Howitt 1886, I., S. 480-481 Olevano 1936, Nr. 176; London 1959, Nr. 276; Becker 1971, S. 111; Abb. 229-231; Mittlmeier 1977, S. 188, Nr. 153*
Bayerische Staatsgemäldesammlungen, München Inv. Nr. WAF 757

»Noch als Kronprinz hatte Ludwig I., bei seinem abermaligen römischen Aufenthalt im Winter 1820-1821, ein kleines Oelbild bei Overbeck bestellt, das sein Hauptinteresse von den besonderen Umständen seines Entstehens herleitet. August Kestner, um diese Zeit Secretär bei der hannover'schen Gesandtschaft in Rom, verbrachte die Sommermonate von 1820 mit der Familie des Gesandten, Herrn von Reden, in Albano. Hier entdeckte er durch Zufall die lebendige Verkörperung classischer Schönheit in einem dreizehn- bis vierzehnjährigen Mädchen Namens Vittoria Caldoni. Sie war die Tochter armer Winzerleute, in der streng jungfräulichen Sitte dieser Städte aufgewachsen, so daß sie nur selten die Schwelle des elterlichen Hauses überschritt, außer um zur Kirche oder zur Arbeit in den Weingarten zu gehen. Kestner führte sie bei den Damen von Reden ein, welche ihre wunderbar schöne Gestalt anstaunten, aber mehr noch bei näherer Bekanntschaft die ungewöhnliche Verständigkeit und sittige Unbefangenheit des Naturkindes liebgewannen. Auf deren Einladung kam Vittoria im Herbste zum Besuch nach Rom; und da es anders nicht möglich war, dem Andrang der ungeduldigen Künstler, welche sie zu porträtiren wünschten, Genüge zu thun, so räumte Frau von Reden ein Zimmer des Gesandtschaftshauses (der Villa Malta) ein, in welchem das schöne Mädchen einige Stunden jeden Tages für so viel Künstler zu sehen war, als in dem Zimmer Raum zum Arbeiten finden konnten. Thorwaldsen und Rudolf Schadow eilten mit ihrem Modellirgeräth herbei; die Maler gesellten sich alternativ dazu – die einen wie die anderen voll Begeisterung bemüht, die ganz einzige Schönheit des unschuldsvoll natürlichen Mädchens würdig nachzubilden. Die Zahl dieser Künstler war groß, aber alle mühten sich vergebens ab, das unvergleichliche Modell allseitig lebenswahr im Bilde wiederzugeben« (M. Howitt).

80

A. Kestner hat 44 Porträts des Mädchens notiert, darunter auch Werke von Horace Vernet und Tenerani. Overbeck stellt es als junge Bäuerin dar, die sich nach der Arbeit ausruht. In ihrer gesammelten Haltung und dem träumerisch ernsten Gesichtsausdruck wird eine Andeutung von Melancholie spürbar. Getreidefeld, Kürbisse, Apfel und Sichel lassen Vittoria Caldoni als Allegorie des Sommers und Herbstes erscheinen.

G. M.

80 Bildnis der Vittoria Caldoni 1820/21

Schwarze und weiße Kreide, 25,1 x 23,1 cm Unbezeichnet. Beschriftung vom Adoptivenkel des Künstlers, Carl Hoffmann, u. r.: »Studienkopf zu einer Albaneserin / gez. v. Großv. Fridrich Overbeck. / C. Hoffmann.«
Provenienz: *Erworben 1960 bei G. Rosen, Berlin*
Lit. und Ausst.: *München 1979/80, Nr. 71, Abb. 24*
Staatliche Graphische Sammlung, München Inv. Nr. 1960: 11

Partielle Vorzeichnung zum Münchner Bild der Vittoria Caldoni, mit dem sie sich in Größe und Verlauf der Konturen genau deckt; nur die Perlenkette ist auf dem Gemälde nicht ausgeführt. Schwärzung der Rückseite, Griffelung und Gebrauchsspuren bezeugen, daß dieses Blatt zur Übertragung der Umrisse auf die Leinwand verwendet wurde.
Overbeck zeigt das Mädchen frontal, ihr »schönes Gesicht von vollkommen antiker Bildung ... umrahmt von ihrem schneeweißen Kopftuche, welches nach dem Albaneser Frauenkostüme über der Stirn eine Pyramide bildet« (Kestner). Das Porträt steht beispielhaft für Overbecks Bildniskunst, die »den Charakter richtig auffassen, aber von irdischen Mängeln reinigen soll« (Grote). Die ebenmäßig gerundete Form des Gesichts mit dem breiten Kinn und der Blick, der dem Betrachter träumerisch zugewandt ist, verleihen dem Antlitz einen kindhaften, fast hypnotischen Zauber, der sich in den nachfolgenden Gemäldeausführungen abschwächt. *G. M.*

81

81 Frau Nina und Sohn Alfons, 1820

Bleistift und Kreide, 33,8 x 26,7 cm
Unbezeichnet
Provenienz: *Sammlung Prinz Johann Georg von Sachsen*
Lit. und Ausst.: *Jensen 1962, S. 336ff., Frankfurt 1977, D. 17, Abb.*
Kunstmuseum, Basel, Inv. Nr. 1949.77

Wohl im März 1820 entstandene Vorzeichnung zu einem unvollendeten Ölbild in der Neuen Pinakothek, München (Jensen 1962, Abb. 5), auf dem die Mutter gemalt, das Kind nur konturiert, aber nicht ausgeführt ist. Ein ähnliches Motiv zeigt die Umrißzeichnung *Nina über die Wiege gebeugt* (Nationalgalerie, Berlin; Jensen 1962, Abb. 6), nur fehlt hier das Kind. Beides sind eigenständige Arbeiten im Vorfeld des Familienbildes in Lübeck, welches das Schema der hl. Familie auf die Familie Overbeck überträgt. Der Künstler arbeitete daran seit 1820 für seine Eltern, die seine Frau und den Sohn noch nicht gesehen hatten. Auf unserer Zeichnung ist von der Marien-Ikonographie noch nichts zu bemerken; die Mutter-Kind-Beziehung ist ganz innig wiedergegeben. *G. M.*

82 Aus dem römischen Leben, 1819 (Familienbild)

Feder in braun über Spuren von Bleistift 16,3 x 18,8 cm
Provenienz: *K. F. von Rumohr; Sammlung Passavant-Gontard*
Lit. und Ausst.: *Helbing 1931, Nr. 193, Taf. 219; München 1958, Nr. 117, Abb. 11; Jensen 1962, S. 372f., Abb. 15; Lübeck 1969, Nr. 120; Köln 1972/73, Nr. 30, Abb.; Jensen 1978, Abb. 5, Kat. Nr. 67*
Privatsammlung, München

Von seiner Verheiratung im Oktober 1818 bis in den Spätherbst 1819 lebte Overbeck mit seiner jungen Frau in der Villa Palombara auf dem Esquilin. Sie lag inmitten von Wein- und Gemüsegärten, nicht weit vom Casino Massimo, in dem er arbeitete. 1873 grub man in ihrer unmittelbaren Nachbarschaft das Auditorium des Maecenas aus, wodurch heute noch das ländliche, längst abgerissene Haus genau situiert werden kann. Overbeck hat auf dem Lübecker Familienbild hinter seiner rechten Schulter ein »treues Abbild« der Villa festgehalten, »wo mein Alfons geboren worden war«, wie er am 27. März 1830 seinen Verwandten schreibt. Die Federzeichnung zeigt die weinumrankte Loggia. Rechts Overbeck und seine Frau Nina mit dem im August 1819 zur Welt gekommenen Söhnchen. Vermutlich ist das Blatt mit einem für Baron Carl Friedrich von Rumohr gezeichneten identisch, von dem Overbeck am 15.1.1820 an seine Eltern schrieb: »Ein kleines Blättchen mit der Feder gezeichnet, das ich kürzlich Rumohr verehrt, um ihm ein Zeichen meiner Dankbarkeit zu geben, hat er versprochen Ihnen nächstens zur Ansicht zu übersenden, es ist ein Bild aus dem römischen Leben, veranlaßt durch Eindrücke in unserer ehemaligen Villa.«
Thema ist also nicht so sehr ein Familienporträt, als vielmehr das Leben des Paares in der heiteren römischen Umgebung. Diese wird neben Landschaft und Laube von der graziösen Rückenfigur in der Tracht der Campagna verkörpert, deren Anwesenheit damit erklärt ist. Nachdem die Overbecks im Winter 1819/20 das Quartier wechseln, ergibt sich für »die zarte, mit Sicherheit und brillanter Dichte des Strichs auf das Blatt gesetzte Zeichnung als Datum der Herbst 1819« (J. Chr. Jensen). *S. M.*

83 Verstoßung der Hagar, 1841

Öl auf Leinwand, 98 x 112,5 cm
Bez. r. u. mit Ligatur: »18 F O 41«
Provenienz: *Auftrag des Freiherrn M. J. von Jenisch*
Lit. und Ausst.: *Howitt 1886, I, S. 139ff., II, S. 421; Lübeck 1926, Nr. 231; Heise 1928, Nr. 16; Hamburg 1973, S. 27, 64, Nr. 39*
Altonaer Museum in Hamburg, Norddeutsches Landesmuseum, Dauerleihgabe von Johann Freiherr von Jenisch, Inv. Nr. 1971/124

Das irritierende Thema nach Genesis 21, 8-21, daß Abraham auf Betreiben seiner Frau Sara seine ägyptische Konkubine Hagar und den gemeinsamen Sohn Ismael verstößt, vermag auch Overbeck nicht einsichtiger zu machen. Das bühnenartig offene Haus mit dem zurückgeschlagenen Vor-

82

hang und den tuschelnden Zuschauern, die im Fenster lehnen, betonen die Theatralik des Geschehens, die durch den larmoyanten Ausdruck der Protagonisten noch verstärkt wird. Solcherart glatte, religiöse Imagerie hat die Nazarener rasch suspekt gemacht und unzeitgemäß erscheinen lassen, zumal der pyramidenförmige Bildaufbau recht akademisch wirkt.

Das schon 1830 vom Hamburger Senator Johann Jenisch d.J. bei Overbeck bestellte Thema scheint allerdings den Künstler nicht besonders beflügelt zu haben. 1834 ist zwar ein Karton fertig, der die Komposition und Anordnung der Figuren vorbereitet, aber keine eigentliche Entwurfszeichnung ist (Behnhaus, Lübeck; vgl. Jensen-Zeichnungen 1963, Nr. 142). Er gelangt in den Besitz des Buchhändlers Reimer in Berlin und wird dort auf der Gemäldeausstellung von 1836 gezeigt. Aber erst nach erneutem Besuch des Senators in Rom nahm Overbeck endlich im Juli 1839 das Ölbild in Angriff. Fertiggestellt, konnte es im Frühjahr 1841 nach Hamburg geschickt werden. *S.M.*

83

84 Selbstbildnis, 1844

Öl auf Leinwand, 35 x 30,5 cm
Bez. l. u.: »F. Overbeck a. a. L m. i. p.«
Lit. und Ausst.: *Laderchi 1848, S. 28; Howitt 1886, II, S. 147-148, 423; Geller 1952, S. 84, Nr. 920; Jensen 1963, S. 26, 42-43; Prinz 1971, S. 58; Paris 1976/77, S. 146; Frankfurt 1977, S. 192-193; Spalletti 1979, S. 947, A 651*
Uffizien, Florenz, Inv. Nr. 1890, 1934.

Im Jahre 1844 ließ die Direktion der Uffizien durch Francesco Pandolfini, Konsul des Großherzogtums der Toskana in Rom, den nunmehr berühmten Künstler um ein Selbstporträt bitten. Um die Ausführung des Bildes zu begünstigen, versprach man Overbeck die Ernennung zum akademischen Professor der Akademie der Schönen Künste in Florenz, welcher Titel ihm dann tatsächlich im September 1844 verliehen wurde. Aber trotz dieser Ehrung zeigte sich der Maler sehr widerstrebend, der Bitte der Uffizien nachzukommen. Jedenfalls kann man dies dem zwischen Pandolfini und Antonio Ramirez de Montalvo – dem damaligen Präsidenten der Akademie von Florenz und Direktor der Uffizien – geführten Briefwechsel entnehmen, der sich unter der Nr. 1845 [LXIX] 18 im Archiv der Florentiner Galerien befindet. Die Briefe Pandolfinis sind voll von Klagen über die Schwierigkeiten, denen er im Laufe des ihm übertragenen Auftrages begegnete. Im Dezember 1844 setzte der Konsul Ramirez de Montalvo davon in Kenntnis, daß Overbeck in der Zwischenzeit mit einem neuen Selbstbildnis begonnen habe, »weil das schon fertige ihn nicht befriedigte«, wodurch sich die Übersendung des Bildes nach Florenz neuerdings verzögerte. Von diesem ersten Bild – das, soweit bisher bekannt, nur durch den Brief Pandolfinis bezeugt ist – existiert nicht die geringste Spur.

Die hier erwähnten dokumentarischen Quellen dienen aber dazu, die allgemein von der Kritik in das Ende des Jahres 1844 vorgeschlagene Datierung zu korrigieren, was durch den Rest der von dem Künstler auf dem Bild angebrachten Aufschrift bestätigt wird. Das Tafelbild wurde hingegen im März 1845 beendet, um dann sofort nach Florenz geschickt zu werden, wo es die persönliche Bewunderung des Großherzogs und die aller Künstler erregte, die Gelegenheit hatten, es vor seiner Ausstellung in der Galerie zu sehen. Wie in einem Brief von Ramirez de Montalvo an Pandolfini zu lesen ist, hoben diese die von Overbeck gezeigte Großherzigkeit hervor, indem er »ein Werk ausführte, das außerhalb seines Genres lag« (auch dieser Brief befindet sich in dem schon angeführten Dokumentenbündel des Archivs der Florentinischen Galerien). In Wirklichkeit hatte Overbeck schon bei zahlreichen Gelegenheiten sein eigenes Bildnis gemalt (seine Selbstbildnisse in Öl, als Zeichnung und sogar als Fresko sind z. B. in Geller 1952, S. 84-85 zusammengestellt), was ein gewisses Interesse des Künstlers für das Selbstbildnis bezeugt. Insbesondere ist eine im Museum von Lübeck (Inv. Nr. AB 520) befindliche Zeichnung erwähnenswert, die in einer sehr engen Beziehung zu dem Gemälde der Uffizien steht. Sie zeigt den Künstler in derselben Pose, bekleidet mit dem gleichen Anzug, der an das altdeutsche Kostüm erinnert, und stellt ihn mit demselben tiefen und durchdringenden Blick dar. Diese Zeichnung wird üblicherweise als eine Wiederholung von eigener Hand der ursprünglichen Skizze (verloren?) für das Bild der Uffizien betrachtet, dem es auch in den Maßen stark ähnelt.

Laderchi fand im Jahr 1848, als er über dieses Selbstbildnis schrieb, heraus, daß es das einzige in Italien verbliebene Ölbild des deutschen Malers war, den er – in der »Tiefe des christlichen Gefühls«, der »fruchtbaren Einbildungskraft« und der »Reinheit des Stils« – mit Alessandro Manzoni verglich.

E. Sp.

84

Franz Pforr

Frankfurt am Main 5.4.1788 - Albano Laziale 16.6.1812

Mit zwölf Jahren verliert Pforr seinen Vater, den Genremaler Johann Georg, und wird von seinem Vormund nach Kassel geschickt, um unter Anleitung seines Onkels Johann Heinrich Tischbein d.J., Maler und Zeichenlehrer an der dortigen Akademie, zeichnen zu lernen. Der Kasseler Aufenthalt, währenddem er sich eine Sammlung von Stichen zulegt (darunter einige von Dürer und Van Dyck), endet 1805 mit dem Tod Tischbeins, ohne daß dieser besonders zur Ausbildung des Knaben beigetragen hätte. Im gleichen Jahr besucht Pforr einige Zeit Frankfurt, wo er seine Freundschaft mit Johann David Passavant festigt, und übersiedelt nach Wien, um sich an der von Heinrich Füger geleiteten Kunstakademie einzuschreiben. Die Besetzung der Stadt durch das napoleonische Heer erlaubt ihm jedoch erst im folgenden Frühjahr, Kurse zu belegen, doch gelingt es ihm nicht, sich in den Akademiebetrieb einzufügen. Er beschließt, Schlachtenmaler zu werden und besucht eifrig das Veterinärkrankenhaus, wo er Tierstudien macht und vor allem Pferde zeichnet. Sein verschlossener Charakter wie auch seine schwache Gesundheit halten ihn von jeder Gesellschaft fern, so daß sein Hauptzeitvertreib im Zeichnen und Lesen besteht (Lieblingslektüre: Shakespeare, Goethe und Schiller, der Don Quichotte und die Bibel). 1806 lernt er Friedrich Overbeck kennen, mit dem ihn bald eine innige Freundschaft verbindet, die bis zum Ende seines Lebens dauern wird. Beide haben sie eine heftige Abneigung gegen den akademischen Eklektizismus und gelangen gemeinsam zu einer Klärung ihres künstlerischen Ideals. Sie sind bestrebt, der Kunst Reinheit und Geistigkeit zurückzugeben, und sie erheben die italienische Malerei vom Mittelalter bis zum frühen Raffael wie auch die altdeutschen Meister, die sie durch die Kupferstiche und die in der Galerie des Belvedere ausgestellten Werke kennen, zu ihrem Vorbild. Dem wesentlich religiösen Eifer Overbecks entspricht Pforrs Bestreben, den Geist der deutschen Nation wiederzubeleben, im Sinne einer patriotischen Kunst, wie sie Klopstock vorgeschwebt hatte. In einem Bericht über seine Studien an seinen Vormund Sarasin legt Pforr seine Vorstellungen klar dar und sagt unter anderem: »Meine Neigung zieht mich in die Zeit des Mittelalters, wo sich die Würde des Menschen noch in voller Kraft zeigt. Auf dem Schlachtfelde wie in der Rathsstube, auf dem Markte wie im häuslichen Kreis spricht sie sich deutlich und bestimmt aus: der Geist dieser Zeit ist so schön und von dem Künstler so wenig benutzt. Das Kabalhafte knüpft sich oft an das Wahre, selten ohne Moral, in allem herrscht ein sinniges Wesen, das für die Kunst so sehr geeignet ist. Diese soviel wie möglich zu erreichen ist mein Zweck« (Howitt 1886, I, S. 77ff.; Lehr 1924, S. 32ff.). In Wirklichkeit besteht Pforrs künstlerisches Schaffen außer in einem Suchen nach geistigen Inhalten in dem leidenschaftlichen Versuch, eine eigene, aus einem mythischen Mittelalter der Ritter heraufbeschworene Phantasiewelt auszudrücken.

Die letzten in Wien verbrachten Jahre bringen Pforrs Stil zur vollen Blüte. In Werken (Radierungen) wie dem *Einzug König Rudolfs von Habsburg in Basel 1273* (1808/10; Städelsches Kunstinstitut, Frankfurt a.M.) und *Graf von Habsburg und der Priester* (1809; ebenda) erinnern die geschlossenen Konturen und die ›à plat‹-Farbe an die deutschen Bilderbogen des 16. Jahrhunderts und zeigen den Märchencharakter der Komposition, entsprechen also genau der Auffassung des Künstlers. Sein Talent und besonders seine bedeutende Erfindungsgabe machen Pforr schnell zu einem geistigen Führer der ›Brüder‹ des Lukasbundes. Nach Überwindung einer tiefen körperlichen und geistigen Krise macht sich Pforr 1810 in Gesellschaft von Overbeck und den ›Mitbrüdern‹ Ludwig Vogel und Johann Conrad Hottinger auf den Weg nach Italien. Auf der Reise ist er hell begeistert von der italienischen Landschaft, besonders schwärmt er von einem Abstecher der Gruppe nach Urbino, der Heimat ihres geliebten Raffael (vgl. Brief an Sarasin vom Juni 1810, in Howitt 1886, I, S. 137ff.). In Rom angelangt, wohnt Pforr mit den Freunden kurze Zeit in der Villa Malta, um sich daraufhin im Kloster S. Isidoro niederzulassen. Hier führen die Lukasbrüder ein einfaches Dasein und widmen sich vor allem dem Studium und ihrer künstlerischen Tätigkeit. Tagsüber arbeitet jeder für sich in seiner Zelle und abends versammeln sie sich im Refektorium, um ihre Arbeiten zu vergleichen oder um nach dem Modell zu zeichnen, wie auch um Freunde zu sehen (z.B. Koch, Schick und Thorvaldsen). In dieser Periode nimmt Pforr die Illustration zu Goethes ›Götz von Berlichingen‹ wieder auf, mit der er in Wien begonnen hatte. In den Blättern, die er jetzt zeichnet, geht er von seinem Vorbild Dürer und der altdeutschen Kunst zur Formensprache der italienischen Kunst über. Das Jahr 1811 bringt für Pforr vor allem eine Verschlechterung seines Gesundheitszustandes, so daß er lange Phasen tiefster Niedergeschlagenheit und Zurückgezogenheit durchmacht, die ihn sogar von Overbeck entfernen. Im Herbst unternimmt er mit Vogel einen Ausflug nach Neapel und Umgebung und nach seiner Rückkehr verschlechtert sich sein Zustand zusehends. Seine letzte Arbeit – die einzige, die er in Italien ausführt – besteht in der kleinen Tafel *Sulamith und Maria* (1811; Sammlung Schäfer, Schweinfurt), einem leidenschaftlichen Pfand der Freundschaft für Overbeck, dessen geistige Bedeutung in der Widmung, die das Bild begleitet, bezeugt ist. Im Mai 1812 bringen ihn die Freunde nach Albano, wo er einen Monat später in den Armen seines fürsorglichen Freundes Joseph Wintergerst stirbt. *R.C.*

Literatur: Lehr 1924; Pforr 1927; Benz 1941, Nr. 52.

85

85 Selbstbildnis, 1807

Öl auf Leinwand, 24 x 19,5 cm
Bez. über dem Signum Pforrs, einem Totenkopf mit Kreuz: »Pforr«
Lit. und Ausst.: *Schadendorf 1966, S. 160, 171, Anm. 68, Abb. 19; Jensen 1974; Frankfurt 1977, D 20, Abb.*
Germanisches Nationalmuseum, Nürnberg
Inv. Nr. GM 1789

Schon vor der Gründung des Lukasbundes entstehen in Wien eine Reihe von Kopf- und Brustbildnissen, die für den Freundeskreis um Overbeck und Pforr bestimmt waren. Hierzu gehören Overbecks Porträts seiner Freunde Gruner und Jung aus Hanau (beide Kunsthalle, Hamburg), sowie dieses Selbstbildnis Franz Pforrs, das Jensen auf das Jahr 1807 oder 1808 datiert. Da Kleidung und Halsbinde nur angedeutet sind, Kragen und Haar dunkel rahmend wirken, liegt der Nachdruck auf den Zügen, die vom Spiegelbild weg zur idealisierten Vereinfachung drängen. *G. M.*

86

86 Selbstbildnis, 1810

Öl auf Leinwand, 22,7 x 17,2 cm
Unbezeichnet
Lit. und Ausst.: *Simon 1909, S. 89; Lehr 1924, S. 131, 327, 334; Brasch 1927, S. 51 ff.; Heise 1928, S. 30; Eckert 1936, S. 33; Geller 1952, Nr. 994, Abb. 365; Ziemke 1972, S. 279-81 mit ausführlicher Lit.); Frankfurt 1977, D 21, Abb.*
Städelsches Kunstinstitut, Frankfurt am Main, Leihgabe der Frankfurter Künstlergesellschaft

Ein Inbegriff des romantischen Künstler-Selbstbildnisses. Alles wirkt an seiner Introvertiertheit mit: die Enge und Luftlosigkeit, das Sich-Abschließen von der Außenwelt, der forschende Blick, die halb künstlerische, halb geistliche Kleidung, der Christuscharakter des Antlitzes. »Künstler, du bist Priester!«, scheint der zugeknöpfte Purismus des Bildes siebzig Jahre vor dem Symbolismus auszusagen.

Die Stilisierung ist in diesem Werk sehr weit getrieben. Das Gesicht ist in die Fläche gespannt, Nase und Mund erscheinen im Profil. Die dem Betrachter abgewandte Gesichtshälfte ist nach vorne geklappt, die ihm zugewandte zeigt keine perspektivische Verkürzung. Innerhalb dieser Fläche entsteht eine starke Rhythmisierung durch den Umriß, die Haarwellen, die Augenbrauen und die Nase-Mund-Linie.

Traditionsgemäß galt das Bild als Werk Overbecks. Carl Georg Heise sah es 1926 erstmals als Werk Pforrs an. Geller hat eine Zeichnung zu dem Bild veröffentlicht, die auf der Rückseite die Inschrift »Pforr ipse fec.« trägt (Privatbesitz, Hamburg), wobei ungeklärt bleibt, ob es sich um eine Vorzeichnung handelt und ob die Inschrift echt ist. Aufgrund von Stilvergleichen, die Lehr zwischen Overbeck und Pforr angestellt hat, muß das Bild Pforr zugeschrieben werden. *G. M.*

87 Der Einzug des Königs Rudolf von Habsburg in Basel 1273 1808-10

Öl auf Leinwand, 90,5 x 118,9 cm
Unbezeichnet
Lit. und Ausst.: *Lehr 1924, S. 111-119, 128-132, Kat. A 1, Abb. 23; London 1959, Nr. 285; Ziemke 1972, S. 275-77 (mit ausführlicher Lit.); Paris 1976/77, Nr. 169, Abb.; Frankfurt 1977, B 10, Abb.*
Städelsches Kunstinstitut, Frankfurt am Main, Inv. Nr. HM 51; Leihgabe des Historischen Museums Frankfurt am Main seit 1922

Im Juni 1808 schreibt Pforr seinem Freund Passavant, daß er die Geschichte der Schweiz in der Zeit Rudolfs von Habsburg lese: »... ich male jetzt nämlich an einem Bilde, das eine großmütige Handlung von Rudolf von Habsburg vorstellt. Er belagerte Basel wegen einigen ihm zugefügten Beleidigungen, als der Reichs-Erbmarschall und der Burggraf von Nürnberg anlangten, mit der Nachricht, daß wegen seiner vielfältigen Tugenden die Kurfürsten zu Frankfurt den Grafen von Habsburg zum Kaiser gewählt hätten. Seine erste Tat war, daß er den Baslern verzieh, den Landfrieden austrompeten ließ und in die Stadt zog, wo er von den Bürgern mit Jubel empfangen wurde. Diesen Moment habe ich gewählt, wie er in die Stadt einreitet und ihm der Rat entgegengeht. Es ist eine sehr weitläufige Komposition mit vielen Figuren.«

Für seine neue Form des Historienbildes sucht Pforr nach einem klaren, verständlichen Stil. Er bittet Passavant brieflich um eine Beschreibung von Basel, gibt aber dann die altdeutsche Stadt schlechthin. Das Ambiente mutet eher bürgerlich denn feudal an, die Kostüme entsprechen der Zeit um 1500, als Rüstungen schon anachronistisch zu wirken beginnen. Pforr beschwört einen Idealzustand, in dem Ritter, Krieger, Handwerker, Volk einmütig zusammengehen. Der unauffällig gekleidete Rudolf von Habsburg erscheint als ›primus inter pares‹, als frommer, bescheidener, einzig auf das Wohl seiner Untergebenen bedachter Friedensfürst und Städteschützer ohne Herrscherallüren. In diesem Bürgerkönig hat sich wohl idealiter die ständische Vision der Nazarener vom 19. Jahrhundert verwirklicht.

Rudolf, sehr viel schlichter anzusehen als seine Begleitung, ist nur durch seine Position beim Einschwenken des Zuges von der Seite in die Tiefe hervorgehoben. Er hält sozusagen am Wendepunkt vom Mittelalter zur Neuzeit, vom Feudalismus zur mündigen Bürgerwelt inne. Das Reich beruht hier auf dem ›consensus omnium‹, was auch aus der gleichwertigen Behandlung der Figuren hervorgeht. Im Gegensatz zur Dramatik des späteren Historismus strebt Pforr einen unpsychologischen Chronikstil an, der keinen zugespitzten Augenblick fixiert, sondern einen Ablauf

Vorzeichnung zu Abb. 87

mit selbständigen Gruppen schildert, die wie erstarrt wirken – der Augenblick wird Ewigkeit. Geschichte wird nicht als Schöpfung großer Einzelner aufgefaßt, sondern als organisches Zusammenwirken aller.
Bauten und Personen sind scharf konturiert, die Farben klar voneinander abgesetzt, die Komposition wirkt dank den skandierenden Häuserblöcken übersichtlich. Diese stilistischen Eigenschaften schrieben die Lukasbrüder der Kunst des Mittelalters zu, sie schienen Pforr für einen historischen Stoff erforderlich. Aber obschon Pforr Graphik von Dürer und illustrierte Bücher seiner Zeit sammelte und altdeutsche Bilder von Cranach und Baldung Grien beachtete, kann doch von einer wirklichen Nachahmung keine Rede sein. Seine Vorstellung vom Mittelalter ist eher erdacht, erträumt. Einflüsse von volkstümlicher Malerei, Scheibenrissen und Bilderbogen sind nicht auszuschließen, vielleicht auch von niederländischen Genreszenen – Pforr kopierte Pieter Brueghel und Teniers. Die auf die Hauswand gemalten Szenen mit der Josephsgeschichte sind möglicherweise ebenso auf Rudolf zu beziehen wie auch die gekrönte Statue links, deren Segen ihm gilt. In dem vorletzten Reiter rechts, der sich nach dem Mann im Helm umdreht, hat Lehr ein Selbstbildnis Franz Pforrs erkannt.
1980 konnte das Städel die Vorzeichnung zu diesem Gemälde erwerben (s. Abb. S. 187). *G.M.*

87

88

88 Elias und der Engel, um 1809

Lavierte Federzeichnung, 24,8 x 30 cm
Bez. auf der Rückseite: l. o.: »Pforr«;
r. u.: »Elias von einem Engel gespeist«
Provenienz: *Erworben 1966 durch Dr. Bereins*
Lit.: *Hennessey 1977, H. 4, S. 36-39, Abb. c*
Staatliche Museen Preußischer Kulturbesitz, Nationalgalerie Berlin, Inv. Nr. NG 44/66

Eine in der Manier des 18. Jahrhunderts wuchernde Vegetation vertritt auf dieser Zeichnung den einsamen biblischen Ginster- oder Wacholderstrauch der Wüste, unter dessen Schatten der über die Unbekehrbarkeit der Königin Isebel verzweifelte Prophet sterbensmüde eingeschlafen ist. Er wird – Christus am Ölberg vergleichbar – von einem Engel getröstet und sogar gespeist (1 Könige 19/4ff.). Figuren und Landschaftsauffassung zeigen große Nähe zu Overbecks Tuschlavierung von 1807/08 mit dem gleichen Thema (Inv. Nr. AB 437, Museen für Kunst und Kulturgeschichte der Hansestadt Lübeck; abgeb. in: Bernhard 1974, S. 1071). Der Engel steht dem von Overbeck in *Josephs Traum* (Kat. 66) sehr nahe. Möglicherweise haben die beiden Freunde das Motiv bei gemeinsamen Kompositionsübungen außerhalb der Akademie in Wien zur selben Zeit behandelt. Pforrs Zeichnung ist in ihrer Mischung aus Naivität und Bravour unter seinen Blättern ein Einzelstück. *S. M.*

89

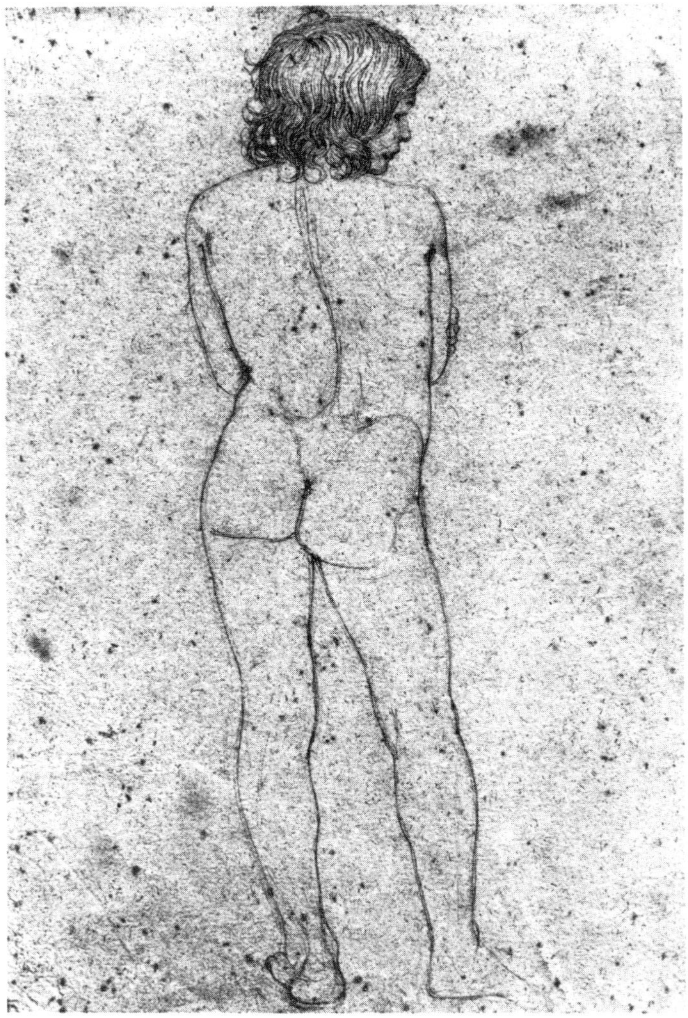

90

89 Aktstudie: Der Knabe Xaverio 1810/11

Bleistift, weiß gehöht, auf gelbbraunem Papier
42 x 28,5 cm
Bez. auf der Rückseite: »Xaverio zum Pforr«
Provenienz: *Nachlaß Ludwig Vogel, Zürich*
Lit. und Ausst.: *Nürnberg 1966, Nr. 123; Laxenburg 1968, Nr. 126; Bernhard 1974, S. 1138; Frankfurt 1977, E6, Abb.*
Sammlung Georg Schäfer, Schweinfurt
Inv. Nr. 312

Pforr setzt bei dieser Aktstudie Mittel ein, die geeignet sind, Räumlichkeit und Plastizität des Körpers zu erzeugen: Weißhöhung und die sorgsam durchgeführte Binnenzeichnung, sowie die Angabe von Raum durch zarte Strichelung und – motivisch – durch Sichtbarmachung der Kante, auf die sich der Knabe stützt. Dennoch entsteht kein Akt im Sinne der akademischen Regel. Dies wird vor allem durch Verspannung der Figur in die Blattfläche und dadurch entstehende Reliefhaftigkeit der Erscheinung erreicht. Diese Tendenz, die sinnliche Gegenständlichkeit des menschlichen Körpers auf solche Weise zurückzunehmen, zeigt sich noch deutlicher an den beiden seitlich ausgeführten kleineren Modellstudien. *P. M. – M. S.*

90 Rückenakt (Xaverio), 1810/11

Bleistift, 28,3 x 18,3 cm
Unbezeichnet
Provenienz: *Erworben 1916 aus Dresdner Kunsthandel*
Lit. und Ausst.: *Lehr 1924, Nr. 114; Frankfurt 1977, E5, Abb.*
Städelsches Kunstinstitut, Frankfurt am Main
Inv. Nr. SG 527

Es entsprach nazarenischem Streben nach Reinheit, die sinnliche Präsenz des menschlichen Körpers durch bloßen Außenkontur zurückzunehmen. Bei dieser Aktstudie fällt auf, daß der Körper nur in ornamentalisiertem Umriß gegeben, der im verlorenen Profil gezeigte Kopf mit dem dichten Haar dagegen sorgfältig durchgeführt ist. Dies mag auch ein Ausdruck des Interesses der Lukasbrüder an der individuellen Persönlichkeit des Modells sein. Der knabenhaft kindliche Xaverio war das bevorzugte Modell der gemeinsamen Zeichenabende. Er bedeutete Pforr auch menschlich viel. *G. M.*

91 Adelheid und Weislingen, 1811

Bleistift, 21,3 x 15,3 cm
Unbezeichnet
Lit. und Ausst.: *Lehr 1924, S. 349; Benz 1941, S. 30-33; Paris 1976/77, Nr. 170, Abb.; Frankfurt 1977, E 82, Abb.*
Städelsches Kunstinstitut, Frankfurt am Main
Leihgabe der Frankfurter Künstlergesellschaft

92 Die Nürnberger Kaufleute vor Kaiser Maximilian, 1811

Bleistift, 21,3 x 15,3 cm
Unbezeichnet
Städelsches Kunstinstitut, Frankfurt am Main
Leihgabe der Frankfurter Künstlergesellschaft

Goethes Schauspiel ›Götz von Berlichingen mit der eisernen Hand‹ (1773) geht auf die eigene Lebensbeschreibung des Ritters zurück, der sich selbst Recht verschaffte und zum Anführer der Bauernheere wurde. Die Nazarener teilten Goethes Interesse an altdeutschen Zuständen, waren allerdings weit von der stürmischen Selbstverwirklichung entfernt, die sich im Drama ausspricht.
Bereits in Wien begann Franz Pforr mit den Illustrationen zu ›Götz von Berlichingen‹, die er in Rom fortsetzte. Den bei Goethe wildbewegten Szenen verleiht er eine heimelige Intimität, die sich mit Freude am Detail paart und das Vorbild der Graphik Albrecht Dürers durchscheinen läßt. Allerdings werden die Kontraste des verehrten Meisters abgeschwächt; feine Schraffuren tragen zur Modellierung der Figuren bei. Kostüme und Porträts an der Wand geben das frühe 16. Jahrhundert wieder. Pforr verleiht den Gestalten jene kindliche Naivität, welche Friedrich Schlegel den Malern empfahl. Es sind reine Zustandsbilder, ohne jede Dramatik. Goethes überzogene Charaktere werden nazarenisch beschwichtigt. Das Zimmer Adelheids läßt in nichts erkennen, daß diese schöne und gewissenlose Intrigantin soeben Weislingen zum Verrat an seinem Jugendfreund Götz verführt hat (II, 2). Ein Garten in Augsburg zeigt Nürnberger Kaufleute vor Maximilian, der ihnen auf Anraten Weislingens widerwillig Unterstützung gegen den Raubritter Götz zusagt. Für die Gesichtszüge Kaiser Maximilians lehnt sich Pforr offen an Dürer an. *G. M.*

91

92

Johann Anton Ramboux

Trier 5.10.1790 – Köln 2.10.1866

Ramboux, aus einer halbfranzösischen Familie stammend (der Vater kam aus Conflans in Savoyen), erhält den ersten Zeichenunterricht bis 1807/08 von dem Benediktinermönch Jean-Henri Gilson, genannt Frère Abraham d'Orval, der als Porträtist und Historienmaler bekannt ist und noch ganz in der Manier eines Rubens malt, dessen Werke er von seinen Schülern nach Kupferstichen studieren läßt. Im Jahre 1808 geht Ramboux nach Paris, um sich im Atelier Jacques-Louis Davids weiterzubilden. Anfangs steht David den Fähigkeiten des jungen Künstlers sehr skeptisch gegenüber, doch gehört er schon bald zu seinen Lieblingsschülern. In Davids Atelier eröffnet sich für Ramboux die ganze Dimension der griechischen und römischen Sage und Geschichte; außerdem beschäftigt er sich begeistert mit Shakespeare und Ossian, die in der Davidschule eifrig gelesen werden. Ramboux' Verehrung der alten Meister geht auch auf die Pariser Zeit zurück, wo er anhand der im Musée Napoléon ausgestellten Werke Kopien nach Perugino und Fra Angelico anfertigt. Ebenso gilt sein Interesse den graphischen Techniken, in denen er sich fleißig übt.

1812 nach Trier zurückgekehrt, verdient er sich seinen Lebensunterhalt als Porträtmaler; 1815 geht er nach München an die Kunstakademie, die ihm allerdings nichts Neues bieten kann. Im Frühling 1816 unternimmt er zusammen mit einem Schweizer Freund, dem Kupferstecher Samuel Amsler, eine Fußreise in die Schweiz, wo er sich einige Monate aufhält und unter anderem die Alpenlandschaft zeichnet. Anschließend begibt er sich nach Italien, unterwegs die Kunstwerke der Vergangenheit studierend, und gelangt schließlich nach Rom, wo sich die Freunde im Palazzo Zuccari einmieten. Bald kennt Ramboux alle deutsch-römischen Künstler und schließt sich dem Lukasbund an. Wenn er selbst auch nicht zum Nazarener wird, so nimmt er doch regelmäßig an ihren Versammlungen und Aktabenden teil. Bereits nach kurzer Zeit löst er sich völlig vom klassizistischen Stil Davids und eignet sich die Manier der Nazarener an. 1818 vollendet er sein erstes Hauptwerk, *Adam und Eva nach der Vertreibung aus dem Paradies* (Kat.93), das 1819 auf der deutschen Ausstellung im Palazzo Caffarelli gezeigt wird. Carl Friedrich von Rumohr, der die Begabung von Ramboux, sich in den Stil der alten Meister einzuleben, erkennt, ermuntert ihn zum Kopieren derselben. Um den Rat des Freundes zu befolgen, wandert Ramboux im Sommer 1818 mit anderen Künstlern zu Fuß durch Mittelitalien und hält sich einige Zeit in Florenz auf.

Ende 1819 begibt er sich auch nach Süditalien und kommt dabei durch Olevano und Civitella. Anschließend geht er ein zweites Mal nach Umbrien und in die Toskana, um Fresken des 14. und 15. Jahrhunderts zu studieren; gleichzeitig zeichnet er auch fleißig die Landschaft. In dieser Periode eignet er sich die Arbeitsweise der Nazarener an, die darin besteht, Ölgemälde in gleichgroßen Aquarellen vorzubereiten, die den Charakter von Kartons haben (viele davon im Städelschen Kunstinstitut, Frankfurt, und im Hessischen Landesmuseum, Darmstadt). Er stützt sich dabei besonders auf den Nazarener Overbeck und die alten Meister Benozzo Gozzoli und Ghirlandaio.

Unter dem Einfluß von Schnorr, Fohr, Horny und Koch lockert sich die anfänglich enge Bindung an die Lukasbrüder und seine Interessen weiten sich auch auf nichtreligiöse Themen aus. Er spielt in Rom eine wichtige Rolle in der Ausbildung der romantischen Bildnisauffassung. Beispielhaft dafür ist sein *Doppelporträt der Brüder Eberhard* (1822, Kat.95), in welchem sich die beiden charaktervollen Köpfe plastisch vom dunkelgrünen Hintergrund abheben.

Mit dem Bildhauer Konrad Eberhard kehrt Ramboux 1822 in die Heimat zurück, natürlich mit längeren Aufenthalten in vielen italienischen Städten, wie ein Skizzenbuch mit 186 Zeichnungen (Hessisches Landesmuseum, Darmstadt) zeigt. In seiner Heimatstadt malt er unter anderem das Aquarell *Die Farnesischen Gärten in Rom* (1823; Städtisches Museum, Trier) und die *Merenda in den Farnesischen Gärten* (1823, Kat.96). Er entdeckt nun die Schönheit der antiken Überreste in Trier und legt ein neues Skizzenbuch an für Ansichten seiner Stadt und deren Umgebung, die er in Lithographien herauszugeben beabsichtigt (Wallraf-Richartz-Museum, Köln). 1826 erhält er den Auftrag, in der Stadtwohnung des Weingutbesitzers M.J. Hayn Fresken anzubringen mit Szenen aus dem Winzer- und Landleben, die erste monumentale Aufgabe, die sich ihm in der Heimat bietet. Nur wenige Reste davon sind erhalten und werden im Wallraf-Richartz-Museum, Köln, aufbewahrt. 1828 beschäftigt er sich mit Freskenentwürfen für den Chor des Trierer Doms, die aber dann aus Geldmangel nicht verwirklicht werden. 1830/31 befaßt er sich mit Themen der italienischen Literatur und verfertigt Zeichnungen, Aquarelle und Kartons zu Boccaccio, Petrarca und Dante (Hessisches Landesmuseum, Darmstadt und Städelsches Kunstinstitut, Frankfurt). Um Geld zu verdienen, malt er inzwischen hauptsächlich Porträts. In diesen Jahren reift in dem Künstler, da sich seine Pläne in der Monumentalkunst nicht verwirklichen lassen, der Entschluß, sich, wie ihm der Kunsthistoriker Baron von Rumohr geraten hatte, ganz dem Studium der altitalienischen Meister zu widmen und deren Werke zu kopieren. Deshalb geht er wieder nach Italien, wo er zwischen 1832 und 1842 im ganzen Land über zweitausend Durchzeichnungen (Wallraf-Richartz-Museum, Köln) und 325 Aquarellkopien nach Fresken und Mosaiken (Städelsches Kunstinstitut, Frankfurt) anfertigt.

93

Dank der Unterstützung durch Edward von Steinle und Wilhelm Schadow erhält er 1843 die Stelle als Konservator am Wallraf-Museum von Köln, wo er bis zu seinem Tode wirkt; er nimmt unter anderem aktiv teil am Wiederaufbau des Doms, an der Einrichtung eines neuen Stadtmuseums und unternimmt dazwischen Studienreisen (Jerusalem, Frankreich und Wien), von welchen er zahllose Zeichnungen mitbringt. In Köln dehnt sich seine Tätigkeit auch auf den Ankauf von Werken altdeutscher Meister, archäologischer Fundstücke und Werken der Kleinkunst, sowie auf schriftstellerische Arbeit aus. So veröffentlicht er zwischen 1852 und 1858 dreihundert ›Umrisse zur Veranschaulichung altchristlicher Kunst in Italien vom Jahre 1200 bis 1600, nach Durchzeichnungen und mit Erläuterungen des Herausgebers J.A. Ramboux in Coeln‹ (Wallraf-Richartz-Museum, Köln). Es handelt sich um (von mittelmäßigen Graphikern ausgeführte) Lithographien nach Durchzeichnungen der von der zweiten Italienreise (1832-42) mitgebrachten italienischen Werke, Ramboux' erste und monumentalste Veröffentlichung.

Ihr folgen die ›Beiträge zur Kunstgeschichte des Mittelalters von J.A. Ramboux, Conservator des Städtischen Museum zu Köln‹ (1860; Wallraf-Richartz-Museum, Köln), Beispiele italienischer Malerei, von mittelalterlicher Buchmalerei und Schriftseiten, Illustrationen zu Dante sowie Ansichten berühmter Städte und Gebäude.

Für eine Ausstellung seiner Privatsammlung altitalienischer Gemälde im Kölner Museum erstellt Ramboux 1862 einen Katalog mit dem Titel ›Katalog der Gemälde alter italienischer Meister (1221-1640) in der Sammlung des Conservators J.A. Ramboux‹. Er enthält 391/2 Nummern, unterteilt nach Zeiten, Schulen und Gattungen, fast ausnahmslos christliche Darstellungen. Die Eintragungen enthalten Daten, Meisternamen, biographische und kunstgeschichtliche Angaben, kurze Beschreibungen der Werke sowie genaue Größenangaben. Nach dem Tod Ramboux' wird die Sammlung stückweise versteigert.

1865 erscheint der ›Trostspiegel in den Widerwärtigkeiten des Lebens‹ (Wallraf-Richartz-Museum, Köln), die letzten Lithographien Ramboux', Marienbilder zur lauretanischen Litanei, nach Gemälden italienischer Meister des 14. bis 16. Jahrhunderts aus der Privatsammlung des Autors. *I. S.*

Literatur: Warburg 1923, S. 326ff.; Neumeyer 1931-32, S. 215ff., Köln 1966-67 (mit weiterer Lit.); Ziemke 1969, S. 255ff.; Ziemke 1971, S. 167ff.

93 Adam und Eva nach der Vertreibung aus dem Paradies, 1818

Öl auf Leinwand, 115 x 139,5 cm
Bez.: »R. f. Rae 1818«
Provenienz: *Nachlaß des Künstlers, Versteigerung Heberle, Köln 1867*
Lit. und Ausst.: *Passavant 1820, S. 209; Köln 1867, I, Nr. 392; Andree 1964, S. 99 (dort weitere Lit.); Köln 1966/67, Nr. 9, Abb. 5; Frankfurt 1977, B 13, Abb.*
Wallraf-Richartz-Museum, Köln
Inv. Nr. 1087

Nach ihrer Vertreibung aus dem Paradies, die in kleineren Figuren im Mittelgrund stattfindet, sieht man links Adam beim Umgraben, rechts Eva mit ihren Söhnen Kain und Abel unter einem Dach, vor dem Ziegen weiden. Mütterlich nimmt Eva Kain vor dem schwarzen Bock in Schutz, während Abel mit dem weißen Unschuldslamm spielt. Der spätere Streit der Söhne, ihre manichäische Spaltung in gut und böse, ist damit schon angedeutet.
Die Nazarener verherrlichten die Familie als Keimzelle christlicher Gemeinschaft. Das Bild der hl. Familie – Jesus, Maria, Joseph – ist hier typologisch auf das erste Menschenpaar übertragen, was in der Krippensituation Evas durchscheint. Durch werktätigen Fleiß und Vermehrung haben die Stammeltern den Fluch der Vertreibung ins Positive gewendet.
Das Bild ist das Hauptwerk aus Ramboux' erster römischer Zeit (1816–1822). Von den Einflüssen seiner Pariser Lehrjahre bei David hat er sich abgewandt und folgt den Idealen der neuen deutschen Schule, was in der idyllischen Landschaft (Koch, Fohr) und den botanischen Einzelheiten sichtbar wird. Die Figuren, namentlich der Eva, lassen wieder an die Dürerzeit denken, in der Gruppierung scheinen italienische Anregungen durch. *G. M.*

94 Kopf eines Jünglings

Bleistift, 29,7 x 20,9 cm
Unbezeichnet
Lit. und Ausst.: *Köln 1867, II, zu Nr. 826-28; Darmstadt 1961, Nr. 65; Köln 1966/67, Nr. 20, Abb. 43; Ziemke 1963.*
Hessisches Landesmuseum, Darmstadt
Inv. Nr. HZ 4290

Studie nach einem Modell, entstanden bei gemeinsamen Zeichenstunden in Rom. Den gleichen Knaben finden wir in zwei Aktzeichnungen des Düsseldorfer Kupferstichkabinetts, von denen eine durch I. Markowitz an Friedrich Olivier gegeben wurde, der am 9. Dezember 1818 in Rom eintraf. K. Ph. Fohr hatte das gleiche Modell jedoch bereits vorher verwendet. *G. M.*

95 Die Brüder Eberhard, 1822

Öl auf Leinwand, 33 x 33,5 cm
Bez.: »F. Eberhard Scul: AE LIII. C. Eberhard Scul. pict. AE LII, Romae MDCCCXXII«
Provenienz: *Nachlaß des Künstlers, Versteigerung Heberle, Köln 1867*
Lit. und Ausst.: *Köln 1867, I, S. 64/65; Geller 1952, Nr. 227, Abb. 78; Lankheit 1952, S. 124, Abb. 20; London 1959, Nr. 292; Andree 1964, S. 100 (mit Lit.); Köln 1966/67, Nr. 35, Abb. 1 und Umschlag in Farbe (weitere Lit.)*
Wallraf-Richartz-Museum, Köln
Inv. Nr. WRM 1117

Der Bildhauer Konrad Eberhard (1768 bis 1859) stammte aus Hindelang im Allgäu, wo sein Vater eine Werkstatt für christliche Kunst unterhielt. Er lernte bei Roman Boos in München, wurde von Kronprinz Ludwig nach Rom geschickt, wo er sich das Verständnis der Antike aneignete und von Thorvaldsen und Canova beeinflußt wurde. Er führte mythologische Statuen und Büsten für die Glyptothek in München und Parkgruppen für Schloß Nymphenburg aus.
Der Umgang mit den Nazarenern führte den frommen Eberhard wieder zur religiösen Kunst zurück, die bei dem Vielbeschäftigten freilich später zur süßlichen Manier wurde. 1819 folgte Eberhard einem Ruf an die Münchner Akademie, doch kehrte er bereits zwei Jahre später nach Rom zurück, um dort bis 1826 das Grabdenkmal der Prinzessin Karoline von Bayern für die Theatinerkirche in München auszuführen. Die Portalplastik für die dortige Allerheiligenkirche schloß sich 1829 an. Eberhard hat auch Statuen von Bischöfen, Büsten für die Walhalla bei Regensburg und viele religiöse Gemälde und Lithographien geschaffen. Franz Eberhard (1767–1836) führte die meisten Werke seines Bruders aus und schuf selbst nur Kleinplastik.
Im Typ geht das Doppelbildnis auf die gegenseitigen Zeichnungen auf einem Blatt von Cornelius und Overbeck (vgl. Kat. 7) und vor allem auf Fohrs 1818 entstandenes Freundschaftsbild mit Köbel und Heger zurück. Durch mönchische Arbeitskleidung und unnatürliche Annäherung der Köpfe, die keinen Platz für die Schultern läßt, wird die geistige Einheit des Bruderpaars betont, das sich gemeinsam der Plastik im Geist der Nazarener verschrieben hat.
Daß Ramboux den Habitus dieser Künstler gut getroffen hat, bezeugt folgende Eintragung aus den ›Lebenserinnerungen‹ von Ludwig Richter, die auf die Jahre 1825–27 zu datieren ist: »Eine originelle und mir sehr liebe Erscheinung in Perugia waren für mich die Brüder Eberhard, Franz und Konrad, ›die alten Eberhards‹, wie man sie stets nannte. Konrad, der als Künstler bedeutendste, war damals sechsundfünfzig Jahre alt, Bruder Franz aber siebenundfünfzig. Beide unverheiratet, lebten und arbeiteten sie in innigster Eintracht miteinander. Gingen sie so langsamen Schrittes auf der Straße, glaubte man ein Bild aus alter Zeit zu sehen. In den stark markierten, ernsten, treuherzigen Gesichtern hatte sich tiefe Religiosität mit dem Typus ihrer schwäbischen Heimat stark ausgeprägt.« *G. M.*

94

95

96

96 Merenda in den Farnesischen Gärten zu Rom, 1823

Bleistift und Feder mit Sepialavierung
46,5 x 56,6 cm
Bez. r. u. mit Ligatur: »AR f. 1823«
Beschriftung auf dem Untersatzkarton: »Merenda in den Farnesischen Gärten zu Rom – Handzeichnung von Johann Anton Ramboux von Trier«
Provenienz: *bis ca. 1935 im Städel, Frankfurt.*
Lit. und Ausst.: *Köln 1867, Nr. 781; Trier 1935; München 1958, Nr. 122, Abb. 14; Andrews 1964, 34b, S. 108; Köln 1966/67, Nr. 36, Abb.; Lübeck 1969, Nr. 133; Paris 1976/77, S. 150, Nr. 174, Abb.*
Privatsammlung, München

Die lavierte Federzeichnung entstand kurz nach Ramboux' Rückkehr aus Italien nach Trier, geht aber auf römische Studien zurück. Ein erster Entwurf befindet sich im Städtischen Museum von Trier (Inv. Nr. 1136; abgeb. in: Köln 1972/73, Nr. 39).
Ramboux hat die Komposition mit nur geringen Abweichungen auf einem Gemälde wiederholt, das 1931 im Münchner Glaspalast verbrannte (abgeb. in: Trier 1935, Nr. 72, Abb. 10).
Dargestellt ist eine Abendvesper in den Farnesischen Gärten am Palatin mit einem Ausblick auf das Forum Romanum. Unter schattigen Bäumen vergnügen sich junge Leute nach einem heißen Tag. Ihr Musizieren und Saltarellotanzen soll ein Inbild südlicher Unbeschwertheit vermitteln. Die Älteren sitzen beim Gespräch im Pavillon. Ein Bettelbruder kehrt mit seinem Esel ins Kloster zurück. Ein junger Hirte, dessen Schalmei in einem Korb zu seinen Füßen steckt, löscht den Durst mit Wein – oder ist es Wasser vom Brunnen, an dem er lehnt? Ein Mädchen und eine Frau haben Trauben und Getreide geschnitten. Sie wirken wie Allegorien von Sommer und Herbst. Das Angelusläuten vom Glockenturm der Kir-

97

che S. Francesca Romana wird gleich die Fröhlichkeit beenden und ans Heimgehen erinnern. Die wie von Statisten bevölkerte Szenerie steht, obschon es sich um ein Sehnsuchtsbild aus eigener Erinnerung handelt, an der Grenze zum Historismus, den Ramboux in Trier virtuos praktizieren wird. *S.M.*

97 Weinernte, 1826

Bleistift und Aquarell, 33 x 49,5 cm
Bez. am rechten Mittelpfeiler unten mit Ligatur: »JAR f. 1826«
Provenienz: *Nachlaß Ramboux, Versteigerung Heberle, Köln 1867*
Lit. und Ausst.: *Köln 1867, Nr. 766; Kur-Trier 1923, 7. Jg. Nr. 1, S. 5ff.; Marcan 1925, S. 105ff., Abb. 1; Düsseldorf 1925, S. 102, Nr. 21; Lübeck 1926, Nr. 386; Trier 1935, Nr. 91; Köln 1949, Nr. 268; Dieck 1954; London 1959, Nr. 819; Köln 1966/67, Nr. 68, Abb. 55, Text S. 14, 82; Köln 1967, S. 90f., Abb. 53*
Wallraf-Richartz-Museum, Köln
Inv. Nr. Z 1316

Dieser Entwurf für Wandmalereien eines Saals im Stadthaus des Trierer Weingutbesitzers Matthias Joseph Hayn (1770-1839) ist mit vier weiteren Aquarellen (ebenfalls in Köln) alles, was von der zwischen 1826 und 1828 ausgeführten Dekoration erhalten blieb. Die Fresken aus dem Winzerleben, von Motiven der Jagd und des Fischfangs ergänzt, wurden 1929 bei einer Unterteilung des Saals abgeschlagen. Kartons dazu hat es offenbar nie gegeben (Kur-Trier 1923, S. 5). Es war Ramboux' erste monumentale Aufgabe und einer der seltenen Wandzyklen aus der nazarenischen Frühzeit auf deutschem Boden.
Die Studien weichen, wie erhaltene Photographien zeigen, teilweise beträchtlich von den Wandbildern ab. In der Ausführung unseres Aquarells war beispielsweise die Dreiteilung der gemalten Pfeiler zugunsten einer einheitlichen Szenerie mit heimkehrender Gesellschaft aufgegeben. Die romantische Flußlandschaft im Hintergrund mit Burgruinen auf den Hügeln wurde – vermutlich auf Wunsch des Auftraggebers, der seinen eigenen Landbesitz vor Augen haben wollte – durch eine bestimmte Moselgegend ersetzt. Die Figurengruppen in ihrer gelösten Stimmung und anmutigen Sinnlichkeit, die Tiefenstaffelung des Bildes mit dem weiten Ausblick und die Scheinarchitektur der Loggia, die den Übergang vom geschlossenen Raum in die freie Natur so elegant bewältigt, lassen an Ramboux' Aquarelle der italienischen Zeit, besonders an die *Merenda in den Farnesischen Gärten* (Kat. 96) denken. *S.M.*

PAMPHYLO
NEYPHILE
PHYLOMENA
DYONEO
FIAMETTA
PAMPINEA
REINA
ELISSA
LAVRETTA
PHYLOSTRATO
EMILIA

98

98 Illustration zu Boccaccios ›Decamerone‹, 1830

Bleistift, Wasser- und Deckfarben, 93,6 x 73,2 cm
Bez.: »J. AR fec/1830«
Provenienz: *Nachlaß Ramboux*
Lit. und Ausst.: *Kunstblatt 1833, 14. Jg. Nr. 95, S. 378/79; Köln 1867, II, Nr. 764; Köln 1966/67, Nr. 81, Abb. 12*
Hessisches Landesmuseum, Darmstadt
Inv. Nr. HZ 3075

Historisierende, Bauten und Kostüme archäologisch einsetzende Vergegenwärtigung der Eingangsszene zu Boccaccios ›Decamerone‹. Im Mittelfeld ist die Gesellschaft der vor der Pest Geflohenen im Garten einer Renaissance-Villa bei Florenz mit Blick auf den Dom dargestellt. Seitlich Schriftbänder mit den Namen der zehn Erzählenden. Im oberen Rahmen Allegorie der Pest, Parzen, Göttinnen und der Dichter mit einer Schriftrolle. Im unteren Rahmen Schilderungen der Pest in Florenz.
Ramboux führte auch einen großen Karton zu diesem Thema aus, der angeblich 1832 in Rom entstand und offenbar mit dem Aquarell in den Hauptzügen übereinstimmte. Er wurde 1867 vom Wallraf-Richartz-Museum in Köln erworben und ist dort inzwischen verschollen. Einige Bleistiftstudien zu den Erzählenden befinden sich im Landesdenkmalsamt, Bonn. *G. M.*

99

99 Dante und Vergil vor dem Gang durch die Hölle

Aquarell, 26,4 x 18,6 cm
Unbezeichnet
Provenienz: *1948/49 aus Privatsammlung erworben*
Lit. und Ausst.: *Köln 1943, S. 302; Köln 1966/67, Nr. 80, Abb. 61; Paris 1976/77, Nr. 173*
Städelsches Kunstinstitut, Frankfurt am Main, Inv. Nr. SG 2928

Ende der zwanziger Jahre beginnt sich Ramboux intensiv mit Dantes ›Divina commedia‹ zu beschäftigen, möglicherweise angeregt durch das Dantezimmer des Casino Massimo. Cornelius, der ursprünglich mit der Ausmalung beauftragt war, aber von Ludwig I. nach München berufen wurde, hatte zunächst Ramboux zur Fortsetzung seiner Arbeit vorgeschlagen. Zwischen 1827 und 1832 entwarf Ramboux zehn Kartons mit Illustrationen zur ›Göttlichen Komödie‹, die bereits 1834 vom Städelschen Kunstinstitut erworben wurden. Daneben entstanden Einzeldarstellungen wie unser Blatt. Dante und Vergil weisen historisierend-gotisierende Züge auf; die Klippenlandschaft könnte durch Darstellungen des Jüngsten Gerichts auf Quattrocento-Fresken in Mittelitalien angeregt sein. *G. M.*

Marcus Theodor Rehbenitz

Borstel (Holstein) 2.9.1791 – Kiel 19.2.1861

Unter dem Eindruck der Sammlung mittelalterlicher flämischer und deutscher Werke im Hause des Kunstsammlers Sulpiz Boisserée und angeregt durch Friedrich Overbeck, beschließt Rehbenitz, sein Jurastudium an der Heidelberger Universität aufzugeben. Er geht 1813 nach Wien, um sich dem Studium der Malerei zu widmen und fühlt sich sogleich angezogen von Julius Schnorr von Carolsfeld, Joseph Sutter und den Brüdern Olivier, die einen starken Einfluß auf ihn ausüben. Rehbenitz faßt eine tiefe Zuneigung zu Ferdinand Olivier und macht sich dessen Auffassung der Landschaft zu eigen.

Ende 1816 begibt er sich nach Rom, wo er von Overbeck und den anderen Lukasbrüdern freundlich aufgenommen wird. Nach der Ankunft der Freunde Schnorr und Friedrich Olivier bezieht Rehbenitz gemeinsam mit diesen eine Wohnung im Palazzo Caffarelli auf dem Kapitol. Schnorrs starke Künstlerpersönlichkeit bestimmt fortan die Richtung von Rehbenitz. Wie die beiden anderen ›Capitoliner‹ ist auch er nicht zu bewegen, seinem protestantischen Glauben abzuschwören. In bezug auf sein künstlerisches Schaffen charakterisiert ihn Schnorr in einem Brief an den Bruder Eduard vom 10.3.1818 folgendermaßen: »Letzterer (Rehbenitz) gehört mit zu den Ausgezeichnetsten; es dauert ungeheuer lange, bis er etwas zustande bringt, und vieles fängt er noch ungeschickt und ohne Sicherheit an, ist aber sein Werk fertig, so glaube ich fast, ich lasse den andern alle ihre stehen und nehme seins« (Schnorr 1886; s. vor allem I, 8; II, 7, 22 und die Briefe an Rehbenitz selbst). Schnorr bezeichnet ihn auch als einen der »ernstesten und tiefsinnigsten Künstler«. Mit den beiden anderen ›Capitolinern‹ zusammen übt sich Rehbenitz im Akt- und Gewandstudium mit Hilfe von Modellen, die sich die Künstler direkt von der Straße holen; daneben malt er Porträts der Freunde und für offizielle Auftragsgeber.

1823 ist Rehbenitz in Florenz, wo er zusammen mit anderen deutschen Künstlern Entwürfe ausführt zu Kupferstichen von einer Reihe kleiner Bilder altitalienischer Meister in Fiesole. Von einem weiteren Aufenthalt in Perugia berichtet Schnorr in einem Brief vom 19.5.1824 an Quandt: »Rehbenitz ist jetzt schon über ein Jahr von Rom entfernt. Er hielt sich teils in Florenz, teils in Pisa auf, wo er mehrere Zeichnungen zu machen hatte. Jetzt ist er nach Perugia gegangen, er hat für ein Jahr ein Engagement gefunden. Er wird nämlich einer gewissen Marchesa Fiorenza (perugina) Unterricht in der deutschen Sprache geben. Hierdurch ist er für ein Jahr gedeckt und hat im Grunde die meiste Zeit für sich« (die Marchesa Fiorenza war die Geliebte des Kronprinzen Ludwig von Bayern). Zwischendurch malt Rehbenitz an einem Gemälde, das ihm durch die Vermittlung Schnorrs für den Naumburger Domherrn Baron von Ampach aufgetragen worden ist. Die *Versuchung Christi in der Wüste* (Naumburger Dom) muß jedoch wegen seiner Saumseligkeit von Schnorr selbst vollendet werden (s. Schnorrs Brief an seinen Vater vom 2.6.1825). Während eines Ausflugs nach Capri in den Sommermonaten des Jahres 1827 übt sich Rehbenitz, den Anleitungen Fohrs folgend, im Zeichnen der Landschaft und beweist eine sensible Hand in der graphischen Wiedergabe der Natur wie auch der architektonischen Denkmäler. Nach Beendigung seines italienischen Aufenthaltes lebt er bis 1841 in München im Kreis um Schnorr und die Oliviers; danach folgt er einem Ruf an die Kieler Universität als Zeichenlehrer und bleibt in dieser Stadt bis zu seinem Tod. Der größte Teil seines künstlerischen Nachlasses an Gemälden und Zeichnungen befindet sich heute in Lübeck und Dresden. *I. S.*

Literatur: Martius 1934; Martius 1956, S. 115ff.

100 Kalenderblatt Winter, 1818

Bleistift, 12,9 x 7,2 cm
Bez. l. u.: »FIORENZA«, r. u. mit Ligatur: »18TR18«
Provenienz: *Nachlaß Rehbenitz*
Lit. und Ausst.: *Lübeck 1971, Nr. 53; Paris 1979/80, Nr. 56*
Museen für Kunst und Kulturgeschichte der Hansestadt Lübeck, Inv. Nr. 4276

Das Kalenderblatt für den Winter zeigt eine holzgetäfelte Stube im ›altdeutschen‹ Stil der Romantik mit bleigefaßten Butzenscheiben. Eine junge Mutter im Renaissancekleid sitzt am Wiegenkorb ihres schlafenden Kindes. Beutel und Schlüsselbund als Zeichen der Hausgewalt hängen von ihrem Gürtel herab. Die Bibel auf ihren Knien ist ein Requisit, das auf Maria als Vorbild der christlichen Frau anspielt. Sparsam verteilte Objekte – eine Dose, Bücher, der Spinnrocken an der Wand, eine Heiligenfigur, ein Pantoffel – erinnern an die Interieurs gotischer Tafelbilder, während die Gesamtstimmung auf Pforrs *Sulamith und Maria* (vgl. Abb. S. 9) verweist. Der Ornamentrahmen evoziert mit Eule und Lampe die Dunkelheit der Jahreszeit, mit Früchten und Geflügel die Fülle der noch nahen Ernte und mit dem niedlichen Kätzchen – dem Lieblingstier der Nazarener – die häusliche Geborgenheit.
Das Blättchen appelliert ans Gemüt und läßt schon an den Erfolg Ludwig Richters denken, dessen Entwürfe in zahllosen Holzschnitten verbreitet wurden und bis ins späte 19. Jahrhundert den Illustrationsstil von Kalendern, populären Gazetten und Kinderbüchern in Deutschland maßgebend beeinflußten. *S. M.*

100

101

101 Jakobs Versöhnung mit Esau
um 1820

Bleistift und Kreide auf braunem Papier
41,5 x 49,5 cm
Provenienz: *Nachlaß Rehbenitz*
Lit. und Ausst.: *Lübeck 1971, Nr. 58*
Museen für Kunst und Kulturgeschichte der Hansestadt Lübeck, Inv. Nr. AB 4291

Genesis 33 ff. erzählt, wie Jakob nach langem Exil heimkehrt und sich mit seinem Zwillingsbruder Esau, den er einst um des Vaters Segen betrogen hat, aussöhnt. Auf der nicht ganz vollendeten Zeichnung dominiert der elegante, bärtige, durch Jagdhorn und Hunde als Jäger gekennzeichnete Esau, der mit vierhundert Mann seinem Bruder entgegenzog. Dieser wird neben einigen Mägden und Knechten vor allem von seinen beiden Frauen Lea und Rahel und seiner zahlreichen Nachkommenschaft begleitet. Besonders hervorgehoben ist dabei Rahel, die auf einem der Kamele sitzt und den kleinen Joseph im Arm hält. Ein baumbewachsener Felsen akzentuiert die Versöhnungsszene und teilt die beiden Gefolge. Schnorrs Zeichenstil, den Rehbenitz sehr bewunderte, ist unverkennbar Vorbild gewesen. *S. M.*

102

102 Selbstbildnis, um 1820

Bleistift, 19,8 x 14,2 cm
Unbezeichnet
Provenienz: *Nachlaß Rehbenitz*
Museen für Kunst und Kulturgeschichte der Hansestadt Lübeck, Inv. Nr. 4036

Ein nazarenisch ausgewogenes Selbstporträt, das mit den Zufälligkeiten und Mängeln einer Physiognomie freilich auch alles Charakteristische wegläßt. Rehbenitz, zur Zeit der Entstehung immerhin fast dreißig Jahre alt, erscheint als altersloser Jüngling mit ideal proportionierten, etwas leeren Zügen, die Lösungen seines Freundes Friedrich Overbeck nachstreben. *G. M.*

103 Palazzo Caffarelli, 1821

Bleistift, grau laviert, 13,4 x 32,2 cm
Bez.: »gez. d. 22 ten April 1821«
Provenienz: *Nachlaß Rehbenitz*
Museen für Kunst und Kulturgeschichte der Hansestadt Lübeck, Inv. Nr. 4624

Zusammen mit Schnorr und Friedrich Olivier bewohnte Theodor Rehbenitz das Obergeschoß des Palazzo Caffarelli, das dem preußischen Gesandten Niebuhr als Residenz diente und 1819 auch als Ausstellungsort der deutschen Künstler genutzt wurde. Die drei Künstler bildeten den protestantischen Flügel der sonst auf dem Pincio hausenden katholischen Nazarener. Da ihre Wohnung sich ans Kapitol anschloß, wurden sie ›Kapitoliner‹ genannt.
Rehbenitz zeigt die Eingangsseite des Palais, dessen Rückfront sich mit Balkonen auf das Forum Romanum und die Albaner Berge öffnete. Die Wiedergabe der Architektur ist summarisch. Naiv konfrontiert er die vor dem Portal haltende Kalesche mit dem antikischen Reiter links vorn. Ist er lebendig oder soll er an das Reiterdenkmal Marc Aurels auf dem Kapitolsplatz erinnern? Zwischen diesem und dem Palazzo Caffarelli erhebt sich freilich der Konservatorenpalast. Aber vielleicht sind solche Fragen angesichts einer schlichten römischen Träumerei unangebracht. *G. M.*

103

104

104 Lesender Mönch im Klostergarten mit Blick auf Pisa, 1824

Bleistift, braun laviert, 17,5 x 29 cm
Bez. l.u.: »Pisa 1824«
Provenienz: *Nachlaß Rehbenitz*
Museen für Kunst und Kulturgeschichte der Hansestadt Lübeck, Inv. Nr. AB 4610

Klösterliche Abgeschiedenheit und Vedute verbinden sich auf diesem Blatt zum beschaulichen, von der Wirklichkeit abstrahierten Italiengenre. Im Vordergrund die Einsiedelei mit allen Versatzstücken mönchischer Idylle: dem Madonnenbild, der Kapelle samt Ewigem Licht, dem im Garten über seinem Buch meditierenden Bruder. Dahinter das Baptisterium, der Dom und der Campanile von Pisa. Die zwei Welten sind künstlich zusammengesetzt; die flache Lage der Stadt ließe einen solchen Blick auf den Dombezirk gar nicht zu. Rehbenitz sucht Einst und Jetzt, Größe des Mittelalters und moderne Demut aufeinanderzubeziehen. Aber statt Frömmigkeit evoziert er nur Frömmelei, ein religiöses Klischee voll naiver Reize. *G.M.*

105 Landschaft bei Perugia mit Mandolinenspieler und Katze 1827

Bleistift, 22,3 x 25,5 cm
Bez. r.u.: »TR/1827«
Provenienz: *Nachlaß Rehbenitz*
Museen für Kunst und Kulturgeschichte der Hansestadt Lübeck, Inv. Nr. AB 4018

Rehbenitz hielt sich von 1824-27 in Perugia auf, wo er mit Julius Milde zusammentraf. Dieser schreibt am 6. April 1826 an seinen Vater: »Von der Schönheit der hiesigen Gegend kannst Du Dir gar keinen Begriff machen. Man ist hier auf einem hohen Berg, der einen weiten Teil der Gegend beherrscht. Selbst in der Stadt gehen die meisten Wege bergauf oder -ab ... Rundum, so weit man sehen kann, erblickt man grüne Hügel und am Ende blaue Berge, auf allen Höhen sind nette Landhäuser oder Klöster oder Dörfer gebaut ...« Rehbenitz' Zeichnung gibt diesen schon fast biedermeierlichen Eindruck wieder, von einer Pergola aus, welche die Katze und der zeitlose Musikant als einzige Lebewesen auf dem Blatt bevölkern. Das hier noch gemütlich formulierte Klischee der Sehnsucht nach Italien wird im fortschreitenden 19. Jahrhundert rasch zur industrialisierten Souvenir-Romantik führen. *G.M.*

105

Friedrich (Franz) Riepenhausen – Johannes Christian Riepenhausen

Göttingen 1786 – Rom 3.1.1831   Göttingen 1788 – Rom 11.9.1860

Als Söhne des Kupferstechers Ernst Ludwig Riepenhausen wurden Friedrich (Franz) und Johann Christian 1786 und 1788 in Göttingen geboren. Die ersten künstlerischen Unterweisungen erhielten die Brüder durch den Vater, der besonders durch Kupferstiche nach Hogarth und Flaxman bekannt war, wodurch sie frühzeitig die Umrißtechnik als künstlerisches Ausdrucksmittel kennenlernten. Erste klassizistisch-romantische Anregungen erfuhren sie durch Johann Wilhelm Tischbein, den ehemaligen Direktor der Neapler Akademie, der sich zur Herausgabe seiner Homerausgabe nach Antiken seit 1799 mehrmals bei Riepenhausen in Göttingen aufgehalten hatte. Die Hauptwerke Tischbeins aus den Jahren 1790-1810 weisen bereits romantische Formen und Inhalte auf.

Das erste selbständige Werk der Brüder war dann auch in Umrißmanier ausgeführt; es waren Rekonstruktionen der bei Pausanias beschriebenen Wandgemälde des Polygnot in der Lesche der Knidier zu Delphi, die sie in zwölf Blättern 1803 an Goethe in Weimar schickten: »Die Flaxmanische Manier schien uns die passendste zu sein, weil wir diese Zeichnungen nach einer günstigen Beurteilung in Kupfer herauszugeben gedächten.« 1804 erschien der erwartete günstige Kommentar Goethes in der Jenaischen Allgemeinen Literaturzeitung (1. Jan.-März, 1804, S. 9-24), worin sie »als vollkommene Produkte seiner klassizistischen Kunstpolitik« (Grote 1972, S. 26) gefeiert werden. Als sie sich aber ein Jahr danach im Erläuterungstext zu den im Stich erschienenen Zeichnungen gegen die griechische zur christlichen Kunst bekannten, folgt Goethes Verurteilung der gesamten neuen Richtung auf den Fuß (H. Meyer/Goethe, in: Jen. All. Lit.-Zeitung II. 1805, Bd. III).

1804 waren die Brüder nach Dresden umgesiedelt, wo sich durch Ferdinand Hartmann die entscheidende Wende in ihrem Denken vollzog. Dessen Durchzeichnungen nach Gemälden der italienischen Frührenaissance (Giotto, Memmi, Masaccio, Ghirlandaio, Perugino) weckten ihre Begeisterung und veranlaßten sie zu Kopien, die dann durch August Kestner Berühmtheit erlangten, der das Mappenwerk in eigenen Pausen dem fünfzehnjährigen Overbeck in Lübeck zugängig machte. Im selben Jahr waren die Riepenhausen, in schwärmerischer Begeisterung dem Beispiel Carl Friedrich von Rumohrs folgend, zum Katholizismus übergetreten, und nannten sich von da an Franz (in Publikationen auch Francesco) und Johannes (oder Giovanni, manchmal noch Kristel); sie waren damit unter den ersten, die ihr Bekenntnis zur Romantik durch den Glaubenswechsel bezeugten. Rumohr, der ihnen seit seinen Studien beim Vater in Göttingen bekannt war, stand ihnen auch weiterhin nahe, ihr bevorzugter Umgang wurde aber Ludwig Tieck. Mit den vierzehn Zeichnungen zur altdeutschen, von Tieck neubearbeiteten ›Genoveva‹-Legende (Frühjahr 1804) vollzog sich die Wende zur Romantik hin, aber auch hier mehr im inhaltlichen als formalen Sinn. Die distanzierte Vortragsweise verweist noch immer auf Hartmann, allerdings werden die Formen der klassizistischen Strenge entkleidet. Franz und Johannes Riepenhausen wurden mit diesen Darstellungen wegweisend für die deutsche Märchenillustration.

Die Aufnahme der Zeichnungen war zunächst enthusiastisch: »Schöneres, Rührenderes, feiner gedacht und vollendet habe ich nie ein Kunstwerk gesehen«, begeisterte sich Clemens von Brentano (zit. n. Neidhardt 1976, S. 59); aber schon 1806 übt er harte Kritik: »Sie sprechen mich durchaus nicht mehr an, ... all diese Figuren haben keinen Charakter als Eleganz, und die Genoveva ist so kokett, daß sie sogar bis in den Hungertod ihre Toilette gemacht hat ...« (Brief vom 1. Juni 1806 an Achim von Arnim, zit. n. Neidhardt 1976, S. 60). Für die jüngeren Künstler, wie Luise Seidler, waren die Zeichnungen dagegen Inkunabeln der neuen Kunst, nach denen fleißig gezeichnet wurde (Seidler 1922, S. 137).

Goethe, der in seiner bereits oben erwähnten Rezension von 1805 gegen die »... neukatholische Sentimentalität ... das klosterisierende, sternbaldisierende Unwesen ...« polemisiert hatte, hatte eigentlich nicht so sehr die Riepenhausen verurteilt, als vielmehr jene, die er für ihren »Abfall« verantwortlich glaubte, nämlich Friedrich Schlegel und Ludwig Tieck. Über die »Stifter und Großmeister der Herrenhutersecte« läßt sich auch Carl Ludwig Fernow in einem Brief an Johann Christian Reinhart aus, in welchem er ihn auf die Ankunft der Brüder in Rom vorbereitet: »... die da wollen, die Künstler sollen nichts als Madonnenbilder, Cruzifixe, Martyrergeschichten und Legendenwunder malen; ... Eigentlich scheint diese ganze fromme Spekulation bloss dahin gerichtet zu sein, den nervenschwachen schmachtenden Weibern die Köpfe zu verdrehen ... Doch gibt es auch gutmüthige Seelen, die die Sachen in vollem Ernste nehmen; von dieser Art scheinen auch die Riepenhausen zu sein« (Brief vom 22.5.1805, abgedr. bei Benz 1954, S. 115).

Die beiden siebzehn- und neunzehnjährigen Brüder ziehen im August 1805, zusammen mit ihrem Gönner von Rumohr, Ludwig und Friedrich Tieck, gewissermaßen als Berühmtheiten in Rom ein: »Man spricht in Rom viel von uns mehr als ich dachte ... Schick macht hier viel Aufsehn, allein ich habe nicht geglaubt das Compositionen dieser Art wie die Schickisch(en) Aufsehn erregen könten ... haben wir die Praktik der Malerey nur erst ein wenig inne so sind wir die ersten Künstler in Rom was hoch klingt aber nicht eben zu viel ist; doch ist der Ruhm gewaltig« (Brief vom 10.8.1805 an den Vater, abgedr. bei Fiebiger 1918, S. 219f.). Der Siegeszug der Brüder scheint tatsächlich unaufhaltsam: Von der Begeisterung für frühitalienische Werke und für Raffael hingerissen, und durch den engen kulturellen Austausch zuerst mit Rumohr und Tieck, dann mit Koch, Thorvaldsen, Rauch, dem schottischen Landschaftsmaler Wallis, mit der Familie Humboldt und dem hannoverschen Legationsrat Kestner in ihren literarischen und historischen Kenntnissen gefestigt, schaffen sie ihre bedeutendsten Werke. Schon 1806 hält sie Joseph Anton Koch für »seine größten Nebenbuhler im Fache der Erfindung und des Genialischen« (Lutterotti 1940, S.231, zit. n. Börsch-Supan 1969, S.237). Noch im selben Jahr entsteht das Altarbild der *Krönung Mariä* für die deutsche Nationalkirche in Rom, S. Maria dell'Anima, in den nächsten Jahren entstehen außer zahlreichen Madonnenbildern vor allem Tafelwerke, die von einer regen Forschungstätigkeit zeugen. So erscheinen die Umrisse zum ›Leben und Tod der hl. Genoveva‹ (in XIV Platten 1806 bei Varrentrapp und Wenner in Frankfurt a. M.) und die in 24 Kupferstichen herausgegebene ›Geschichte der Malerei in Italien nach ihrer Entwicklung, Ausbildung und Vollendung‹, Tübingen 1810, nach Dugento- und Trecentomalern. Den streng archaischen Stil der Vorlagen setzen sie dabei in eine gefällige, mehr gefühlsbetonte Form um. Dann folgen Stiche nach Werken Thorvaldsens (Rom 1811), zum Leben Raffaels (1816 bei Wenner in Frankfurt a. M. unter dem Titel ›Leben Raffael Sanzios von Urbino‹, in 2. Auflage 1834 bei Cotta in Stuttgart erschienen), und schließlich die linke Seite der Polygnotischen Wandgemälde (1826; Neuauflage des Gesamtwerks 1829), welche den Werdegang der beiden Künstler von einem an der griechischen Antike orientierten Klassizismus zu christlich-romantischer Kunst aufzeigen.

Nebenbei beschickten sie Ausstellungen in Rom, Paris, Kopenhagen und der Heimat, vor allem Berlin und München, und stellten im eigenen Atelier aus. Die Werke gingen ihnen schneller von der Hand als den meisten Nazarenern, bei denen es gar nicht »... als Künstlertugend (galt), wenn man sich allzu produktiv gebärdete« (Atterbom 1867, S.237). Zu ihren berühmtesten Gemälden zählten:

Das Mädchen aus der Fremde, nach Schiller (1806-09; Slg. Schäfer, Schweinfurt; weitere Versionen: 1812-13 ehem. Slg. Voß, Dresden; 1816-17 Kunsthalle Karlsruhe; 1826 Landesgalerie Hannover), *Der Sänger vor dem König,* nach Goethe (um 1820; Eremitage, Leningrad), *Das Rosenwunder der hl. Elisabeth von Thüringen* (1822, Slg. Schäfer, Schweinfurt), *Der Traum Raffaels* (1821; Narodowe Museum, Poznan), und als letztes gemeinsames Werk *Herzog Heinrich der Löwe verteidigt Barbarossa bei dem Volksaufstand in Rom* (1824-25, Landesgalerie, Hannover), zu welchem der damalige hannoversche Gesandte Graf von Reden eine Erläuterung verfaßte, und Julius Schnorr, der ihre Werke im allgemeinen eher »fad« fand, hielt es für »eines der bedeutendsten Bilder überhaupt, welche aus der neuern Zeit hervorgegangen sind« (Brief vom 1. Januar 1826 an Quandt, in Schnorr 1886, S.504). Daneben schufen die Brüder zahlreiche Darstellungen zur hl. Familie, einige Genreszenen, Landschaften und Zeichnungen zu Goethes ›Faust‹, Schillers ›Taucher‹, Oehlenschlägers ›Erich und Abel‹, und zum Leben Karls des Großen.

Nach dem Tode des Bruders, 1831, setzte Johannes Riepenhausen seine Tätigkeit unvermindert fort; die überwiegend historischen Darstellungen schuf er vor allem für deutsche Auftraggeber und stellte sie auch vorwiegend in der Heimat aus.

Die Werke von Franz und Johannes Riepenhausen waren zeitlebens von bedeutenden literarischen und bildnerischen Vorlagen abhängig; auch in ihrer künstlerisch fruchtbarsten Zeit in Rom dienten ihnen die heroische Landschaft Poussins, durch Koch vermittelt, und Raffaels Figurenauffassung als Quellen; die Klarheit der südlichen Landschaft und des Lichtes formte zusätzlich ihren Sinn für Harmonie und Farbe.

Die Begeisterung für die frühitalienische und altdeutsche Malerei, welche die Brüder mit nach Rom gebracht hatten, war ohne sichtbare Folgen geblieben. Die Entwicklung der Riepenhausen hielt im Grunde nicht, was ihre so epochal scheinenden Dresdner Werke und ihr enthusiastischer Beginn in Rom versprochen hatten. Baron von Rumohr hatte sich einem Brief Caroline Schlegels nach bereits im August 1807 von ihnen zurückgezogen: »Rumohr hat Glauben, Liebe, Hoffnung an die Riepenhausen verschwendet, indem er wähnte, die Kunst in ihnen neu erstehen zu sehen. Ihre Frömmigkeit hat er so hohl und leer gefunden wie ihre Arbeiten« (zit. n. Neidhardt 1976, S.60, Anm.24), und Goethe sah im Jahre 1815 den künstlerischen Abstieg der einst so vielversprechenden, ungewöhnlich frühreifen Brüder so: »... es sei noch immer das ungewöhnliche Talent, dem kein anderes vorgesetzt werden könne, an ihnen bemerkbar; aber ihre früheren Arbeiten hätten mehr versprochen, als sie nachher erfüllt« (zit. n. Jorns 1964, S.91). Der Erwerbszwang hatte bei den finanziell ungesicherten Brüdern – wie bei vielen ihrer Zeitgenossen – zu einer frühzeitigen künstlerischen Ermattung geführt.

Ein schönes Denkmal ihrer wahrhaft nazarenischen Gesinnung setzte ihr Freund August Kestner: »... die Gebrüder Riepenhausen ... gaben das Beispiel erhöhter Brüderlichkeit durch die Kunst; denn jeder von ihnen vergass für seinen Bruder seinen eigenen Ruhm. Als sie beide noch lebten, ging nie ein Bild aus ihrer Werkstatt hervor, das nicht beider Namen trug, wie viel auch einer von ihnen sich eines überwiegenden Verdienstes in dem einen oder anderen bewußt war« (Kestner 1850, S.111). *J. H.*

Literatur: Nagler 1843, Bd.13, S.170-172; Stieglitz 1848, S.33 und 211; Kestner 1850, S.110-112 (Kap. XI. ›Franz und Johann Riepenhausen, Historienmaler‹); Parthey 1864, S.364; Andresen 1869, S.86-122; Riegel 1876, S.258ff.; Schnorr 1886, I, S.36 und II, S.6, 22, 35, 38ff.; Fiebiger 1918, S.211-227; Seidler 1922, S.137; Deneke 1936; Boetticher 1944^2, S.435f.; Pickert 1950; Benz 1954, v.a. S.110-123; Jorns 1964, S.53, 55, 56, 103f., 109; Grote 1972, S.28f.; Börsch-Supan 1975, S.225 bis 260; Neidhardt 1976, S.59f.; Rosenblum 1976, S.199-205.

106

106 Madonna mit Christuskind und dem Johannesknaben, 1807

Bleistift, 55,5 x 42,7 cm
Bez. l. u.: »F. u. I. RIEPENHAUSEN. Rom«, rechts an Baumstumpf »1807«
Lit. und Ausst.: *Bernhard 1974, Nr. 1390; Frankfurt 1977, Nr. Ef, Abb.*
Städtische Kunsthalle, Mannheim
Inv. Nr. 2053

Tägliche Museumsbesuche und das Studium der Altertümer füllten die erste Zeit Franz und Johannes Riepenhausens nach ihrer Ankunft in Rom Anfang August 1805. Zu ihren ersten selbständigen Kompositionen gehörten einige Madonnenbilder, die ihr Gönner Baron von Rumohr dem Vater in Göttingen übergeben sollte: »Du wirst sehen, daß auch wir wieder auf der wahren Spur der Oelmalerei sind, wie sie Raphael und Correggio geübt haben, denn die neuere Technik ist gar zu schlecht, statt wie bei den Alten die Farbe immer klar und durchsichtig, ist sie bei den Neueren schwer und plump« (zit. n. Andresen 1869, S. 90). Bei dem vorliegenden Blatt aus dem Jahre 1807 handelt es sich zwar um kein Gemälde, wir finden darin aber die in dem Brief ausgedrückten Intentionen und die Eindrücke des nunmehr über einjährigen Aufenthaltes im Süden.
Maria ruht vor einer morgenländischen Landschaft mit dem Jesusknaben auf dem Schoß, der kleine Johannes nähert sich mit einer Taube in der Hand; Joseph führt im Mittelgrund den Esel herbei; Kameltreiber, eine heroische Bergstadt und südliche Vegetation füllen die Szene.
Der hohe Mittelgrund mit Poussinscher Stadtsilhouette, die schlanken Bäume in der Bildmitte und die ferne Gebirgskette sind ohne die Kenntnis der Werke Kochs nicht denkbar; die Figurengruppe selbst geht von Raffaels Spätwerken aus. Unmittelbare Anregung zu dieser Komposition könnte Annibale Carraccis *Landschaft mit Flucht nach Ägypten* in der Galleria Doria Pamphili in Rom gewesen sein.
Die Umrißmanier des Genovevazyklus scheint einer früheren Stilphase anzugehören; jetzt üben sich die Brüder im weichen, samtigen Bleistift in Kreidemanier. In den dichten Schraffuren klingen noch die Radiertechnik und in der gefällig-harmonischen Darbietung die Malerei des 18. Jahrhunderts nach. In diesen Gegensätzen offenbart sich die Auseinandersetzung mit der italienischen Kunst, vor allem der Raffaels, und die Suche nach einer neuen Formensprache, die jedoch erst mit den Nazarenern zum Durchbruch gelangt.
Aus der gleichen Zeit stammen eine »F. u. J. Riepenhausen« signierte Madonnenzeichnung im Thorvaldsens Museum in Kopenhagen, dort auch eine aus dem Jahre 1811; ein »Franz und Kristel Riepenhausen 1809« bezeichnetes Blatt befindet sich in Stockholm; ein Werk (Öl oder Zeichnung), *La Vierge avec l'enfant,* war 1812 auf dem Pariser Salon ausgestellt (Becker 1971, Liste 2, S. 448); ein weiteres Werk mit ähnlichen Maßen wie unsere Zeichnung war in Hamburger Privatbesitz (Boetticher 1944, II, S. 435, Nr. 5).
Auch nach Reliefs Thorvaldsens haben die beiden Brüder gearbeitet; so wissen wir von einer *Hl. Familie* (Kupferstich) (Andresen 1869, S. 106, Nr. 6) mit Maria auf einer Erdbank in römischer Landschaft; Joseph kommt mit dem Esel aus dem Mittelgrund; ein Fluß schlängelt sich durch die Landschaft, über eine Brücke gelangt man zu Gebäuden (vgl. ibid. Nr. 5). *J. H.*

Ludwig Sigismund Ruhl

Kassel 10.12.1794 - Kassel 7.3.1887

Der Sohn des Hofbildhauers und Lehrers an der Kasseler Kunstakademie Johann Christian Ruhl ist bereits ab 1806 Schüler der gleichen Akademie. 1812/13 geht er nach Göttingen an die Universität, wo er unter anderem den jungen Philosophen Arthur Schopenhauer kennenlernt, dessen Einfluß nicht unwesentlich auf Ruhls spätere Lebensauffassung sein wird.

Seine frühen Zeichnungen (Staatliche Kunstsammlungen, Kassel) zeigen ein besonderes Interesse für Pferde und Begeisterung für die römische Geschichte, wie z.B. die Aquarellzeichnung *Bändigung eines Pferdes der Antike* und das spätere Gemälde *Antikes Pferderennen* bezeugen. In solchen Werken zeigt sich deutlich der Einfluß der klassizistischen Kasseler Akademie sowie Davids und des frühen Ingres. Gleichzeitig interessiert sich Ruhl auch für die mittelalterliche Ritterwelt, wie sie in Fouqués ›Undine‹ und ›Zauberring‹, erschienen zwischen 1810 und 1813, besungen wird (Friedrich de la Motte-Fouqué war bis zuletzt davon überzeugt, daß die von ihm so fantasievoll wie abenteuerlich beschriebenen feudalen mittelalterlichen Zustände wiederhergestellt werden müßten). 1812 führt der junge Ruhl Illustrationen zur ›Undine‹ aus. Angesteckt von dem unter vielen jungen Deutschen verbreiteten Patriotismus, meldet sich Ruhl 1813 als Freiwilliger zu den Waffen und nimmt 1814 an dem Feldzug gegen Frankreich teil. Nach seiner Rückkehr besucht er die Akademie in Dresden, wo er als Schüler von Ferdinand Hartmann die altitalienischen Meister kennenlernt, die in dem jungen Künstler den Wunsch wecken, nach Italien zu ziehen.

Ab 1815 studiert Ruhl in München weiter. Hier findet die bedeutsame Begegnung mit Karl Philipp Fohr statt, und die beiden werden unzertrennliche Freunde. In Ruhl findet Fohr gleichzeitig einen Lehrer in der Ölmalerei. Es verbindet sie das Interesse für die neuen Werke der Literatur, die sich mit der Welt des Mittelalters befaßt, und so illustrieren sie in Gemeinschaftsarbeit Tiecks ›Melusine‹ und Fouqués ›Zauberring‹.

Im Frühling 1816 planen die Freunde eine gemeinsame Romfahrt, doch muß Ruhl vorläufig die Reise allein antreten. Bei einem Zwischenaufenthalt in Mantua machen die Fresken von Giulio Romano großen Eindruck auf ihn und er nimmt sich vor, diesem Künstler nachzueifern.

In Rom angelangt, bezieht er eine Wohnung in der Casa Buti, Via Sistina 48. Im Café Greco lernt er die meisten damals in Rom weilenden nordischen Künstler kennen und nähert sich besonders den Nazarenern. Ruhl wie auch Fohr, der Ende des gleichen Jahres in Rom eintrifft, dokumentieren auch äußerlich ihre Zugehörigkeit zum Kreis der Nazarener, indem sie sich in altdeutscher Tracht kleiden, d.h. den deutschen Rock tragen, den Fohr in Rom eingeführt hat. In der ersten römischen Zeit ist Ruhl mit der Illustration des ›Nibelungenlieds‹ beschäftigt, das er bereits in München gemeinsam mit Fohr gelesen hatte. Die Freundschaft der beiden geht in Rom jedoch bald in die Brüche und gipfelt am 24. März 1817 in einem Duell. In dieser Zeit befaßt sich Ruhl mit religiösen Themen und zeichnet, wie es unter den Nazarenern üblich ist, die Porträts der Freunde, wobei er darauf bedacht ist, das Charakteristische eines jeden besonders herauszustreichen.

Nach einem längeren Aufenthalt in Florenz 1818, wo er die Werke der toskanischen Schule der Frührenaissance studiert, kehrt Ruhl nach Kassel zurück. Hier verarbeitet er die von den Nazarenern und die in den italienischen Hauptkunstzentren direkt empfangenen Anregungen und behandelt vorerst religiöse Themen, wie zum Beispiel in dem Bild *Drei singende Engel* (1819; Schloß, Fulda), ein Werk, das er für würdig befindet, an Goethe einzusenden. Der Weimarer Dichter, ›oberster Richter‹ in Kunstdingen, rezensiert das Werk auf günstige Weise und empfängt Ruhl selbst in seinem Hause. In der gleichen Periode beschäftigt sich der Künstler auch mit Faustillustrationen. Zwischen 1821 und 1825 ist Ruhl viel unterwegs und von 1825 bis 1831 widmet er sich eingehend der Illustration von Themen Shakespeares, dessen Werke in der Übersetzung August Wilhelm Schlegels seit 1797 herauskommen und 1825 unter der Leitung von Ludwig Tieck vollständig abgeschlossen werden. Die Illustrationen dazu werden von den Zeitgenossen als Ruhls Hauptwerk angesehen. 1827 gibt Ruhl in Kassel die *Capricci* heraus, ein Album mit 18 Radierungen, die die Welt des Biedermeier in drastischen Karikaturen wiedergeben.

Bisher war der Künstler vom breiten Publikum weitgehend unbeachtet geblieben. Nun erleichtert ihm seine Verheiratung mit der Baronin Sophie von Verschauer im Jahre 1830 die Absicht, am Hofe des Kurfürsten Karriere zu machen. 1831 kann er endlich eine Lehrtätigkeit an der Kasseler Kunstakademie aufnehmen, um 1840 deren Direktor zu werden. Daneben erhält er vom Hof weitere öffentliche Ämter. Von diesem Zeitpunkt an paßt sich seine künstlerische Tätigkeit immer mehr dem dominierenden Geschmack an. Bereits seit 1826 hat die romantische Auffassung der Nazarener in seinem Werk allmählich anderen Einflüssen Platz gemacht (unter anderem dem eines Delacroix), wie Änderungen in der zeichnerischen Technik, der Farbgebung und der Wahl der Motive bezeugen.

Die vierziger und sechziger Jahre sind gekennzeichnet durch literarische Tätigkeit Ruhls, der unter dem Decknamen Cardenio ›Erinnerungen an Jakob und Wilhelm Grimm‹ (in ›Hessische Blätter‹ 17, 1885), zum Andenken an seine Dichterfreunde, und ›Aus Kassels Vergangenheit‹ veröffentlicht. Die letzten Jahrzehnte seines langen Lebens verzeichnen ein starkes Nachlassen seiner schöpferischen Kraft, da Ruhl der geistigen und künstlerischen Entwicklung der neuen Generationen verständnislos gegenübersteht. Er stirbt mit beinahe dreiundneunzig Jahren in fast völliger Abgeschlossenheit. *I. S.*

Literatur: Ruhl 1840 (mit Radierungen des Künstlers); Ruhl 1882 (mit Radierungen und Fotografien des Künstlers); Rechberg-Heydegger 1973 (mit Lit.).

107 Olimpia Buti, 1817

Bleistift, 22,9 x 18,7 cm
Bez.: »Olimpia Buti geb. den 2ten Dicember 1804./Rom den 9ten August/1817«
Provenienz: *1939 aus der Sammlung Alexander Fiorino, Kassel, erworben*
Lit. und Ausst.: *Rechberg-Heydegger 1973, Z 104; Darmstadt 1977, Nr. 31*
Staatliche Kunstsammlungen, Kassel
Inv. Nr. K II 5426

Camillo Buti, ein aus der Toscana stammender Architekt – neben Raphael Mengs und Anton Maron Mitherausgeber der antiken Fresken der 1870 abgerissenen Villa Negroni-Montalto auf dem Esquilin, Rom 1778-1793 – und seine Frau Anna Maria geb. Atticiati bewohnten mit ihren Kindern Elena (geb. 1797), Vittoria (geb. 1801), Olimpia (geb. 1804) und Cesare (geb. 1806) das Gebäude in der Via Sistina 48-51. Durch einen Innenhof war der ehemalige Wohnsitz Piranesis – nun Casa Buti genannt – mit dem vornehmeren Palazzo Tomati in der Via Gregoriana 42 verbunden, der seinerseits eine Reihe von illustren Gästen beherbergt hatte: so z.B. A.W. Schlegel und Madame de Staël, Ludwig Tieck, Elisa von der Recke und den Dichter Chr. A. Tiedge, Wilhelm und Caroline von Humboldt, Gottlieb Schick, Franz und Johannes Riepenhausen, A. Chr. Kestner und viele andere (vgl. dazu auch J.B. Hartmann: »Palazzo Tomati e Casa Buti-Nidi di Uccelli migratori e di romani d'Adozione«, in: Lunario 1973, vecchie Case Romane). Nach dem Tode ihres Mannes im Jahre 1808 wandelte die Witwe das Haus in eine Künstlerpension um, die über fünf(!) Jahrzehnte deutschen und skandinavischen Künstlern ein gemütliches und fröhliches Zuhause wurde (dazu Friedrich Noack: »Casa Buti in Rom«, in: Westermanns illustrierte Monatshefte, Bd. 90, Sept. 1901, S. 788-795); so lebten hier Bertel Thorvaldsen, Rudolph und Wilhelm Schadow, Wilhelm Wach, Karl Adolf Senff, Karl Philipp Fohr, Julius Eugen und Ludwig Sigismund Ruhl, und viele andere mehr.

Vier Jahre nach ihrer Abreise aus Rom schreibt Caroline von Humboldt wehmütig an die Brüder Riepenhausen: »Mein größter Wunsch und Sehnsucht bleibt aber, nur noch einmal, auf ein Jahr wenigstens, nach Rom zurückzukehren. Mit großem Dank werde ich die Zeichnung von Ihnen, aus Ihrem Fenster die Aussicht auf Rom, annehmen; was können Sie mir Lieberes schenken, es war ja auch einmal meine Aussicht.« (Brief vom 11. Nov. 1814, abgedr. bei Haufe 1965, S. 175). So ist es nicht verwunderlich, daß sie bei ihrem zweiten Romaufenthalt von 1817-19 mit den Töchtern Gabriele und Adelheid die nachbarliche Casa Buti zu ihrem Quartier erwählte. Die Jahre 1817 und 1818 sind, besonders durch Frau von Humboldt, die glänzenden Zeiten der so vielgenannten Casa Buti geworden, schreibt Hermann Riegel (Riegel 1876, S. 300). Man lebte unter der Obhut der Hausfrau, die mit ihren ›trefflichen‹ Töchtern für alles sorgte, ganz gemeinsam, war bei Tisch lebhaft und fröhlich, und vereinigte sich abends bei Frau Humboldt, wo sich auch andere Künstler, Gelehrte und Freunde einzufinden pflegten (Seidler 1922 [1866], S. 121).

In dieser herzlich-familiären Atmosphäre konnte es nicht ausbleiben, daß sich die Haustöchter in deutsche Künstler verliebten: Elena war mit dem 1822 verstorbenen Rudolph Schadow verlobt gewesen, Olimpia heiratete am 15. Juni 1825 den Maler Heinrich Lengerich, dem sie im selben Jahr nach Stettin folgte (Schnorr-Briefe II, 22. Juli 1825, S. 490), Vittoria schließlich heiratete 1838 den Bildhauer und Thorvaldsen-Schüler Julius Troschel aus Berlin.

Ludwig Sigismund Ruhl hat das künstlerisch bescheidene, wohl mehr als persönliche Erinnerung gedachte Blättchen der jungen, schalkhaften Olimpia während seines zweijährigen Aufenthaltes in Rom gezeichnet. Außer diesem Blatt kennen wir noch ein frühes Ölbild von Cornelis Cels aus Brabant (1801-07 Gast Butis), das die Familie im Jahre 1803 darstellt (zur Zeit Noacks im Nachlaß Cesare Butis, Rom; Notiz aus Nachlaß Noack, im Besitz der Bibl. Hertz., Rom), eine Zeichnung von Julius Schoppe (1817-22 in Rom), auf dem Mutter und Töchter porträtiert sind (vgl. Hartmann a.a.O.), eine Zeichnung nach Vittoria Buti von Wilhelm Schadow aus dem Jahre 1818 (Heise 1928, Nr. 47), sowie eine späte Zeichnung Olimpias (1833) von Adolf Senff (Noack 1901, S. 791). *J.H.*

Olimpia Buti geb den 2ten Diember 1804.
Rom den 9ten August
1817.

107

Julius Eugen Ruhl

Kassel 13.10.1796 - Kassel 27.11.1871

Der jüngere Bruder Ludwig Sigismunds erhält seine erste Ausbildung an der Artillerieschule in Kassel, da er von seiner Familie für die militärische Laufbahn bestimmt worden war. Hier hat er Gelegenheit, Zeichenunterricht zu nehmen sowie die Kupferstecherei zu erlernen. Die frühen Übungen im Radieren sind ihm später von besonderem Nutzen für die Veröffentlichung seiner baugeschichtlichen Aufnahmen in Italien. 1813/14 nimmt er als Freiwilliger an dem Feldzug gegen Napoleon teil. Nach seiner Rückkehr aus dem Krieg wird er Schüler des Hofbaudirektors Heinrich Jussow, der auch Direktor der Architekturabteilung an der Kurhessischen Akademie der Künste von Kassel ist. Von 1817 bis 1819 und abermals im Juli 1840 ist er in Rom, wo er zusammen mit seinem Bruder in der Via Sistina 51 in der Casa Buti wohnt. In Rom widmet er sich besonders dem Studium der Bauwerke aus der Antike, dem Mittelalter und der Renaissance und fertigt zahlreiche Zeichnungen, die er in einem Album unter dem Titel ›Ricordi d'Italia‹ (Staatliche Kunstsammlungen, Kassel) zusammenfaßt. Wie eine dieser Zeichnungen, *Sta. Prassede in Rom,* von 1818 (Kat. 109) zeigt, steht Ruhl der romantischen Kunst, besonders der Landschaftsauffassung eines Fohr und Horny, sehr nahe. Er findet Gefallen an »bescheidenen Gebäuden«, die eine »üppige Vegetation schwesterlich umschließt«, wie er in seinem Erläuterungstext zu dem Album schreibt.

1819 hält sich Ruhl fünf Monate lang in Sizilien auf, wo er Landschaftsaquarelle malt und die antiken Baudenkmäler studiert. Danach verbringt er zwei Monate in Florenz, um die Meister der Renaissance zu studieren. Von dort reist er über Pisa und Genua in die Heimat zurück und begibt sich auch eine Weile nach Frankreich. In Kassel widmet er sich der Herausgabe seiner Radierungen nach dem Album ›Ricordi d'Italia‹, der er den Titel ›Kirchen, Paläste und Klöster in Italien, nach Monumenten gezeichnet und herausgegeben von J.E. Ruhl‹ (Kassel–Darmstadt 1821) gibt. Das Werk findet Goethes Anerkennung, der dazu sagt: »Von Seiten der künstlerischen Behandlung finden wir an den Blättern dieses Werkes teils die Genauigkeit und den bis auf das kleinste Detail sich erstreckenden Fleiß, teils die vom Zeichner mit nicht weniger Geschmack als Überlegung gewählten Standpunkte zu loben« (J.W. Goethe, ›Ferneres über Kunst‹, in: Goethes Schriften zur Kunst, hrsg. von K. Goedeke, Ausgabe Cotta 1895-96, S. 333).

Nach Abschluß seiner Studien tritt er in Kassel in den Dienst des Kurfürsten und wird mit erst fünfundzwanzig Jahren zum Hofarchitekten ernannt. 1832 wird er in die Leitung der Akademie berufen, betätigt sich aber auch praktisch auf dem Baugebiet. In seine Bauprojekte führt er Elemente der italienischen Renaissance ein und überwindet somit den bisher dominierenden klassizistischen Geschmack. Seine Laufbahn endet 1867 mit seiner Pensionierung. *I. S.*

Literatur: Schnack 1950, Bd. IV, S. 300ff. (mit Lit.); Herzog 1967, ad vocem.

108

108 Ansicht vom Quirinal, um 1818

(Ansicht auf Rom aus der Loggia des Palazzo Tomati)
Feder und Aquarell, 43,5 x 61,5 cm
Bez.: »S. GIUSEPPE Capo le Case / Der Quirinal / Pigna Colonna / Forum Trajan / Capitol / Priorat v. Malta / Palazzo di Venezia / il Giesù«
Provenienz: *Blatt 4 des Albums ›Ricordi d'Italia‹*
Lit. und Ausst.: *Darmstadt 1977, Nr. 36*
Staatliche Kunstsammlungen, Kassel
Inv. Nr. K II 5410

Ruhl hat die während seines zweijährigen Italienaufenthaltes gesammelten Ansichten von Landschaften und antiken Monumenten in dem Album ›Ricordi d'Italia‹ zusammengefaßt, das insgesamt dreiundvierzig Blätter enthält. Einige dieser Ansichten hat er später in dem Tafelwerk ›Kirchen, Paläste und Klöster in Italien, nach den Monumenten gezeichnet von J. Eugenius Ruhl, Architekten in Kassel‹ verarbeitet, das in drei Lieferungen zu je sechs Blättern in Kassel und Darmstadt erschienen ist. In Goethes Kommentar zu diesem Werk lesen wir: »...Von seiten der künstlerischen Behandlung finden wir an den Blättern dieses Werks teils die Genauigkeit und den bis auf das kleinste Detail sich erstreckenden Fleiß, teils die vom Zeichner mit nicht weniger Geschmack als Ueberlegung gewählten Standpunkte zu loben; unbeschadet der Wahrheit stellen sich die sämtlichen Gegenstände dem Auge von einer gefälligen Seite in malerischer Gruppierung dar. ...« (Goedeke 1895-96, S. 333-34).

Ruhl gibt ein weitgestecktes Panorama des südöstlichen Teils von Rom, gesehen von der Loggia der Casa Buti aus, wo er mit seinem Bruder Ludwig Sigismund von 1817-19 wohnte. Der Blick gleitet über das Häusermeer zum beherrschenden Quirinalspalast, dessen Garten das einzige belebende Element in dieser architektonischen Gesamtschau darstellt. Was sich dem Architekten Ruhl 1818 von selber erschloß, fiel zehn Jahre später dem berühmten Landschaftsmaler J. Chr. Reinhart bei seinem Monumental-Auftrag für König Ludwig von Bayern (*Blick von der Villa Malta auf Rom,* in vier Ansichten, Neue Pinakothek, München) sehr viel schwerer: die detailgetreue Schilderung der grandiosen römischen Stadtlandschaft, voller feiner malerischer Reize.

Ruhls Erläuterungstext, der jedes Blatt des Albums begleitet, lautet hierzu: »Ansicht auf Rom aus meiner Wohnung im / Palazzo Tomati in Via Sistina aufgenommen / Das links gelegene Gebäude ist der Palast des / Pabstes (il Quirinale oder Monte Cavallo) vor welchem / die beiden Statuen Pollux u. Castor (von?) Phidias gearbeitet / aufgestellt sind, man sieht hier die Garten oder / Hofseite des Quirinal, mit den immer grünenden / Lorbeer und Licino Gängen, über der langen Galleria / der Officien die Pinie aus dem Garten colonna- / weiter Rechts die Colonna Trajan, das Capitol, / Aracoeli, in der Ferne das Priorat von Malta / Palazzo di Venezia, u die Kirche de Giesù – Im / Vordergrund links zeigt sich die Kirche St. Giuseppe / Capo le Case, der Horizont die Campagna Romana. / Das Bild zeigt ohngefähr den 8ten Theil des Rundge / mäldes, welches man von Rom aus der Loggia des Palazzo / Tomati übersieht.« (Marianne Heinz, ehem. Staatl. Kunstslg. Kassel danke ich herzlichst für die Beschaffung dieses Textes). *J. H.*

109 Eingang zur Kirche Sta. Prassede in Rom, 1818

Feder und Aquarell, 43,5 x 61,5 cm
Bez.: »ROMA LI 14 DEC 1818«
Provenienz: *Blatt 2 des Albums ›Ricordi d'Italia‹*
Lit. und Ausst.: *Arrigoni-Bertarelli 1939, Nr. 1347; Darmstadt 1977, Nr. 36*
Staatliche Kunstsammlungen, Kassel
Inv. Nr. K II 5410

Die Kirche Sta. Prassede auf dem Esquilin aus dem 9. Jahrhundert geht auf den Titulus Praxedis aus dem ausgehenden 5. Jahrhundert zurück. Ruhl gibt in seiner Ansicht den eigentlichen Haupteingang der Kirche in der Via S. Martino ai Monti wieder; durch den aus zwei antiken Granitsäulen und jonischen Kapitellen bestehenden Portikus, der von einem Ziegelrundbogen mit Balkon aus späterer Zeit überdacht wird, führt eine Treppe durch die Eingangshalle zum Atrium der Kirche.

Der heute geschlossene, von den Kirchenbesuchern und Romreisenden gleichermaßen unbeachtete Eingang, den Ruhl turmartig wiedergibt, ist in seiner ursprünglichen Form erhalten geblieben, ebenso die ihn einschließenden Gebäude, die heute im untersten Geschoß Geschäftsräume beherbergen. Der kleine Balkon mit Wassergefäßen ist zu einem Erkerchen umgebildet worden, der aus dem Mauerwerk und über den Dächern üppig sprießende Pflanzenwuchs gehört jedoch einer längstvergessenen Vergangenheit an, als der Esquilin noch von Villen und Weinbergen überzogen war.

Die liebevolle Ausführung und der ruhige Strich weisen Ruhl als Romantiker aus; die Staffagefigürchen aber – der die Treppe herabschreitende Priester, die drei Pifferari und die zum Kirchgang gekleidete Römerin mit Kind –, die das von der Mittagssonne überflutete stille Gäßchen beleben, sind in einem den Nazarenern fremden, in klassizistische Zeit verweisenden, verkleinerten Maßstab gegeben. Die Atmosphäre der zart aquarellierten Zeichnung gibt Zeugnis der neuen Art des Sehens und der neuen malerischen Möglichkeiten des so viel gemalten Stadtbildes Roms. Diese Ansicht, die als Vorlage zu Blatt 5 der zweiten Lieferung des Tafelwerkes ›Kirchen, Paläste und Klöster in Italien ...‹ diente, erhielt vom Künstler folgenden Kommentar: »... Nahe bei der Hauptkirche S. Maria Maggiore / gelegen, zeigt dieses Blatt einen Eingang der ältesten / Kirche Roms, dem Orden von Vallombrosa zugehörig. / In der Kirche zeigt man einen Brunnen, in welchen / die Heilige Praxedis die Körper von 200 zu ihrer Zeit hingerichteten / Märtyrer werfen ließ. – Dies Gemälde vereint in / gedrängtem Raum des Zusammenbau(s) verschiedener / Gebäude und verschiedener Zeitepochen, welche auch / hier den Reiz üppiger Vegetation schwesterlich umschließt.«
(Herzlicher Dank gebührt Marianne Heinz, ehem. Staatl. Kunstslg. Kassel, für die Beschaffung des Ruhl'schen Textes). *J. H.*

109

Friedrich Wilhelm Schadow
Berlin 7.9.1788 - Düsseldorf 19.3.1862

Schadow erhält vom Vater, dem berühmten Bildhauer Johann Gottfried, den ersten Zeichenunterricht und besucht ab 1808 die Malkurse von G. Weitsch an der Berliner Akademie. Dank der Fürsprache Alexander von Humboldts bekommt er ein Italienstipendium und geht 1811 in Begleitung seines älteren Bruders Rudolf nach Rom. Hier zieht ihn besonders die geistige Haltung der Nazarener an, in deren Kreis er aufgenommen wird. Darüber berichtet Overbeck am 21.5.1813 in seinem Brief an den ›Mitbruder‹ Joseph Sutter: »... unser Bund wieder um ein Mitglied stärker geworden ist, durch die Aufnahme unseres Freundes Schadow, des Sohnes des bekannten Bildhauers in Berlin ... könnte man sagen, dass dieser junge Bruder uns Ältere zu neuem Eifer ansporn sowohl durch sein edles tief eindringendes Bestreben und seine schon erlangten grossen Kenntnisse und Fertigkeiten in der Kunst als auch durch seinen musterhaften Wandel, seinen Ernst, mit dem er nach Vervollkommnung ringt, und seine wahrhafte Religiosität« (Howitt 1886, I, S.315). Obgleich Schadow das künstlerische Ziel der Nazarener teilt, bewahrt er seine eigene Ausdruckskraft, die vor allem auf einer tieferen Einfühlung in die natürliche Form und einen größeren Sinn für das Kolorit beruht. Unter dem Einfluß von Cornelius und Overbeck beschäftigt er sich eingehend mit der Historienmalerei, wenngleich diese auch nicht eigentlich seinem Talent entspricht. Denn bereits in der römischen Periode gehören die Porträts zu seinen stärksten Werken, in denen er unter Verzicht auf jegliche programmatische oder demonstrative Absicht in freier Weise den Dichter in sich sprechen läßt. So zum Beispiel in den *Porträts von Caroline und Gabriele von Humboldt* (im Zweiten Weltkrieg zerstört) und im *Selbstporträt mit Bertel Thorvaldsen und Rudolf Schadow* (1815; Staatliche Museen, Nationalgalerie, Berlin/DDR).

Zwischen 1816/17 beteiligt er sich an der Ausmalung der Casa Bartholdy mit den Szenen *Joseph im Gefängnis* und *Jakobs Klage um Joseph.* Diese Fresken nähern sich stark denen Overbecks und Cornelius' und haben das Quattrocento zum Vorbild, doch sind sie weniger ausdrucksstark als die seiner beiden Meister. Nach dem Übertritt zum Katholizismus (1814) widmet er sich religiösen Themen und malt einige Tafelbilder, wie z.B. *Die Heilige Familie* (1818; Bayerische Staatsgemäldesammlungen, München), die formale Ähnlichkeit mit Overbeck aufweisen, doch im wesentlichen weit von diesem entfernt sind.

1819 kehrt Schadow nach Deutschland zurück, wo er im folgenden, auch aufgrund seiner Lehrtätigkeit, im Kunstleben eine führende Rolle spielt. In Berlin wird er zum Akademieprofessor ernannt und leitet ein vom Staat unterstütztes unabhängiges Atelier. Die von ihm vertretene Stilrichtung und die Freiheit seines Unterrichts locken bald zahlreiche Schüler an, so daß Schadow bald im Mittelpunkt der Aufmerksamkeit steht und die Gunst der Berliner Gesellschaft erwirbt.

1826 erfolgt die Berufung nach Düsseldorf in die Leitung der Akademie. Er ist hiermit Nachfolger von Cornelius, der den Lehrbetrieb gänzlich vernachlässigt und die Akademie in eine von seiner Künstlerpersönlichkeit völlig beherrschte ›Schule‹ verwandelt hatte. Trotz der geistigen Verwandtschaft mit seinem Vorgänger ist Schadow, der in bezug auf Technik und Farbgebung sensibler war als Cornelius, bemüht, den Schülern eine möglichst umfassende und differenzierte Ausbildung zu ermöglichen. Seine Lehrtätigkeit ist von Anfang an gekennzeichnet durch den Respekt vor den Neigungen und Interessen des einzelnen. Eine große Zahl seiner Berliner Schüler folgt Schadow nach Düsseldorf, darunter Carl Ferdinand Sohn, C. Köhler, Theodor Hildebrandt, Karl Friedrich Lessing, Heinrich Mücke, Julius Hübner und Eduard Bendemann, die er an seinem Unterricht beteiligt. Obgleich er behauptet: »Die Möglichkeit angemessener Auffassung des Gegenstandes, die naturgetreue Darstellung desselben ist die Tendenz und Methode der Düsseldorfer Schule« (Hütt 1964, S.15), dominiert in der Akademie die christliche Romantik mit nationalistischen Zügen preußischer Prägung. In den dreißiger Jahren entsteht um die Akademie, die inzwischen internationalen Ruf erlangt hat, ein reger Kulturaustausch. Schadow und seine Schüler stehen in Verbindung mit Persönlichkeiten wie dem Prinzen Friedrich von Preußen, Intellektuellen wie Karl Immermann, Karl Schnaase, Friedrich von Üchtritz und dem Komponisten Felix Mendelssohn-Bartholdy. Aus diesen Beziehungen entwickelt sich eine Tendenz, die alle Kunstbereiche beeinflußt. Zwischen 1830/31 verbringt Schadow eine kurze Zeit in Rom (zusammen mit Hübner, Hildebrandt und Bendemann) und kehrt mit erneuertem religiösen Eifer nach Düsseldorf zurück, wo er sich in verstärktem Maß für die Ideale der Nazarener einsetzt. In den folgenden Jahren führt dies zu einer starren religiösen Intoleranz und einer allgemeinen reaktionären Haltung Schadows, wodurch er sich schweren Angriffen auf seine Tätigkeit und die ganze akademische Einrichtung aussetzt. Nach einer neuerlichen Italienreise widmet er sich von den vierziger Jahren an fast ausschließlich religiösen Themen, die er hauptsächlich aus dem Evangelium schöpft und deren Zweck der Erbauung und moralischen Erziehung dienen soll. Schwer krank legt er 1859 sein Direktorenamt nieder und stirbt wenig später. *R.C.*

Literatur: Schadow 1828, I, S.264ff. (auch in Raczynski 1836-41, S.313ff.); Schadow 1842; Schadow 1854; Schadow 1891; Koetschau 1926; Schadow 1939, S.72ff., 79ff.; Peters 1962, S.164; Düsseldorf – Schadow 1962; Hütt 1964.

110

110 Joseph im Gefängnis, 1812

Öl auf Pappe, 35 x 31 cm
Provenienz: *Aus dem Palais Liegnitz in Berlin*
Lit. und Ausst.: *Donop 1889, S. 30, Düsseldorf-Schadow 1962, Nr. 199, Abb. 30 (nicht ausgestellt), Frankfurt 1977, B 23, Abb.*
Bayerische Staatsgemäldesammlungen, München
Inv. Nr. 9408

Dargestellt ist, wie Joseph im Gefängnis seinen Mitgefangenen, dem Mundschenk und dem Bäcker, ihre Träume auslegt. Das Bild entspricht bis auf wenige Änderungen einem der beiden Wandbilder Schadows in der Casa Bartholdy; es ist jedoch schon 1812 begonnen worden und damit eine Arbeit, auf die Schadow bei dem Freskenauftrag zurückgreifen konnte. *H.-J. Z.*

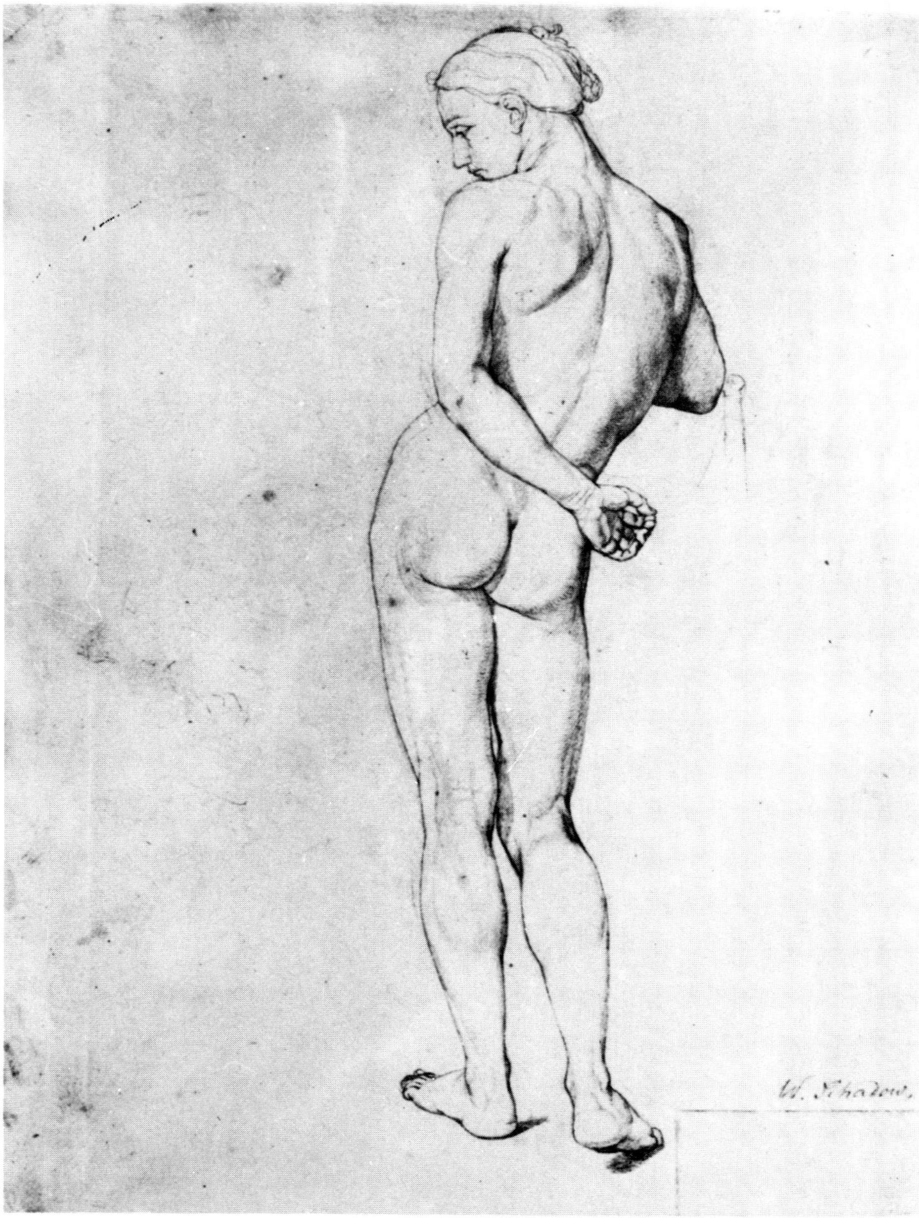

111

111 Rückenakt, 1817

Bleistift, 26,3 x 19,1 cm
Bez. r. u.: »W. Schadow«
Lit. und Ausst.: *Karl & Faber 1969, Nr. 579; München 1979/80, Nr. 98, Abb. 27*
Staatliche Graphische Sammlung, München
Inv. Nr. 1969: 1

Eine Zeichnung Schadows im Museum der bildenden Künste in Leipzig (Inv. Nr. N. J. 7352) von dem gleichen Aktmodell mit hochgestecktem Nackenzopf zeigt, daß der dort im Sitzen dargestellte Körper der eines Jünglings ist. Das Datum des Leipziger Blattes, Juni 1817, darf auch für die Münchner Zeichnung gelten.
Hinter der lapidaren, großzügigen Körperwiedergabe steht die Erfahrung, die Schadow bei der Ausführung seiner beiden Wandbilder in der Casa Bartholdy gesammelt hatte und die gerade um die Jahresmitte 1817 vollendet waren.
Sich von der Akademietradition abkehrend, zeichneten die Nazarener nicht nach posierenden Berufsmodellen, sondern man engagierte einen Knaben oder Jüngling, dessen jugendlicher Körper den puristischen Vorstellungen entgegenkam. Zu Zeiten der Aktsitzungen im Kloster S. Isidoro 1810/11 war der Knabe Xaverio das bevorzugte Modell, um 1822 der fünfzehnjährige Carluccio. Der Jüngling auf dem vorliegenden Blatt ist wohl keiner von beiden. *G. M.*

112 Christi Gang nach Golgatha, 1817

Öl auf Holz, 30,1 x 41,9 cm
Provenienz: *Von Bertel Thorvaldsen bei Schadow in Rom erworben*
Lit. und Ausst.: *Reumont 1840, S. 175; Kopenhagen 1931, S. 40; Düsseldorf-Schadow 1962, Nr. 192 (nicht ausgestellt); Jørgensen 1972, Nr. 127, S. 226, Abb. 9; Köln 1977, C 22, S. 331, Abb.*
Thorvaldsens Museum, Kopenhagen
Inv. Nr. B 156

Schadows Komposition könnte von der *Kreuztragung* aus dem Umkreis des Meisters der Lyversberger Passion um 1470 beeinflußt sein, die sich heute in der Staatsgalerie der Residenz von Bamberg befindet. Die Tafel war zu Beginn des 19. Jahrhunderts berühmt, begründeten doch die Brüder Sulpiz und Melchior Boisserée mit ihrem zufälligen Fund auf dem Kölner

112

Neumarkt im Jahr 1804 ihre aufsehenerregende Sammlung altdeutscher und altniederländischer Malerei, die sie 1826 an Ludwig I. von Bayern verkauften.
Allerdings stellt Schadow bei ähnlichem Bildaufbau und den fast selben Protagonisten viel entschiedener einen bestimmten Augenblick des Kreuzwegs dar, nämlich die unbiblische, vom apokryphen Nikodemusevangelium (Kap. 10. Da die Stelle nicht in jeder Fassung des Nikodemus-Evangeliums enthalten ist, vgl. Evangelia apocrypha, hrsg. von Tischendorf, Leipzig 1876², S. 303 ff.) überlieferte und durch Erbauungsliteratur und Passionsspiele popularisierte Begegnung der Mutter Jesu mit ihrem verurteilten Sohn auf dem Weg zur Richtstätte. Es ist die vierte Station der seit dem späten Mittelalter allmählich entwikkelten Kreuzwegandacht. Das Geschehen ist hier dramatisch gesteigert: Jammervoll wendet sich der unter der Last des Kreuzes Gestürzte Maria zu, die ihm mit ausgestreckten Armen entgegenstrebt. Solche privaten Familiengefühle überschreiten das im 15. Jahrhundert Vorstellbare. Sie gehören einer modernen Mentalität an. Dagegen sind die Folterknechte mittelalterlicher Tradition konform dargestellt.
Eine lineare Vorstudie im Geiste Schongauers, der eine weitere Inspirationsquelle für Schadow gewesen sein könnte, befindet sich in den Kunstsammlungen der Universität Göttingen (Düsseldorf 1962, Nr. 61, Abb. 18, S. 48). Möglicherweise steht die Komposition der Kreuztragung im Zusammenhang mit den vierzehn Stationstafeln, welche die Nazarener für S. Andrea delle Fratte ausführten. Sie wurden 1818 fertig, so daß sie, als Overbeck im Oktober in dieser Kirche getraut wurde, schon hingen. Dorothea Schlegel berichtet über sie an ihren Mann (Finke 1923, S. 51, Brief vom 27. Juni 1818): »Wenn es schon eine Kirche ist, so weigern sie sich nicht, unentgeltlich zu arbeiten, so haben Sie beyde für eine hiesige Kirche, Andrea delle Fratte genannt, Stationsbilder übernommen ... Wilhelm Schadow hat auch *eins, die Grablegung* ...«
Thorvaldsen erwarb dieses schwache Bild seines Hausgenossen trotz der allzu summarischen Landschaftsdarstellung und der blassen, hölzernen Figuren für seine Sammlung, vielleicht von der seelenvollen Mutter-Sohn-Beziehung angezogen. Jedenfalls ließ er sich davon 1839/40 für sein Relief der Kreuztragung im Chor der Frauenkirche von Kopenhagen anregen (Kopenhagen 1961, Nr. 560, S. 36). *S. M.*

113

114

113 Die hl. Familie unter dem Portikus, um 1818

Öl auf Leinwand, 142 x 102 cm
Provenienz: *Auftrag Ludwigs von Bayern*
Lit. und Ausst.: *Wiegmann 1856, S. 15; Reber 1876, S. 219; Düsseldorf-Schadow 1962, Nr. 2, Abb. S. 18; Frankfurt 1977, C 31, Abb. S. 140; Einem 1978, S. 126, Abb. 119; Düsseldorf 1979, Nr. 213*
Bayerische Staatsgemäldesammlungen, München
Inv. Nr. WAF 918

Diese raffaelische Madonna aus nazarenischem Geist war eine Auftragsarbeit für den Kronprinzen von Bayern. Das rührende Motiv des schlafenden Kindes, das schon der italienischen Malerei des Quattrocento geläufig ist, soll die Unschuld des künftigen Opferlammes besonders hervorheben. Andacht und Mitgefühl des Betrachters, dem es deutlich zugekehrt ist, werden so mobilisiert und vertieft. Der Schlaf spielt als Bild des Todes auf die Passion an, worauf auch traditionsgemäß die Nelke in der Vase hinter der Madonna deutet, während die Birne in der Linken des Knaben ihrer saftigen Köstlichkeit wegen die Inkarnation symbolisiert. Die in der mittelalterlichen Malerei benutzten Sinnbilder, die auf diesem Bild besonders zahlreich sind, werden von Schadow richtig eingesetzt, was zeigt, wie vertraut sie ihm waren.

Mit diesem kontemplativen Andachtsbild verbindet der Maler das Motiv des arbeitenden Joseph, der wie auf den Darstellungen der hl. Familie am Werktag einen Balken behaut und das aktive Leben vertritt. Dieses um 1400 mit der zunehmenden Bedeutung der Handwerker entwickelte Thema kam dem Josephs- und Familienkult des 19. Jahrhunderts ideal entgegen. Die Verbindung von weiblichem Behüten im Haus und männlichem Schaffen in der Außenwelt gibt das christlich-bürgerliche Familienideal der Nazarener präziser wieder als die gemeinsam werkelnde Dreiheit. Wie konform die Bildidee der herrschenden Anschauung war, zeigt die Tatsache, daß Schadow 1820 auf Wunsch des preußischen Königs eine Replik in ähnlichem Format auf Eichenholz ausführte. Sie befindet sich heute in der Sammlung Schäfer, Schweinfurt. *S. M.*

114 Pietas und Vanitas mit dem segnenden Christus, um 1840

Lavierte Federzeichnung und Bleistift
37,9 x 29,5 cm
Alternativentwurf 18 x 10,3 cm (lichte Arkadenmaße)
Kunsthalle Bremen
Inv. Nr. 1961/42 und 1962/47

Dieser Karton Schadows für ein Ölgemälde (Westfäl. Privatbesitz, abgeb. in: Düsseldorf-Schadow 1962, Nr. 24, Abb. 13, S. 36) in Glasfensterform mit einem Alternativvorschlag zur Figur der Pietas gibt eine Abkürzung der Parabel von den klugen und törichten Jungfrauen. Die ›Frömmigkeit‹ hält in jedem Entwurf die brennende Öllampe –

Symbol des bewahrten Glaubens und der Gottesliebe –, während ›Vanitas‹ dem eitlen Tand der Welt, Kleidern und Schmuck, nachgelaufen ist. Beide Allegorien gehören nicht zu den sieben Kardinaltugenden bzw. Todsünden und kommen auch im erweiterten traditionellen Tugend-Laster-Katalog nur ausnahmsweise vor. ›Pietas‹ ist vielmehr eine der sieben Gaben des Heiligen Geists. Doch findet sie sich schon auf einem gotischen Taufstein in England als Tugend im Kampf der ›Discordia‹ entgegengestellt. Später wird sie gerne – vor allem in der Grabmalsplastik – der ›Justitia‹ oder ›Poenitentia‹ beigesellt. ›Vanitas‹ war zunächst keine persönliche Eigenschaft, sondern meinte die Eitelkeit der Welt. Deshalb wurde sie nicht personifiziert, sondern als Stilleben oder Emblem veranschaulicht. Der Widerstreit ›Pietas‹ – ›Vanitas‹ scheint erst im 19. Jahrhundert nach einem Bedeutungswandel und einer Verengung der Begriffe ›Frömmigkeit‹ und ›Eitelkeit‹ möglich geworden zu sein. Er wird in der zweiten Jahrhunderthälfte im kleinen Andachtsbild für den Hausgebrauch ausgewalzt und völlig ins Bigotte abgedrängt. Außer den oben erwähnten Attributen sind die beiden Allegorien durch die geistliche bzw. weltlich-modische Kleidung gekennzeichnet.

Typologisch ist Schadows Entwurf mit Victor Orsels Allegorie *Gut und Böse* von 1829-32 verwandt, die gleichfalls einen richtenden Christus über zwei weiblichen Verkörperungen von Tugend und Laster im Glasmalereistil zeigt (Musée des Beaux-Arts, Lyon, abgeb. in: Frankfurt 1977, S. 340). Ob hier Abhängigkeiten bestehen oder nur eine Übereinstimmung allgemeiner Tendenzen, müßte geklärt werden. Es ist jedenfalls unwahrscheinlich, daß Schadows Entwurf auf die römische Zeit zurückgeht, wie im Katalog von 1962 behauptet wird, weil die eigenwillige, selten angewandte Fensteraufteilung mit der seit den zwanziger Jahren des 19. Jahrhunderts begeistert wiederentdeckten, in Deutschland besonders von Ludwig I. mit seiner 1827 eröffneten Manufaktur geförderten Mode der Glasmalerei in Verbindung zu stehen scheint. *S. M.*

Johann Evangelist Scheffer von Leonhardshoff

Wien 30.10.1795 - Wien 12.1.1822

Seine Ausbildung beginnt an der Wiener Akademie, wo er die Kurse von H. Maurer besucht. Entscheidend für seine Auffassung und seinen Stil sind jedoch sein Verhältnis zu Joseph Sutter und ein Aufenthalt in Venedig 1812. Auf dieser Reise bearbeitet er hauptsächlich religiöse Themen wie z.B. eine *Madonna mit Kind* (1812; Historisches Museum der Stadt Wien), wo der Einfluß des nazarenischen Gedankens in der Anlehnung an die Kunst vor Raffael sichtbar wird. Nach seiner Rückkehr nach Österreich lebt Scheffer einige Zeit in Klagenfurt, wo er in der Gunst des Fürstbischofs Franz Xaver Altgraf von Salm-Reifferscheidt steht, der ihn zum Hofmaler macht und ihm ein Italienstipendium ermöglicht. Nach einer kurzen Teilnahme an den Befreiungskriegen geht er 1814 mit einem Empfehlungsschreiben Sutters an Overbeck nach Rom. Die Lukasbrüder nehmen ihn herzlich auf und ein Jahr später schreibt Overbeck am 17.7.1815 an Sutter: »Von Scheffer muss ich Dir nun noch sagen, dass er durch seine großen Fortschritte uns alle in Erstaunen setzt; ... ich bin überzeugt, dass sein ausgezeichnetes Talent und sein ernstes Streben ihn überall zum erwünschten Ziel werde bringen und für ihn es hinreichend war, das Erhabenste der Kunst gesehen und sich eingeprägt zu haben ... ich glaube, dass er eine Zierde unseres Bundes wäre und dass dieser zugleich für ihn eine fortwährende Aufmunterung wäre nach dem Höchsten zu zielen« (Howitt 1886, I, S.346ff.); ebenso in einem Brief vom 15.2.1815 an Vogel: »... er ist unterdess so gewachsen, dass er fast die Größe unseres Pforrs haben wird. Er macht bereits für sein Alter von 19 Jahren Sachen, die uns in Erstaunen setzen sowohl wegen des ausgezeichneten Talents, das daraus hervorgeht, als auch wegen des Grades von Ausbildung, den er bereits erstiegen« (Howitt 1886, I, S.350). In der Tat erreicht Scheffer in Rom seine stilistische Reife, zu der, wie er selbst sagt, das Studium der »... alten Verherrlicher Gottes, Michel Angelo, Raphael und Perugino« (Curriculum Vitae 12.11.1814, zit. in Wien 1977) beiträgt. 1815 malt er das Porträt von Papst Pius VII., der ihn mit dem Christusorden auszeichnet, und im gleichen Jahr – bevor er Rom wegen seiner Tuberkulose verlassen muß – wird er offiziell in den Lukasbund aufgenommen. Nach Österreich zurückgekehrt, läßt er sich in Klagenfurt nieder, wo er bis auf kurze Unterbrechungen bis 1819 lebt. Im Jahr 1820 stellt er auf der Akademieausstellung eine *Orgelspielende hl. Cäcilia* (1820; ehemals Sammlung Dr. Monath, Wien) und ein *Selbstbildnis* (1820; Österreichische Galerie, Wien) aus, die beide vom Publikum gut aufgenommen werden.

Im Herbst 1820 ist Scheffer von neuem in Rom und trifft seine Nazarenerfreunde wieder, unter denen sich nun auch Sutter befindet. In der folgenden Zeit malt er sein bedeutendstes Werk, *Die sterbende hl. Cäcilia* (1820/21; Österreichische Galerie, Wien), in dem er außer auf kompositionelle Merkmale der Statue Madernos und des Gemäldes von Francesco Vanni (beide in der Kirche S. Cecilia in Trastevere in Rom) auf die italienische Renaissancemalerei zurückgreift. 1821 zwingt ihn seine fortgeschrittene Krankheit, nach Wien zurückzukehren. Er beschließt seine kurze Schaffenszeit mit einem *Selbstbildnis* (1820; Österreichische Galerie, Wien), das zweifellos zu seinen besten Werken gehört. Im Alter von nur sechsundzwanzig Jahren stirbt er in Wien. *R.C.*

Literatur: Laxenburg 1968; Wien 1977; Krapf 1979, XXVIII.

115

115 Maria mit Jesus und dem Johannesknaben

Feder in Braun, laviert, 38,5 x 27,3 cm
Provenienz: *Altbestand*
Lit. und Ausst.: *Graz 1979, Kat. 114, Abb., Krapf 1979, S. 79ff.*
Neue Galerie am Landesmuseum Joanneum, Graz Inv. Nr. II/2681

Elegisch-demutsvoller Typus einer isolierten Madonna-Kind-Darstellung, wie er bei Scheffer öfter begegnet (vgl. eine Lithographie in Tondoform der Albertina in Wien, eine Arbeit desselben Themas aus dem Jahr 1811 ebendort, Inv.Nr. 24.837), wobei die Beziehung noch durch den beschaulich-beobachtenden Josef erweitert werden kann. So wird die Idee Scheffers greifbar, die Darstellung einerseits als hl. Familie im traditionell-mittelalterlichen Sinn zu begreifen, andererseits als neuen Typus eines religiös-romantischen Andachtsbildes, das die innig-träumerische Verbundenheit von Mutter und Kind zum Gegenstand hat. Der Symbolbezug wird durch die Kreuzesstange des Johannes als Hinweis auf die Kreuzigung Christi angezeigt. Ein ausgeführtes Ölbild desselben Inhaltes befindet sich in der Sammlung Schäfer in Schweinfurt, wo die Mutter von der Lektüre (der Bibel?) aufblickend die beiden Kinder beobachtet (abweichend zur Grazer Fassung werden die Kinder nicht spielend gegeben, sondern ruhend, bzw. Johannes in Voraussicht des Schicksales Christi melancholisch-nachdenklich). Die an Raffael angelehnte Dreieckskomposition wird in der späten Zeit in eine innigere Fassung übersetzt – Scheffer selbst verwendet den Begriff ›innig‹ als Synonym für herb-gefühlvoll –, wofür das Kind angehoben wird und sich an die Brust der Mutter lehnt oder deren Wange berührt (vgl. eine solche Fassung in Öl im Redemptoristenkloster in Leoben). *M. K.*

116 Selbstbildnis, 1820

Öl auf Leinwand, 76 x 64 cm
Unbezeichnet, auf der Rückseite beschriftet: »Edler Ritter Scheffer von Leohnhardshoff! Mein vill gelbter Sohn d. 29ten Jenner 1822.«
Provenienz: *1924 von Emilie Siegert aus Wien erworben.*
Lit. und Ausst.: *Wien 1880, Nr. 480; Geller 1952, Nr. 1207; Wien 1954, S. 29; Buchsbaum 1967, Abb. 14; Laxenburg 1968, S. 57; Rom 1972, Nr. 332; Bachleitner 1976, S. 118; Frankfurt 1977, D23, Abb.*
Österreichische Galerie, Wien, Inv. Nr. 2453

Scheffer versuchte in diesem Bildnis eine Selbstdarstellung. Der 25jährige mit dem Christusorden – einem bedeutenden Laienorden der katholischen Kirche – hebt den Vorhang wie vor einer ungewissen Zukunft und wendet sich zurück mit dem Blick über die Schulter in die Gegenwart. Der Lungenkranke ist bereits 1822 gestorben. Er verarbeitet für das Bild zwei Vorlagen. Für die Gesichtszüge und die Gestalt benutzt er das *Bildnis des sogenannten Bindo Altoviti* von Raffael (National Gallery of Art, Washington, 1515). Das Motiv des Zurückblickens und die Haltung der Hände kommen so ähnlich vor bei Andrea del Sartos *Bildnis eines Bildhauers* (National Gallery, London, 1518-19). *A. M.*

116

117

117 Selbstbildnis, von der hl. Caecilia gekrönt, 1820/21

Bleistift, 19 x 23,4 cm
Provenienz: *Aus dem Kunsthandel 1940 erworben*
Lit. und Ausst.: *Düsseldorf 1909, Kat. 158; Smithsonian Institution 1955, Kat. 51; Essen 1960, S. 68-70; Andrews, Albertina-Studien 1964, S. 32; Wien 1972, S. 201; Wien 1977, Kat. 92; Krapf 1979, S. 79*
Graphische Sammlung Albertina, Wien
Inv. Nr. 28.729

Wichtige Stufe innerhalb der Bildwerdung der *Sterbenden hl. Caecilia* (Österreichische Galerie, Wien). Scheffer sieht sich – gleichsam aus dem realen Schaffensprozeß herausgehoben – am Bild arbeiten, wobei das ›Modell‹ seine Pflegemutter und Geliebte Caecilia Bontzak darstellt. Indem Scheffer die ›Caecilia‹ malt, fließen für ihn die Bereiche des Wunschbildhaften – der Besitz der Geliebten und das Festhalten derselben als Heilige im Bild – zusammen. Keith Andrews klärte als erster, welche entscheidende Bedeutung dem Blatt zukommt: »Bei näherem Hinblicken wird man gewahr, daß die Züge des Jünglings ... ein Selbstporträt Scheffers darstellen, ihn als Maler des Cäcilien-Bildes vorstellen sollen, denn hauchdünn und nicht sofort erkennbar, sieht man auf der aufgestellten Leinwand die Umrisse der beiden Engel, wie sie auf dem Gemälde erscheinen ...« Hier wird sein gewissermaßen gestörtes Verhältnis zu Caecilia Bontzak greifbar, die er im Bild ›nachzuschaffen‹ bzw. zu verlebendigen suchte, was auch die dunklen Zeilen auf der Rückseite des Blattes beweisen: »Glücklich macht es mich am Tag zu schaffen für dich, doch nur am Abend mag ich meinen unerlaubten Lohn genießen, nur im Dunkeln kann ich sorglos es genießen ...« (Wien 1977, Kat. 92). Bereits 1820 war eine *Orgelspielende hl. Caecilia* in der Akademie-Ausstellung in Wien zu sehen gewesen. *M. K.*

118 Die sterbende hl. Caecilia 1820/21

Öl auf Leinwand, 149 x 195 cm
Bez. am Mantelsaum der Heiligen: »(Johann)es Scheffer pin(xit) S. Caeciliae v(irgini) Roma«
Lit. und Ausst.: *Pino Benati: Santa Cecilia nella legenda e nell'arte. Mailand o. J.; Bibliotheca Sanctorum III, Rom 1963, S. 1064-86; Andrews, Albertina-Studien 1964, S. 32-37; Pelles 1963; Andrews 1967, S. 17; Rom/Wien 1972, S. 333 bis 337; Mirimonde 1974; Paris 1976/77; Wien 1977, Nr. 93; Gramlich 1980*
Österreichische Galerie, Wien, Inv. Nr. 2244

Scheffers Hauptwerk – innerhalb von fünf Monaten in Rom gemalt – ist die bis dahin monumentalste Bildgestaltung, welche aus dem Kreis der Nazarener hervorging, und es hatte sofort Erfolg: Weniger als ein Jahr nach seiner Vollendung und keinen Monat nach dem Tod des Künstlers wurde es von dem sonst den ›altdeutschen‹ Malern nicht besonders gewogenen Kaiser Franz I. gekauft und ehrenvoll in der Belvedere-Galerie aufgestellt, und noch im selben Jahr 1822 publizierte Friedrich Wähner in den ›Jahrbüchern der Literatur‹ einen Aufsatz über das Bild.

Während bis dahin neben Madonnenbildern Narratives einerseits und Porträts andererseits in der Kunst der Nazarener vorherrschten, wird hier die Tradition der großen Altarbilder der vorangehenden Jahrhunderte wieder aufgenommen – und zwar eben von einem Künstler, der im Gegensatz zu den anderen seines Kreises aus einem Land katholisch-barocker Tradition kommt.

Die erste Anregung geht wohl auf einen Besuch des Zwanzigjährigen im Sommer 1815 in Begleitung des Erzbischofs von Korfu, Francesco Maria Fenzi aus Zara (Tagebuch-Notiz), in der römischen Kirche S. Cecilia zurück, wo er Madernos Marmor-Statue unter dem Hochaltar (1600) und sicher auch das Bild Francesco Vannis (1605) im Kreuzgang sah – die dann auch später Ausgangspunkt seiner Komposition werden sollten.

Während in der Tradition der Caecilien-Darstellung das Thema der Heiligen der Musik (Mirimonde 1974) und bei den späteren Nazarenern das Vorbild von Raffaels Darstellung (Pinacoteca, Bologna) überwiegt, könnte für Scheffers Rückkehr zum Thema des Martyriums der Kult des Todes und insbesondere die Thematik vom Sterben des Tugendhelden, welche Klassizismus und Romantik durchziehen (Pelles 1963), maßgebend gewesen sein. Es sei nur daran erinnert, daß sich David 1794 für seinen *Tod des Bara* (Musée Calvet, Avignon) wahrscheinlich desselben Vorbilds von Madernos Statue bediente, und daß Girodet-Trioson 1808 mit dem *Begräbnis der Atala* (Louvre, Paris) in Chateaubriands Figur des für ihre Jungfräulichkeit sterbenden, bekehrten Indianermädchens eine romantisch-sentimentale Variation des Caecilien-Themas behandelte.

Der lunettenförmige Abschluß betont den sakralen Charakter des Bildes, wenn ihn auch der Künstler selbst – völlig zutreffend – rein formal mit der stärkeren Konzentration und damit Ruhe der Komposition begründet (Curriculum Vitae); überdies ist diese Bildform, samt den Assistenzfiguren, bei Vanni vorgeprägt. Das Bild entstand ohne Auftrag und ist sicher von Krapf mit Recht im Sinne des den Nazarenern als Theoretiker nahestehenden Friedrich Schlegel als ›Hieroglyphe‹ angesprochen worden: »Keine verworrenen Haufen von Menschen, sondern wenige und einzelne Figuren, aber mit dem Fleiß vollendet, welcher dem Gefühle von der Würde und Heiligkeit der höchsten aller Hieroglyphen, des menschlichen Leibes, natürlich ist; ernste und strenge Formen in scharfen Umrissen, die bestimmt heraustreten, keine Malerei aus Helldunkel und Schmutz in Nacht und Schatten, sondern reine Verhältnisse und Massen von Farben wie in deutlichen Akkorden ...« Die Erneuerung der religiösen Kunst erfolgt zunächst in privaten Schöpfungen im Sinne moderner Kunstausübung. Der private Charakter des Werkes reicht in unserem Falle – seiner objektiven und monumentalen Form zum Trotz – in den intimen Bereich und macht es auch in diesem Sinn zum zentralen des Autors.

Eines der großen Anliegen der Romantik war die Einheit von Kunst und Leben – im Falle der Nazarener christlicher Kunst und christlichem Leben.

Greifen wir einen Augenblick zurück: 1811 begannen Pforr und Overbeck jeder ein dem anderen zu widmendes Freundschaftsbild: *Sulamith und Maria* (vgl. Abb. S. 9) des ersteren zeigt erträumte Bräute, die des Freundes italienisch, die eigene deutsch; nach dem verfrühten Tod des Freundes unterbricht Overbeck die Arbeit an seinem Gegenstück und vollendet es lange Jahre später als *Italia und Germania* oder einfach *Die Freundschaft*. Das Ideal, die Kunst ist die Geliebte, die Braut des Künstlers (vgl. auch ›Franz Sternbalds Wanderungen‹ von Tieck), zugleich wird umgekehrt das Bild der Geliebten in die Sphäre des Ideals gehoben. Bald nachdem Scheffer erstmals S. Cecilia besucht hat, wird er in den Freundschaftsbund der Nazarener aufgenommen, stellt sich mit bedenklichen Anzeichen der Schwindsucht erstmals die Frage nach der Dauer des ihm vergönnten Lebens ein, wird endlich der Wunsch nach erfüllter Liebe drängend (Tagebuch-Notizen). Wieder um die gleiche Zeit zeichnet Scheffer freundschaftliche Versammlungen unter dem Zeichen der Musik (Albertina, Wien; Privatsammlung, München), jener Kunst, deren einigende Kraft ein altes Thema der Malerei ist. 1816 malt er *Die Andachtsstunde* (Österreichische Galerie in Wien): Auf einer Veranda sitzend, bespricht ein junges Paar religiöse Lektüre. 1817 folgt eine Zeichnung des von ihm auch in den Tagebuch-Aufzeichnungen erträumten Familienideals: das schlafend vereinte Elternpaar und das von Engeln geschützte Kind (Historisches Museum, Wien). 1821 endlich die Zeichnung *Das liebe Sakrament der Ehe ...*: ein nackt umschlungenes Paar mit Amor (Privatsammlung, München).

1820 stellt Scheffer in Wien eine lebensgroße *Orgelspielende hl. Caecilia* aus. Anschließend begibt er sich in Klagenfurt in die Pflege der Familie Bontzak – seine ›Pflegemutter‹ Cäcilia Bontzak wird ihm zur angebeteten Geliebten. Mit fortschreitender Krankheit, Schwäche und Hilflosigkeit verdichtet sich die Traumwelt. Scheffers Tagebuch-Eintragungen und spätere Briefe an die geliebte Frau zeigen in ergreifender Weise seinen inneren Kampf zwischen der Hoffnung auf Erfüllung der Liebe und Verweigerung der Sünde.

Als Scheffer nach einem halben Jahr die Reise nach Rom fortsetzt, muß die Planung des Werkes weit fortgeschritten sein, denn nach seiner Ankunft am 24. November 1820 kann er sofort an die Durchführung schreiten und das große Bild in einer Periode intensivster Arbeit und emotionaler Spannung bis zur Abreise am 26. April 1821 zum Abschluß bringen. Während dieser Zeit entstand auch eine Zeichnung, die den jugendlichen Maler an der Staffelei sitzend, von der herabschwebenden Heiligen selbst mit dem Lorbeerkranz gekrönt, darstellt – auf der Staffelei befindet sich die

Leinwand mit der Vorzeichnung zur *Sterbenden hl. Caecilia* (Albertina, Wien).
In dem halben Jahr nach seiner Rückkunft nach Wien erfüllt sich das Schicksal des jungen Künstlers: Von Cäcilia Bontzak endgültig zurückgewiesen, stirbt er ohne Erfüllung seiner Liebessehnsüchte.
Der Körper der Märtyrerin der Jungfräulichkeit ist von mütterlicher Mächtigkeit und baut sich durch die Abwinkelung in der Leibesmitte sowie die Richtung des Blickes bzw. die Anlage der Perspektive monumental in die Höhe (während ja sonst in jener Zeit die sinkende Kurve den Vorzug hat). Die ›gläserne‹ Klarheit und geringe Verschattung der Farben sowie die Schärfe und Schwingung des Umrisses und der begleitenden Linien wahren die Reinheit.
Als ›figura serpentinata‹ unterscheidet sich Scheffers Caecilia von den flach Liegenden Madernos und Vannis sowie der vielleicht als weiteres Vorbild in Frage kommenden (Krapf) *Sterbenden Prokris* des Piero di Cosimo (National Gallery, London; damals Florenz). Diese Lage der Figur, die Verschränkung der Arme und das Spreizen der Finger, die Proportionierung von Kopf und Körper lassen auch an Einflüsse aus dem Manierismus denken. Insbesondere scheint eine eigenartige Nähe zu Pontormo fühlbar: die Spindelform der Gesamtfigur, das künstliche Spiel der Gewänder (man beachte die wichtige Rolle des Turbans), die transluzide Helle der Fleischtöne und die Glätte auch des Gesichtes; wie gelegentlich Pontormo dreht Scheffer die durch ein rosa Tuch begrenzte Schulterpartie zu besonderer Wirkung heraus – der komplizierten Gruppierung von Kopf, Schultern und Armen gilt schon bei den erhaltenen Studien nach dem Modell sein primäres Interesse.
Die kühle Perfektion und Glätte der Durchführung bei starker Sentimentalität des Erlebens verbinden das Werk überdies

118

119

mit dem gleichzeitig bei auf dem Pariser Salon von 1822 ausgestellten Werken sich ankündigenden Akademismus (vgl. Paris 1976/77, Nr. 45 und 53, Abb. 169-170).
So wird die *hl. Caecilia* zu einem Schlüsselwerk des Übergangs von der frühen Phase des Nazarenertums, mit der es den vorwiegend privaten Charakter der Kunst und das intensive Gefühl teilt, zur späteren, öffentlicheren und akademischeren. Aufgrund des religiösen Gegenstandes mit Anklängen an die der Romantik so bedeutungsvollen Kunstthematik und zugleich einem persönlich erlebten Gehalt ist die *hl. Caecilia* für eine exemplarische Realisierung innerhalb des Nazarenertums hervorragend geeignet. Demgegenüber fällt die schale Reduktion des gleichen Vorwurfs und der selben Vorbilder zu einem traditionellen Galeriebild – mit Kissen, Vorhang und krönendem Engelputto – in einer Zeichnung des den Nazarenern nahestehenden Klassizisten Josef Abel (1801-1807 österreichischer Stipendiat in Rom), deutlich ab (Oberösterr. Landesmuseum, Linz).
Über dem Bogen des Körpers der Heiligen wölbt sich der aus den beiden Engeln gebildete, umfaßt von jenem des Bildrahmens. Ein elegisches Schwingen durchzieht das Bild. Die zwei Engel, einer anbetend und der andere den Palmzweig vorstreckend, schweben dicht über dem Boden, ohne auf diesem Halt zu suchen. Wieder ist in solchen Engels- oder Geniengruppen die Beziehung zur internationalen Kunst des Klassizismus (z. B. Füssli, Girodet-Trioson) erkennbar. Ihre Verschlingung zu einer rhythmischen Gesamtfigur und der reiche Faltenwurf des linken lassen an Quellen in der Kunst der Dürerzeit denken, ohne daß solche greifbar wären; das geschlossene In-Sich-Zurückfließen aller Faltenläufe unterscheidet jedoch wieder nazarenische Formulierungen von denen ihrer italienischen und altdeutschen Vorbilder. Die aneinander geschmiegten Köpfe der Engel, der eine en face, der andere im Profil, dürften bewußt auf jene von Overbecks Freundinnen Italia und Germania anspielen.
Während die Heilige licht, mit viel Weiß und dem ›geringeren‹ Akkord der Raffaelzeit Grün-Gelb, am Boden liegt, verdunkeln sich hinter ihr die Farben und wölbt sich über ihr der ›große‹ Rot-Blau-Akkord der Engel (jedoch in Grenzwerten dieser Farben). Über dem breit hochgezogenen Bodenstreifen, auf dem die Heilige ruht, eine schmale abendliche Fernlandschaft und ein weiter Himmel, vor dem die nachtblauen Flügel des Todes stehen. Außer der allgemeinen Bildhelle fällt von links oben ein bleiches Licht auf die Gruppe.
Abend und Nacht gehören zu den Attributen des Todes (daß der Maler auch den beiden Pflanzengruppen, Erdbeeren links und Veilchen(?) rechts, einen symbolischen Sinn zusprach, ist wahrscheinlich). Die Finger der sprachlosen Heiligen formen noch im Sterben die I und III des dreieinigen Gottes.
Da das große Bild aus Rom nicht rechtzeitig nach Wien transportiert werden konnte, malte Scheffer eine kleinere Wiederholung für die Kunstausstellung 1821 in der Heimatstadt (Österreichische Galerie, Wien); eine weitere für das Stift Klosterneuburg. Eine eigenhändige Lithographie nach dem Bild widmete er zu ihrem Namenstag Cäcilia Bontzak – die Zurückweisung der Widmung markierte den endgültigen Bruch; es folgt eine Fassung ohne Widmung und nach dem Tode erweisen die Kopien anderer Künstler die Schätzung des Werkes. *J. G.*

119v

119 Die sterbende hl. Caecilia 1820/21

Bleistift, 28,6 x 42,4 cm
Rückseite: Entwurf zweier trauernder Engel
Provenienz: *Ehemals Sammlung Heymann, Wien*
Lit. und Ausst.: *Düsseldorf 1909, Kat. 154; Grimschitz 1928, S. 105, Abb. 56; Schwarz 1928, S. 22 (mit Abb.); Österreichische Kunst, 1. Jg., H. 3, 1929/30, S. 26, Abb.; Andrews, Albertina-Studien 1964, S. 32, Bernhard 1974, S. 1644, 1645; Wien 1977, Kat. 91; Krapf 1979, Abb. 65, S. 80*
Stiftung Ratjen, Vaduz

Die Vorderseite bringt eine präzise Studie zur *Sterbenden hl. Caecilia* (Österreichische Galerie, Wien), ohne daß sich allerdings Scheffer schon im einzelnen festgelegt hätte, was die Haltungsstudien der Hände zeigen. Auch wählt Scheffer noch das Motiv des Heiligenscheins, das erst in der endgültigen Fassung der Österreichischen Galerie durch das weit kühnere des heidnischen Turbans ersetzt wurde. Die beiden trauernden Engel fehlen wohl auf der Vorderseite des Blattes, sind aber auf der Rückseite erstmals separat herausgearbeitet. So wachsen die beiden Seiten zu einer neuen Einheit zusammen: das ›Einfigurenstück‹ der liegenden Heiligen in zeitloser Weltlandschaft und der Bereich des Sentimentalischen in Figur der trauernden Engel, die gleichsam die ›compassio‹ darstellen. Dadurch werden erstmals die verschiedenartigen Gestaltungsbereiche, aber auch sehr unterschiedliche Gefühlshaushalte ›aneinandergefügt‹. Kompositorisch werden sie zusammengebunden durch den lunettenförmigen Bogenabschluß, der von Olivier bis Schwind Verwendung finden sollte. Scheffer selbst erklärt dessen Zweck wie folgt: »... ich habe den oberen Schluß des Bildes lünettenförmig gewählt, weil der allzugroße Luftraum herum die Ruhe des Bildes mir würde gestört haben.« Das Blatt steht so sichtlich am Ende einer Reihe von Vorstudien, in denen sich Scheffer hauptsächlich mit der eigentümlichen Haltung der Heiligen auseinandersetzt: weitere Arbeiten der Serie vor allem in der Albertina und im Kupferstichkabinett der Akademie in Wien (Wien 1977, Kat. 89-96). *M. K.*

Gottlieb Schick

Stuttgart 15.8.1776 – Stuttgart 11.4.1812

Die erste künstlerische Ausbildung erhält Schick ab 1787 an der Hohen Karlsschule in Stuttgart unter der Anleitung des klassizistischen Malers Philipp Friedrich Hetsch, der auch durch Jacques-Louis Davids Schule gegangen war. Während der zeitweisen Schließung der Karlsschule studiert Schick in der Privatakademie von Hetsch weiter; ab etwa 1795 (dem Jahr, in dem Hetsch wieder nach Rom geht) ist er Schüler des klassizistischen Bildhauers Johann Heinrich Dannecker, einem Freund Schillers und Canovas, zu dem Schick eine lebenslange Zuneigung erfaßt, so daß er immer wieder betont, sein ganzes Können diesem Lehrer zu verdanken. Beide Lehrer haben ihm entscheidende Anregungen gegeben: Hetsch die Beschäftigung mit Themen der antiken Geschichte und Mythologie sowie der Porträtkunst, Dannecker die Bemühung um die große plastische Form und die Natürlichkeit des Ausdrucks.

Seine erste größere Reise bringt Schick 1798 in einem sechstägigen Fußmarsch nach Paris, wo er bis 1802 bleibt. Stark angezogen von der Künstlerpersönlichkeit Davids, besucht er dessen Atelier und wird einer der Lieblingsschüler des Meisters. Aus Paris kehrt er dann mit zahlreichen Skizzenbüchern zurück, die Zeugnis ablegen von seinem eifrigen Studium der Werke der großen Maler der Vergangenheit, wie z.B. der damals im Louvre ausgestellten *Verklärung Christi* von Raffael und der von Napoleon in Italien erbeuteten antiken Skulpturen. Im Jahr 1800 beteiligt er sich erstmalig am ›Grand Prix de Rome‹ mit *Hektor fleht zu den Göttern, Astianax den Sieg zu verleihen und nimmt Abschied von Andromache* (verschollen?) und abermals 1801 mit *Die Abordnung Agamemnons im Zelt des Achill* (verschollen), zwei den Kompositionen Davids angeglichene Werke. David bedauert Schicks Mißerfolg (der erste Preis wird Ingres verliehen), doch ist er selbst wenig begeistert von diesen Werken seines Schülers. Von weit höherer Qualität ist dagegen ein anderes Werk aus der Pariser Zeit: *Eva* (1800; Wallraf-Richartz-Museum, Köln), ein großformatiges Bild, in dem Schick mit Hilfe der klassizistischen Formensprache weniger eine Interpretation der biblischen Geschichte als vielmehr eine Allegorie der Schönheit darstellt.

Im März 1802 kehrt Schick für kurze Zeit nach Stuttgart zurück, wo er ein gesuchter Bildnismaler ist, und übersiedelt noch im selben Jahr nach Rom, wo er ein Jahrzehnt lang als einer der ersten Maler der deutschen Kolonie gelten wird. Dank eines Reisestipendiums für ein Jahr, mit dem ihn der württembergische Herzog Friedrich II. ausgestattet hat, ist er in der ersten Zeit frei von Geldsorgen. Er trifft in Rom auch seinen Lehrer Hetsch wieder, der sich als glänzender Cicerone erweist und ihm die Schätze der klassischen und neueren Kunst zeigt. Im Café Greco macht Schick die Bekanntschaft der Künstler aus dem Norden und begegnet dem ehemaligen Mitschüler an der Hohen Karlsschule in Stuttgart, Joseph Anton Koch, der Schick wertvolle Hinweise in der Technik der Ölmalerei verdankt. Schick übersieht in seiner Begeisterung für die Kunstwerke Roms, die Überreste aus dem klassischen Altertum und die Schönheit der italienischen Landschaft nicht das Elend, in dem die Mehrheit des römischen Volkes lebt, dessen Ursache er in der schamlosen Ausbeutung durch die Papstregierung sieht (in zwei Briefen an seine Geschwister vom 17.10.1802 und 7.1.1803, zit. in Stuttgart 1976*, S.28).

Als sich gegen Ende 1802 Wilhelm von Humboldt mit seiner Familie in Rom, Palazzo Tomati, Via Gregoriana 42, niederläßt, wird dessen Wohnung zum Treffpunkt der deutschen Intellektuellen. Auch Schick erneuert die alte Pariser Freundschaft und malt unter anderem die *Porträts von Caroline von Humboldt und ihrer Kinder* (ersteres 1945 zerstört, die übrigen verschollen). Wie sehr Wilhelm von Humboldt den Künstler schätzt, zeigt ein Brief an Goethe aus dem Jahre 1804: »Thorwaldsen als Bildhauer, Schick als Geschichtsmaler und Reinhart als Landschaftsmaler bleiben hier unstreitig die ersten unter den Nordländern« (vgl. Stuttgart 1976*, S.30). Zu Schicks Freunden zählen auch Antonio Canova, Angelica Kauffmann, der Kunsttheoretiker Carl Ludwig Fernow sowie Vincenzo Camuccini und Pietro Benvenuti, der sogar Zeichnungen von ihm kopiert. 1804 bezieht Schick eine neue Wohnung im Palazzo dei Pupazzi, Via Capo le Case 3, und verliebt sich dort in seine zukünftige Frau, die damals vierzehnjährige Tochter des bekannten schottischen Landschaftsmalers George A. Wallis. Von großer Bedeutung ist für Schick 1805 die Bekanntschaft mit Madame de Staël und August Wilhelm Schlegel, der den Künstler wiederholt lobend erwähnt und seine Werke rezensiert.

Seine Hauptwerke schafft Schick zwischen 1803 und 1808 und behandelt darin überwiegend biblische und mythologische Themen: *David vor Saul* (1803), *Noahs Dankopfer* (1804/05) und *Apoll unter den Hirten* (1806/08); alle heute in der Stuttgarter Staatsgalerie. Im Juni 1805 wird *Noahs Dankopfer* vierzehn Tage lang im Pantheon ausgestellt und erzielt einen enormen Publikumserfolg. Trotz seines Ruhms kämpft Schick ständig gegen Geldnot; er ähnelt darin seinem Freund Koch, der ebenfalls nicht auf Käufer wartet, sondern in seinem künstlerischen Schaffen nur dem inneren Drang folgt.

Eine Erleichterung der wirtschaftlichen Verhältnisse der Familie Schick bringt 1807 der Maler und Schriftsteller Ernst Platner, der spätere erste Biograph des Künstlers (1813 in Friedrich Schlegels Zeitschrift ›Deutsches Museum‹ veröffentlicht), der in Schicks Wohnung ein Zimmer bezieht. Im November des gleichen Jahres stellt Schick im Palazzo Rondanini, dem Wohnsitz des Gesandten von Württemberg beim päpstlichen Stuhl, Bischof von Häffelin, *Apoll unter den Hirten* und weitere sieben Werke aus. Die Ausstellung hat einen derartigen Publikumszulauf, daß sie um weitere zwei Monate verlängert werden muß. An einer internationalen Kunstausstellung auf dem Kapitol im November-Dezember 1809 beteiligt sich Schick mit seinem *Apoll unter den Hirten,* der ihm den ersten Preis einbringt sowie besondere Ehrenbezeigungen durch eine französische und eine italienische Abordnung. Von diesem Zeitpunkt an wird Schick mit Aufträgen überhäuft (unter anderem für den König von Neapel), so daß der Künstler mit seiner Familie in eine komfortablere Wohnung in der Via Gregoriana 42, wo bisher die Humboldts gelebt hatten, umziehen kann. Sein letztes Werk, *Christus erblickt im Traum das Kreuz* (1810; Kat. 120), zeigt den Künstler bereits in der Nachbarschaft der Nazarener.

1811 erkrankt Schick an einem schweren Leiden, dessen Symptome sich bereits seit drei Jahren bemerkbar gemacht hatten. Auf Anraten der Ärzte kehrt Schick mit seiner schwangeren Frau, die das dritte Kind erwartet, nach Stuttgart zurück. Trotz der aufopfernden Pflege seiner Angehörigen in Stuttgart erliegt er am 7. Mai 1812 seinem Leiden. *I. S.*

Literatur: Stuttgart 1976* (mit vollständiger Lit.).

120 Christus erblickt im Traum das Kreuz, 1810

Öl auf Leinwand, 28 x 35,5 cm
Provenienz: *Nachfahren Schicks (W. Ulrich Leonberg); derzeit als Leihgabe aus Privatbesitz in der Staatsgalerie*
Lit. und Ausst.: *In Ergänzung zu der im Ausst.-Kat. Schick (Stuttgart) 1976*, Nr. 179, Abb. 124 aufgef. Lit.: Förster 1855, S. 75ff.; München 1858 (zit. n. Boetticher 1898, II); Parthey 1864, II, S. 507ff., Nr. 4; Reber 1876, S. 135f.; Wintterlin 1890, S. 165; Boetticher 1898, II, S. 552, Nr. 12; Nagler 1910, XVI, S. 185; Benz-Schneider 1939, S. 78; Becker 1971, S. 63, bes. Anm. 474 (S. 144); Einem 1978, S. 59 und 223, Abb. 51*
Staatsgalerie Stuttgart, Inv. Nr. L 1200

Schicks letztes Bild hat, wie der Künstler selbst bezeugt, einen symbolischen Gegenstand und nicht ein historisches Geschehen zum Thema: »Das Bild stellt Jesus Christus vor in dem Alter zwischen Knaben und Jüngling; er schläft auf Wolken über der Erde erhaben, in den Armen der Engel, die ihre Flügel über ihn breiten; im Traume erscheint ihm in einer Glorie das Kreuz, und er breitet sehnsüchtig im Traume die Arme danach; andere Engel knieen anbetend vor ihm. Der Sinn davon ist: die erste Vorempfindung seines Leidens und der Erlösung des menschlichen Geschlechts durch dieses Leiden ...« (Brief vom 24. Okt. 1810 an den Bruder Gottlob, zit. n. Stuttgart 1976*, S. 166). Das Bild soll für Dr. Kohlrausch bestimmt gewesen sein, der Schick 1808 für mindestens vier Jahre eine Pension ausgesetzt hatte, wofür ihm Schick »nach Lust und Willkür« (Simon 1914, S. 128f.) etwas malen sollte; der Künstler begann noch 1811 mit der Übertragung der Skizze in den geplanten Maßstab.

Das Bild wird von hellen Farben bestimmt; zwei Engel sind in Weiß gekleidet, die beiden anderen in gelbbraune und hellgrünliche Gewänder; vor dem hellblauen Sternenhimmel erscheint in einer Wolke das gelbrot flammende Kreuz.

Zwei der Engel sind mit Flügeln dargestellt, zwei der adorierenden Engel ohne sie; diese beiden Figuren erinnern stark an Darstellungen von Maria und Magdalena, was die Frage nach den ikonographischen und bildlichen Quellen für Schicks Szene aufwirft.

Darstellungen aus der Jugendgeschichte und Passion Christi sind im allgemeinen Kennzeichen der mittelalterlichen Mystik und reichen bis ins 14. und 15. Jahrhundert hinein, wobei sie vor allem in größeren Marienzyklen auftreten (dazu W. Braunfels: »Leben Christi«, in: Lexikon der christlichen Kunst. Allgemeine Ikonographie, Bd. III, Freiburg i. Br. 1971, S. 39ff., bes. 72ff.).

Pigler (A. Pigler: Barockthemen. Budapest 1974, Bd. I, S. 517) teilt die relativ zahlreichen Darstellungen zum Thema *Das Christuskind mit den Passionswerkzeugen* in drei Typen ein: Das Kind auf dem Kreuz ruhend, Engel bringen ihm das Kreuz, und die Marterwerkzeuge haltend oder mit denselben spielend.

Auf dem Pariser Salon von 1803 war Garofalos *Die Jungfrau und ein Engel in Anbetung des Christuskindes* (Ch. Landon: Annales du Musée et de l'Ecole Moderne. 1803, Taf. 17, S. 41) ausgestellt; im Salon von 1808 war Albanos *Mystische Vision des Kreuzes* zu sehen (ibid. Salon de 1808, Taf. 61, S. 117). Beide Male verbindet sich die Anbetung des Kindes mit dem Hinweis auf Christi Kreuzestod durch das Demonstrieren des Kreuzes. Auch Poussin hat in seine *Flucht nach Ägypten* die Kreuzesvision eingebaut (Dulwich Gallery). Das Thema der Kreuzesvision im Zusammenhang mit der Anbetung ist also durchaus nicht ungewöhnlich; ungewöhnlich erscheint nur die Darstellung Christi als Jüngling, was aber aus dem aufgeklärten Christentum um 1800 verständlich ist: An die Stelle der unreflektierten, auf ungebrochenem Glauben basierenden Übernahme einer feststehenden Bildtradition tritt die persönliche Auseinandersetzung des Christen Schick und sein subjektives Erleben des Heilsgeschehens.

Ausgangspunkt für die Darstellung war die Anbetung des Kindes mit Kreuzesvision gewesen; Beweinungsszenen (ich denke dabei an Darstellungen wie z.B. Agostino Carraccis *Christus von Caprarola,* ein im Stich weitverbreitetes Werk) und die *Grablegung* (z.B. Raffaels, s.d. Becker 1971, S. 63) dienten ihm zusätzlich als Anregung.

Schick hatte sich bereits während seines Pariser Aufenthaltes mit der *Versuchung des hl. Antonius* dem mystisch-christlichen Themenkreis genähert, obwohl noch in allegorisch verschlüsselter Form; erst der Romaufenthalt und der Einfluß der frühromantischen Mystik bewirkten in ihm neue Vorstellungsinhalte über den Volksglauben. Die neue Geistesströmung der Frühromantik war Schick ab 1805 durch A.W. Schle-

120

gel, Ludwig Tieck, Sophie Bernhardi-Tieck, Ernst Platner und die Brüder Riepenhausen vermittelt worden; er verkehrte mit J.Chr. Schlosser und Zacharias Werner, und stand in brieflichem Kontakt mit Schelling.
Seit seinen ersten römischen Anfängen wendet sich Schick immer ausschließlicher der Darstellung »... bekannter Gegenstände ... (zu), die ehrwürdig durch den Volksglauben sind – die man heilig nennt. Jeder erkennt sie auf den ersten Blick und überläßt sich ruhig dem Eindrucke, den das Bild auf ihn macht«, wie er seinem ehemaligen Lehrer Dannecker am 7.4.1805 schreibt (zit. n. Stuttgart 1976*, S. 108). Und aus dem Jahr 1805 stammt eine ganz nazarenisch klingende Äußerung: »Ich will blind für alle übrigen Weltgeschäfte sein und wie ein Mönch in meiner Kunst leben« (Simon 1914, S. 129). Tatsächlich ist die Nähe der Romantik überall spürbar, sowohl im Gegenständlichen als in dem hingebungsvollen Ausdruck und in den schwärmerischen und innigen Gebärden seiner Gestalten. *J.H.*

Julius Veit Hans Schnorr von Carolsfeld

Leipzig 26.3.1794 - Dresden 24.5.1872

Julius Schnorr von Carolsfeld erhält den ersten Malunterricht von seinem Vater Hans Veit, Porträtmaler und Direktor der Leipziger Galerie. Im Jahre 1811 folgt er den Brüdern Ludwig und Eduard nach Wien, um die von Heinrich Füger geleitete Akademie zu besuchen. Schon bald befreit sich Schnorr vom akademischen Einfluß, was auf die Freundschaft mit Joseph Anton Koch und Ferdinand Olivier, in dessen Haus er von 1814 bis 1817 wohnt, zurückzuführen ist. Durch Koch kommt er in Berührung mit der Landschaftsmalerei und gelangt zu einer Formensprache, die sich auf Klarheit und Präzision, besonders in der Behandlung der Perspektive, gründet. Das Verhältnis zum Wiener Kreis der Romantiker, dem unter anderen Friedrich Schlegel, Adam Müller, Joseph von Eichendorff und Theodor Körner angehören, ruft in ihm das Interesse für die altdeutsche und niederländische Malerei wach. Der Einfluß der Graphik Dürers ist bereits in der Linienführung und in der Komposition seiner Zeichnungen aus der ersten Wiener Zeit sichtbar. Neben Ferdinand Olivier, mit dem er zahlreiche Ausflüge in die Wiener Umgebung unternimmt, entwickelt Schnorr ein tiefes Verständnis für die Natur, das sich in einer konstanten Suche nach einem direkteren Verhältnis mit der Wirklichkeit manifestiert. Die bedeutendste Arbeit dieser Jahre, *Der heilige Rochus verteilt Almosen* (1817; Museum der bildenden Künste, Leipzig), die er kurz vor seiner Abreise aus Wien vollendet, zeigt nicht nur die verschiedenen Einflüsse, sondern auch bereits die wesentlichen Merkmale seines eigenen Stils. Gegen Ende 1817 unternimmt Schnorr die Reise nach Italien, wo ihn besonders die Landschaft und die Sitten der Bevölkerung beeindrucken. Bevor er in Rom anlangt, ist er bei Karl Friedrich von Rumohr in Florenz zu Gast, der ihn mit seiner Sammlung italienischer Meister des 15. Jahrhunderts in Begeisterung versetzt. In Rom wird er von den Lukasbrüdern herzlich aufgenommen und 1818 schreibt Overbeck über ihn: »... so darf ich es wohl, ohne Furcht der Übertreibung, aussprechen, dass er nicht nur eine Hauptzierde unseres Kreises ist, sondern einer von jenen Hochbegabten, die in allen Zeiten den Ersten zur Seite stehen würden.« (Howitt 1886, I, S. 412).

Wenn er auch die Kunstauffassung der Nazarener teilt, so befremdet ihn doch deren übertriebener religiöser Eifer und Übertritt zum Katholizismus. Er bleibt Protestant und bezieht zusammen mit seinen Freunden Theodor Rehbenitz und Friedrich Olivier eine eigene Wohnung im Palazzo Caffarelli, dem Sitz der preußischen Diplomaten K. von Bunsen und Barthold Georg Niebuhr, und Treffpunkt der Vertreter des protestantischen kulturellen Milieus. Doch hindert dies Schnorr keinesfalls am freundschaftlichen Umgang mit Overbeck, Wilhelm Schadow, dem Maler und Kunstkritiker Johann David Passavant und vor allem mit Cornelius. Zum Zeitpunkt der Abreise von Cornelius nimmt er mit Bildern religiöser Thematik wie *Die Hochzeit zu Kana* (1819; Kunsthalle, Hamburg), *Die Verkündigung* (1820; Staatliche Museen Preußischer Kulturbesitz, Nationalgalerie, Berlin), *Die Flucht nach Ägypten* (1828; Kunstmuseum, Düsseldorf) und mit Landschaften der römischen Campagna und Süditaliens, in denen er Präzision in der Beobachtung mit schöpferischer Fantasie zu verbinden weiß, eine erstrangige Position unter den Künstlern ein. In diesen Werken, wie auch in den Bildnissen des *Römischen Porträtbuches* oder in seinen Skizzen (die er ohne die Modelle vollendet) erreicht Schnorr – auch dank des ihm besonders liegenden Ausdrucksmittels, der Feder – die volle stilistische Reife und den Höhepunkt seiner schöpferischen Kraft.

1818 erhält er den Auftrag zur Ausmalung des Eingangsraumes im Casino Massimo mit Szenen aus dem ›Orlando Furioso‹ Ariosts. Er geht mit solcher Begeisterung ans Werk, daß er in einem Brief an seinen Vater vom 13. Januar 1819 bereits das ganze Kompositionsschema darlegen kann. Bedingt durch seinen schlechten Gesundheitszustand und Streitigkeiten mit dem Auftraggeber, weshalb die Arbeit an den italienischen Maler Del Frate abgegeben wird, beginnt Schnorr mit seinen Fresken erst nach dem Tod desselben im Jahre 1822, um sie im Frühjahr 1827 abzuschließen. Die Darstellungen, in denen sich der wachsende Einfluß der Raffaelsfresken der Stanzen im Vatikan offenbart, zeigen die Sicherheit Schnorrs in der Freskotechnik und sein unfehlbares Farbgefühl. Er kommt darin zu einer tiefen Ausgewogenheit zwischen den epischen und lyrisch-fantastischen Momenten der Erzählung, wie es in den übrigen Räumen des Casino nicht erreicht wird.

Dank Vermittlung von Cornelius wird Schnorr 1827 nach München berufen, um an der Akademie zu unterrichten. Gleichzeitig betraut ihn Ludwig von Bayern mit dem Projekt für einen Freskenzyklus aus der ›Odyssee‹. Zu diesem Zweck begibt sich Schnorr mit den Freunden Gottlob und Bianca von Quandt nach Sizilien, wo er die Landschaft und die homerischen Stätten studiert. In der Zwischenzeit ändert der König jedoch das Programm und beauftragt ihn mit der Dekoration von fünf Sälen der Residenz mit Szenen aus dem ›Nibelungenlied‹. Dieser Auftrag beschäftigt Schnorr – unter Vorbereitungsarbeiten, Unterbrechungen und Versuchen in der Enkaustik-Technik – rund vierzig Jahre lang. In diesen Darstellungen, die fast vollständig von Schülern und Gehilfen gemalt werden, zeigt sich eine Neigung zum Rhetorisch-Monumentalen, verbunden mit einem mißverstandenen Rückgriff auf Vorbilder der italienischen Malerei des 16. Jahrhunderts in den heroisch-patriotischen Themen wie auch in der Form, wodurch die von Schnorr im Ariostzyklus erreichte Harmonie verlorengeht. Während der Arbeiten in den Nibelungensälen betraut der König Schnorr auch mit Fresken für den neuen Festsaal von Leo von Klenze, den Taten der germanischen Kaiser Karl des Großen, Friedrich Barbarossas und Rudolfs von Habsburg gewidmet. Der von den Werken Cornelius' beeinflußte Künstler schlägt ein symbolträchtiges Kompositionsprogramm vor, in dem unter Bezugnahme auf die Hl. Schrift der göttliche Ursprung der Monarchie zur Sprache gebracht werden soll. Trotz der Übereinstimmung dieses Programms mit den politischen Zielen Ludwigs besteht dieser darauf, daß der Künstler sich streng an ein rein historisches und glorifizierendes Darstellungsschema zu halten habe. Die Ausführung dieser Fresken geht fast ausschließlich auf Schüler zurück, denen Schnorr von Dresden aus die Kartons schickt, weil er 1847 einer Berufung in diese Stadt gefolgt ist. Gleichzeitig mit den Fresken für die Münchner Residenz verwirklicht Schnorr 1843 auch eine Serie von Illustrationen zum ›Nibelungenlied‹, die 1867 veröffentlicht wird.

Von 1851 an widmet sich Schnorr der Illustration der Hl. Schrift, einen alten Plan aus der römischen Zeit wiederaufnehmend. Die Sammlung, bestehend aus 240 Holzschnitten, wird mit einem Begleittext des Künstlers unter dem Titel ›Die Bibel der Bilder‹ 1860 veröffentlicht und vom Publikum begeistert aufgenommen. Die letzten Jahre seines Lebens verbringt Schnorr in Dresden, wo er das Amt des Akademiedirektors innehat und einen starken Einfluß auf das Kunstleben der Stadt ausübt. *R.C.*

Literatur: Schnorr 1886; Schnorr 1909; Singer 1911; Wengenmayr 1972, S. 249ff.; Hutter-Lhotsky 1973; Berlin 1974; Nowald 1978 (weitere Lit.).

121

121 Der Sechskampf auf der Insel Lipadusa, 1816

Öl auf Leinwand, 102 x 170 cm
Bez. r. u.: »18 JS 16« (Monogramm)
Provenienz: *Erworben 1904 als Geschenk von Herrn Alfred Walter v. Heymel; davor in den Sammlungen von Konsul Heymel, Dresden-Loschwitz, und Freiherr von Speck Sternburg, Lützschena*
Lit. und Ausst.: *Bremen 1973, S. 296 ff. (mit ausführlicher Lit.), Abb. 17; Gerkens 1973, S. 47-58; Bremen 1975, S. 11-18; Frankfurt 1977, B 14, Abb.*
Kunsthalle Bremen, Inv. Nr. 272-1904/18

Dargestellt ist eine Begebenheit aus Ariosts ›Orlando furioso‹, der entscheidende Sechskampf der fränkischen und sarazenischen Heerführer auf der Insel Lipadusa vor der afrikanischen Küste: Roland, Brandimart und Olivier gegen Agramant, Sobrin und Gradass. Dem wilden Getümmel der drei Kampfpaare schauen von links und rechts Vertreter des Heidentums und des Christentums zu: Mohrenfürst mit weißer Sklavin und Götzenbild, Bischof mit Kirchenmodell und Prozession.

Schnorr hatte in Wien spätestens 1813 den Ariost gelesen und schon 1814 eine Zeichnung mit dem Sechskampf gemacht: Er hat dann diese Szene zu seinem ersten, 1816 datierten Ölbild gewählt. An Vorarbeiten sind vorhanden: eine 1814 datierte Federzeichnung (Leipzig), erste, in vielen Einzelheiten noch abweichende Fassung; 1815 datierte Federzeichnungen zu den Seitenteilen (Bremen); eine 1815 datierte Pinselzeichnung des Mittelteiles, schon sehr genau übereinstimmend (Staatliche Museen, Nationalgalerie, Berlin/DDR); der 1815 datierte Karton im Dresdener Kupferstichkabinett, eine quadrierte Federzeichnung, die nur noch in Einzelheiten abweicht. Der Kampf der Ritter hat Schnorr in echt romantischer Weise zu dem Bilde angeregt: Eine wichtige Quelle ist Leonardos Karton der *Schlacht bei Anghiari*, den Schnorr wohl in Stichen nach einer Rubens-Kopie kannte. Das Bild wurde lange Zeit hindurch sorgsam vorbereitet. In der Betonung der Linien und der bestimmten Farbigkeit entspricht es den Absichten der neuen deutschen Kunst.

1823 hat Schnorr die gleiche Schlacht in veränderter Form in einem Deckenfeld des Ariost-Saales des Casino Massimo in Rom gemalt. *H.-J. Z.*

122

123

122 Das Heidentum, 1815

Feder in Braun und Schwarz, mit Bleiweiß gehöht, 19,8 x 11 cm

Bez. u. r. »18 IS. (Monogramm) 1815«

Provenienz: *Sammlung R. v. Kuhlmann, Berlin*

Lit. und Ausst.: *Gerstenberg-Rave 1934, S. 141; Bernhard 1974, II, Taf. S. 1689; Bremen 1975, S. 14*

Kunsthalle Bremen, Inv. Nr. 59/44

123 Das Christentum, 1815

Feder in Schwarz, mit Bleiweiß gehöht, 20 x 11,4 cm

Bez. u. r.: »18 IS (Monogramm) 15«, unten eingetragen: »Dieses und das Gegenstück dazu, soll Ottilien gehören, wenn es ihr nehmlich Vergnügen macht«.

Provenienz: *Sammlung R. v. Kuhlmann, Berlin*

Lit. und Ausst.: *Gerstenberg-Rave 1934, S. 141; Bernhard 1974, II, Taf. S. 1689; Bremen 1975, S. 14*

Kunsthalle Bremen, Inv. Nr. 59/45

Der junge Schnorr, der schon als Zwanzigjähriger im romantischen Wiener Kreis eingeführt war (siehe Biographie), wählt als Thema für sein erstes Bild eine aus Ariosts ›Orlando Furioso‹ entnommene Episode.

Er wird später den Auftrag erhalten, es im Casino Massimo in Rom darzustellen. Die ausgewählte Episode jedoch, für die Schnorr keinen besonderen Auftrag erhalten hatte, sowie ihre einmalige Behandlung, entfernen sich beträchtlich von der praktisch ununterbrochenen ikonographischen Tradition, an welche die Illustration des Ariostschen Epos gebunden war.
Die zwei Zeichnungen der Bremer Kunsthalle zeigen eine schon fortgeschrittene Phase des Werkes; während es die Form annahm, die wir durch die noch erhaltenen Entwürfe (siehe Kat. 121) rekonstruieren können, neigt es nach und nach dazu, den symbolischen Sinn des Gefechtes zwischen Heiden und Christen hervorzuheben. Schnorr benutzt das mittelalterliche Schema des Triptychons, das an den Seiten von den allegorischen Darstellungen des Heiden- und des Christentums begleitet wird, die dem Gefecht zwischen den Rittern beiwohnen, welche ihrerseits die zwei entgegengesetzten Welten eines mittelalterlichen christlichen Europa und die dunklen Mächte des heidnischen Orients verkörpern, gegen dessen Angriff sich Europa siegreich verteidigt. Selbst die Transposition in eine mittelalterliche Welt der Ritter läßt ohne Schwierigkeit den durchscheinenden Bezug auf zeitgenössische Ereignisse der napoleonischen Expansionspolitik sowie den Widerstand dagegen erkennen, der seine ideologische Rechtfertigung in der bis zum äußersten getriebenen Verteidigung der vorrevolutionären sozialen und religiösen Ideale fand.
Der Mohrenkönig der linken Gruppe, mit barbarischem Prunk gekleidet, hält eine Peitsche und eine Kette in der Hand als Symbole von Grausamkeit, Sklaverei und jenem Verlust der Freiheit, über den die einer westlichen Rasse angehörende Sklavin zu trauern scheint. Sicherlich ist sie die Beute eines Raubzuges von Piraten geworden. Sie hält dem König den Sonnenschirm mit einem Ausdruck betrübter Wehmut; im Hintergrund tritt, grotesk und abscheulich, eine kleine vergoldete Götzenfigur hervor. Die Haltung des Mohrenkönigs, die seltsamerweise an diejenige des die Sphinx befragenden Oedipus in Ingres' Gemälde (1808) erinnert, das jetzt im Louvre hängt, aber in Rom gemalt wurde, wird in der endgültigen Fassung des Bildes ohne erhebliche Abweichungen beibehalten. Eine Ausnahme bildet die Peitsche, die sich in ein königliches Zepter verwandelt; die Bekleidung der Sklavin hingegen wird bescheidener ausgeführt werden, ihr Kopf wird verschleiert sein, ihr Gewand am Hals geschlossen; die sanfte Wirkung nachdenklicher Wehmut, die in der Zeichnung durch die sich an den Kopf anlehnende Hand mit dem Sonnenschirm erzielt wird, geht jedoch dabei verloren: die Hand wird nach unten verlegt, um einen Schirm von eigenartiger exotischer Form zu halten.
Eine völlige Veränderung wird hingegen die rechte Gruppe erfahren, die in der Zeichnung nur von zwei Figuren gebildet ist, einem einfach gekleideten barfüßigen Jüngling, der sich auf das Kreuz stützt, und einem betagten Greis in einem christlichen Ordenskleid der ersten Jahrhunderte, der das kleine Modell einer Kirche in der Hand trägt, wie es nach einer weitverbreiteten Auffassung in der Malerei des Mittelalters dargestellt wurde. In der endgültigen Fassung wird der Alte mit der Kirche beibehalten, nur erscheint er dann als Bischof mit der Mitra in bischöflicher Kleidung. Er wird im Profil mit gottbegnadetem Ausdruck gezeigt. Der Hintergrund ist durch feine, kleine gotisierende Pfeiler in zwei Bildfelder aufgeteilt: Im ersten Feld sieht man ein Relief mit einer Heiligen, die sich mit barmherzigen Werken beschäftigt. Im zweiten Feld befindet sich ein Priester, der in einer Prozession ein Ostensorium oder einen Reliquienschrein trägt, nach dem Vorbild mittelalterlicher gotischer Goldschmiedekunst gearbeitet.
Schon in diesen Zeichnungen, die man zu seinen ersten bekannten zählen kann, offenbart Schnorr die Genauigkeit, die geschmeidige Art und die Fertigkeit, die später in seinem graphischen und malerischen Werk festzustellen sind, und die sich in ihrer vollen Reife jedem erzählerischen Anspruch in der Ausführung des Ariost-Zyklus im Casino Massimo unterwerfen kann. Gegenüber der ersten vollständigen Zeichnung der Schlacht auf Lipadusa (Museum der bildenden Künste, Leipzig) von 1814, die reichliche Korrekturen und Änderungen enthält, um trotz der objektiven Schwierigkeit des Themas zu einer klaren und reinen Lösung zu gelangen (ein Getümmel von Kriegern, Pferden und Rüstungen, dessen bedeutendste Quelle Leonardos *Schlacht bei Anghiari* war, die Schnorr in Stichen nach einer Rubens-Kopie kennen mochte), zeigen die Bremer Zeichnungen eine völlige Beherrschung der graphischen Mittel. Wie übrigens aus einem Brief von J.A. Koch vom 17. Januar 1815 hervorgeht (zitiert in Bremen 1973, S. 13), hatte er diese schon in der zweiten Skizze, 1815 datiert, für die gesamte Komposition erreicht (Staatliche Museen, Na-

124

tionalgalerie, Berlin/DDR). Die zweite Zeichnung müßte auf die ersten Tage desselben Jahres zurückgehen. In dem endgültigen Karton (Kupferstichkabinett, Dresden) fand dieses Können dann seine volle Entfaltung und stellt, wie immer bei den Nazarenern, gleichzeitig eine Vorstudie und eine selbständige Arbeit dar, in der die Lösung des rechten Teils der Bremer Zeichnung noch erhalten bleibt. *S. S.*

124 Landschaft mit Burg, 1817 (Kastell in Papigno)

Bleistift, Feder und Pinsel in Schwarz, Grau und Braun, 17 x 21 cm
Bez. u. r.: »a Papigno 1817«
Lit. und Ausst.: *Heise 1928, Nr. 59; Hamburg 1935, Nr. 126; Hamburg 1958, Nr. 123; Heise 1959, S. 59, Abb. 40; Bremen 1961, Nr. 4; Bernhard 1974, Nr. 1695*
Kunsthalle, Hamburg, Inv. Nr. 41912

Papigno, ein kleines malerisches Dörfchen mit Resten eines Kastells, liegt südöstlich von Terni (Umbrien) auf dem Wege zu den berühmten Wasserfällen des Velino, den ›Cascate delle Marmore‹, eingebettet in die sanften Ausläufer des Apennin; in der nahegelegenen Villa Graziani Pressio war Lord Byron, der seit 1816 die Schweiz und Italien bereiste, im Jahr 1817 zu Gast.
Die bis 1817 entstandenen Zeichnungen Schnorrs aus Berchtesgaden und Salzburg sind in ihrer kupferstichartigen harten Strichführung und Schattengebung und ihrer gleichmäßig zarten, aber bestimmten Umrißlinie noch ganz dem Vorbild Ferdinand Oliviers verpflichtet, sie wirken aber allesamt kühl und zum Teil altdeutsch manieriert. An diesen Zeichnungen fesseln die Klarheit der Linie und die Naturbeobachtung, obwohl noch eine Steifheit und Hölzernheit zu spüren sind, die in den ersten italienischen Skizzen durch den Zauber der italienischen Natur gemildert werden.
Die vorliegende Zeichnung mit ihrem aufgelockerten Landschaftsgefüge, dem duftigen, wenn auch ein wenig routiniert hingesetzten Strich, bei leichter, von der Federzeichnung unabhängiger Aquarellierung, und der – von Schnorr erst ab 1819 verwendeten – braunen Tusche weicht völlig von seinen gleichzeitigen Werken ab. Aber nicht allein die unterschiedliche Naturwiedergabe und Strichführung lassen Zweifel an der Urheberschaft Schnorrs aufkommen. Da Schnorr erst im Januar 1818 Florenz verläßt und am 23. desselben Monats in Rom eintrifft, müßte er bereits vorher in Papigno gewesen sein, was aber recht unwahrscheinlich ist, da das Bergstädtchen näher bei Rom als bei Florenz liegt; von dieser Reise, die ihn über Arezzo und Perugia führte, sollte er nur Papigno festgehalten haben? Ungewöhnlich muten ebenso die italienische Schreibweise des der italienischen Sprache unkundigen Schnorr und die fehlende genaue Datierung auf den Tag, wie es seine Gepflogenheit war, an.
Trotz meiner Zweifel möchte ich auf ein ganz ähnliches Blatt von Schnorr in der Hamburger Kunsthalle hinweisen, das den Königlichen Palast von Capodimonte bei Neapel wiedergibt. Die majestätische Position der Baulichkeiten und die zarte parallele Querschraffur verbinden beide Zeichnungen. Üppig wuchernde Vegetation umschließt das Schloß und schafft eine verzauberte Atmosphäre, der eine andere Sehweise als die unseres Künstlers zugrunde liegt.
Papigno war bereits im letzten Jahrzehnt des 18. Jahrhunderts von deutschen Malern aufgesucht worden, so z.B. von Mechau (vgl. Dies und Mechau: Vedute dei dintorni di Roma, Rom 1792–94, darin J. Mechau: Caduta del Velino a Papigno vicino a Terni. Rom 1795); auch ein anderer deutscher Künstler, Joh. M. v. Rohden, hat zahlreiche hügelige, baumbestandene Gelände mit Bergstädtchen auf seinen Zeichnungen festgehalten (vgl. dazu R. Pinnan: J. M. v. Rohden, Bielefeld 1965). *J. H.*

125

125 Trabendes Pferd, um 1818/19

Feder in Braun, 18,5 x 19,5 cm
Bez. l. u.: »$«. – Darunter von fremder Hand: »Gezeichnet von Schnorr / (L. Gey)«
Lit. und Ausst.: *Jensen 1966; Lübeck 1971, Nr. 71; Frankfurt 1977, E 38, Abb.*
Museen für Kunst und Kulturgeschichte der Hansestadt Lübeck, Inv. Nr. 1927/124

Widersprüchliche Eigenarten kennzeichnen die Darstellung dieses Pferdes. In der Art des Trabens weckt sie Erinnerungen an Pferde von Reitermonumenten der italienischen Renaissance; in der ›natürlichen‹ Wiedergabe der Details läßt sie zunächst an ein Naturstudium denken, doch ist die formelhafte Binnenzeichnung wiederum nicht ohne die Kenntnis von Pferdedarstellungen Dürers vorstellbar. Wahrscheinlich hat Schnorr also das Pferd gleichsam ›mit den Augen‹ der alten Meister gesehen, d.h. nicht direkt kopiert. Dies wäre ein für ihn bezeichnendes Verfahren. *P. M.-M. S.*

126

126 Florentinische Hochzeit, 1817 (Ländliche Tanzgesellschaft)

Feder in Braun, 22 x 33,5 cm
Bez. r. o.: »18$ 17 den 29t Dec. Florenz«
Provenienz: *Aus dem Kunsthandel erworben (C. G. Boerner)*
Lit. und Ausst.: *Lübeck 1926, Nr. 505; Heise 1928, Nr. 58; Grote 1943, S. 306, Abb. 197; Bernhard 1974, Nr. 1696*
Graphische Sammlung Albertina, Wien
Inv. Nr. 24.615

Schnorr hatte am 7. November 1817 von Wien aus eine Romfahrt angetreten, die ihn über Triest und Venedig nach Florenz führte, wo er auf Empfehlung seines Freundes Theodor Rehbenitz von Baron von Rumohr »äußerst gütig aufgenommen« wurde, und dessen kunstverständigem und kenntnisreichem Umgang Schnorr viel verdankt. »In dieser Zeit der geistigen Befruchtung und des Nichtausführens haben sich eine Menge Ideen gesammelt«, schreibt er dem Vater (20. Dezember 1817, Schnorr I.3, S. 30ff.).
Der altflorentinische Reigentanz in der Albertina in Wien vom 29. Dezember 1817 ist das erste Zeugnis seiner erwachten Florenzbegeisterung (Rumohr 1846, darin: Nr. 3831 *Tanz von Florentiner junger Welt bei hochzeitlicher Feier in einer offenen Bogenhalle, mit Aussicht nach dem Meer; rechts das Musikchor. Composition von siebzehn Figuren in altem Kostüm ...*, ibid. Nr. 3832 *Zug von Florentiner Brautleuten, Gruppe von sechs Figuren; Hintergrund Garten. ...*, zit. n. May 1943, S. 267, Anm. 23).
Dieses Blatt leitet eine Reihe von poetischen Improvisationen ein, eine Kunstform, die Schnorr auch in den folgenden Jahren in Rom pflegte, und die er selbst später »Theeblätter«, nach ihrer Entstehungsstunde, nannte: »Des Abends improvisierte ich bisweilen mit der Feder, woran Rumohr besondere Freude hatte. Auf diese Weise entstanden einige Zeichnungen in Rumohrs Zeichenbuch, die er seinem Portefeuils (sic!) mag einverleibt haben« (zit. n. May 1943, S. 267, Anm. 22). Diese Zeichnungen sind freie Erfindungen, die sowohl durch die Erinnerung an tatsächlich Gesehenes als auch durch Erzählungen und Vorstellungen von mittelalterlichem Leben, Sitten und Gebräuchen, möglicherweise auch durch italienische Literatur und Rumohrs eigene novellistische Arbeiten angeregt wurden. Die Eindrücke der florentinischen Meister des 15. und 16. Jahrhunderts (z.B. Domenico Ghirlandaio in S. Maria Novella und Benozzo Gozzoli in der Kapelle im Palazzo Medici) bewirkten den neugewonnenen tektonischen Aufbau dieser Federzeichnung. Der harte Kontur, die kupferstichartig gesetzten Schraffuren und die Steifheit der Figuren erinnern noch an die Wiener Zeit.
Wie in dem früheren Gemälde *Der Sechskampf auf Lipadusa* und der späteren *Hochzeit zu Kana* baut Schnorr seine Komposition aus einzelnen Gruppen auf, wobei ihn vor allem die Harmonie im Detail und nicht so sehr das Zusammenspiel aller dargestellten Personen entzückte; im vorliegenden Blatt ist das alles verbindende Element die Musik. Musik und Poesie, die Welt der Romantik überhaupt, öffnete sich Schnorr so eigentlich erst in der Begegnung mit dem kunstsinnigen Rumohr, einem der ersten Anhänger der Romantik in Dresden und Konvertit. Wie die romantischen Dichter die Novellen Boccaccios und Cervantes priesen, deren ›Decamerone‹ und ›Novelas exemplares‹ ihre Vorbilder waren, könnte auch hinter Schnorrs ländlicher Tanzgesellschaft die Rahmenerzählung des ›Decamerone‹ stehen, in welcher uns die geistvolle Musikkultur des lebensfrohen Florentinischen Patriziats anschaulich entgegentritt. *J. H.*

127

128

127 Abschied des Tobias, 1818

Bleistift, 15,8 x 22,6 cm
Bez. u. r. am Grenzstein: »$ 1818 20 MAI«
Provenienz: *1928 aus dem Kunsthandel (Isidor Weinschel, München) erworben*
Lit. und Ausst.: *München 1950, Nr. 389*
Städtische Galerie im Lenbachhaus, München
Inv. Nr. G 665

Als der junge Tobias von seinem Vater von Ninive nach Medien geschickt wurde, um von Gabael Geld zurückzufordern, bot sich ihm der Engel Raphael unerkannt als Reisegefährte an (Buch Tobias, 5).
Die als Einzelszene seltene Darstellung kommt hie und da in Bibelillustrationen und Tobiaszyklen vor (vgl. dazu die bei F. Lugt: »Man and Angel«, in: GBA 25, 1944, S. 265 ff. und II, S. 321 ff. aufgeführten Werke: darunter die sog. Gumpertsbibel aus dem 12. Jahrhundert [Fig. 1] und Angelo Pulcinellis Darstellung aus dem 14. Jahrhundert [Fig. 4]). Die Verbildlichungen häufen sich allerdings im Laufe des 16. Jahrhunderts und werden durch Kupferstiche, Holzschnitte und Radierungen populär (s. d. H. Weskott, in: Lexikon der christlichen Ikonographie, Allgemeine Ikonographie Bd. 4. Freiburg i. Br. 1972, S. 320-26).
In der italienischen Kunst des 16. Jahrhunderts wächst der Erzengel Raphael immer mehr zu einem ›idealen Schützer‹, während ›Tobiolo‹ immer jünger und kleiner wird (vgl. Tizian, San Marziale, Venedig). Schnorr kommt der durch Elsheimer vorbereiteten Auffassung Rembrandts nahe, der im protestantischen Holland die Monumentalität des Engels stark zurücknimmt und Tobias wieder ›wachsen läßt‹.
Auf Schnorrs Blättchen wendet sich der mit Reisegepäck und Wanderstab ausgerüstete Tobias ein letztes Mal zur Mutter um, die ihn weinend scheiden läßt. Der blinde Vater und die Geschwister stehen vor dem Haus; sie haben bereits Abschied von ihm genommen. Froh über die Reise scheint nur Tobias' kleines Hündchen, das vergnügt durchs Tor nach draußen springt, wo der unerkannte Begleiter geduldig wartet. Schnorrs auf den Tag datierte Zeichnung reflektiert auf anschauliche Weise die Eindrücke der Florentiner Quattrocentisten. Die unmittelbare Umsetzung florentinischer Kunst und die lebendige Erinnerung an toskanische Landschaft lassen vermuten, er habe die Zeichnung noch in Florenz begonnen.
Ein diagonal ins Bild gesetztes architektonisches Gerüst, in diesem Falle eine freistehende Mauer, hatte Schnorr zum ersten Mal auf seinem *Verlorenen Sohn* (1816) – im Anschluß an durch Ferdinand Olivier vermittelte altdeutsche Kunst – zur Trennung einzelner Szenen eingesetzt. Schnorr greift dieses Motiv hier auf, vereinfacht allerdings den verschachtelten Aufbau unter dem Eindruck südlicher Kunst und gartenhaft südlicher Natur; Domenico Ghirlandaios *Heimsuchung Mariä* im Chor von S. Maria Novella in Florenz klingt nach.
Die Tobiaserzählung wurde während des 15. Jahrhunderts vornehmlich in Italien von reichen Familien als Motiv für Votivgaben zur glücklichen Heimkehr ihrer Söhne gewählt. Der Erzengel war so zum Patron junger Reisender geworden, und Schnorr, der junge reisende Künstler, der zeitlebens unter Heimweh litt, bekannte dem Vater einige Monate vor Entstehung dieser Zeichnung: »So darf ich also wohl gute Hoffnung haben dort (Rom, d. Verf.) glücklich zu sein und unter geliebten und liebenden Freunden das Vaterland und die heimischen Freunde und Verwandte nicht gar zu schmerzlich zu entbehren. Keine Lust aber wird größer sein, als die Lust, nach langer Trennung das Vaterland, und die Freunde, Geschwister und Eltern wiederzusehen« (Brief vom 5. Januar 1818, Schnorr I. 4, S. 37).
Schnorrs tiefes Naturgefühl und seine Menschenliebe, die vielfach von seinen Malerfreunden bezeugt wird, spricht aus diesem bescheidenen Blatt.
Aus dem Nazarenerkreis kennen wir eine kleine Tuschzeichnung Overbecks aus dem Jahre 1807/08, *Der heimkehrende Tobias wird von den Eltern empfangen* (Lübeck), die einer verwandten Stimmung entsprang. Franz und Johannes Riepenhausen illustrierten das Thema gleich dreimal (Kunsthalle Hamburg; Bernhard 1974, Nr. 1397; Hessisches Landesmuseum, Darmstadt; Bernhard 1974, Nr. 1398 und 1399). *J. H.*

128 Italienerinnen, 1818

Bleistift, 15,7 x 25,9 cm
Bez. vorne rechts auf der Steinbank: »d. I Ap. 18 $ 18 Geb.«
Provenienz: *1928 aus dem Kunsthandel erworben*
Lit. und Ausst.: *München 1950, Nr. 386*
Städtische Galerie im Lenbachhaus, München
Inv. Nr. G 664

Drei Monate nach seiner Ankunft in Rom schuf Schnorr dieses Blatt, das eine römische Familienidylle wiedergibt. Drei junge Italienerinnen in Landestracht verbringen beschauliche Stunden mit ihren Kindern auf einer zur Campagna offenen Terrasse. Die Selbstverständlichkeit und Natürlichkeit, mit welcher die Italiener ihre täglichen Verrichtungen erledigten, bezauberten Schnorr, der aus Florenz an seinen Freund Rehbenitz schrieb: »Das Thun und Treiben der Italiener hat noch einen viel natürlicheren und gesünderen Schnitt, als ich bei den Bewohnern anderer Länder, die ich gesehen habe, gefunden habe« (Brief vom 18. Dezember 1817, in Schnorr II. 1, S. 343).
Das ruhige Glück, das sich auf den lächelnden Gesichtern von Kindern und Müttern zeigt, spiegelt Schnorrs Stimmung nach der Reise und seine Vorstellung von einem stillen, harmonischen Lebensglück wider: »Ich danke Gott, daß ich nun Posto gefaßt habe; ich tauge zu keinem Landstreicher, weder geringer noch vornehmer Art. Ein bestehendes Verhältnis gehört zu meinem Glück und Arbeit« (Brief vom 14. Februar 1818 an den Vater, Schnorr I. 7, S. 51).
Wie auf dem fast gleichzeitigen Tobias-Blatt klingen die auf der Reise über Venedig und Florenz gesammelten Eindrücke nach: Cima von Conegliano, den Schnorr an verschiedenen Stellen in seinen Briefen bewundernd erwähnt, ist mit seiner berühmten *Orangenbaum-Madonna* (Galleria dell'Accademia, Venedig) gegenwärtig; auch Girolamo dai Libris *Madonna unter dem Lorbeerbaum* in S. Leonardo bei Florenz, von der man sich die wunderbare Geschichte erzählte, daß der darauf dargestellte Lorbeerbaum so natürlich gemalt sei, »daß die Vögel oft zum Fenster hereingeflogen seien, um sich auf seinen Zweigen auszuruhen ...« (Joh. Gottl. v. Quandt, zit. n. L. Richter: Lebenserinnerungen. Ausg. München 1980, S. 165 f.) muß Schnorr bekannt gewesen sein: Unter seinen Florentiner Zeichnungen befindet sich nämlich ein kleines, wenn auch wenig später datiertes Blättchen mit der Ansicht von S. Leonardo (Kupferstichkabinett, Dresden). Das Thema Mutter und Kind beschäftigte Schnorr bereits in Florenz, wo am 17. Dezember 1817, also fünf Tage nach seiner Ankunft, ein mit der Feder ausgeführtes Blatt mit *Maria mit Jesus und Johannes* (Grote 1943, Abb. 201) entstand; die langgestreckten Körperchen der Kinder wiederholt Schnorr

auf der uns hier vorliegenden Zeichnung. Mit zartem Strich gestaltet Schnorr die anmutige Szene; sie wirkt weniger kühl und distanziert als die *Florentinische Hochzeit* und poetischer in der Gesamtstimmung. Wie auf den Zeichnungen *Christus auf dem See Tiberias* (Grote 1943, Abb. 198) und *Abschied des Tobias* ergötzen wir uns am melodischen Wohlklang des Striches.
Zartheit und Innigkeit des Erlebens und des Beieinanderseins bestimmten die Werke Schnorrs in jenen Tagen, die mit den Vorbereitungen zur großen *Hochzeit zu Kana* ausgefüllt waren.
Overbecks *Aus dem römischen Leben (Familienbild)* (Kat. 82) aus dem Jahr 1819/20 ist in seiner ausgeglichenen Stimmung dem vorliegenden Blatt ähnlich. *J. H.*

129 Auszug der Mönche, 1819

Feder in Braun, 19,4 x 26,5 cm
Bez. u. r.: »d 21 N 1819 $«
Provenienz: *Johann Gottlob und Clara Bianca von Quandt, Dresden; Eduard Cichorius, Leipzig; Ludwig Schnorr von Carolsfeld; Verst. Boerner (Leipzig) 1908; 1938 als Geschenk der Freunde des Wallraf-Richartz-Museums übernommen*
Lit. und Ausst.: *Berlin 1878, Nachtrag Nr. 476; Frankfurt 1894, Nr. 49 (Terminierende Bettelmönche mit einem Esel); Boerner 1908, Nr. 422; May 1943, S. 269, Nr. 2, S. 272 und Abb. 175; Köln 1949, Nr. 286; London 1959, Nr. 845; Köln 1961 (Abb.); Köln 1967, S. 102, Abb. 54; Bernhard 1974, Nr. 1698; Robels 1974, S. 95, Taf. 32; Klagenfurt 1976/77, Nr. 50 (1); Darmstadt 1977, Nr. 55*
Wallraf-Richartz-Museum, Köln
Inv. Nr. 1938/68

Strahlender südlicher Himmel, weite unendliche Landschaft, üppiger Baum- und Pflanzenwuchs und altes verwittertes Gemäuer bilden den Rahmen für die tatenlustigen, zur Wanderschaft ausziehenden Mönche. Dieses Blatt (vgl. auch *Musik auf der Terrasse*, Kat. 130) gehört zu einer Folge von 17 Federzeichnungen, die Schnorr in den Wintermonaten 1819/20 im Hause seines Freundes und Gönners, dem Leipziger Verleger und Sammler Joh. Gottl. von Quandt, in Rom ausführte.
Bei den gemeinsamen Spaziergängen mit Quandt durch altrömische Gärten wurde Schnorrs Phantasie zu diesen improvisierten Kompositionen angeregt, in welchen sich seine eigentliche poetische Begabung so recht entfalten konnte. Über die Entstehung der ›Theeblätter‹ gibt uns Schnorr eine ausführliche Schilderung: »Schon an Winterabenden von 1819 auf 20, die ich meistens bei Quandt verbrachte, improvisierte ich viel in Landschafts- und Menschenbildern... Schon bei Rumohr hatte ich diese Kunst beim Thee viel geübt und dem Kunstfreunde ... eine Reihe von Federzeichnungen geliefert, die ihm viel Freude machten. Zu dem Quandtschen Hause zu Rom ... nahm ich den Kiel oft zur Hand, ließ die gewonnenen Eindrücke und Anschauungen walten und brachte eine ziemliche Anzahl von Bildern zustande, die sich ausnahmen, als wären sie nach alten Historien oder neuen Erzählungen gearbeitet. Da dies nicht der Fall war, so dichtete Quandt die Geschichten erst zu den schon vorhandenen Darstellungen, und wir unterhielten uns dabei köstlich...« (Auszug aus einem Brief an E. Cichorius in Leipzig, abgedruckt in Frankfurt 1894, S. 11; vgl. auch den Brief Schnorrs vom 29. Dezember 1820 an den Vater, I, S. 202 bis 203).
Die den florentinischen Malern des Quattrocento ›abgeschaute‹ novellistische Anmut und Naivität verbinden sich aufs vollkommenste mit Schnorrs eigener ›heiterer Weltlichkeit‹. Was sich in der Florentiner Zeichnung andeutete, kommt in Rom zur Entfaltung: Der Stil wird beschwingter, fließender, die kupferstichartige Härte verschwindet gänzlich, und an die Stelle der schwarzen Tusche tritt das wärmere Sepiabraun. Einem Musikstück gleich gleitet die Linie in steigendem und fallendem Tempo über die Figuren hinweg. Wie sich die Sprache der Romantiker geschmeidig der italienischen Formen bediente, des Sonetts, der Terzine usw., so nahm und verarbeitete Schnorr die Formen der italienischen Kunst und Landschaft mit hohem Stilgefühl. Das Anmutige und Phantasiereiche war doch sein Bereich der Poesie, seine eigenste Natur, erinnert sich Ludwig Richter (L. Richter: Lebenserinnerungen. Ausg. München 1980, S. 194f.).
Robels (1974) sieht in diesen Zeichnungen Nachfolger der barocken Divertissements oder Capricci. *J. H.*

130 Musik auf der Terrasse, 1819 (Tasso und die drei Leonoren)

Feder in Braun, 19,1 x 26,5 cm
Bez. r. u.: »18 $ 19. d. 7. Dec.«
Provenienz: *Johann Gottlob und Clara Bianca von Quandt, Dresden (bis mindestens 1859); Eduard Cichorius, Leipzig; Ludwig Schnorr von Carolsfeld; Verst. Boerner (Leipzig) 1908; 1938 als Geschenk der Freunde des Wallraf-Richartz-Museums übernommen*
Lit. und Ausst.: *Berlin 1878, unter Nachtrag Nr. 476; Boerner 1908, Nr. 422; May 1943, S. 270, Nr. 8, S. 280 und Abb. 180; Köln 1949, Nr. 287; Köln 1967, S. 102; Köln 1972/73, Nr. 32; Mülheim an der Ruhr 1975, Nr. 51; Paris 1976/77, Nr. 234; Darmstadt 1977, Nr. 56*
Wallraf-Richartz-Museum, Köln
Inv. Nr. 1938/67

Auf der Terrasse einer römischen Villa mit Ausblick auf die Berge hat sich eine kleine höfische Gesellschaft eingefunden. Drei Mädchen in klassisch-einfachen Gewändern, zwei davon mit Lauten, lauschen still den Weisen eines als Rückenfigur gegebenen, in Minnesänger-Art gekleideten Lautenspielers. Die südliche Landschaft, die reiche Vegetation, das Plätschern des Wassers im antiken Wandbrunnen mit grotesker Maske, dazu die sanften Weisen der Laute unter den schattenspendenden Pinien klingen zu einer unendlich harmonischen, romantisch-undefinierbaren Stimmung zusammen; dieser Zusammenklang von Natur und Kunst ruft die poetische höfische Renaissancekultur in Erinnerung, welcher der »abstrakt-musikalische Sinn« (May 1943, S. 280) der Zeichnungen entspricht.
Die auf seinen Wanderungen durch Rom mit Quandt im Winter 1819/20 gesammelten Eindrücke, vertieft durch anregende Gespräche beim täglichen Tee im Hause Quandt, inspirierten Schnorr zu einer Reihe von (insgesamt 17) improvisierten Federzeichnungen: »Wir sahen in den ernsten Alleen der immergrünen Eichen hohe Gestalten wandeln, Gestalten der Vorzeit. In den Lorbeerbüschen sahen wir Liebespaare, wir hörten Zither klingen auf der Terrasse vor der Geliebten Fenster. Wir sahen den Verräter lauschen bei der Fontäne, deren Rauschen seine Schritte übertönte ...« (Brief vom 29. Dezember 1820 an den Vater; Schnorr I. 38, S. 202–03); Quandts dazu erdichtete Geschichten sind verlorengegangen. Seine »hohe Begeisterung und im ganzen durchaus geläuterte Kunstansicht (hat) einen Wendepunkt in meiner Kunst ... her-

bei führen helfen, dessen Eintritt schon längst durch den Süden vorbereitet war«, berichtet Schnorr enthusiastisch dem Vater (22. Februar 1820; Schnorr 1. 30, S. 165).
In diesen Impromptus gibt Schnorr Beweise des feinsten Gefühls für alle zarten Übergänge und Halbschatten, die malerisch-musikalische Werte erzeugen. Für ihn bedeutet Musik nicht allein Darstellung von musizierenden, der Musik lauschenden Personen; Musik wird selbst Ausdrucksform, Träger der Linie, des Lichtes, der Halb- und Tiefschatten und der Bewegungen. Schnorr ist darin ein echter Romantiker; denn die Romantik ist, im Gegensatz zur Klassik, musikalisch gerichtet (dazu E. L. Schellenberg: Das Buch der deutschen Romantik. Die Sehnsucht nach dem Unendlichen. Berlin-Lichterfelde 1924, S. 84 f.). *J. H.*

129

131 Frau Clara Bianca von Quandt 1820

Feder in Braun, über Bleistift, laviert
37,1 x 22,5 cm
Bez. im Hintergrund über dem Gebirge: »entferntes Gebirge«
Lit. und Ausst.: *München 1950, Nr. 396; Lübeck 1957, S. 64; Frankfurt 1977, D 26, Abb.*
Städtische Galerie im Lenbachhaus, München
Inv. Nr. G 1843

Clara Bianca von Quandt war die Frau des Leipziger Kunstsammlers Johann Gottlob von Quandt. Schnorr verband mit beiden eine Freundschaft, die sich während der gemeinsamen Zeit in Italien 1819-1820 vertiefte. Zu der jungen Frau stand er in einem schwärmerischen Verhältnis, das sich in seinem sprachlichen Ausdruck an der mittelalterlichen Minnedichtung orientierte (Schnorr 1886, S. 439, 447, 456). Schnorr stellt sie als Lautenspielerin in einem Gewand der italienischen Renaissance dar. Sie sitzt vor einem romanischen Bogengang, hinter dem eine Landschaft und ein Orangenbaum sichtbar werden. Die Orangen sind eine Anspielung auf Liebe und Jugend, denn sie werden mit den goldenen Äpfeln der Hesperiden gleichgesetzt, die Attribute der Venus sind. Das Kleid ist einem Ge-

130

131

mälde aus der Schule Raffaels nachempfunden, dem *Bildnis der Johanna von Aragonien*, wahrscheinlich von Giulio Romano (Louvre, Paris). Dieses Blatt ist eine Vorzeichnung zu dem unvollendeten Gemälde der Clara Bianca von Quandt (Staatliche Museen Preußischer Kulturbesitz, Nationalgalerie, Berlin). Dazu existieren noch zwei weitere Vorzeichnungen in Feder und Aquarell (Berlin, Kupferstichkabinett und Sammlung der Zeichnungen). Das Münchner Exemplar ist die letzte Stufe vor dem Gemälde. *A. M.*

132 Verkündigung, 1820

Öl auf Leinwand, 120 x 92 cm
Bez. r. u.: »18 J. S. 20«
Provenienz: *Gemalt in Rom für den Domherrn von Ampach, der das Bild dem Stift Wurzen bei Leipzig schenkte. 1821 wurde es in der Domkirche Wurzen aufgestellt. 1906 erworben*
Lit. und Ausst.: *Schnorr 1886, S. 233ff.; May 1943, S. 294ff.; Justi 1923, S. 320; Bauer 1968, S. 187; Frankfurt 1977, G 38, Abb.*
Staatliche Museen Preußischer Kulturbesitz Nationalgalerie, Berlin
Inv. Nr. A I 895 NG 1060

Schnorr koppelt mehrere Raumteile, die nicht gebauter Architektur entstammen, und bezieht sie flächenhaft auf die Personen. Die beiden Bogen in der Halle rahmen Maria und den Engel zu dem Zweck, ihren momentanen szenischen Zusammenhang zugunsten eines zeitlos wirkenden Zustandes zu unterbrechen. Dazu trägt auch die frontale, geschlossen wirkende Gestalt Marias bei sowie die starre Linearität von Umriß und Binnenform, die den Engel in die Fläche bannt.
Das Motiv des steinernen Bogens im Vordergrund kannte Schnorr von niederländischen Bildern des 15. Jahrhunderts her; bei der Figurenszene selbst sind Anklänge an Fra Angelico (1387-1455) zu finden, den Schnorr sehr bewunderte. Er charakterisierte ihn als Gegenpol zu der (akademischen) Kunstrichtung, in der ein rationales Verhältnis zur Welt vorherrsche: »... hier aber ist alles wie die Offenbarung einer anderen Welt zu betrachten, den Maßstab, den wir für unsere haben, hier anzulegen, fällt mir gar nicht ein.« Entsprechend sollte sein eigenes Bild, wie die religiöse Malerei überhaupt, nicht »die besonderen Eigentümlichkeiten der Wirklichkeit, wenigstens nur vermittelt, tragen dürfen«. So kam es ihm bei der *Verkündigung* darauf an, »das innere Schauen der Begebenheit in ihrem ganzen Umfang erkennen zu lassen« (Schnorr von Carolsfeld: Briefe [1821], S. 98, 235). *E. S.*

133 Der Zinsgroschen, 1822

Öl auf Leinwand, 55,5 x 43,2 cm
Bez. u. l.: »18 $ 22«
Provenienz: *Privatbesitz Dresden; Sammlung Kleiner, Düsseldorf; erworben 1915 durch den Museums-Verein Düsseldorf*
Lit. und Ausst.: *Schnorr 1886, I. 34, S. 183 (vom 29. Juli 1820 an den Vater), I. 35, S. 187 (26. 8. 1820 an den Vater), II. 5, S. 364 (21. 9. 1820 an Quandt), II. 6, S. 374 (16. 11. 1821 an Quandt); Düsseldorf 1968, Nr. 4172, Abb. 120 (mit weiterer Lit.)*
Kunstmuseum, Düsseldorf, Inv. Nr. 4172

Christus zeigt den Pharisäern, welche ihn durch Bestechung versuchen wollen, den Zinsgroschen, und spricht das berühmte Wort: »Gebet dem Kaiser, was des Kaisers, und Gott, was Gottes ist« (Mt. 22,15). Schnorr wählte den Vorgang der Zahlung. Drohend frech fordert der Zöllner Tribut, indem er den Geldsack schwenkt; milde und würdevoll zeigt Christus den Groschen.
Das Thema war der mittelalterlichen Kunst fremd und wurde erst im 16. Jahrhundert darstellungswürdig; eigentlich populär wurde es nie.
Die Behandlung desselben durch Schnorr war durch den Auftrag des Domherrn von Naumburg, Baron von Ampach (vgl. dazu Schnorrs *Handstudie*, Kat. 134) angeregt worden, der insgesamt neun Bilder an deutsche Maler in Rom vergeben hatte; dazu gehörte ein von Friedrich Olivier 1820/21 gemalter *Zinsgroschen*. Schnorrs Bild *Lasset die Kindlein zu mir kommen* ist 1823 vollendet worden und 1931 im Münchner Glaspalast verbrannt.
Die gleichzeitige Tätigkeit an von Ampachs Bild und am *Zinsgroschen*, welchen Schnorr seit 1820 in Bearbeitung hatte, und der enge gedankliche und handwerkliche Austausch mit Friedrich Olivier und Rehbenitz, die Wand an Wand mit Schnorr an ihrem Auftrag für von Ampach schufen, prägte den Bildern ihren besonderen Werkstattcharakter auf.
Schnorrs Bild wird von einer strengen Symmetrie gekennzeichnet; Christus stellt sich beschützend vor die Jünger, die dichtgedrängt dem Vorgang beiwohnen. Die herben Physiognomien der prachtvoll orientalisch gewandeten Pharisäer sind in scharfem Profil gegeben, die Jünger in weicheren Frontalansichten. Die Figurenauffassung, vor allem die Köpfe Christi und der Jünger, sind ohne die Kenntnis italienischer Malerei nicht denkbar; Oliviers Vortragsweise wirkt demgegenüber nordisch-trocken. Der Aufbau des Bildes geht letztlich auf die berühmte *Hochzeit zu Kana* zurück, deren erzählerischer Erfindungsreichtum faszinierte; die kräftigen leuchtenden Farben hat es mit der *Hochzeit* und der *Verkündigung* gemein.
Über zwei Jahre arbeitete Schnorr mit Unterbrechungen an diesem Gemälde, das er selbst nur als »klein Bildchen (in der Größe eines mäßigen Bogens Papier) mit zwölf Figuren« bezeichnete, womit er einen Verdienst im Winter 1821 »vorbereitete« (im Brief vom 21. 9. 1820 an Quandt); und am 16. November 1821 berichtete er Quandt: »... ein klein Bildchen, das schnell geendigt sein kann, den Zinsgroschen vorstellend, gehört noch ganz mein und hat keine Bestimmung.«
Overbeck zeichnete diese Szene um 1830 (Jensen-Overbeck 1963, Nr. 136) und Naeke malte sie nach 1830 (lt. Reber 1876, S. 265 f.). *J. H.*

132

133

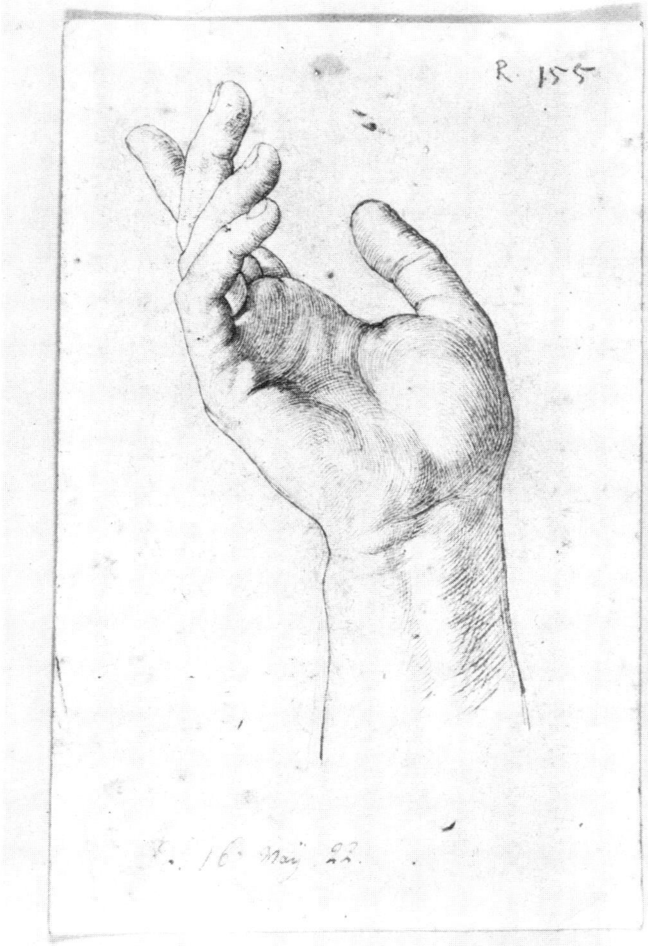

134

134 Handstudie, 1822

Rückseite: Handstudie von Theodor Rehbenitz
Feder in Sepia, 15,5 x 9,4 cm
Bez.: »d. 16. May 22«
Provenienz: *Aus dem Nachlaß Rehbenitz*
Lit. und Ausst.: *Heise 1928, Taf. 80; Hasse 1962, S. 95-101; Lübeck 1971, Nr. 73; Kopenhagen 1974, Nr. 60; Malmö 1979, Nr. 74*
Museen für Kunst und Kulturgeschichte der Hansestadt Lübeck, Inv. Nr. R 155

Diese kleine Handstudie aus dem Nachlaß Theodor Rehbenitz' wurde als Vorzeichnung Schnorrs zu dem Ölbild *Die Versuchung Christi* erkannt, das Rehbenitz für den Naumburger Domherrn Baron von Ampach schuf. Dieser hatte während seines Romaufenthaltes im Jahre 1820 an neun deutsche Maler Bilder religiösen Inhaltes in Auftrag gegeben, davon vier Themen aus dem tätigen Leben Christi, vier aus seinem Leiden, und als Hauptbild war das Abendmahl ausersehen (Schnorr I. 32, S. 177, vom 26. Mai 1820). Die Leitung dieses malerischen Unternehmens wurde Schnorr aufgetragen.

Schnorr, dem im November 1821 erneut die Ausmalung des Ariost-Zimmers im Casino Massimo angeboten wurde, und der in der Folgezeit auch daran arbeitete, nahm ab März 1822 die Arbeit an seiner *Segnung der Kindlein* für von Ampach wieder auf, das er Mitte 1823 fertigstellte. Aus dieser Zeit stammt die vorliegende Studie.

Rehbenitz, der bekannterweise mühsam arbeitete, zwar schnell im Planen und im Entwurf, aber zögernd und langsam in der Ausführung war, mit der er oft nicht zurechtkam, beendete auch dieses Bild nicht, für das sich Schnorr verantwortlich fühlte und dessen er sich schließlich 1825 annahm und es vollendete.

Das gemeinsame Arbeiten, Verbessern, Untermalen, die gegenseitige Hilfeleistung bei der Komposition war seit den Tagen des frühverstorbenen Franz Pforr Tradition der Nazarener, und wurde auch von der jüngeren Generation gepflegt. So hatte Koch die Landschaft auf Cornelius' *Flucht nach Ägypten* gemalt, Friedrich Olivier Schnorrs *Jakob und Rahel* untermalt, und Karl Philipp Fohr die Landschaft auf Overbecks *Beschützer der Kunst* geschaffen; dies drei von vielen Beispielen. Das Freundschaftsideal der Nazarener findet gerade in diesen gegenseitigen Hilfestellungen seine schönsten Zeugnisse.

Enggesetzte, parallele und sich kreuzende Federlinien rufen auf der Oberfläche der von einem haarscharfen kontinuierlichen Umriß eingefaßten Hand schattige und lichte Zonen hervor, die einen stark räumlichen Effekt erzeugen. Zur selben Zeit, als Schnorrs intensives Studium nach Antiken und die neuerlichen Entwürfe zu den Massimo-Fresken einsetzen, entstand diese herrliche Zeichnung für seinen Freund, die er, seiner Gewohnheit gemäß, auf den Tag datierte. Eine ähnlich feingliedrige Hand mit leise deutender Gebärde verwendete Schnorr um 1826 für die Figur der Bradamante auf dem Fresko *Melissa und Bradamante in der Höhle des Merlin* an der Rüdigerwand im Casino Massimo. *J. H.*

135 Weiblicher Halbakt, 1826 (?)

Bleistift, 29,5 x 17,5 cm
Provenienz: *1919 von der Kunsthandlung de Burlet, Berlin, erworben*
Lit. und Ausst.: *Lübeck 1926, unter Nr. 485; Bremen 1961, Nr. 20; Bernhard 1974, Nr. 1737*
Städtische Kunsthalle, Mannheim
Inv. Nr. 1369

Ernsthaftes Figuren- und Aktstudium begann Schnorr im Sommer 1820 im Kreise seiner engsten Freunde, Rehbenitz und Friedrich Olivier, seit November 1819 seine Hausgenossen im Palazzo Caffarelli auf dem Kapitol. J.D. Passavant (1817-24 in Rom) hatte nach dem Vorbild des Lukasbundes eine private Akademie mit wöchentlichen Zusammenkünften eingerichtet und dazu eine ›Houdonsche Anatomie‹ auf einer Auktion erstanden (Schnorr II. 5, S. 365). Das intensive Modellstudium setzte nach der Abreise Joh. Gottl. v. Quandts ein, mit dem Schnorr die Wintermonate 1819/20 verbracht hatte, und der einige Bilder bei ihm bestellte. Ehe er sich an diese große Aufgabe wagte, wollte er »etwas nach der Natur malen, und zwar Akte ..., die Quandt Vergnügen machen würden, weil sie besonders von der Art sind, wie man sie zu zeichnen in Deutschland nicht leicht Gelegenheit hat«, schreibt er an Quandt (Brief vom 21.9.1820, Schnorr II. 4, S. 364).
Wie die ein wenig älteren Lukasbrüder wählte man für männliche Akte den jungen, knabenhaft-zarten Römer, bei weiblichen Aktstudien aber, vor welchen sich die Lukasbrüder »gehütet hatten«, zog Schnorr die volle Schönheit der reifen Römerin an.
Das kräftig gebaute, mit entblößtem Oberkörper leicht nach rechts gewandte Modell neigt den Kopf leicht zur Seite und verharrt in dieser ruhigen Stellung mit geschlossenen Augen. Ein sanfter Ausdruck liegt auf seinem Gesicht. Die Zeichnung ist mit geringsten Mitteln in die Ebene gesetzt, die weiche Schattierung der Rundungen wird von einem geschmeidig-gleitenden Umriß eingefaßt. Der die frühen Akte kennzeichnende feine, höchst exakte, mit spitzem überhartem Bleistift hingesetzte Strich nimmt auf der vorliegenden Zeichnung einen sinnlicheren, wie von einem Schleier überzogenen, weichen Charakter an. Den römischen Zeichnungen Schnorrs haftet die »Würde und die Schönheit des Men-

135

136

schen an sich: das was hinter einem Antlitz und tiefer als Haut, Muskeln und Knochen liegt ...« (Andrews 1961, S. 180) an. Weniger individuell, im Stil insgesamt trockener sind die späteren Studien in Deutschland.
Im Jahre 1826 war Schnorr mit dem großen Wandfresko *Das Frankenheer Kaiser Karls des Großen in Paris* für die Westwand des Ariost-Zimmers des Casino Massimo beschäftigt; im rechten Bildteil sieht man eine Gruppe von Einwohnern der Stadt in einer Loggia, die den Vorgang beobachten, darunter eine Zuschauerin, mit welcher das vorliegende Blatt vieles gemein hat: die gleiche Körperlichkeit, Physiognomie, eine ähnliche Frisur und Haltung, die auf der vorliegenden Zeichnung stark zurückgenommen ist. Dieselbe Römerin könnte für eine in das Jahr 1826 datierte Studie (Kunsthalle, Mannheim, abgeb. bei Bernhard 1974, Nr. 1736) Modell gestanden haben, was eine Datierung unserer Zeichnung in das gleiche Jahr nahelegt. Eine Wiederverwendung der in Rom entstandenen Aktstudie vermute ich in der Gestalt der Brunhilde auf einem Fresko in der Residenz zu München, das Brunhilde mit ihrem Gemahl Gunther zeigt (bei Nowald 1975 nicht aufgeführt). *J. H.*

136 Die Flucht nach Ägypten, 1828

Öl auf Leinwand, 120,5 x 114 cm
Bez.: vorne Mitte auf einem Stein »18 $ 28«
Provenienz: *Sammlung Cornelia Charlotte Nies, Frankfurt a. M.; Sammlung Stift Neuburg (bis 1919); Erworben 1919 von Frau Dr. Metzger, Heidelberg, durch den Museums-Verein Düsseldorf*
Lit. und Ausst.: *Böhmer 1868, II, S. 182 (Brief vom 23. September 1828 aus Frankfurt an J. D. Passavant in München); Raczynski 1838, II, S. 313; folgende Lit. stellt eine Auswahl aus dem Kat. Düsseldorf 1968 dar: Nagler 1845, XV, S. 406; Heidelberg 1919, Nr. 197 (als Steinle); Lübeck 1926, Nr. 451; Heise 1928, Nr. 56, Taf. 56; Eberlein-Heise 1928, S. 425; Lohmeyer 1935, S. 324-25, Abb. 220; Peters 1955, Kat. Nr. 44, Taf. 41; London 1959, Nr. 324; Düsseldorf 1962, Nr. 146; Grote 1967, Abb. Nr. 163; Düsseldorf 1968, Nr. 4263, Abb. 122; Andrews 1967, Taf. XXXIX (Farbe); Finke 1974, S. 5, Kat. Nr. 39, Abb. 39; Einem 1978, S. 128, Kat. Nr. 125, Abb. 125; Ludwig 1978, S. 18, Kat. Nr. 36, Taf. 36; Kleßmann 1979, Farbtaf. 21*
Kunstmuseum, Düsseldorf, Inv. Nr. 4263

Dieser Szene geht Josephs zweiter Traum voraus, in welchem er vom Engel aufgefordert wird, mit Maria und dem Kind Bethlehem zu verlassen und nach Ägypten zu fliehen, um das Kind vor Herodes' Zugriff zu bewahren.
Auf Schnorrs Bild hat die hl. Familie auf ihrer Wanderschaft nach Ägypten einen schmalen felsigen Gebirgspfad überschritten und betritt eine sonnige Lichtung. Maria sitzt frontal mit dem schlafenden Christuskind im Arm auf dem Esel, den ein Engel führt; nebenher schreitet Joseph, der Maria mit einer zärtlichen Gebärde berührt. Das Ziel ihrer Flucht ist die in der Tiefe an den Ufern des Stromes gelegene befestigte Stadt, auf die sich eine Kamelkarawane zubewegt.
Schnorr hält sich mit fast schulischer Disziplin an den überlieferten Bildtypus der ›Flucht‹: die hl. Familie, die von links nach rechts zieht, wobei Maria mit Kind beinahe frontal auf dem Esel sitzt, den Joseph führt (Goldmedaillon aus Adana aus dem 6./7. Jahrhundert; G. Schiller: Ikonographie der christlichen Kunst. Gütersloh 1966, I, S. 130), und das Motiv des voranschreitenden Engels, das seit dem 12. Jahrhundert bekannt ist. Seit die Landschaft in das Thema einbezogen wird, tritt anstelle der Flucht mehr das ›Unterwegssein‹; die Stadtarchitektur wird dabei in die Tiefe gerückt. Trotz der Abhängigkeit von der bildlichen Tradition zögert man nicht, Schnorrs Darstellung der Reihe von bekannten Verbildlichungen dieses Themas durch Elsheimer, Rottenhamer, Rembrandt, Rubens und Tiepolo anzuschließen.
Die pyramidal konzipierte Gruppe in der vorderen Bildzone begleitet durch ihre Vorwärtsbewegung die von links nach rechts verlaufende Diagonale, die dem Gefälle des Weges entspricht, andererseits fängt sie durch das Hintereinanderstaffeln der Figuren die Bewegung von rechts auf, wobei sich die Diagonalen hinter Maria kreuzen. Das Bild ist unmittelbar nach Schnorrs Rückkehr aus Italien entstanden; unverkennbar sind die italienischen Einflüsse in der idealen südlichen Landschaft, welche an die poetischen phantasievollen Darstellungen von *Angelica und Medoro* auf der Rolandswand im Casino Massimo anschließen. Die reinen, leuchtenden Farben gehen auf frühitalienische Malerei zurück, während die Figurenauffassung am reifen Raffael geschult ist. Im Gegensatz zur frühen *Hochzeit* und *Verkündigung* tritt das »Individuelle zugunsten formelhafter Typisierung« (Einem 1978, S. 128) zurück.
Schnorrs Freund, der bekannte Historiker Joh. Friedr. Böhmer hinterließ uns ein wichtiges Zeugnis zur zeitgenössischen Beurteilung des ersten Werkes Schnorrs in Deutschland in einem Brief an J. D. Passavant: »Schnorr's Flucht ... habe ich denn auch gesehen. Das zweite Bild von ihm nach der Hochzeit. Zweierlei ist mir daran aufgefallen. Zuerst, daß Du den Joseph gemalt hast, oder gemalt haben könntest, wodurch mir denn Eure Freundschaft noch erklärlicher geworden ist, als sie es war. Zweitens, daß Schnorr seine Art wesentlich und gänzlich geändert hat. Kaum finde ich noch in der Landschaft eine Erinnerung an meinen alten Schnorr, der uns einst auf den Höhen von Radicofani (Toskana, d. Verf.) oder über dem See von Bolsena so anmuthig seine früheren Bilder erzählte. Hier ist, mehr als ich selbst glaubte, die Ansicht bestätigt, daß die neuere Kunst ... nur eine Erneuerung ist und daß wir darin in Kürze alle früheren Zeiten durchmachen ... Ich meine, Schnorr hat in zehn Jahren ungefähr 100 Jahre durchgemacht ...« (Brief vom 23. September 1828 an J. D. Passavant in München, in: Böhmer 1868, Nr. 85, S. 182).
Die *Flucht* zählt zu den immer häufiger gewählten Themen in den ersten Jahrzehnten des 19. Jahrhunderts. Wir kennen Darstellungen von Runge *(Ruhe auf der Flucht)* aus dem Jahre 1805, Cornelius, zu welchem Koch die Landschaft malte, von 1818, Overbeck von 1818 (Ausst. im Pal. Caffarelli 1819), Peter Rittig aus den Jahren 1819/20, Ludwig Sigismund Ruhl um 1820, H. Heß von 1822, G. A. Hennig 1825, P. E. Jacobs um 1826-27 und A. K. von Seinsheim aus dem Jahre 1829; von J. A. Koch sind mehrere Zeichnungen zum selben Thema bekannt. Das Motiv einer auf einem Esel reitenden Frau (mit und ohne Kind) und eines nebenherschreitenden Mannes war eine, durch das italienische Landleben angeregte, äußerst beliebte figürliche Staffage bei den deutsch-römischen Landschaftsmalern, vor allem bei Koch, Horny und Schnorr. *J. H.*

Edward Jakob von Steinle

Wien 2.7.1810 – Frankfurt am Main 18.9.1886

Der Sohn eines geschätzten Kupferstechers besucht ab 1823 die Wiener Akademie unter der Leitung von V.G. Kininger aus der Schule Heinrich Fügers. Von 1826 an wird Leopold Kupelwieser sein Lehrer, der ihn mit der romantischen Auffassung bekannt macht und ihm das Werk des Fra Angelico nahebringt, indem er ihm eigene Studien aus der Nikolauskapelle im Vatikan vorlegt. 1828 geht Steinle nach Rom und findet Anschluß an Philipp Veit und Friedrich Overbeck. Der Einfluß Overbecks bestimmt nun seine weitere künstlerische Laufbahn, denn bereits ein Jahr später betraut dieser ihn mit der Ausführung des Schmuckrahmens für sein Fresko *Das Rosenwunder* an der Fassade der Portiunkula in S. Maria degli Angeli bei Assisi. Von Bedeutung ist für ihn auch der Kontakt zum katholischen Kunstkreis in Rom, wo er unter anderen J.D. Böhm, F. Kadlik, Joseph Führich und K. Rösner kennenlernt. Im Herbst 1829 erhält Steinle den Auftrag für zwei Wandgemälde in einer Kapelle der Kirche Trinità dei Monti. Der Tod seines Vaters zwingt ihn jedoch, 1830 nach Wien zurückzukehren und so überläßt er diesen Auftrag, für den er bereits die Entwürfe angefertigt hat, seinem Freund Josef Tunner. Er ist im Herbst des gleichen Jahres wieder in Rom, um weitere drei Jahre zu bleiben. In dieser Zeit beschäftigt er sich intensiv mit dem Studium der italienischen Renaissance.

Nach Wien zurückgekehrt, hofft er vergebens auf den ersehnten Erfolg beim Publikum und bei der Kunstkritik. So widmet er sich in Ermangelung größerer Aufträge einige Jahre lang der Illustration von Thomas a Kempis' ›De Imitatione Christi‹, bei der er auf die Stundenbücher zurückgreift. 1836 schwindet ihm vollends die Hoffnung auf eine Beteiligung an der Ausmalung der Münchner Ludwigskirche, die ihm in Rom von Cornelius gemacht worden war. Den Rat der Freunde A. Hübner, D. von Schlegel und J.F. Schlosser befolgend, unternimmt er eine Reise nach Deutschland, was sich für seine spätere Laufbahn als höchst bedeutungsvoll herausstellt. Seine Beziehungen zum Kreis um Friedrich Schlegel in Wien hatten bereits zu seiner Hinwendung zur Romantik beigetragen und nun kommen diese Ideale bei ihm zur vollen Reife, als er bei Joseph Görres in München mit Clemens von Brentano Freundschaft schließt. Auf dieser Reise lernt er auch M.A. Bethmann-Hollweg kennen, der ihm Wandgemälde für die Kapelle der Burg Rheineck bei Breisig aufträgt. Nach einem Zwischenaufenthalt in Wien kehrt Steinle 1838 nach München zurück, wo er mit Cornelius an den Fresken der Pinakothek und der Ludwigskirche arbeitet, wie auch an den Entwürfen für Rheineck.

Auf die Aufforderung Brentanos und der Malerin Emilie Linder hin verläßt er 1839 wieder Österreich und siedelt nach Frankfurt am Main über, wo ihm der Freund Philipp Veit ein Atelier in dem von diesem geleiteten Städelschen Kunstinstitut anvertraut. In Frankfurt wird Steinle bald zu einem der Hauptvertreter des katholischen Künstlerkreises, dem unter anderen Johann Friedrich Böhmer, F.D. Passavant und Helmsdörffer angehören. 1842, nach der Entdeckung mittelalterlicher Wandgemälde im Chor des Kölner Doms, schlägt Sulpiz Boisserée deren Erneuerung vor und der Auftrag ergeht dank der Unterstützung von Cornelius und J.M. Radowitz an Steinle. Nach einem Studium des Engelsthemas in der Hl. Schrift und bei Dante malte Steinle zwischen 1843–46 das *Engelsfresko* in der Bogenlaibung des Chors.

Als der durch seine religiöse Intoleranz und seine ›nazarenische‹ Kunstauffassung angefeindete Veit 1843 das Städel verläßt, schließt Steinle sich ihm an und gründet mit ihm das sogenannte Deutsche Haus, eine unabhängige Kunstschule, die in Künstlerkreisen sofort Interesse hervorruft und viele Künstler anzieht wie z.B. Alfred Rethel, Moritz von Schwind und Settegast. 1850 kehrt Steinle jedoch zum Städel zurück, wo er Professor für Historienmalerei wird. Zu seinen Schülern gehören Leopold Bode, der Italiener E. Gamba und der Engländer Frederick Leighton. Eingeladen von A. Hübner, begibt er sich 1853 nach Paris, wo er 1855 an der Ausstellung teilnimmt. In den Jahren 1856–64 ist er mit der Ausmalung des Treppenhauses im Wallraf-Richartz-Museum in Köln mit Szenen aus dem Kunstleben dieser Stadt beschäftigt. In den folgenden Jahrzehnten wird er mit zahlreichen Aufträgen religiöser Bildzyklen in deutschen Kirchen beauftragt (Ägidienkirche in Münster, St. Maria im Kapitol in Köln, Marienkirche in Aachen, Schloßkapelle des Fürsten von Löwenstein in Kleinheubach und Frankfurter Dom), die jedoch meist von Schülern und Gehilfen ausgeführt werden. Sein letztes monumentales Werk ist das Fresko in der Apsis des Straßburger Münsters von 1876 bis 1879, in dem er das Thema des ›Hortus deliciarum‹ darstellt und sich im Stil an den gotischen Glasmalereien des Münsters inspiriert.

Hervorzuheben ist auch seine stete Tätigkeit als Kupferstecher und Lithograph: Außer den Werken der Klassiker wie z.B. Shakespeare illustriert er vor allem zeitgenössische Literatur, unter anderem die Märchen der Gebrüder Grimm, die ›Rheinmärchen‹ und die ›Chronika eines fahrenden Schülers‹ seines Freundes Clemens von Brentano, wobei letzteres besonders beispielhaft für die Harmonie zwischen Text und Bild in der romantischen Kunst ist. *R.C.*

Literatur: Passavant 1858, S.103ff.; Wurzbach 1879; Steinle 1897; Bernus-Steinle 1909; Steinle 1910; Pickert 1968 I, II, S.391ff., 395ff.

137

137 Der hl. Eligius, 1828

Feder über Bleistift, laviert, 30,3 x 24,5 cm
Bez.: »18 ES 28/Rom«
Provenienz: *Erworben 1924 im Münchner Kunsthandel*
Lit. und Ausst.: *Heise 1928, Nr. 90; Bernhard 1974, S. 1847; Frankfurt 1977, C 41, Abb.*
Staatliche Graphische Sammlung, München
Inv. Nr. 1924:75

Der hl. Eligius, Goldschmied, seit 641 Bischof von Noyon, gilt als Patron der Goldschmiede.
Auf dieser bildmäßig ausgeführten Zeichnung tritt ein Engel in die Werkstatt des Eligius mit der Bischofsmütze, der Insignie seines zukünftigen Amtes. Monstranz und Bischofsstab sind mit großer Detailgenauigkeit wiedergegeben. Die feste Konturierung mit der Feder legt in erster Linie die Formen fest und isoliert sie nachdrücklich von der Umgebung. Die zarten, gleichartig strukturierten Binnenzeichnungen sorgen für eine Angleichung aller Gegenstände aneinander, ungeachtet ihrer in der Natur vorgegebenen Stofflichkeit. Diese gleiche Bewertung aller Teile tritt an die Stelle optischer Akzentsetzung, wie sie der menschlichen Wahrnehmung entspricht. Eligius wird durch Verhalten, Motive und »kläubelnde« Zeichenmanier als Sinnbild handwerklichen Fleißes und Bescheidenheit präsentiert. Soziale Gegensätze sind zwar in Standessymbolen (Bischofsmütze, Werkzeug) angesprochen, werden aber harmonisierend miteinander verknüpft. Die außerordentliche Begebenheit in ein schlichtes Erscheinungsbild zu kleiden, ist im künstlerischen Programm Steinles begründet, das darauf angelegt war, mit Darstellungen dieser Art den religiösen Volksglauben zu stärken. *E. S.*

Joseph Sutter

Wien 28.11.1781 - Linz 14.5.1866

Im Alter von dreizehn Jahren beginnt er, die Zeichengrundkurse an der Wiener Akademie zu besuchen. 1799 nimmt er an einem Kursus für Gravierkunst und anschließend an einem für Historienmalerei teil. Nachdem er die Bekanntschaft Overbecks und Pforrs gemacht hat, wird er 1808-09 zum Mitbegründer des Lukasbundes und liefert einen wichtigen Beitrag zur theoretischen Klärung von dessen künstlerischem Programm. Als 1810 seine Freunde nach Italien gehen, zwingt ihn der Geldmangel, sich von ihnen zu trennen und in Wien zu bleiben. In der Hoffnung, ein Stipendium für Rom zu bekommen, nimmt Sutter im darauffolgenden Jahr an einem Wettbewerb der Akademie mit einem Gemälde mythologischen Inhalts teil. Wahrscheinlich stand die Zugehörigkeit zum Lukasbund einer Preiszuteilung an Sutter im Wege, weshalb ein anderer Künstler ausgezeichnet wird. Nach einer heftigen Auseinandersetzung, über die er seinen Mitbrüdern in einem Brief vom 30.8.1811 berichtet (Grote 1972, S.99-108), verläßt er die Akademie. In den Befreiungskriegen wird Wien zu einem wichtigen Zentrum der romantisch-patriotischen Bewegung, und Sutter übernimmt die Rolle eines Streiters für die nazarenischen Ideale. Durch die Brüder Veit lernt er Friedrich Schlegel kennen, steht in Verbindung mit Wilhelm von Humboldt und ist Gast im Hause der Brüder Olivier, wo er unter anderem Koch, Schnorr und Rehbenitz begegnet. In diesen Jahren malt Sutter den Karton *Susanna im Bade* (1810; Kat.138) und das Altarbild *Christus in Gethsemane* (1811-12; Evangelische Kirche in Goisern), die seine ersten Werke im Stil der Nazarener sind und zu seinen Hauptwerken zählen. Wie aus dem nie abbrechenden Briefwechsel mit den Freunden in Rom hervorgeht, nimmt er regen Anteil an der künstlerischen Entwicklung und dem Leben der Bruderschaft.

Dank des Erlöses aus Pforrs Vermächtnis kommt Sutter endlich 1816 nach Rom und wohnt mit Overbeck und Johannes Veit in der Via di Porta Pinciana bei dem Bildhauer Pulini. Im darauffolgenden Jahr, als seine Familie ankommt, übersiedelt er in die Via del Tritone, wo er bis zum Ende seines römischen Aufenthaltes bleibt. In Rom trifft er einen ganz anderen Lukasbund an als den, zu dessen Gründung er in Wien beigetragen hatte, doch wird er trotzdem sehr warmherzig in dem von Overbeck geleiteten künstlerischen Kreis aufgenommen.

Vom kreativen Standpunkt betrachtet, zeigt der Karton *Der hl. Lukas malt die Madonna* (verlorengegangen, siehe Kat.139), den er anläßlich des Abschiedsfestes für den Kronprinzen Ludwig von Bayern ausführt, daß seine Ausdrucksfähigkeit rapide nachläßt. Da er keinerlei Bestallung erhält, verdient er sich sein Leben, indem er Kopien und andere kleine Arbeiten ausführt, die seine Freunde bei ihm bestellen, weil sie ihm helfen wollen. Nichtsdestoweniger nimmt Sutter weiter teil am Leben des deutschen Künstlerbundes.

1819 werden sein Karton *Susanna im Bade* und seine *Madonna mit Kind und dem kleinen Johannes* (eine heute vielleicht verlorengegangene Zeichnung) im Palazzo Caffarelli ausgestellt. Ab 1824 wird er Mitglied des von Schnorr von Carolsfeld, Heinrich Heß und Karl Begas gegründeten Komponiervereins, um gemeinsam mit ihnen einen Zyklus von Bibel-Illustrationen anzufertigen.

In Wien, wohin Sutter 1828 zurückkehrt, ist er gezwungen, sich seinen Lebensunterhalt mit Zeichenstunden zu verdienen, da er keine Aufträge erhält. Vom offiziellen Künstlerkreis abgeschnitten, verkehrt er nur mit einer kleinen Zahl von Künstlern, die sich der religiösen Malerei widmen, wie Ludwig Ferdinand Schnorr, Leopold Kupelwieser, die Brüder Olivier und Edward von Steinle. Als Overbeck 1831 nach München geht, übersiedelt auch er dorthin, in der Hoffnung, an den monumentalen Werken mitarbeiten zu können, die gerade im Entstehen sind. Trotz der Empfehlungen der Freunde erteilt ihm Ludwig von Bayern keinen Auftrag. Dennoch ist anzunehmen, daß er als Gehilfe an den Fresken von Cornelius und Schnorr mitgearbeitet hat, während seine Teilnahme an der Ausmalung der St.Bonifatiuskirche, für die Heß den Auftrag erhalten hatte, sicher ist. Immer mit finanziellen Problemen belastet, nimmt er mit den Gemälden *Madonna am Rosenstrauch* (1835; Stiftsgalerie, St.Florian) und *Hagar und Ismael in der Wüste* (1836; Stiftsgalerie, Kremsmünster) an der Ausstellung des Münchner Kunstvereins teil. Leider haben die Bilder überhaupt keinen Erfolg. Auch seine Freunde geben die Hoffnung auf, ihm noch helfen zu können. Tatsächlich heißt es in einem Brief Schnorrs an Overbeck: »Das Verhältnis seiner Kunst und Kunstausbildung macht es schwer ihm zu helfen. In der Theorie so weit voraus und in der Praxis so weit zurück, scheitern alle Versuche, ihn dauernd zu beschäftigen. Seine Freunde ehren seine Gaben, schätzen ihn als Vorkämpfer der früheren bösen Zeit, mit alldem ist aber dem guten Sutter nicht geholfen, der leben muss« (zit. in Grote 1972, S.154).

Er selbst scheint sich inzwischen mit seinem Versagen abgefunden zu haben; in einem Brief an Overbeck vertraut er dem Freund an, nunmehr jede Hoffnung, Lob und Anerkennung für sein künstlerisches Schaffen zu finden, verloren zu haben (Brief vom 29.6.1836 in Grote 1972, S.284). Kurze Zeit nach diesem Brief zieht sich Sutter nach Linz zurück, wo er, fast blind, den Rest seines Lebens verbringt. *R.C.*

Literatur: Grote 1972 (mit ausführlicher Bibliographie).

138

138 Susanna im Bade, 1810

Rötel, 83 x 44; 82,5 x 30,7; 82,5 x 26,2 cm
Provenienz: *Aus dem Nachlaß des Künstlers 1923 erworben*
Lit. und Ausst.: *Grote 1972, Taf. 1, S. 166; Rom/Wien 1972, Kat. 396, Taf. 90; Graz 1979, Nr. 122 (mit Abb.)*
Oberösterreichisches Landesmuseum, Linz
Inv. Nr. Ha 494 a, b, c

Über das Triptychon, das zu den Inkunabeln nazarenischer Zeichnung zählt, schreibt Sutter 1810: »Noch immer bin ich für die Vorstellung der keuschen Susanne im Bade gestimmt, wovon ich mir eine Idee aufgezeichnet, die einigen Wiener Künstlern, welche es gesehen haben, sehr wohl gefiel« (Grote 1972). Der Frauenakt, asymmetrisch aus der Blattmitte versetzt und sich teilweise im Wasserbecken spiegelnd, kontrastiert in seiner noch immer neoklassizistisch anmutenden Verspieltheit mit den naiv, aber neuartig empfundenen beiden Alten, die – im Schweigegestus innehaltend – durch die dicht gestrichelte Geißblattlaube völlig isoliert erscheinen. Die dagegengesetzten Mägde des Bades sind als Freundschaftssymbol aufzufassen, wie es in der Frühzeit der Nazarener häufig anzutreffen ist: vgl. Overbecks *Italia und Germania* (Kat. 78) oder Pforrs *Sulamith und Maria* (Abb. S. 9). Der Karton, heute in drei Teile zerschnitten und als Gemälde nie ausgeführt, wurde 1819 im Palazzo Caffarelli gemeinsam mit einem hl. Michael, Zeichnungen einer Madonna und der Susanna ausgestellt. In all seiner technischen Bemühtheit – man beachte die ›Überspinnungstechnik‹ im Bereich des Vegetabilen –, in der Komposition und den verwendeten Requisiten (Brunnenbecken des pseudo-antikischen Atriums) konventionell, ist es trotzdem Sutters erster rührender Beitrag zur neudeutschen Kunst. Auch wenn seine Susanna »nicht das zarte keusche Gefühl wie Sulamith und Maria« besitzt (Grote), stellt sie doch in ihrer naiv-brüchigen Unbekümmertheit einen Meilenstein im Kampf gegen die übermächtige akademische Tradition des Wiener Lehrbetriebes dar und übersteigt sie in dem Maß, in dem sie diese nicht mehr beachtet. *M. K.*

139

139 Der hl. Lukas malt die Madonna 1818

Bleistift, 36,5 x 25 cm
Unbezeichnet
Provenienz: *Aus dem Nachlaß des Künstlers 1923 erworben*
Lit. und Ausst.: *Grote 1972, S. 140ff., 193, Abb. S. 141; Frankfurt 1977, B 25, Abb., S. 404-405 (Atterbom)*
Oberösterreichisches Landesmuseum, Linz
Inv. Nr. Ha 438

Zum Abschied Ludwigs von Bayern aus Rom fand am 29. April 1818 in der Villa Schultheiss außerhalb der Porta del Popolo ein Fest statt. Den großen Saal des Hauses zierten gemalte Transparente, mit denen sich die Künstler an den scheidenden Prinzen als künftigen Förderer ihrer Kunst wandten. Cornelius hatte das Programm entworfen; die Hauptbilder zeigten in der Mitte die allegorischen Gestalten der Künste, links die bedeutendsten Künstler aller Zeiten, rechts die Beschützer der Kunst. Dies letzte Transparent, von Overbeck ausgeführt, hat sich als einziges erhalten (Wallraf-Richartz-Museum, Köln, Inv. Nr. 3103).

»Über dem Haupteingange«, notierte der anwesende dänische Dichter Per Daniel Atterbom, »da, wo der Kronprinz, in altdeutsche Tracht gekleidet, unter den Klängen der Musik und dem Donner der Kanonen eintrat, sass der Evangelist Lukas als Schutzpatron der bildenden Künste, und unter ihm stand eine entsprechende Bewillkommnung in anmutigen Reimen im Dürerschen Stil.«

Dieses Transparent hatte Joseph Sutter gemalt; unser Blatt ist die Vorzeichnung. Das Gedicht stammt von Friedrich Rückert und lautet:

> Sankt Lukas der Evangelist,
> der aller Künste Schutzherr ist,
> stellt heute hierher als Pförtner sich,
> und heißt, o Herr, willkommen Dich.
> Tritt ein und sieh drin weiter an,
> was er zu Ehren Dir getan. *G. M.*

Johannes (Jonas) Veit

Berlin 2.3.1790 – Rom 18.1.1854

Bei der Trennung der Eltern von Johannes und Philipp Veit bleibt der ältere Sohn, der vor dem Übertritt zum katholischen Glauben 1810 Jonas genannt wird, bei seinem Vater, dem Berliner Bankier Simon Veit. Bereits in früher Jugend widmet er sich der Malerei und schreibt sich 1809 mit seinem Bruder an der Dresdener Akademie ein, wo er von Johann Friedrich Matthäi, dem namhaften Porträt- und Geschichtsmaler, unterrichtet wird. Seine Übersiedelung nach Wien im Jahre 1810 bringt ihn dem Kreis der jungen romantischen Maler nahe, der in Verachtung des Wiener Akademiebetriebs eine Erneuerung der Kunst mit religiös-patriotischen Bestrebungen zum Ziel hat und seine Vorbilder in der deutschen und italienischen Kunst des Mittelalters und der Frührenaissance sucht. In seiner Begeisterung für die von Frau von Humboldt aus Rom mitgebrachten Bilder Schicks beschließt Veit, nach Italien zu gehen. 1811 verläßt er Wien und begibt sich zuerst nach Venedig, wo ihn das Werk Giovanni Bellinis so tief beeindruckt, daß er diesem allein nacheifern will. In Rom angelangt, schließt er sich sogleich Overbeck an. Er bezieht eine Wohnung im Hause des Bildhauers Pulini in der Via di Porta Pinciana 37, obwohl er als Mitglied des Lukasbundes lieber im Kloster S. Isidoro hätte wohnen wollen. Johannes Veit wendet nun seine ganze Aufmerksamkeit den Malern vor Raffael zu und befaßt sich besonders mit dem Werk Peruginos, nach dem er Kopien ausführt. Er beteiligt sich regelmäßig an den Aktabenden der Lukasbrüder im ehemaligen Refektorium des Klosters S. Isidoro. Der tief religiöse Veit ist auch ein eifriger Anhänger des Paters Pietro Ostini, dessen geistliche Exerzitien er mit den anderen Lukasbrüdern besucht. Ende 1815 ist auch Philipp Veit in Rom, der mit ihm die Wohnung teilt und später die Tochter des Hausherrn heiratet. Zwischen 1819 und 1822 verbringt Johannes eine Zeit in Berlin bei seinem Vater und heiratet nach dessen Tod Katherina Ries. Anschließend kehrt er nach Rom zurück, wo er bis zu seinem Tod 1854 lebt. Künstlerisch gesehen ist nur sein Bild in der Hedwigskirche in Berlin *Anbetung der Hirten* bemerkenswert (im Zweiten Weltkrieg zerstört). In Rom zeugt eine Kreuzwegstation in der Kirche S. Andrea delle Fratte von seinem Schaffen. Die Bremer Kunsthalle besitzt ein weiteres Werk: *Johannes der Täufer zeigt dem Heiland den hl. Petrus und Andreas* von 1830, von Domenichino beeinflußt und mit einer Landschaft im Hintergrund, die an Poussin erinnert. *I. S.*

Literatur: Raich 1881; Allgemeine Deutsche Biographie 1895, XXXIX, S. 534 ff.; Thieme-Becker 1926, XXXIV, S. 181 ff.

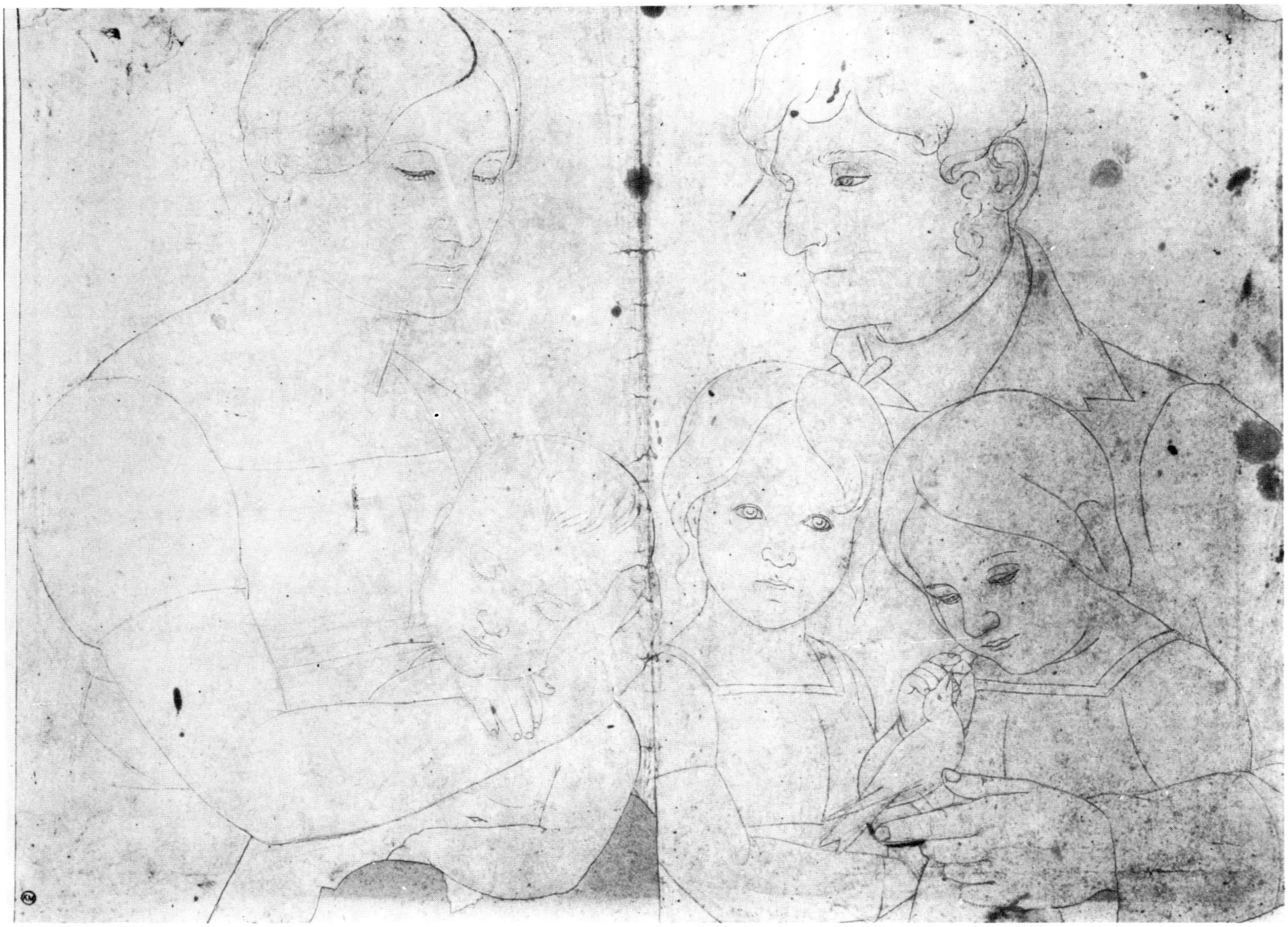

140

140 Bildnis der Familie Pulini, 1812

Kreide und Rötel, 45,5 x 60,6 cm
Provenienz: *Karl Mayen, Darmstadt*
Lit. und Ausst.: *Howitt 1886, I, S. 251*
Museen für Kunst und Kulturgeschichte der Hansestadt Lübeck, Inv. Nr. 1969/11

Giovachino und Benedetta Pulini waren Veits liebenswürdige Hauswirte in Rom. Die Lukasbrüder hatten den Neuankömmling am 3. April 1811 in der Via Cappuccini einlogiert, nachdem im Kloster S. Isidoro kein Platz frei war. Veit fühlte sich bald so wohl, daß er ein Jahr später mit dem Bildhauer und seiner Familie ein großes Haus in der Via di Porta Pinciana Nr. 37 bezog (Howitt 1886, I, S. 167). Im Herbst 1812 mietete sich auch Overbeck in der Casa Pulini ein, weil er nach Pforrs Tod nicht mehr in S. Isidoro bleiben mochte. Er wohnte dort bis zu seiner Heirat im Herbst 1818. Zeitweilig hausten in dem geräumigen Oberstock des Palazzo Guarnieri noch weitere Freunde, nämlich Wintergerst, Colombo, Zoll, Sutter, Schnorr und sogar Cornelius mit seiner jungen Frau, während die Pulinis im Erdgeschoß mit den beiden Mädchen Lalla und Carolina und dem Nesthäkchen, einem Sohn, nebst einer Magd lebten. Im Garten hielten sie eine Menge Kanarienvögel und Turteltauben. 1815 hat auch Overbeck die gefällige Benedetta in einer Zeichnung festgehalten (Howitt 1886, I, S. 265, II, S. 404). Ludwig Richter und die Malerin Luise Seidler, die von 1818 bis 1823 eines der Künstlerquartiere im Haus an der Porta Pinciana bewohnten, beschreiben voller Humor die karge Möblierung und Ärmlichkeit des Logis, das allerdings mit verwitterten Fresken und einem rauchenden Marmorkamin ausgestattet war (Richter 1921, S. 93; Luise Seidlers Zitat findet sich in: Siebert 1916, S. 25 ff.).

Veits zarte Zeichnung im linearen Umrißstil ist der Entwurf für ein Gemälde, auf das Overbeck am 23.9.1812 in einem Brief an Sutter zu sprechen kommt: »Veit hat ein Familienbild von seinen Hausleuten untermalt und darin die nicht leichte Aufgabe gelöst, in Gestalten unserer Zeit und in unserer Kleidung ein tiefes poetisches Gefühl zu legen. Es spricht ein Geist daraus wie aus den alten Bildern ...« (Inv. Nr. 1374, Kunsthalle Karlsruhe, abgeb. in: Karlsruhe 1964, Nr. 10). Damals konnte der Maler nicht ahnen, daß 1821 die erst fünfzehnjährige Carolina seinen Bruder Philipp heiraten würde.

Johannes Veit, der den um ein Jahr jüngeren Overbeck als seinen »Lehrer und Freund«, ja als »den bedeutendsten Künstler nach Raffaels Zeit« schwärmerisch verehrte, bemühte sich, seinem Zeichenstil so nah wie möglich zu kommen. Dabei sind ihm reizvolle Einzelheiten gelungen, wie das schlafende, von der Mutter liebevoll gestützte Kinderköpfchen. Die Gesamtkomposition allerdings zerfällt deutlich in zwei Gruppen. Besonders die kargen, blicklosen Erwachsenen vermögen die heitere Eintracht ihres alltäglichen Lebens nicht zu vermitteln. *S. M.*

Philipp Veit

Berlin 13.2.1793 - Mainz 18.12.1877

Philipp ist der zweite Sohn des jüdischen Bankiers Simon Veit und dessen Frau Dorothea, Tochter des Philosophen Moses Mendelssohn.

Nach der Trennung seiner Eltern bleibt der kleine Philipp bei seiner Mutter, die mit Friedrich Schlegel eine neue Ehe eingeht. 1809 geht er mit seinem Bruder Jonas nach Dresden, um sich an der dortigen Kunstakademie einzuschreiben. Hier besteht das Studium im Kopieren der Werke barocker und klassizistischer Meister und im Zeichnen der menschlichen Gestalt nach den Gipsabgüssen antiker Statuen. Anläßlich eines Besuches bei der Mutter und Friedrich Schlegel, die inzwischen nach Wien gezogen sind, folgt Philipp deren Beispiel und tritt zum katholischen Glauben über. In der Überzeugung, daß ihm die Akademie nichts neues mehr beibringen könne, verläßt er Dresden. 1811 siedelt er nach Wien über und macht die Bekanntschaft gleichgesinnter junger Künstler: der Brüder Olivier, Schnorrs von Carolsfeld, Scheffers von Leonardshoff und Joseph Sutters, die er bei Schlegel einführt, dessen Begeisterung für die altdeutsche und altitalienische Kunst und Bemühungen um deren Erneuerung im religiös-patriotischen Sinne ihre völlige Zustimmung findet. Philipps weitere Entwicklung ist von dem starken Einfluß geprägt, den verschiedene Persönlichkeiten der Wiener Intelligenz, die er im Hause Schlegels trifft, auf ihn ausüben, unter anderen die nationalistisch gesinnten romantischen Dichter Eichendorff und Körner.

Wie viele andere junge Männer aus seiner Gesellschaftsschicht und mit der gleichen politischen Überzeugung nimmt er 1813 als Freiwilliger an den antinapoleonischen Befreiungskriegen teil. Seine Begeisterung für den Krieg, der ihn nach Leipzig und Paris bringt, legt sich jedoch bald wieder und 1814 nimmt er seinen Abschied. Nach Wien zurückgekehrt, widmet er sich insbesondere der Porträtmalerei, dem Kunstzweig, den er selbst für die »Grundlage aler historischen Malerei« hält (Raich 1881, II, S.68ff.; Brief an Simon Veit vom 24.3.1812). Berühmt ist sein *Selbstporträt* in Öl aus den Jahren 1815/17 (1931 im Münchner Glaspalast verbrannt), das ihn, auf eine Tiberlandschaft vor den Toren Roms hinter seinem Rücken zeigend, darstellt, so als wolle er auf das ersehnte Ziel hinweisen. Es handelt sich also um ein ›symbolisches Porträt‹, wie es Friedrich Schlegel verlangt, in dem sich das Gefühl des Subjekts in der Landschaft objektiviert (Suhr in Mainz 1977/78, S.31).

Endlich beschließt er, den Lukasbrüdern nach Rom zu folgen und in die Fußstapfen Friedrich Overbecks zu treten. Im August 1815 tritt er die Reise nach Italien an und gelangt über München, Innsbruck, Verona, Padua, Venedig, Ferrara und Bologna nach Florenz, wo er sich einige Wochen aufhält. Begeistert von der italienischen Landschaft und Kunst entwirft er viele Zeichnungen für Gemälde, die er in Rom auszuführen gedenkt. In Rom fühlt er sich besonders zu Cornelius hingezogen, obwohl er auch mit anderen Nazarenern und mit Malern wie Joseph Anton Koch, Johann Christian Reinhart und Johann Martin von Rohden, die noch der klassizistischen Kunst anhängen, in freundschaftliche Verbindung tritt. Sein Onkel Jakob Salomon Bartholdy beschäftigt auch ihn bei der Ausmalung seiner Wohnung, in der die Nazarener seit Frühling 1816 ein Zimmer mit der *Josephslegende* ausmalen. Veit beteiligt sich mit den Szenen *Joseph und das Weib des Potiphar* und *Die sieben fruchtbaren Jahre* (Staatliche Museen, Nationalgalerie, Berlin/DDR). Die Werke zeigen Veits Anlehnung an Raffael und gleichzeitig die großen Fortschritte, die der Maler innerhalb von drei Monaten (soviel Zeit liegt zwischen dem ersten und zweiten Werk) gemacht hat und die die Freunde und Kollegen in Erstaunen setzen.

Daraufhin besorgt ihm Antonio Canova einen Auftrag im neuen Museo Chiaramonti im Vatikan, wo er ein Fresko nach einem selbstgewählten Thema, den *Triumph der Religion,* malt. 1818 übernimmt Veit den von Cornelius abgegebenen Auftrag im Casino Massimo. Nach mühevoller Beendigung des Dekkenfreskos im Dantezimmer, dem *Paradies,* zwischen 1822 und 1824, das er im Stil Fra Angelicos in rein konventioneller Zeichnung, doch mit leuchtenden Farben malt, verliert er die Lust an dieser Arbeit und zieht sich von dem Auftrag zurück.

Unter den anderen in Rom ausgeführten Werken sind erwähnenswert das Gemälde *Christus am Ölberg* (1821) für den Domherrn Baron von Ampach (Naumburger Dom) und das *Porträt der Tochter des Freiherrn vom Stein* (Schloß Cappenberg, Dortmund), das bei den römischen Künstlern und bei der offiziellen Kritik große Bewunderung hervorruft. Im Jahre 1829 ergeht an Veit der Ruf als Direktor des Städelschen Kunstinstituts in Frankfurt am Main. Nach längeren Verhandlungen nimmt er den Ruf an und siedelt gegen Ende 1830 mit seiner Familie nach Frankfurt über, wo ihn seine Mutter Dorothea Schlegel erwartet, die sich bis zu ihrem Tod 1839 nicht mehr von ihm trennt.

Im Städel leitet Veit auch die Malklasse und sein Ruhm zieht viele neue Schüler an, z.B. Moritz von Schwind, Alfred Rethel und Edward von Steinle, um nur die bekanntesten zu nennen. In diesen Jahren erreicht Veit den Gipfel seiner Kunst mit dem im Institut selbst ausgeführten Fresko *Einführung der Künste in Deutschland durch das Christentum.* Ein programmatisches Werk, in dem Veits Anhängerschaft an Overbecks Bestreben nach einer Erneuerung der deutschen Kunst nach dem Vorbild der alten Meister und gleichzeitig sein eigenes Verlangen, daß die Kunst im Dienste der Religion und der (katholischen) Kirche stehen müsse, zum Ausdruck gebracht sind. Als Oberhaupt der Frankfurter Kunstschule ist Veit bestrebt, diese Auffassung nicht nur bei seinen Schülern durchzusetzen, sondern auch bei der Wahl der Werke, die das Städelsche Kunstinstitut zu erwerben beabsichtigt. Er stößt dabei auf hartnäckigen Widerstand, der schließlich in offenen Konflikt ausartet und sein Ausscheiden aus dem Institut verursacht, als 1843 die Verwaltung des Städel gegen seinen Willen das Werk Carl Friedrich Lessings *Johannes Huss vor dem Konzil zu Konstanz* erwirbt, das Veit als unvereinbar mit der eigenen Auffassung empfindet. In der Folge eröffnet er eine neue Schule, wofür ihm der Hochmeister des Deutschherrenordens einen Teil des Ordensgebäudes zur Verfügung stellt, wohin ihm die ihm am nächsten stehenden Schüler und Freunde folgen.

1853 siedelt Veit nach Mainz um, wo ihn der letzte große Auftrag erwartet: die Ausmalung des Domes, einem der ehrwürdigsten Bauwerke Deutschlands. Von 1854 an leitet er auch die Städtische Kunstgalerie von Mainz, die nach seinem Tode seinen künstlerischen Nachlaß erwirbt. Das Mittelrheinische Landesmuseum (wie die Galerie heute heißt) besitzt die umfangreichste Sammlung von Zeichnungen Philipp Veits. Die Schaffenskraft des Künstlers läßt auch in den letzten Jahren seines langen Lebens nicht nach: Außer Altarbildern und den Kartons für die Domfresken widmet sich Veit literarischen Werken und hält zahlreiche Vorträge. In den siebziger Jahren findet eine deutliche Veränderung in der Technik und im Stil des Malers statt, wie besonders seine letzten *Selbstporträts,* vor allem das aus dem Jahr 1873 (Mittelrheinisches Landesmuseum, Mainz) zeigen. Selbst Veit ist aufnahmebereit für neue Anregungen, wie der vibrierende Pinselstrich und die sich auflösende Form und Farbgebung beweisen. *I. S.*

Literatur: Veit 1836; Veit 1846; Veit 1869; Veit 1891; Felsing 1837, 24, S. 93 ff.; Raich 1881; Mainz 1977/78 (mit weiterer Lit.); Mainz 1979, S. 13-34.

141 Bildnis Johannes Veit, 1852

Bleistift, 20,8 x 17,6 cm
Bez. r. u.: »Johannes Veit« auf der Rückseite: »Joh. Veit † 1852«
Provenienz: *1890 aus dem Nachlaß erworben*
Lit. und Ausst.: *Geller 1952, Nr. 1466, Abb. 549; Mainz 1977/78, Nr. 14, S. 36f. mit Lit.*
Mittelrheinisches Landesmuseum, Mainz
Inv. Nr. GS 90/1237

Johannes Veit war nach einer ersten Ausbildung in Dresden zusammen mit seinem um drei Jahre jüngeren Bruder Philipp nach Wien gereist, wo beide zum Katholizismus konvertierten. 1811-19 lebte Johannes Veit in Rom, schloß sich Overbeck an und wurde 1816 gemeinsam mit dem Bruder in den Lukasbund aufgenommen. Abgesehen von einem vierjährigen Aufenthalt in Berlin hat Johannes Veit den Rest seines Lebens in Rom verbracht und ist dort 1854 gestorben.

Das mit spitzem Bleistift gezeichnete Bildnis dürfte aus der gemeinsamen Zeit der Brüder in Rom stammen. Es ist zugleich naturnah – siehe die Mundpartie – und dank der forschenden Augen von intensivem geistigen Ausdruck. Die Zeichnung gelangte aus dem Nachlaß von Philipp Veit, der 1854 zum Direktor der Städtischen Galerie in Mainz berufen worden war, ins dortige Museum. *G. M.*

142 Der Wirt des Café Greco

Bleistift, 21,2 x 13,9 cm
Bez.: »Ph. Veit«
Provenienz: *Nachlaß Veit, erworben 1890*
Lit. und Ausst.: *Spahn 1901; Lübeck 1957, Nr. 221 mit älterer Lit.; Poensgen 1957; Darmstadt 1961, Nr. 91; Mainz 1977/78, Nr. 22*
Mittelrheinisches Landesmuseum, Mainz
Inv. Nr. GS 90/1222

Das Café Greco, Via Condotti 86, wird urkundlich erstmals 1760 erwähnt. Sein Inhaber war damals ein Grieche, Nicola della Maddalena, daher der Name des Lokals. Es hat aber vermutlich schon vorher bestanden; Giacomo Casanova erwähnt für 1742 einen Besuch im »Caffè di strada Condotta«. Im 19. Jahrhundert wurde das Café zum internationalen Treffpunkt der Künstler, Musiker und Literaten; in unseren Tagen war es das Stammlokal des an der Piazza di Spagna ansässigen Giorgio de Chirico. Seit 1953 steht es unter Denkmalschutz. Renato Guttuso hat die Ausstrahlung des Ortes jüngst in einem großen Bild einzufangen versucht.

In der deutschen Geistesgeschichte spielte das Café Greco eine besondere Rolle. Es wurde eifrig von Goethe, Karl Philipp Moritz und Tischbein besucht. Wilhelm Heinse, Verfasser des ›Ardhingello‹, schlug sogar die Bezeichnung ›Caffè Tedesco‹ vor. Anfang des 19. Jahrhunderts war es die gängige Postadresse der deutschen Künstler in Rom, die hier täglich zusammenkamen. »P. Cornelius, pittore tedesco al Caffè Greco« ist der berühmte Brief vom 3. November 1814 an Joseph Görres über die Wiedereinführung der Freskomalerei unterschrieben. Karl Philipp Fohr plante 1818 ein radiertes Gruppenbild der Künstler im Café Greco. Die Skizzen zeigen den Kreis der Landschafter um J. A. Koch und die Nazarener in abendmahlsähnlicher Anordnung, mit Overbeck als Christus im Zentrum.

Die Wirklichkeit war wohl um einiges prosaischer, wie den Reisebriefen des Komponisten Felix Mendelssohn-Bartholdy an seine Familie zu entnehmen ist. Er schildert das Café am 11. Dezember 1830 boshaft als »kleines finsteres Zimmer, etwa acht Schritt breit, und auf der einen Seite der Stube darf man Tabak rauchen, auf der anderen aber nicht ...« *G. M.*

143 Kloster S. Francesco di Civitella

Bleistift, 32,2 x 52 cm
Unbezeichnet
Provenienz: *Erworben 1934 im Kunsthandel*
Lit. und Ausst.: *Köln 1949, Nr. 309; Köln 1972/73, Nr. 27, Abb.*
Wallraf-Richartz-Museum, Köln
Inv. Nr. 1934/74

Von dem streng religiösen Maler Philipp Veit sind nur gelegentliche Landschaftsstudien erhalten. Die vorliegende Bleistiftskizze wirkt fast wie eine altmeisterliche Silberstiftzeichnung mit den feinen Linien der Berge, der behutsamen Schraffierung ihrer schattigen Partien, dem wolligen Baumbestand und dem Freilassen von Vordergrund und Himmel. Die Gebäudegruppe in der Mitte wurde als das Kloster S. Francesco di Civitella bei Olevano angesprochen. Ludwig Richter gegenüber äußerte Veit, die Landschafter »brächten zuviel und vielerlei in ihre Bilder. Diese würden oft bedeutend wirksamer sein, wenn sie einfacher wären«. *G. M.*

141

142

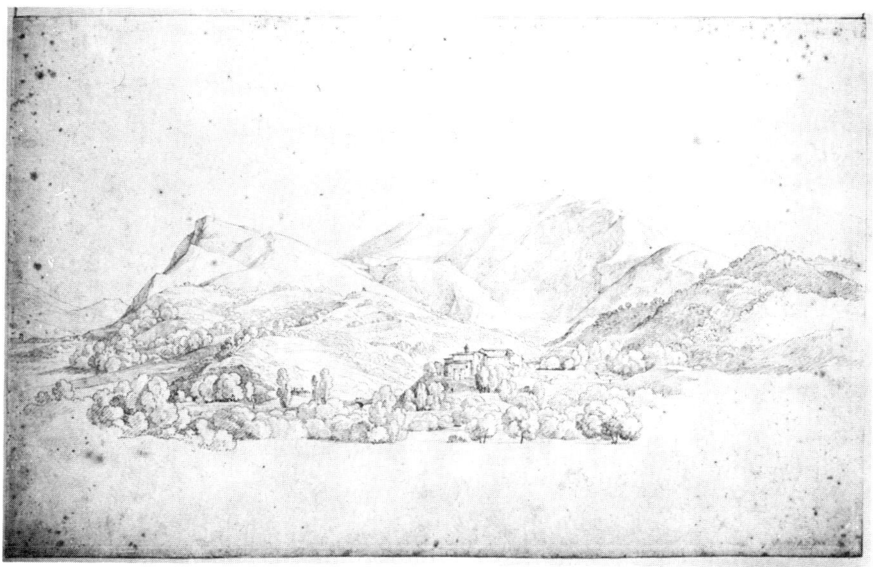
143

144

145

144 Italia, 1834

Aquarell, 42,6 x 28,6 cm
Unbezeichnet
Lit. und Ausst.: *Passavant 1836; Spahn 1901, S. 73ff.; Frankfurt 1977, S. 263-264*
Kunsthalle, Bremen, Inv. Nr. 1922/137

145 Germania, 1834

Aquarell über Bleistift, 42,3 x 28,8 cm
Unbezeichnet
Stiftung Ratjen, Vaduz

Der Maler Philipp Veit wurde 1830 zum Direktor des Städelschen Kunstinstituts, einer bürgerlichen Stiftung in Frankfurt, berufen. 1833 war das neue Museumsgebäude fertiggestellt, für das Veit 1834-36 im Auftrag der Administration ein Bildprogramm entwarf und teilweise selbst ausführte. Es zeigt die Kunst und ihre Geschichte aus der Sicht der Nazarener und zielt darauf ab, die ›neudeutsch-religiöse Richtung‹ in Frankfurt durch das Städel-Museum und die ihm angeschlossene Kunstschule besonders zu fördern.

Im Zentrum des Veitschen Programms stand ein dreiteiliges Fresko, das heute, auf Leinwand übertragen, im Nazarenersaal des Instituts hängt. Das Mittelbild zeigt *Die Einführung der Künste in Deutschland durch das Christentum.* Es wird flankiert von den Sitzfiguren der Italia und Germania, deren Vorstudien hier gezeigt werden. Im Vergleich zu Overbecks berühmtem Bild (s. Kat. 78) fällt ihre Vereinzelung auf. Bei Overbeck waren Germania und Italia symbolische Schwestern, die eine um die andere werbend. Bei Veit sind sie nun, im Geiste des erwachenden Geschichtsbewußtseins, als Allegorien, als Verkörperungen von Nationen begriffen. Italien, durch das dreifache Kreuz ausdrücklich als Hort des Christentums bezeichnet, ist das Land der zerbrochenen oder überwundenen Antike und der Sitz der Kirche; auf dem Fresko, nicht aber in der Vorzeichnung, wird rechts im Hintergrund St. Peter erkennbar.

Die Figur der Germania betont mit Schild und Doppeladler und der Krone Karls des Großen den Reichsgedanken. Die Figur ist mit dem Buch des Gesetzes und dem Schwert der Gerechtigkeit ausgezeichnet. Die Wappen der sieben Kurfürsten bedeuten die Form der Reichsverfassung, die Burgen am Rhein und die gotischen Gotteshäuser im Hintergrund das kirchliche Mittelalter.

Johann David Passavant stellte dem meist evangelischen Publikum Frankfurts das Werk vor. Ihm zufolge repräsentiert Germania das weltliche Regiment und Italia die Kirche. Die entsprechende Verherrlichung des Papsttums unterließ Veit jedoch zugunsten einer stärkeren Betonung der Antike, da Kritik an seiner betont katholischen Bildauffassung laut geworden war. *G. M.*

Joseph Wintergerst

Wallerstein/Ellwangen 3.10.1783 – Düsseldorf 25.1.1867

Der Sohn eines Gastwirts und Malers studiert ab 1804 an der Münchener Akademie und siedelt dann nach Wien über, wo er sich an der Gründung des Lukasbundes beteiligt. Dazu schreibt Pforr 1810 in seinem Studienbericht: »... studierte auf der Akademie ein junger Mensch, aus Schwaben, namens Wintergerst ... In allem was er machte, zeigte er einen grossen Sinn für das Erhabene der Kunst; wir riethen ihm die Bearbeitung der Geschichte des Alten Testaments an ... Er machte sogleich etwas in dieser Art, wobei wir über die Grösse der Charaktere und die Würde des Ausdrucks erstaunten« (Howitt 1886, I, S.77); und Overbeck beschreibt ihn in einem Brief an den Freund Kestner: »So lebten wir eine geraume Zeit in unserer Zurückgezogenheit, bis wir einen Dritten fanden, einen Schwaben, namens Wintergerst, der sich ganz mit uns verstand und sich an uns anschloss. Dass Sie diesen Grossmächtigen kennten! Ein deutscher Michel Angelo, wenn ihm das Glück günstig ist« (Howitt 1886, I, S.127). In der Tat zeigt sein erstes uns bekanntes Werk, *Zuführung der Hagar,* von 1809 (Staatliche Museen, Nationalgalerie, Berlin/DDR) zusammen mit einer natürlichen Hinwendung an die gleichzeitigen Werke Pforrs und Overbecks eine strenge kompositionelle Beschränkung auf das Wesentliche und eine Plastizität der Gestalten, die den Vergleich mit Michelangelo rechtfertigen können und auch eindeutig einen Einfluß Eberhard Wächters beweisen. Wintergerst verläßt Wien 1810 (vor der Abreise der Mitbrüder nach Italien), um nach besseren Verdienstmöglichkeiten Ausschau zu halten. Vogel sagt von dem scheidenden Wintergerst in einem Brief an die Eltern: »Dieser ist nun unser erster Apostel, der ausgesandt ist ...« (Howitt 1886, I, S.101).

Während der ganzen Zeit, die er in München und Schrezheim verbringt, bleibt er in brieflicher Verbindung mit den Freunden, und 1811 begibt er sich dank der finanziellen Unterstützung durch Overbeck zusammen mit Johannes Veit nach Rom. Er wird im Kloster S. Isidoro aufgenommen und von den Freunden wegen seiner ausgezeichneten menschlichen Eigenschaften und tiefen Frömmigkeit geliebt. Bis zuletzt weicht er nicht von der Seite des todkranken Pforr und sucht nach dem Tod desselben tief erschüttert Trost bei der Kirche. Er führt die Freunde dem Theologen Pietro Ostini zu und trägt entscheidend dazu bei, daß Overbeck und die Brüder Schadow zum Katholizismus übertreten.

Im Februar 1813 zwingt ihn die Not zur Rückkehr in die Heimat. In der Schweiz nimmt er in der kantonalen Schule von Aarau eine Stelle als Zeichenlehrer an und übt dann 1815 den gleichen Beruf in Ellwangen aus. Hier führt er seine bedeutendsten Werke aus: 1816 *Die Versöhnung Ludwigs von Bayern mit Friedrich dem Schönen* (Behnhaus, Lübeck) und etwa gleichzeitig *Das Scheiden der Ritterzeit* (verschollen). In diesen Werken ist jegliche Erinnerung an spätbarocke oder klassizistische Vorbilder verschwunden; statt dessen greift Wintergerst auf die deutsche Malerei der Dürerzeit, aber auch auf die italienische Kunst des 15. Jahrhunderts zurück. In ihnen zeigt er, daß er den Gipfel seines Schaffens und die Aussagekraft des nazarenischen Gedankens erreicht hat. Zwischen 1820 und 1823 malt er *Die Anbetung des Kindes* (Untermarchtal/Württ., Sakristei der Pfarrkirche) sowie zwei historische Themen: *Die Vermählung Eberhards des Rauschebarts* (1820; Privatsammlung) und *Der Graf von Habsburg und der Priester* (um 1822; Kurpfälzisches Museum, Heidelberg), Werke, die Jens Christian Jensen im Unterschied zur früheren Kritik als schätzenswerte Ergebnisse des künstlerischen Bestrebens Wintergersts ansieht. In der gleichen Periode malt er das *Familienbild des Grafen Adelmann von Adelmannsfelden* (1822; Palais Adelmann, Privatsammlung, Ellwangen) und ein *Knabenbildnis* (1823; Staatsgalerie, Stuttgart), zwei Werke, die von großem Interesse sind, weil hier der Versuch unternommen ist, die strenge nazarenische Linienführung mit biedermeierlicher Auffassung zu verbinden.

1822 betraut Cornelius ihn mit einem Zeichenlehrauftrag für den Grundkurs an der Düsseldorfer Akademie, wo er von 1824 an neben dem Lehramt auch das Amt eines Inspektors ausübt. Interessant ist dabei, daß Cornelius den Vorschlag seines Kandidaten Wintergerst mit einer höchst kritischen Beurteilung begleitet: »Joseph Wintergerst ist ein Mann, dem es nicht gelungen ist, künstlerische Größe zu erreichen, aber er hat für sie eine jugendliche Liebe und Begeisterung bewahrt ...«

Die Übersiedelung Wintergersts nach Düsseldorf bedeutet jedenfalls den Beginn seines Abstiegs als Künstlerpersönlichkeit. Wenn er auch, zumindest bis zu den vierziger Jahren, versucht, den ihm eigenen Malstil zu bewahren, so zeigen Werke wie *Die Heimkehr des Kreuzritters* (1830; Kurpfälzisches Museum, Heidelberg) und *Der Kirchenbau im Mittelalter* (vor 1839; Staatliche Museen, Dessau/DDR) doch ganz deutlich, daß seine Schaffenskraft erschöpft ist.

Endlich darf nicht vergessen werden, daß Wintergerst lange Zeit in engster Zusammenarbeit mit seiner Schwester Barbara wirkte, aus welcher unter anderem der Freskenzyklus und andere Werke religiösen Inhalts für die Antonskapelle in Schrezheim hervorgingen. *R.C.*

Literatur: Grote 1927/28, S.383ff.; Heise 1932, S.52ff.; Jensen 1967, S.21ff.

146

147

146 Männlicher Akt (Xaverio), 1811

Zeichnung, Rötel, 43,1 x 30,5/41,5 cm
Bez. r. u.: »Wintergerst gezeichnet in Rom 1811«
Provenienz: *Akademische Sammlung*
Lit. und Ausst.: *Leipzig 1926, Nr. 495; Düsseldorf 1928, S. 81, Abb. S. 119; Düsseldorf 1930, Nr. 1043, Taf. 271; Düsseldorf 1953, Nr. 37; London 1959, Nr. 871; Andrews 1964, S. 99, Taf. 17a; Düsseldorf 1965/66, Nr. 210; Jensen 1967, S. 26-27, Abb. 5; London 1972, Nr. 871; Bernhard 1974, Nr. 1939; Paris 1976/77, Nr. 254; Kleßmann 1979, Nr. 35*
Kunstmuseum, Düsseldorf, Inv. Nr. FP 5864

Der streng klassizistisch ausgerichtete Unterricht an der Wiener Akademie veranlaßte die Lukasbrüder bereits 1808 zur Gründung einer privaten Akademie, wobei sie sich eines ungarischen Soldaten als Modell bedienten (Grote 1972, S. 184f.). Wie Overbeck damals seinem Vater nach Lübeck berichtete, war er »... entschlossen, die Anatomie nicht nach Kadavern zu studieren, weil man doch dadurch gewisse Empfindungen abstumpft, die der Künstler nicht verlieren darf; sowie (er) auch den Vorsatz gefaßt habe, nie nach dem weiblichen Modell zu studieren, aus eben der Ursache. Lieber«, fährt er fort, »will ich weniger richtig zeichnen, als gewisse Empfindungen einbüßen, die des Künstlers größter Schatz sind« (Brief vom 27.4.1808, abgedr. bei Howitt 1886, I, S. 72).
In Rom setzte man das in Wien begonnene gemeinsame Zeichnen im Kloster S. Isidoro fort, wobei das Refektorium als gemeinsamer Arbeits- und Akademiesaal diente, und wo sich dem engeren Kreis der Brüder bald Cornelius, Johannes Veit, Wilhelm Schadow, Xeller und Franz Catel, der ihnen seinerseits Unterricht in der Perspektive erteilte, hinzugesellten. Man stand sich gegenseitig zu Akt und Gewandstudien Modell und holte sich dazu jugendliche Modelle aus dem Volk. Dem herkömmlich verwendeten muskulösen Berufsmodell der Akademie zog man unausgereifte, zarte Knaben vor. Weibliche Modelle wurden gänzlich gemieden; Ausnahmen bildeten dabei lediglich Cornelius und Xeller, wie wir aus einer amüsanten Darstellung des letzteren erfahren (dazu Riegel 1876, S. 265 und Anm.). In Anlehnung an Wächters Ratschlag, sich nicht vom Modell mit seinen üblichen Akademieposen abhängig zu machen, um nicht Phantasie und Ausdrucksgefühl einzubüßen und von der idealen Vorstellung des darzustellenden Charakters abzuweichen, wurde die Benutzung des Modells zu einem bestimmten Gegenstand verworfen, und die Bilder in den Zellen aus dem Gedächtnis gemalt (Howitt 1886, I, S. 256).
In einer der gemeinsamen Zeichenstunden entstand Wintergersts Aktstudie des jungen Xaverio. In einer natürlichen, ruhiggelassenen Haltung präsentiert sich uns dieses so oft dargestellte Modell. Den Reiz der Zeichnung macht die Persönlichkeit des Knaben aus, die uns aus der Zeichnung anspricht, sowie die ungewöhnlich freundschaftlich-vertraute Stimmung, in welcher er den Kopf leise in die verschränkten Arme schmiegt. Es ist das Verdienst des Künstlers, diese Atmosphäre eingefangen zu haben, wodurch die gewöhnliche Aktstudie fast zu einem Freundschaftsbild erhoben wird. Diese durchaus moderne Denkweise, das Modell in den Entstehungsprozeß einzubeziehen, unterscheidet die Nazarener auch von ihrem Zeitgenossen Ingres.
In dem zarten Umriß, den feinen dichten parallelen Schraffuren und der für Wintergerst überraschenden ›unmittelbaren Gestaltsauffassung‹ darf ein gemeinsam mit den Freunden erarbeitetes Werk gesehen werden; demgegenüber zeigen die übergroße, mächtige Hand und die offensichtlich mühsam erarbeiteten Füße die Schwächen Wintergersts; das Heranholen des Gegenstandes bis unmittelbar vor den Betrachter sowie der monumentale Charakter in der Auffassung des Körpers unterscheidet ihn von ähnlichen Darstellungen Pforrs, Cornelius' und Overbecks. *J. H.*

147 Grablegung Christi, 1812

Bleistift, 35 x 41,5 cm
Provenienz: *1923 aus dem Nachlaß Joseph Sutters erworben*
Lit. und Ausst.: *Grote 1972, S. 84, Abb. S. 83; Graz 1979, Nr. 143*
Oberösterreichisches Landesmuseum, Linz
Inv. Nr. Ha 412

Wintergerst verbindet auf seiner Zeichnung die Grablegung mit der Szene des Abschieds und der Beweinung. Durch die Anhebung des Leichnams, die ihn rahmenden Personen und die geringe Handlung nähert er sich dem Typus eines Repräsentationsbildes. Wintergerst kann die Zeichnung schon in Rom begonnen haben, wo er sich im Kreise der Lukasbrüder von 1811-1813 aufhielt.
Wie Grote bemerkt, war nach dem Tode Pforrs am 16. Juni 1812 der (katholische) Glaube nicht mehr nur »ästhetisches Faktum« (Grote 1972, S. 59ff.); so soll Wintergerst nach dem Tode des Freundes eine ›Wiederbelebung‹ seines Glaubens erfahren haben, was ihn zu dem Vorschlag veranlaßte, den Lukasbund auf religiöse Themen programmatisch festzulegen und die Motivwahl einzig und allein auf das Neue Testament zu konzentrieren; eine Forderung, gegen die sich vor allem Sutter aus Wien wandte. In dieser Zeit der ›Einkehr‹ – zwischen 1812 und 1813 also – könnte das vorliegende Blatt entstanden sein.
Die Gemeinschaft mit Overbeck und Cornelius – der in jenen Jahren mehrere Darstellungen zu diesem Thema ausgeführt hat, darunter auch eine Klage um den Leichnam Christi (Riegel 1876, S. 392 und Förster 1842, I, S. 165) – und das gemeinsame Arbeiten prägten Wintergersts Zeichenstil während seiner römischen Zeit. Wie aus den späteren in Deutschland geschaffenen Werken hervorgeht, die ganz an den frühen Stil der *Zuführung der Hagar* anschließen, ist die sanftere, weniger monumentale Auffassung dem Einfluß und ständigen Gedankenaustausch mit den Freunden, sowie der Beschäftigung mit Raffael zu verdanken. Die Komposition wird aufgelockert, die Bühne erweitert, und die ungeheure Monumentalität und Schwere der Figuren zurückgenommen; Ansätze zu einer klar definierten Linie wechseln mit unsicher hingesetzten ›gestrichelten‹ Partien, die teilweise unsauber und unklar wirken.
Der Künstler hat sich selbst in der Gestalt eines Pilgers am äußersten linken Bildrand dargestellt; in der Gestalt des Johannes ist Overbeck (?) zu erkennen.
Die Zeichnung dürfte mit dem Knabenakt in Düsseldorf und vor der Komposition zu Klopstocks ›Messias‹ entstanden sein, da noch zu unmittelbar die Eindrücke raffaelesker und michelangelesker Kunst verarbeitet sind. *J. H.*

148

148 Apotheose Albrecht Dürers, 1828

Aquarell, 34,6 x 29 cm
Bez. u. M.: »Jos. Wintergerst inv. et f. 1828«.
Monogrammiert »I W« (ligiert)
Lit. und Ausst.: *Raczynski 1840, II, S. 549; Nürnberg 1941, Nr. 236; Nürnberg 1971, Nr. 41; Mende 1971, S. 287-303; Hinz 1971, S. 154, Abb. Nr. 35; Mende-Hebecker 1973, Nr. 73; Abb; Frankfurt 1977, A 7, Abb.*
Stadtgeschichtliche Museen, Nürnberg
Inv. Nr. St. N. 10579

Im 300. Todesjahr von Albrecht Dürer veranstaltete Nürnberg 1828 ein Dürerfest, welches den großen Sohn der Stadt als Patron und Leitfigur der neuen deutschen Kunst ausweisen sollte. Zu diesem Zweck reichten zahlreiche lebende Künstler Arbeiten für ein Dürer-Stammbuch ein. Joseph Wintergersts Blatt ist zu diesem Anlaß entstanden. Es zeigt Dürers geistliche Erhöhung (Apotheose) vor seinem Grab auf dem Nürnberger Johannesfriedhof.

Aus der christlichen Kunst ist die Aufnahme Mariens in den Himmel bekannt. An diese Idee läßt sich das Aquarell Wintergersts anschließen. Den formalen Aufbau des Bildes in eine irdische und eine himmlische Zone hatte der Künstler sowohl bei Dürer wie bei Raffael sehen können. Aber auch im Detail spürt man eine besonders intensive Bemühung, historisierend den Faltenstil der deutschen Kunst um 1500 nachzubilden, was in den Anfängen der Nazarener weniger zu erkennen ist. Dies bewußtere Verhältnis scheint nicht allein auf einer besseren Kenntnis Dürers zu beruhen, sondern auch einer gestärkten patriotischen Gesinnung zu entspringen.

Auf dem Bild kniet Dürer, von einem Engel geleitet, vor Gottvater. Hinter dieser Gruppe stehen die Kirche und Apostel. Der Engel hat den Teufel von Dürer ferngehalten, er ist machtlos gegen den frommen Künstler. Auf der anderen Seite sind zuunterst Dürers Lehrer Wolgemut und sein Vater wiedergegeben, die bereits zu den Seligen gehören. Darüber, dem Thron am nächsten, finden wir Maria und Christus und abschließend Moses und David.

Im unteren Teil Dürers Grab mit gotischem Sakramentshaus, Blumenkranz und dem Johanneskirchlein im Hintergrund, von dem der alte Nürnberger Friedhof seinen Namen hat. *G. M.*

Die Fresken im Casino Massimo

Frank Büttner

Die römischen Freskenzyklen der Nazarener

Das Ziel der jungen Künstler, die sich in Wien zum Lukasbund zusammengeschlossen hatten, war es, die Kunst, die ihrer Überzeugung nach in Deutschland gänzlich heruntergekommen und der Nation entfremdet war, zu erneuern. Notwendige Voraussetzung dafür schien ihnen eine Besinnung auf das Wesen der Kunst zu sein, das sie mit der Frage nach der ursprünglichen Bestimmung der Kunst erfassen zu können glaubten. In einer für das romantische Denken bezeichnenden Weise trat die Betrachtung der Geschichte an die Stelle philosophischer oder ästhetischer Spekulation. Wie für Friedrich Schlegel war es auch für die Lukasbrüder eine feste Gewißheit, daß Religion und Nationalität die originären Grundpfeiler der Kunst seien und daß die Kunst nicht von diesen getrennt werden könne, ohne sich zu verlieren[1]. Für sie war es also die ursprüngliche und damit wesensmäßige Bestimmung der Kunst, dem religiösen und öffentlichen Leben zu dienen. Das Bemühen, die Kunst zurückzuführen aus der weitgehenden Autonomie in die frühere Bedingtheit war ein zentrales Anliegen der Nazarener[2]. Die früh einsetzenden Pläne für eine volkstümliche Bilderbibel entsprangen genauso diesem Denken wie die Illustrationszyklen Cornelius' zu ›Faust‹ und den ›Nibelungen‹. Allerdings waren diese Unternehmungen im Grunde nur Auswege, die herausführen sollten aus der schwierigen Situation des Widerspruches zwischen dem in der Kunstauffassung erhobenen Anspruch und der faktischen Lage, daß an öffentliche Aufträge von Kirche oder Staat in der politisch so unruhigen Zeit der napoleonischen Kriege nicht zu denken war.

Die Planungen der Lukasbrüder jedoch reichten weiter. Schon in Wien hatten sie sich Gedanken über die Ausstattung von Kirchen mit neuen, von ihnen gemalten Altarbildern gemacht. Cornelius, der sich ihnen im Herbst 1811 angeschlossen hatte, gelangte unter dem Eindruck der Fresken Signorellis, Michelangelos und Raffaels zu der Überzeugung, daß es kein geeigneteres Mittel als die Freskomalerei gebe, um den der Kunst gestellten Auftrag zu erfüllen, Kirche und Staat zu dienen. Die Erneuerung der Freskomalerei wurde so zu einem der wichtigsten Ziele der Lukasbrüder und der nazarenischen Bewegung überhaupt[3].

Daß die Freskomalerei untergegangen sei, hatte schon 1803 August Wilhelm Schlegel beklagt. Zwar übersah er dabei, daß in den Alpenländern nach wie vor Kirchen in Städten und Dörfern von Freskomalern geschmückt wurden und daß in Mailand ein so bedeutender Freskant wie Andrea Appiani wirkte, doch Schlegel hatte insofern recht, als für die an den deutschen Akademien und Fürstenhöfen herrschende klassizistische Kunstauffassung die Freskomalerei keinerlei Bedeutung hatte. So trat Peter Cornelius mit einigem Recht als Erneuerer auf, als er mit seinem pathetischen Brief vom 3. November 1814 an Joseph Görres für die Wiedereinführung der Freskomalerei in Deutschland warb. Görres war der Herausgeber der Zeitung ›Rheinischer Merkur‹, dem damals wichtigsten öffentlichen Forum aller jener Kräfte, die sich für die nationale Einheit Deutschlands einsetzten. In seinem Brief malt Cornelius es als eine idyllische Vision aus, wie es in Deutschland aussehen würde, wenn die Freskomalerei dort wieder Fuß fassen könnte: »Schulen würden entstehen im alten Geist, die ihre wahrhaft hohe Kunst mit wirksamer Kraft ins Herz der Nation, ins volle Menschenleben ergössen und es schmückten, so daß von den Wänden der hohen Dome, der stillen Kapellen und einsamen Klöster, den Rat- und Kaufhäusern herab alte vaterländische Gestalten in neuerstandener frischer Lebensfülle, in holder Farbensprache auch dem Geschlechte sagten, daß der alte Glaube, die alte Liebe und mit ihnen die alte Kraft der Väter wieder erwacht sei, und darum der Herr unser Gott wieder ausgesühnt sei mit seinem Volke.«[4]

Dieser Aufruf, der sich in der Sprache bewußt prophetisch gibt, muß gesehen werden im Kontext jener Zeit unmittelbar nach dem für Deutschland so glücklichen Ausgang der Befreiungskriege. Mit seinem Anspruch, die Kunst könne, wenn ihr nur die Gelegenheit gegeben werde, öffentlich aufzutreten, einen ganz gewichtigen Beitrag zur nationalen Erziehung, zur Festigung des nationalen Selbstbewußtseins liefern, unterstützt der Brief des Cornelius den gewaltigen Aufschwung des nationalen Gedankens im damaligen Deutschland. Ganz entsprechende Ziele wurden mit den zahlreichen Plänen zur Errichtung von Nationaldenkmälern verfolgt, die die Erinnerung an den Sieg über Napoleon festhalten sollten[5]. Doch die Nationaldenkmäler blieben ungebaut und die Aufrufe von Cornelius verhallten ungehört. Die Zeit war reich an Ideen, aber nicht reif für deren Verwirklichung. Die Konzeption einer nationalen Kunst war bald sogar fehl am Platze, denn der politische Kurs in Mitteleuropa wurde auf dem Wiener Kongreß von 1815 in eine Richtung gelenkt, die gerade nicht auf den deutschen Nationalstaat hinführte, von dem Cornelius und seine Gesinnungsgenossen träumten.

So ist es nicht verwunderlich, daß nicht ein öffentlicher, sondern ein privater Auftrag Cornelius und seinen Freunden die erste Gelegenheit gab, ihre Vorstellungen von der erneuerten

Freskomalerei wenigstens teilweise zu verwirklichen und vor dem Publikum zu beweisen. Im Herbst 1815 war Jakob Ludwig Salomo Bartholdy als preußischer Konsul nach Rom gekommen und hatte eine Wohnung in den oberen Stockwerken des Palazzo Zuccari bei S. Trinità dei Monti bezogen. Obwohl er dort nur zur Miete wohnte, beschloß er Ende Februar 1816, den Hauptraum im dritten Geschoß des Gebäudes mit Fresken ausschmücken zu lassen. Dabei war zunächst wohl nur an eine ornamentale Dekoration mit Grotesken gedacht, doch Cornelius plädierte entschieden für einen Zyklus großformatiger Historienbilder. Bartholdy stimmte zu, weil es ihm nicht so sehr um den Schmuck seiner Wohnung ging als darum, den jungen Künstlern ein angemessenes Arbeitsfeld zu verschaffen. Gleichzeitig war das Unternehmen für ihn ein Mittel der Repräsentation des Landes, das er als Konsul vertrat. Deshalb sollten zunächst auch nur preußische Künstler beteiligt werden, nämlich Peter Cornelius, Franz Catel, Wilhelm Schadow und Philipp Veit. Erst später, nachdem Catel wegen der ihm zu geringen Bezahlung auf seine Mitarbeit verzichtet hatte, wurde der aus der freien Hansestadt Lübeck stammende Overbeck hinzugezogen[6].

Als Thema für den Zyklus wurde von den Künstlern die Geschichte des ägyptischen Joseph gewählt, die sowohl Schadow wie Overbeck schon früher einmal in einzelnen Szenen illustriert hatten. Die Arbeit, die die vier Maler mit großem Eifer angingen, erwies sich bald als unerwartet schwierig. Die ungewohnte Technik der Freskomalerei ließ das Werk längst nicht so schnell voranschreiten, wie sie gehofft hatten. So war im Oktober 1816, als dem Vertrag nach die ganze Arbeit hätte abgeschlossen sein sollen, erst die Hälfte der Fresken fertig. Am schnellsten war Veit das Malen von der Hand gegangen, der schon im September seine Darstellung des Joseph, der vor der Frau des Potiphar flieht, vollendet hatte. Ihm war Schadow mit seinem Fresko der *Klage Jakobs um Joseph* gefolgt. Dann erst wurden Overbeck mit seiner Allegorie der *Sieben mageren Jahre* und Cornelius mit seinem Bild *Joseph deutet die Träume des Pharao* fertig.

Die Arbeit war auch deswegen so langsam vorangegangen, weil die Künstler mit Ausnahme Schadows die Kartons für die Fresken mit allergrößter Sorgfalt ausgeführt hatten. Ganz anders als die großen Freskomaler des Barock betrachteten die Lukasbrüder diese Kartons nicht einfach als Werkzeichnungen, sondern als eigenständige Kunstwerke, die von Anfang an dazu bestimmt waren, auf Ausstellungen in Deutschland gezeigt zu werden, um so auf die Erneuerungsbestrebungen des Bundes aufmerksam zu machen. Einem vergleichbaren Zweck diente auch das Tableau mit eigenhändigen Kopien der fünf 1816 gemalten Fresken, das Bartholdy im März 1817 als ein Dokument seines Mäzenatentums nach Berlin schickte[7].

Mit diesem Mäzenatentum war es allerdings, wie man leider sagen muß, nicht allzuweit her, denn im Herbst 1816 hatte die Vollendung des Zyklus nur dadurch gesichert werden können, daß Schadow und Veit unentgeltlich weiterarbeiteten und Cornelius mit noch weniger Lohn vorliebnehmen mußte, so daß er, der eine Familie zu unterhalten hatte, nur durch die Unterstützung Niebuhrs ein Auskommen hatte, der Ende 1816 als preußischer Gesandter nach Rom gekommen war.

Im Winter 1816 auf 1817 entstanden die Kartons zu den neuen Fresken, die dann vom folgenden März an ausgeführt wurden. Schon Mitte Mai hatte Veit seine Allegorie der *Sieben fetten Jahre* vollendet. Seine *Traumdeutung Josephs im Gefängnis* schuf Schadow nach einem Gemälde, das er schon 1812 ausgeführt hatte. Overbeck malte den *Verkauf Josephs*, das eines seiner besten Werke überhaupt wurde. Er wurde damit Ende Juli fertig, und nicht lange danach beendete auch Cornelius sein Fresko *Joseph gibt sich seinen Brüdern zu erkennen,* das ganz deutlich die großen Fortschritte erkennen läßt, die er in der Beherrschung der Freskotechnik gemacht hatte.

Bei allen Unterschieden im künstlerischen Temperament der vier Maler zeigt sich der Zusammenhalt des Zyklus in der an der italienischen Renaissance-Malerei orientierten Auffassung von Komposition und Figur. Verschiedene Zitate aus den Fresken der Raffael-Loggien des Vatikan lassen erkennen, wo genau die Quelle der Inspiration der Lukasbrüder lag. Dort findet man genauso die Grundidee zur *Traumdeutung* des Cornelius wie zum *Verkauf Josephs* Overbecks. Ganz deutlich ist der enge Anschluß an Raffael auch in der Gewandung der Figuren. Gerade der Gewandfigur hatten sich die Lukasbrüder, seit sie in Rom waren, mit besonderer Intensität gewidmet. Eine große Zahl von Studienblättern kann bezeugen, mit welcher Sorgfalt die Fresken in dieser Hinsicht vorbereitet wurden[8].

Die Wahl der Themen des Freskenzyklus hatte Bartholdy ganz den vier Malern überlassen. Zwar gibt es keine Quelle, die eindeutig erklären würde, warum sie sich gerade für die Geschichte des ägyptischen Joseph entschieden, doch läßt sich die intendierte Bedeutung ihres Zyklus aus der Tradition der Darstellung und Auslegung dieses Stoffes erschließen. In der ikonographischen Tradition kann die Josephsgeschichte in verschiedenen Zusammenhängen auftreten, und zwar zunächst innerhalb der Darstellung der Heilsgeschichte, wofür die Fresken der vatikanischen Loggien ein Beispiel geben können, oder in einzelnen Szenen als typologisches Gegenstück zur Geschichte Christi. Im Bereich der Profankunst wurden seit dem 16. Jahrhundert immer wieder Zyklen geschaffen, in denen Joseph in moralisierender Deutung als Exempel der Keuschheit und Staatsklugheit aufzufassen ist. Diese beiden Bedeutungsmöglichkeiten schwingen sicher im Zyklus der Lukasbrüder mit, treffen aber wohl nicht den Kern ihrer Vorstellungen. Vor allem die Allegorie der sieben fetten und sieben mageren Jahre findet darin keinen rechten Platz. Diese beiden von Overbeck und Veit ausgeführten Fresken illustrieren nicht einfach die Erfüllung der Träume des Pharao, sondern sind von allgemeinerer Bedeutung, sind Sinnbilder von Wohlergehen und Not als extremen Phasen des menschlichen Lebens. Durch die Verknüpfung mit ›Traumdeutung‹ und ›Wiedererkennung‹ enthalten die Fresken darüber hinaus die Aussage, daß gute und schlechte Zeiten zu nutzen und zu überstehen sind, wenn der Mensch den Eingebungen Gottes folgt, sich in seine Fügungen schickt, wie Joseph es tat. Eine Bestätigung dieser Deutung des Zyklus findet man in der von den Lukasbrüdern überaus geschätzten ›Geschichte der Religion Jesu Christi‹ des Grafen Stolberg. Dort heißt es: »Die Geschichte Josephs zeigt uns auf ganz besondere Weise den Gang der göttlichen Vorsehung. Sie hat ihn zum Werkzeug ihres großen, zum Heil der Menschheit auszuführenden Plans bestimmt.«[9] Die Geschichte Josephs ist in ihrem tieferen Sinn ein Bild der Wirksamkeit Gottes in der Geschichte. Es ist verständlich, daß den Lukasbrüdern gerade dieses Thema geeignet erscheinen mußte für den doppelten Zweck ihres Unternehmens, das Haus eines Diplomaten und Politikers zu schmücken und ein Beispiel für die Ziele ihres Bundes zu geben. Die Fresken sind Erstlingswerke der Monumentalmalerei und zugleich Ausdruck einer christlich geprägten Geschichtsauffassung. Auch wenn diese Dimension des Werkes meist übersehen wurde, war die kunstgeschichtliche Bedeutung der Fresken im 19. Jahrhundert unumstritten. Deswegen auch wagte man rund siebzig Jahre nach ihrer Vollendung das schwierige Unternehmen, sie von der Wand zu lösen und nach Berlin zu transportieren, wo sie sich noch heute befinden[10].

Der Erfolg der Josephsfresken war so groß, wie es sich die Lukasbrüder wohl nur im geheimen erhofft haben mögen. Zwar sollte es noch eine Weile dauern, bis die ersten Aufträge aus Deutschland kamen, doch die Landsleute und selbst die bedeutendsten römischen Künstler wie Camuccini und Landi äußerten sich lobend, und Canova forderte die Künstler sogar auf, im neuen Museo Chiaramonti im Vatikan Fresken zu malen, ein Angebot, das freilich nur Philipp Veit und Carl Eggers, der mit den Lukasbrüdern freundschaftlich verbunden war, annahmen[11]. Ende Januar 1817 aber, also noch ehe der zweite Teil der Fresken für Bartholdy begonnen war, trat der Marchese Carlo Massimo an Cornelius und Overbeck mit einem Auftrag heran, den beide mit Begeisterung aufgriffen. Sie sollten zwei Räume seines Gartencasinos mit Fresken schmücken, und zwar sollte Cornelius darin Dantes ›Divina Commedia‹ illustrieren, während Overbeck den Stoff aus den Epen des Ariost oder Tasso wählen sollte[12]. Das Programmschema, nach dem jeder Raum einem bestimmten Dichter gewidmet sein sollte, war in der italienischen Profandekoration nicht unbekannt, man denke nur an Tiepolos Fresken in der Villa Valmarana bei Vicenza. Neu war aber die von Anfang an verfolgte Intention, die einzelnen Epen so umfassend wie möglich und sozusagen werkgerecht zu illustrieren. Im Spätsommer 1817 schlossen Cornelius und Overbeck ihre Verträge mit dem Marchese Massimo ab, wobei sich Overbeck auf den Tasso-Zyklus festlegte. Als dritter kam später noch Julius Schnorr von Carolsfeld hinzu, der die Ariost-Fresken ausführte.

Die Entstehungsgeschichte der Fresken des Casino Massimo verlief weit wechselvoller, als es sich der Marchese bei seiner Auftragserteilung vorgestellt haben mag. Schon im Frühjahr 1818 wurde Cornelius von dem bayerischen Kronprinzen Ludwig abgeworben, der dem Künstler die Ausmalung der Festsäle in der neuerrichteten Glyptothek in München übertrug. Von den Projekten des Cornelius für das Dante-Zimmer ist nur wenig erhalten. Ein skizzenhafter Gesamtentwurf läßt aber immerhin erkennen, daß er die Wände mit einer gotischen Scheinarchitektur gliedern wollte und zur Illustration von Inferno und Purgatorio so geläufige Szenen wie ›Dante und Vergil am Höllentor‹, ›Paolo und Francesca‹ und das ›Schiff der Sühneseelen‹ darzustellen beabsichtigte[13]. Genauer ausgeführt hat Cornelius nur zwei Kartons für das Gewölbe, in dem er das Paradies verbildlichen wollte.

Von diesen Planungen ging Philipp Veit aus, der im Mai 1818 die Nachfolge von Cornelius antrat. Ähnlich wie Cornelius es vorgesehen hatte, stellte er die Vision der Trinität in das Zentrum des Gewölbes und ordnete ringsherum die Sphären der Planeten an, die Dante in Begleitung Beatrices durchwandert. Mit der Ausführung des Freskos kam Veit nur langsam voran. Im Frühjahr 1820 war das Mitteloval fertig, die Decke insgesamt erst vier Jahre später. Man glaubt, dem Werk das Mühsame seiner Entstehung ansehen zu können. Für den Betrachter ist es mit seiner Reihung fast bewegungsloser Figuren sicher nicht leicht zugänglich. Immerhin aber verleihen die festen Formen und reinen Farben eine leuchtende Klarheit, die in dieser Technik nicht leicht zu erreichen ist.

Aus grundsätzlichen Erwägungen weigerte sich Veit, den Dante-Zyklus fortzusetzen. Er wollte seine Kunst nicht der Darstellung des Infernos widmen. So trat schließlich Joseph Anton Koch an seine Stelle, dem der Zyklus schon einmal nach dem Ausscheiden von Cornelius angetragen worden war, weil er derjenige unter den deutsch-römischen Künstlern war, der sich am längsten und am intensivsten mit der Dichtung Dantes beschäftigt hatte. Kochs zwischen 1825 und 1829 geschaffene Wandfresken stehen in Kolorit und Figurengestaltung in schärfstem Gegensatz zum Deckenfresko Veits. Man kann verstehen, daß Veit mit der Entscheidung des Marchese durchaus nicht einverstanden war. Dem Charakter des ›Inferno‹ versuchte Koch mit seiner Darstellung dadurch gerecht zu werden, daß er die in einem kräftigen Helldunkel gemalten Figuren der Gepeinigten zu kaum entwirrbaren Gruppen zusammendrängte. Er beschränkte sich in seinem großen Fresko, das sich über die ganze Wand ausdehnt, auch nicht auf eine einzelne Episode des Werkes, sondern verband unter der bildbeherrschenden Figur des Totenrichters Minos verschiedene Szenen miteinander, ohne Rücksicht auf die Einheit der Zeit oder des Ortes, um so ein möglichst vielgestaltiges Abbild des in seinem Reichtum unerschöpflichen Epos zu schaffen. In dem Fresko, das den Beginn der ›Divina Commedia‹ illustriert, erscheint die Gestalt Dantes zweimal unmittelbar nebeneinander, einmal schlafend und einmal, umgeben von den symbolischen Tieren Panther, Wölfin und Löwe, in der Begegnung mit Vergil. Mit der Verdoppelung der Hauptgestalt soll auf den visionären Charakter der Dichtung hingewiesen werden. Überzeugend ist in diesem Fresko vor allem die gelungene Einheit von Figur und Landschaft.

Im Tasso-Saal, der in seinen Proportionen dem Dante-Saal entspricht, hatte Overbeck bereits 1819 das Mittelfresko mit der Personifikation des ›Befreiten Jerusalem‹ ausgeführt. In den folgenden beiden Jahren entstanden die übrigen Deckenbilder, unter denen die Darstellung *Erminia bei den Hirten* besonders glücklich gelungen ist, obwohl dieses Bild mit seiner zurückhaltenden Farbgebung und seinem kleinen Figurenmaßstab zeigt, daß Overbeck seine Aufgabe von der Tradition des Tafelbildes und nicht von der Tradition der Monumentaldekoration her zu lösen versuchte. Das große Wandbild darunter, die *Vorbereitung zum Sturm auf Jerusalem,* in der der predigende Peter von Amiens im Mittelpunkt steht, zeigt einen gewissen Wandel in der Auffassung Overbecks, vor allem was die Figurengestaltung anbelangt. Dieses Fresko ist erst 1825 fertig geworden, nachdem Overbeck einer Krankheit wegen die Arbeit im Casino für längere Zeit hatte unterbrechen müssen. Anschließend malte er nur noch den *Kampf des Soliman gegen Odoardo und Gildippe,* eine Darstellung, wie man sie in dieser kraftvollen Lebendigkeit von Overbeck wohl nicht erwartet hätte. In einem für die weitere Entwicklung der nazarenischen Kunst bezeichnenden Entschluß, sich fortan ganz der religiösen Malerei zu widmen, überließ Overbeck die Ausführung der fehlenden drei Wandbilder dem jungen Joseph Führich, der Anfang 1827 nach Rom gekommen war. Seine Fresken, auch das große Bild des Gebetes der *Kreuzfahrer am Heiligen Grabe,* können sich vor allem in der Schilderung der Charaktere nicht mit den Werken Overbecks messen.

Weder der Dante- noch der Tasso-Saal sind zu der dekorativen Einheit gediehen, die sie nach den anfänglichen Planungen hätten erhalten sollen. Diese Einheit ist hingegen in dem langgestreckten Mittelsaal, der dem ›Rasenden Roland‹ des Ariost gewidmet ist, auf das Schönste verwirklicht worden. Dabei hatte es gerade mit diesem Saal zunächst die größten Schwierigkeiten gegeben. Schnorr von Carolsfeld hatte den Auftrag, den er gleich nach seiner Ankunft in Rom Anfang 1818 erhalten hatte, schon nach wenigen Monaten zurückgeben müssen, weil er erkrankte. Daraufhin hatte der Marchese den Zyklus dem Luccheser Maler Domenico del Frate übertragen, der aber nicht dazu kam, seine Arbeit aufzunehmen, weil er schon im November 1821 starb. Nun wandte sich der Marchese abermals an Schnorr, der diesmal zusagte und die Fresken zügig ausführte. In den Jahren 1823 bis 1825 entstanden die Deckenfresken und bis 1827 waren die Wandfresken vollendet. Für die Gestaltung der Decke übernahm Schnorr das von Raffael in der Loggia der Farnesina entworfene System einer fingierten Pergola, in die Bildteppiche eingespannt sind. Eine entsprechende illusionistische Wirkung hat der Künstler bei den Wandbildern nicht angestrebt. Sie dehnen sich, nur vom Gesims und von schmalen Randstreifen eingefaßt, über die ganze zur Verfügung stehende Wandfläche aus.

Die Anordnung des Stoffes ist eine bemerkenswerte Leistung des Malers. Er hat das episodenreiche Epos nach seinen drei Hauptkomplexen aufgeteilt. Im Mittelpunkt steht die Belagerung von Paris, die auf der dem Eingang gegenüberliegenden Seite vorgeführt wird. Mit großem Geschick hat Schnorr in diesem Fresko den durch die Tür vorgegebenen Einschnitt gleichgesetzt mit der Stadtmauer und hat links davon die Belagerer, rechts die Verteidiger der Stadt dargestellt. Die linke Schmalwand des Raumes schildert die Rolandsgeschichte. In einer idyllischen Landschaft sitzen Angelica und Medoro, die zum Zeichen ihrer Liebe ihre Namen in die Bäume schneiden. Links darunter sieht man Roland, der ermattet zwischen den von ihm in rasender Eifersucht abgehauenen Bäumen liegt. Rechts stürmt er, nun gänzlich um den Verstand gekommen, halbnackt davon. In der Lunette über dem Wandbild wird Astolf gezeigt, der in Begleitung des heiligen Johannes den Verstand Rolands vom Mond zurückbringt. Die gegenüberliegende Wand des Raumes ist der Geschichte Rüdigers gewidmet. Auch hier wurden Wandfresko und der darüber stehende Teil des Gewölbes zusammengenommen. Die Gewölbefelder über den Langseiten dagegen schildern die vier wichtigsten Kampfereignisse des Epos, nämlich die *Seeschlacht Dudos* und die *Erstürmung von Biserta* auf der Fensterseite und gegenüber den *Kampf Rinaldos* vor Arles sowie den *Sechskampf auf Lipadusa.* Schlußbild des Ganzen ist die Darstellung im Gewölbespiegel. Sie schildert die Hochzeit Rüdigers mit Bradamante und läßt um Karl den Großen versammelt noch einmal alle Helden des Epos auftreten. Gesamtkonzeption des Zyklus, Erzählfreude, die sich in jedem einzelnen Bild ausspricht, Klarheit der Zeichnung und Farbgebung machen Schnorrs Ariost-Fresken zu einem Hauptwerk der nazarenischen Monumentalmalerei.

Mit den Fresken im Casino Massimo konnte sich die im Kreise der Lukasbrüder geborene Idee der Erneuerung der Monumentalmalerei endgültig durchsetzen. Noch während der Entstehung dieses Werkes begann die Zeit der größten Verbreitung und Popularisierung dieser Idee. Gleichzeitig damit verlagerte sich der Schwerpunkt der künstlerischen Aktivität der Nazarener von Italien nach Deutschland, wo zunächst München das Zentrum ihrer Kunstbestrebungen wurde[14]. Hier hatte Cornelius bereits die Wege gebahnt und Schnorr folgte ihm, als er seine Ariost-Fresken beendet hatte. Der Tribut, den die Künstler für den großen Erfolg, den sie nun auf einmal hatten, zahlen mußten, war recht hoch. Die Aufträge, die ihnen übertragen wurden, waren so umfangreich, daß sie als einzelne sie nicht mehr allein bewältigen konnten. Sie mußten sich also der weitgehenden Mitarbeit ihrer Schüler bedienen. Gerade damit aber boten sie einen Ansatzpunkt für heftige Kritik. Die generelle künstlerische Entwicklung führte damals zunehmend auf die Betonung des Malerischen hin, das bei den großen Freskenzyklen notgedrungen zu kurz kam. Zugleich wurde die Seite der Bilderfindung und Bilderzählung, die für die Nazarener selbst das weit größere Gewicht hatte, von der Kritik immer weniger beachtet. Unsere Versuche, der Kunst der Nazarener in der heutigen Zeit gerecht zu werden, sollten auf dieser Seite ansetzen.

1 F. Schlegel, Gemäldebeschreibungen, in: *F. Schlegel, Ansichten und Ideen von der christlichen Kunst,* hrsg. von H. Eichner (Kritische Friedrich Schlegel-Ausgabe, Bd. 4), München–Paderborn–Wien 1959.

2 Eine authentische Zusammenfassung der Kunstanschauungen des Lukasbundes in seiner Spätphase bietet: J.D. Passavant, Ansichten über die bildenden Künste und Darstellung des Ganges derselben in Toscana, zur Bestimmung des Gesichtspunctes, aus welchem die neudeutsche Malerschule zu betrachten ist. Heidelberg und Speyer 1820.

3 Zur Kunstauffassung des Cornelius und zu seiner Idee der Erneuerung der Freskomalerei vgl. F. Büttner, Peter Cornelius, Fresken und Freskenprojekte, Bd. 1, Wiesbaden 1980, S. 63 ff.

4 E. Förster, Peter von Cornelius, Berlin 1874, Bd. 1, S. 156 f.

5 T. Nipperdey, Nationalidee und Nationaldenkmal in Deutschland, in: *Historische Zeitschrift,* Bd. 206, 1968, S. 85 ff.

6 Zur Entstehungsgeschichte der Fresken vgl. F. Büttner a.a.O., S. 76 ff.

7 Nationalgalerie Berlin, Staatliche Museen Preußischer Kulturbesitz, Verzeichnis der Gemälde und Skulpturen des 19. Jahrhunderts, Berlin 1977, S. 85.

8 Vgl. F. Büttner, Les ébauches et les études des fresques des Nazaréens à la ›Casa Bartholdy‹, in: *Revue de l'Art,* Nr. 45, 1979, S. 21 ff.

9 F.L. Graf Stolberg, Geschichte der Religion Jesu Christi, Neue Ausgabe, Bd. 1, Wien 1817, S. 194 f.

10 L. von Donop, Die Wandgemälde der Casa Bartholdy in der Nationalgalerie, Berlin 1889, S. 34 ff.

11 U. Hiesinger, Canova and the Frescoes of the Galleria Chiaramonti, in: *The Burlington Magazine,* Bd. 120, 1978, S. 655 ff.

12 K. Gerstenberg und P.O. Rave, Die Wandgemälde der deutschen Romantiker im Casino Massimo zu Rom, Berlin 1934.

13 Zum Projekt des Cornelius vgl. F. Büttner a.a.O. (Anm. 3), S. 100 ff.

14 Vgl. E. Spickernagel, Zur Monumentalmalerei der Nazarener in Deutschland, in: Die Nazarener, Ausst.-Kat., Städel, Frankfurt a.M. 1977, S. 257 ff. und F. Büttner a.a.O., S. 125 ff.

Stefano Susinno

Die Fresken des Casino Massimo in Rom

Die Gründe, die den Marchese Carlo Massimo (6.8.1766 bis 6.1.1827) dazu veranlaßten, das etwa zehn Jahre zuvor von der Familie Giustiniani erworbene Casino mit Zyklen aus der ›modernen‹ Literatur ausmalen zu lassen und die Ausführung der Gruppe junger deutscher Künstler anzuvertrauen, die kurz zuvor in dem römischen Wohnsitz des preußischen Konsuls Bartholdy im Palazzo Zuccari die Fresken der Josephslegende gemalt hatten, sind nicht leicht zu erschließen. Im Vermögen der Massimo muß das Casino als passende Zugabe zu der angrenzenden Villa Palombara[1] betrachtet worden sein, die durch die Ehe des Francesco Camillo Massimo, dem Vater Carlos', mit Barbara Savelli in den Besitz der Familie kam. Dieser, den Erstgeborenen als Erbschaft bestimmte Villa wurde wegen ihres Palastes und der zahlreichen dazugehörigen Bauten immer eine größere Bedeutung als dem Casino Giustiniani zugemessen, während das Casino Massimo einer Tochter zufiel, über die es an die Familie Lancellotti kam. Die Dekorationen sollten nicht den ideologisch verbindlichen Charakter tragen, den die römischen Familien üblicherweise ihren Stadtpalästen gaben, in denen das Geschlecht in seiner dynastischen und politischen Bedeutung gefeiert wurde. Dagegen war die ›Dependance‹ der Villa in der Vorstadt, das Lustschlößchen (Casino), das inmitten des Parks zu kurzem Verweilen einlud, doch nicht längeren Aufenthalten der Familie oder illustren Gästen als Wohnung dienen sollte, der geeignete Ort für eine freiere Dekoration, die nicht den kanonischen Regeln einer Verherrlichung der Familie zu folgen hatte, sondern der Phantasie, der Zerstreuung, oder einfach der Laune des Auftraggebers freien Lauf ließ sowie der Mode folgte. In diesem Sinne ist wohl auch die erste, im rein neugotischen Stil ausgeführte Dekoration des Tasso-Saals wie auch des Dante-Saals zu verstehen[2].

Die Wahl des weder biblischen noch mythischen Themas könnte dem Marchese Massimo von Platner vorgeschlagen worden sein, wie Gerstenberg meint (Gerstenberg-Rave 1934, S.22), wenngleich diese Annahme von keinerlei objektiven Elementen gestützt wird. Abgesehen vom ununterbrochenen Weiterleben der Themen aus Ariost und Tasso, die in der barocken wie auch in der Ikonographie des 18. Jahrhunderts bis hin zu dem von Giuseppe Cades zwischen 1787 und 1790 für den Palazzo Chigi in Ariccia bereits in dem sogenannten Troubadour-Stil gemalten Ariost-Zyklus immer wiederkehren (letzterer war Carlo Massimo sicherlich bekannt; von einer Szene, *Pinabello stürzt Bradamante in die Tiefe,* ließ sich 1833 Schnorr von Carolsfeld für seinen *Sturz vom Felsen,* in der Sammlung Schäfer, anregen). Aber auch die ›Göttliche Komödie‹ inspirierte außer Flaxman viele Künstler des römischen Kreises, zum Beispiel Sabatelli, Minardi oder Palagi, um nur einige zu nennen.

Auf der einen Seite bilden also für das Casino Massimo beim Lateran die Tempera-Wandmalereien von Giuseppe Cades für den Arkadier Sigismondo Chigi den bedeutendsten ›Vorläufer‹ hinsichtlich der auf der ›nationalen‹ Dichtung aufbauenden literarischen Thematik (und man denke nur an die *Allegorie des neuen Italien* mit Euterpe, die sich an das *Dreifache Epos* Dantes, Ariosts und Tassos anlehnt, im Ariost-Saal in Ariccia).

Andererseits ist jedoch der Aufwand, auch in finanzieller Hinsicht, für diese Dekoration beträchtlich: Man wollte sie in Freskotechnik von Künstlern ausgeführt haben, die, infolge ihrer Absicht, die von ihnen erreichte Vortrefflichkeit in dieser schwierigen Technik zu beweisen, längere Zeit für die Arbeiten benötigten, weshalb die Verträge die vielen für die Ausführung der Kartons vorgesehenen Monate einschließen mußten. Außerdem waren die ausgewählten Künstler von der Bedeutung ihrer selbstverantwortlichen intellektuellen Aufgabe so überzeugt, daß sie sich nicht mit der einfachen Rolle von Ausführenden begnügten, sondern ausdrücklich darauf bestanden, nicht an Vorschläge und Einwände des Auftraggebers bei der Ausführung der Arbeiten gebunden zu sein[3]. In diesem Zusammenhang sind die Unschlüssigkeit Schnorrs vor der Übernahme des Auftrages sowie die verschleierten Beschwerden Führichs hinsichtlich der Einmischung des neuen Eigentümers, der ein Familienbild in das Fresko des Tasso-Saales mit den *Kreuzfahrern am Heiligen Grabe* eingefügt haben wollte, bezeichnend. Auch die, obgleich nutzlosen Proteste Kochs, der die schon sehr keusche Nacktheit der Figuren in seinem *Inferno* nicht noch mehr zügeln wollte, gehören hierher. Probleme dieser Art entstanden vor allem nach dem Tode des Marchese Carlo, als das Casino von der Familie des Erstgeborenen benutzt wurde, der damals gerade Fürst von Arsoli geworden war. Solange der erste Auftraggeber lebte, gingen die seiner Initiative entsprungenen und, wie Overbeck ihm bestätigt, seiner Erfindung des Gesamtprogramms folgenden Arbeiten ohne grundsätzliche Auseinandersetzungen voran, wenn auch mit vielen Schwierigkeiten und Unterbrechungen. Es wäre daher von wesentlicher Bedeutung, den Geschmack und die Erwartungen des Marchese Carlo besser zu kennen, die jedoch, wie wir annehmen können, vom Umfang, der Bedeutung und der Resonanz der Fresken übertroffen wurden.

Da wir bis heute über keine genaueren Nachrichten verfügen, kann der Versuch, uns eine Vorstellung von dem kulturellen Bildungsstand des Carlo Massimo zu machen, nur auf Hinweisen beruhen. Möglicherweise wird eine künftig durchzuführende systematische Auswertung der den Marchese betreffenden Dokumente im Archiv des Palazzo Massimo alle Colonne[4] zu konkreteren Ergebnissen führen.

Carlo Massimo war ein Vertreter der römischen Aristokratie, der man in einigen Fällen Bildung nicht absprechen konnte, die aber völlig unvorbereitet war für die revolutionären Neuerungen. Sie hielt zwar dem Anprall mit ihnen stand und milderte ihn soweit möglich durch die Anwendung jener diplomatischen Fähigkeiten, in denen die päpstliche Kurie, welcher der Marchese als Hausprälat Pius' VI. angehörte, international als glänzende Meisterin anerkannt war. Wie schon erwähnt, war Carlo der Sohn des Marchese Francesco Camillo Massimo (1730-1801), der als Liebhaber der Schönen Künste galt und für Klemens XIV. die von Mengs[5] ausgeführte Dekoration der ›Stanza dei Papiri‹ im Vatikan beaufsichtigt hatte. Seine Mutter war Barbara Savelli (1765-1826), welche die Interessen ihrer Epoche an der Altertumsforschung geteilt und die Ausgrabungen in ihrer Villa Palombara bei Santa Maria Maggiore angeregt hatte. Wenn er auch nicht gerade als Literat bezeichnet werden kann, so pflegte er doch sein Leben lang intellektuelle Interessen, deren Natur teilweise aus dem ›Catalogo della scelta biblioteca già appartenente alla ch.mem. del march. Carlo Massimo‹ hervorgeht. Dieser Bestandskatalog der Bibliothek wurde 1827 in Rom bei Lino Contedini gedruckt, als die etwa dreitausend Bände nach dem Tode des Marchese versteigert wurden[6].

In seiner reichhaltigen Bibliothek befanden sich überwiegend Bücher über Theologie, Moral und Geschichte, sie umfaßte aber auch viele archäologische und naturwissenschaftliche Werke und natürlich zahlreiche Bände der klassischen lateinischen Literatur. Daneben fanden sich auch Werke der modernen Kultur, die ihn als einen entsprechend informierten Kenner der bedeutendsten Gedankenströmungen des europäischen 18. Jahrhunderts[7] ausweisen. Unter den italienischen Autoren ist Ludovico Muratori sehr oft zitiert, mit seinen historischen und gelehrten Werken, einschließlich der siebzehn Bände der ›Annalen‹ (Neapel 1736), sowie einige philosophisch-politische Schriften wie die ›Filosofia morale‹ (Mailand 1736), ›Della pubblica felicità‹ (Venedig 1789) oder die ›Riflessioni sopra il buon gusto‹ (Venedig 1742). Weiterhin erwähnenswert sind ›Risorgimento d'Italia‹ von Saverio Bettinelli (Venedig 1786), ›Storia della letteratura italiana‹ von Girolamo Tiraboschi (Rom 1782) und ›Storia d'Italia‹ von Carlo Botta (1824-25).

Tatsächlich sind Texte über künstlerische Themen nicht besonders zahlreich vertreten, aber unter ihnen befinden sich die Hauptvertreter der klassizistischen Ästhetik: von Francesco Milizias ›Memorie degli architetti antichi e moderni‹ (Bassano 1785) zu Winckelmanns ›Geschichte der Zeichenkunst bei den Antiken mit Anmerkungen von Carlo Fea‹ (Rom 1784), und von den Werken von Mengs in der von Carlo Fea korrigierten und erweiterten Ausgabe (Rom 1787) zu Reynolds' ›Gespräche über die Zeichenkunst‹ (Bassano 1787). Alle diese Werke benutzte Carlo Massimo gewiß als Quellen für seinen 1795 anläßlich der Preisverteilung auf dem Kapitol gehaltenen Vortrag ›Le arti del disegno più facili ai moderni che agli antichi‹.

Friedrich Overbeck. Porträt des Marchese Carlo Massimo, Vorstudie zu dem Bildnis des Marchese am rechten Rand des Freskos *Peter von Amiens beruft Gottfried von Bouillon zum Führer des Christenheeres* im Tasso-Saal des Casino Massimo

Unter den literarischen Werken seiner Bibliothek finden sich zahlreiche, zumeist alte Ausgaben von Ariost und Tasso, zu denen sich der gesamte ritterliche Zyklus der Artusrunde mit vierzehn Titeln gesellt. Das ›Verlorene Paradies‹ von Milton erscheint in der französischen Übersetzung von Racine (hrsg. 1755) und in der italienischen Übersetzung von Scipione Maffei, die auf dem kirchlichen Index stand, während die frühromantische Dichtung mit ›Night Thoughts‹ von Young und dem Ossian-Poem (Nizza 1781) vertreten ist. Von der ›Göttlichen Komödie‹ besaß er eine einzige Ausgabe von 1757 (Venedig) mit zahlreichen Radierungen. Auch Bücher der Literatur- und Sprachwissenschaft fehlten nicht.

Trotz der Vielzahl dieser Werke finden sich aber letzten Endes gerade diejenigen Texte nicht, die man in der Bibliothek eines Mannes erwarten würde, der mit einem so bedeutenden künstlerischen Auftrag – sicher nicht unbewußt – dazu beitrug, eine neue Kultur zu fördern, deren Träger ihm offenbar nicht bekannt waren. Autoren wie Goethe und Schiller, Chateaubriand, De Maistre, von Madame de Staël bis hin zu den italienischen Verbreitern der nordischen Romantik waren in der Bibliothek dieses gelehrten Aristokraten nicht vertreten, der geistig offensichtlich noch dem gerade zu Ende gegangenen Jahrhundert angehörte.

Um so wahrscheinlicher ist daher die Annahme, daß der Marchese die Gruppe der Nazarener durch die Vermittlung eines anderen kennenlernte, und nicht nur durch die wohl rein gelegentliche Erwähnung seiner Schwägerin Maria Christina von Sachsen (für deren geistiges Niveau der törichte Eingriff in das Fresko des *Inferno* von Koch, von ihr angeordnet nach ihrer Übernahme des Casino, ein Beispiel bietet). Wahrscheinlich kam die erste Berührung mit den Nazarenern in jenem kleinen Kreis zustande, dem Canova, der Konsul Giuseppe Tambroni und die jungen Stipendiaten des ›Regno Italico‹, wie Palagi, Hayez, Demin und Minardi, die sich in der Akademie des Palazzo Venezia trafen, angehörten[8].

Es scheint mir sehr plausibel, daß einer der Hauptbeweggründe des Marchese Massimo zu dem kostspieligen Unternehmen im Casino gerade darin bestand, Fresken malen zu lassen, um seine Aufgeschlossenheit gegenüber dem frühen Interesse für die Wiederaufnahme dieser Maltechnik im Kreis der jungen Stipendiaten des ›Regno Italico‹ unter Beweis zu stellen. Dieses Interesse ist vor allem in einem wichtigen Dokument aus dem Nachlaß Ovidi (I., Akte I: Briefe an Minardi 1808-1819) im römischen Staatsarchiv bezeugt. Es handelt sich um eine kurze handschriftliche Abhandlung über diese Art Malerei, in Briefform abgefaßt von Giuseppe Zauli von Faenza und unter dem Datum des 25. Dezember 1810 als Weihnachtsgeschenk an dessen Schüler Minardi in Rom gesandt. Den technischen Ratschlägen sind Aufmunterungen zu diesem »männlichen Wirken« beigesellt sowie praktische Hinweise, wie die ›Kartons‹ auch nach der Ausführung der Fresken als selbständige Werke erhalten werden können (man denke nur, wie dies kurze Zeit darauf in der Praxis der Nazarener beherzigt wurde), und die auf Vasari und Armenini fußende Erkenntnis der Überlegenheit dieser über jede andere Maltechnik. Wenngleich der Brief Zaulis, des geliebten und einflußreichen Meisters, keineswegs auf das weitere Schaffen Minardis eingewirkt, sondern sogar eine lähmende Wirkung in ihm ausgelöst zu haben scheint, da wir keine Fresken von seiner Hand kennen, so geht er doch auf bedeutungsvolle Weise der Entwicklung der römischen Freskomalerei der ersten Jahrzehnte des 19. Jahrhunderts voraus, angefangen bei den Dekorationen im römischen Palast des Herzogs von Bracciano, Torlonia, bis zur Galleria Chiaramonti im Vatikan, der Casa Bartholdy und des Casino Massimo. Ebenso ist er ein Vorläufer der Veröffentlichungen über diesen Gegenstand, die besonders seit der Herausgabe des Codex Ottoboni 2974 – von Angelo Mai in der vatikanischen Bibliothek entdeckt – durch den Konsul Tambroni und unter dem Titel ›Trattato della pittura di Cennino Cennini messo in luce per la prima volta con annotazioni‹ (Rom 1821) ungeheuer zunehmen.

Der Marchese suchte zuerst in diesem Kreis nach Künstlern, die sein Projekt ausführen könnten, und wandte sich an Tommaso Minardi, der aber letztendlich den Auftrag ablehnte, weil er mit der Ausführung einer detaillierten Zeichnung des *Jüngsten Gerichts* von Michelangelo für den Kupferstecher Longhi in Mailand beschäftigt war. Daneben war aber für die Ablehnung auch seine bekannte Unentschlossenheit in der Übernahme malerischer Aufträge maßgebend. Minardi erwähnt selbst die verpaßte Gelegenheit in einem autobiographischen Manuskript, das sich heute in der Stadtbücherei von Forlì befindet: »Der unverheiratete Erstgeborene des Hauses Massimo, ein Mann von großem Wissen, beauftragte mich, in seiner Villa bei S. Giovanni in Laterano einen Saal mit Szenen aus Dante, Ariost oder Tasso nach meiner Wahl auszumalen. Ich nahm gern an, aber die Zeichnung des Jüngsten Gerichts machte es mir unmöglich, mit dieser Arbeit zu beginnen; und in dieser Zeit wurden die Mahnungen Longhis immer dringender, so daß mir nichts anderes übrigblieb, als den Auftrag abzulehnen, den Massimo dann anderen tüchtigen Deutschen gab.«[9] Dieses Zeugnis Minardis bezieht sich auf eine noch verschwommene, erst langsam konkretere Formen annehmende Phase des Projekts und läßt, zusammen mit der Aussage von Cornelius vom Februar 1817, wo zum ersten Mal eine Vergabe des Auftrages an die Deutschen[10] erwähnt wird, die Annahme zu, daß Carlo Massimo seine Entscheidungen hinsichtlich der Art der auszuführenden Dekorationen schon 1816 getroffen hatte. Dies ist das Jahr, in dem Giuseppe Tambroni in einem bedeutsamerweise Canova gewidmeten Büchlein seine nationalistischen Anschauungen offen darlegte, indem er die Freskotechnik lobte, »weil sie jene Art zu malen wiedererstehen läßt, die Italien ... zum Gegenstand des Neides und der Bewunderung der Fremden werden ließ«[11]. Diese Urteile sind in seiner ›Descrizione dei Dipinti a Buon Fresco eseguiti in una Galleria del Palazzo del Signor Duca di Bracciano in Roma dal Signor Pelagio Palagi, Accademico di S. Luca‹ (Rom 1816) enthalten und bezogen sich auf die 1813 ausgeführten Arbeiten, als Palagi in dem römischen Palast des Fürsten Torlonia einen Freskenzyklus mit den Taten des Theseus[12] vollendet hatte. Dort arbeitete er mit jenem Domenico Del Frate zusammen, der 1821 infolge der Unentschlossenheit Schnorrs von Massimo berufen wurde, den Saal des Ariost auszumalen. Del Frate starb aber im November desselben Jahres und hatte mit der Arbeit nicht einmal beginnen können.

Das Projekt von Carlo Massimo reifte also zu derselben Zeit, als Canova sich entschloß, auf eigene Kosten die Fresken in den

Lunetten der Galleria Chiaramonti im Vatikan[13] in Auftrag zu geben, und es war auch derselbe Künstlerkreis, der den Marchese dazu inspirierte. Da Minardi nicht annehmen konnte (sehr wahrscheinlich hatte auch Canova an ihn gedacht), Palagi kurz zuvor Rom verlassen hatte, Hayez und Demin für Canova anderweitig beschäftigt waren, blieben die jungen Deutschen, die für Bartholdy gearbeitet hatten, die einzigen im Moment verfügbaren Freskomaler. In der Folge wußten sie ihren Platz sehr wohl zu behaupten und ihn gegen Eindringlinge (wie Domenico Del Frate) zu verteidigen, weil sie, nachdem der ausgesprochen deutsche Charakter des Unternehmens einmal festgelegt war, andere Teilnehmer nicht mehr dulden wollten. Den deutschen Charakter unterstützte auch der Kronprinz Ludwig von Bayern, der auf Schnorr Druck ausübte, damit er endlich den Auftrag zur Ausmalung des Ariost-Saales annehme, um damit die Einheit in der nationalen Herkunft der Künstler[14] zu gewährleisten. Dieser Umstand erscheint umso mehr als erneuernder und moderner Gedanke, wenn man an die geschickte Dosierung der Aufträge für derzeitige Unternehmungen, wie beispielsweise den Quirinalspalast, denkt, als zwischen 1811 und 1813 das ehrgeizige Projekt der neuen Dekoration der Wohnräume für Napoleon realisiert wurde[15].

Die Aufträge für die Bilder mit verschiedenen historisch-literarischen Themen sollten auf den Ruhm des neuen Caesar anspielen und waren tatsächlich ziemlich gleichmäßig unter italienischen und französischen Künstlern verteilt worden. Neben Ingres finden wir Camuccini und Landi, Francesco Manno (der sich immerhin damals einer gesicherten akademischen Position erfreute) sowie Felice Giani und schließlich auch den Dänen Thorvaldsen, dem der größte bildhauerische Schmuck übertragen wurde. Die Themen waren zwar traditionsgebunden, doch fehlten nicht bedeutungsvolle Ausnahmen wie der ›Ossian‹ von Ingres und ›Karl der Große‹ von Camuccini. Die angewandte Technik ist noch die der großen Bilder auf Leinwand, die an den Mauern oder der Decke angebracht und von Friesen in Temperatechnik eingerahmt wurden.

Gleichzeitig betraute 1813 der Bankier Torlonia als privater Auftraggeber die schon genannten Maler Landi und Camuccini sowie Palagi und Del Frate mit der Dekoration eines Teils seines Palastes an der Piazza Venezia. Der Bankier kam so Bartholdy in derselben Absicht zuvor, doch wissen wir nicht, ob ihn jene nationalistischen Motivationen dazu bewegten, die aus dem genannten Büchlein Tambronis über die Fresken des Palagi zu entnehmen sind. Wenn also, wie besonders in dem oben erwähnten Brief von Zauli bezeugt wird, die Diskussion in Rom über die Erneuerung der alten, übrigens nie ganz in Vergessenheit geratenen Technik schon sehr lebendig war, als Cornelius im November 1814 den berühmten Brief an Görres schrieb, so war dennoch die von Cornelius prophetisch in ihrer revolutionären Bedeutung voll erkannte Verbindung von Fresko und historischer Wandmalerei, die zuerst von Bartholdy in nationalistischem Sinne verwirklicht wurde und deshalb die Ausmalung seiner Wohnung anfangs nur den in Rom lebenden preußischen Künstlern vorbehielt, erst latent vorhanden. Dieses moderne Gefühl der nationalen Identität, einer der kennzeichnendsten Aspekte der nazarenischen Auffassung, die die jungen deutschen Künstler zu einer stolzen Behauptung ihrer Unabhängigkeit und Abgeschlossenheit gegenüber dem römischen Künstlerleben trieb[16], konnte von Männern der älteren Generation, wie dem Marchese Massimo oder Canova, nicht gebilligt werden. Als der Bildhauer sich entschloß, auf eigene Kosten die Lunetten der Galleria Chiaramonti ausmalen zu lassen, sah er keine Schwierigkeit darin, in demselben Dekorationskomplex die jungen Nazarener von der Gruppe der Casa Bartholdy mit den begabtesten Italienern, die er während ihres Aufenthaltes im Palazzo Venezia mit einer fast väterlichen Sorge betreute, zu vereinigen. Dennoch war, als die »opposing schools of German Nazarenes and Italian Neo-Classical painters were united under the sponsorship of Antonio Canova«[17], das einigende Element nicht nur der aufgeklärte Beistand des venezianischen Bildhauers, der gefühlsmäßig und auf Grund seiner Beziehungen ein Kosmopolit war, sondern auch die Tatsache, daß er sich auf zwei Faktoren stützte, die in diesem Augenblick die beiden Künstlergruppen zusammenführten. Es waren der wiedererweckte Raffael-Kult, der gerade in jenen Jahren einen etwas hagiographischen Charakter annahm, den er bis heute behalten hat, und diesem eng verbunden die Freskotechnik. Während von einer nationalistischen Komponente, die bei dem Auftrag Bartholdys vorherrschend war, keine Spur vorhanden ist, so finden wir, zumindest in den zuerst ausgeführten Lunetten, eine Anthologie neo-raffaelitischer Malerei, in der die einzelnen Themen, wenn auch mit eigenständiger Betonung, zu einem im wesentlichen einheitlichen Ganzen tendieren. Von den Deutschen der Casa Bartholdy, an die sich Canova erst nach Verteilung der Aufträge an Hayez und Demin wandte, erhielt nur Philipp Veit den Auftrag für eine Lunette, nachdem Cornelius es vorgezogen hatte, das Angebot des Marchese Massimo anzunehmen, obwohl ihm dieses erst danach zugegangen war. Zusammen mit Veit arbeiteten Carl Eggers, der schon in der Casa Bartholdy Erfahrungen sammeln konnte, und der Italiener Giovanni Colombo, der als einziger Nichtdeutscher bei den Lukasbrüdern Aufnahme gefunden hatte. Michele Ridolfi aus Lucca fügte in sein Fresko die Porträts der Nazarener ein, mit denen er in enger Verbindung stand. Er stellte sie in der Haltung dar, wie sie »die restaurierten und ausgestellten Gobelins Raffaels« studierten, und man kann Cornelius, Overbeck, Wilhelm Schadow und vielleicht Karl Philipp Fohr erkennen, der damals, 1818, gerade im Tiber ertrunken war. Unter den anderen in der Galleria Chiaramonti beschäftigten Künstlern sind Filippo Agricola, Luigi Durantini und Giacomo Conca hervorragende Persönlichkeiten. Ihre Namen finden wir wenig später bei der Freskendekoration der Paolinischen Kapelle im Quirinalspalast (1818-23) mit den Aposteln in monochromer Malerei[18] wieder, welche zum großen Teil von derjenigen Raffaels angeregt wurde, die durch die Stiche des Marcantonio Raimondi bekannt war.

Abgesehen von den Bildchen der Via Crucis in der Kirche S. Andrea delle Fratte (etwa 1818)[19], ein unbedeutendes und an sich rein kultisches Unternehmen, bei dem noch einmal neben den ›Trinitisten‹ Schadow und Veit der Name von Luigi Durantini, Domenico Del Frate (und unter anderen die Nichte von Carlo Massimo, Giulia Massimo Bernini, die auch Malerin war) auftaucht, muß jedoch daran erinnert werden, daß die nazarenische Strömung zwanzig Jahre nach ihrem Entstehen als erneuernde Kraft für ihre Ziele nunmehr fast alle deutschen künstlerischen Institutionen gewonnen hatte, und daß gerade die bisher genannten Künstler es sein werden, die die bedeutendsten Exponenten dieser Strömung für die Aufnahme in die Akademie von S. Luca vorschlagen. In der Versammlung der Mal-Klasse am 28. März 1831[20] schlagen Minardi und Durantini Friedrich Overbeck als ansässiges Ehrenmitglied vor; mit fünf Stimmen gegen zwei wird ihm jedoch der Piemonteser Ferdinando Cavalleri vorgezogen, der offizieller Porträtmaler des sabaudischen Hofes und Historienmaler von klassizistischer Prägung[21] war. Auch wenn geheim abgestimmt wurde, genügt ein Blick auf das Verzeichnis der sieben Wähler, um zu verstehen, wer für und wer gegen Overbeck gestimmt hatte. Auf der einen Seite die beiden Befürworter Minardi und Durantini, auf der anderen die Exponenten des reifen akademischen Klassizismus: Andrea Pozzi, Vincenzo Camuccini, Filippo Agricola und Jean Baptiste Wicar sowie der Sekretär Salvatore Bietti. Um Mitglied der Akademie von S. Luca zu werden, mußte Overbeck die Ratsversammlung vom 14. September desselben Jahres nach dem Tod von Francesco Manno abwarten, in der er mit elf Ja- und vier Neinstimmen gewählt wurde, während beispielsweise der Kupferstecher Raffaello Morghen in der gleichen Versammlung die Ernennung durch einstimmige Akklamation[22] erhielt. In der Zwischenzeit hatten Minardi und Durantini, diesmal jedoch von Thorvaldsen und Tenerani unterstützt, am 1. April 1831 Cornelius zum Ehrenmitglied vorgeschlagen, der jedoch die Ernennung als ansässiges Akademiemitglied damals nicht erhielt (die Anzahl war auf je zwölf Mitglieder für die Maler-, Bildhauer- und Architektenklasse beschränkt), sondern erst im April 1834[23]. Diese offiziellen Weihen, auch wenn sie verspätet und nicht ganz ohne äußeres Zutun zustandekamen, spiegeln die allgemeine Entwicklung zu Anfang des vierten Jahrzehnts wider. Dem Purismus als einer lokalen Variante des romantischen Historizismus gelingt es, bei den institutionellen Organen, die im Bereich der öffentlichen Aufträge noch die größte Macht ausüben, die Anerkennung der eigenen Persönlichkeit und die der Verbündeten zu erzwingen. Solcherart gewinnt der Purismus immer mehr an Boden, bis er unter Gregor XVI. und den ersten Regierungsjahren Pius' IX. die künstlerische Bühne Roms unangefochten beherrscht.

1 Über die ehemalige Villa Palombara wurde von dem Neffen Carlo Massimos eine gelehrte Monographie verfaßt: ›Notizie istoriche della Villa Massimo alle Terme Diocleziane con un'appendice di documenti‹, Rom 1836; hier und nicht im Casino war während des ganzen Heiligen Jahres 1825 die Königin-Witwe Maria Teresa von Sardinien zu Gast, und hierher begab sich Papst Leo XII., um ihr einen Besuch abzustatten (ebd. S. 216).

2 Vgl. F. Büttners Beitrag S. 283-287 in diesem Katalog, sowie den Bildkommentar zu Kat. Nr. X.

3 Hierzu verweise ich darauf, was M. G. Messina in ihrem Aufsatz in diesem Katalog schreibt. Zur Ähnlichkeit zwischen der Temperamalerei von Cades mit *Pinabello und Bradamante* und Schnorrs *Sturz vom Felsen* vgl. die beiden respektive in M. T. Caracciolo, ›L'ispirazione letteraria di Giuseppe Cades‹, in: *Antologia di Belle Arti,* 1. Jahrgang, Nr. 3, Sept. 1977, S. 247, Abb. 1, und in Laxenburg 1968, Taf. 161, abgebildeten Werke. Zu den literarischen Allegorien von Italien und Griechenland siehe auch M. Di Macco, ›Graecia Vetus, Italia Nova‹, in: *Annuario dell'Istituto di Storia dell'Arte,* Rom 1973-74, S. 345-365.

4 Nach einem Brief Antonio Brescianis vom 24. 4. 1848 an den Fürsten Massimo, in dem der Abt Pavia für die Neuordnung der Bibliothek und des Archivs empfohlen wird, müßte letzteres von jenem Jahre an neu geordnet worden sein. Später, zu einem unbestimmten Zeitpunkt um die siebziger Jahre des Jahrhunderts, entstand eine besondere Sammlung von Handschriften, wobei dem Archiv die von berühmten Persönlichkeiten unterzeichneten Blätter entnommen wurden. Ich richte an Carlo Massimo und Eleonora Massimo Ricci Bergamini meinen herzlichen Dank für die mir so liebenswürdig erteilte Erlaubnis, dieses Material zu benutzen.

5 Die dramatischen Lebensumstände des Vaters könnten vielleicht auf die Ideologie des Marchese Carlo einen Einfluß ausgeübt haben. Francesco Camillo war der päpstliche Bevollmächtigte bei den Friedensverhandlungen von Tolentino im Februar 1797. Im Dezember desselben Jahres, als er das Amt eines päpstlichen Ministers beim Direktorium in Paris bekleidete, wurde er zur Vergeltung für die Ermordung des Generals Duphot gefangengesetzt. Als er nach seiner Befreiung nach Rom zurückkehrte, wurde er von der Römischen Republik zum Tode verurteilt; man zog sein Vermögen ein und versteigerte seine Möbel. Er selbst hatte sich nach Korfu retten können, kam von dort 1799 nach Rom zurück, wo er zwei Jahre später starb. Hierzu und für weitere Angaben über die Familie Massimo vgl. P. Litta, ›Famiglie celebri italiane‹, Fasz. XLV, Heft 74 (Massimo di Roma – Ramo alle Colonne), Mailand 1840.

6 Seine Sammlung ›Dissertazioni bibliche‹ konnte vor der Zerstreuung bewahrt werden, da sie auf Betreiben Leos XII. für die Vatikanische Bibliothek angekauft wurde.

7 Neben französischen Werken befinden sich in der Bibliothek auch einige englische und deutsche Autoren, die Carlo Massimo in italienischer Übersetzung las, darunter Kants ›Ideen über die Erziehung‹ (italienische Übersetzung von 1808 mit dem Siegel des kirchlichen Index) und eine ›Idea della bella letteratura alemanna‹ von De Giorgi-Bertola, 1784, während neben der Encyclopédie (hrsg. Paris 1751, in 28 Bde.) die gesamten Werke von Rousseau genannt werden. Es erscheint auch ein Bericht über das Institut von Pestalozzi

in Yverdon (Fribourg 1810) und ein bedeutungsvolles Werk ›Recueil des diverses pièces sur la philosophie, la religion naturelle, l'histoire, etc. par Leibnitz, Clarke, Newton et autres‹ (Amsterdam 1740), das natürlich ebenfalls auf dem Index stand.

8 Andererseits konnten die Kontakte zu nordischen Künstlern, und vor allem den deutschen, die seit längerer Zeit ihren Wohnsitz in Rom hatten, nicht ausbleiben, da diese natürlich Zugang zu der internationalen Gesellschaft hatten, die sich bei den drei sächsischen, in Rom verheirateten Prinzessinnen traf. Unter den Künstlern aus dem Norden befanden sich auch Thorvaldsen und Reinhart, deren Beziehungen zu der Familie Massimo sich unabhängig von der Ausmalung des Casino angebahnt hatten. Reinhart malte beispielsweise 1824 für den Palazzo Massimo alle Colonne eine Reihe von Romansichten, die später in die Nationalgalerie in Berlin gelangten und im Zweiten Weltkrieg verlorengingen. Von Thorvaldsen befindet sich im Archiv Massimo eine Quittung über 50 Louisdors für ein Porträt der »Principessa Augusta«, das um 1822 ausgeführt sein muß, jedoch in: E. Kai Sass, *Thorvaldsens Portraetbuster,* 3 Bde., Kopenhagen 1963-1965, nicht erwähnt wird.

9 Forlì, Stadtbibliothek, Fondo Piancastelli, 228 C R 194; das Manuskript wurde zum ersten Mal in A. Ottani-Cavina, ›L'età neoclassica a Faenza‹, Ausst.-Kat. Faenza 1979, S. 93-94, zitiert.

10 Vgl. Gerstenberg-Rave 1934, S. 22.

11 Zitiert von U. Hiesinger in: ›Canova and the frescos of the Galleria Chiaramonti‹ in: *The Burlington Magazine,* CXX (1978), S. 662.

12 Vgl. R. Grandi, ›Un pittore tra Rivoluzione e Restaurazione‹ in: *Pelagio Palagi, Artista e collezionista,* Ausst.-Kat. Bologna 1976, S. 42.

13 Vgl. U. Hiesinger, a.a.O., S. 655-656.

14 Vgl. Gerstenberg-Rave 1934, S. 120.

15 Vgl. D. Ternois: ›Napoléon et la Decoration du Palais de Monte Cavallo en 1811-1813‹ in: *Revue de l'Art,* 7 (1970), S. 75 ff.

16 Es sei nur an Aussprüche wie: »Mit Italienern stehe ich in gar keiner Verbindung ...«; »Rom gehört uns Deutschen ...«; in Briefen von J. v. Führich und J. Schnorr v. Carolsfeld (zit. von G. Metken, in Frankfurt 1977, S. 327) erinnert.

17 Vgl. U. Hiesinger, a.a.O., S. 655.

18 Vgl. G. Briganti, *Il Palazzo del Quirinale,* Rom 1962, S. 74 ff. und Anm. 76.

19 Vgl. F. A. Salvagnini, *La Basilica di S. Andrea delle Fratte,* Rom 1967, S. 43; W. Buchowiecki, *Handbuch der Kirchen Roms,* Wien 1967, Bd. I., S. 336. In der zuletzt erschienenen Veröffentlichung über die Kirche von M. d'Onofrio, ›S. Andrea delle Fratte‹ in der Reihe: *Le chiese di Roma illustrate,* 116, Rom 1971, nicht erwähnt.

20 Archiv der Accademia di S. Luca, Rom, Misc. Congr. II., Nr. 109.

21 Für erschöpfendere Angaben über Cavalleri siehe die von M. Rosci in *Cultura figurativa ed architettonica negli Stati del Re di Sardegna 1733-1861,* Ausst.-Kat. Turin 1980, Bd. III., S. 1418-1419 herausgegebene Biographie. Den dort genannten Werken muß das monumentale Porträt der Maria Gabriella di Savoia Carignano (ca. 1835), seit 1827 mit Vittorio Massimo, dem Neffen des Marchese Carlo, verheiratet, beigefügt werden. Das Bild befindet sich noch heute im Palazzo Massimo alle Colonne und ist als Lithographie in P. Litta, a.a.O., 1840 abgebildet worden.

22 Archiv der Accademia di S. Luca, Bd. 80, Dok. 147.

23 Ebd. Bd. 88, Dok. 2571.

Maria Grazia Messina

Dante, Tasso, Ariost

Der deutsche ›Sturm und Drang‹ und sein Einfluß auf das ikonographische Programm des Casino Massimo

Bisher wurde die Auswahl der im Casino Massimo zu illustrierenden Themen der wahrscheinlichen Vermittlung des Malers Ernst Platner zugeschrieben, der ein Freund von Cornelius und ein profunder Kenner Dantes war; zudem war er im Hause Massimo eingeführt. Es bereitet aber noch immer Schwierigkeiten, die Rolle des Auftraggebers, des Marchese Carlo Massimo, zu erschließen, der eine in sich gekehrte, den Studien hingegebene Persönlichkeit war, und dessen Beziehungen zu den Künstlern sich auf finanzielle Auseinandersetzungen beschränkt zu haben scheinen. Diese ergaben sich einerseits aus der Geringfügigkeit der Vergütungen, die erst nachträglich gezahlt wurden, und andererseits aus der Vermögenslosigkeit der Künstler, die längere Zeiträume zu überbrücken hatten, in denen sie mit der Planung und der Realisierung der Fresken beschäftigt waren. Weitere Schwierigkeiten ergaben sich auch aus anderweitig eingegangenen Verpflichtungen[1].

Als Peter Cornelius in einem Brief vom Februar 1817 an Wenner zum ersten Mal den von Massimo erhaltenen Auftrag erwähnte, waren er, Friedrich Overbeck und Philipp Veit noch mit der Ausmalung der Casa Bartholdy beschäftigt, wo sie die Josephslegende malten. Das der Bibel entnommene Motiv folgte der Richtung Friedrich Schlegels, der diese in dem 1812 in Wien gehaltenen Vorlesungszyklus über Literatur als den Homer der modernen Zeit bezeichnet hatte und sie, besonders wegen des ihr innewohnenden Symbolgehalts, »Quelle, Norm und Zweck aller dichterischen Schöpfungen« nannte. Der Bezug auf die Bibel war ein wesentlicher Bestandteil der Schlegelschen Ästhetik, die die moderne Kunst als stark vom Geist des Christentums geprägt ansieht, ohne daß dieses direkt dargestellt oder ausgedrückt werden könnte[2]. Die von mehreren Seiten an den Nazarenern geübte Kritik im Zusammenhang mit dem zeitgenössischen künstlerischen Leben der Stadt Rom ist bekannt und wurde durch deren ausschließliche Festlegung auf eine religiöse Thematik hervorgerufen. Zudem verlangte das Programm der Nazarener, die Ausdrucksmittel neu zu formulieren, doch zu dem ausschließlichen Zweck, eine bedeutsamere und überzeugendere Übermittlung der Inhalte zu erreichen. Diese Zielsetzung brachte sie dazu, eine Form der erzählerischen Kunst zu bevorzugen, in der die Erfindung gerade in der Fähigkeit zu illustrieren und zu beschreiben bestand. Weil die Inhalte dem Bewußtsein des Volkes von seiner nationalen, historischen und religiösen Eigenart gerecht werden mußten, war das Interesse für die dichterischen Werke, in denen diese Werte stärker betont waren, eine notwendige Konsequenz. Die Auswahl der literarischen Themen für die Dekoration des Casino Massimo scheint daher bei den Nazarenern mit einem durch die Erfüllung des Auftrags für die Casa Bartholdy erreichten Bewußtsein von den dem Fresko innewohnenden Möglichkeiten einherzugehen. Diese Mittel einer künstlerischen Praxis sollten nicht mehr nur dem ästhetischen Genuß dienen und dem Mäzenatentum vorbehalten sein, sondern als Komponente des öffentlichen Lebens eine Rolle spielen und zur Erbauung und geistigen Ausrichtung des Volkes im romantischen Wortsinne dienen. Hierfür sind mehrere Zeugnisse in den Briefen von Cornelius, Schnorr, Passavant und selbst Friedrich Schlegel bezeichnend, der in seiner Rezension über die Ausstellung der deutschen Künstler im Palazzo Caffarelli im Jahre 1819 einräumt, daß »große dichterische Kompositionen, wie sie die alte Mythologie oder Heldenpoesie darbietet, ... in der Tat auch für die Alfrescomalerei vorzüglich geeignet«[3] sind.

Diese These wird außerdem – auf Grund der uns heute zur Verfügung stehenden Quellen – gestützt von dem Wissen um die Nichteinmischung Massimos in das nach und nach von den Künstlern ausgearbeitete ikonographische Programm. Der Verzicht auf eine Illustration Petrarcas, die zu Beginn des Auftrages vorgesehen war (vgl. den Brief von Overbeck an die Familie vom 24.3.1817), ist wahrscheinlich symptomatisch für die Absicht der Nazarener, mit der sie aus dem gewählten Zyklus ein ideologisches Mittel zur Darstellung der eigenen Verpflichtungen und geistigen Werte zu machen entschlossen waren. In den Briefen tauchen immer wieder Forderungen nach Selbständigkeit gegenüber dem Auftraggeber und sogar der literarischen Vorlage auf – hier auch aus Gründen, die Friedrich Schlegel über die Unterschiede zwischen Dichtung und Malerei anführte, die in der Forderung von Cornelius nach Freiheit in bezug auf die malerische Umsetzungeines literarischen Werkes augenfällig werden[4]. Overbeck zitiert zu dem von Cornelius vorgeschlagenen Schema für das *Paradies* die Anordnung, die nur dessen Erfindung zu danken sei. Schnorr schreibt 1819 an seinen Vater, daß er, um seine schöpferische Freiheit zu verteidigen, noch nicht entschlossen sei, einen Vertrag zu unterschreiben: »Habe ich den Kontrakt gemacht, so bin ich auf gewisse Weise gebunden, und der Marchese kann mich auf mancherlei Weise hudeln, indem er vielleicht mit seiner Meinung, wie das Gedicht aufzufassen sei, oder mit der Meinung eines gelehrten Abbate hervortreten kann und Rücksicht darauf verlangen und so mich in meinen Plänen auf alle Weise irre machen. Ich mache also erst den Plan, führe ihn im Kleinen aus und frage dann: wollt Ihr ihn so ausführen lassen, oder nicht ...«

Die einzigen Beschwerden kamen von Führich, der 1827 an Overbecks Stelle getreten war. Nach dem Tode Carlo Massimos war er gezwungen, die Anlage des Freskos *Die Kreuzfahrer am Heiligen Grabe* abzuändern, da der neue Besitzer dort Familienportraits eingefügt haben wollte[5]. Die Schwierigkeiten, die durch diese Auflage entstanden, konnten jedoch bewältigt werden, d.h. Führich brachte die gewünschten Portraits so geschickt ein, daß kein uneinheitlicher Eindruck entstand.

Dante

Bei der ›Göttlichen Komödie‹ ist nicht mehr viel hinzuzufügen, und es genügt, an die hauptsächlichsten Punkte zu erinnern. Im ›Sturm und Drang‹ von Johann Jakob Bodmer personifiziert Dante zusammen mit Shakespeare und Milton das zu einer umfassenden Synthese aller menschlichen Erfahrungen fähige Genie, dessen poetische Bilder mit leidenschaftlicher Hingabe und lebendiger figürlicher Prägnanz dargestellt sind. Als notwendige Folge blickt man fast ausschließlich auf das *Inferno,* aus dem zwei Episoden bevorzugt werden: die von *Paolo und Francesca* und die des *Conte Ugolini,* welche August Wilhelm Schlegel übersetzt und 1795 in den ›Horen‹ veröffentlicht hat. Umfassender ist die Vision der Romantiker, welche geneigt sind, die Dichtung in ihrer Gesamtheit hervorzuheben, selbst wenn dabei die Verschiedenheit der Komponenten ihre Berücksichtigung findet. Schelling führt in seinem Aufsatz ›Dante in philosophischer Beziehung‹ von 1802-03 die dann kanonisch gewordene Unterscheidung zwischen dem plastischen oder dramatischen Inferno und dem pittoresken oder epischen Purgatorio sowie dem musikalischen oder lyrischen Paradies ein. August Wilhelm Schlegel zieht es vor, in der Reihe von Vorlesungen, die er zwischen 1801 und 1804 in Berlin hielt, in allen drei Gesängen einen Hinweis auf die drei Künste zu sehen, und betont hinsichtlich der ›plastischen‹ Kategorie besonders die figürliche Übertragung, die dann im Casino Massimo verwirklicht wurde[6].

In den Schriften der Schlegel – und schon im ›Gespräch über die Poesie‹ von Friedrich aus dem Jahr 1800 – wird Dante wegen der Universalität und der beinahe prophetischen Spannung, mit der er das Unendliche erfaßt, zur Personifizierung der romantischen Poesie; dies auch wegen der unerschöpflichen Phantasie und vor allem der Transposition von Poesie und Christentum, auch wenn das Wesen des Christentums sich den der Poesie als literarischer Gattung gezogenen Grenzen entzieht. »Mit andern Worten: alle Schönheit ist Allegorie. Das Höchste kann man eben weil es unaussprechlich ist, nur allegorisch sagen.« Daraus folgt, daß Dante »der einzige ist, der unter einigen begünstigenden und unsäglich vielen erschwerenden Umständen durch eigne Riesenkraft, er selbst ganz allein, eine Art von Mythologie, wie sie damals möglich war, erfunden und gebildet hat«. Seine Darstellung ist so »treu und wahrhaftig im Sichtbaren und voll geheimer Bedeutung und Beziehung aufs Unsichtbare«[7].

Die ausgedehnte Schrift, die August Wilhelm Schlegel 1799 in ›Athenäum‹ den der ›Göttlichen Komödie‹ entnommenen Zeichnungen von John Flaxman widmet, setzt für die bildende Kunst als begriffliche Forderung eine entsprechende Fähigkeit zur symbolischen Abstraktion voraus. Die Silhouettenzeichnungen der Illustrationen Flaxmans sind »fast Hieroglyphen, wie die des Dichters« durch ihren andeutenden Charakter, der von einer Bestimmung der Umwelt und des Umrisses absieht, um sich auf die ausgewählte Handlung zu konzentrieren[8]. Diese Beurteilung änderte sich 1805, als August Wilhelm Schlegel in einer Anmerkung über den Stand der Künste in Rom die Stiche nach Dante von Joseph Anton Koch für wertvoller hielt, weil sie seiner Meinung nach mit dem ›mittelalterlichen‹ und ›altdeutschen‹ Geist mehr übereinstimmten. Hinter solchen Termini steht die ganze bekannte Evolution der Schlegelschen Ästhetik im Anschluß an das Eintreten von Friedrich in ›Europa‹ für eine Kunst, die sich historisieren und den ganzen Inhalt der figürlichen Tradition und des nationalen kulturellen Reichtums aufnehmen soll. Vor allem wird hier die mit dem Verhalten der Romantiker gegenüber der Dichtung verbundene Forderung nach ihrer figürlichen Zusammenfassung und gleichzeitig einer allgemeinen Version vertreten, wonach die Dichtung in ihrer Vollständigkeit und nicht in Fragmenten oder Episoden wiedergegeben werden müsse. Koch hatte den Zeichnungen von Flaxman vorgeworfen, daß darin nie das ganze Thema, sondern immer nur einzelne Gruppen[9] dargestellt seien. Er hatte seine mehr erzählerische und kompositive Manier von den Zeichnungen aus dem Nachlaß von Carstens zum *Inferno* übernommen, in denen entsprechend den von Fernow bestätigten Kompositionsgesetzen der Renaissance diejenigen Momente des Textes erklärt wurden, die für die figürliche Wiedergabe am geeignetsten waren. Dazu traten dann Nebenepisoden, die eine Erweiterung mit sich brachten und die ausgewählte Szene mit einer zeitlichen Folge verbanden. Dadurch erklärte sich die Zeichnung selbst, unabhängig davon, ob der Betrachter die literarische Vorlage kannte oder nicht. Diese Kriterien kehren in großem Maßstab in der Dekoration des Casino Massimo mit den Szenen aus dem *Inferno* und dem *Purgatorio* wieder, die übrigens auf die Zeichnungen zurückgehen, die Koch seit 1802 zu diesem Themenkreis angefertigt hatte.

Die starke Identifizierung Kochs mit dem Stoff des *Inferno* und seine Weigerung, das *Paradies* zu illustrieren, zeigen, daß sein Verständnis der Dichtung auf der gefühlsmäßigen Ebene des ›Sturm und Drang‹ verblieben war. Er ist lehrhaft bei den wesentlichen Geschehnissen, und selbst in der von ihm geteilten Forderung nach einer integralen Synthese fern von der

Spannung der symbolischen Transposition, die besonders von Friedrich Schlegel erwünscht wurde, und die, wenn überhaupt, in der reinen inneren Unmittelbarkeit augenfällig wird, die einer räumlich-zeitlichen Isolierung der Figuren Flaxmans entsprang.

Diese Voraussetzungen erklären die krasse Dissonanz zwischen den Fresken Kochs und der darüberstehenden ›Rose‹ des Paradieses, die von Philipp Veit stammt. Für die hier durchgeführte Untersuchung der spezifisch nazarenischen Ideologie im Zyklus des Casino ist sie das bezeichnendste Werk. Bedeutungsvoll ist, daß zuerst Cornelius und dann Veit mit dem ihnen wesensverwandten Gesang des *Paradieses* beginnen, der für eine ausschließlich symbolische Deutung besonders geeignet ist. Cornelius beabsichtigt: »Die Zeichnung zum Paradies ist im Contour fertig; ich habe es gleichsam in die Malerei zu übersetzen gesucht, und gestrebt, allem Metaphysischen eine Gestalt zu geben, ohne ihm die symbolische Bedeutung zu nehmen oder zu schwächen.«[10] Er verwirft den Illusionismus und schafft in seinen Kartons eine Abstraktion in der geometrischen Aufteilung der Rose der Seligen – schon August Wilhelm Schlegel hatte in den ›Vorlesungen‹ von der mathematischen und geometrischen Konstruktion Dantes gesprochen –, obwohl er die historische Charakterisierung der Persönlichkeiten in der ihnen verliehenen augenfälligen Plastizität und Verschiedenheit des Verhaltens beibehielt. Schwerer wiegt bei Philipp Veit die Verwandtschaft mit Friedrich Schlegel, vor allem dem konvertierten Schlegel, der dazu neigt, Dante vorzuwerfen, er sei nicht immer auf der Höhe einer korrekten theologischen Belehrung gewesen[11]. In seinen Briefen an Dorothea und Philipp von 1818 rät Schlegel, den Zyklus mit dem *Purgatorio* und dem *Paradies* zu beginnen, um nicht in ›die Karikatur‹ abzugleiten, wozu das *Inferno* verleite. Er tadelt die ›Manier‹ des Cornelius, weil er wahrscheinlich darin die ausdrucksvolle Charakterisierung begreift, und stellt ein Grundsatzprogramm auf, das sich an der ›Einfachheit‹ und ›Wahrheit‹ im Sinne einer vollen Zustimmung zum Symbolgehalt des Textes inspiriert. Deshalb dürfen an der Spitze der Komposition nicht die Figuren der Dreieinigkeit oder der Jungfrau auf dem Thron erscheinen, wie dies auf den Kartons von Cornelius und Veit vorgesehen war, sondern es muß die Vision des Göttlichen, auf das höchste vergeistigt und mit den Attributen des Danteschen Originals, wiedergegeben werden[12].

Daß Veit in der endgültigen Fassung des *Paradieses* einen stärker betonten Idealismus als Cornelius ausdrücken wollte, beweisen die äußerste Konsequenz des kompositorischen Aufbaus und die Strenge der Posen, was nach der Schlegelschen Ästhetik stilistisch am geeignetsten ist, um die christliche Thematik[13], notgedrungen symbolisch, in der Malerei wiederzugeben. Aber die Version Veits ist, verglichen mit dem Programm Schlegels, platt und banal, und dies wohl nicht aus Unfähigkeit, sondern einer ganz genauen Absicht folgend. Auch die lehrhafte Bedeutung der Dichtung war allgemein anerkannt – eine »christlich-allegorische Darstellung des Universums« nach dem bekannten Urteil von August Wilhelm Schlegel –, aber sie war mit der inneren Unergründlichkeit unvereinbar und nur für einen wirklichen Kenner zu überwinden[14]. Daraus ergab sich die Forderung nach ihrer vervollständigenden Darstellung, die zugleich augenfällig und sofort verständlich sein mußte. Die Nazarener verfochten ihre Unabhängigkeit von der literarischen Vorlage, um die Mitteilung eigener Werte denen der Darstellung vorzuziehen, die sie nicht in ihrer nur malerischen Eigenheit auffaßten. In diesem Sinne teilt auch Koch ihre Meinung, der die ›Komödie‹ in der Entfaltung ihrer Themen als für die überwiegend als Beispiel geeignete und mitteilende Technik des Freskos gemacht ansieht[15].

Tasso

Der Erfolg Torquato Tassos in der deutschen Romantik beginnt mit dem gleichnamigen Schauspiel (1790) von Goethe, das ausschließlich auf die Persönlichkeit des Dichters konzentriert ist, und subjektiv aus einem noch dem ›Sturm und Drang‹ angehörenden Gefühl nachgeschaffen wurde. Daraus entsteht ein Tasso mit vornehmen, beinahe jungfräulichen Gefühlen, ein Märtyrer seines eigenen dichterischen Genies, was allgemein als gegeben angenommen wurde und bald einen Gemeinplatz von Tieck – siehe den Roman ›Vittoria Accoramboni‹ – bis zu den Schlegel bildete. Als erster widmete Schiller dem ›Befreiten Jerusalem‹ eine wirkliche Aufmerksamkeit und regte die Übersetzung durch Gries an, die im Jahr 1800 in Jena erschien; aus ihr entnahm er Anregungen für seine Tragödie ›Die Jungfrau von Orleans‹. Die Interpretation Schillers stellt vor allem das Thema der Identität zwischen dem Kampf für die Befreiung und dem Kampf für den Glauben heraus, die beide idealisiert und im wesentlichen von höheren ethischen Werten bestimmt sind. Im ersten Jahrzehnt des 19. Jahrhunderts und zur Zeit der Freiheitskriege gegen Napoleon (1812–13) findet die Dichtung in diesem Sinne eine große und Enthusiasmus hervorrufende Verbreitung. Wir wohnen einer wirklichen Wiedergeburt des Kreuzfahrerideals in den Werken der weniger bekannten Dichter bei, von denen ›Der Zauberring‹ von Friedrich de la Motte-Fouqué beispielhaft bleibt. Es ist bekannt, daß der Patriotismus der jungen deutschen Intellektuellen als Katalysator wirkte, um aus der ästhetisch-literarischen Schule der Romantik eine verpflichtende Tendenz zur Erneuerung des religiösen und nationalen Bestandes im Gewissen des Volkes zu entfachen. Die Helden und besonders die Heldinnen des Tasso zeigen eine Art von Modellbetragen, sei es, weil sie der rein germanischen Tradition eines ritterlichen und phantastischen Mittelalters entsprungen waren – siehe ›Die Geschichte der alten und neuen Literatur‹ von Friedrich Schlegel –, sei es, weil ihr eigenes Handeln von einer noch makellosen Religiosität begründet war, die für sich allein alle Erfahrungen wirksam machen kann.

Diese Rezeption der Dichtung erweist sich dem Kreis der konvertierten Nazarener, besonders Overbeck, als geistesverwandt. Dessen intensive Suche und religiöse Aktivität zur Gewinnung neuer Proselyten für den Katholizismus sind uns bekannt, auch Schnorr entging ihr nicht. Nun war tatsächlich das Klima eines Kreuzzuges zur Restauration von Werten ausgebrochen, welche durch die Aufklärung mehr oder weniger gefährdet waren. Dieses Klima hatte die Nazarener in den Jahren ihrer Formung erstarken lassen, und es umfing sie in der Realität des römischen Lebens. Nur so ist zu erklären, daß Overbeck, der sonst durchaus abgeneigt war, sich mit großen dekorativen Aufgaben zu identifizieren, so lange Zeit der figürlichen Transposition ›Jerusalems‹ widmete. Die ideologische Anlage der Fresken ist klar: Wenn noch Friedrich Schlegel die Aktualität der Dichtung für die weiterbestehende Auseinandersetzung zwischen Christen und Muselmanen erwähnte – wenige Jahre später sollten die Unruhen in Griechenland[16] ausbrechen –, so entspringt der Kreuzzug Overbecks dem Kern des Problems einer europäischen Bewußtseinsbildung von den eigenen kulturellen und im wesentlichen christlichen Werten. Die von ihm für die Wände gewählten Themen mit den historischen Szenen zur Illustration der Dichtung betreffen nicht das zum Angriff bereite Gegenüberstehen von zwei Armeen oder zwei Kulturen, sondern sie zeigen die herausragenden Momente mit der Wahl Gottfried von Bouillons zum Schützer des Heiligen Grabes und der Anbetung desselben – Momente, in denen die christlichen Mächte ihre Einheit und den Zweck ihres Daseins in der Proklamation eines höheren Glaubensideals wiederfinden.

Die Forderung, sich nur einem einzigen, dem geistigen Bestand von Werten zuzuwenden, der über den Konfessionen und dem Materialismus steht, war im übrigen ein Leitmotiv des romantischen Denkens in der Formulierung, die schon 1799 in der kurzen Schrift von Novalis, ›Die Christenheit oder Europa‹, geboten wurde. Der Verfasser verrät schon mit den ersten Sätzen die Sehnsucht nach einer, vielleicht unwiederbringlich dahingegangenen Epoche, in die er sich jedoch versetzt sehen will:

»Es waren schöne und glänzende Zeiten, wo Europa ein christliches Land war, wo *eine* Christenheit diesen menschlich gestalteten Weltteil bewohnte, *ein* großes gemeinschaftliches Interesse verband die entlegensten Provinzen dieses weiten geistlichen Reichs.« Die Schrift, die ihrer antiprotestantischen Polemik und der Erinnerung an die ethische und politische Suprematie der kirchlichen Hierarchie wegen des Papismus beschuldigt werden konnte (»Kindliches Zutrauen knüpfte die Menschen an ihre Verkündigungen«), inspiriert sich jedoch an einer entschiedenen Verweigerung des derzeitigen Katholizismus: »Angewandtes, lebendig gewordenes Christentum war der alte katholische Glaube, die letzte dieser Gestalten. ... Seine zufällige Form ist so gut wie vernichtet, das alte Papsttum liegt im Grabe, und Rom ist zum zweitenmal eine Ruine geworden.« Das leidenschaftliche Argumentieren Novalis' gipfelt in einem Appell für die Wiedergewinnung der Christlichkeit selbst als absolutem Wert: »Die Christenheit muß wieder lebendig und wirksam werden und sich wieder eine sichtbare Kirche ohne Rücksicht auf Landesgrenzen bilden, die alle nach dem Überirdischen durstige Seelen in ihren Schoß aufnimmt und gern Vermittlerin der alten und neuen Welt wird.« Und dem hat unter allen Umständen die Wiedergeburt der Religion vorauszugehen, die allein »Europa wieder aufwecken und die Völker sichern und die Christenheit mit neuer Herrlichkeit sichtbar auf Erden in ihr altes friedenstiftendes Amt installieren« kann[17].

Die nachfolgenden Werke von Novalis verlangen eine Überwindung der historischen Religion, die zu einer allgemeineren und verständlicheren natürlichen Moral werden soll, die ›Tugendlehre‹, die den Thesen Kants und Fichtes nicht fremd ist, um in eine Religion der Kunst, der Dichtung oder der Mythologie einzumünden, wie sie in ›Heinrich von Ofterdingen‹ als transzendentale Funktion des menschlichen Geistes angesehen wird, der auch jenseits der Erscheinungen zu erfassen vermag. Die Nazarener gehörten einer anderen Strömung der Romantik an, in der die Spannung eines symbolischen Ausdrucks der einer historisierten und unmittelbaren Kommunikation der Inhalte weicht. Sie lassen sich dazu verleiten, den Text von 1799 wörtlich zu nehmen: Die von Novalis für den Katholizismus als grundlegend bezeichneten Tugenden wie »seine menschenfreundliche Mitteilsamkeit, seine Freude an der Armut, Gehorsam und Treue« sind gerade jene, die sie als Konvertierte anerkennen, und für die Overbeck in dem von ihm ausgeführten Freskenzyklus der Villa Massimo eine Erklärung gibt. Das geht soweit, daß er zu diesem Zweck die Originalfiguren Tassos entstellt und ihre elegische Komponente zugunsten der erbaulichen einengt.

Daß die konvertierten Nazarener davon überzeugt waren, sich im Rom der Restauration in dem von Novalis und der gesamten vorangegangenen pietistischen Tradition aufgezeigten Sinne zu einer Mission verpflichten zu müssen, um der Religion die ursprüngliche Reinheit zurückzugeben, ist ausreichend bewiesen durch den Briefwechsel zwischen Dorothea und Friedrich Schlegel zur Zeit von Dorotheas Reise in Italien (1818-20). Die zwischen der katholischen und der protestantischen Gruppe innerhalb der deutschen Kolonie ausgefochtenen Streitgespräche scheinen nicht das Hauptproblem zu sein, auch wenn sie von Dorothea mit einer außergewöhnlichen Angriffslust geführt werden, die der Ehemann aus Wien zu dämpfen sucht. Andererseits schreibt Schnorr bei seiner Ankunft in Rom an seinen Vater: »Mit der Proselyten-Macherei ist's jetzt auch nicht so arg, wie man glaubt, ich habe nichts dergleichen erlebt. Unsere katholisch gewordenen Freunde sind so treffliche Menschen, daß man die allerhöchste Achtung keineswegs versagen kann. Es ist ein Ernst und eine Echtheit zu erkennen, der die Achtung zur Bewunderung steigert.«[18]

Der Sinn für die deutsche Nationalität ist den konfessionellen Unterschieden überlegen. Die Gruppe der Nazarener zeichnet sich in den Briefen Dorotheas als eine Art brüderlicher Gemeinschaft ab, die sich in ihrem Betragen und künstlerischen Schaffen dazu verpflichtet hatte, in einem kleinen und auserlesenen Kreis die Erinnerung an eine Religion zu bewahren und eine authentische Kirche zu sein. Dorothea gibt eine bedeutungsvolle Beschreibung des Sohnes Philipp mit folgenden Worten: »Verrömert, deutsch rebellisch katholisch oder katholisch rebellisch und christlich deutsch«. Die Feststellung des erschreckenden Zustandes der Religion auch im Zentrum der Christenheit läßt die Forderung nach einer Rückkehr zu den Ursprüngen noch stärker werden. Dorothea beschreibt eine nur für wenige zelebrierte Messe, in der es möglich war, den tiefen Sinn von Liebe und Brüderlichkeit, von Frömmigkeit und von der Einfachheit der ersten Jahrhunderte des Christentums zu empfinden[19].

Das stolze Bewußtsein, Rom durch die Kräfte der deutschen Nation wieder seiner Mission zurückgeben zu können – siehe auch den Brief von Dorothea vom 23.7.1818 –, setzt in Overbeck die Kräfte frei, mit denen er dem Thema des ›Befreiten Jerusalem‹ gegenübertritt und es entfaltet. Darin drückt sich keine interpretatorische Verzerrung aus, weil schon das Mittelalter sich den Romantikern als Ursprung und bevorzugter Ausgangspunkt darbietet. Auf die Religiosität der Epoche der Kreuzzüge hinzuweisen bedeutet daher, ihre intime Reinheit wiederzugewinnen. Und diese Religiosität stellt sich außerdem in einer ritterlichen, hauptsächlich germanischen Welt dar. Natürlich haben weder Overbeck noch die Schlegel ein reifes Bewußtsein von der historischen Dimension der Dichtung Tassos und von ihrer Funktion, die der Gegenreformation folgende widersprüchliche Geistigkeit aufzudecken, so daß die Taten der von Overbeck besungenen Heldinnen von der Kirche jener Zeit beanstandet wurden. Es handelt sich bei Overbeck vielmehr um eine vollständige Identifizierung mit der Materie, die er unkritisch übernahm, weil sie erfahrungsunabhängig und nur von der Vernunft her dazu bestimmt war, Beispiel und Mittel für bestimmte erklärende und ideologische Maßstäbe zu sein[20].

Deshalb, und wegen des unzweifelhaften Einflusses, den Cornelius ausübte, konzipierte Overbeck seine figürliche Dichtung als ein symbolisches Ganzes mit einem engen Zusammenhang der einzelnen Teile. In einem an Vogel gerichteten Brief vom April 1818 beschreibt er das ikonographische Programm der Decke: »Um diese Allegorie [Das befreite Jerusalem] nun herum bilden, auf den vier Seitenfeldern der Decke, die sich in sanfter Wölbung gegen das Mittelfeld neigen, die Hauptepisoden des Gedichtes im Ornamentenstyl behandelt, gleichsam die Einfassung derselben ... Die anderen Felder werde ich dann auf ähnliche Weise anordnen, doch so daß das Symbolische darin vorherrscht, weil ich die Decke gerade dadurch unterscheiden möchte von den Bildern der Wände, auf denen ich dann den ununterbrochenen Faden der Geschichte des Gedichtes darzustellen gedenke.«[21] Friedrich Schlegel hatte gerade die Überlegenheit Tassos über Ariost mit der Wahl des Themas der Kreuzzüge begründet, in dem sich das Phantastische der dichterischen Erfindung mit der Ernsthaftigkeit der historischen Wahrheit verbinde. Das Beste der Dichtung hatte er in den um die Figuren von Armida, Erminia und Clorinda aufgebauten Nebenepisoden gezeigt, in denen der Charakter der romantischen Dichtung, das ›Sentimentale‹, sich verwirklicht. Das ›Sentimentale‹ ist die bestimmende und formende Idee der ersten Schlegelschen Ästhetik und wird sonst nur von der Musik ausgedrückt, in der das Gefühl dominiert, nicht das sinnliche, sondern das geistige Gefühl. Seine Quelle ist die Liebe in ihrer höchsten Ausdrucksform, unendlich, ewig, der schöpferischen Natur angehörend, die nur mit den Mitteln der Phantasie dargestellt werden kann, auch wenn sie in einem historischen Thema verwurzelt ist[22]. Die Gewölbefresken Overbecks vermitteln tatsächlich das ›Sentimentale‹ durch ein Aufsteigen von der irdischen, erfüllten oder unerfüllten Liebe, wie sie in den Bildfeldern von Armida und Erminia dargestellt ist, zur Andeutung der göttlichen, selbst im Tode noch tröstlichen Liebe in den Feldern von Sofronia und Clorinda. Der Maler weist jedoch dem historischen Zusammenhang des Geschehens dieselbe Wichtigkeit bei und bestimmt einen aufsteigenden symbolischen Punkt, um den der ganze Himmel kreist (vgl. den Brief an den Vater vom 17.4.1819): die Eingangswand mit den *Kreuzfahrern am Heiligen Grabe,* denen an der Decke *Die Taufe Clorindas* entspricht, und abschließend, im Scheitelpunkt die an der *Disputà* Raffaels inspirierte Dreieinigkeit. Doch die symbolische Spannung bleibt auf die Verpflichtung beschränkt und verringert sich auf einen Mechanismus von Hinweisen und Gegenüberstellungen. Das von Schlegel in Tasso festgestellte ›Sentimentale‹ wird in den Deckenfresken zum Anstoß für eine moralisierende Behandlung. Dadurch leidet die religiöse Intention, weil sie sich hinter der Äußerlichkeit der Ereignisse und der Gesten verbirgt; die Nazarener beweisen, daß sie ihre Ausbildung der Schule Tiecks verdanken und im Grunde die Frömmigkeit als ästhetischen Genuß auffassen, nicht umgekehrt, wie es Wackenroder getan hatte.

Ariost

Das Interesse für den ›Rasenden Roland‹ erwachte in Deutschland erst gegen Ende des 18. Jahrhunderts. In ihrer Substanz war die Dichtung wenig geeignet, die oben beschriebene ideologische Linie zu bestätigen, auch wenn Schnorr in seinem Zyklus im Casino Massimo eine deutlich erkennbare Anpassung in diesem Sinne anbietet. Für Friedrich Schlegel beschränkt sich die Schar der christlichen Dichter auf Dante, Tasso, Milton und Klopstock. Als Overbeck 1817 von dem erhaltenen Auftrag berichtet, unterscheidet er, dabei wahrscheinlich an eine Wertskala denkend, zwischen den epischen Zyklen Dantes und Tassos und den »phantastisch heiteren« des Ariost[23].

Die von der romantischen Kritik verwendeten erklärenden Maßstäbe scheinen daher Radikalisierungen von Urteilen zu enthalten, welche schon die vorangegangene Generation ausgesprochen hatte. Lessing fügt im ›Laokoon‹ bei der Episode von Alcina im Hinblick auf den Unterschied zwischen Poesie und Malerei eine Bewertung der Poesie des Ariost ein, welcher er hauptsächlich einen beschreibenden und illustrativen Charakter zuweist. Dieses Urteil, das für den Dichter selbst zwar negativ ist, brachte aber den Gemeinplatz von einer besonderen Sensibilität Ariosts für die bildende Kunst hervor, wodurch seine Dichtung als eine bevorzugte Quelle der Inspiration für die Malerei angesehen wurde[24]. Herder formuliert eine andere, bald regelmäßig wiederkehrende These von einer dem Werke innewohnenden sozialen Befreiung. Dieser dem Volk und der Epoche, in der er entstand, verbundene Lehrsatz ist nichts anderes als eine aufgeschriebene Geschichte, »was sie ihrem Ursprunge nach seyn wollte, Unterhaltung, accentuierte Conversation«[25]. Wahrscheinlich gehen diese unzweifelhaft allgemein gehaltenen Behauptungen auf eine Bitterkeit gegenüber Wieland zurück, der sich mit der Poesie des Ariost in einem programmatischen Sinn identifizierte. Dies ging so weit, daß die Zeitgenossen einem Mißverständnis zum Opfer fielen, indem sie der eigentlichen Dichtung des Ariost die heitere Anmut des Rokoko attribuierten. Wilhelm von Humboldt äußerte sich folgendermaßen: »Wo lebt, seit Homer, in einem anderen Dichter eine solche Fülle und ein solcher Reichthum von Gestalten, wo eine solche nie stillstehende, sich immer wieder aus sich selbst erzeugende Bewegung, wo strömt ein so unversieglicher Quell ewig neuer und überraschender Erfindungen, als in den Gesängen Ariosts? ... Das Auge soll von Gestalten zu Gestalten umherschweifen und ihre Zahl nie übersehen ...« Schnorr nimmt diese Interpretation in den Deckenfresken mit den Kampfszenen wieder auf, die nicht so sehr rhythmisch gegeneinandergesetzt sind, sondern sich zu einem Crescendo vereinigen, obwohl seine Szenen sich in einen unvermeidlichen Raffaelismus kleiden. Humboldt schließt: »Wenn die höchste Bewegung und die lebendigste Sinnlichkeit das Wesen der Dichtkunst ausmachen, und niemand anstehen wird, dem Homer hierin den [höchsten] Rang einzuräumen; so gebührt dem Italiänischen Sänger unstreitig gleich die erste Stelle nach ihm.«[26] Diese Annäherung ist eine Idee Schillers, der in seiner Schrift ›Über naive und sentimentalische Dichtung‹ aus den beiden Dichtern Modelle für die Polarität seiner These macht. Dieselbe Auffassung kehrt bei Friedrich Wilhelm Schelling wieder, der die im übrigen klassische Fähigkeit des Ariost feststellt, sich von seinem eigenen dichterischen Thema zu distanzieren, es zu objektivieren, wodurch er auch dem Wunderbaren Natürlichkeit verleiht[27].

Sehr verschieden von dieser Auffassung ist das Verhalten der beiden Schlegel, welche die Dichtung des Ariost mit gewollt herabsetzenden Maßstäben einordnen und kritiklos die Vorurteile der Betrachtungsweise des ›Sturm und Drang‹ wiederaufnehmen. August Wilhelm Schlegel widmet Ariost nur eine zusammenfassende Bemerkung am Rande seiner Vorlesungen und rechnet die Dichtung der reinen Unterhaltungsliteratur zu. Trotzdem verfügte er über eine profunde Kenntnis der Dichtung, da er einige Teile daraus übersetzte und in ›Athenäum‹ herausbrachte. Außerdem hatte er die Übersetzung von J.D. Gries (Jena 1804-08) in allen Einzelheiten rezensiert, wobei er auch positive Urteile der Wertschätzung über die Klarheit, Lebendigkeit und Ausdruckskraft der Figuren aussprach[28]. Friedrich Schlegel formulierte ein entsprechendes Urteil im ›Gespräch über die Poesie‹: »Die Fülle klarer Bilder und die glückliche Mischung von Scherz und Ernst macht ihn zum Meister und Urbilde in leichter Erzählung und sinnlichen Fantasien.«[29] In der ›Geschichte der alten und neuen Literatur‹ von 1812 geht er näher auf den Gegenstand der Dichtung ein, nämlich die Sage von Roland und seinen Paladinen. Den großen Anklang, den diese im Laufe des Mittelalters gefunden hatte, sah Schlegel in der »eigentümlich christlichen Ansicht der Begebenheit« begründet: »Jene Ritter waren im Kampf gegen die Feinde der Christenheit gefallen«. Die solcherart fixierten Inhalte wandeln sich durch das Eindringen von Elementen der normannischen Kultur, die durch ihre Vorliebe für das Wunderbare und das Abenteuer gekennzeichnet ist, was durch die mündlichen Erzählungen der Kreuzfahrer über den Zauber und die Magie des Orients noch besonders hervorgehoben wird. »So verlor diese geschichtliche Sage von den Taten und Kriegen Karls des Großen, welche in ihrer ursprünglichen Gestalt wohl Gegenstand für ein ernstes Heldengedicht hätte sein können, allen festen Grund und Boden, und wurde bloß eine Form, oder Einfassung, worin sich alle mögliche beliebigen Dichtungen eintragen ließen, und bloß ein Vehikel für das kühne und willkürliche Spiel der Fantasie mit dem Wunderbaren.«[30] Auf dieser Linie liegt Ariost, dessen Dichtung ein dekadentes Bild der Ritterschaft gibt und das gesunde epische Substrat zerstört. Aus dieser Sicht ist die Dichtung auch für August Wilhelm, der noch härter urteilt, ein ›Rückfall in Roheit‹.

Wenn dies die Meinung der Schlegel ist, der Denker, die gewiß den größten Einfluß auf die Gruppe der Nazarener ausgeübt haben – auch durch die konkrete Vermittlung der Brüder Veit –, muß man sich fragen, warum Schnorr sich mit glühendem Enthusiasmus den Themen Ariosts zuwandte, den der Ton seiner Briefe und die Schnelligkeit, mit der er das ikonographische Programm für den ihm zugewiesenen Eingangssaal des Casino Massimo aufstellte, genügend bezeugen. Schnorr lebte seit 1811 in Wien als Gast der Olivier und hatte die Vorlesungen Friedrich Schlegels verfolgt. Aus einem Gefühl der Geistesverwandtschaft heraus erklärt er die Themen der ritterlichen Epoche und der Kreuzzüge zur ›Jugendzeit‹, einer von großen Taten bestimmten Zeit, mit dem damit verbundenen Entstehen der Poesie aus einer ganz und gar germanischen Kultur mit dem Glauben an das Wunderbare und der den Helden innewohnenden gigantischenKraft. Wahrscheinlich war der ›Rasende Roland‹ in der Übersetzung von Gries zu einer fesselnden Lektüre geworden, die Schnorr den lebhaftesten und unmittelbarsten Bezug zu dieser Wirklichkeit bot, so daß sie zu einem ›Ort‹ wurde, in den man sich projizieren mußte, um seine eigene historische und kulturelle Identität wiederzufinden. Sein erstes Ölbild inspirierte sich an der Episode Ariosts von der Schlacht bei Lipadusa und »war die Frucht« – wie er später schrieb – »einer jahrelangen Vertiefung in das romantische Heldenwesen«. Das Werk ist von 1816, dem Jahr, in dem er einen bedeutungsvollen Brief an den Vater schreibt über sein Bewußtsein als Deutscher und über die daraus entstehende Notwendigkeit, sich im vaterländischen Sinne zu erziehen; dies sind Behauptungen, die er im Laufe seines römischen Aufenthalts wiederholt[31]. Augenfällig wird die Entstellung und die Rolle des reinen Vorwandes, die das Werk Ariosts für Schnorr annahm, wenn man es aus diesem Blickwinkel betrachtet.

Als der Maler 1818 nach Rom kam, schloß er eine enge Freundschaft mit Overbeck, doch wurde er nach dem Umzug in den Palazzo Caffarelli, Sitz der preußischen diplomatischen Vertretung, sehr bald von dem aus Niebuhr, Bunsen und Platner bestehenden Kreis aufgesogen. Die Genannten waren Verfechter der stolzen Überzeugung, daß die deutsche Nationalität mit der protestantischen Konfession identisch sein müsse, und erhoben die Forderung, der ›Mode‹ der Bekehrungen entgegenzutreten. Auch die Wahl einer Dichtung Ariosts, die für die Schlegel nicht christlich war, und selbst wenn sie es wäre – wie Schnorr es interpretiert – den gequälten Moralismus Tassos vermissen läßt, wird zu einem enthüllenden Element. Sie sagt etwas über den latenten Antagonismus zwischen den beiden Fronten der Nazarener aus und verrät zweifellos eine gewisse Vorsätzlichkeit. In einem Brief an den Vater vom Januar 1819 schreibt Schnorr: »Die katholischen Maler, oder doch einige von ihnen, möchten gar gern glauben machen, daß den Protestanten zur wahren Kunst die Weihe fehle ...« Nun ist mit dem Angebot des Auftrags für das Casino Massimo die Möglichkeit gekommen, »den Kredit der protestantischen Maler aufrecht zu erhalten«[32]. Die Bestätigung dieser Auffassung liefert das Tagebuch von Karl Friedrich Schinkel, der bei seinem Besuch des Casino Massimo im Jahr 1824 allein Schnorr seine Wertschätzung mit den Worten zum Ausdruck bringt: »Man sieht aber hier, wie weit der Protestant den beiden Katholiken Veit und Overbeck in Feinheit und Originalität vorgerückt ist. So viel Talent in den Bildern der letzten zu sehen ist, so schmerzlich ist auch das Gefühl von verkümmerten und eingeketteten Naturen, welches unwillkürlich daraus hervorgeht.«[33]

Seine demonstrative Absicht und persönliche Kultur bringen Schnorr dazu, den ›Rasenden Roland‹ zu christianisieren. Und so macht er aus einer Dichtung, die für die Brüder Schlegel eine ›formlose‹ und ›fragmentarische‹ Gesamtheit von Schlachten, Liebesgeschichten und seltsamen Wunderdingen war, ein zusammenhängendes ideologisches Gebäude, das auf den Kampf der Heiden gegen die Christen und deren endgültigen Triumph gegründet ist. Diesem primären Anliegen ordnen sich die beiden romantischen Geschehnisse um Roland und Angelica und Ruggero und Bradamante unter, die sich auf parallelen und einander entgegengesetzten Ebenen abspielen. Historisches und dichterisches Material fließen in dem Fresko des Gewölbespiegels zusammen. Diese Anordnung bringt den Verlust des ursprünglich ironischen und phantastischen Bedeutungsgehaltes des Textes mit sich, den Schnorr im übrigen niemals verstand. Er zeigt im Vergleich zu Overbeck auch eine gewisse Oberflächlichkeit, welcher in seinem Zyklus weit über die simple und äußerliche Gegenüberstellung von Christen und Heiden hinaussah. Die versteckte Polemik gegenüber den Katholiken und seine eigene Persönlichkeit als Maler befreiten Schnorr gleichzeitig von der Lehrhaftigkeit, die Schinkel in den anderen Sälen so mißfallen hatte.

Ich sprach von der Malerpersönlichkeit, weil schließlich diese das Interesse erklärt, das Schnorr für Ariost empfand. Das ›Pittoreske‹, das für Friedrich Schlegel die Poesie Ariosts ausdrückte, im Vergleich zu dem ›Sentimentalen‹ Tassos, die angeführten Topoi der Kritik über die ›Vitalität‹ und ›Sinnlichkeit‹ seiner Bilder, über die ›Bewegung‹, die ›Fülle‹ und den ›Reichthum von Gestalten‹, in einem Wort über die figürliche Sensibilität, mußten für einen Maler, der im Bereich der nazarenischen Theorie und Praxis mehrfach die Notwendigkeit einer ›sinnlichen‹ Kunst vertrat, die größte Anziehungskraft besitzen. Hierzu ist ein Brief von 1823 wichtig, der die Freskotechnik als Mittel einer Malerei für das Volk lobt. Schnorr zeigt sich sehr kritisch gegenüber dem Bild der Hl. *Caecilia*, das sein zum Katholizismus übergetretener Bruder Ludwig gemalt hatte – ein Werk, dem Friedrich Schlegel jedoch einen anerkennenden Text gewidmet hat –, während Schnorr darin Stilisierungen und Künstlichkeiten festgestellt hat. Er schließt mit folgenden Worten:

»So dürfen wir auch nicht glauben, daß wir die Kunst auf eine erhabnere und gottgefälligere Weise betreiben, wenn wir Lebensfülle und Lebenskraft aus ihr verbannen, wenn wir es vorziehen, sie zur Dienerin pfäffischer Spekulationen zu machen, anstatt durch sie eben auf eine gesunde, unverdorbene, unverschrobene Anschauung der Schöpfung hinzuführen.«[34] Dem Antipoden, mit dem er Philipp Veit mit dem *Paradies* meint, will Schnorr beweisen, daß die Darstellung in der Malerei nicht symbolisch und lehrhaft sein kann, sondern, um einen verbreiteten Genuß zu ermöglichen, vor allem die Wahrnehmungsfähigkeit einbeziehen muß, indem sie die Verschiedenheit der dem Maler eigenen Ausdrucksmittel aufwertet und nicht beschneidet.

1 Zu der Geschichte der Fresken, die mit einem vielfachen Wechsel von Künstlern und der Vergabe von Aufträgen an sie eng verbunden ist, s. K. Gerstenberg und P. Ortwin Rave: *Die Wandgemälde der deutschen Romantiker im Casino Massimo zu Rom.* Berlin 1934. – Alle Beziehungen zwischen den Deutschen und dem Marchese Massimo scheinen von einem gegenseitigen Mißtrauen erfüllt gewesen zu sein, was am besten bei Dorothea Schlegel in einem Brief an Friedrich Schlegel vom 4.12.1818 zum Ausdruck kommt. Sie sieht den Marchese als typischen Italiener, der das ganze Unternehmen als reine ›Spekulation‹ betrachtet. Ihrer Meinung nach ist er durchaus fähig dazu, nach Beendigung der Fresken die Villa zu verkaufen, um dadurch den größtmöglichen Nutzen aus den Kunstwerken zu ziehen (vgl. H. Finke: *Der Briefwechsel Friedrich und Dorothea Schlegels.* Kempten 1923, S.134).

2 F. Schlegel: ›Geschichte der alten und neuen Literatur‹, in: *Sämmtliche Werke,* Bd.II, Wien 1846, S.3-6.

3 F. Schlegel: ›Über die deutsche Kunstausstellung zu Rom, im Frühjahr 1819, und über den gegenwärtigen Stand der deutschen Kunst in Rom‹, in: *Sämmtliche Werke,* Bd. VIII, S.174; P. Cornelius, Brief an J. Görres vom 3.11.1814, in: E. Förster: *Peter von Cornelius.* Berlin 1879, Bd.I, S.152; J. Schnorr von Carolsfeld, Brief an den Vater vom 26.3.1823, in: J. Schnorr von Carolsfeld: *Briefe aus Italien 1817-1827,* Gotha 1886, S.265; J.D. Passavant: *Ansichten über die bildenden Künste und Darstellungen des Ganges derselben in Toscana.* Heidelberg und Speyer 1820, S.78.

4 Zitiert in Förster 1879, Bd.I, S.211.

5 F. Overbeck, Brief an Vogel vom 4.4.1818, in: M. Howitt: *Friedrich Overbeck, sein Leben und Schaffen,* Bd.I, Freiburg 1886, S.412; J. Schnorr von Carolsfeld, Brief an den Vater vom 13.1.1819, in: Schnorr 1886, S.112. Für Führich s. Gerstenberg–Rave 1934, S.43.

6 A.W. Schlegel: ›Vorlesungen über schöne Literatur und Kunst‹, in: *Kritische Schriften und Briefe,* hrsg. von E. Lohner, Bd.II, Berlin 1965, S.180.

7 F. Schlegel: ›Gespräch über die Poesie‹ (1800) in: *Sämmtliche Werke,* Bd.V, S.209, 212, 181.

8 A.W. Schlegel, ›Über Zeichnungen zu Gedichten und John Flaxman's Umrisse‹, in: *Athenaeum,* Bd.II (1799); und in: *Sämmtliche Werke,* Bd.IX, Leipzig 1847, S.202-257.

9 J.A. Koch, Brief an Frauenholz vom 30.1.1802, in: O.R. Lutterotti: *J.A. Koch 1768-1839,* Berlin 1940, S.141. Die Schrift von A.W. Schlegel ist das Schreiben an Goethe über einige Arbeiten in Rom lebender Künstler im Sommer 1805, in: *Jenaische Allgemeine Literatur-Zeitung,* 1805, Nr.120-121.

10 P. Cornelius, Brief an Wenner vom 26.8.1817, in: H. Riegel: *Peter Cornelius.* Berlin 1883, S.272.

11 F. Schlegel: ›Geschichte der alten und neuen Literatur‹, S.7.

12 F. Schlegel, Brief an Dorothea vom 16.6.1818 und Brief an Ph. Veit vom 9.12.1818, in: Finke 1923, S.49 und S.141 f.

13 F. Schlegel: ›Über die deutsche Kunstausstellung zu Rom ...‹, S.176f. »Denn nachdem alle christlichen Gegenstände der Malerei entweder schon an und für sich symbolisch sind, oder doch um ihrem Wesen zu entsprechen, symbolisch behandelt werden sollen, so ist eben dazu auch dieser strengere und ernste Styl der Behandlung erforderlich, welcher eben den Eindruck des Altertümlichen macht. Werden die christlichen Gegenstände durchaus nicht symbolisch, sondern rein weltlich, bloß menschlich und natürlich behandelt, und auf die *dramatische* Wirkung, wenn dieser Ausdruck hier gestattet ist, angelegt, wie von den spätern Italienern so oft geschehen; dann sind diese heiligen Gegenstände allerdings ungünstig für die Kunst, ja zum Teil kaum erträglich ...«

14 F. Schlegel: ›Geschichte der alten und neuen Literatur‹, S.8.

15 J.A. Koch, Brief an F. von Fischer vom 12.11.1825, in: E. Jaffé: *Joseph Anton Koch.* Innsbruck 1905, S.89. Über Veit siehe auch den Brief von Dorothea an Friedrich Schlegel vom 30.12.1818, in dem sie – in Antwort auf sein Programm – die Entwürfe Veits für das *Paradies* als klar und naiv bezeichnet: »Weder der Theologe noch der Dichter sind so beschränkt in ihren Darstellungen wie der Maler. Am Ende muß er doch einfach menschliche Gestaltungen auch zu den mystischen Gegenständen darstellen.« (in: Finke 1923, S.158).

16 F. Schlegel: ›Geschichte der alten und neuen Literatur‹, S.68.

17 Novalis (F. von Hardenberg): *Die Christenheit oder Europa* (1799), Leipzig 1912, S.31, 59, 60, 58.

18 J. Schnorr von Carolsfeld, Brief an den Vater vom 10.6.1818, in: Schnorr 1886, S.76.

19 D. Schlegel, Briefe an Friedrich Schlegel vom 22.5.1818, 11.6. 1818, 3.7.1818, in: Finke 1923, S. 37, 46, 59.

20 C. von Brentano, der Katholik, wirft der Übersetzung des ›Befreiten Jerusalem‹ von Gries beispielsweise eine geringe Authentizität vor, weil ein Protestant nie die Religiosität, die Ernsthaftigkeit und die Inbrunst des Ariost wiedergeben könne (vgl. H. Wagner: *Tasso daheim und in Deutschland.* Berlin 1905, S.357).

21 F. Overbeck, Brief an Vogel, in: Howitt 1886, S.413. Zwischen der Decke und den Wänden besteht auch eine stilistische Differenz, indem die Decke, gerade weil ›ornamentaler‹, an die Manier Pinturicchios erinnert, und die Wände sich an Raffael inspirieren.

22 F. Schlegel: ›Gespräch über die Poesie‹, S. 221-222, und ›Geschichte der alten und neuen Literatur‹, S.68.

23 F. Schlegel: ›Geschichte der alten und neuen Literatur‹, S.3. F. Overbeck, Brief an den Vater vom 24.3.1817, in: Gerstenberg–Rave 1934, S.22.

24 G.E. Lessing: *Laokoon* (1767), in: *Werke,* Bd.X, Berlin-Wien 1925-35, S.119.

25 J.G. Herder: ›Briefe zur Beförderung der Humanität‹ (1793-97), in: *Werke,* Bd.XVIII, Berlin 1887-1913, S.48.

26 W. von Humboldt: ›Ästhetische Versuche über Goethes Hermann und Dorothea‹ (1778), in: *Werke,* Bd.II, Stuttgart 1961, S.179-181.

27 F. von Schiller: ›Über naive und sentimentalische Dichtung‹ (1795-96), in: *Werke,* Bd.XII, Berlin 1836, S.227-228; F.W. Schelling: ›Philosophie der Kunst‹ (1802-03), in: *Werke,* Abt. I, Bd.V, Stuttgart 1859, S.669-671.

28 Die Übersetzungen des II. und XI. Gesanges befinden sich in ›Athenaeum‹ (1799), Bd.II, Nr.2; die Rezension über Gries ist in A.W. Schlegel: *Werke,* Bd.XII, S.243 ff., das Urteil über Ariost ist in A.W. Schlegel: ›Vorlesungen über schöne Literatur und Kunst, S.221, enthalten.

29 F. Schlegel: ›Gespräch über die Poesie‹, S.182.

30 F. Schlegel: ›Geschichte der alten und neuen Literatur‹, S.216.

31 J. Schnorr von Carolsfeld, Brief an den Vater vom 10.9.1821, in: Schnorr 1886, S.236. Der Brief von 1815 ist zitiert in L. Grote: *Die Brüder Olivier und die deutsche Romantik.* Berlin 1938, S.149. Siehe auch den Brief von Schnorr aus Rom an Rochlitz vom 12.9.1818: »Der Deutsche ist nie deutscher gewesen, als er es jetzt hier ist«, in: Schnorr 1886, S.353.

32 J. Schnorr von Carolsfeld, Brief an den Vater vom 13.1.1819, in: Schnorr 1886, S.112.

33 G. Meier (Hrsg.): *K.F. Schinkel, Aus Tagebüchern und Briefen.* Berlin 1967, S.87.

34 J. Schorr von Carolsfeld, Brief an den Vater vom 26.3.1823, in: Schnorr 1886, S.267.

Im Februar 1817 erhielt Cornelius von dem Marchese Carlo Massimo den Auftrag, einen der beiden Seitenräume der Villa bei S. Giovanni in Laterano mit Fresken auszumalen (Brief von Niebuhr an Savigny vom 18.2.1817 und von Cornelius an Wenner vom 20.2.1817, zit. in Gerstenberg-Rave 1934, S. 20–22).

Nach der Überlieferung Overbecks schlug der Marchese Massimo die Ausmalung der Räume mit Themen aus Dante, Ariost, Tasso und Petrarca vor, doch ließ man Petrarca dann fallen (Briefe Overbecks an die Eltern vom 24.3.1817 und an Vogel vom 29.3.1817, zit. in Gerstenberg-Rave 1934, S. 22). Dennoch scheint es nach Gerstenberg-Rave, daß der Maler Ernst Platner dem Marchese nahelegte, einen der Säle der ›Göttlichen Komödie‹ vorzubehalten. Platner lebte seit 1808 in Rom und gehörte, wie die anderen Künstler und Literaten der deutschen Kolonie, zu den regelmäßigen Besuchern des Salons der Maria Christina von Sachsen, einer Schwägerin Carlo Massimos.

Natürlich war in diesem Kreise das Interesse für die genannten Poeten, die zu den Größten der italienischen Dichtung gerechnet wurden, schon seit der Jahrhundertwende tief verwurzelt, gerade bei Persönlichkeiten wie Carl Ludwig Fernow, Carstens und Koch. Daher ist zu vermuten, daß die Anregung eines Dante-Saals nicht allein auf Platner zurückging, sondern sicherlich auch der allgemeinen kulturellen Situation entsprang. Der Entschluß, sich an Cornelius zu wenden, wurde durch den Ruhm hervorgerufen, den dieser mit den Fresken der Casa Bartholdy erworben hatte.

Schon seit Mai 1817 hatte der Maler zahlreiche Studien ausgeführt, deren Veröffentlichung er dem Verleger Wenner in Deutschland vorschlug für den Fall, daß das römische Projekt nicht verwirklicht werden würde. Die Pläne betrafen Themen aus dem *Paradies,* die das Gewölbe ausschmücken sollten. Im August desselben Jahres hatte Cornelius eine nach »Art der antiken Miniaturen« gearbeitete Aquarellstudie beendet, »weil die Gattung der der Freskomalerei am nächsten kömmt« (Brief vom 26.8.1817, zit. in Gerstenberg-Rave 1934, S. 23).

Franz Horny wurde mit der Ausführung der Blumendekoration sowie der Aufteilung und Grundierung der verschiedenen Felder beauftragt und hatte im Herbst 1817 über hundert Zeichnungen angefertigt.

1818 wurde Cornelius von Ludwig von Bayern nach München gerufen und konnte den Auftrag nicht zu Ende führen. Der Marchese Massimo schlug Koch vor, die Räume zu dekorieren, da er die tiefe Bewunderung dieses Malers für die Dichtung Dantes kannte. Ihm gefielen auch die zahlreichen Zeichnungen, die Koch seit etwa 1802 zu diesem Thema gemacht hatte. Aber Koch lehnte zugunsten von Philipp Veit ab.

Veit übernahm im Sommer 1818 den Auftrag, die Dekoration festzulegen, doch mußte er vor Beginn der Arbeit zahlreiche Schwierigkeiten überwinden, die sich unter anderem aus der unangemessenen Bezahlung ergaben. Außerdem stand zu befürchten, daß sein angegriffener Gesundheitszustand sich weiter verschlechtern würde (Brief von Dorothea an Friedrich Schlegel vom 27.6.1818, in Finke 1923, S. 63).

Philipp Veit, *Paradies* (Gewölbe), Joseph Anton Koch, *Inferno* (Wand)

Joseph Anton Koch, *Die Buße der sieben Todsünden* (Wand)

Er begann im Gewölbe mit dem *Paradies,* wie es schon von Cornelius vorgesehen war, obwohl Friedrich Schlegel anregte, zuerst die Dekoration des *Purgatorio* in Angriff zu nehmen. Schlegel war der Ansicht, daß besonders die Mitte des Gesanges »die schönsten und menschlichsten Szenen anbietet«. Veit sollte »von da sich zur Glorie des Paradieses Stufe um Stufe erheben und erst zuletzt mit dem Dichter in die Tiefen der Hölle herabfahren« (Brief von Friedrich Schlegel an Dorothea vom 12.6.1818, in Finke 1923, S.49).

Aus dem Briefwechsel mit der Mutter geht hervor, daß die Ausarbeitung des Projekts äußerst mühsam war. Veit wurde durch die beständigen Einmischungen der Mutter und des Stiefvaters immer wieder verunsichert. Erschwerend wirkte sich weiterhin aus, daß er die Entwürfe von Cornelius kannte. Er bereitete zahlreiche Zeichnungen und Kartons vor, die er nicht als endgültig, sondern als erste Entwürfe ansah, darin Cornelius sehr unähnlich, der, einer klassizistischen Methode folgend, die Veröffentlichung seiner Zeichnungen durch den Frankfurter Verleger Wenner vorsah – und dies sogar noch vor der Ausführung der Fresken.

Anfang November 1818 waren zwei Kartons fertiggestellt, die wahrscheinlich das Gewölbe mit dem *Empyreum* betrafen (Brief von Dorothea an Friedrich Schlegel vom 6.11.1818, in Finke 1923, S.22). Außerdem führte er Kartons für die einzelnen Figuren aus, um die Faltenwürfe zu skizzieren. Im Sommer 1819 nahm er die Studien wieder auf, und im Februar 1820 war erst der Mittelteil des Gewölbes endgültig vorgeplant. Die anderen vier Felder an den Seiten des *Empyreum* sollten ihn in den folgenden vier Jahren beschäftigen.

Nachdem Veit endgültig auf die Dekoration des *Purgatorio* und des *Inferno* verzichtet hatte, wandte sich der Marchese Massimo neuerlich an Koch. Die Begebenheiten um den Auftrag zur Ausmalung dieses Raumes verraten die wiederholte Unentschlossenheit Veits und Kochs, welche nicht wußten, ob sie ihn annehmen oder ablehnen sollten. Koch hielt in diesen Jahren noch immer grundlegend an einer heroisch-dramatischen Deutung der ›Göttlichen Komödie‹ nach Art des ›Sturm und Drang‹ fest und hatte daher mehr Interesse am *Inferno* als an den übrigen Gesängen. Wahrscheinlich resultierte daraus eine gewisse Ratlosigkeit, diese anspruchsvolle Arbeit zu übernehmen, die in einer ganz anderen kulturellen Atmosphäre angesiedelt war, in der die theoretischen Gesetze Friedrich Schlegels ein immer maßgebenderes Gewicht im ideologischen Programm der Dekoration Massimo angenommen hatten. Es ist möglich, daß die Meinungen Schlegels von Christine von Sachsen, der Schwägerin des Marchese, geteilt wurden. Tatsächlich sprach Friedrich Schlegel in diesen Jahren ein negatives Urteil über die Danteschen Illustrationen aus, indem er dem Stiefsohn riet, eine Interpretation des *Inferno* in der Art einer Karikatur zu vermeiden, wie es gerade in den Zeichnungen »von Wächter bis Koch« geschehen war (Brief von Friedrich an Philipp Veit vom 9.12.1818, in Finke 1923, S.141).

Die Arbeiten Veits müssen noch 1823 im Gange gewesen sein, weil der Maler von seinem Stiefvater Anregungen über die Art der Interpretation des *Inferno* erhielt, der ihm deshalb schrieb und die Notwendigkeit einer neuen malerischen Darstellung dieser Themen unterstrich. Friedrich Schlegel riet ihm, sich bei den Entwürfen für das *Inferno* bildhaft die seelischen Qualen der Verlorenen vorzustellen, »so geistig als möglich und auch so herzzerschneidend als möglich«. Die malerische Umsetzung sollte also möglichst textgetreu erfolgen (Friedrich Schlegel an Philipp Veit, 2.10.1823, in Finke 1923, S. 358).

Joseph Anton Koch, *Sühneschiff und Läuterungsberg*

Joseph Anton Koch, *Dante und Virgil*

Philipp Veit, *Mond- und Merkurhimmel*, 1820–21. Detail des Gewölbefreskos

Koch muß schon seit 1823 die Absicht gehabt haben, den Auftrag anzunehmen, doch wurde dieser erst zu Anfang des Jahres 1825 endgültig erteilt (Lutterotti 1940, S. 109 ff.). Die bisher bekannten Zeugnisse besagen, daß der Maler mit den Arbeiten im Mai 1825 noch nicht begonnen hatte (Brief Schnorrs an Rehbenitz aus Rom vom 12.5.1825, in Schnorr 1886, S. 485). Im Winter des Jahres 1825 fing er an, sich ihnen so intensiv zu widmen, daß im November drei Zeichnungen und zwei Kartons für beide Wände fertiggestellt waren (Brief Kochs an Fischer vom 12.11.1825, in Gerstenberg-Rave 1934, S. 68).

Koch hielt sich bei der Dekoration nicht an die inhaltliche Abfolge und begann die Ausmalung des ersten Feldes mit der Bildfolge: *Dante schlafend, von den drei Tieren bedroht und von Virgil gerettet*. Unmittelbar danach führte er das Fresko zwischen den Fenstern mit der *Buße der sieben Todsünden* aus. Im Sommer 1826 war er ununterbrochen an der *Inferno*-Wand beschäftigt, im Winter 1827–28 malte er die Wand mit dem *Sühneschiff* und *Dante mit Virgil vor dem Tor zum Läuterungsberg* (Lutterotti 1940, S. 109–117).

Als im März 1828 die Arbeiten fertiggestellt waren, schrieb Koch: »In der Villa Massimi bin ich zu Ende sowohl mit dem Purgatorio als auch mit der Hölle und habe meiner Leidenschaft für das Freskomalen Genüge getan, habe in Rom ein Monument meiner Phantasie gestiftet« (Brief Kochs an Giovanelli, zit. in Lutterotti 1940, S. 114).

Nach dem Tode Carlo Massimos (am 6.1.1827) erbten dessen Bruder Massimiliano und die Schwägerin Christina von Sachsen die Villa. Die Prinzessin hielt das Aussehen einiger

Figuren für unschicklich und ließ diese von Giuseppe Candido übermalen, da Koch sich geweigert hatte, der Bigotterie Vorschub zu leisten, die seine klassisch-heroische Interpretation entstellte. Diese war von einer ideologisch-freiheitlichen Vorstellung geprägt, welche mit dem politisch-religiösen Klima der Restauration nicht mehr in Einklang stand.

1826 beklagte der Maler dieses Spießertum und schrieb: »Der gegenwärtige Papst [Leo XII.] ist gar zu scrupuloso in Betreff der nackenden Figuren, die antiken Statuen haben alle Traubenblätter bekommen ...« (Brief an Fischer vom 26.5.1826, in Gerstenberg-Rave 1934, S.80). Leider wurde dabei gerade die Gruppe von *Paolo und Francesca* geopfert, die einen der wesentlichen Kernpunkte für das Verständnis der Danteschen Interpretation Kochs bildet, indem die Figur des Paolo übermalt wurde. Die bittere Reaktion und die Empörung Kochs über diese Eingriffe drückt der Maler klar aus, wenn er an den Freund Sutter schreibt: »Meine Freskomalereien für die Villa Massimi habe ich vollendet und hatte Verdruß mit der Fürstin Massimi, welche eine sächsische Prinzessin ist und nicht weiß, daß man in der Hölle keine Hosen trägt. Der alte Besteller Carlo Massimi ist leider tot und die nachkommende Sippschaft hat kein Salz im Gehirn, denn Bigotterie statt Frömmigkeit gilt bei mir keine Pfeife Tabak« (Brief vom 6.5.1830, zit. in Lutterotti 1940, S.191). *G.P.*

Deckenfresko

Philipp Veit, Paradies

Im Mitteloval das Empyreum *(a)*, 1819-20, das die Madonna zwischen Dante und dem hl. Bernhard zeigt.
Um das Mitteloval die acht Paradieshimmel:
Mondhimmel *(b)*, 1820-21: Dante, Beatrice, Costanza, Piccarda
Merkurhimmel *(c)*, 1820-21: Romeo di Villanova, Justinian
Venushimmel *(d)*, 1822-23: Karl Martell, Cunizza, Folko von Marseille, Rahab
Sonnenhimmel *(e)*, 1822-23: Thomas von Aquin, Albertus Magnus, Dionysios, Dante, Beatrice, Chrysostomos, Nathan, Bonaventura
Marshimmel *(f)*, 1823-24: Judas Makkabäus, Dante, Cacciaguida, Karl der Große
Jupiterhimmel *(g)*, 1823-24: Konstantin, David
Saturnhimmel *(h)*, 1821-22: Petrus Damianus, Macarius, Romuald, Benedikt
Zwillingshimmel *(i)*, 1821-22: Beatrice, Dante, Petrus, Johannes, Jakobus

Wandfresken (A-D)

Joseph Anton Koch, Purgatorio und Inferno

Ostwand: Die Buße der sieben Todsünden, 1825-26 *(A)*
Südwand: Sühneschiff und Läuterungsberg, 1828 *(B)*
Westwand: Die Hölle, 1827-28 *(C)*
Nordwand: Dante schlafend, von den drei Tieren bedroht, von Virgil gerettet, 1825-26 *(D)*

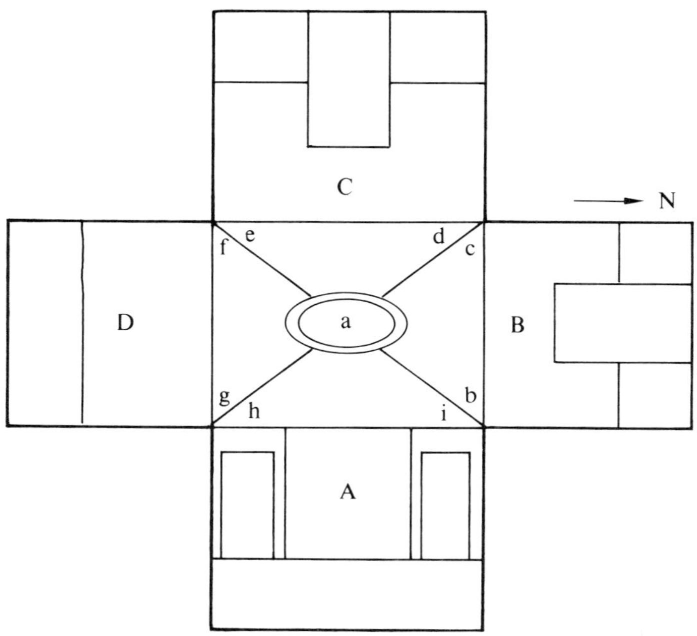

1 Philipp Veit
Das Paradies, 1819

Aquarell, Pinselauftrag Bleiweiß und Gold über Bleistiftzeichnung auf beige Papier, 55,2 x 45,8 cm (das untere Viertel mit 20,3 x 35,5 cm fehlt)
Provenienz: *Nachlaß Passavant-Gontard, Frankfurt; Sammlung Heumann, Chemnitz (Lugt 2841); erworben 1957 von R. N. Ketterer, Stuttgart*
Lit. und Ausst.: *Helbing 1931, Nr. 1204; Leipzig 1934, Nr. 206; Gerstenberg-Rave 1934, S. 56-59, 177; Ketterer 1957; München 1958, Nr. 168; Halm 1960, S. 233; Andrews 1964, S. 177; München 1979, Nr. 119*
Staatliche Graphische Sammlung, München
Inv. Nr. 1957:87

Das Blatt zählt zu den ersten Studien für die Dekoration des Gewölbes mit dem zum *Empyreum* gehörenden Paradies, mit der Darstellung des segnenden Christus auf dem Regenbogen sitzend. Der Oberkörper ist vor einem Dreipaßbogen gegeben, der die Dreieinigkeit symbolisiert. Zu seinen Seiten sitzen die Madonna und Johannes der Täufer, der Madonna zugewandt knien Dante und sein Begleiter Bernhard von Clairvaux.

Das Gewölbefeld rechts des *Empyreums* zeigt den Venus- und den Sonnenhimmel, in denen die folgenden Persönlichkeiten zu sehen sind: Karl Martell, Cunizza, Folko von Marseille, Rahab, Thomas von Aquin, Albertus Magnus, Dionysios, Dante, Beatrice, Chrysostomos, der Prophet Nathan und Bonaventura. Im Gewölbefeld links des *Empyreums* befinden sich der Saturn- und der Zwillingshimmel mit Petrus Damianus, Macarius, Romuald, Benedikt, Beatrice, Dante, Petrus, Johannes und Jakobus.

Auf dem fehlenden Teil dieser Vorzeichnung, der sich in einer Münchner Privatsammlung befindet, ist die Inschrift ›Rom PVS 1819‹ zu lesen (das Siegel PVS bezeichnet die Initialen von Ph. Veit Schlegel; vgl. München 1979/80, Nr. 119). Vom *Empyreum* muß Veit 1818 eine erste Studie in Aquarell ausgeführt haben, die von seiner Mutter Dorothea in einem Brief an Friedrich Schlegel vom 31.10.1818 gelobt wurde wegen der Fra Angelico ähnlichen Manier (in Finke 1923, S. 101).

Diese Skizze von 1819 stellt eine Phase in der langen und komplexen Abfolge der Ideen zu den Fresken dar und übernimmt in den einzelnen Teilen die von Cornelius in seinen Plänen vorgesehene Anordnung (verlorengegangen, früher in der Sammlung Augusts II. von Sachsen, abgebildet in Andrews 1967, S. 89), aber das Motiv der Blumengirlanden und die Aufteilung der Gewölbekappen werden aufgegeben.

Veit war lange Zeit hindurch mit der ikonographischen Festlegung vor allem des Mittelovals mit dem *Empyreum* beschäftigt, wobei er fortgesetzt von den Ratschlägen Friedrich Schlegels bedrängt wurde, die er teilweise befolgte. In einer anderen Aquarellstudie plante er die Lösung des Ovals mit der Jungfrau im Zentrum, von Wolken umgeben, darüber die Taube, zu beiden Seiten Engel, und zu Füßen der Jungfrau kniend Dante und Bernhard (Städelsches Kunstinstitut, Frankfurt a. M.; in Gerstenberg-Rave 1934, Taf. 40).

»Nach meiner Ansicht«, hatte Schlegel geschrieben, »muß schlechthin die Mutter Gottes das eigentliche Zentrum jenes großen Gipfelbildes sein; sie ist ja selbst als erste Kreatur, als ewige Weisheit und Seele Gottes von Anfang, und als triumphierende Kirche in der Vollendung das Paradies ...« (Brief von Friedrich Schlegel an Philipp Veit vom 9.12.1818, in Finke 1923, S. 80).

Die von Schlegel verlangte vielschichtige symbolische Interpretation wurde von Veit nicht vollständig verstanden. Er begnügte sich damit, einige ikonographische Anregungen zu übernehmen, zum Beispiel jene, die Figur Christi durch die der Jungfrau zu ersetzen. In dem Fresko bleibt der zentrale Platz der Muttergottes vorbehalten, an deren rechter Seite Gottvater und links Christus erscheinen.

Die Komposition der Himmel wird in dem schon erwähnten Aquarell und im Fresko selbst gegenüber der schon in der vorliegenden Skizze erdachten nur wenig verändert. Veit, der gleichermaßen weit von der klassisch-monumentalen Sensibilität des Cornelius und den Vorschlägen einer ›symbolischen‹ Kunst im Sinne Schlegels entfernt ist, bevorzugt eine erzählerische Vereinfachung der Dichtung Dantes, mit einer Prozession von Persönlichkeiten, die vor allem in den Farben an Fra Angelico erinnern. *G. P.*

I

II

II Philipp Veit
Entwurf für das Paradies, 1819

Bleistift und braune Feder, Aquarell und Gold, 20,5 x 35,5 cm
Bez. u. r.: »Rom PVS 1819«
Provenienz: *Vaduz, Sammlung Lichtenstein; Hamburg, Sammlung Otto Meyer; Stuttgart, Auktion R. N. Ketterer*
Lit. und Ausst.: *Gerstenberg-Rave 1934, S. 58; München 1958, Nr. 168, Taf. 12; Lübeck 1969, Nr. 189*
Privatsammlung, München

Entwurf der Kappe mit der Darstellung des Mond- und des Merkurhimmels, von links nach rechts: Dante und Beatrice, die Kaiserin Konstanze, die Klarissin Piccarda, Romeo de Villanova und der Kaiser Justinian (III. und IV. Gesang).

Die Anordnung der Figuren trifft man mit einigen Abweichungen in den anderen Entwürfen wieder (siehe die vorangehende Beschreibung). Die von den Engeln getragene Blumengirlande zeigt aber noch einen Anklang an Cornelius' erste Skizze und steht vielleicht auch in Verbindung mit Schlegels Empfehlungen hinsichtlich des bildlichen Wertes von Blumengirlanden, die als ›Arabesken‹ angesehen wurden. Sie ermöglichten dem Maler eine freie Gestaltung nach seinem Belieben (Friedrich Schlegel an Philipp Veit am 3.6.1818 in Finke 1923, S. 180).

III Joseph Anton Koch
Dante schlafend, von den drei Tieren bedroht, von Virgil gerettet, 1825

Über der Tür die Inschrift: »Lassat ogni speranza / voi che ntrate« (Laßt, die ihr eingeht, alle Hoffnung fahren!)
Aquarell, Feder in Grau und Braun, 36,9 x 43,5 cm
Provenienz: *E. von Heuss; A. J. Domela Nieuwenhuis (L. 356 b); erworben 1923*
Lit. und Ausst.: *Mainz 1883, Nr. 272; Jaffé 1905, S. 120, Nr. 82; Gerstenberg-Rave 1934, Abb. 53, S. 71; Berlin 1939, Nr. 161; Lutterotti 1940, Z 607, Abb. 176; Andrews 1964, S. 117, Nr. 49a, Abb.; Rotterdam 1979*
Museum Boymans-van Beuningen, Rotterdam Inv. Nr. DN 326/223

Der Entwurf für die Eingangswand des Dante-Saals wurde 1825 zusammen mit den anderen beiden Aquarellen der *Inferno*-Wand und der Wand mit der *Buße der sieben Todsünden* (Kochs Brief an von Fischer vom 12.11.1825, in Jaffé 1905, S. 89) ausgeführt.

Die vorliegende Komposition hat schon die endgültige Fassung des Freskos. Koch wählt die wichtigsten Momente des I. Gesanges des *Inferno* nach den aus der neoklassizistischen Theorie stammenden Kompositionsgrundsätzen aus. Die Episode der angreifenden allegorischen Tiere nimmt die obere Mitte der Pyramidenform ein und wird in Gleichzeitigkeit mit den anderen beiden ›Momenten‹ der Erzählung gesehen. Wenn Koch sich einerseits an eine Zeit- und Raumeinheit des Geschehens halten will, indem er mehrere Szenen zusammenfaßt, so will er andererseits auf eine Lesart in mehreren Zeitabschnitten in der Art der ›Primitiven‹ hinweisen, um dadurch die erzählerische Folge zu veranschaulichen.

Schon aus seinen ersten Interpretationen Dantes wird ersichtlich, daß Koch das Problem der Beziehung zwischen Malerei und Poesie aufwarf; er vertiefte es anschließend nach den Grundsätzen Schlegels und äußerte ausdrücklich seine Meinung, indem er das Prinzip des *ut pictura poesis* vertrat. Er suchte aber gleichzeitig die Selbständigkeit des Malers gegenüber dem Poeten zu behaupten.

Tatsächlich behauptete Koch, daß der Maler eine von der Kunst unabhängige Welt schaffen müsse, eine bildliche Welt. Er war der Meinung, daß das Gedicht, die Erzählung, die Märchen, die Legenden nur ein Anstoß zur Erkenntnis des Wesentlichen in der Malerei sein dürften. Aufgrund dieser Prinzipien betonte Koch die Notwendigkeit, literarische Themen in ›Zyklen‹ zu entfalten, so wie er dann die Möglichkeit hatte, sie in der Ausmalung des Casino

III

Massimo zu verwirklichen (s. von Holst in Stuttgart 1980, S. 41).
Die Landschaft mit dem hohen Berg in der Ferne und des »finstren Waldes Nacht«, von dem düster durch die Wolken scheinenden Mond spärlich beleuchtet, wird im Sinne einer erschreckenden und erhabenen Natur ausgelegt, die schon in den ersten Werken Kochs erscheint, besonders denjenigen, die sich auf literarische Themen beziehen. Gleichwohl ist hier die Natur als Kulisse dargestellt, aus der die Figuren Dantes und Virgils heraustreten. Sie stellen ihre Rolle als Hauptfiguren der Dichtung Dantes in den Vordergrund, als Symbole von Humanität und Weisheit.
Die Inschrift mit den Versen Dantes oberhalb der Tür verleiht dem architektonischen Element die allegorische Bedeutung des Einganges zum Reich der Hölle. So wird der Zweck erreicht, eine ›Synthese‹ zwischen einem realen architektonischen und einem malerisch phantastischen Raum herzustellen. *G.P.*

IV

IV Joseph Anton Koch
Dante schlafend, von den drei Tieren bedroht, von Virgil gerettet, um 1825

Feder, 33,8 x 57,5 cm
Bez. über der Tür, mit Feder:
»Per me si va nella città dolente / Per me si va nell'eterno dolore / per me si va tra la perduta gente« (Durch mich gehts ein zur Stadt der Schmerzerkornen, / Durch mich gehts ein zur Qual für Ewigkeiten, / Durch mich gehts ein zum Volke der Verlornen)
Provenienz: *Nachlaß Overbeck*
Lit. und Ausst.: *Gerstenberg-Rave 1934, S. 69; Lutterotti 1940, Z 539; Kopenhagen 1974, Nr. 20; Malmö 1979, Nr. 22*
Museen für Kunst und Kulturgeschichte der Hansestadt Lübeck, Inv. Nr. AB 144

Das vorliegende Blatt stellt eine der letzten Phasen der kompositorischen Bearbeitungen des Themas dar. Es wurde wahrscheinlich unmittelbar vor der quadrierten Federzeichnung (in Gerstenberg-Rave 1934, Abb. 52) angefertigt, die mit der aquarellierten letzten Skizze, welche in Nr. III erwähnt wird, identisch ist.
Verglichen mit dieser Zeichnung und dem Aquarell, zeigt das vorliegende Blatt eine andere Anordnung des Baumes neben den zwei wilden Tieren: Hier steht der Baum zwischen der Wölfin und dem Panther, während er in den anderen zwei erwähnten Skizzen wie auch in der endgültigen Darstellung hinter den beiden Tieren erscheint. Deshalb kann das Blatt um 1825 datiert werden. Die scharf konturierte Zeichnung zeigt eine klare Verteilung von Licht und Schatten, die jeden einzelnen Kompositionsbestandteil heraushebt und differenziert. Frühere Skizzen sind noch in Berlin (Nationalgalerie), in Dresden, Innsbruck, Wien und Freiburg bekannt (Lutterotti 1940, Z 72, Z 167, Z 698, Z 262). *G. P.*

V Joseph Anton Koch
Die Hölle, 1825

Aquarell, Feder in Grau und Schwarz über Bleistiftzeichnung, 36,6 x 56,5 cm
Provenienz: *E. von Heuss; A. J. Domela Nieuwenhuis (L. 356 b); erworben 1923*
Lit. und Ausst.: *Mainz 1883, Nr. 273; Jaffé 1905, S. 120, Nr. 82; Gerstenberg-Rave 1934, S. 74, Abb. 57; Berlin 1939, Nr. 162; Lutterotti 1940, Z 608, Abb. 178; Rotterdam 1979; Stuttgart 1980, Nr. 41, Abb. 31*
Museum Boymans-van Beuningen, Rotterdam Inv. Nr. BN 327/224

Dieses Blatt wurde gleichzeitig mit den anderen beiden Aquarellen *Dante schlafend, von den drei Tieren bedroht, von Virgil gerettet* und *Die Buße der sieben Todsünden* (Kat. Nr. III und IX) ausgeführt und ist, nach der Aussage von Koch selbst, der es in einem Brief an von Fischer vom 12.11.1825 (in Jaffé 1905, S. 89) beschreibt, in das Jahr 1825 zu datieren.
In diesem Brief schreibt Koch über die ›Göttliche Komödie‹, daß das ganze Gedicht eine christliche Allegorie sei und folglich für die grandioseste Kunstdarstellung gemacht. Der Auftrag Massimos bot die beste Gelegenheit, seine verschiedenen Entwürfe zu dem Thema des *Inferno* zu einer Synthese zu vereinigen: Er konzentrierte die Darstellung der aus verschiedenen Gesängen entnommenen Episoden, hauptsächlich über die Themen von Minos, dem Höllenrichter (V. Gesang), Paolo und Francesca (V. Gesang), »Dante, Allegorie der Menschlichkeit, Vergil, Allegorie der irdischen Weisheit und Geryon der Falschheit« (V. Gesang, vgl. oben erwähnter Brief von Koch).
In einer Zeichnung der Üxküll-Sammlung in Karlsruhe, datiert 1803, finden wir den ersten Kompositionsentwurf für die Gruppe von *Paolo und Francesca*, zu der Koch

V

durch eine Zeichnung Carstens' von 1796 (Weimar, Kunstsammlungen) angeregt wurde. Carstens' Zeichnung stellt das Liebespaar in mittelalterlicher Kleidung dar, Seite an Seite, im Fluge umarmt, während das höllische Gewitter beide mitreißt. Dieselbe Komposition von Carstens wurde von Koch 1811 für Üxküll und 1823 für Thorvaldsen (Lutterotti 1940, Z 391, Z 443, Abb. 136) kopiert.
Schon in dieser ersten Darstellung zeichnet sich die Struktur des pyramidalen Aufbaus ab mit Minos an der Spitze, und links, abgesondert von den anderen Verdammten, Paolo und Francesca, rechts Dante und Virgil. In ihren heftigen Bewegungen und ihrem harmonischen Widerspiel scheinen die Figuren und Gruppen im Vordergrund umzustürzen, und betonen damit das räumliche Emporsteigen wie in Michelangelos *Jüngstem Gericht*.
In den anderen Vorzeichnungen zu demselben Thema behält Koch im wesentlichen dieses Kompositionsschema bei, auch wenn er die einzelnen Figuren oder Gruppen variiert (siehe den beschriebenen Kompositionsweg in Hartmann 1969, S. 143 ff.). In dem vorliegenden Aquarell haben wir die letzte Version des Themas vor der endgültigen Ausführung, in der gegenüber den vorangegangenen Entwürfen einige Veränderungen zu bemerken sind: Die pyramidale Anordnung mit Minos an der Spitze über der Eingangstür des Zimmers wird hervorgehoben, der Thron verschwindet und Geryons Schrecklichkeit wird noch verstärkt. Koch scheint sich mit dem tragisch ›Erhabenen‹ des *Jüngsten Gerichts* Michelangelos auseinandersetzen zu wollen; trotzdem steht er auch weiterhin unter dem Einfluß der Maler des Trecento, hauptsächlich der Freskenmaler des Camposanto zu Pisa. Koch selbst hatte behauptet, sich an sie anlehnen zu wollen, weil sie die bildliche Entsprechung der Dichtung Dantes seien (s. Kochs Brief, zit. in Hartmann 1969, S. 144-145). Die völlig animalische Schrecklichkeit der Teufel, die tragischen und ›charakterisierten‹ Masken der Verdammten verweisen jedoch auch auf Signorellis *Gericht* in der Brizzo-Kapelle des Domes von Orvieto, ein weiteres Werk, das für die Geschmacksbildung der ›Primitiven‹ der Nazarener-Gruppe als wesentlich angesehen wird, um die Ursprünge der Tragik Michelangelos zu verstehen. (Eine deutliche Anlehnung an Signorelli ist rechts, in der Szene des *Herrn von Lucca*, zu bemerken).
Die einander gegenübergestellten Gruppen von Paolo und Francesca und Dante und Virgil sind von größter Bedeutung. Das sich umarmende Liebespaar, fliegend dargestellt wie die Engel in Raffaels *Disputà*, erscheint hier zum erstenmal von einem Schwert durchstoßen, wie in der Endfassung des Freskos. Die ikonographische Originalschöpfung betont die romantische Auffassung der Liebe und der geistigen

Vereinigung, die man nur im Tode erreicht, z.B. nach der Interpretation Friedrich Schlegels in den Jahren der ›Lucinde‹ (s. Hartmann 1969, S. 100).
Auch die von Geryon getragene Gruppe von Dante und Virgil erscheint seit den ersten Dante-Illustrationen Joseph Anton Kochs (vgl. die 1801-02 datierten Zeichnungen mit den Hauptszenen aus dem XIV. und XVII. Gesang). Besonders in den zwei in Wien, Bibliothek der Akademie der bildenden Künste, und in Berlin/DDR, Staatliche Museen, befindlichen Zeichnungen, wird Geryon, wie in einigen Miniaturen des 14. und 15. Jahrhunderts, mit Frauenantlitz dargestellt (vgl. Stuttgart 1980, Nr. 18 und 19, Abb. 63-64). Die ikonographische Entscheidung, Geryon, die Allegorie der Falschheit, in weiblicher Gestalt darzustellen, wird von Koch in der endgültigen quadrierten Skizze für die Wand des Casino Massimo (Wien, Kupferstichkabinett der Akademie der bildenden Künste, vgl. Stuttgart 1980, Nr. 42, Abb. 88) und dann im Fresko selbst übernommen. In dem hier behandelten Aquarell wird Geryon mit Männerantlitz und gekrönt, wie in den meisten anderen bekannten Vorzeichnungen zu diesem Thema, dargestellt.
Während Koch in den ersten Zeichnungen dazu neigte, das Entsetzen Dantes beim Fliegen auf dem höllischen Ungeheuer zu betonen, sitzt der Dichter auf Geryon in diesem Aquarell und im Fresko, wie von Holst bemerkt wurde (Stuttgart 1980, Nr. 44), selbstsicher und damit beschäftigt, das tragische Schauspiel zu beobachten.
Zwei 1825 datierte Zeichnungen sind als weitere, unmittelbar vorangehende Phasen der Ausarbeitung des Ganzen zu betrachten (Innsbruck, Tiroler Landesmuseum, abgebildet in Stuttgart 1980, Nr. 39 und 40, Abb. 86 und 87). G.P.

VI Joseph Anton Koch Dante und Virgil, von Geryon getragen

Bleistift und schwarze Feder, 37,9 x 30 cm
Provenienz: *Henry Acland, England*
Lit. und Ausst.: *Auktion Sothebys, London 15.11.1973, Nr. 110, Taf. XXI; Stuttgart 1980, Nr. 36, Abb. 83*
Stiftung Ratjen, Vaduz

Das aus dem XVII. Gesang der Hölle entnommene Thema beschäftigte Koch seit der Zeit seiner ersten Entwürfe für die Dante-Illustrationen. Er entwickelte die ikonographische Darstellung in einer großen Anzahl von Zeichnungen, Aquarellen und in einem Gemälde, das kürzlich wiederentdeckt und von von Holst im Stuttgarter Katalog ›Dante, Vergil, Geryon‹ veröffentlicht wurde (1980). Der Künstler hat die komplexe Entwicklung dieses Themas rekonstruiert, indem er die kulturelle, literarische und bildhafte Herkunft besonders in den Zeichnungen Carstens', Flaxmans, Kochs und Thorvaldsens bestimmte, ganz abgesehen von der Resonanz, die das gleiche Thema bei anderen zeitgenössischen Künstlern fand.
Unter den zahlreichen Teilentwürfen für die Gruppe *Dante und Virgil, von Geryon getragen* stellt dieses Blatt eine weitere Phase der Betrachtung über eine der ersten Ausführungen des Themas dar (s. die Zeichnungen in Stuttgart 1980, Nr. 18 und 19). Es ist um das Jahr 1822 zu datieren, da Koch, als sich der Auftrag der Fresken für das Casino Massimo entschied, daran dachte, diese Gruppe in die Inferno-Wand einzufügen.
In dieser Zeichnung, die später mit der Feder überarbeitet wurde (s. Stuttgart 1980, Nr. 36), um die letzte Form zu finden, gewinnt die Gruppe von Dante und Virgil auf dem Ungeheuer, das hier noch mit Männerkopf und gekrönt dargestellt wird, während sie die schwach angedeutete Malebolge-Brücke überfliegt, besonderes Gewicht.
Besonders bei der Haltung der nackten Figuren, die das Motiv Dantes des Laufens im Kreis darstellen, sind zahlreiche Änderungen zu bemerken. Eine andere Zeichnung, dieser vom ikonographischen Standpunkt recht ähnlich, befindet sich in einer Privatsammlung in Rom. G.P.

VII Joseph Anton Koch Sühneschiff und Läuterungsberg

Aquarell, Feder in Braun auf Bleistift, 37,1 x 43 cm
Bez.: Inschrift auf der vom links sitzenden Engel gehaltenen Schriftrolle:
»IN EXITU ISRAEL / DE EGIPTO«
Provenienz: *E. von Heuss; A.J. Domela Nieuwenhuis (L. 356b); erworben 1923*
Lit. und Ausst.: *Mainz 1883, Nr. 274, Jaffé 1905, S. 120, Nr. 82; Gerstenberg-Rave 1934, S. 77, Abb. 60, Berlin 1939, Nr. 163; Lutterotti 1940, Nr. Z 610, Abb. 180; Andrews 1964, Nr. 49b (zit.); Rotterdam 1979*
Museum Boymans-van Beuningen, Rotterdam Inv. Nr. N. DN 328/225

Der Entwurf für die *Purgatorio*-Wand ist um 1825 datiert. Er stellt die Ankunft des Schiffes dar, das die Seelen zur Purgatorio-Insel bringt (II. Gesang, Verse 40-48), und das Tor des Läuterungsberges. Auf der Schwelle desselben sitzt der Engel, der in der rechten Hand das Schwert hält, mit dem er auf Dantes Stirn die sieben P (peccato = Sünde) der Todsünden einritzt; in der Linken hält er die beiden Schlüssel, die den Eingang zur Welt der Buße öffnen. Der kniende Dante und Virgil, der dabei ist, dem Engel den Grund ihrer Anwesen-

VI

VII

heit zu erklären, befinden sich vor den drei Stufen, die zum Tor führen. Koch hat sich bei der Farbgebung an Dantes Beschreibung gehalten: Die erste Stufe ist aus blankgeschliffenem weißen Marmor, die zweite aus rauhem Gestein, die dritte aus flammendem Porphyr. Wie ältere und neuere Exegeten erkannt haben, deuten die drei Stufen auf die drei Momente des Sakramentes der Buße hin: die Reue des Herzens, die Beichte der Sünden, die Sühne durch gute Werke, während der Engel allegorisch den Priester darstellt (IX. Gesang, Verse 94-111).

Der ikonographischen Synthese der zwei wichtigen Momente, die Koch gewählt hat, um eine klare und sichtbare Mitteilung zu erreichen, entspricht der Aufbau der Bildkomposition in Form eines geschlossenen pyramidalen Schemas, an dessen Basis sich das Schiff und an dessen Spitze sich der Engel vor dem Eingang zum Läuterungsberg befinden. Als Abschluß der Komposition sehen wir zu beiden Seiten des Engels zwei Engelpaare. Die wilden Rhythmen, die heftigen und dramatischen Bewegungen des *Inferno* werden nun durch das fließende Gleiten, den harmonischen Zusammenklang und die elegischen Töne des *Purgatorio* abgelöst.

Die Komposition setzt sich aus übereinanderliegenden Ebenen zusammen, in denen Verkürzungen und Hilfsmittel räumlicher Illusion vermieden werden: Der Verzicht auf räumliche Tiefe, den man auch in den anderen Fresken des Saales sowie in den Zeichnungen – die als räumliche Illustrationen entworfen worden sind – wiederfindet, läßt sich damit erklären, daß ein symbolischer Raum außerhalb der Zeit dargestellt werden sollte.

Diese räumliche Auffassung verbindet

Joseph Anton Koch, *Sühneschiff und Läuterungsberg,* 1821

Koch mit der Suche nach einer Auflösung des perspektivischen Raumes mit seinem naturalistischen Illusionismus, wie es in anderer Form schon Carstens, Blake, Flaxman und Füssli um die Jahrhundertwende versucht hatten.
Der Entwurf kann schon als endgültige Phase der Komposition angesehen werden, bevor sie, ohne jede ikonographische Abweichung, im Fresko dargestellt wurde. Schon im Aquarell hält sich Koch teilweise an die Farbsymbolik Dantes, die er im Fresko zu verwirklichen sucht, indem er sich an die dem Text entnommenen Angaben hält. So verwendet er beispielsweise die allgemeine Farbenharmonie der Blau-Skala, um das »dolce color d'oriental zaffiro« der Luft des Purgatorio damit darzustellen; sowie die Farben, mit deren Hilfe er das verschiedene Material der drei Stufen wiedergibt. *G.P.*

VIII

VIII Joseph Anton Koch
Zugang zum Läuterungsberg

Feder und Bleistift, 33,8 x 57,5 cm
Bez.: Inschrift auf der vom links im Boot sitzenden Engel gehaltenen Schriftrolle: »IN EXITU ISRAEL / DE.) «
Provenienz: *Nachlaß Overbeck*
Lit. und Ausst.: *Gerstenberg-Rave 1934, S. 67; Lutterotti 1940, Z 540; Kopenhagen 1974; Malmö 1979, Nr. 25*
Museen für Kunst und Kulturgeschichte der Hansestadt Lübeck, Inv. Nr. AB 123

Dieses Blatt gehört wahrscheinlich zu den letzten Vorzeichnungen, die der quadrierten Skizze (abgebildet in Gerstenberg-Rave 1934, S. 79, Abb. 62) unmittelbar vorangingen. Danach wurde der Entwurf auf die Wand übertragen. In dem linken Engelpaar ist die für die endgültige Fassung gewählte Haltung der zusammengeführten Schwerter gegen den Drachen noch nicht so stark ausgeprägt. Der über den drei Stufen am Tor des Purgatorio sitzende Engel, von einem kubischen Raum eingeschlossen, wurde ähnlich schon im ersten Ausmalungsentwurf der Wand mit architektonischen Gruppierungen und Bögen des Quattrocento, mit *Dantes Traum* verknüpft, dargestellt (erwähnt in Gerstenberg-Rave 1934, S. 73, Abb. 56).
Die die Umrisse festlegende Zeichentechnik stellte bei Koch die vorbereitende Phase zur Zeichnung mit Licht- und Schatteneffekt dar (vgl. von Holst, in Stuttgart 1980, S. 46). Andere vorangehende Entwürfe finden sich in Dresden, in Innsbruck und in Wien (Lutterotti 1940, Z 173, Z 317, Z 700).

G. P.

IX Joseph Anton Koch
Die Buße der sieben Todsünden

Aquarell, Feder in Braun auf Bleistiftzeichnung, 36 x 19,8 cm
Bez.: Auf der Schriftrolle des Engels: »VENITE BENEDICTI PATRUS MEI«. Auf dem Felsblock des Sünders: »TE DEUM LAUDAMUS«
Provenienz: *E. von Heuss; A. J. Domela Nieuwenhuis (L. 456 b); erworben 1923*
Lit. und Ausst.: *Mainz 1883, Nr. 275; Jaffé 1905, S. 120, Nr. 82; Gerstenberg-Rave 1934, S. 75, Abb. 58; Berlin 1939, Nr. 164; Lutterotti 1940, Z 609, Abb. 179; Rotterdam 1979*
Museum Boymans-van Beuningen, Rotterdam
Inv. Nr. DN 329/226

Der in allen Teilen schon festgelegte Entwurf für das Fresko, das allegorisch die *Buße der sieben Todsünden* im *Purgatorio* darstellt, wird ohne jegliche Abweichung ausgeführt. Mehrere Episoden sind auch hier in einer Anordnung übereinanderliegender Ebenen wiedergegeben. Der Entwurf wurde 1825 zusammen mit den anderen beiden Aquarellen von *Dante schlafend, von den drei Tieren bedroht, von Virgil gerettet* und des *Inferno* beendet (s. Kochs Briefe an von Fischer vom 12.11.1825, in Jaffé 1905, S. 89 und an Giovannelli vom 26.11.1825, zitiert in Lutterotti 1940, Z 609). *G. P.*

IX

Zur gleichen Zeit, als Peter von Cornelius mit den Fresken für den Dante-Saal beauftragt wurde, vergab Carlo Massimo den Auftrag zur Illustration des Tasso-Saals an Friedrich Overbeck. Begeistert berichtete der Künstler am 24.3.1817 seinen Eltern: »Mit welcher Entzückung werde ich mit jenen geweihten Schaaren nach der heiligen Stätte wallfahren, der oft ersehnten, die mit leiblichem Fuße zu betreten, mir wohl schwerlich wird vergönnt werden, zu der *dann* aber die Phantasie mit dem vollsten Rechte hinüberschweben darf (in Gerstenberg-Rave 1934, S.85; s. auch Brief an Ludwig Vogel vom 29.3.1817, in Howitt 1886, I, S.402).

Der Vertrag wurde im Herbst desselben Jahres geschlossen. Die ersten Überlegungen Overbecks zu der Anordnung der Fresken im Tasso-Saal sind in einem Brief an den Vater vom 15.11.1817 überliefert (Stadtbibliothek Lübeck; s. Gerstenberg-Rave 1934, S.85). Die ersten Kartons für die Gewölbefresken mit der Allegorie des *Befreiten Jerusalem* und der Episode von *Olindo und Sofronia* führte er im folgenden Winter aus. Beide wurden in der ersten Ausstellung der deutschen Künstler in Rom, die am 3.4.1819 im Palazzo Caffarelli eröffnet wurde, gezeigt. Aus dem gleichen Monat stammt der Karton zu *Tankred und Clorinda*, den er in einem Brief an die Eltern am 17.4.1819 beschreibt (Stadtbibliothek Lübeck; in Gerstenberg-Rave 1934, S.88-89).

Im Juli 1819 begann Overbeck mit der Ausführung der Fresken und zwar mit der Allegorie des *Befreiten Jerusalem* im Gewölbespiegel. Für die restlichen Gewölbefresken führte er keine vorbereitenden Zeichnungen mehr aus, da dies das Fortkommen bedeutend verzögert hätte. Bedingt durch die ungesunde Gegend der Villa Massimo war die Arbeit auf wenige Monate beschränkt. Weiterhin erschwerend wirkte sich der bedenkliche Gesundheitszustand des Künstlers aus, der unter immer wiederkehrenden Fieberanfällen litt.

Im Frühjahr 1822 war Overbeck völlig von der Ausführung des Tafelbildes *Christi Einzug in Jerusalem* für die Lübecker Marienkirche in Anspruch genommen. Da er fest entschlossen war, sein Leben allein der religiösen Kunst zu weihen, entfernte er sich im Laufe der Zeit immer stärker von dem Freskenzyklus; in einem Brief vom 28.11.1826 beklagt er diesen Zustand: »Eine Arbeit, von der ich leider! zu spät eingesehen habe, daß sie nicht angemessen für mich war, die aber gleichwohl nun ausgeführt werden muß: eine nicht geringe Buße, für die Thorheit zu glauben, daß man allem gewachsen sei« (Stadtbibliothek Lübeck; in Gerstenberg-Rave 1934, S.99).

Nach dem Tod Carlo Massimos im Frühjahr 1827 entledigte sich Overbeck seiner Verpflichtung und übergab den Auftrag dem jungen Joseph von Führich, der kurz zuvor nach Rom gekommen war. Dabei verpflichtete er ihn, sich an die von ihm gewählten Themen zu halten, ließ ihm aber kompositorische Freiheiten (Brief vom 28.7.1827, in Führich 1883). Hilfreich wirkte sich für den in der Freskotechnik unerfahrenen jungen Künstler aus, daß Overbeck *Odoardo und Gildippe* noch nicht gänzlich fertiggestellt hatte, so daß dieser ihm mit Rat und Tat zur Seite stehen konnte.

Joseph von Führich, *Die Kreuzfahrer am Heiligen Grabe*, 1828-29

Fensterdekoration

Friedrich Overbeck, *Olindo und Sofronia,* 1820 (Gewölbeteil),
Der Erzengel Gabriel gebietet Gottfried von Bouillon die Befreiung Jerusalems, 1822

Friedrich Overbeck, *Peter von Amiens beruft Gottfried von Bouillon zum Führer des Christenheeres,* 1825

Der Freskenzyklus des Tasso-Saales wird durch einen umlaufenden Sockelfries ergänzt, der nach Overbecks Entwurf gris en gris mit umbrabraunem, später zu vergoldendem Hintergrund ausgeführt wurde. Der Fries besteht aus elf Teilen, zwei davon (an der Fensterwand) stammen von Overbeck. Er zeigt kleinere Episoden aus dem *Befreiten Jerusalem,* die die darüber befindlichen Bildthemen ergänzen. *M. G. M.*

Gewölbefresken (1-5)

Gewölbespiegel: Friedrich Overbeck, Das befreite Jerusalem, 1819 *(1)*
Ostkappe: Friedrich Overbeck, Olindo und Sofronia, 1820 *(2)*
Nordkappe: Friedrich Overbeck, Tankred und Clorinda, 1820 *(3)*
Westkappe: Friedrich Overbeck, Armidas Reich, 1820-21 *(4)*
Südkappe: Friedrich Overbeck, Erminia bei den Hirten, 1821 *(5)*

Wandfresken (A-F)

Ostwand: Friedrich Overbeck, Der Erzengel Gabriel gebietet Gottfried von Bouillon die Befreiung Jerusalems, 1822 *(A)*
Nordwand: Friedrich Overbeck, Peter von Amiens beruft Gottfried von Bouillon zum Führer des Christenheeres, 1825 *(B)*
Westwand: Friedrich Overbeck, Odoardo und Gildippe, 1826 (links von der Tür, *C*)
Joseph von Führich, Rinaldo und Armida, 1827-28 (rechts von der Tür, *D*)
Joseph von Führich, Rinaldo im Zauberwald, 1828 (über der Tür, *E*)
Südwand: Joseph von Führich, Die Kreuzfahrer am Heiligen Grabe, 1828-29 *(F)*

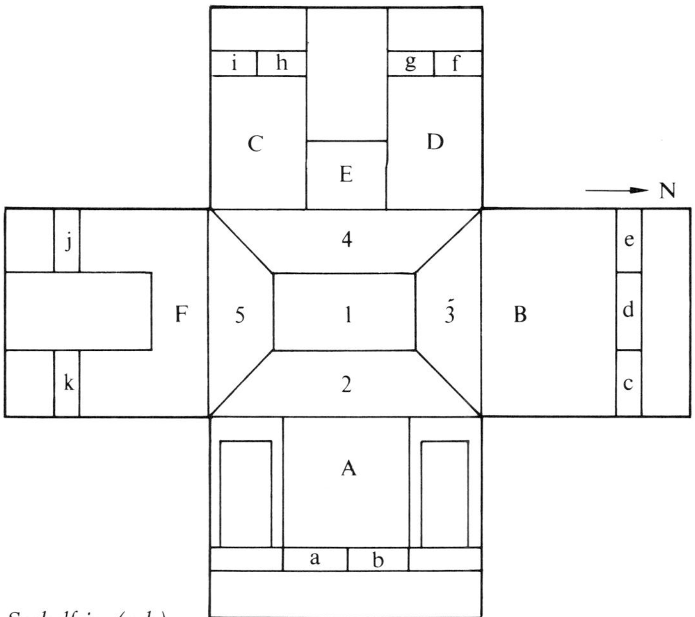

Sockelfries (a-k)

Ostwand: Friedrich Overbeck, Abschied von der Familie *(a).* Vertreibung der Priester und Mönche *(b)*
Nordwand: Joseph von Führich, Die Kreuzfahrer vor Jerusalem *(c).* Die Auffindung der Leiche des Prinzen Sveno *(d).* Bittprozession *(e)*
Westwand: Joseph von Führich, Höllenrat *(f).* Kriegsrat der Sarazenen *(g).* Wassermangel der Kreuzfahrer *(h)*
Südwand: Joseph von Führich, Suche nach Rinaldo *(i).* Tankred tötet Agrant *(j).* Rinaldos letzte Taten *(k)*

X

X Friedrich Overbeck
Olindo und Sofronia, 1818

Bleistift, 29,5 x 71 cm
Provenienz: *1941 erworben*
Lit. und Ausst.: *Albertina, Inv. Nr. 29634*
Graphische Sammlung Albertina, Wien
Inv. Nr. 29634

Zusammen mit den ersten Zeichnungen von Cornelius und Horny für den Dante-Saal im Casino Massimo ist dieses Blatt Overbecks für den Tasso-Saal in das Jahr 1818 datierbar und gehört zu den ältesten graphischen Zeugnissen der von Carlo Massimo gewünschten Ausmalung seiner vorstädtischen Villa. Es ist jedoch schwer festzustellen, ob diese leichte Bleistiftzeichnung (von Gerstenberg-Rave 1934, S. 178, unter den anderen Vorzeichnungen für den gleichen Saal nicht erwähnt) der Ausarbeitung des Kartons vorangeht oder sich unmittelbar an sie anschließt (abgebildet in Gerstenberg-Rave 1934, S. 81, Abb. 63 und Taf. 19, 20). Diese Ausführung wurde in den ersten Monaten von 1818 angefertigt, und es sind in ihr keine Abweichungen festzustellen. Hier, wie auch bei Cornelius (s. besonders das Blatt des Kunstmuseums in Düsseldorf, Inv. Nr. F. P. 14448, mit einem Hinweis auf die Einteilung in viele architektonische Felder der Wände im Dante-Saal) erscheinen zum ersten Mal in Rom ausgesprochen neugotische Elemente, um eine stilistische Einheit der Ausschmükkung zu erreichen. Diese Elemente, die im Dante-Saal völlig verschwinden, werden im Tasso-Saal auf das Mindestmaß beschränkt. Anklänge an die Neugotik finden wir z. B. in der Einfassung der Gewölbefelder durch gedrückte Spitzbögen und in den dreipaßartigen Abgrenzungen in den Ecken des Gewölbespiegels. Die Unterteilung der einzelnen Szenen des Sockelfrieses besteht aus schmalen Hochrechtecken mit Spitzbogeneinrahmung.

Overbeck hatte 1810 mit dem Bildnis von Pforr (Kat. 60) eine auserlesene Probe dieser Stilrichtung gegeben, in der das stilistische Kunstmittel sich von der rein modischen ›Troubadour‹-Lösung abtrennte, um eine tiefere, verpflichtende und symbolische Bedeutung zu gewinnen, die an die erwachende nationalistische Kunstauffassung der deutschen Romantik gebunden war. Das konnte im römischen Milieu nur begrenzten Anklang finden, wenngleich Overbeck bei dieser Gelegenheit im Sinn hatte, einen völlig unvermittelten Gebrauch von neugotischen Stilelementen zu machen, die geeignet waren, das literarische Märchen zierlich zu umrahmen.

Auf dem ersten Karton hatte Overbeck das trapezförmige Gewölbefeld durch Diagonalen unterteilt und die dadurch entstandenen Spitzfelder mit Medaillonbildern und Ornamentstreifen angefüllt. Die beiden äußeren Medaillons wurden von Rosetten eingenommen, wogegen die beiden inneren die Vorgeschichte der Hauptepisode zum Inhalt hatten. Im linken erscheint die Jungfrau Sofronia, die sich der nicht begangenen Tat anklagt, um die Christen Jerusalems zu retten; im rechten sehen wir den Magier Ismeno, der auf heimtückische Art den Tyrannen Aladin berät. Diese beiden Figuren erscheinen im Zentrum der Hauptszene unter dem Baldachin wieder, während Clorinda von rechts zu Pferde in dem Moment hereinstürzt, in dem die muselmanischen Schergen den Scheiterhaufen anzünden wollen, auf dem Olindo und Sofronia geopfert werden sollen. Von den in zwei Gruppen aufgeteilten Umstehenden entspricht die linke den Christen, die in schwermütiger Haltung, die rechte den Muselmanen, die in farbenprächtigen orientalischen Gewändern gegeben sind. Am oberen Rand entlang läuft ein schmales Rebengeflecht, das eine Weinlaube über dem Mittel-Baldachin andeutet und sich an den Seiten hinunterbiegt, um einen Kleeblattbogen zu bilden. In den beiden unteren Ecken zwei allegorische Tierfiguren, die im ersten Gesamtentwurf fehlen (Gerstenberg-Rave 1934, S. 87, Abb. 69).

Friedrich Overbeck, *Odoardo und Gildippe*, 1826

Bei der Auftragung des Freskos, das in siebenundzwanzig Tagen, zwischen Januar und Februar 1820, gemalt wurde, wich Overbeck stark von seinen Entwürfen ab: die Szene nimmt nun den ganzen vorhandenen Raum der Kappenfläche ein; es verschwinden alle ausschmückenden und ergänzenden Elemente, um dem Ganzen eine leichtere Wirkung zu verleihen. Die geometrische Aufteilung des oberen Drittels wird nun ersetzt durch eine ferne Hintergrundlandschaft mit zartem Baumbestand, der aus der vorraffaelischen umbrischen Malerei abgeleitet ist. Die Staffagefiguren, die in den engen Raum zwischen dem Pferd und dem den ganzen Mittelgrund eingrenzenden Mäuerchen eingefügt waren, verschwinden; der Waffenträger mit Lanze verwandelt sich in einen turbantragenden Orientalen. Dies hat eine größere stilistische Einheit zur Folge, in der Overbeck seine verschiedenen Erfahrungen der italienischen Malerei zusammenfaßt: Vom vorherrschenden Einfluß Pinturicchios (gerade damals wurde ›I più celebri quadri delle diverse scuole italiane riuniti nell'Appartamento Borgia del Vaticano incisi a contorno da Giuseppe Craffonara pittore tirolese e brevemente descritti da G.A. Guattani. In Roma, MDCCCXX‹ veröffentlicht. – s. Gerstenberg-Rave 1934, S. 87, Anm. 1) bis zum Einfluß des frühen venezianischen Cinquecento, wie z.B. die orientalisch gewandete Figur in den *Drei Philosophen* von Giorgione (Kunsthistorisches Museum, Wien), oder die Anlehnung an Carpaccios *Heiligen Georg* (Scuola di S. Giorgio degli Schiavoni, Venedig) von dessen Pferd Clorindas Schimmel eine genaue Wiedergabe zu sein scheint.

Die Studien zu den einzelnen Figuren der Museen für Kunst und Kulturgeschichte in Lübeck (von Gerstenberg-Rave 1934 nicht erwähnt), Inv.Nr. AB 2302 für *Ismeno und Aladin,* AB 2303 der Gestalten, die den Scheiterhaufen gerade besteigen, und AB 2299 mit einigen Köpfen von Umstehenden, scheinen sich auf eine Zwischenphase zwischen der allgemeinen Planung der Szene und der Komposition des Kartons zu beziehen, während wir keine graphischen Zeugnisse besitzen, die eine Erklärung für die grundlegenden Abweichungen dieser Zeichnung von dem Fresko geben könnten. *S. S.*

XI Joseph von Führich
Die Kreuzfahrer am Heiligen Grabe, 1828

Bleistift und Aquarelltusche auf quadriertem Papier, 39,5 x 53,5 cm
Bez.: rückseitig von anderer Hand beschrieben: »Fürich: 1828 Villa Massimi«
Lit. und Ausst.: *Gerstenberg-Rave 1934*
Sammlung Schäfer, Schweinfurt
Inv. Nr. 499 A

Dieses Blatt gehört zu dem komplexen Kompositionsweg, den Führich einschlagen mußte, um dem ihm anvertrauten anspruchsvollen Auftrag der Ausmalung des Casino Massimo gerecht zu werden. Nach dem Tode des ersten Auftraggebers fühlte sich Overbeck von einer Arbeit enthoben, die seinen Vorstellungen nicht mehr entsprach. Die Entwicklung Führichs ist durch zahlreiche Zeichnungen und Briefstellen bezeugt, die ausführlich bei Gerstenberg-Rave erwähnt sind (S. 100-117 und für die Liste der Vorzeichnungen S. 178-179) und auf die für eine allgemeinere Übersicht hingewiesen wird. Das hier vorliegende Blatt der Sammlung Schäfer ist dort jedoch noch nicht bekannt; es kann als das letzte vor der Ausführung des endgültigen Kartons angesehen werden, das Führich zwischen September und Oktober 1828 zeichnete. Das quadrierte Papier, das für die Übertragung des Bildes im Ausmaß des Kartons notwendig war (der solche Maße erreichte, daß er nicht in Führichs Zimmer hineinging, so daß er für diese Gelegenheit von Koch in seinem Atelier aufgenommen werden mußte), bezeugt eine entscheidende, abschließende und auch fortgeschrittenere Phase im Vergleich zu einer dieser ähnlichen Zeichnung, sowohl in der Technik wie auch in den Maßen (Städelsches Kunstinstitut, Frankfurt a.M., Inv.Nr. 274; abgebildet in Frankfurt 1977, E 76). Auch diese quadrierte Zeichnung muß als eine frühere angesehen werden. Die Vorderseite des Altars wird einfach viereckig zugeschnitten dargestellt, wie sie später im Fresko sein wird. Dafür zeigt der Entwurf andere Abweichungen, besonders in der Anordnung der Porträtgruppe der Familie Massimo, die, in einer Reihe aufgestellt, sich beinahe mit den christlichen Rittern vermischt, die sich im Seitenschiff der Kirche zusammendrängen.

»In dieses letzte Bild muß ich Porträts aus der Familie Massimi hineinbringen, welches mir die Composition sehr erschwert; aber der Prinz bleibt nun einmal bei seiner Liebhaberei«, so schreibt Führich im Sommer 1828 an den Vater (zit. in Gerstenberg-Rave 1934, S. 105). Zusätzlich erschwerend erwies sich die in die Wand einschneidende Tür. Führich löste die Probleme, indem er die – in allen frühen Entwürfen vorhandene – Kampfgruppe auf den Stufen unten links beseitigte und diese durch zwei fromme christliche Ritter ersetzte, was ermöglichte, den Gegensatz zwischen der notwendigerweise statischen Bildnisgruppe und dem zu bewegten Vordergrund zu beseitigen und auf diese Weise eine größere Einheit zu erreichen. In der endgültigen Komposition, für die Führich sich an den Fresken Raffaels in den Stanzen des Vatikans, vor allem an der *Messe von Bolsena,* inspirierte, wo der Maler aus Urbino dieselben Probleme eines unregelmäßigen Raumes über den Fenstern vorfand, sucht Führich die Lösung in einer Dreieckskomposition: Er stellt den betenden Peter von Amiens in den Scheitelpunkt, an die Basis der einen Seite die beiden Ritter im Gebet und an die der anderen Seite die mächtige Figur des sich entfernenden Sarazenen mit Turban. Mit ihrem statuarisch modellierten Volumen und der lebhaften Farbgebung der Kleidung füllen sie die unteren Winkel aus und umschließen die ganze Szene. Im Hintergrund breitet sich eine archaisierende Architektur aus, die Führich richtig als »byzantinisch« bezeichnete. Die verschiedenen Gruppen der Umstehenden sind nicht in einen Zusammenhang mit dem Ganzen gesetzt. Nachdem Führich schließlich alle Probleme gelöst hatte, begann er mit der Ausführung des Kartons, wobei er den Anregungen Overbecks folgte, indem er den Umriß nur dort, wo es nötig war, in einer leichten Schattierung angab. Dieser Vorgang ist sogar in der hier vorhandenen Zeichnung mit ihren zarten Profilen und mit der nur hier und da verstärkten Aquarell-Tusche vorweggenommen. Die Gruppe der Familie Massimo wird mit einer etwas unterschiedlichen Technik getrennt behandelt und wirkt deutlich heller. Die einzelnen Gesichtszüge sind deutlich erkennbar, da Führich schon während des Sommers die Köpfe jedes einzelnen mit Bleistift ausgeführt

XI

hatte; nur in der Mitte bleibt ein kleiner leerer Raum, der dem Kopf der Prinzessin Maria Christine von Sachsen, der Gemahlin des Fürsten Maximilian, vorbehalten war, die Führich wegen einer Unpäßlichkeit nicht Modell sitzen konnte, während er die übrigen Familienmitglieder zeichnete (aus einem Brief vom 3. Advents-Sonntag 1828, in Gerstenberg-Rave 1934, S. 108, Anm. 2). Führich erwähnt dort den nicht einfachen Charakter der deutschen Prinzessin, die schon mit Koch eine Auseinandersetzung gehabt hatte, und die sich auch den anderen deutschen Künstlern gegenüber nicht gerade sehr liebenswürdig zeigte, denen sie vorwarf, das Grün ihrer Augen nicht richtig zu treffen.

Ende Oktober begann er mit dem Fresko selbst, das mit verschiedenen Unterbrechungen, hervorgerufen durch die Kälte, die in der Winterzeit die Arbeit öfter verzögerte, am 1. März 1829 abgeschlossen werden konnte. *S. S.*

Joseph von Führich, *Die Kreuzfahrer am Heiligen Grabe*, 1828-29

Friedrich Overbeck, *Peter von Amiens beruft Gottfried von Bouillon zum Führer des Christenheeres*, 1825

XII

XIII

XII Joseph von Führich
Bildnis Vittorio Massimo, 1828

Bleistift, 39,6 x 26,4 cm
Provenienz: *Von den Erben des Künstlers, Innsbruck; Bernhard Funck, München*
Lit. und Ausst.: *Wörndle 1914, Nr. 253, b, 4; Gerstenberg-Rave 1934, S. 113, Abb. 96*
Stiftung Ratjen, Vaduz

XIII Joseph von Führich
Bildnis
Giuseppina Massimo Lancellottti
Principessa di Lauro, 1828

Bleistift, 33,1 x 23 cm
Bez.: Auf der Rückseite mit Bleistift beschrieben: »Lancellotti/gelb blasse Farbe/Schwarze Haare«
Provenienz: *Von den Erben des Künstlers, Innsbruck; Bernhard Funck, München (auf der Rückseite Stempel dieser letzten Sammlung: BF)*
Lit. und Ausst.: *Wörndle 1914, Nr. 253, b, 4; Gerstenberg-Rave 1934, S. 110, Abb. 93*
Stiftung Ratjen, Vaduz

XIV Joseph von Führich
Bildnis Barbara Massimo, 1828

Bleistift, 26,4 x 20,8 cm
Bez.: rechts oben beschriftet: »blau Augen u. braun(es) Haar«
Provenienz: *Von den Erben des Künstlers, Innsbruck; Antiquitätenhandel München (Wilhelm Koeberlin)*
Lit. und Ausst.: *Wörndle 1914, Nr. 253, b, 4; Gerstenberg-Rave 1934, S. 111, Abb. 94; Lübeck 1957, Nr. 45; München 1958, Nr. 48, Abb. 13; Andrews 1964, Nr. 51, Taf. 51; Lübeck 1969, Nr. 55*
Privatsammlung, München

Die drei vorliegenden Zeichnungen bilden den Teil einer Serie von neun Bildnissen verschiedener Mitglieder der Familie Massimo und fanden für das Gruppenbild, das

XIV

Friedrich Overbeck, *Tankred und Clorinda,* 1820

Friedrich Overbeck, *Erminia bei den Hirten,* 1821

der Auftraggeber in das Fresko *Die Kreuzfahrer am Heiligen Grabe* eingefügt haben wollte, Verwendung. Alle Zeichnungen wurden von Führich im Sommer 1828 ausgeführt und 1934 (als sie von Gerstenberg-Rave aufgeführt und abgebildet wurden; Abb. 88-97 und S. 179) waren sie noch erhalten: sechs, von denen die hier aufgeführten aus der Sammlung der Erben Führichs stammten und drei aus anderen Privatsammlungen. Die Blätter gingen in der Folge verloren, und es scheint, daß nur die hier vorliegenden heute noch erhalten sind. Auch wenn sie durchaus qualitätvoll sind, hatten sie für den Künstler keinen eigengesetzlichen Wert (wie andere unter den größeren Schöpfungen im Bereich der nazarenischen Graphik, z. B. die Porträtzeichnungen von Fohr oder andere Beispiele von Führich selbst, wie hier bei Nr. 24 und 25 des Katalogs). Sie müssen jedoch in Hinsicht auf ihre malerische Ausführung für das Fresko in Betracht gezogen werden, was überdies die kurzen Anmerkungen über die Farbe der Augen und der Haare rechtfertigt.

Im Inneren der Kirche des Heiligen Grabes befindet sich links die geschlossene Gruppe der Massimo, die dem Bildnis des Carlo Massimo in idealer Weise gegenübersteht. Dieser erscheint zusammen mit dem Selbstporträt Overbecks auf dem äußersten rechten Rand der gegenüberliegenden Wand des Freskos, in dem die Vorbereitungen für den Angriff auf Jerusalem getroffen werden. In dem Werk Führichs ist der Fürst Maximilian, Bruder und Erbe des Marchese Carlo, die erste Figur unten links; an seiner Seite steht seine Frau Maria Christine von Sachsen, und ein wenig unterhalb des Paares die junge, gerade fünfzehnjährige Barbara. Es folgt das Profil des erstgeborenen Sohnes Vittorio (1803 geboren), der im Jahre 1827 Gabriella von Savoyen Carignano geheiratet hatte, und die in der danebenstehenden jungen Frau dargestellt wird. Oben in der letzten Reihe erscheinen (nach der Identifizierung von Gerstenberg-Rave) Therese und Camillo Massimo (auch wenn sie nicht dem ›alle Colonne‹ genannten Zweig der Familie, deren Namen von dem ihres römischen Palastes abgeleitet wird, angehört haben sollen). Es folgt die andere Tochter Giuseppina, geschmückt mit einer lebhaften, mit Federn besetzten roten Kappe, welche die Erbin des Casinos wurde, das durch ihren Ehemann, Ottavio Lancellotti, Fürst von Lauro, an dessen Familie überging. Man sieht ihn im Fresko an ihrer Seite, während der junge Francesco Massimo die rechte Gruppe abschließt. Die Abwesenheit der erstgeborenen Giulia sowie ihres zweiten Ehemannes Francesco Bernini ist nicht zu erklären. Giulia wurde 1783 geboren, war Malerin und, wie ihr Ehemann, Mitglied der Akademie S. Luca, wo noch ein Selbstbildnis von ihr vorhanden ist. Die einzige Erklärung dafür wäre, daß das Paar oben links mit den zwei – von Gerstenberg-Rave für Therese und Camillo gehaltenen – Gestalten zu identifizieren ist.

Fürst Massimo, der mit seiner Familie im Fresko der Villa abgebildet zu werden wünschte, bereitete damit dem Künstler ziemliche Schwierigkeiten. Der Fürst hatte einerseits den Wunsch, eine Mode des 18. Jahrhunderts ins Leben zurückzurufen (man denke z. B. an die Gestalten aus der Casa Falconieri, die auf den Wänden ihrer Villa in Tuscolo von Leone Ghezzi dargestellt wurden); andererseits wollte er mit seiner Familie in einer bestimmten Kleidung dargestellt werden (er sogar in einer Rüstung), um sich dem Geschmack seiner Zeit anzupassen, was viele Mitglieder alter Familien dazu führte, sich ebenfalls in mittelalterlicher Kleidung malen zu lassen. Sie wollten damit verhüllt die Wiederherstellung des neofeudalen reaktionären Ideals andeuten, das in den aristokratischen Kreisen ganz Europas nach der Restauration verbreitet war. Diese neue Mode, die bald zu der Einführung kostspieliger Maskenbälle oder Ritterturniere führen sollte (in Rom hatte der Fürst Torlonia am Ende der dreißiger Jahre im Park seiner Villa an der Via Nomentana ein Feld für solche Ritterspiele herrichten lassen), hatte Beispiele raffiniertester internationaler Porträtmalerei zur Folge: Von der Gesellschaft aristokratischer Freunde, die die Marchesa Visconti d'Aragona von Hayez in den Gestalten der ersten Version der Sizilianischen Vesper darstellen lassen wollte (1822 in Brera ausgestellt), sowie die polnische Familie Czartoriwsky in prachtvollen ›Troubadour‹-Kostümen von Horace Vernet gemalt (München, Neue Pinakothek), bis hin zu dem irischen Edelmann Sir Francis Sykes, auch er in Rüstung und mit der Turnierlanze, wie ihn Daniel Maclise wiedergab (in der Royal Academy, London, 1837 ausgestellt; Nr. 721). *S. S.*

Der Ariost-Saal

Die Tatsache, daß Julius Schnorr von Carolsfeld sich bereits in Wien mit Illustrationen zu Ariosts ›Rasendem Roland‹ auseinandergesetzt hatte, war wahrscheinlich der Beweggrund der Nazarener, ihn zu bitten, den Auftrag Carlo Massimos zur Ausmalung des Eingangssaales des Casino Massimo mit Ariostthemen zu übernehmen.

Schnorr kam im Januar 1818 nach Rom. Eine Erwähnung des eventuellen Auftrags – Overbeck hatte die Rolle des Vermittlers übernommen – finden wir in einem Brief an den Vater vom 26.3.1818: »Da es Dir recht ist, wenn ich große Aufträge für Rom annehme, so werde ich also, sollte sich ferner der Marchese Massimi geneigt zeigen, mir die Ausmalung eines Saales in seiner Villa zu übertragen, in solchen Antrag eingehen. Auf drei Jahre wäre ich dann wohl gefesselt, Vorteil und Ruhm würde aber nicht gering sein« (Schnorr 1886, S.63). Die Bestätigung des Auftrags von seiten des Marchese ist in einem Brief vom 2.7.1818 enthalten, in dem Schnorr dem Vater erklärt, noch auf eine deutsche Übersetzung Ariosts warten zu müssen, bevor er mit der Arbeit beginnen könne (Schnorr 1886, S.84-86). Am 13.1.1819 schickt er dem Vater eine Skizze, anhand derer er ihm die geplante Anordnung der Fresken darlegt (Schnorr 1886, S.112). Außerdem schreibt der Maler, daß er sich vorläufig nicht durch einen Vertrag an den Marchese binden wolle, um Einmischungen seitens desselben vor der endgültigen Ausarbeitung zu umgehen.

Im Laufe des Jahres bereitet er seinen ersten Karton vor, den Gewölbespiegel mit dem *Triumph Karls des Großen* betreffend. Infolge der Unentschlossenheit Schnorrs, sich verbindlich zu dem Auftrag zu äußern, überträgt der Marchese denselben im Jahr 1820 Domenico del Frate, einem Mitglied der Akademie S. Luca. Dieses Ereignis rief in der deutschen Künstlerkolonie große Bestürzung hervor, denn man wollte unter sich bleiben und konnte daher keine fremde Einmischung dulden. Auch Ludwig von Bayern, der diesen »deutschen Charakter« befürwortete, schaltete sich ein: »Den Kronprinzen von Bayern hat es nämlich sehr geschmerzt, daß ich diese Arbeit aufgegeben, vorzüglich darum, weil das Werk nun einem Italiener übergeben werden soll, von dem nichts Gutes zu erwarten und der die Einheit der ganzen Unternehmung allerdings aufheben wird. Durch seinen Einfluß wußte er es dahin zu bringen, daß Massimi sich entschloß, das Werk womöglich doch noch von einem geschickten Deutschen ausführen zu lassen. Infolge dieses Entschlusses bot der Kronprinz die Ausführung Näcke an, aber auch dieser hat den Auftrag ausgeschlagen. Nun forderte er mich selbst noch auf eine höchst liebenswürdige, zum Teil auch komische Weise auf, das Werk wieder zu übernehmen ... Doch konnte ich auch die Gründe, die mich früher abgehalten, jetzt nicht überwinden, der Prinz selbst sagte, daß er mir eigentlich nicht zureden könne, so bleibt es also beim alten, und der Italiener wird den Ariost malen« (Schnorr 1886, Brief vom 9.12.1820 und vom 20.1.1821, S.205 und S.211). Als del Frate vor Beginn der Arbeit im November desselben Jahres unvermutet starb, erklärte sich Schnorr endlich bereit, den Auftrag zu übernehmen: »Durch einen Gewaltstreich des Todes, der den Maler Del Fratte getroffen, bin ich auf einmal in ein neues Lebensverhältnis geworfen worden. Der Rasende Roland ist mir von neuem zur Ausführung übertragen worden. Alles, was zum Vorteil der Unternehmung jemals zu sagen war, hat sich mir im Geiste schnell vergegenwärtigt, besonders die Wichtigkeit davon, daß das ganze Werk von Deutschen in einem Sinn und einem Geist vollführt werde. Von der andern Seite kann von dem Hindernis, welches mich von dem schönen Werke abzustehen nötigte, nämlich von einem bedenklichen Zustand meiner Gesundheit, durchaus nicht mehr die Rede sein, da ich mich seit mehr als zwei Jahren aufs beste befinde, so daß ich mich geradezu zu denjenigen zu zählen habe, welchen das italienische Klima gut anschlägt. Ich hätte mir nun wahrlich unter diesen Umständen ein Gewissen daraus machen müssen, die nun zum drittenmal mir angetragene ... Arbeit von neuem von mir zu weisen. Mit frischem Mut daher und freudiger Zuversicht habe ich diese schöne Gelegenheit, die Kunst zu üben, ergriffen und gedenke mit Gottes Hilfe binnen einigen Jahren etwas zustande zu bringen, das meinem Namen Ehre macht« (Brief vom 17.11.1821, in Schnorr 1886, S.241).

Von diesem Moment an arbeitete Schnorr mit großer Schnelligkeit und Entschlossenheit. Sein Eifer wird durch etwa fünfzig vorbereitende Zeichnungen dokumentiert, die sich in Leipziger Museumsbesitz befinden. Die Episode von *Angelica und Medoro* scheint den Künstler am stärksten fasziniert zu haben. Diesem Thema hat er allein neun Zeichnungen gewidmet.

Im November 1822, nachdem er sich mit Hilfe Eggers' in der Freskotechnik geübt hatte (Brief vom 15.12.1822, in Schnorr 1886, S.261 f.), begann er mit der Ausführung des Gewölbespiegels, den er im Januar 1823 beendete. Die anfänglich harte, fast grell anmutende Farbgebung ist wohl eine Folge der ungewohnten Technik und verliert sich im Laufe der Zeit.

Die Arbeit erfolgte im genauen Rhythmus: Die Wintermonate waren der Ausführung der Fresken im Casino Massimo vorbehalten, die Sommermonate dienten der Anfertigung der Kartons. Zu Ende des Jahres 1826 wurde Schnorr nach München gerufen. Das zuletzt ausgeführte Fresko der Gartenseite, mit der Darstellung der vier sarazenischen Könige, zeigt die Hast und das verlöschende Interesse an dem Thema, mit denen Schnorr den Auftrag zu Ende führte. *M.G.M.*

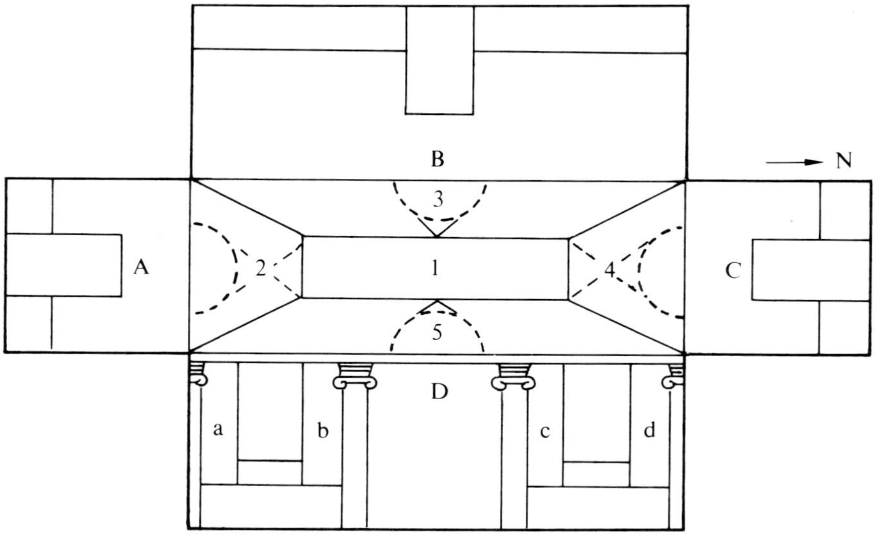

Wandfresken (A-D)

Südwand: Angelica und Medoro und der rasende Roland, 1825 *(A)*

Westwand: Das Sarazenenheer König Agramants vor der Stadt Paris (links der Tür); Kniender Armbrustschütze (über der Tür); Das Frankenheer Kaiser Karls des Großen in Paris (rechts der Tür); 1826 *(B)*

Nördliche Schmalwand: Melissa zeigt Bradamante ihre Nachkommen; Die Taufe Rüdigers; 1826-27 *(C)*

Östliche Längswand: Ferragu*(a);* Mandricart*(b);* Rodomont*(c);* Marsil*(d);* 1827 *(D)*

Gewölbefresken (1-5)

Gewölbespiegel: Der Triumph Karls des Großen, 1822-23 *(1)*

Südliche Schmalseite: Brandimart und Fleurdelys; Hl. Johannes und Astolf (Bogenfeld); Massimowappen (Kappe); Amor (Zwickel); Zerbino und Isabell; 1823 *(2)*

Westliche Langseite: Kampf Rinaldos; Erzengel Michael (Bogenfeld); Massimowappen (Kappe); Der Sechskampf auf Lipadusa; 1823 *(3)*

Nördliche Schmalseite: Marfisa; Melissa zwischen Atlas und Alcina (Bogenfeld); Massimowappen (Kappe); Amor (Zwickel); Bradamante; 1824 *(4)*

Östliche Langseite: Seeschlacht Dudos; Massimowappen (Kappe); Eroberung Bisertas; 1825 *(5)*

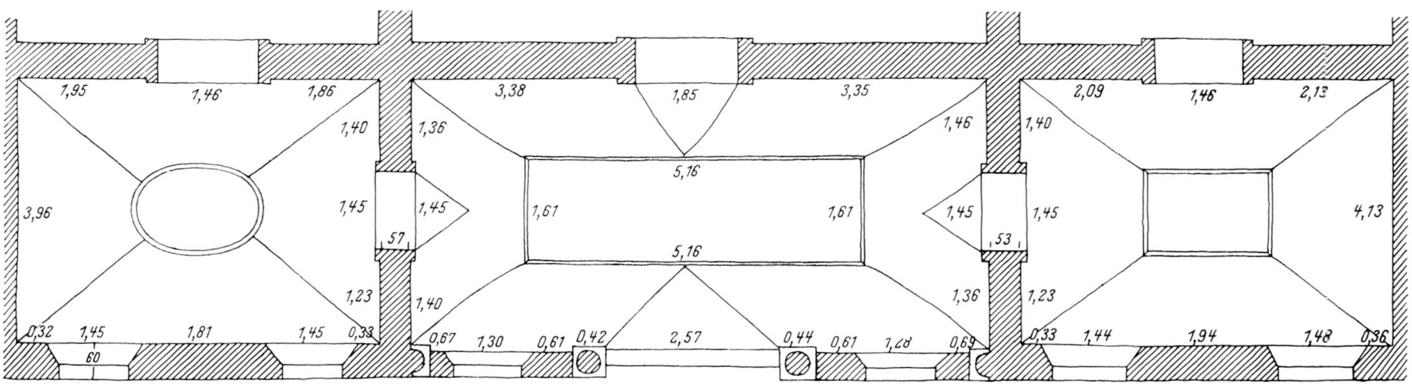

Lageplan: Dante-Saal, Ariost-Saal, Tasso-Saal

Südlicher Gewölbeteil über der Rolands-Wand

Nördlicher Gewölbeteil über der Rüdiger-Wand

Westlicher Gewölbeteil über der Darstellung des Franken- und des Sarazenenheeres

Aufbau der Gartenseite

Kampf Rinaldos, 1823

Der Sechskampf auf Lipadusa, 1823

XV

XV Schnorr von Carolsfeld
Der Sechskampf auf Lipadusa
1823

Feder auf Bleistift, 18,4 x 33,38 cm
Bez. u. r.: »IS« (Monogramm)
Provenienz: *Sammlung Lanna, Prag*
Lit. und Ausst.: *Bremen 1975, S. 18*
Kunsthalle, Bremen, Inv. Nr. 57/615

Die Episode der Kampfansage von Lipadusa (›Orlando Furioso‹, XXXIX. Gesang) ist von Schnorr schon in seinem Gemälde von 1816 (Kunsthalle, Bremen; vgl. Kat.Nr. 121) behandelt worden. Das dortige Thema, aus seinem Zusammenhang herausgenommen, war nicht nur durch die allegorische Bedeutung eines Zusammenstoßes zwischen Christen- und Heidentum geprägt, deren Personifizierungen an den Seiten des Gemäldes erscheinen, sondern auch durch eine transparente Symbolik, die auf die jüngsten Siege über die napoleonischen ›Übergriffe‹ anspielte. Im Gewölbe des Casino Massimo löst sich diese Bedeutung auf, sie verschwindet vielmehr in der Folge der epischen Erzählung, in der der *Sechskampf* einer der vier in den Hauptkappen des Gewölbes dargestellten Waffengänge ist, zusammen mit dem *Kampf Rinaldos* vor Arles (XXI. Gesang), der *Seeschlacht Dudos* gegen Agramante (XXXIV. Gesang), und der *Erstürmung von Biserta* (XXXVIII. Gesang) dargestellt wird, die Schnorr zwischen November 1823 und Januar 1825 ausführte.
Bevor er zu der endgültigen Fassung gelangte, hat der Entwurf für den *Sechskampf* verschiedene, mit den Schöpfungen für die drei anderen Kappen eng verbundene Phasen durchlaufen. Unter den vielen für den Ariost-Saal 1934 in Gerstenberg-Rave abgebildeten oder zitierten Zeichnungen (im ganzen zweiundachtzig), zeigen diejenigen der Abb. 128 und 129 eine Gesamtanlage der Szene, wie man sie in dieser Bremer Zeichnung wiederfindet. Sie ist in einem durchlaufenden Federstrich ausgeführt, der eine darunterliegende Bleistiftskizze nachzeichnet und zeigt sehr wenige Abweichungen von der im Fresko angewendeten Lösung. Diese Umrißmanier, deren Kennzeichen die fehlende Binnenzeichnung ist, war bei der Reproduktion von Gemälden verbreitet. Mit Hilfe dieser Technik wurden beispielsweise die Fresken Overbecks aus dem Casino Massimo im ersten Band der ›Ape Italiana di Belle Arti‹ (in den Radierungen nach den Umrißzeichnungen von Paolo Guglielmi) 1835 der italienischen Öffentlichkeit zugänglich gemacht.
Die Zeichnung scheint nunmehr fast den Abschluß des Arbeitsganges zu erreichen, der zur Verwirklichung des Kartons (abgebildet in Gerstenberg-Rave 1934, S. 135, Abb. 114) führte. In dem Karton lassen sich wesentliche Unterschiede feststellen wie z. B. die andersartige Bedeutung, die dem rechts unten in der Schräge liegenden Band des Schildes in der hier vorliegenden Zeichnung gegeben wird, den der besiegte Ritter des Kartons nicht mehr trägt. Diese Unterschiede verraten die Absicht, die endgültige Komposition der Szene in der Horizontalen weniger erregt und etwas entspannter zu gestalten.
Gegenüber dem Gemälde von 1816, in dem die Kämpfenden meist im Profil gegeben

sind und die effektvolle Haltung dramatischer Figuren von leuchtendem Email annehmen, wird das Gefecht im Gewölbe des Casino Massimo mit einer neuen Ungezwungenheit dargestellt, und das Gewirr der Körper und der Pferde erhält eine Verständlichkeit, die dem klaren Verlauf der Dichtung Ariosts entspricht.
Auch mit diesem Unterschied im Farbton, der vielleicht zum Teil auf die unmittelbare Kenntnis kanonischer Texte dieser Gattung zurückzuführen ist, wie die Schlacht an der Milvischen Brücke im Vatikan und die Schlacht zwischen Veio und Fidene von Cavalier d'Arpino im Kapitol, gelingt es Schnorr dennoch, das eher nordische, erzählerische und märchenhafte Element lebendig zu erhalten, zu dem sich ein neues historisierendes Interesse für die genaue Darstellung der Waffen gesellt. *S. S.*

XVI Schnorr von Carolsfeld
Sitzender weiblicher Akt, 1823

Bleistift, Feder mit Aquarelltusche, 34,5 x 27,5 cm
Bez. u. r. mit Bleistift: »Rom«
Provenienz: *Bestand*
Lit. und Ausst.: *Bremen 1961, Nr. 14*
Kunsthalle, Hamburg, Inv. Nr. 42261

Es handelt sich um einen, zweifellos nach der Natur gezeichneten, Entwurf für die Figur Alcinas, die in der Lunette oberhalb der Rüdiger-Wand im Mittelsaal des Casino Massimo bekleidet erscheint. Dort ist die Zauberin in Begleitung der mächtigeren Melissa und des Atlas mit dem phantastischen Hippogryph dargestellt. Die Stellung des Akts entspricht, bis auf fast nicht zu erkennende Abweichungen – z.B. an den Fingern der linken Hand –, derjenigen der Alcina auf dem vorbereitenden Karton (abgebildet in Gerstenberg-Rave 1934, S.125, Abb.103) und auf dem Fresko, das in zehn Tagen gemalt wurde, von denen ein ganzer Tag nur dem Kopf Alcinas gewidmet war. Schnorr führte das ganze der Rüdiger-Wand entsprechende Viertel des Gewölbes in zweiundvierzig Tagen aus, die wahrscheinlich in die Periode April-Mai 1824 fielen. Das Vorhandensein einer angedeuteten anderen Haltung des rechten Fußes, von der Seite gesehen, auf diesem Blatt zeigt eine Lösung, die schon im Entwurf für die Figuren Alcinas und Bradamantes aus der Sammlung Winterstein (Kat.Nr. XVII) endgültig aufgegeben wurde. Diesem Blatt geht seinerseits der Gesamtentwurf für dieses Viertel des Gewölbes voraus (s. Gerstenberg-Rave 1934, S.155, Abb.138) und ist nun wohl die endgültige Fassung. Daraus läßt sich eine Datierung dieser Zeichnung in die Sommermonate des Jahres 1823 ableiten. Ein Entwurf der gleichen Figur wird außerdem von Gerstenberg-Rave (S.181, Nr.29) im Museum von Leipzig erwähnt.
Alcina, die kriegerische Fee, deren Haltung dem Verlauf der Lunette folgt, hat sich mit einem Ausdruck schwermütiger Sammlung hingesetzt; nunmehr besiegt nach dem Verlust ihrer Angehörigen: »Allein das Rüdger ihrer Macht entgangen, / Das kränkt sie mehr als Niederlag und Mord / Bei Tag und Nacht seufzt sie nach ihm voll Bangen, / Und bittre Zähren weint sie immerfort« (›Orlando Furioso‹, x. Gesang, Stanze 51).
Die Figur erscheint vollkommen in eine Ellipse eingefügt, deren idealer Umriß den Scheitel des geneigten Kopfes, den Zeigefinger der rechten Hand, die Zehe des vorgestreckten Fußes sowie die weiche und natürliche Kurve der Hüfte berühren würde. Diesem abstrakt begrenzten Raum paßt sich der Akt entsprechend seiner eigenen inneren Dynamik an. Nur der Kopf ist streng im Profil gegeben, während der Rest des Körpers Verkürzungen zeigt. Aber während dies mit den Anzeichen graphischer Meisterschaft erfolgt, in den einschneidenden Umrißlinien und den mit zartem Federstrich wiedergegebenen entschiedenen Schattierungen, welche mit einem leichten Aufsetzen von Aquarelltusche

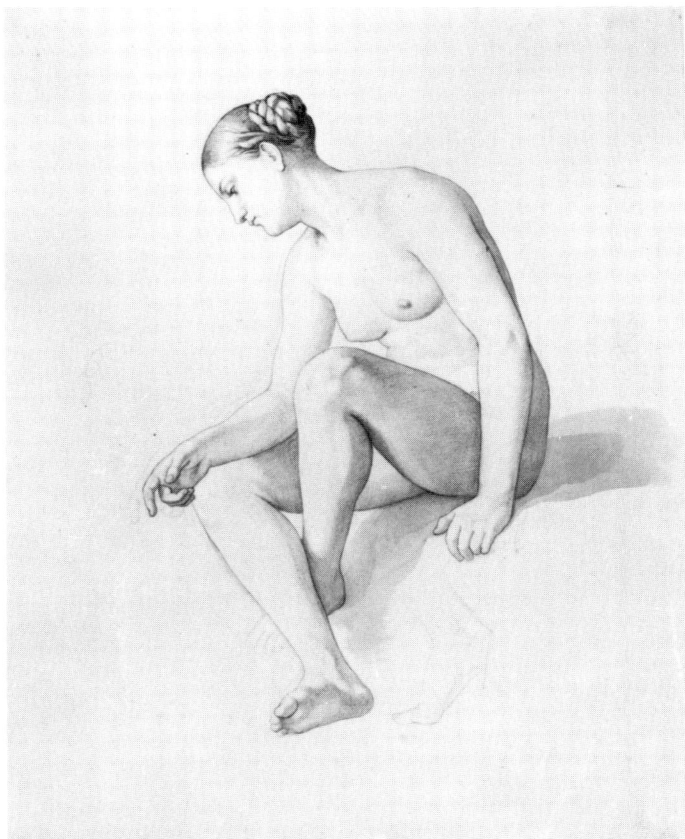

XVI

Seeschlacht Dudos, 1824-25

abgestimmt werden (nach einem nordischen, auf Dürer zurückgehenden Einfluß, der den Griffel auf ideale Weise durch den Stichel ersetzte), erinnert jedoch die der Gestaltung des Aktes innewohnende Tendenz zum Geometrischen an nur kurze Zeit davor entstandene Arbeiten von Ingres, weit mehr als an thematische und qualitative Berührungen, wie sie schon Andrews bemerkt hatte (1964, S. 46). Dies beweist die akademisch-klassizistische Komponente des Stils, die im Bereich der Nazarener der romantische Schnorr mit Cornelius teilt; es zeigt auch seine Abhängigkeit von dem Raffael der Vatikanischen Stanzen, den er bewußt wortwörtlich zitiert mit der klaren Absicht einer Huldigung (*Brand des Borgo,* 1514-1517) mit der Frau, die rechts im Fresko aufrecht die Treppen hinaufsteigt zu dem *Einzug Karls des Großen in Paris* (1826). Auch hierfür gibt es in Dresden (Staatliche Kunstsammlungen, Kupferstichkabinett, Inv.Nr. 1908-682) eine prachtvolle Aktstudie (abgebildet in Frankfurt 1977, E 68).

Der protestantisch gebliebene und ›kapitolinisch‹ gewordene Schnorr stand in einem verhüllten polemischen Gegensatz zu den ›Trinitasten‹, was zeigt, daß er keinerlei Vorurteile hatte, einen weiblichen Akt darzustellen. Vielmehr zeichnet er in seiner römischen Periode eine Serie von Aktstudien, die man zu seinen höchsten Errungenschaften zählen muß (vgl. z.B. in Frankfurt 1977, E 17, neben der hier gezeigten Kat.Nr. 135). Er setzt sich dadurch mit einer Gattung graphischer Arbeiten auseinander, die im Bereich der katholischen oder der konvertierten Nazarener wie Overbeck undenkbar gewesen wäre. Es war für sie schon deshalb nicht möglich, weil sie auf einem fortdauernden moralistischen Puritanismus beharrten, der gemeinsam mit der akademischen Einstellung zugunsten der Form-Überlegenheit des männlichen Aktes gegenüber dem weiblichen die Künstler im Rom des 18. Jahrhunderts zuweilen dazu zwang, junge Modelle zweckmäßig zurechtgemacht und sogar mit künstlichen Polsterungen ausgestattet zu benutzen, wenn sie sich nicht mit Gipsabgüssen begnügen wollten. Die hier dargestellte junge Frau (»Was kunsterfahrene Maler je erfunden / reicht an die Schönheit ihrer Bildung nicht« – ›Orlando Furioso‹ VII. Gesang, Stanze 11) zeigt ein Profil, das, wenn es sich auch treu auf Ariosts Verse: »Die blonden Haare lang und aufgewunden« (›Orlando Furioso‹, VII. Gesang, Stanze 11) beruft, einige Ähnlichkeit mit dem gepriesenen Antlitz der Vittoria Caldoni aufweist, die, soweit bekannt ist, niemals nackt Modell saß. Schnorr selbst hatte den Auftrag erhal-

Die Eroberung Bisertas, 1824-25

ten, sie für seinen Freund, den Sammler Johann Gottlob von Quandt, zu malen. Er führte für ihn ein Porträt des Modells von Albano und verschiedene Zeichnungen aus, unter ihnen hauptsächlich diejenigen von Berlin/DDR, Staatliche Museen, Kupferstichkabinett und Sammlung der Zeichnungen, Inv. Sid. Z. Nr. 69, datiert Rom, den 9. März 1821 (abgebildet in Venedig 1977, S. 107, Nr. 115) und ein anderes derselben Sammlung, Inv. Nr. 30/7616, datiert Ariccia 1822 (abgebildet in Bernhard 1974, Bd. II, Nr. 1732) sowie eines der Graphischen Sammlung in München (Inv. Nr. 1964:71; vgl. München 1979/80, Nr. 103, wo die Beziehung Schnorr-Vittoria Caldoni ausführlich behandelt wird). Die oben genannten Zeichnungen zeigen die größte physiognomische Ähnlichkeit mit diesem Blatt in der perfekten Linie der Augenbrauen (»Zwei scharze Bogen, fein und zart umhegen / Ein schwarzes Augen- nein, ein Sonnenpaar« – ›Orlando Furioso‹, VII. Gesang, Stanze 12), durch die feine und gerade Nase, den kleinen Mund, das volle Kinn und das zarte Oval, mit dem sich das Antlitz am Kinn schließt. Übrigens verwendet Schnorr diese Gesichtszüge in jenen Jahren wegen ihrer Übereinstimmung mit den Prototypen Raffaels als ideale und unpersönliche Typisierung. *S. S.*

(Die deutsche Übertragung des ›Orlando Furioso‹ ist von J. D. Gries, Jena 1827.
Die deutschen Übertragungen der ›Göttlichen Komödie‹ sind von Karl Vossler, München 1962, und von Richard Zoozmann. Darmstadt 1958.)

Der Triumph Karls des Großen, 1822–23 (Gewölbespiegel)

XVII Schnorr von Carolsfeld
Alcina und Bradamante, 1823

Bleistift und Feder mit Aquarelltusche, 18,2 x 12,5 cm
Bez. unten: »ALCINA-BRADAMANTE«. In der Ecke oben rechts: »C. 32 St. 46 etc.« (aus: ›Orlando Furioso‹); es folgen die Verse aus dem VI. Gesang, Strophe 46, aus dem III. Gesang, Strophe 48
Provenienz: *1901, Sammlung F. Metz, Frankfurt, Nr. 877 des Versteigerungskatalogs; Antiquitätenhandel (Wilhelm Koeberlin) München*
Lit. und Ausst.: *München 1958, Nr. 156; Lübeck 1969, Nr. 174*
Privatsammlung, München

Wie in anderen zahlreichen von Schnorr ausgeführten Zeichnungen für den Ariost-Zyklus (s. z.B. die in Gerstenberg-Rave 1934 abgebildeten: Abb. 135, 137, 140, 141, 147, 149), werden auch hier die Handlungsorte, die der Dichter darstellen will, auf die bildlichen Lösungen übertragen. Dieses Blatt mit *Alcina und Bradamante* aus der Sammlung Winterstein wurde, wie schon das vorangehende, als Vorbereitung für den Gewölbe-Abschnitt über der Rüdiger-Wand im Mittelsaal des Casino Massimo ausgeführt und kann nur kurze Zeit vor dem anderen Blatt entstanden sein (Museum der Bildenden Künste, Leipzig; in Gerstenberg-Rave 1934, S. 155, Abb. 138). Hier erscheinen die seitlichen Bildfelder mit Marfisa und Bradamante und die mittlere Lunette mit Atlas, Melissa und Alcina schon endgültig festgelegt. Bereits in der Leipziger Zeichnung, und in den für die Übertragung des Bildes auf den Kalkputz vorbereiteten Kartons (Gerstenberg-Rave 1934, S. 125, Abb. 103) findet Schnorr für die Figur Bradamantes eine abweichende und überzeugendere Lösung. Im Fresko wird Bradamante im Profil dargestellt und hebt den rechten Arm, um Astolfs magische Lanze zu ergreifen, während sie mit der linken Hand die Zügel des Pferdes hält, das sich zum Trinken niederbeugt.

Die Baumkulisse, die hier als einfacher Lorbeerstamm erscheint, tritt im Fresko durch den Zinnenturm im Hintergrund, der links bei *Marfisa* wiederholt wird »Ein runder Platz / ... / liegt ganz zu oberst an des Ortes Rand«), stärker in Erscheinung. Dadurch werden die beiden Szenen durch ein architektonisches Element verbunden. Das gleiche Prinzip finden wir bei der Dastellung von *Brandimart und Fleurdelys* und *Zerbino und Isabell* in der südlichen Schmalseite, wo die Mauer im Hintergrund ebenfalls in beiden Fresken auftaucht.

Jede der beiden Kriegsheldinnen befindet sich in einem durch sich überschneidende Lorbeergirlanden begrenzten Raum, an welche sich weitere Fresken anknüpfen, dem Gewölbe von Raffaels Loggia in der Farnesina nachgebildet. Aber während Bradamante mit sanft gebeugtem Antlitz und in der Haltung ihrer Arme eine gewundene Diagonale beschreibt, die unten von dem sich harmonisch in den ihm zugewiesenen Raum einfügenden Kopf des Pferdes abgeschlossen wird, scheint im Gegensatz dazu die Figur Marfisas kraftvoll aus ihrem Raum ausbrechen zu wollen. Ihre Wiedergabe ist auf Elemente eines plastischen Kontrastes abgestellt, was von dem mächtigen Hinterteil des Pferdes (»Sie zieht heran auf eines Schimmels Rücken / den bunte Flecken zieren, (...) / sein Gang ist stolzer Art«. – ›Orlando Furioso‹ XIX. Gesang, Stanze 69 (77)) und dem senkrechten Arm, der die schwere Lanze hält, sowie dem prachtvollen, rückwärts zum Betrachter gewendeten Kopf noch unterstrichen wird. Die Farbgebung betont noch stärker die gewollten Differenzierungen: Das Schillern der blauen, weißen und roten Farben des Gewandes sowie der Waffen der zum Kampf bereiten Marfisa entsprechen Bradamantes »daß sie, verzweifelnd, nichts als sterben wollte« und dem »Sie ließ ihr Wehrgewand die Farbe zeigen, / Die einem abgewelkten Laube bleibt / Wenn man's vom Aste wegriß, dem es eigen / Wenn Saft nicht mehr des Baumes Leben treibt« (›Orlando Furioso‹, XXXII. Ges., Stanze 47). In der symphonischen Gestaltung des aufgeteilten Gewölbes entsprechen tatsächlich dem ›crescendo‹ des Kampfgetöses in den vier Hauptkappen die ›andanti‹ der kleineren Kappen, mit der eindeutigen Absicht, die reiche Musikalität des Textes von Ariost in Malerei zu übertragen. Der zusammengedrängte und methodische Verlauf der ersten Planung, über die Ausführung vollendeterer Zeichnungen wie dieser, in denen die Einzelheiten durch die Textwiedergabe bestimmt sind, bis zu den Kartons und ihrer endgültigen Übertragung auf das zwischen April und Mai 1824 in zweiundvierzig Tagen (wie es bei der letzten Restaurierung herausgefunden wurde) ausgeführte Fresko, erlaubt die Datierung dieser Zeichnung in die ersten Monate des Sommers 1823. *S. S.*

XVII

Angelica und Medoro und der rasende Roland, 1825

Das Frankenheer Kaiser Karls des Großen in Paris, 1826

Stefano Susinno

Die Restaurierung der Fresken des Casino Massimo

Die Restaurierung der Nazarener-Fresken, die drei Räume im Erdgeschoß des Casino Massimo schmücken, wurde im September 1979 in Angriff genommen und im November des gleichen Jahres abgeschlossen. Für dieses Unternehmen waren zwei Beweggründe ausschlaggebend: Erstens machte der nach fast hundertfünfzig Jahren unvermeidlich schlechte Zustand der Fresken Maßnahmen zu ihrer Erhaltung notwendig. Zweitens wollte man die umfassende Verständlichkeit eines malerischen Zyklus wieder ermöglichen, der zweifellos zu den bedeutendsten Zeugnissen der beginnenden deutschen Historienmalerei zählt. Ein weiterer Gesichtspunkt für die Ausführung der Restaurierungsarbeiten war die den Nazarenern gewidmete Ausstellung, die – auf internationale Abkommen aus dem Jahr 1977 zurückgehend – von der Galleria Nazionale d'Arte Moderna vorbereitet wurde.

Die Restaurierungsarbeiten (unter der Leitung des Autors dieses Artikels) wurden von der Cooperative TECNI.RE.CO, Direktor Carlo Giantomassi, durchgeführt; die Inferno-Wand im Dante-Saal wurde von der Restaurierungswerkstatt der Galleria Nazionale d'Arte Moderna, unter der Leitung des Oberrestaurateurs Enzo Pagliani, behandelt. Von der Fotokampagne, den chemischen und stratigraphischen Untersuchungen sowie allen übrigen Arbeiten wurden ausführliche Einzelberichte abgefaßt, die dann bei Abschluß der Arbeiten von den obengenannten Leitungen in einem Gesamtbericht vorgelegt wurden, dem ich die hier zitierten Daten entnehme. Die Beurteilung der Ergebnisse überlassen wir dem Publikum, den zuständigen Stellen sowie den Experten.

Wir beschränken uns darauf, die hauptsächlichen Kriterien darzulegen, nach denen bei der Restaurierung verfahren wurde. Außerdem sollen die bemerkenswertesten Ergebnisse aufgezählt werden, die durch einen Vergleich mit den zahlreichen in der Vergangenheit von den Fresken hergestellten Reproduktionen klar zutage treten: Angefangen von dem umfangreichen Bildmaterial in dem von Kurt Gerstenberg und Paul Ortwin Rave 1934 in Berlin veröffentlichten Band bis zu den dreißig Jahre später von Keith Andrews (in ›The Nazarenes‹, London 1964) veröffentlichten Tafeln oder den zahlreichen Illustrationen einer Publikation von 1967 (Keith Andrews: ›I Nazareni‹,

2

1

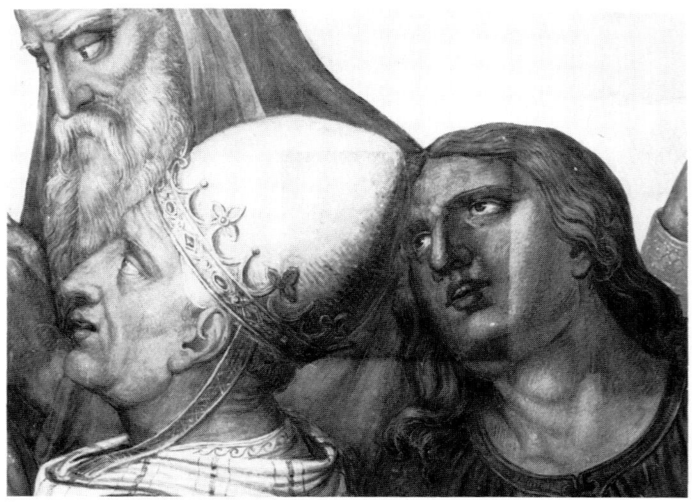

3

Abb. 4, 5 Joseph Anton Koch, Wand des *Inferno*.
Graphische Darstellung der Gruppe *Paolo und Francesca*. Die Figur der Francesca (des Paolo) ist mit durchgehender Linie angegeben
Abb. 6 Detail der gereinigten Zone mit dem Kopf des Paolo aus der Gruppe *Paolo und Francesca*

4

5

6

Abb. 1 Philipp Veit, *Paradies*. Detail mit dem abbröckelnden Goldgrund
Abb. 2 Joseph Anton Koch, Ausschnitt aus der unteren Zone des *Purgatorio* mit den Feuchtigkeitsschäden
Abb. 3 Joseph Anton Koch, *Purgatorio*. Detail des *Sühneschiffs*

Mailand 1967), bis hin zu den in jüngster Zeit in dem Katalog der Nazarener-Ausstellung im Städelschen Kunstinstitut in Frankfurt 1977 enthaltenen Reproduktionen.

Die Nazarener hatten berühmte Vorbilder vor Augen, deren Tradition sie aus stilistischen und weltanschaulichen Beweggründen erneuern wollten. Diese Erneuerung jedoch sollte, um überzeugend zu sein, um selbst Geschichte zu machen und fortzudauern, nicht nur rein formal verwirklicht werden, sondern sie sollte auch das handwerkliche Element jener alten Kunst umfassen. Trotz der uneinheitlichen Ergebnisse, zu denen jeder der Künstler gelangte, zeigt sich in der Ausführung der drei auf literarischen Vorlagen basierenden Zyklen eine hohe Qualität. Die Wandgemälde sind vollständig in Freskotechnik ausgeführt. Dabei wurden die in der Renaissance üblichen Farben benützt, wie Ockerrot und -gelb, Terra verde, Braun, Pigmentschwarz, Blau, Lapislazuli, Email, S. Giovanni-Weiß. Die Farbe ist in dünnen, übereinandergelagerten Schichten aufgetragen und ergibt jenen für die Epoche Raffaels typischen ›Email‹-Effekt.

Abb. 7 Julius Schnorr von Carolsfeld, Ariost-Saal. Wand mit der Rolands-Szene. Detail

Im Dante-Saal, dessen Decke von Philipp Veit mit dem *Paradies* und dessen Wände von Joseph Anton Koch mit dem *Inferno* und dem *Purgatorio* der ›Divina Commedia‹ bemalt wurden, haben sich folgende Probleme gestellt: Der Goldgrund des ovalen Mittelfeldes der Decke, hergestellt durch Aufkleben von Goldfolie, zeigte sich fast überall losgelöst. An einigen Stellen war er bereits abgefallen (Abb. 1). Dieser Schaden, bereits sichtbar im Jahre 1934 (vgl. Gerstenberg-Rave, Taf. 1), wurde im Laufe der Zeit immer größer, hielt sich aber in Grenzen. Weit bedenklicher erschien dagegen der Zustand des *Purgatorio*-Freskos (Abb. 2 und 3), das 1934 noch so gut wie unbeschädigt war (vgl. Gerstenberg-Rave, Taf. 14). Vor der Restaurierung war die untere Zone, das heißt das *Sühneschiff* in seiner ganzen Länge und Höhe, mit einer Salpeterschicht bedeckt, was auf das Eindringen von Feuchtigkeit zurückzuführen ist. Die Ursache dieser Feuchtigkeit ist ein antiker Mauerrest, der sich in etwa anderthalb Meter Tiefe befindet, gemessen vom unteren Rand des Freskos, an der Stelle, wo der Felsen aus dem den Läuterungsberg umfließenden Meer aufsteigt.

Zur endgültigen Bewältigung dieser schweren baulichen Probleme ist zur Zeit ein Eingriff durch die Soprintendenza ai Beni Ambientali ed Architettonici (Behörde für den Schutz der Umwelt und der Baudenkmäler) in Gang, der als parallele Maßnahme zur Restaurierung der Wandgemälde beschlossen wurde.

Als besonders interessant erwies sich der Zustand der Fresken an der Wand mit dem *Inferno* von Koch. Hier gesellten sich zu den baulichen Schäden noch die Übermalungen aus der Zeit der Marchesa Maria Christina Massimo, welche nach der Übernahme des Casino nach dem Tod ihres Schwagers Carlo Massimo im Jahre 1827 nicht nur einige keusche Nacktheiten als ungehörig betrachtete und sie deshalb mit dicken, aufs Geratewohl angebrachten Temperaschichten zudecken ließ, sondern auch die Gruppe *Paolo und Francesca,* die im linken oberen Viertel der Wand schwebt, geradezu beleidigend fand, obwohl beide anständig bekleidet waren und noch dazu in mittelalterlicher Tracht. Was die Übermalung des letzteren betrifft, die aus der angegebenen Literatur bekannt war und in diesem Katalog bereits von Gianna Piantoni behandelt worden ist (s. Einführung in das Dante-Zimmer), hätte man sie durch eine vollständige Restaurierung wahrscheinlich beseitigen können, da stellenweise Säuberungen das originale Fresko im großen und ganzen unbeschädigt ans Licht brachten. Schließlich überwog jedoch die Vorsicht und man legte lediglich den Umriß der ursprünglichen Gestalten frei, was durch die in den Verputz eingeritzten Linien bezeichnet ist, die eine vollkommene Vorstellung von den Figuren geben (Abb. 4 und 5). Zusätzlich reinigte man die Stelle, wo das Profil Paolos neben dem Francescas erscheint (Abb. 6). Im übrigen beließ man das Werk in dem immerhin interessanten Zustand, in dem es uns die Geschichte überliefert hat, auch zum Beweis für jene übertriebene moralistische und bigotte Prüderie des 19. Jahrhunderts. Aus dem von

Enzo Pagliani abgefaßten technischen Bericht über diese Wand[1] ergibt sich jedoch, daß die technischen Daten allein nicht ausreichen, um feststellen zu können, wieviel Zeit zwischen dem Abschluß des Freskos und der Übermalung liegt. Eine ungefähre Angabe resultiert aus der bei der Untersuchung der Farbschichten mit der Probe S6[2] vom rechten Arm der Francesca gemachten Beobachtung. Diese Farbprobe zeigt, daß die weiße Temperafarbe (3. Schicht) vollkommen mit dem darunterliegenden Fresko verschmolzen ist (2. Schicht, bestehend aus Terra d'ombra, roten Pigmenten und Dunkelbraun). Hier fehlt nicht nur die übliche Schicht aus Schmutz, Ruß oder Firnissen (die immer vorhanden ist, wenn eine bemalte Fläche lange den äußeren Einflüssen ausgesetzt ist, und die auch teilweise zurückbleibt, wenn eine nur oberflächliche Reinigung stattgefunden hat), sondern es ist auch festgestellt worden, daß die Fläche der Freskoschicht ungewöhnlich undicht und daher empfänglich für darübergemaltes Farbmaterial war.

Diese Beobachtungen lassen vermuten, daß zwischen den beiden Malschichten ein sehr kurzer Zeitraum liegen muß. So ist zum Beispiel die zu Füßen Luzifers kauernde Frauengestalt übermalt worden; sie wurde zum Teil mit einem blaugrünen Gewand zugedeckt, wobei es sich bei dieser nachträglichen Farbschicht um eine Temperafarbe handelt, die sich allerdings nur sehr schwach mit der darunter befindlichen Farbe verband.

Weniger schwerwiegend waren die Probleme im Ariost-Saal, der vollständig von Julius Schnorr von Carolsfeld zwischen 1822 und 1827 ausgemalt wurde (s. Abb. 7 und 8). Ebenso wie Overbeck erscheint Schnorr als ein wahrer Meister in der Bewältigung der schwierigen Technik der Freskomalerei. Seine Malmittel – reiche und doch glänzende Farben, die er in dünnen Schichten übereinander gleichmäßig aufträgt, so daß die Wandfläche wie aus wertvollem Email geschaffen wirkt – lassen ihn aufgrund des technischen Ergebnisses, besonders im Deckengemälde, dem großen Vorbild Raffael am nächsten kommen. Um sich eine Vorstellung von der Sorgfalt machen zu können, mit der er an die Arbeit ging, muß man als Berechnungsgrundlage Tage annehmen: Für einen Kopf brauchte er fast jedesmal einen ganzen Tag; die Ausführung der Figuren, des landschaftlichen und architektonischen Hintergrunds ging Stück für Stück in der gleichen Weise vorwärts. Wir wissen, daß die Arbeit an der Wand selbst erst nach langwierigen Vorarbeiten in Angriff genommen wurde. Auf die ersten Feder- oder Bleistiftskizzen einer Szene folgte eine Reihe weiterer Etappen: Die Festlegung der allgemeinen Verteilung der Massen durch Zeichnungen des gesamten Komplexes, in denen Licht- und Schatteneffekte durch leichtes Auftragen von aquarellierter Tinte erreicht wurden; das akademische Studium der einzelnen nackten Figuren, um ihnen auch unter schweren Gewändern eine perfekte anatomische Struktur zu verleihen (vgl. z.B. Kat. XVI); endlich die mühsame Arbeit an den endgültigen Kartons, die den Wert von selbständigen Werken annahmen und als solche vom Publikum in den Ausstellungen betrachtet und erworben wurden. Die Überreste von Spuren der eingravierten Umrisse und wichtigsten Details der Figuren im frischen Verputz lassen darauf schließen, daß die endgültige Übertragung der Darstellungen vom Karton auf den Malgrund durch eine Durchzeichnung dieser Kartons erfolgte. Es ist jedoch unwahrscheinlich, daß zu diesem Zweck die eigentlichen Kartons benutzt worden sind, da diese aufgrund der Sorgfalt, mit der sie ausgeführt waren, des Wertes, der ihnen beigemessen wurde und endlich wegen ihrer sehr beträchtlichen Ausmaße, nämlich in der gleichen Größe wie die Wandgemälde selbst oder Teile derselben, sich schwer dazu geeignet hätten. Vielmehr handelte es sich wahrscheinlich um stellenweise Durchzeichnung auf Transparentpapier, und diese konnte, einmal benutzt, vernichtet werden.

Im Ariost-Saal erscheinen die mit Pigmentschwarz ausgeführten Zonen durch einen grauweißen Farbschleier gedämpft, wodurch die unangenehme Wirkung einer Inversion von dunklen Farbtönen in helle entsteht. Wahrscheinlich handelt es sich nicht um eine Pigmentveränderung im strengen Sinne des

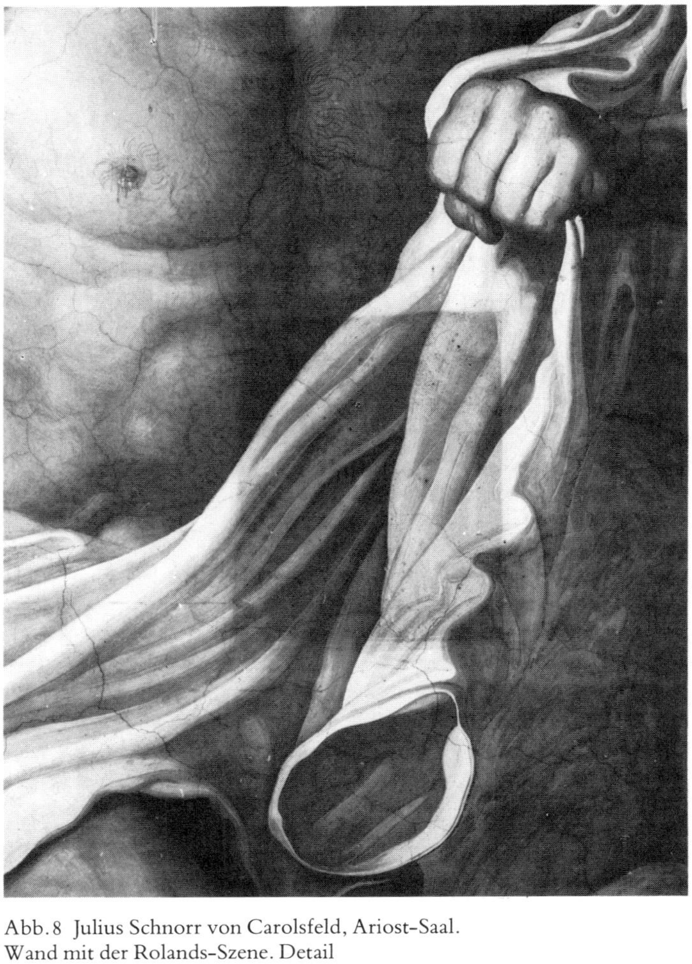

Abb. 8 Julius Schnorr von Carolsfeld, Ariost-Saal. Wand mit der Rolands-Szene. Detail

Wortes, sondern um eine mangelhafte Ausführung, die ein übermäßiges Durchscheinen des im Wandverputz enthaltenen Kalks zur Folge hatte.

Im Tasso-Saal steht der sorgfältigen Ausführung der Fresken Overbecks die mehr summarische von Führich gegenüber. Der Unterschied ist wohl auf den Umstand zurückzuführen, daß Overbeck so wie Schnorr die Freskotechnik beinahe mit der wissenschaftlichen Präzision eines Archäologen und Philologen handhabte, der mit einem malerischen Mittel arbeitet, das er dem Verfall geweiht glaubt und deshalb durch eine perfekte Arbeit den Beweis liefern will für seine Vollkommenheit. Dagegen ist Führich aus einer spätbarocken akademischen Kultur hervorgangen, die zwar großen Gebrauch von der Wandmalerei machte, doch allmählich auf die Vollkommenheit in der Maltechnik auf frischem Kalk verzichtete, um im nachhinein Korrekturen mit Temperafarben auf der trockenen Wand anzubringen. Führich selbst spricht davon in einem Brief an den Vater vom Januar 1829, wo er anläßlich der Vollendung der Szene der *Kreuzfahrer am Hl. Grab* sagt: »... Mit diesem Bilde bin ich so glücklich, besonderen Beifall zu ernten, und ich hoffe, wenn es ganz fertig ist, daß ich selber einigermaßen zufrieden sein werde. Was an Haltung und Harmonie noch zu thun ist, werde ich durch eine Retusche mit Tempera, welches einige Tage Arbeit macht, noch nachhelfen« (zit. in Gerstenberg-Rave 1934, S.109). In der Tat sind in den von Führich gemalten Szenen solche Ausbesserungen sichtbar, besonders in den ziemlich summarischen Schattenstellen, die durch gleichmäßige braune Farbe in parallelen oder gekreuzten Pinselstrichen angegeben sind (s. Abb.9 und 10). Aus diesem Grund offenbart sich neben der Verwendung eines Stils, in dem trotz des völligen Aufgehens in einer neoraffaelitischen Reinheit und der Einfachheit eines Pinturicchio und Perugino, auf die Overbeck sich ausdrücklich beruft, eine noch nicht ganz überwundene Übersteigerung im barocken Sinne präsent ist, ein Fortwirken von Manierismen und handwerklichen Tricks in der angewandten Technik, die das technische Niveau des Werks insgesamt beeinträchtigen.

Trotz alledem hat ausgerechnet die Hauptwand Overbecks den größten Schaden erlitten. Hier ist eine Veränderung der ursprünglichen Farben eingetreten, die wahrscheinlich auf ein

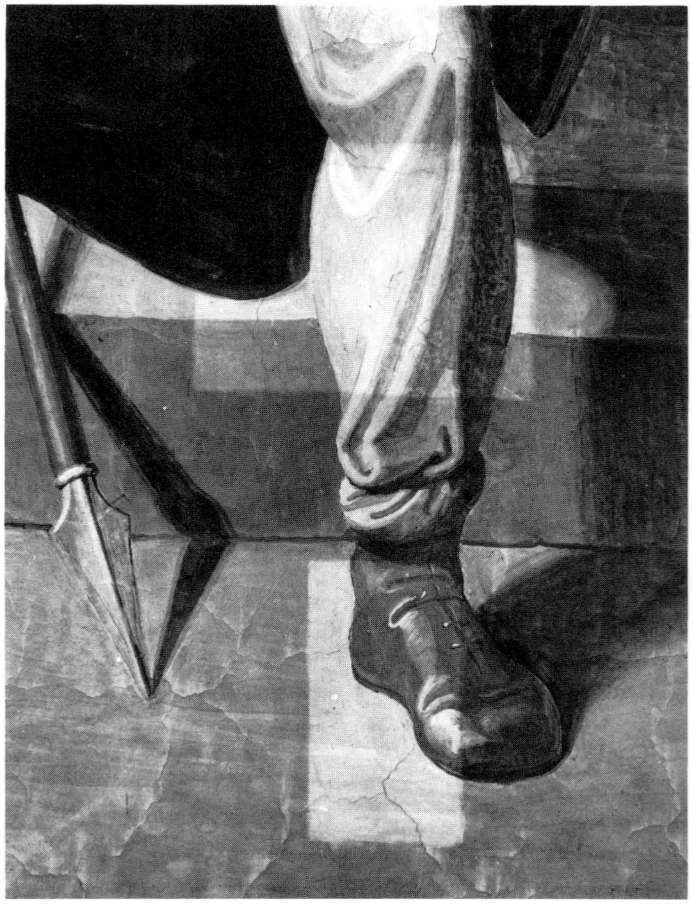

Abb.9, 10 Joseph von Führich, Tasso-Saal. *Die Kreuzfahrer am Heiligen Grabe.* Details

frühes Eindringen von Feuchtigkeit durch ein Wasserrohr zurückzuführen ist, durch welches das Wasser aus der Dachtraufe an der Mauer entlang in den Garten floß (Abb. 11). Dem Verblassen der Farben hat man irgendwann abzuhelfen versucht, indem man eine große Fläche mit Ölfarben übermalt hat, wodurch eine häßliche, matte und dichte Wirkung der bemalten Fläche entstanden ist (Abb. 12). Nachdem diese Übermalung beseitigt worden war, kamen die originalen Farbwerte wieder zur Geltung, die zwar stark verblaßt, doch in jedem Falle weit durchsichtiger und qualitätvoller waren als die mittelmäßige Retouche. So waren zum Beispiel eine weite Zone des Himmels und die zwei Köpfe der Figuren an der rechten Randzone vollständig übermalt worden, von denen man weiß, daß sie Overbeck selbst und das Porträt des Marchese Massimo darstellen (Abb. 13).

1 Vgl. ital. Ausgabe des Katalogs: *I Nazareni a Roma.* Rom 1981, S. 438-439
2 Vgl. ital. Ausgabe des Katalogs: *I Nazareni a Roma.* Rom 1981, S. 468

Abb. 11 Friedrich Overbeck, Tasso-Saal. Veränderungen des Malgrunds an der unteren linken Ecke des Freskos mit *Olindo und Sofronia*

Abb. 12 Friedrich Overbeck, Tasso-Saal. Detail der rechten oberen Zone des Freskos mit den *Vorbereitungen zum Sturm auf Jerusalem,* während der Abnahme der Übermalung mit Ölfarben

Abb. 13 Friedrich Overbeck, Tasso-Saal. Selbstporträt mit dem *Marchese Carlo Massimo.* Rechte Randzone des Freskos mit den *Vorbereitungen zum Sturm auf Jerusalem*

Laura Caterina Cherubini

Das Casino Massimo beim Lateran

Am 30. September des Jahres 1870 nahm der neue, von General Cadorna[1] eingesetzte Regierungsausschuß den Beschluß zur Bildung einer aus Architekten und Ingenieuren bestehenden Kommission an. Deren Aufgabe sollte sein, Pläne zur Vergrößerung und Verschönerung Roms auszuarbeiten, die dann dem Stadtrat zur Zustimmung zu unterbreiten waren.

Die Erhebung Roms zur Hauptstadt des Königreichs Italien brachte vielerlei Probleme mit sich, da die bisherige Hauptstadt des Kirchenstaats ganz und gar nicht darauf eingerichtet war, den riesigen Verwaltungsapparat eines Königreiches aufzunehmen. Dazu kam noch das Anwachsen der Bevölkerung, das von diesem Zeitpunkt fast explosionsartig anstieg, und dem Rom einfach nicht gewachsen war. Deshalb bestand die erste Aufgabe der oben genannten Kommission in der Untersuchung der vordringlichsten Projekte für die Vergrößerung der Stadt[2]. Das sollte für das Schicksal all jener Villen Roms bestimmend werden, die sich auf der Linie befanden, die einen von der Porta S. Giovanni bis zur Porta del Popolo durchlaufenden Bogen beschrieb. Dieser Beschluß zeigte die Absicht der kaum eingesetzten Regierung, auf dem vorhandenen Stadtgebiet eine neue Hauptstadt zu errichten.

Die von den großen Bauunternehmern – mit hohem Profit für sie selbst – geleitete Stadtplanung der Sabaudier[3] übernahm diese Aufgabe, ohne daß die damit befaßten Personen von den bestehenden historischen und städtebaulichen Zusammenhängen der Stadt Rom Kenntnis besaßen. Sie beschränkten sich vielmehr darauf, ihnen geläufige Modelle zu wiederholen, ohne auch nur den Versuch einer kritischen Revision zu unternehmen.

Daß die Umgestaltung Roms zur Hauptstadt eines Königreiches ein ungeheures Geschäft bedeuten mußte, war von den vorausschauenden Bodenspekulanten schon einige Jahre zuvor begriffen worden, die sich daher beeilt hatten, ausgedehnte Grundstücke in den als Wein- und Gemüsegärten genutzten Zonen zwischen dem Quirinal und dem neuen Bahnhof aufzukaufen. Bei der Ankunft der piemontesischen Truppen in Rom wurde der im Westen entlang der Mauer gelegene Bodenstreifen von großen Patriziervillen eingenommen, deren Eigentümer entweder Bauunternehmer oder religiöse Institute waren. Die neue Regierung sah sich nun mit dem zweifellos enormen Problem konfrontiert, für alle neuen Institutionen des Staates Platz zu finden. Nachdem es keine von päpstlichen Stellen geräumten Büros mehr zu übernehmen gab, ging man daher zur zwangsweisen Besetzung von Klöstern über und begann an der Via Venti Settembre Gebäude für die Ministerien zu errichten. Aber die piemontesischen Beamten brauchten auch Wohnungen, weshalb am 6. März 1871 ein Projekt für die erste Parzellierung der Hauptstadt Rom vorgelegt wurde, das auf dem Esquilin verwirklicht werden sollte.

Der Plan sah die endgültige Zerstörung der Villa Montalto vor, die bereits von dem Bau des neuen Bahnhofs stark in Mitleidenschaft gezogen war. Dasselbe galt für die Villen Palombara, Altieri und andere.

Der Einspruch, den Camillo Massimo, der Eigentümer der Villa Montalto, gegen seine Enteignung und für die Erhaltung der Villa erhob, blieb ohne Erfolg. Auch das utopische Projekt des Architekten Francesco Fontana zur Erhaltung des aus dem 16. Jahrhundert stammenden Casino, das dessen spiegelbildliche Neuerrichtung und die symmetrische Aufstellung der beiden Gebäude auf der Mitte eines großen Platzes im Parzellierungsgebiet vorsah, hatte keinerlei Aussicht auf Erfolg, obwohl der Vorschlag zur Rettung dieses Denkmals wirklich ungewöhnlich war[4].

Die Villa Massimo beim Lateran gehörte damals den Lancellotti (Abb. 1) und lag am Rande des für das Esquilinprojekt vorgesehenen Gebietes. Sie war zwischen der Via Merulana im Westen und der Via Emanuele Filiberto im Osten eingeschlossen. Das Projekt für das auf dem Esquilin zu errichtende Stadtviertel machte an der Via Labicana halt, die hier Viale Manzoni heißt und die Nordgrenze der Villa Massimo bildete. Bis jetzt war diese fast in ihrem gesamten Umfang erhalten geblieben.

Abb. 1 Villa Massimo beim Lateran. Archivfoto

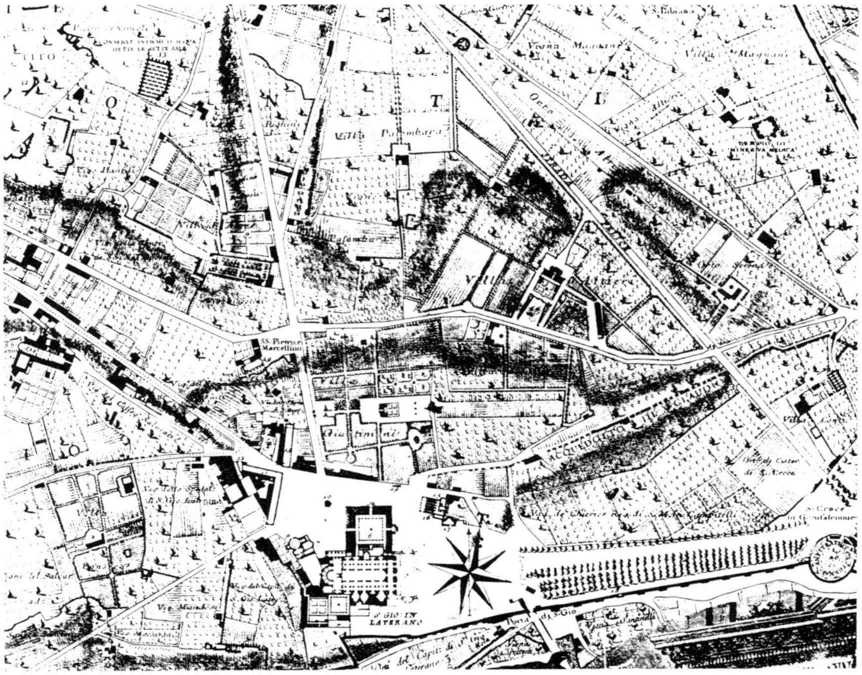

Abb. 2 Römischer Stadtplan von Nolli aus dem Jahr 1748. Aus: Frutaz, Le Piante di Roma

Ursprünglich grenzte die Villa, wie es im ›Verzeichnis der Erbmasse des Marchese Vincenzo Giustiniani‹[5] beschrieben wird, im Osten, Westen und Norden an öffentliche Straßen und im Süden an die Häuschen der Hosteria di S. Signoria Illustrissima, und der Hosteria di S. Giovanni in Laterano an der Ecke (Abb. 2).

Der Marchese Vincenzo Giustiniani hatte diese Grundstücke 1605 als Gemüsegärten von einem gewissen Grifoni gekauft und sie teilweise in Ziergärten umgewandelt, die er mit antiken Statuen schmückte. Er ließ dort ein Casino erbauen, das, weil es ohne Ausstattung war, nur den kurzen Aufenthalten bei Besuchen der Villa diente.

Der Entwurf wird von Battaglia[6] Carlo Lambardi zugeschrieben, der allerdings zu der in Frage kommenden Zeit an anderen Projekten für die Familie Giustiniani gearbeitet hat. Es gibt demnach keinen sicheren Beweis für die Planung durch Lambardi. Ähnlich unsicher ist die Zuschreibung des Portals an ihn, das sich in der Umfassungsmauer zur Via Merulana hin befand und heute im Eingang der Villa Celimontana wiederverwendet ist.

Der aufgeklärte Marchese Vincenzo, von dem Amayden[7] sagte, daß er nie einen so großen Geist auf der Welt gesehen habe (auch wenn dieses Urteil nicht ganz objektiv sein kann, weil ihn mit dem Marchese Vincenzo eine tiefe Freundschaft verband, muß man doch anerkennen, daß dieser eine Persönlichkeit von unzweifelhafter Kultur war), wandte sein Interesse dem Studium der Antike und der Kunst zu, wie auch sein Bruder, der Kardinal Benedetto, der in der Villa vor der Porta del Popolo die berühmte Sammlung Giustiniani zusammentrug.

Das oben erwähnte Inventar, das in allen Einzelheiten den Weingarten beschreibt und alle Maße von Feldern und Häusern genau wiedergibt, erläutert auch den dem Ziergarten vorbehaltenen Teil und erwähnt: »Am oberen Ende der großen Allee sah man als Durchblick die antike Kolossalstatue eines jungen Mannes, die restauriert war und eine Höhe von pal. 15 inc.[8] besaß, sowie die moderne Statue eines Apoll, der sich auf einen Baumstamm stützt und pal. 7 inc. hoch ist, und eine moderne Venusstatue, halbnackt, von pal. 7 inc. Höhe. In der Nische der gegen S. Giovanni gerichteten Straßenecke steht eine restaurierte antike Zeusstatue von pal. 10 inc. Höhe. Die entsprechende Nische am anderen Ende der großen Allee zu der Straße hin, die nach S. Maria Maggiore führt, enthält eine antike Äskulapstatue, die restauriert und etwa pal. 10 inc. hoch ist. Im Brunnen des Giardino segreto steht eine weitere antike Statue der Venus, die restauriert ist.«

Diese Beschreibung entspricht genau dem über ein Jahrhundert später angefertigten Plan des Nolli (Abb. 2) und einer Reihe von Aquarellen aus dem 19. Jahrhundert (Abb. 3, 4, 5), welche verschiedene Ansichten des Gartens gegenüber dem

3

4

5

vornehmen Casino in der Ecke nach S. Giovanni wiedergeben. Sie bilden beinahe eine fotografische Abfolge ›ante litteram‹ des Gartens wenige Jahre, oder vielleicht nur wenige Monate vor seiner Zerstörung.

Die Planung des Gartens läßt die Tendenzen der Zeit erkennen, gleichzeitig aber auch die Fähigkeit, eine Auswahl zu treffen. Man vermied sorgsam, die Anlage mit dekorativen Elementen zu überladen und konzentrierte die höchst subtile Ausdruckskraft des 17. Jahrhunderts auf die Suche nach dem Unbestimmten und dem Unendlichen. Architektonische Fluchtpunkte bildeten den Rahmen für klassische und zeitgenössische Statuen im antiken Dekorationsstil.

Als beim Tod des Marchese Vincenzo Giustiniani keine direkten Erben[9] vorhanden waren, weil sein einziger Sohn bereits tot und auch der Kardinal Benedetto schon 1621 gestorben war, ernannte der Marchese seinen Adoptivsohn Andrea di Cassano Giustiniani zu seinem Universalerben und errichtete einen Fideikommiß. Andrea Giustiniani wurde damit Eigentümer des gesamten Vermögens, die Villa vor der Porta del Popolo und die Sammlung Giustiniani miteingeschlossen.

Offensichtlich hielt er die einfache Anlage des Casino beim Lateran als dem Geschmack der Zeit wenig entsprechend, weshalb er zahlreiche Stücke der Sammlung dazu benutzte, die Fassade zu dekorieren.

Die harmonische Architektur des Casino wurde durch die reinen Linien und klaren Flächen der Fassaden bestimmt. Der ursprüngliche Entwurf sah fast gar keine Dekorationen vor, wenn man von den Fenster- und Portalumrahmungen sowie dem Gesimsfries aus Travertin absieht. Die Konsolen des Gesimses umrahmen das Motiv der römischen Standarte, die zum Wappen der Giustiniani gehört. Das Casino hat zwei Stockwerke von gleicher Höhe mit einer Loggia im Erdgeschoß, die zu Anfang des 19. Jahrhunderts aus statischen Gründen zugemauert wurde. Im ersten Stock befand sich eine Galerie, von der im ›Inventar‹, das die Ausstattung beschreibt, gesprochen wird. Diese Galerie wurde zugesetzt, als Andrea Giustiniani um die Mitte des 17. Jahrhunderts Arbeiten an den Fassaden ausführen ließ.

Andrea Giustiniani wollte, wie schon gesagt, die Fassaden des Casinos bereichern, indem er von Stuckdekorationen eingerahmte Reliefs einmauern ließ. Die Einbringung dieser naturalistischen Motive, die sich sehr gut in die Gesamtarchitektur einfügen, weist auf die Renaissance zurück[10].

Über dem Portal der Westfassade wurde das Vorderteil eines Sarkophages aus dem dritten Jahrhundert n. Chr. mit der Darstellung des Achill auf Skyros mit den Töchtern des Lykomedes eingesetzt, der aus der Villa Giustiniani vor der Porta del Popolo stammte. Ein Relief mit dem Phädra-Mythos und ein anderes mit den Musen wurden über den beiden Seitenfenstern angeordnet, während zwei von Blattkronen eingerahmte Medaillons ihren Platz über den beiden Mittelfenstern fanden.

In die Brüstungen der vier Fenster des Oberstocks wurden

vier Frontseiten von Sarkophagen eingesetzt, von denen drei aus der Villa Giustiniani stammten. Sie bilden ein vorspringendes, das Geschoß markierendes Gesims. Zwischen den antiken Reliefs finden wir die von Girlanden umrahmte Taube der Pamphili zur Vervollständigung des architektonischen Bildes. Oberhalb dieser Fenster befinden sich mit einer Chlamys bekleidete Büsten, die zum großen Teil nicht aus der Antike stammen.

In der Ostfassade öffnet sich die dreibogige, auf zwei ionischen Säulen ruhende Loggia, die dem ›Giardino segreto‹ zugewandt ist. Die dekorative Ergänzung ist hier sehr schlicht und beschränkt sich auf die Einfügung der archäologischen Fundstücke in die für Inschriften vorgesehenen Tafeln über den vier Fenstern des Erdgeschosses. Über den Fenstern des ersten Stocks sind von Blattwerk eingerahmte Medaillons eingesetzt. Letarouilly, der diese Fassade 1868 aufnahm, hielt sie offenbar für zu kahl und zeichnete deshalb einen Fries für das Gesims, der ähnlich dem der Hauptfassade das Geschoß stärker markieren sollte.

Die beiden Seitenfassaden zeigen das schon im Westen vorhandene Dekorationsschema mit eingemauerten Frontteilen von Sarkophagen in den Fensterbrüstungen, die von Girlanden mit dem Adler der Giustiniani unterbrochen werden. Über den Fenstern beider Stockwerke wurden dagegen je zwei antike Stücke verschiedener Herkunft zusammengestellt, wodurch ein völlig anderer Eindruck entsteht.

Auf Andrea Giustinianis Zeit geht eine im Fundus Giustiniani des Staatsarchivs in Rom[11] befindliche Zeichnung (Abb. 6) zurück, welche sich auf eine »Loggia« bezieht, »die im Garten-Casino des Hochwürdigsten Fürsten Giustiniani an der Piazza S. Giovanni in Laterano« entstehen und deren Fries das Wappen Innozenz' X. schmücken sollte. Diese Loggia wurde aber nie erbaut.

Im Archiv der Familie Giustiniani wird die Villa beim Lateran mehrmals genannt: Am 16. Februar 1687 und am 20. Oktober 1689 gelegentlich von Berichten, die im Anschluß an Untersuchungen im Weingarten und in den Häusern auf der Piazza von S. Giovanni stattgefunden hatten, um alle Instandsetzungsarbeiten festzustellen und zu melden, deren diese Gebäude bedurften. Aus dem Jahr 1676 stammt ein Gutachten über den Schaden an der Mauer der Villa, den einige in der Via Merulana beschäftigte Arbeiter angerichtet hatten.

Um die Mitte des 18. Jahrhunderts wurde eine männliche Kolossalstatue im Garten der Villa aufgestellt. Dies ist der Inschrift auf der Basis zu entnehmen, die heute an der Südseite des Casino eingemauert ist. Die ›Giustiniano‹ genannte Figur war stehend dargestellt und mit einem drapierten Mantel bekleidet, der bis zu den Füßen niederfiel. Von den sich noch im Garten befindenden Resten her – dem Stück des linken Fußes mit dem Teil eines Faltenwurfes, Teilen des Oberkörpers und der Basis –, kann nicht mit Sicherheit auf antike Herkunft geschlossen werden.

6

Abb. 3 Ansicht von der nach S. Giovanni in Laterano führenden Allee. Aquarell, 19. Jh.
Abb. 4 Ansicht der Mittelallee vom Casino gegen die Via Merulana, im Hintergrund das dem Lombardo zugeschriebene Portal. Aquarell, 19. Jh.
Abb. 5 Ansicht vom Casino gegen die Piazza S. Giovanni in Laterano mit den Häusern an der Ecke der Via Merulana. Aquarell, 19. Jh.
Abb. 6 Entwurf für eine Loggia an der Gartenseite des Casino Massimo. Rom, Staatsarchiv, Fundus Giustiniani

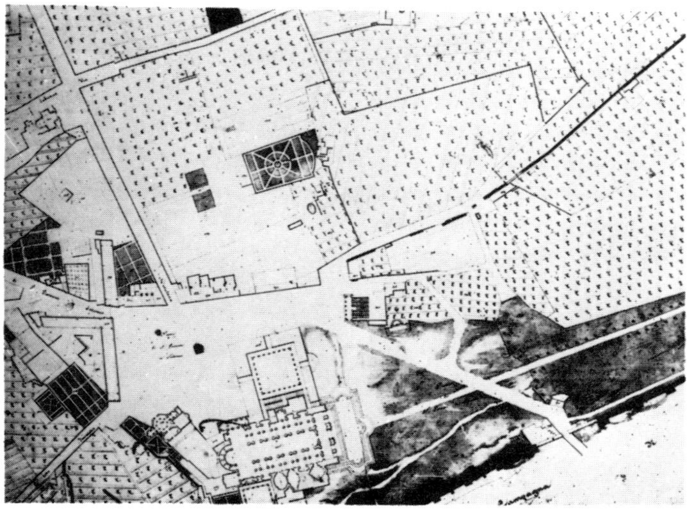

Abb. 7 Catasto Gregoriano 1818, Rom, Staatsarchiv

Gegen Ende des 18. Jahrhunderts wurde an der Grenzmauer der Villa gegen S. Giovanni das Kaffeehaus erbaut und ein Gitter errichtet, das sich gegen die Piazza öffnete, die man bis dahin von der Villa aus nicht hatte sehen können. Die frühesten Angaben über dieses Kaffeehaus finden wir in den Plänen des Catasto Gregoriano aus dem Jahr 1818[12] (Abb. 7) und in den Verträgen für die Grundstücke, die der Fürst Don Camillo Massimo, als er zu Beginn des Jahrhunderts Eigentümer der Villa geworden war, mit seinen Pächtern[13] abschloß. Zu jedem Pachtvertrag gehörte ein Bericht, der im Augenblick der Übergabe der Grundstücke angefertigt wurde, und in dem mit ausführlicher Genauigkeit alle Einzelheiten der Bodenbestellung sowie der Häuser und allem, was in den Vertrag aufgenommen oder nicht Teil von ihm war, beschrieben sind.

Außerdem ist ein Vergleich des 1862 zwischen dem Fürsten Massimo und den Brüdern Marchesi abgeschlossenen Pachtvertrages, der auf den ersten Seiten eine Beschreibung der Grenzen der Villa enthält, mit den diesbezüglichen Angaben des Inventars der Güter des Marchese Vincenzo Giustiniani interessant. Dieser Vergleich gibt uns die Bestätigung, daß die von der Villa eingenommene Fläche dieselbe geblieben ist. Die einzige Veränderung war an der Ostseite eingetreten, wo die Straße beseitigt wurde und ein gewisser Sturbinetti Eigentum erwarb.

Die verpachteten Grundstücke lagen alle an der Via Labicana und weiter unten wird aufgeführt: »Nicht in der Pacht miteinbegriffen sind alle Häuser mit den angrenzenden, auf die Piazzale S. Giovanni in Laterano ausgerichteten Gärten, das Kaffeehaus und das eiserne Portal unterhalb desselben, der Garten, der anstoßende Palast, und der Platz vor ihm mit den zwei Waldstücken, die ›le Ragnare‹ und ›Stazzi‹ genannt wurden, sowie alle Alleen; ... und außerdem die Teile des Seitengrundstücks beim Kaffeehaus, um dort bauen zu können.« Das Interesse an antiken Funden war auch bei den neuen Eigentümern unvermindert, was aus dem weiter unten Gesagten deutlich hervorgeht: »Es wird festgelegt, daß immer, wenn bei den jährlichen Bestellungsarbeiten archäologische Stücke wie Gold, Silber, Metalle, Statuen, Stein und Marmor – bearbeitet oder unbearbeitet –, oder jedweder andere antike Gegenstand, gleich welchen Wertes, gefunden werden sollten, dieses alles dem Hochwürdigsten Eigentümer gehört.«

Wegen ihrer schönen archäologischen Stücke war die Villa auch in dem belehrenden Rundgang durch Rom von Vasi[14] angegeben, der 1804 schrieb: »Gegenüber dem Lateranspalast befindet sich die Villa Giustiniani, heute Massimo, die mit verschiedenen Statuen, Büsten, Reliefs und anderen antiken Marmorstücken geschmückt ist.«

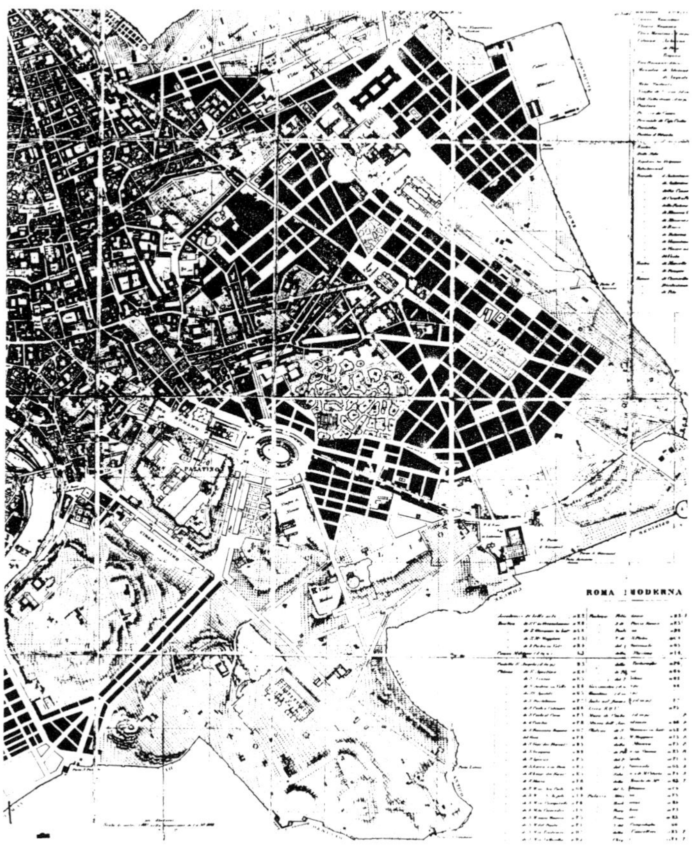

Abb. 8 Römischer Stadtplan von P. R. di Micheletti, 1873.
Aus: Frutaz, Le Piante di Roma

Das oben erwähnte Projekt der Parzellierung des Esquilin von 1871 war, auch wenn die Villa nicht direkt davon betroffen wurde, doch das bestimmende Element, das ihren unaufhaltsamen Ruin heraufbeschwor. Garten und Weingarten konnten dem sich ständig verstärkenden, alles bebaubare Land schlukkenden eisernen Würgegriff der sabaudischen Stadtplanung nicht für allzu lange Zeit widerstehen (Abb. 8).

Für eine so ausgesprochen antiklerikale Zeit wie diese war es ungewöhnlich, daß einer der ersten Schläge, welche die Zerstörung der Villa einleiteten, gerade aus dem gegnerischen Lager kam. Es hatte sich die Notwendigkeit ergeben, für die Franziskaner ein neues Kloster zu erbauen, weil diese den Turm Pauls III. auf dem Kapitol verlassen mußten, in dem die Kurie seit dem 13. Jahrhundert ihren Sitz gehabt hatte. Der Turm wurde abgerissen, um für das Denkmal des Königs Vittorio Emanuele II. Platz zu schaffen. 1883 beendeten die Franziskaner die Verhandlungen mit dem nunmehrigen Eigentümer der Villa, dem Fürsten Lancellotti. Sie entschlossen sich, das Grundstück an der Ecke zwischen Via Merulana und Via Labicana zu kaufen, um dort den neuen Sitz des Ordens zu errichten.

Der Bau des Klosters und der Kirche des hl. Antonius[15] wurden dem römischen Architekten Luca Carimini übertragen, der ein Gebäude mit einer Fassade aus vorgeblendeten Ziegeln und Gesimsen aus Stein an den Fenstern vorsah. Dieses Kloster flankierte die Kirche, der ein dorischer Portikus vorgelegt war.

Im Jahr 1888, als das allgemeine Baufieber schon nachgelassen hatte, waren an der Piazza Vittorio die Bauarbeiten noch in vollem Gang, und auf dem Gebiet der Villa schon der Häuserblock zwischen Via Tasso und Via Emanuele Filiberto sowie die beiden Häuserblocks auf der Piazza S. Giovanni entstanden. So wurden an Stelle der hohen Buchsbaumalleen der Gartenanlage Straßen gezogen, deren einziges Kriterium es war, der vorgezeichneten Anordnung in der angrenzenden Parzellierung zu folgen. Es war ein reiner Zufall, daß das Casino Massimo sich nicht an einer dieser Fluchtlinien befand, und – obwohl des ursprünglichen Formenbestandes und seiner ländlichen Umgebung beraubt – innerhalb eines der Bodenspekulation entzogenen Gebiets erhalten blieb.

Das Gebäude in der Via Tasso, das heute den Abschluß des Gartens bildet, und dessen rückwärtige gekrümmte Fassade dem Halbmond des ›Giardino segreto‹ folgt, ist erst viele Jahre später entstanden.

Nach dem Zweiten Weltkrieg übergab der Vatikan das Casino Massimo im Jahre 1948 den Franziskanern der Custodie des Heiligen Landes (Delegazione di Terra Santa), die im Garten zwei Flügelgebäude errichteten.

1 Der Oberkommandierende des piemontesischen Heeres, das zehn Tage zuvor, am 20. September, die berühmte Bresche in die Porta Pia geschlagen und die Stadt Rom – ohne viel Blutvergießen und Zerstörungen – erobert hatte. (A. d. Ü.)
2 Italo Insolera: *Roma moderna.* Turin 1963, S. 20
3 Vom spätlateinischen sapaudus, sabaudus = Bewohner der Sabaudia = Savoyen. Das italienische Königshaus der Savoyer wurde deshalb auch mit dem Namen Sabaudier bezeichnet. (A. d. Ü.)
4 Girardi Spagnesi Gorio: *L'Esquilino e la Piazza Vittorio, una struttura urbana dell'ottocento.* Rom o. J.
5 *Inventario dell'eredità del Sig. Marchese Vincenzo Giustiniani.* Staatsarchiv in Rom, Fundus Giustiniani, Schrank A, Bündel R, Umschlag 10, S. 144
6 R. Battaglia: ›Le Ville Giustiniani a Roma e l'opera di Carlo Lambardi‹, in: *L'Urbe,* Nr. 12, 1940
7 T. Amayden: *Nobili famiglie romane* (hrsg. von C. A. Bertini), Bologna 1967 (Neudruck)
8 pal. = palmo = Spanne, etwa 25 cm; inc. = Abkürzung des lateinischen Wortes incisio = Teil einer Spanne. (A. d. Ü.)
9 Staatsarchiv in Rom. Testament des Marchese Giustiniani, Fundus Giustiniani, Umschlag 132
10 Alle Antiken wurden von der Soprintendenza Archeologica Roms erfaßt und aufgenommen
11 Staatsarchiv in Rom. Fundus Giustiniani, Schrank A, Bündel S, Umschlag 10
12 Staatsarchiv in Rom. Register für erste Grundbucheintragungen des Stadtteils Rione I Monti Isola 15°
13 Staatsarchiv in Rom: Grundbuch III, Umschlag 2100
14 M. Vasi: *Itinerario istruttivo di Roma ...* Rom 1970 (Neudruck)
15 B. Pesci: *S. Antonio di Padova a Via Merulana.* Rom 1964

Abb. 9 Das Casino Massimo

Anhang

Die beiden Sprachen der Natur und der Kunst

Die eine dieser wundervollen Sprachen redet nur Gott; die andere reden nur wenige Auserwählte unter den Menschen, die er zu seinen Lieblingen gesalbt hat. Ich meine: die Natur und die Kunst. –

Seit meiner frühen Jugend her, da ich den Gott der Menschen zuerst aus den uralten heiligen Büchern unserer Religion kennen lernte, war mir die Natur immer das gründlichste und deutlichste Erklärungsbuch über sein Wesen und seine Eigenschaften. Das Säuseln in den Wipfeln des Waldes, und das Rollen des Donners, haben mir geheimnisvolle Dinge von ihm erzählet, die ich in Worten nicht aufsetzen kann. Ein schönes Tal, von abenteuerlichen Felsengestalten umschlossen, oder ein glatter Fluß, worin gebeugte Bäume sich spiegeln, oder eine heitere grüne Wiese von dem blauen Himmel beschienen, – ach diese Dinge haben in meinem inneren Gemüte mehr wunderbare Regungen zuwege gebracht, haben meinen Geist von der Allmacht und Allgüte Gottes inniger erfüllt, und meine ganze Seele weit mehr gereinigt und erhoben, als es je die Sprache der Worte vermag. Sie ist, dünkt mich, ein allzu irdisches und grobes Werkzeug, um das Unkörperliche, wie das Körperliche, damit zu handhaben.

Ich finde hier einen großen Anlaß, die Macht und Güte des Schöpfers zu preisen. Er hat um uns Menschen eine unendliche Menge von Dingen umhergestellt, wovon jedes ein anderes Wesen hat, und wovon wir keines verstehen und begreifen. Wir wissen nicht, was ein Baum ist; nicht, was eine Wiese, nicht, was ein Felsen ist; wir können nicht in unserer Sprache mit ihnen reden; wir verstehen nur uns untereinander. Und dennoch hat der Schöpfer in das Menschenherz eine solche wunderbare Sympathie zu diesen Dingen gelegt, daß sie demselben, auf unbekannten Wegen, Gefühle oder Gesinnungen, oder wie man es nennen mag, zuführen, welche wir nie durch die abgemessensten Worte erlangen.

Die Weltweisen sind, aus einem an sich löblichen Eifer für die Wahrheit, irregegangen; sie haben die Geheimnisse des Himmels aufdecken und unter die irdischen Dinge in irdische Beleuchtung stellen wollen, und die dunkeln Gefühle von denselben, mit kühner Verfechtung ihres Rechtes, aus ihrer Brust verstoßen. – Vermag der schwache Mensch die Geheimnisse des Himmels aufzuhellen? Glaubt er verwegen ans Licht ziehen zu können, was Gott mit seiner Hand bedeckt? Darf er wohl die dunkeln Gefühle, welche wie verhüllte Engel zu uns herniedersteigen, hochmütig von sich weisen? – Ich ehre sie in tiefer Demut; denn es ist große Gnade von Gott, daß er uns diese echten Zeugen der Wahrheit herabsendet. Ich falte die Hände und bete an. –

Die Kunst ist eine Sprache ganz anderer Art als die Natur; aber auch ihr ist, durch ähnliche dunkle und geheime Wege, eine wunderbare Kraft auf das Herz des Menschen eigen. Sie redet durch Bilder der Menschen und bedienet sich also einer Hieroglyphenschrift, deren Zeichen wir dem Äußern nach kennen und verstehen. Aber sie schmelzt das Geistige und Unsinnliche, auf eine so rührende und bewundernswürdige Weise, in die sichtbaren Gestalten hinein, daß wiederum unser ganzes Wesen und alles, was an uns ist, von Grund auf bewegt und erschüttert wird. Manche Gemälde aus der Leidensgeschichte Christi, oder von unsrer heiligen Jungfrau, oder aus der Geschichte der Heiligen, haben, ich darf es wohl sagen, mein Gemüt mehr gesäubert und meinem inneren Sinne tugendseligere Gesinnungen eingeflößet als Systeme der Moral und geistliche Betrachtungen. Ich denke unter andern noch mit Inbrunst an ein über alles herrlich gemaltes Bild unsers heiligen Sebastian, wie er nackt an einen Baum gebunden steht, ein Engel ihm die Pfeile aus der Brust zieht und ein anderer Engel vom Himmel einen Blumenkranz für sein Haupt bringt. Diesem Gemälde verdanke ich sehr eindringliche und haftende christliche Gesinnungen, und ich kann mir jetzt kaum dasselbe lebhaft vorstellen, ohne daß mir die Tränen in die Augen kommen.

Die Lehren der Weisen setzen nur unser Gehirn, nur die eine Hälfte unseres Selbst, in Bewegung; aber die zwei wunderbaren Sprachen, deren Kraft ich hier verkündige, rühren unsre Sinne sowohl als unsern Geist; oder vielmehr scheinen dabei (wie ich es nicht anders ausdrücken kann) alle Teile unsers (uns unbegreiflichen) Wesens zu einem einzigen, neuen Organ zusammenzuschmelzen, welches die himmlischen Wunder, auf diesem zwiefachen Wege, faßt und begreift.

Die eine der Sprachen, welche der Höchste selber von Ewigkeit zu Ewigkeit fortredet, die ewig lebendige, unendliche Natur, ziehet uns durch die weiten Räume der Lüfte unmittelbar zu der Gottheit hinauf. Die Kunst aber, die durch sinnreiche Zusammensetzungen von gefärbter Erde und etwas Feuchtigkeit, die menschliche Gestalt in einem engen, begrenzten Raume, nach innerer Vollendung strebend, nachahmt (eine Art von Schöpfung, wie sie sterblichen Wesen hervorzubringen vergönnt ward) – sie schließt uns die Schätze in der menschlichen Brust auf, richtet unsern Blick in unser Inneres, und zeigt uns das Unsichtbare, ich meine alles was edel, groß und göttlich ist, in menschlicher Gestalt. –

Wenn ich aus dem gottgeweiheten Tempel unsers Klosters von der Betrachtung Christi am Kreuz, ins Freie hinaustrete, und der Sonnenschein vom blauen Himmel mich warm und lebendig umfängt, und die schöne Landschaft mit Bergen, Gewässer und Bäumen mein Auge rührt; so sehe ich eine eigene Welt Gottes vor mir hervorgehen, und fühle auf eigene Weise große Dinge in meinem Inneren sich erheben. – Und wenn ich aus dem Freien wieder in den Tempel trete, und das Gemälde von Christo am Kreuze mit Ernst und Innigkeit betrachte, so sehe ich wiederum eine andre ganz eigene Welt Gottes vor mir hervorgehen und fühle auf andre, eigene Weise sich große Dinge in meinem Inneren erheben. –

Die Kunst stellet uns die höchste menschliche Vollendung dar. Die Natur, so viel davon ein sterbliches Auge sieht, gleichet abgebrochenen Orakelsprüchen aus dem Munde der Gottheit. Ist es aber erlaubt, also von dergleichen Dingen zu reden, so möchte man vielleicht sagen, daß Gott wohl die ganze Natur oder die ganze Welt auf ähnliche Art, wie wir ein Kunstwerk, ansehen möge.

Wilhelm Heinrich Wackenroder: Herzensergießungen eines kunstliebenden Klosterbruders. Leipzig 1921, S. 128-132

Dürer und Raffael

Dennoch aber fiel es mir, als ich in meinen jüngern Jahren die ersten Gemälde vom Raffael sowohl als von dir, mein geliebter Dürer, in einer herrlichen Bildergalerie sah, wunderbar in den Sinn, wie unter allen andern Malern, die ich kannte, diese beiden eine ganz besonders nahe Verwandtschaft zu meinem Herzen hätten. Bei beiden gefiel es mir so sehr, daß sie so einfach und grade, ohne die zierlichen Umschweife anderer Maler, uns die Menschheit in voller Seele so klar und deutlich vor Augen stellen. Allein ich getraute mich damals nicht, meine Meinung jemandem zu entdecken, weil ich glaubte, daß jeder mich verlachen würde, und wohl wußte, daß die mehresten in dem alten deutschen Maler nichts als etwas sehr Steifes und Trockenes erkennen. Ich war indes an dem Tage, da ich jene Bildergalerie gesehen hatte, so voll von diesem neuen Gedanken, daß ich damit einschlief, und mir in der Nacht ein entzückendes Traumgesicht vorkam, welches mich noch fester in meinem Glauben bestärkte. Es dünkte mich nämlich, als wenn ich, nach Mitternacht, von dem Gemach des Schlosses, worin ich schlief, durch die dunklen Säle des Gebäudes, ganz allein mit einer Fackel nach der Bildergalerie zuginge. Als ich an die Tür kam, hörte ich drinnen ein leises Gemurmel; – ich öffnete sie, – und plötzlich fuhr ich zurück, denn der ganze große Saal war von einem seltsamen Lichte erleuchtet, und vor mehreren Gemälden standen ihre ehrwürdigen Meister in leibhafter Gestalt da, und in ihrer alten Tracht, wie ich sie in Bildnissen gesehen hatte. Einer von ihnen, den ich nicht kannte, sagte mir, daß sie manche Nacht vom Himmel herunterstiegen, und hier und dort auf Erden in Bildersälen bei der nächtlichen Stille umherwankten, und die noch immer geliebten Werke ihrer Hand betrachteten. Viele italienische Maler erkannt ich; von Niederländern sah ich sehr wenige. Ehrfurchtsvoll ging ich zwischen ihnen durch; – und siehe! da standen, abgesondert von allen, Raffael und Albrecht Dürer Hand in Hand leibhaftig vor meinen Augen und sahen in freundlicher Ruhe schweigend ihre beisammenhängenden Gemälde an. Den göttlichen Raffael anzureden hatte ich nicht den Mut; eine heimliche ehrerbietige Furcht verschloß mir die Lippen. Aber meinen Albrecht wollte ich soeben begrüßen, und meine Liebe vor ihm ausschütten: – allein in dem Augenblick verwirrte sich mit einem Getöse alles vor meinen Augen, und ich erwachte mit heftiger Bewegung.

Dieses Traumgesicht hatte meinem Gemüt innige Freude gemacht, und diese ward noch vollkommener, als ich bald nachher in dem alten Vasari las, wie die beiden herrlichen Künstler auch bei ihren Lebzeiten wirklich, ohne sich zu kennen, durch ihre Werke, Freunde gewesen, und wie die redlichen und treuen Arbeiten des alten Deutschen vom Raffael mit Wohlgefallen angesehen wären, und er sie seiner Liebe nicht unwert geachtet hätte.

Das aber kann ich freilich nicht verschweigen, daß mir nachher bei den Werken der beiden Maler immer so wie in jenem Traum zumute war, daß ich nämlich bei denen des Albrecht Dürer wohl manchmal mich daran versuchte, ihr echtes Verdienst jemandem zu erklären, und über ihre Vortrefflichkeiten mich in Worte auszubreiten wagte; bei den Werken Raffaels aber immer von der himmlischen Schönheit so überfüllt und bedrängt ward, daß ich nicht wohl darüber reden noch jemandem deutlich auseinandersetzen konnte, woraus mir überall das Göttliche hervorleuchte.

Wilhelm Heinrich Wackenroder: Herzensergießungen eines kunstliebenden Klosterbruders. Leipzig 1921, S. 123-125

Franz Sternbalds Verkündigungsgemälde

Fast seit seiner Ankunft auf dem Dorfe hatte sich Franz eine Arbeit vorgenommen, es war nämlich nichts Geringers, als daß er seinem Geburtsorte ein Gemälde von sich hinterlassen wollte. Der Gedanke der Verkündigung der Geburt Christi lag ihm noch im Sinn, und er bildete ihn weiter aus und malte fleißig. Aber nun fehlte ihm diese Seelenruhe, die er damals in seinem Briefe geschildert hatte, alles hatte ihn betäubt, und die bildende Kraft erlag oft den Umständen. Er fühlte es lebhaft wieder, wie es ganz etwas anders sei, in einer glücklichen Minute ein kühnes und edles Kunstwerk zu entwerfen, und es nachher mit unermüdeter Emsigkeit und dem nie ermattenden Reiz der Neuheit durchzuführen. Mitten in der Arbeit verzweifelte er oft an ihrer Vollendung, er wollte es schon unbeendigt stehnlassen, als ihm Dürers Brief zur rechten Zeit Kraft und Erquickung schenkte. Jetzt endigte er schneller, als er erwartet hatte.

Wir wollen hier dem Leser dieses Bild Franzens ganz kurz beschreiben. Ein dunkles Abendrot lag auf den fernen Bergen, denn die Sonne war schon seit lange untergegangen, in dem bleichroten Scheine lagen alte und junge Hirten mit ihren Herden, dazwischen Frauen und Mädchen; die Kinder spielten mit Lämmern. In der Ferne gingen zwei Engel durch das hohe Korn und erleuchteten mit ihrem Glanze die Landschaft. Die Hirten sahen mit stiller Sehnsucht nach ihnen, die Kinder streckten die Hände nach den Engeln aus, das Angesicht des einen Mädchens stand in rosenrotem Schimmer, vom fernen Strahl der Himmlischen erleuchtet. Ein junger Hirt hatte sich umgewendet und sah mit verschränkten Armen und tiefsinnigem Gesichte der untergegangenen Sonne nach, als wenn mit ihr die Freude der Welt, der Glanz des Tages, die anmutigen und erquickenden Strahlen verschwunden wären; ein alter Hirte faßte ihn beim Arm, um ihn umzudrehen, ihm die Freudigkeit zu zeigen, die von morgenwärts herschritt. Dadurch hatte Franz der untergegangenen Sonne gegenüber gleichsam eine neuaufgehende darstellen wollen, der alte Hirte sollte den jungen beruhigen und zu ihm sagen: »Selig sind, die nunmehr sterben, denn sie werden in dem Herrn sterben!« Einen solchen zarten und trostreichen und frommen Sinn hatte Franz für den vernünftigen und fühlenden Beschauer in sein Gemälde zu bringen gesucht.

Ludwig Tieck: Franz Sternbalds Wanderungen. Stuttgart 1966, S. 65 f.

Die Seele des Künstlers und der Natur

So ist die Seele des Künstlers oft von wunderlichen Träumereien befangen, denn jeder Gegenstand der Natur, jede bewegte Blume, jede ziehende Wolke ist ihm eine Erinnerung oder ein Wink in die Zukunft. Heereszüge von Luftgestalten wandeln durch seinen Sinn hin und zurück, die bei den übrigen Menschen keinen Eingang antreffen; besonders ist der Geist des Dichters ein ewig bewegter Strom, dessen murmelnde Melodie in keinem Augenblicke schweigt, jeder Hauch rührt ihn an und läßt eine Spur zurück, jeder Lichtstrahl spiegelt sich ab, er bedarf der lästigen Materie am wenigsten und hängt am meisten von sich selber ab, er darf in Mondschimmer und Abendröte seine Bilder kleiden und aus unsichtbaren Harfen niegehörte Töne locken, auf denen Engel und zarte Geister herniedergleiten und jeden Hörer als Bruder grüßen, ohne daß sich dieser oft aus dem himmlischen Gruße vernimmt und nach irdischen Geschäften greift, um nur wieder bei sich selber zu sein. In jenen beklemmten Zuständen des Künstlers liegt oft der Wink auf eine neue, niebetretene Bahn, wenn er mit seinem Geiste dem Liede folgt, das aus ungekannter Ferne herübertönt. Oft ist jene Ängstlichkeit ein Vorgefühl der unendlichen Mannigfaltigkeit der Kunst; wenn der Künstler glaubt, Leiden, Unglück oder Freuden zu ahnden.

Ludwig Tieck: Franz Sternbalds Wanderungen. Stuttgart 1966, S. 70f.

Über die deutsche Kunstausstellung zu Rom, im Frühjahr 1819, und über den gegenwärtigen Stand der deutschen Kunst in Rom

(...) So wie jede andere, auf das Höhere gerichtete Wissenschaft oder Kunst, so kann auch die bildende Kunst sich nicht von dem Faden der Überlieferung losreißen, und alles Vergangene vernichtend, mit einemmale ganz neu und von vorne anfangen. Vielmehr schließt sich jeder Meister an einen früheren an, und selbst da, wo die Kunst sich neue Bahnen und Wege zu eröffnen sucht, um eine bisher noch nicht gekannte Vortrefflichkeit zu erreichen, oder in einer gesunkenen Zeit, und aus einem verwilderten Geschmack heraus, das Rechte wiederzufinden und das wahrhaft Große neu herzustellen, tut sie dieses nie ohne Beziehung auf irgend ein Vergangenes und lebendige Benutzung eines früher Geleisteten. Mannichmal geschieht dabei ein großer Sprung, indem man sich, wenn es auf Einem Wege gar nicht mehr fort will, oder die bisherige Bildungsweise ganz erschöpft und erloschen zu sein scheint, auf einmal in ein weit entlegenes Fremdes oder auch sehr Altes wirft, was eben dadurch wieder als ein Neues erscheint.

(...) Was nun die Malerkunst in unsrer neuern christlichen Zeit betrifft, so ist unter denen, welche sie kennen, längst entschieden und allgemein anerkannt, daß dieselbe zu Ende des funfzehnten und in der ersten Hälfte des sechzehnten Jahrhunderts, mit den großen Meistern dieser Zeit, Raffael, Leonardo, Michel Angelo, Tizian und Correggio, den Gipfel der Vollkommenheit erstiegen.

(...) Zwischen der Herrschaft der französischen Schule und der englischen Kupferstiche hervor, unter manchen aus dem Mengs oder mißverstandenen Winckelmann hervorgegangnen fruchtlosen Tendenzen, nach manchen besseren und treu gemeinten, aber noch nicht ganz durchgebrochnen oder doch einzeln gebliebenen Bemühungen hat sich in den letzten Dezennien, ein andres, ernstes Streben unter den deutschen Künstlern mehr und mehr entwickelt: welches, wenn es liebevoll gepflegt und mit empfänglichem Sinn für das Höhere und uns Angemeßne in der Kunst aufgenommen: wenn das groß Gedachte auch im Großen befördert, was noch unvollkommen ist, durch stete Fortbildung nach bewährten Grundsätzen ergänzt, die sich etwa kund gebenden Abweichungen und Übertreibungen durch ein umfassend wirksames Kunsturteil auf das wahre Maß und Ziel zurückgelenkt würden, wohl den einsamen Pfad des höhern Schönen in der Malerei wieder zur allgemeinen Bahn erweitern und sich allmählich zu einer wahrhaften deutschen Kunstschule und neuen Epoche derselben erweitern könnte.

(...) Unter den jetzt in *Rom* lebenden deutschen Künstlern der neuern Zeit sind *Overbeck* und *Cornelius* zuerst auch unter uns allgemeiner bekannt geworden. Beide mit einer reichen Fantasie begabt: der erste ausgezeichnet durch eine liebevolle Anmut und inniges Schönheitsgefühl in Gestalt, Ausdruck, Stellung und Anordnung; der andre durch die höchste Kraft des Ausdrucks und eine schöpferische Fülle der Erfindung. Von Overbeck sind mehrere bedeutende Werke in Deutschland, woraus man ihn würdigen kann; besonders der große Karton zu Frankfurt, den Verkauf des Knaben Joseph darstellend. Sein Künstlerruf ist schon hinreichend begründet, und der herrliche Karton von dem befreiten Jerusalem auf der diesmaligen Ausstellung wäre allein genug, ihn von neuem zu bestätigen. Was Cornelius zu dem Bisherigen ferner noch Größeres zu leisten im Stande ist, wird er an den ihm übertragenen Alfrescogemälden des neuen Kunsttempels, welchen der Kronprinz von Bayern zu München erbauen läßt, reichliche Gelegenheit haben zu zeigen: wenn wir anders nach dem ersten meisterhaft vollendeten Karton dazu urteilen dürfen, welcher den ganzen mythischen Zyklus der *Nacht*, mit ihrem mannigfaltigen allegorischen Gefolge, nach sinnreich und eigentümlich aufgefaßter Vorstellungsweise der Alten, eben so tief bedeutend als reich darstellt. Wenn in einigen früheren Hervorbringungen dieses Künstlers die gewaltige Kraft des Ausdrucks bisweilen in Übertreibung ausartet und Manier zu werden droht: so bemerkt man in dieser letzten vortrefflichen Arbeit mit Vergnügen, daß er der Natur und edlen Einfalt wieder getreuer geblieben. Diesen beiden schon seit länger bekannten Künstlern, sind in der letzten Zeit noch manche jüngere Talente mit Glück nachgefolgt, von zum Teil sehr verschiedenartiger Kunstanlage und Sinnesweise; nur der gleiche Ernst in dem Streben, die Kunst wieder zu ihrer alten Hoheit zurückzuführen, beseelt sie alle. Dieses gemeinsame Streben der deutschen Künstler in Rom fing mehr und mehr an, Aufmerksamkeit zu erregen, und ward selbst von den ausgezeichnetsten Männern und Künstlern andrer Nationen entschieden anerkannt. Mit wahrem Vergnügen kann ich hier statt aller übrigen Einen, den Stolz Italiens, den Bildhauer unsers Zeitalters, den in ganz Europa hochberühmten und gefeierten *Canova* als einen solchen nennen, der die deutsche Kunst ehrt und schätzt; er, der auf seiner Reise durch Deutschland auch die in ihrer Art einzige Boisseréesche Sammlung ganz zu würdigen verstand, obwohl selbst in einem ganz andern Kunstkreise wirkend, schenkte nicht nur dem ganzen Kunststreben der Deutschen überhaupt, sondern selbst den einzelnen jüngeren Talenten die aufmerksamste Teilnahme und ausgezeichnete Achtung; wie denn mehrern deutschen Künstlern, wie Philipp Veit, Eggers u.a. auf seine Empfehlung die Frescoarbeiten im Vatikan übertragen wurden. Daß die *Frescomalerei* unter den deutschen Künstlern in Rom wieder so lebhaft in Gang gekommen – wozu dem preußischen General-Konsul Bartholdy bekanntlich der Ruhm gebührt, die erste Veranlassung gegeben zu haben – ist überhaupt für einen großen Fortschritt zu achten: denn sie nötigt den Künstler, bei der Komposition ins Große zu gehen, in der Ausführung aber sicher zu sein; welches, besonders für junge Talente, eine herrliche Schule ist.

(...) Den Raffael und seine Zeitgenossen, und überhaupt die großen Meister aus der letzten Hälfte des funfzehnten Jahrhunderts, und aus der ersten des sechzehnten, die wird er [der Künstler, A.d.H.] unverrückt vor Augen halten und als ewige Vorbilder seines Strebens im Herzen tragen. – Gewiß ist es dabei, daß nächst den großen Meistern, die als die höchsten anerkannt sind, keine andern mehr beachtet zu werden verdienen, als ihre unmittelbaren Vorgänger und älteren Lehrer, und daß diese jenen unendlich näher stehen, als ihre Schüler oder späteren Nachahmer. Sollten wir den Raffael zu ehren verstehen, und den gering schätzen, an dem und von dem er zuerst so viel und so wesentlich gelernt hat? Es gibt einzelne Gestalten, ja auch Gruppen und ganze Kompositionen, nicht bloß im Perugino, sondern auch im Fiesole und selbst im Giotto, die man, wenn man auch eben vom Raffael kommt, mit dem größten Vergnügen und nicht ohne Bewunderung betrachten kann; und die im Geist und in der Auffassungsweise wirklich Raffaelisch sind, wenn wir alles, was auch geistig schön und liebevoll harmonisch ist, so nennen dürfen. Wie selten aber trifft man auf eine solche Ausnahme unter den Effektgemälden der spätern Kunstschulen Italiens! Denn gerade im Geist, in der Auffassungsweise zeigte sich, nachdem einmal der Gipfel der Vollkommenheit erreicht war, zuerst der Abfall der sinkenden Kunst.

(...) Wenn wir nun auf diese Besseren und ihr Streben, auf das Wesentliche und den Gang der Kunst im Ganzen sehen, so sind wir jetzt durch das bis dahin Vorbereitete schon an das Ziel gelangt, daß wir den Schluß ziehen dürfen: jene Vorbilder möchten wohl ganz richtig gewählt sein, und der rechte Weg zum Ziele allerdings nicht eben *rückwärts* zu ihnen führen, wohl aber ganz erfüllt und durchdrungen von ihnen *vorwärts* zu einer neuen, aus den Tiefen des Altertums wiederhergestellten, aber dennoch frisch lebendig aufblühenden, und wahrhaft neuen Kunst für die neue Zeit; und daß also das Streben der neuern deutschen Künstler, im Ganzen genommen, mit nichten auf einen Abweg geraten und im Irrtum befangen sei, sondern ganz auf der rechten Bahn fortschreite.

(...) Es wird sich nun schon von selbst ergeben, worauf sich der den deutschen Künstlern gemachte Vorwurf der *manierierten Altertümlichkeit* – denn so sollte der beabsichtigte Tadel eigentlich, um genau zu reden, ausgedrückt werden – reduziere. Wenn der Künstler nicht den Geist und die Auffassungsweise seines Vorbildes sich anzueignen weiß, sondern unwesentliche Zufälligkeiten oder wohl gar positive Fehler und Unvollkommenheiten nachahmt, oder vielmehr nachmacht: so ist dies allerdings in hohem Grade tadelnswert, und führt auf dem gerade entgegengesetzten Wege, wie die rohe Nachahmung der Natur, in denselben Abgrund des Manierierten.

(...) Und so würde es wenigstens sehr einseitig sein, wenn man die christlichen Gegenstände ganz von der Kunst ausschließen wollte: da die Fortdauer derselben nicht bloß durch das Bedürfnis der Gegenwart immerwährend begründet und erfordert wird. Es sind in den letzten dreißig Jahren allerdings wohl mehr Kirchen zerstört und verwüstet worden, als neue erbaut oder mit Bildern geziert. Indessen zeigt sich schon jetzt auch darin die Rückkehr zum Frieden und die bessere Richtung des Zeitalters, daß es hie und da, häufig genug und in mehr als einem Lande, nicht an bedeutenden Kunstbestellungen für Kirchen fehlt; denen man wohl bald eine reichere Nachfolge nicht bloß wünschen, sondern auch vorhersagen kann. Es dürfte überhaupt mit der Sache des Christentums noch bei weitem nicht so schlecht stehen, als es die Revolutionsmänner und neuen Heiden sich selbst einbilden, oder doch uns überreden möchten. Dazu kommt für unser Deutschland noch der Umstand, über den wir uns billig erfreuen müssen, daß jetzt auch die Protestanten sich wohl geneigt zeigen, ihre Kirchen durch Bilder der Andacht zu verschönern; was der deutschen Kunst, die sich diesen Gegenständen vorzüglich gewidmet hat, wieder einen neuen Ausweg öffnet.

(...) Denn nachdem alle christlichen Gegenstände der Malerei entweder schon an und für sich symbolisch sind, oder doch um ihrem Wesen zu entsprechen, symbolisch behandelt werden sollen, so ist eben dazu auch dieser strengere und ernste Styl der Behandlung erforderlich, welcher eben den Eindruck des Altertümlichen macht. Werden die christlichen Gegenstände durchaus nicht symbolisch, sondern rein weltlich, bloß menschlich und natürlich behandelt, und auf die *dramatische* Wirkung, wenn dieser Ausdruck hier gestattet ist, angelegt, wie von den spätern Italienern so oft geschehen; dann sind diese heiligen Gegenstände allerdings ungünstig für die Kunst, ja zum Teil kaum erträglich; und können wir in dieser Beziehung die Abneigung der Gegner leicht entschuldigen. Doch dieses wäre Stoff zu einer eignen Untersuchung und sei hier nur im Vorbeigehen berührt.

In: Kritische Friedrich-Schlegel-Ausgabe (hrsg. v. H. Eichner), Bd. IV, München – Paderborn – Wien 1959, S. 237-262

Es geht um den Geist der alten Meister

Als äußersten dieser Grundsätze wirft man den neuen Malern vor, daß sie der Kunstausübung jede frei vorwärtsschreitende Selbständigkeit rauben und sie in die Grenzen einer nachäffenden altertümlichen Manier einsperren wollen. Aber das Gegenteil ist der Fall: es kann nicht darauf ankommen, die alten Meister zu *imitieren*, am allerwenigsten darauf, aus blinder und abergläubischer Ehrfurcht das wiederzuentdecken, was bei ihnen noch unvollkommen war. Es geht allein um den Geist der alten Meister, um das Beispiel ihres Ernstes, ihrer Selbstaufopferung und um den ungekünstelten Natursinn, mit dem sie lebten, arbeiteten und glaubten. Wenn auch nicht mit genau denselben, für unsere ausgedehnten Zwecke nicht immer ausreichenden Mitteln, so muß man doch dort beginnen, wo sie begonnen haben, nämlich beim ewigen Licht und der ewigen Wahrheit; man muß wie sie den Mut erwerben, sich selbst und sein Tun bloß als Vorbereitung für kommende glücklichere Nachfolger zu erkennen. Auf einem solchen Weg, der mit Grund als eine Rückkehr der Kunst in den Mutterleib und zu neuer Wiedergeburt angesehen werden kann, läßt sich erhoffen, daß nach und nach noch einmal ein Zeitalter großer und herrlicher Kunstbildung heraufsteigt und in seiner Vollendung vielleicht mit einem neuen Raffael abschließt.

Ungefähr so denken, wirken und sprechen die Männer, die hier in Rom das leuchtende Zweigestirn ihrer Mitbrüder sind: *Cornelius* und *Overbeck*. Die anderen folgen eifrig dieser Lehre, und es ist ebenso natürlich wie verzeihlich, daß die Verhimmelung des Alten und das Herabsetzen des Neuen nicht selten bei dem einen oder anderen bis zum Übermaß betrieben wird. Cornelius und Overbeck sind beide Katholiken. Der erstere, ein Rheinländer, im Schoße dieser Kirche geboren, der letztere, Lübecker von Geburt, ein Konvertit. Um diese beiden scharen sich – übrigens mit größter Nachsicht hinsichtlich der gegenseitigen theologischen Überzeugungen – sowohl protestantische Maler als auch katholische zu einer Künstlergemeinschaft. Trotzdem gibt es unter den hiesigen Protestanten eine Partei, die es als ihre Gewissenspflicht betrachtet, gegen diese Gesellschaft und gegen die Vorliebe dieser sogenannten neuen Schule für religiöse und katholische Stoffe zu eifern.

Per Daniel Atterbom: Über berühmte deutsche Männer und Frauen. Rom 1818

Die Wiedereinführung der Fresco-Malerei

Jetzt aber komme ich endlich auf das, was ich, meiner innersten Überzeugung gemäß, für das kräftigste und ich möchte sagen unfehlbare Mittel halte, der deutschen Kunst ein Fundament zu einer neuen, dem großen Zeitalter und dem Geist der Nation angemessenen Richtung zu geben: dieses wäre nichts anders als die *Wiedereinführung der Fresco-Malerei*, so wie sie zu Zeiten des großen Giotto bis auf den göttlichen Raphael in Italien war. Seit ich die Werke dieser Zeiten gesehen, mich mit ihnen vertraut und mit denen unserer Vorfahren verglichen, so muß ich zwar gestehen, daß letztere Kunst eine zum wenigstens eben so hohe, reine und wahre, vielleicht noch tiefere und gewiß eigenthümlichere Intention hat; aber in Hinsicht der erstern muß ich denen beipflichten, die der Meinung sind, daß solche sich in ihrer Natur freier, vollkommener und größer entwickelt hat. Nebst der außerordentlichen und wahren Aufmunterung, welche die Kunst durch die lebhafte Theilnahme der ganzen Nation genoß, und nebst anderen äußerlichen Ursachen, halte ich die Ausübung der Fresco-Malerei für die erste, die dieses bewirkte. Natürlich setze ich innere voraus; denn ist der Geist Gottes nicht mit der Kunst, so helfen alle anderen Mittel nichts, und die größten Anstrengungen und Aufmunterungen sind nichts, als Tand. Diesen Geist also vorausgesetzt, ist die Fresco-Malerei so recht geeignet, alle Elemente der Kunst aufs freiste und größte in sich aufzunehmen, und statt auf dem Weg des leeren Eklekticismus blos unvereinbare Äußerlichkeiten vereinen zu wollen, zieht sie wie in einen Brennpunkt die von Gott ausströmenden Lebensstrahlen zu einem glühenden Brande zusammen, der wohlthätig die Welt erleuchtet und erwärmt. Und in geistiger und körperlicher Hinsicht gehören ihre Werke demjenigen Flecken der Erde so eigentlich an, wo sie entstanden; sie sind mit Gott, Natur und der Zeit und dem umgebenden Leben im schönsten Einklang, und kein gebildeter Barbar führt sie weg; sie gleichen einem edlen trefflichen Manne, dessen Kraft und hoher Werth der Menschheit im allgemeinen ein Segen, eine Freude ist. Doch gehört der schönste, wirksamste Theil, die zärtlichste Beziehung seines Lebens, einem kleinen nähern Kreise gewählter Herzen an, die ihn so eigentlich denn doch besitzen. So wäre denn zur Beförderung eines guten Anfangs dieser Sache nichts wünschenswerther und einer kräftigen Verwendung würdiger, als daß man denjenigen, die die Wahrheit in der Kunst mit tapferm Herzen ergriffen und im Kampf ihre Kräfte vermehrt und gebildet, dasjenige Vertrauen schenkte, was sie verdienen, und so vereinte Kräfte, ihrem einstimmigen Wunsche gemäß, zu einer großen, würdigen ausgedehnten Arbeit in einem öffentlichen Gebäude irgend einer deutschen Stadt gebrauche. Das öffentliche Leben ist ja so arm an allem edlen Schmuck, und so viel Talent und Kraft verzehrt sich in unbefriedigter Sehnsucht nach Thätigkeit und Anwendung; denn was hilft's, daß ein Licht unter einem Scheffel brenne und es soll leuchten vor der Welt; denn es ist Finsterniß genug in derselben. Käme aber mein Vorschlag in Erfüllung, so glaube ich voraus sagen zu dürfen, daß dieses gleichsam das Flammenzeichen auf den Bergen zu einem neuen edlen Aufruhr in der Kunst gäbe; dann würden sich in kurzem Kräfte zeigen, die man unserm bescheidenen Volke in dieser Kunst nicht zugetraut; Schulen würden entstehen im alten Geist, die ihre wahrhaft hohe Kunst mit wirksamer Kraft ins Herz der Nation, ins volle Menschenleben ergössen und es schmücken, so daß von den Wänden der hohen Dome, der stillen Kapellen und einsamer Klöster, den Rath- und Kaufhäusern und Hallen herab alte vaterländische befreundete Gestalten in neuerstandener frischer Lebensfülle, in holder Farbensprache, auch dem Geschlechte sagten, daß der alte Glaube, die alte Liebe, und mit ihnen die alte Kraft der Väter wieder erwacht sei, und darum der Herr unser Gott wieder ausgesühnt sei mit seinem Volke. – Dieses, werthester Mann, sind die Worte, die ich Ihnen aus vollem deutschen Herzen über die Alpen ins Vaterland hinüberrufe. Wollte Gott, der Pfeil ihrer Wahrheit träfe trotz des Redners schwacher Kunst Ihr Herz, und daß Sie der Mann wären, der zwischen uns und unserm Volke dasjenige Vereinigungsband fände, das uns fehlt, um diejenigen Kräfte die Gott und die Natur uns verliehen, zu seiner Ehre und der unserer Nation anzuwenden und weiter zu entfalten! Schließlich bitte ich Sie um diese meine Offenheit nicht um Vergebung, damit Sie nicht glauben möchten, als habe ich für mich und meinen Vortheil gesprochen; ich lege vielmehr die Hand auf das von diesem Fehler fleckenlose Herz, mit der Betheuerung, daß die reinste, wärmste Liebe (wozu sie einen Maaßstab nur in Ihrem eignen Herzen finden) aus mir gesprochen, und im Namen vieler reichbegabten, edlen und bewährten Menschen, nicht in meinem; und zu Ihnen, als zu einem der edelsten Organe unsers Volks. Sie werden es als ein Zeichen unseres Danks, unserer Verehrung und Liebe freundlich aufnehmen, der ich mich insbesondere Ihrem fernern Wohlwollen und Andenken empfehle.

Rom, den 3. November 1814
P. Cornelius, pittore tedesco al caffè greco (an Joseph Görres) in: E. Förster: Peter von Cornelius. Ein Gedenkbuch aus seinem Leben und Wirken. Berlin 1874, S. 155ff.

Das Volk belehren, beglücken

Besonders Werke al fresco auszuführen, sind zur Bildung des Künstlers geeignet, weil diese Art zu malen durchaus zum Wesentlichen der Kunst führt. Ein Werk, das nicht echt aus dem Geiste des Künstlers hervorgeht, wird er umsonst durch ein schmeichlerisches Kleid zu empfehlen suchen, und das echte wird sich doppelt geltend machen. Ferner das Verhältnis zwischen Erfindung und Ausführung ist bei weitem mehr zum Vorteil des wahren Künstlers als jede andere Art der Ausführung, indem das einmal klar Geschaute viel schneller sich gestalten und dem Leben vereinen läßt. Ferner führt sie zur Vereinigung der bildenden Künste, zum vereinten, daher verstärkten Wirken derselben. – Während die Malerei sich sonst gewöhnlich in ein enges Rähmchen zwängen muß, bald hier in ein Schlafgemach, dort in ein Schreibzimmerchen verwiesen wird, nirgends eine feste bleibende Stätte hat, tritt sie hier majestätisch, jung und üppig an ihrer Schwester Hand, der Architektur, einher, verschmäht es, bloß hier und da einem Vornehmen eine Visite höflich zu machen, sondern sie erscheint wie ihre Schwester, Königin und Göttin im Volk, aber als eine Göttin wie Ceres, die das Volk belehrte und beglückte. Sie zeigt ihm seine Geschichte, die Thaten seiner Väter und entflammt es zu edlem Streben, führt die heiligen Geschichten vor seine Augen und malt ihm in ergreifenden Bildern die heilige Botschaft.

Brief Schnorrs an seinen Vater vom 26.3.1823, in: Briefe aus Italien von Julius Schnorr von Carolsfeld geschrieben in den Jahren 1817 bis 1827. Gotha 1886, S. 265

Das eigentliche wahre Rom gehört doch uns

Italien ist gewiß das Land, wo die Natur sich noch am unverdorbensten und noch am meisten in ihrer ursprünglichen Schönheit sich erhalten hat. Das Thun und Treiben der Italiener hat noch einen viel natürlicheren und gesündern Schnitt, als ich bei den Bewohnern anderer Länder, die ich gesehen, gefunden habe, wenn er auch in der Kultur zurück und innerlich fast ganz herunter gekommen ist. So brauch ich also Sie wohl nicht erst zu versichern, daß ich mein Schicksal preise, das mich hierher geführt; und nun vollends Rom! wenn mich das nicht erfüllte mit seinen zahllosen Wundern, so müßte ich doch ganz erschrecklich verholzt sein. Fast alle Deutschen, die nur einige Zeit sich hier aufhalten, schließen einen zärtlichen Bund mit Rom, und gewiß selten verläßt es einer ohne Schmerzen, um so mehr, als man hier eigentlich erst recht in das deutsche Wesen hineinkommt, geschweige denn heraus, wenn man anders nicht will. Denn wo findet man wohl so viel treffliche Deutsche versammelt als gerade hier? und wo fühlt man sich mehr zu seinem Landsmann hingezogen als in dem fremden Lande? Wenn man den innerlichen Zusammenhang der Dinge betrachtet, meine ich fast, man müsse Rom zu Deutschland rechnen; sind wir auch nur hundert, und jene hunderttausende, das eigentliche wahre Rom gehört doch uns. Besonders seit der letzten Zeit, wo der Kronprinz (*Ludwig* von Bayern) da war, fühlten wir uns recht; wäre es auf uns angekommen, wir hätten den Prinzen zum König von Rom gemacht und die Italiener zum Tempel hinaus gejagt.

Brief Schnorrs an Quandt vom 20.6.1818, in: Schnorr 1886, S. 343

Kunst-Nachrichten aus Rom

Wenn sich von einem Ende Deutschland's zum andern, ein frischer Geist, ein gutartiges, aber reges Nationalgefühl und vielseitiges Streben zeigt, welches nicht ohne bedeutende Folgen bleiben wird; so ist es nicht weniger erfreulich zu hören, daß auch unter den außer Deutschland lebenden Gliedern der Nation, eine edle Regsamkeit in Geist und That sich äußert. Folgende, die Bemühungen deutscher Künstler betreffende, Nachrichten sind aus Rom eingegangen.

»Seit Deutschland sich wieder erhoben, ist nun auch unter den hier lebenden Deutschen Künstlern ein neues, reges, schöne Früchte verkündendes und bereits hervorbringendes Leben eingetreten; ein rühmliches Zusammenhalten, befestigt und durchdrungen von warmem Eifer für den reinen Geschmack, für die wahre Kunst. Mehrere haben schon durch schätzbare Werke Gewährschaft für ihre Tüchtigkeit geleistet, Andere geben die gegründetste Hoffnung zum besten Erfolg; zu jenen gehören *Overbeck* und *Cornelius*; letzterer ist gegenwärtig mit einem Gemälde beschäftigt, welches die Parabel von den klugen und thörichten Jungfrauen darstellt; dieses Werk wird ungemein originell und schön ...«

»Zwei erfreuliche Beweise dieses nationalen Zusammenhaltens sind, erstlich eine Ausstellung von in Rom entstandenen Deutschen Kunstwerken, welche nächsten Herbst statt haben soll: und, zweitens, weil es hieß, der gegenwärtig in Rom anwesende Oesterreichische Minister hege den lobenswerthen Vorsatz sich zu verwenden, daß daselbst eine Deutsche Kunstakademie errichtet werde, so veranstalteten die sämmtlichen Deutschen Künstler eine Versammlung, in welcher *Plattner* aus Leipzig sehr beredt auseinandersetzte, wie eine solche Akademie der Kunst keineswegs in bedeutendem Maße förderlich, wohl aber nachtheilig werden könne; daß, wenn für die Kunst wahrhaft Ersprießliches geschehen soll, man vielmehr den besten jetzt lebenden Künstlern Gelegenheit geben müsse, sich in bedeutenden Arbeiten zu zeigen und ihre Talente daran vollends zu entwickeln. Diese Meister würden alsdann schon in ihren Schulen neue Zöglinge auf das zweckmäßigste beschäftigen und ausbilden. Nur auf diesem Wege könne der wahren Kunst wahrhaft aufgeholfen werden, und sie fortan gedeihen. Dieser Aufsatz, den Herr *Plattner* vorlas, fand den verdienten unbedingten Beifall, so, daß ihn die Anwesenden alle einmüthig unterschrieben, und beschlossen, solchen im Namen der Gesellschaft dem Oesterreichischen Minister zu überreichen. Das geschah, und nun erwartet man den Erfolg davon.«

Wer erkennt nicht aus dem Inhalte dieser Nachrichten ein ehrenwerthes biederes Bestreben, das Rechte zu vollbringen, und wer wird nicht mit uns darüber einverstanden seyn, solches alles sey keineswegs der schnell verklingende Ton einer bloß zufällig berührten Saite, sondern in der tiefen Regung begründet, die sich allgemein verbreitet hat? Nicht allein der militärische Geist des Deutschen Volks ist erwacht, wiewohl das nationale kräftige Aufleben sich bisher in Kriegsthaten vornämlich kund gethan: nur zweckmäßigen Anstoßes bedürfte es, damit auch in Künsten und Wissenschaften Denkwürdiges geschähe; das Bestreben ist da, der Wille der beste, kluge Leitung steht zu erwarten und das Gelingen wird ihr nachfolgen.

Journal für Literatur, Kunst, Luxus und Mode. Oktober 1814

Das Abschiedsfest für Ludwig von Bayern

Das Fest, welches gestern abend von den deutschen Künstlern außerhalb der Porta del Popolo in einer hochgelegenen Villa gefeiert wurde, war äußerst glänzend. Da der Kronprinz von Bayern, dessen Hauptleidenschaft schöne Künste und – schöne Damen sind, der Abgott aller deutschen Künstler ist, war es selbstverständlich, daß die ganze Festlichkeit in der poetischsten und künstlerischsten Weise eingerichtet wurde. Nicht bloß Illumination, Kanonenschüsse, Comus und Terpsichore, welche auch unsere schwedischen Feste verherrlichen, ohne sie minder prosaisch zu machen, gaben hier die Liebe der deutschen Jugend für den ritterlichen Kronprinzen Ausdruck, sondern die schönen Künste taten dies buchstäblich in eigener Person. Vortreffliche Transparente von Cornelius, Veit und Overbeck nahmen den Hintergrund des großen Saales ein; das mittelste Bild, von Cornelius gemalt, stellte die Poesie dar, lorbeergekrönt, göttlich von Gestalt, mit Schwingen, auf einem Throne unter dem kolossalen Baume der Weisheit und des Lebens sitzend, in der einen Hand die Lyra, in der anderen einen flatternden Codex haltend; um sie herum saßen im Halbkreise auf niederen Sitzen ihre Töchter, die übrigen Künste, jede sinnig mit einem bezeichnenden Attribute versehen – alles ebenso schön erdacht wie geschmackvoll ausgeführt.

Die Malerei zur Rechten stellte die größten Kunstpfleger aller Zeiten dar, und das Bild zur Linken zeigte die vornehmsten Dichter und Künstler: Homer, König David und Dante eröffneten den Zug; Raffael, jugendlich schön, ging Hand in Hand mit dem alten ehrwürdigen Dürer; Pietro Perugino, Michelangelo, Erwin von Steinbach, Wolfram von Eschenbach und andere waren ebenso schön wie charakteristisch und porträtähnlich in Lebensgröße dargestellt. An den Wänden des Saales erblickte man *gris en gris* die hohen Gestalten eines Solon, Numa Pompilius, Moses und Karls des Großen; über dem Haupteingange, da, wo der Kronprinz, in altdeutsche Tracht gekleidet, unter den Klängen der Musik und dem Donner der Kanonen eintrat, saß der Evangelist Lukas als Schutzpatron der bildenden Künste, und unter ihm stand eine entsprechende Bewillkommnung in anmutigen Reimen im Dürerschen Stil.

Unter den großen Transparenten nahe am Boden sah man kleinere in Basreliefmanier von satirischem Inhalte und prophetischen Anspielungen, zum Beispiel wie Simson mit seinem Eselskinnbakken die Philister erschlug, deren Leichen in Menge das Blachfeld deckten und in ihren Händen noch Schriftrollen hielten, auf denen man die Titel las: *Über den Umgang mit Menschen, Selbständigkeit des Menschen, Feine Blicke ins Leben* usw. Bei ihrem Anblick rief der Kronprinz: »Recht brav! Der Kerl hat jetzt viel zu schlagen!«

Ein anderes Bild stellte Jerichos Fall dar; man blies und schrie aus allen Kräften, daß die Mauern stürzten; das Stadttor trug die Inschrift: »Bonne ville de Jéricho«; über einem Hause stand »Lyzeum« usw. Dann wieder sah man Herkules mit der Reinigung des Augiasstalles beschäftigt, wobei ganze Haufen philistermäßige Nasen und Brillen hinausgekehrt wurden. – Der Kronprinz war äußerst guter Laune und behandelte alle Künstler, besonders die ausgezeichneteren, wie seinesgleichen. Auch ich wurde ihm vorgestellt, und ich will nachher berichten, was er mit mir sprach.

Die Gesellschaft war sehr zahlreich, da außer den eigentlichen Künstlern alle in Rom befindlichen Deutschen (mit Ausnahme der Gesandten, bis auf den preußischen Legationssekretär), die deutschen Damen sowie Dänen und Schweden (Byström, Mörner und ich) anwesend waren. Bei Tische wurden verschiedene Toaste vorgeschlagen und ausgebracht, die ziemlich bedenklich für die Fraktion der Philister klangen, wie zum Beispiel: »Es lebe hoch die deutsche Einheit!« Rückert las dann ein hübsches Gedicht an den Kronprinzen vor, in dem die schönen Künste sprachen; es war gewissermaßen ein Kommentar zu des Cornelius' Malereien.

Nach der Tafel eröffnete der Kronprinz den Ball und tanzte mit allen anwesenden jungen deutschen Damen sowie mit den Künstlerfrauen, welche sämtlich Italienerinnen und größtenteils jung und schön sind. Hier sah ich zum ersten Male die schönen und naiven Volkstänze *Saltarella* und *Lavandarina*, die auch von den deutschen Damen (Fräulein von Humboldt und anderen) mit viel Anmut und Geschicklichkeit getanzt wurden, aber weit gegen die Ausführung der Römerinnen zurückstanden, wie dies ja mit der Nachahmung gegenüber dem Ursprünglichen nicht anders sein kann. Besonders sah eine kleine, modellschöne Signora, die mit einem Berliner Landschaftsmaler verheiratet ist, gleichzeitig so unschuldig und verführerisch bei ihrem Tanze aus, daß manchem der Zuschauer der Kopf verdreht wurde und auch *mein* Nacken in bedenklicher Weise knackte. Am deutlichsten gewahrte man in den Augen des Kronprinzen, die beständig auf die kleine schöne Frau geheftet waren, mit der er augenscheinlich am liebsten tanzte, ein allergnädigstes Feuer, vor dem ihrem Manne hätte bange werden können, im Falle er nicht (wie ich hoffe) starken Glauben in die Tugend seiner Frau setzte.

Der Kronprinz nahm auch an den italienischen Tänzen teil; dann setzte er sich zu den älteren Damen, den Frauen von Humboldt, Herz usw., worauf die anderen Damen um ihn einen glänzenden Halbkreis bildeten, und nun bat er um das Absingen einiger deutscher Nationallieder. Ein vortrefflicher Chor, geleitet von Dr. Ringseis, dem Leibarzt des Kronprinzen und intimen Freunde Baaders, stimmte nun vor diesem Halbkreise das bekannte »Am Rhein, am Rhein« an, darauf Goethes »Was hör' ich draußen vor dem Tor«, dann das alte »Es ritten drei Reiter zum Tore hinaus, ade!« und zuletzt einige Tirolerweisen. Diese Szene kam mir wirklich wie ein schöner Traum aus dem Mittelalter vor: dort der Königssohn und werdende König in altdeutscher Tracht, um ihn der Kreis altdeutsch gekleideter Damen, und alle einem Chore von Sängern lauschend, die auch fast sämtlich das geschmackvolle Kleid jener Zeit trugen.

Der geniale und liebenswürdige Maler Cornelius, in dem die Deutschen einen neuen Dürer erwarten, saß beständig an der Seite des Kronprinzen und wurde unaufhörlich von ihm karessiert. Bei den Worten: »Gegrüßt, ihr schönen Damen! Welch reicher Himmel, Stern bei Stern, wer nennet ihre Namen?« schwang der Kronprinz ein blitzendes Weinglas und verneigte sich vor den Schönen. Kurzum, alles war froh und lustig. Militärische Symphonien, ausgeführt von wohlbesetzten Orchestern, die so aufgestellt waren, daß man sie nicht sah, schmetterten dann und wann hinein in den allgemeinen Jubel, während Kanonensalven in wohlberechneten Pausen aus dem Garten heraufdröhnten. Die Artillerie leitete der berühmte Landschaftsmaler Reinhart ...

Per Daniel Atterbom: Ein Schwede reist nach Deutschland und Italien. Jugenderinnerungen eines romantischen Dichters und Kunstgelehrten aus den Jahren 1817 bis 1819. Weimar 1968

Zeittafel

	Zeitgeschichte	Literatur, Philosophie, Musik
1794	Staatsstreich vom 9. Thermidor. Robespierre wird guillotiniert. Erste jakobinische Unruhen im Piemont, im Königreich Neapel und im Kirchenstaat.	Fichte: ›Grundlage der gesamten Wissenschaftslehre‹. Blake: ›Songs of Experience‹ (nach ›Songs of Innocence‹, 1789).
1795	Bonaparte unterdrückt in Paris einen royalistischen Aufstand. Wenige Tage danach bildet sich das 1. Direktorium, das die Macht übernimmt. Dritte Teilung Polens. Friede zu Basel zwischen Frankreich und Preußen.	Durch ein Dekret des Direktoriums wird die Französische Akademie in Rom wiederhergestellt. Erster Aufenthalt der Schriftstellerin Friederike Brun in Rom. Fernow hält bis Anfang 1796 im Palazzo Altemps Vorträge über die Ästhetik, wobei er sich besonders von den Prinzipien Kants anregen läßt. Schiller: ›Briefe über die ästhetische Erziehung des Menschen‹ und ›Über naive und sentimentalische Dichtung‹. Passeri: ›Gespräche über die Ursachen des Verfalls der Malerei und deren Studium‹. Goethe: ›Römische Elegien‹.
1796	Das Direktorium schließt in Paris den Pantheon-Klub, der Ausdruck der jakobinischen Bewegung war, welcher Babeuf und Buonarroti angehörten. Kurz darauf wird deren kommunistische ›Verschwörung der Gleichen‹ unterdrückt; Babeuf wird zum Tode und Buonarroti zu lebenslänglichem Kerker verurteilt. Am 14. Mai zieht Bonaparte in Mailand ein und gründet im November die Transpadanische Republik. In den Waffenstillstandsverträgen zwischen Frankreich und den verschiedenen italienischen Staaten wird die Übergabe einer großen Zahl von Kunstwerken aus der Antike und der Renaissance verlangt.	Goethe schreibt ›Wilhelm Meisters Lehrjahre‹ und beginnt gleichzeitig mit der Übersetzung der ›Autobiographie‹ von Benvenuto Cellini, die in Schillers Zeitschrift ›Die Horen‹ in Fortsetzung erscheint. In Berlin – datiert 1797 – werden die ›Herzensergießungen eines kunstliebenden Klosterbruders‹ von Wackenroder veröffentlicht. Die Herausgabe besorgt L. Tieck, der einige selbständige Zusätze beifügt. Man kann dies als künstlerische Verlautbarung der deutschen Frühromantik ansehen.
1797	Im Januar Gründung der Cispadanischen Republik. Friede von Tolentino mit dem Papst. Zahlreiche römische Kunstwerke werden als Kriegsbeute nach Paris gebracht. Am 9. Juli werden die Cispadanische und die Transpadanische Republik aufgelöst und zur Cisalpinischen Republik vereinigt, die unter der ständigen Kontrolle Bonapartes verbleibt. Am 17. Oktober schließt Bonaparte mit Österreich den Frieden von Campoformio, durch den Venedig an Österreich fällt und die Lombardei und Belgien an Frankreich.	Chateaubriand: ›Essai historique, politique et moral sur les révolutions anciennes et modernes dans leur rapports avec la révolution française‹. L. Tieck: ›Volksmärchen‹. Schelling: ›Ideen zu einer Philosophie der Natur‹.
1798	Die Franzosen besetzen Rom, nehmen Papst Pius VI. gefangen, den sie in die Toskana bringen, und gründen die Römische Republik. Feldzug Bonapartes nach Ägypten. Am 1. August wird die französische Flotte durch Admiral Nelson bei Abukir vernichtet.	In Deutschland erscheint die Zeitschrift ›Athenäum‹ (bis 1800), an der die Brüder Schlegel, Dorothea Veit, Wackenroder, Tieck und andere mitarbeiten. Schelling: ›Von der Weltseele‹. W. von Humboldt: ›Ästhetische Versuche. Über Goethes Hermann und Dorothea‹. Haydn: ›Die Schöpfung‹ (Oratorium).

Kunstgeschichte

1794 Carstens, seit 1792 in Rom, reist mit den Malern Hummel und von Kügelgen nach Pompeji, Herculaneum und Neapel.
Fernow kommt nach Rom. Er bleibt dort bei Carstens bis 1803.
Erste Italienreise des Landschaftsmalers von Dillis.
Hartmann, Historienmaler aus Stuttgart, nimmt Aufenthalt in Rom, wo auch er bei Carstens lernt.

1795 Carstens-Ausstellung im ehemaligen Atelier von Batoni.
Koch kommt nach Italien.
Der Landschafts- und Historienmaler Wächter aus Stuttgart kommt nach Rom (bis 1798). Er schließt Freundschaft mit Carstens, Fernow und Koch und tritt zum Katholizismus über.
Von Kügelgen verläßt Rom.
Carstens: ›Die Nacht mit ihren Kindern‹.
Der Landschaftsmaler von Rohden läßt sich in Rom nieder, wo er ›Ruinen in der Umgebung Roms‹ malt.

1796 Prud'hon: ›Bildnis des George Anthony‹.
Füssli: ›Der Barde‹.
Carstens: ›Homer singt den Griechen‹.

1797 Senefelder entwickelt die Lithographie.
Thorvaldsen trifft in Rom ein.
Ingres tritt in das Atelier von David ein.
Blake illustriert Youngs ›Night Thoughts‹.
Guérin erhält den Premier Grand Prix de Rome für ›Tod des Cato Uticensis‹.
Wächter beginnt ›Der trauernde Hiob und seine Freunde‹ (1824 beendet).
Gérard: ›Amor und Psyche‹.

1798 Wächter verläßt Rom, geht nach Wien.
Carstens stirbt in Rom; viele seiner Werke gehen in den Besitz von Koch und Thorvaldsen über.
Schick studiert bei David in Paris (bis 1802).
Friedrich siedelt nach Beendigung seiner Studien in Kopenhagen nach Dresden über.
Catel schreibt sich an der Pariser Akademie ein.
David: ›Bonaparte‹.
Goya: ›Caprichos‹.

Nazarener

Zur großen Freude seiner Freunde, schreibt Overbeck 1811, habe er sich die Haare schneiden lassen. Dennoch stellen ihn einige Bildnisse, Skizzen und Zeichnungen seiner Freunde in den unmittelbar darauffolgenden Jahren erneut mit langen Haaren und dem Seitenscheitel dar. Es ist die gleiche Frisur, die Raffael in seinem Selbstbildnis (heute verlorengegangen) trägt, das im Inventar des Eigentums von Kardinal Leopoldo di Medici aus dem Jahr 1675 wie folgt beschrieben wird: »... mit Bart, schütteren Koteletten und der Mähne alla Nazarena«. Und es ist kein Zufall, daß gerade Overbeck, dessen menschliches und künstlerisches Ideal Raffael war, der erste unter den Künstlern der klösterlichen Gemeinschaft von S. Isidoro war, der diese Frisur trug, die wahrscheinlich der ganzen Bruderschaft den Namen gab. Die Benennung erscheint 1817 in einem Briefwechsel zwischen Goethe und Meyer, die die Kunst dieser Gruppe als »neudeutsche religiös-patriotische Kunst« definierten. In diesem Sinn wurde dem Begriff Nazarener eine neue Bedeutung evangelisch-religiöser Herkunft gegeben, die gut zu dem mönchischen Gemeinschaftsleben der jungen Künstler paßte. Der Name wurde auch mit einer spöttischen Deutung der Römer in Verbindung gebracht. Trotzdem hat der italienische Ausdruck ›alla Nazarena‹ keine geringschätzige oder gar karikaturistische Bedeutung, sondern meint lediglich eine bestimmte Haartracht. Eine weitere Interpretation birgt etwas von all diesem in sich. Der Name soll den Malern von S. Isidoro nicht von den Römern, sondern von einigen älteren deutschen Künstlern gegeben worden sein, die den religiösen und nationalistischen Fanatismus dieser Gruppe verurteilten. Dies kann sich besonders auf die Zeit nach der Ankunft Karl Philipp Fohrs 1816 in Rom beziehen, der die deutsche Nationaltracht einführte. Diese Deutung würde auch mit dem ersten Auftauchen des Ausdrucks zusammenfallen, das, wie schon gesagt, auf das Jahr 1817 zurückgeht.

	Zeitgeschichte	Literatur, Philosophie, Musik
1799	Frankreich besetzt Neapel. Die Parthenopäische Republik wird gegründet. Papst Pius VI. wird von den Franzosen verhaftet und nach Valence gebracht, wo er stirbt. Im Juni bricht die Parthenopäische Republik durch eine blutige Unterdrückung zusammen. Am 18. Brumaire (9. November) stürzt Napoleon das Direktorium und wird Erster Konsul.	Schiller beendet die ›Wallenstein‹-Trilogie. Schleiermacher: ›Über die Religion. Reden an die Gebildeten unter ihren Verächtern‹. Hölderlin: ›Hyperion oder der Eremit in Griechenland‹. L. Tieck: ›Phantasien über die Kunst‹. Novalis: ›Die Christenheit oder Europa‹. Alfieri: ›Misogallo‹.
1800	Am 14. Juni besiegt Napoleon die Österreicher bei Marengo und befestigt die französische Herrschaft in Italien. Im Konklave von Venedig wird Pius VII. (Barnaba Chiaramonti) unter dem Schutz österreichischer Bajonette zum Papst gewählt.	De Staël: ›De la littérature considérée dans les rapports avec les institutions sociales‹. F. Schlegel: ›Gespräch über die Poesie‹. Novalis: ›Hymnen an die Nacht‹, ›Geistliche Lieder‹ und ›Heinrich von Ofterdingen‹. L. Tieck: ›Genoveva‹. Brun gibt ein ›Tagebuch‹ über ihren ersten römischen Aufenthalt heraus. Schiller: ›Maria Stuart‹. Schelling: ›System des transzendentalen Idealismus‹. Fichte: ›Die Bestimmung des Menschen‹.
1801	Friede zu Lunéville: Frankreich erhält das linke Rheinufer und die Vorherrschaft in Italien. Zar Paul I. von Rußland stirbt als Opfer einer Verschwörung. Ihm folgt sein Sohn Alexander I. Am 15. Juli wird das Konkordat zwischen der Kirche und der französischen Republik unterzeichnet: Der Papst erkennt das nouveau régime an und nimmt den Verlust der in der Revolution verlorengegangenen Kirchengüter hin. Die Republik erklärt den Katholizismus zur Religion der Mehrheit der Franzosen.	Tod Novalis'. Pestalozzi: ›Wie Gertrud ihre Kinder lehrt, ein Versuch, den Müttern Anleitung zu geben, ihre Kinder selbst zu unterrichten‹. Hölderlin: ›Der Tod des Empedokles‹. Schiller: ›Die Jungfrau von Orléans‹.
1802	Die Cisalpinische Republik wird in die Italienische Republik umgewandelt. Bonaparte wird Konsul auf Lebenszeit. Anschluß von Piemont an Frankreich. Der Philosoph und Staatsmann Wilhelm von Humboldt kommt als preußischer Botschafter nach Rom. Er fühlt sich den in Rom lebenden Künstlern sehr verbunden. 1803 bezieht er mit seiner Frau Caroline den Palazzo Tomati (Casa Buti) in der Via Gregoriana.	Chateaubriand: ›Le Génie du Christianisme‹. Foscolo: ›Ultimo lettere di Jacopo Ortis‹. Schelling: ›Philosophie der Kunst‹ (bis 1803). Beethoven: ›Zweite Symphonie D-dur‹.
1803	Im Reichsdeputationshauptschluß werden die Kirchengüter säkularisiert und 112 deutsche Kleinstaaten aufgehoben.	F. Schlegel gibt die Zeitschrift ›Europa‹ heraus (bis 1805). Er preist die christliche Kunst sowie die primitive Malerei der Italiener, der Deutschen und der Holländer. Die Hochrenaissance wird als dekadente Epoche angesehen. Seume: ›Der Spaziergang nach Syrakus im Jahre 1802‹. Chateaubriand: ›René‹. Jean Paul: ›Titan‹.

	Kunstgeschichte	Nazarener
1799	David: ›Die Sabinerinnen‹. Camuccini beendet ›Tod Caesars‹. Canova beginnt das ›Grabmal der Erzherzogin Maria Christine‹. Catel: Radierungen zu Goethes ›Hermann und Dorothea‹.	
1800	Les Primitifs = Barbus: Davidschüler, die vom Klassizismus zur ›Einfachheit‹ Peruginos und Raffaels strebten. Canova wird Mitglied der Akademie S. Luca. David: ›Madame Récamier‹. Schick: ›Eva‹. Appiani: ›Der Sonnenwagen‹ (Fresko). Koch: Illustrationen zur ›Göttlichen Komödie‹.	Ph. Veit reist gemeinsam mit F. Schlegel nach Paris.
1801	Tod Chodowieckis. Ingres: ›Achill empfängt die Abgesandten Agamemnons‹, wofür er den Premier Grand Prix de Rome für Historienmalerei erhält. Gros stellt im Salon ›Napoleon auf der Brücke von Arcole‹ aus. Goya: ›Die nackte Maja‹, ›Die bekleidete Maja‹.	
1802	Schick kommt nach Rom. Canova: ›Napoleon als erster Konsul‹.	Ferd. Olivier besucht in Berlin bis 1804 die Vorlesungen A.W. Schlegels über Literatur und Kunst. H. Reinhold folgt seinem Bruder an die Dresdner Akademie. Ferdinand Olivier studiert (bis 1806) in Dresden, gleichzeitig mit den Brüdern Riepenhausen. Unter dem Einfluß L. Tiecks erwacht ihr Interesse für das Mittelalter und für Heldensagen. In demselben Jahr treten sie zum Katholizismus über und mit ihnen auch der Kunsthistoriker Baron von Rumohr.
1803	Schinkel kommt nach Italien. Fernow verläßt Rom, um nach Jena zu gehen. Minardi kommt nach Rom. Erste Grabungen im Forum Romanum. Thorvaldsen beginnt ›Jason‹ (1828 vollendet). Appiani beendet das ›Bildnis Napoleons als Erster Konsul‹. Füssli: ›Das Schweigen‹.	

	Zeitgeschichte	Literatur, Philosophie, Musik
1804	Napoleon wird am 2. Dezember zum Kaiser gekrönt. Code Civil.	Tod Kants. Die Brüder Boisserée beginnen mit dem Sammeln altdeutscher Kunstwerke. Von Rehfues: ›Italienische Miszellen‹ (6 Bde.; bis 1806). Dorothea Schlegel: ›Sammlung romantischer Dichtungen des Mittelalters‹. Schiller: ›Wilhelm Tell‹. Jean Paul: ›Vorschule der Ästhetik‹. Schelling: ›Philosophie und Religion‹. Beethoven: ›Dritte Symphonie Es-dur‹ (›Eroica‹).
1805	Napoleon wird zum König von Italien. Kronprinz Ludwig von Bayern hält sich zum erstenmal in Rom auf. Napoleon siegt am 2. Dezember in der ›Drei-Kaiser-Schlacht‹ bei Austerlitz über die vereinigten Russen und Österreicher. Infolge des Friedens von Preßburg (26. Dezember) werden Bayern und Württemberg, die Napoleon unterstützt hatten, vom Heiligen Römischen Reich Deutscher Nation abgetrennt und zu souveränen Staaten erhoben.	Tod Schillers. Erster Aufenthalt von Rumohrs in Rom. Aufenthalt Madame de Staëls und A. W. Schlegels in Rom. Von Kotzebue: ›Erinnerungen einer Reise aus Livland nach Rom und Neapel‹ (3 Bde., hrsg.). A. W. Schlegel: ›Rom‹ (Elegie). Von Bonstetten: ›Voyage sur la scène des six derniers livres de l'Enéide‹. Beethoven: ›Kreutzersonate‹.
1806	Joseph Bonaparte wird nach der Vertreibung der Bourbonen König von Neapel. Am 12. Juli wird in Deutschland unter Napoleons Protektorat der Rheinbund gegründet, der vom Heiligen Römischen Reich Deutscher Nation abgetrennt wird, das sich am 6. August endgültig auflöst. Franz II., Kaiser des Heiligen Römischen Reiches und König von Deutschland, übernimmt unter dem Titel Franz I. den Thron Österreichs als Kaiser. Doppelschlacht bei Jena und Auerstädt, vollständige Niederlage Preußens. Napoleon zieht triumphierend in Berlin ein.	Von Arnim und Brentano: ›Des Knaben Wunderhorn‹. Kleist: ›Der zerbrochene Krug‹. Beethoven: ›Vierte Symphonie B-Dur‹.
1807	Friede von Tilsit (7. Juli). Preußen muß alle seine Besitzungen westlich der Elbe abtreten, die, zusammen mit Braunschweig und Hessen-Kassel, zum Königreich Westfalen vereint werden, das Jerôme Bonaparte unterstellt wird.	Hegel: ›Phänomenologie des Geistes‹. Foscolo: ›Dei Sepolcri‹. Fichte: ›Reden an die deutsche Nation‹. Görres: ›Die deutschen Volksbücher‹. Kleist: ›Amphitryon‹.
1808	In Madrid wird eine bonapartistische Monarchie gegründet, die zum Aufruhr der Spanier gegen Frankreich führt. Joseph Bonaparte wird zum König von Spanien ernannt. Er übergibt sein Königreich Neapel an Joachim Murat. Wilhelm von Humboldt verläßt Rom, seine Frau Caroline bleibt noch bis 1810 dort.	Übertritt F. Schlegels zum Katholizismus. Tod Fernows. Goethes Unterredung mit Napoleon in Erfurt. Platner tritt in Rom als Vermittler des Auftrags für die Ausmalung des Casino Massimo an die Nazarener auf. Goethe: ›Faust. Der Tragödie erster Teil‹. F. Schlegel: ›Von der Sprache und Weisheit der Indier‹. Kleist: ›Die Hermannsschlacht‹. A. von Humboldt: ›Ansichten der Natur‹. A. W. Schlegel: ›Vorlesungen über schöne Literatur und Kunst‹. Beethoven: ›Fünfte Symphonie c-moll‹.

	Kunstgeschichte	Nazarener
1804	Der Würzburger Maler und Bildhauer Wagner läßt sich in Rom nieder; beginnt den ›Rat der griechischen Heerführer vor Troja‹ (1808 beendet). Koch und Schick entdecken die Reize Olevanos. Canova beendet ›Büste Pius VII‹. Runge: Illustrationen zu ›Ossian‹. Blake: ›Jerusalem‹.	
1805	Ankunft des Dichters Ludwig Tieck und des Bildhauers Friedrich Tieck in Rom. Giani beginnt mit Zeichnungen zur ›Göttlichen Komödie‹. Koch: Erste Fassung der ›Heroischen Landschaft mit Regenbogen‹. Runge: ›Die Tageszeiten‹ und ›Wir drei‹. Schick stellt im Pantheon das ›Dankopfer Noahs‹ aus.	Overbeck, Schüler der Wiener Akademie, die damals von dem neoklassizistischen Maler Füger geleitet wurde, sieht die Zeichnungen nach italienischen Werken der Frührenaissance, welche die Brüder Riepenhausen in Rom ausgeführt hatten. Pforr beginnt sein Studium an der Wiener Akademie. Reise der Brüder Riepenhausen mit von Rumohr nach Italien.
1806	Erster Aufenthalt Ingres' in Rom (bis 1820). Koch heiratet Cassandra Ranaldi. Die Brüder Eberhard befinden sich bis 1819 in Rom. Von Dillis begleitet Ludwig von Bayern auf einer Reise nach Norditalien und Südfrankreich. Schick beginnt ›Apoll unter den Hirten‹ (1808 vollendet). Runge: ›Die Eltern des Künstlers‹ und ›Die Huelsenbeckschen Kinder‹. Ingres: ›Napoleon I. auf dem Thron‹.	Overbeck studiert an der Wiener Akademie. Beginn der Freundschaft mit Pforr. Overbeck sucht Runge in Hamburg auf. Die Brüder Riepenhausen beschäftigen sich mit Illustrationen zu L. Tiecks ›Leben und Tod der hl. Genoveva‹.
1807	Angelika Kauffmann stirbt in Rom. Tod Hackerts in Florenz. Minardi: ›Das Abendmahl in Emmaus‹. Appiani malt Säle des Palazzo Reale in Mailand aus (1943 zerstört). Thorvaldsen beendet ›Amor und Psyche‹. Canova: ›Paolina Bonaparte als liegende Venus‹.	Ramboux hält sich bei dem Maler-Mönch Gilson (Abraham d'Orval) in Florenville (bei Trier) auf. Die Brüder Reinhold studieren an der Wiener Akademie, wo sie sich in der Landschaftsmalerei spezialisieren. Ferdinand und Heinrich Olivier unternehmen als preußische Legationssekretäre eine Reise nach Paris. Sie studieren und kopieren im Musée Napoléon.
1808	Von Dillis begibt sich erneut nach Italien, um für Ludwig von Bayern Kunstwerke zu erwerben. Schick-Ausstellung im Palazzo Rondanini. Strixner lithographiert Dürers Randzeichnungen zum ›Gebetbuch Maximilians‹. Friedrich: ›Mönch am Meer‹ und ›Tetschener Altar‹. Appiani: ›Der Triumph Napoleons‹ (Fresko). Runge: ›Der Morgen‹. Ingres: ›Die Badende von Valpinçon‹. Goya radiert ›Los desastres de la guerra‹ (bis 1816).	Ramboux reist nach Paris, um bei David zu studieren. Zusammenschluß von Pforr, Sutter, Vogel, Hottinger und Wintergerst in Wien zu gemeinsamer Arbeit, die im Gegensatz zur Akademie steht. Overbeck: ›Auferstehung des Lazarus‹, ›Christi Einzug in Jerusalem‹, ›Abendmahl in Emmaus‹.

	Zeitgeschichte	Literatur, Philosophie, Musik
1809	Österreich erhebt sich gegen Napoleon. Im Frieden von Schönbrunn muß es weitere Gebiete abtreten. In Tirol findet ein Volksaufstand unter Führung von Andreas Hofer statt. Fürst Metternich wird österreichischer Außenminister Papst Pius VII. wird gefangengesetzt und, nachdem er Napoleon exkommuniziert hat, nach Savona gebracht. Er bleibt bis 1814 im Exil.	Der Dichter Z. Werner hält sich in Rom und in Neapel auf. Chateaubriand: ›Les Martyrs‹. Goethe: ›Die Wahlverwandtschaften‹. Foscolo: ›Dell'origine e dell'ufficio della letteratura‹.
1810	Napoleon heiratet Marie Louise von Österreich. Holland, Oldenburg, Ostfriesland und die Hansestädte werden dem französischen Kaiserreich einverleibt. Andreas Hofer wird in Mantua erschossen.	Wilhelm von Humboldt, preußischer Erziehungsminister, gründet die Berliner Universität und das Neuhumanistische Gymnasium. Z. Werner tritt in Rom zum Katholizismus über. Kleist: ›Prinz Friedrich von Homburg‹. A.W. Schlegel beendet die Übersetzung von 17 Shakespeare-Dramen. De Staël: ›De l'Allemagne‹. Riepenhausen: ›Geschichte der Malerei in Italien‹ (2 Bde.). Goethe beendet die ›Farbenlehre‹ (seit 1791). Runge: ›Farbenkugel‹. Kleist: ›Käthchen von Heilbronn‹.
1811	Verkündigung des Allgemeinen Bürgerlichen Gesetzbuches in Österreich. Aufhebung der Zünfte durch von Hardenberg in Preußen.	Chateaubriand: ›Itinéraire de Paris à Jérusalem‹. Niebuhr: ›Römische Geschichte‹ (bis 1832). Goethe: ›Dichtung und Wahrheit‹.
1812	Pius VII. wird nach Fontainebleau gebracht. Spanien erhält eine freie Verfassung. Auch Sizilien erhält eine Verfassung. Rußland-Feldzug Napoleons. Vernichtung der Großen Armee an der Beresina (28. November).	Byron: ›Harolds Pilgerfahrt‹. Foscolo: ›Le Grazie‹ (bis 1813). Manzoni schreibt die ersten vier ›Inni sacri‹ (Heilige Hymnen). Gebrüder Grimm: ›Kinder- und Hausmärchen‹.
1813	Der König von Preußen erläßt den Aufruf ›An mein Volk‹ für einen nationalen Freiheitskrieg. Kriegserklärung an Napoleon, der die Preußen bei Lützen und bei Bautzen besiegt. Österreich tritt dem Bündnis Rußlands und Preußens bei, und die Verbündeten erklären Frankreich den Krieg, das in der ›Völkerschlacht‹ bei Leipzig geschlagen wird (16.-19. Oktober). Auflösung des Rheinbundes.	Z. Werner wird Mitglied des Lukasbundes. Cicognara veröffentlicht ›Storia della scultura dal suo risorgimento in Italia fino al secolo di Napoleone‹ (bis 1819). Rossini: ›Tancredi‹ und ›Die Italienerin in Algier‹.

	Kunstgeschichte	Nazarener
1809	Große internationale Kunstausstellung in Rom, an der unter anderen Ingres, Metz, Granet, Koch, Schick, Rauch und Thorvaldsen teilnehmen. Hayez gewinnt das dreijährige Rom-Stipendium und beginnt mit Raffael-Kopien (bis 1817 in Rom). Friedrich: ›Gebirgslandschaft mit Regenbogen‹. Minardi: ›Der blinde Homer‹. Runge: ›Der große Morgen‹.	Gründung des Lukasbundes in Wien (Overbeck, Hottinger, Pforr, Sutter, Vogel, Wintergerst). Wintergerst: ›Sarah führt Hagar zu Abraham‹. Overbeck: ›Selbstporträt mit Bibel‹. Cornelius: Illustrationen zu Goethes ›Faust‹ (bis 1815).
1810	Runge stirbt in Hamburg. Die Sammlung Boisserée wird in Heidelberg ausgestellt. Koch beendet die Radierungen ›Ansichten von Rom und seiner Umgebung‹. Guérin: ›Aurora und Zephalus‹; ›Andromache und Pyrrhos‹. Schick: ›Christus erblickt im Traum das Kreuz‹. Kersting: ›Friedrich in seinem Atelier‹. Pinelli illustriert die ›Äneis‹. Minardi: ›Thronende Madonna zwischen zwei Heiligen‹. Friedrich: ›Morgen im Riesengebirge‹.	Overbeck, Pforr und Vogel kommen nach Rom. Rebell in Italien (bis 1824). Die Brüder Veit treten zum Katholizismus über. Colombo wird Mitglied des Lukasbundes. Die Mitglieder des Lukasbundes ziehen in das verlassene Kloster S. Isidoro. Fohr folgt dem Hofmaler Issel nach Darmstadt. Overbeck schreibt ›Die drei Wege der Kunst‹. Pforr: ›Der Einzug König Rudolfs von Habsburg in Basel 1273‹, ›Selbstbildnis‹. Overbeck: ›Bildnis Franz Pforr‹, ›Josephs Traum‹.
1811	Koch: ›Schmadribachfall‹. Ingres: ›Jupiter und Thetis‹.	Cornelius, Xeller, J. Veit, Wintergerst und die Brüder Schadow kommen nach Rom. Schnorr trifft die Brüder Olivier in Wien. Sutter verläßt die Wiener Akademie. Wintergerst: ›Männlicher Akt (Xaverio)‹. Pforr: ›Sulamith und Maria‹. Overbeck: ›Italia und Germania‹ (bis 1828).
1812	Koch geht für drei Jahre nach Wien. Xeller tritt zum Katholizismus über. Schick stirbt in Stuttgart. Quandt kommt nach Rom. Erste Süditalienreise Catels. Canova wird zum Direktor der römischen Museen ernannt. Turner: ›Schneesturm: Hannibal überschreitet die Alpen‹. David: ›Napoleon in seinem Arbeitszimmer‹. Minardi beginnt mit Entwürfen zu Michelangelos ›Jüngstem Gericht‹.	Pforr stirbt in Albano. Cornelius tritt dem Lukasbund bei und beginnt mit Zeichnungen zum ›Nibelungenlied‹ (bis 1817). Scheffer von Leonhardshoff hält sich in Venedig auf. Die Lukasbrüder übersiedeln von S. Isidoro in den Palazzo Guarnieri. Schnorr hält sich bis 1815 in Wien auf. Rebell: ›Ansichten von Neapel und Umgebung‹ für Caroline Murat (bis 1815).
1813	Xeller verläßt Rom. Der Freskenmaler Eggers hält sich bis 1832 in Rom auf. Nach der Gründung der ›Ponte-Molle Gesellschaft‹ findet das erste Künstlerfest in den Grotten von Cervara statt. Reise Catels nach Pompeji mit dem französischen Archäologen Millin. Mit dem ›Atleta trionfante‹ erringt Hayez gegen Ingres den Preis der römischen Akademie dank der Unterstützung Canovas. Minardi: ›Selbstbildnis‹ Ingres: Erste Fassung zu ›Raffael und La Fornarina‹ und ›Traum Ossians‹.	Overbeck tritt zum Katholizismus über. Wintergerst kehrt nach Deutschland zurück. W. Schadow tritt dem Lukasbund bei. Erster Aufenthalt Passavants in Rom. Cornelius: ›Die klugen und die törichten Jungfrauen‹. Overbeck: ›Der hl. Sebastian‹ (bis 1816).

	Zeitgeschichte	Literatur, Philosophie, Musik
1814	Murat, der sich mit Österreich verbündet hat, marschiert in Rom ein. Napoleon entsagt der Krone und wird auf die Insel Elba verbannt. Pius VII. kehrt nach Rom zurück. Die französischen Gesetze werden aufgehoben und die alten Einrichtungen, die Inquisition und der Jesuitenorden, wiederhergestellt. Am 17. April bricht das italienische Königreich zusammen und fällt an Österreich, während die Verbündeten in Frankreich einziehen. Erster Pariser Friede: Frankreich behält die Grenzen von 1792. Am 1. November wird der Wiener Kongreß offiziell eröffnet. Allgemeine Wehrpflicht in Preußen.	Tod Fichtes. Saint-Simon: ›La Réorganisation de la société européenne‹. Chamisso: ›Peter Schlemihl‹. Scott: ›Waverley‹. Beethoven: ›Fidelio‹.
1815	Napoleon landet in Fréjus und es beginnt die Herrschaft der ›Hundert Tage‹. Er wird in Waterloo von den Engländern und den Preußen geschlagen, dankt zum zweiten Mal ab und wird nach St. Helena verbannt. Zweiter Pariser Friede. Hauptbestimmungen der Wiener Kongreßakte: In Frankreich wird mit dem Bourbonen Ludwig XVIII. die Monarchie wiederhergestellt. Österreich erhält u.a. die Lombardei und Venetien zurück. Wiederherstellung des Kirchenstaates. Preußen wird u.a. Rumänien und Nordsachsen zugesprochen. Holland und Belgien werden zu den Niederlanden vereinigt. Die Schweiz erhält die ›Immerwährende Neutralität‹. In Spanien, Portugal, Sardinien und Neapel werden die alten Dynastien wiedereingesetzt. Der Deutsche Bund wird gegründet mit 35 souveränen Fürsten und vier Freistaaten. Der Bundestag tritt in Frankfurt am Main unter dem Vorsitz Österreichs zusammen. Italien verlangt die unter dem Napoleonischen Kaiserreich entwendeten Kunstwerke zurück. Pius VII. ernennt zu diesem Zweck Canova zum Gesandten des Vatikans in Paris. Am 26. September schließen Rußland, Österreich und Preußen die ›Heilige Allianz‹.	Savigny: ›Geschichte des römischen Rechts im Mittelalter‹. F. Schlegel: ›Geschichte der alten und neuen Literatur‹. Foscolo: ›Discorso della servitù dell'Italia‹. Leopardi: ›Saggio sopra gli errori popolari degli antichi‹ (1846 posthum veröffentlicht). Elisa von der Recke: ›Tagebuch einer Reise durch einen Teil Deutschlands und Italiens‹. Schubert vertont einige Gedichte Goethes, darunter ›Heidenröslein‹ und ›Erlkönig‹.
1816	Im Oktober kommt Barthold Georg Niebuhr als preußischer Botschafter nach Rom. Er verbindet sich mit dem Künstlerkreis um Cornelius. Die von Napoleon entwendeten Kunstwerke kehren nach Italien zurück. Als Anerkennung für seine Vermittlerrolle wird Canova vom Papst zum Marchese von Ischia ernannt. Sachsen-Weimar erhält als erstes deutsches Land eine Verfassung.	Die deutschen Künstler, die nach den Freiheitskriegen nach Rom kommen, tragen die deutsche Nationaltracht (schwarzen Samt, Spitzenkragen und -manschetten, Kappe, manchmal auch den Degen). In Mailand beginnt man mit der Herausgabe der österreichfreundlichen Zeitschrift ›La Biblioteca Italiana‹ (hrsg. v. G. Acerbi). Madame de Staël schreibt dafür den Artikel ›Sur la manière et l'utilité des traductions‹, in welchem sie die Italiener auffordert, die Grenzen einer die Klassiker nachahmenden Kultur zu überschreiten und sich zu erneuern, indem sie die fremdsprachige Literatur übersetzen und studieren. Goethe: ›Italienische Reise‹. Fr. J.L. Meyer veröffentlicht in seinem Buch ›Darstellungen aus Norddeutschland‹ zwei programmatische Briefe Overbecks, die auf die Zeit seiner akademischen Ausbildung zurückgehen. Gebrüder Grimm: ›Deutsche Sagen‹. L. Tieck: ›Phantasus‹. Clausewitz: ›Vom Kriege‹. Schubert: ›Vierte und Fünfte Symphonie‹.

	Kunstgeschichte	Nazarener
1814	Catel tritt in Rom zum Katholizismus über und heiratet Margherita, Tochter des Schriftstellers Michelangelo Prunetti. Minardi: ›Triumphaler Einzug Pius' VII. in Rom‹. Ingres: ›Die große Odaliske‹. Koch: ›Landschaft mit dem Dankopfer Noahs‹. Constable: ›Der Frühling‹. David: ›Leonidas an den Thermopylen‹.	Schadow konvertiert zum Katholizismus. Ankunft Scheffer von Leonhardshoff in Rom. Reinhold kehrt von Paris nach Wien zurück. Fest in der Villa Borghese aus Anlaß der Besetzung von Paris. Cornelius stellt in einem Brief an Görres ein Programm für die Erneuerung der Kunst auf: Bekämpfung der Akademie und Wiederbelebung der Freskenmalerei.
1815	Koch kehrt aus Wien nach Rom zurück. Schadow wird Direktor der Berliner Akademie. Aufenthalt S. Ruhls in Rom. Thorvaldsen beginnt mit den Ergänzungs- und Restaurierungsarbeiten der in Aegina entdeckten Plastiken (bis 1817). Schinkel: Bühnenbilder für die ›Zauberflöte‹. Hayez beendet ›Odysseus am Hof des Alkinoos‹.	Scheffer von Leonhardshoff wird Mitglied des Lukasbundes. Fohr unternimmt eine Fußwanderung nach Norditalien, im Herbst Aufenthalt in Salzburg. Ph. Veit kommt nach Rom und tritt im Dezember der Bruderschaft bei. Der Lukasbund feiert zum ersten Mal den Geburtstag Dürers (bis 1828). Ramboux schreibt sich an der Münchner Akademie ein. Wintergerst: ›Abschied des Rittertums‹. W. Schadow: ›Die Brüder Schadow mit dem Bildhauer Thorvaldsen‹.
1816	Von Klenze wird Hofarchitekt in München. Der Parthenonfries wird ins Britische Museum gebracht. Reise nach Italien und Aufenthalt in Rom von Géricault. Der Maler Mosler hält sich in Rom auf. Rauch wird Mitglied des Rates der Akademie S. Luca. David geht ins Exil nach Brüssel. Canova beendet den ›Paris‹, der ihm 1811 von Ludwig von Bayern in Auftrag gegeben worden war. Koch: Erste Fassung von ›Der Tiroler Massenaufstand vom Jahre 1809‹ (bis 1819).	Cornelius, Overbeck, Ph. Veit, W. Schadow: Fresken im Palazzo Zuccari (Casa Bartholdy). Sutter, Fohr, Ramboux, Rebell, Rehbenitz, Horny kommen nach Rom. J. und Ph. Veit treten dem Lukasbund bei. Erhard übersiedelt von Nürnberg nach Wien, wo er hauptsächlich Landschaftsbilder malt. Er verdient seinen Lebensunterhalt als Graveur. Schnorr: ›Der Sechskampf auf Lipadusa‹. Fohr: ›Selbstbildnis‹. Overbeck: Zweiter Entwurf für ›Leonardo da Vincis Tod‹.

	Zeitgeschichte	Literatur, Philosophie, Musik
1817	Wartburgfest der deutschen Burschenschaften zum dreihundertjährigen Gedenktag an die Reformation; unter den Farben Schwarz-Rot-Gold fordern sie die Einheit Deutschlands.	Vereinigung der Lutheraner und der Reformierten in Preußen. Aufenthalt Caroline von Humboldts in Rom. Rückert ist als Korrespondent des ›Morgenblattes‹ in Rom. Aufenthalt Cottas in Rom. Stendhal: ›Histoire de la peinture en Italie‹; ›Rome, Naples et Florence en 1817‹. Byron: ›Manfred‹. Keats: ›Poems‹. De Lamennais: ›Essai sur l'indifférence en matière de religion‹. Hegel: ›Vorlesungen über die Aesthetik‹. J.H. Meyer (und Goethe): ›Über neudeutsche, religiös-patriotische Kunst‹. Kestner: ›Über die Nachahmung in der Malerei‹.
1818	Der Kronprinz Ludwig von Bayern befindet sich in Rom. Er trägt die deutsche Tracht und wird der Mäzen der deutschen Künstler, ganz besonders der Nazarener. Während dieser Reise begibt er sich auch nach Neapel. Bayern und Baden erhalten Verfassungen.	Abschiedsfest der Deutschen in Rom für Ludwig von Bayern. Aufenthalt Böhmers in Rom, Freundschaft mit Passavant, Mosler, Platner und Kestner. Brentano: ›Aus der Chronik eines fahrenden Schülers‹. Leopardi: ›All'Italia‹ und ›Sopra il monumento di Dante‹. Von der Hagen: ›Briefe in die Heimat aus Deutschland, Schweiz und Italien‹. Rossini: ›Moses in Ägypten‹.
1819	Kaiser Franz I. von Österreich und Fürst Metternich besuchen Rom. Der preußische Botschafter Niebuhr und sein Sekretär Bunsen gründen in Rom die Deutsch-Evangelische Gemeinde, um zu verhindern, daß viele zum Katholizismus übertreten. Ermordung Kotzebues, eines vom Zaren bezahlten Publizisten, durch den deutschen Studenten Sand am 23. März. Die Reaktion darauf sind die ›Karlsbader Beschlüsse‹ vom 20. September gegen ›demagogische‹ Umtriebe an den Universitäten und die Einführung der Zensur in Preußen und Österreich.	Scott: ›Lucia von Lammermoor‹. Byron: ›Mazeppa‹ und ›Don Juan‹ (bis 1824). Keats: ›Ode on a Grecian Urn‹ und ›Ode on Melancholy‹. F. Schlegel: ›Über die deutsche Kunstausstellung zu Rom, im Frühjahr 1819, und über den gegenwärtigen Stand der deutschen Kunst in Rom‹. Schopenhauer: ›Die Welt als Wille und Vorstellung‹. De Maistre: ›Du Pape‹. J. Grimm: ›Deutsche Grammatik‹ (bis 1834).
1820	Wien widerruft Versprechen einer Verfassung. Spanischer Aufstand. Erhebungen in Neapel, die den Anfang der revolutionären italienischen Bewegung einleiten. Sie werden von Österreich unterdrückt, das im Kongreß von Troppau, zusammen mit Preußen und Rußland, das Prinzip der ›bewaffneten Intervention‹ verkündet.	Scott: ›Ivanhoe‹. Lamartine: ›Méditations poétiques‹. Shelley: ›Prometheus Unbound‹. Byron: ›Marino Faliero‹, ›Sardanapalus‹, ›The two Foscari‹. Perticari: ›Dell'amore patrio di Dante‹. A. Hirt: ›Geschichte der Baukunst bei den Alten‹ (bis 1827). Passavant: ›Ansichten über die bildenden Künste und Darstellungen des Ganges derselben in Toscana‹.
1821	Tod Napoleons. Österreichische Truppen beseitigen Verfassung in Neapel und Piemont. Griechische Erhebung gegen die Türken.	Tod Keats'. Er hinterläßt ›Hyperion‹ unvollendet. Im Palazzo Caffarelli in Rom wird die Deutsche Bibliothek gegründet, die zuerst von Bunsen, später von Platner und schließlich von Kestner geleitet wird. Hegel: ›Grundlinien der Philosophie des Rechts‹. Cennini: ›Trattato della pittura‹. Manzoni: ›Il 5 maggio‹. Weber: ›Der Freischütz‹.

	Kunstgeschichte	Nazarener
1817	Kestner kommt nach Rom, wo er den Kreis der römisch-deutschen Künstler stark beeinflußt. Der Maler Wach aus Berlin hält sich in Rom auf. Von Dillis begleitet Ludwig von Bayern zum zweiten Mal nach Italien. Während der Reise führt er zahlreiche Werke aus, u.a. ›Blick über Rom‹. Géricault: Zeichnungen und Entwürfe zum ›Römischen Karneval‹. Friedrich: ›Klosterfriedhof im Schnee‹ (bis 1819). Ingres: ›Heinrich IV. spielt mit seinen Kindern‹. Constable: ›Die Mühle von Flatford‹.	Beginn der Arbeit an den Fresken des Casino Massimo. Ferd. und Fr. Olivier sowie Schnorr treten dem Lukasbund bei. J.E. Ruhl und Naeke kommen nach Rom. Horny begibt sich zum ersten Mal nach Olevano. Schnorr: ›Die Almosenspende des hl. Rochus‹, ›Die Eltern des Johannes bei den Eltern Jesu‹. Ph. Veit malt im Vatikan ›Triumph der Religion‹. Fohr: Vorzeichnung zu ›Die deutschen Künstler im Café Greco‹.
1818	Schinkel: Neue Wache und Schauspielhaus in Berlin. Die Malerin L. Seidler kommt aus Weimar nach Rom. Ihre ›Memoiren‹ (1874 posthum erschienen) stellen ein wichtiges Zeugnis des römischen Künstlerkreises dar. Senefelder veröffentlicht eine ›Abhandlung über die Lithographie‹. Aufenthalt von Klenzes in Rom. Ingres: ›Leonardo da Vincis Tod‹.	Overbeck heiratet Anna Schiffenhuber Hartl. Fohr ertrinkt im Tiber. Fr. Olivier kommt von Wien nach Rom. Horny läßt sich in Olevano nieder. Sutter: ›Der hl. Lukas malt die Madonna‹. Fohr: ›Gebirgslandschaft mit Hirten‹. Ramboux beendet ›Adam und Eva nach der Vertreibung aus dem Paradies‹. J.E. Ruhl: ›Ansicht von Rom von der Casa Buti aus gesehen‹. Passavant: ›Selbstbildnis‹.
1819	Die Bildhauer-Brüder Wichmann befinden sich in Rom. Minardi ist in Perugia als Zeichenlehrer an der Akademie tätig. Erster römischer Aufenthalt Turners (bis 1820). Ingres: ›Rüdiger befreit Angelika‹. Géricault: ›Das Floß der Medusa‹. Friedrich: ›Zwei Männer in Betrachtung des Mondes‹.	Cornelius reist nach München, um die Fresken für die Glyptothek auszuführen (bis 1830). W. Schadow wird Professor an der Berliner Akademie. Erste Ausstellung der deutschen Künstler im Palazzo Caffarelli. Reinhold und Erhard kommen nach Rom. J. Veit kehrt nach Berlin zurück. Schnorr: ›Die Hochzeit zu Kana‹, ›Frau Bianca Maria von Quandt‹ und ›Musik auf der Terrasse‹. Sutter: ›Susanna im Bade‹. L.S. Ruhl: ›Drei singende Engel‹.
1820	Rehberg übersiedelt von Rom nach Berlin. Römischer Aufenthalt von Carle und Horace Vernet. Ingres: ›Christus übergibt Petrus die Paradiesschlüssel‹. Canova: ›Schlafende Nymphe‹. Koch: ›La Serpentara in Olevano mit Hirten‹. Der norwegische Maler Dahl hält sich in Italien auf, wo er in Neapel das Gemälde ›Zwei Männer auf einer Terrasse nahe dem Meer bei Neapel‹ ausführt. Constable: Erste Fassung der ›Kathedrale von Salisbury‹.	Cornelius wird Direktor der Düsseldorfer Akademie. Führich besucht die Prager Akademie. Overbeck: ›Familienbild‹ (bis 1830). Fr. Olivier: ›Bildnis Schnorr von Carolsfeld‹. Scheffer: ›Selbstbildnis‹.
1821	Die Maler Dräger, von Mess, Runy und Ender lassen sich in Rom nieder. Carus lernt Goethe in Italien kennen. Oehme: ›Dom im Winter‹. Siegert: ›Aussicht auf dem Aetna‹. Constable: ›Der Heuwagen‹.	Scheffer von Leonhardshoff beendet ›Die sterbende hl. Cäcilia‹. Overbeck: ›Vittoria Caldoni‹. Horny: ›Ansicht von Subiaco mit Landleuten‹. Fr. Olivier beendet ›Christus und die Pharisäer beraten sich über den Tribut‹ für die Kathedrale von Naumburg, das ihm Baron von Ampach, Domherr derselben Kathedrale, in Auftrag gegeben hatte. Ph. Veit: ›Bildnis der Tochter des Baron von Stein‹.

	Zeitgeschichte	Literatur, Philosophie, Musik
1822	Griechenland erklärt sich unabhängig von der Türkei. Friedrich Wilhelm III. von Preußen besucht Rom und Neapel. Die Heilige Allianz versammelt sich in Verona und beschließt, auf der spanischen Halbinsel einzugreifen.	Tod Shelleys. Die katholische Kirche hebt das Verbot der kopernikanischen Schriften auf. Champollion entziffert Hieroglyphen. Niepce entdeckt die Fotografie. Byron: ›Cain‹. Manzoni: ›Adelchi‹. Hugo: ›Odes et Ballades‹. Stendhal: ›De l'amour‹. Schubert: ›Achte Symphonie in h-moll‹ (›Die Unvollendete‹).
1823	Monroe-Doktrin: »Amerika den Amerikanern«. Der Theologe Karl Ch. Bunsen wird zum preußischen Gesandten an der römischen Kurie ernannt. In Spanien wird die Monarchie mit Ferdinand VII. wiederhergestellt. Die Revolution wird niedergeschlagen.	Tod Z. Werners. Byron reist nach Griechenland, um an den Freiheitskriegen gegen die Türken teilzunehmen. Lamartine: ›La mort de Socrate‹, ›Nouvelles méditations poétiques‹. A. Thiers: ›Geschichte der französischen Revolution‹. Manzoni: ›Lettera a D'Azeglio sul Romanticismo‹. Puschkin: ›Eugen Onegin‹ (bis 1830). Beethoven: ›Neunte Symphonie in d-moll‹.
1824	Karl X. König von Frankreich. Legalisierung der britischen Trade-Unions. Vereinigung von Jülich-Cleve-Berg und Niederrhein zur preußischen Rheinprovinz.	Tod Byrons. Comte: ›Cours de philosophie positive‹. Saint-Simon: ›Catéchisme des industriels‹. Champollion: ›Précis du système hiéroglyphique‹. Ranke: ›Zur Kritik neuerer Geschichtsschreiber‹. Botta: ›Geschichte Italiens von 1789 bis 1814‹. Beethoven: ›Missa Solemnis‹.
1825	Ludwig I. wird König von Bayern. Tod Alexanders I. von Rußland. Es folgt ihm Nikolaus I., der im Dezember den Dekabristenaufstand mit Hinrichtungen, Verhaftungen und Deportationen unterdrückt.	D. Tieck und W. von Baudissin übersetzen (bis 1833), unter der Leitung L. Tiecks, die von Schlegel nicht übersetzten ›Shakespeare-Dramen‹. In Sfakteria stirbt der für die Freiheit Griechenlands kämpfende Santorre di Santarosa. Grillparzer: ›König Ottokars Glück und Ende‹. Manzoni: ›Die Verlobten‹. Puschkin: ›Boris Godunow‹. Foscolo: ›Discorso storico sul testo del Decamerone‹ und ›Discorso sul testo del poema di Dante‹. Monti: ›Sermone sulla mitologia‹.
1826	Anerkennung der neugegründeten südamerikanischen Republiken durch England.	Chr. Reinhart, die Brüder Riepenhausen, Koch, von Rohden, Thorvaldsen, Ph. Veit und Catel unterzeichnen eine polemische Artikelserie gegen die deutsche Presse. Die Artikel werden 1833 in Dessau unter dem Titel ›Drei Schreiben aus Rom gegen Kunstschreiberei in Deutschland‹ veröffentlicht. Fröbel: ›Die Menschenerziehung‹. Hauff: ›Mitteilungen aus den Memoiren des Satans‹. Eichendorff: ›Aus dem Leben eines Taugenichts‹.

	Kunstgeschichte	Nazarener
1822	Canova stirbt in Venedig. Genelli ist in Rom (bis 1832). Begas und Mila lassen sich in Rom nieder. Aufenthalt Oehmes in Rom (bis 1825). Der Bildhauer Wolff läßt sich in Rom nieder. In der Casa Bartholdy wird von vierzehn in Rom lebenden preußischen Malern eine Ausstellung anläßlich des Besuches von Friedrich Wilhelm III. von Preußen organisiert. Guérin wird zum Direktor der Französischen Akademie in Rom ernannt. Wagner bereitet in Rom, wo er seit 1810 lebt, einen historischen Fries mit der ›Geschichte der Germanen‹ für die Walhalla bei Regensburg vor. Delacroix: ›Dantebarke‹. Blake: Illustrationen zur ›Göttlichen Komödie‹.	Tod Scheffers in Wien. Führich befindet sich in Wien. Wintergerst ist Zeichenlehrer an der Düsseldorfer Akademie. Fr. Olivier kehrt von Rom nach Wien zurück. Ramboux geht nach Trier. Erhard nimmt sich in Rom das Leben. J. Veit kehrt von Berlin nach Rom zurück, wo er bis zu seinem Tod 1854 bleibt. Horny: ›Ansicht von Olevano‹. Ramboux: ›Die Brüder Eberhard‹.
1823	Achtunddreißig preußische und bayerische Künstler in Rom führen Zeichnungen für ein Album aus, das Friedrich Wilhelm von Preußen zu seiner Hochzeit geschenkt wird. Fries hält sich in Italien auf, wo er in Rom bis 1827 zum Kreise Kochs gehört. Delacroix: ›Das Gemetzel von Chios‹. Friedrich: ›Das Eismeer‹. Constable: Zweite Fassung der ›Kathedrale von Salisbury‹.	Steinle besucht die Wiener Akademie. Richter kommt von Dresden nach Rom. Er beginnt das Aquarell ›Bauern und Jäger in den Sabiner Bergen‹ zu malen, an dem er während seines ganzen römischen Aufenthaltes bis 1827 arbeiten wird. Ferd. Olivier veröffentlicht die Kreidelithographien ›Sieben Gegenden aus Salzburg und Berchtesgaden, geordnet nach den sieben Tagen der Woche, verbunden durch zwei allegorische Blätter‹. Schilbach kommt nach Rom.
1824	Tod Géricaults in Paris. Friedrich wird Professor an der Wiener Akademie. Friedrich: ›Huttens Grab‹. Catel: ›Kronprinz Ludwig in der spanischen Weinschenke zu Rom‹. Catel: ›Schinkel in Neapel‹. Gérard: ›Daphnis und Chloé‹. David: ›Mars und Venus‹.	Schnorr, von Heß und Begas gründen den ›Komponierverein‹, dem sich auch Sutter anschließt, um gemeinsam die Bibel zu illustrieren. Horny stirbt in Olevano. Fr. Olivier verläßt Rom, um nach Wien zurückzukehren.
1825	Corot kommt für drei Jahre nach Rom. Tod von David in Brüssel. Füssli stirbt in London. Erster Aufenthalt von Dyce in Rom. Koch arbeitet am Dante-Saal im Casino Massimo (bis 1829). Pinelli beginnt Illustrationen zur ›Göttlichen Komödie‹. Minardi: ›Maria erscheint dem hl. Stanislaus Kostka‹.	Cornelius wird zum Direktor der Münchner Akademie ernannt. Reinhold stirbt in Rom. Richter, Hoff, Harder, Maydell und Schilbach reisen nach Neapel und Paestum. Naeke kehrt nach Dresden zurück, um an der Akademie zu unterrichten.
1826	Carus: ›Atelier im Mondschein‹. Blechen: ›Ruine einer gotischen Kirche‹. Corot: ›Ansichten von Rom‹ und ›Die Brücke von Narni‹. Ingres: ›Apotheose Homers‹. H. Vernet: ›Mazeppa und die Wölfe‹.	Schadow wird Nachfolger von Cornelius als Direktor der Akademie in Düsseldorf. Erste Reise Rottmanns nach Italien. Er bleibt bis März 1827 in Rom. Richter: ›Tal bei Amalfi mit Blick auf die Bucht von Salerno‹. Ferd. Olivier: ›Garten des Kapuzinerklosters in Salzburg‹. Schadow: ›Bildnis von Fanny Ebers‹.

	Zeitgeschichte	Literatur, Philosophie, Musik
1827	Englisch-französisch-russische Flotte besiegt im griechischen Unabhängigkeitskrieg in der Schlacht bei Navarino die türkisch-ägyptische.	Tod Pestalozzis. Tod Beethovens. Guizot: ›Histoire de la civilisation en Europe‹. Heine: ›Das Buch der Lieder‹. Hugo: ›Préface de Cromwell‹.
1828	Gründung des Mitteldeutschen Handelsvereins, gegen preußische und süddeutsche Zollpolitik gerichtet.	Tod Schuberts. F. Schlegel: ›Philosophie des Lebens‹.
1829	Otto von Bayern wird zum König von Griechenland gewählt. Gründung der Gewerkschaften (Trade-Unions) in England.	Tod F. Schlegels. Gründung des Internationalen Instituts für Archäologie in Rom. Platner, Bunsen und andere beginnen eine ›Beschreibung der Stadt Rom‹ (Anregung Cottas). Goethe beendet ›Wilhelm Meisters Wanderjahre‹. Balzac beginnt ›Die menschliche Komödie‹. Stendhal: ›Promenades dans Rome‹. Mendelssohn dirigiert die erste Aufführung der ›Matthäuspassion‹ seit dem Tode Bachs. Berlioz: ›Symphonie fantastique‹.
1830	Juli-Revolution in Paris. Louis-Philippe wird zum ›König der Franzosen‹ gewählt (›Bürgerkönig‹). Belgien trennt sich von Holland. Frankreich erobert Algerien.	Papi: ›Commentari della Rivoluzione francese‹ (bis 1831). Stendhal: ›Le Rouge et le Noir‹. Hugo: ›Notre-Dame de Paris‹. Balzac: ›Tolldreiste Geschichten‹.

	Kunstgeschichte	Nazarener
1827	Blake stirbt in London. Pinelli: ›Das befreite Jerusalem‹. H. Vernet: ›Julius II. beauftragt Bramante, Michelangelo und Raffael mit den Arbeiten im Vatikan und St. Peter‹ (Deckengemälde im Louvre). Delacroix: ›Tod des Sardanapal‹ und ›Christus in Gethsemane‹.	Führich kommt von der Prager Akademie nach Rom und arbeitet bis 1829 im Tasso-Saal des Casino Massimo. Janssen übersiedelt von Hamburg nach München, um bei Cornelius und Schnorr von Carolsfeld, der in diesem Jahr an der Akademie lehrt, zu studieren. Rückkehr Richters nach Deutschland. Speckter: ›Rahel und Jakob‹, wobei er sich stark an Overbecks ›Einzug Christi in Jerusalem‹ inspirierte, das er zweifellos in Lübeck gesehen hatte.
1828	Camuccini: ›Judith und Holofernes‹ für die Kirche in Alzano bei Bergamo. Blechen begibt sich nach Italien (bis 1829 in Rom). In diesen zwei Jahren führt er ›Das Atelier des Bildhauers Rudolf Schadow‹ aus. Nerly begibt sich nach Rom. Enge Freundschaft mit Reinhart. Turner: ›Ansicht von Orvieto‹. Gérard: ›Die Heilige Therese‹.	Ankunft Steinles in Rom. Rückkehr Sutters nach Wien. Rückkehr Schilbachs nach Darmstadt. Rottmann erhält von Ludwig von Bayern den Auftrag für die Landschaftsbilder der Hofgartenarkaden in München: er führt einen Zyklus von 28 Gemälden über ›Cefalù‹ aus (bis 1833). Schnorr: ›Die Flucht nach Ägypten‹. Rottmann: ›Taormina mit dem Ätna‹.
1829	Tischbein stirbt in Eutin. In Rom wird die ›Società degli Amatori e Cultori di Belle Arti‹ gegründet. H. Vernet wird zum Direktor der Französischen Akademie in Rom ernannt. Blechen: ›Album neapolitanischer Skizzen‹. Koch: ›Macbeth und die Hexen‹.	Führich begibt sich nach Neapel und Capri und verläßt dann endgültig Italien, um nach Österreich zu fahren. Zusammen mit Steinle malt Overbeck in Assisi das Fresko ›Das Rosenwunder‹ an der Fassade von S. Maria degli Angeli. Die Fresken im Casino Massimo werden beendet. Reinhart beginnt mit dem Zyklus ›Vier Ansichten von der Villa Malta auf Rom‹ (bis 1835).
1830	Erste Ausstellung der ›Amatori e Cultori‹ in Rom. Von Klenze beginnt mit den Arbeiten für die Walhalla bei Regensburg. Delacroix: ›Die Freiheit führt das Volk auf die Barrikaden‹. Iwanow: ›Christi erste Erscheinung vor dem Volk‹. Camuccini: ›Der hl. Franziskus erweckt einen Jüngling‹.	Schnorr ruft Ferd. Olivier als Gehilfen für die Ausmalung der Münchner Residenz. Ph. Veit wird Direktor des Städelschen Kunstinstituts in Frankfurt (bis 1843). Cornelius kehrt aus München nach Rom zurück (bis 1831). Ferd. Olivier wird Professor an der Münchner Akademie. Naeke beendet das von Baron von Ampach für die Kathedrale von Naumburg in Auftrag gegebene Gemälde ›Christus erscheint seinen Jüngern‹.

Bibliographie

1796 WACKENRODER 1796 – W.H. Wackenroder: *Herzensergießungen eines kunstliebenden Klosterbruders.* Leipzig 1796

1799 SCHLEGEL 1799 – A.W. Schlegel: ›Ueber Zeichnungen zu Gedichten und John Flaxman's Umrisse‹, in: *Athenäum,* II, 1799

NOVALIS 1799 – Novalis (F. von Hardenberg): *Die Christenheit oder Europa.* (1799). Leipzig 1962

1800 BRUN 1800 – F. Brun: *Auszüge aus einem Tagebuch über Rom. Prosaische Schriften III.* Zürich 1800

1806 FERNOW 1806 – C.L. Fernow: *Leben des Künstlers A.J. Carstens. Ein Beitrag zur Kunstgeschichte des 18. Jahrhunderts.* Leipzig 1806

1809 ROM 1809 – Ausst.-Kat.: *Spiegazione delle Opere di Pittura, Scultura, Architettura ed Incisione esposte nelle stanze del Campidoglio il dì 19 Novembre 1809.* Rom 1809

1810 SCHOPENHAUER 1810 – J. Schopenhauer: *Fernows Leben.* Tübingen 1810

1814 *Journal für Literatur, Kunst, Luxus und Mode.* Oktober 1814

TIECK 1814 – L. Tieck: *Phantasien über die Kunst von einem kunstliebenden Klosterbruder.* Berlin 1814

1817 MEYER – J.H. Meyer: ›Neudeutsche religiös-patriotische Kunst‹, in: *Über Kunst und Altertum,* I, H. 2, 1817

STOLBERG 1817 – F.L. Graf Stolberg: *Geschichte der Religion Jesu Christi,* Bd. I, Wien 1817

1818 ATTERBOM 1818 – P.D. Atterbom: *Über berühmte deutsche Männer und Frauen.* Rom 1818

ROM 1818 – *Catalogo degli oggetti di arte che sono esposti nel Palazzo Caffarelli al Campidoglio in occasione dell'augusta presenza delle loro maestà Imperiali Reali Apostoliche.* Rom 1818

1819 KUNSTBLATT 1819 – ›Ausstellung der Werke deutscher Künstler im Palast Caffarelli zu Rom‹, in: *Kunstblatt,* 7, April 1819

ÖSTERREICHISCHER BEOBACHTER 1819 – ›Auszug aus einem Schreiben aus Rom‹, in: *Österreichischer Beobachter,* 127, 1819

SCHLEGEL 1819 – F. Schlegel: *Wiener Jahrbücher für Literatur.* 1819

1820 HELLWIG 1820 – A. von Hellwig: ›Gemälde von Wilhelm von Schadow‹, in: *Kunstblatt,* 1820

KUNSTBLATT 1820 – ›Wanderung durch die Werkstätten deutscher Künstler in Rom‹, in: *Kunstblatt,* 17. August 1820

PASSAVANT 1820 – J.D. Passavant: *Ansichten über die bildenden Künste und Darstellungen des Ganges derselben in Toscana; zur Bestimmung des Gesichtspunctes, aus welchem die neudeutsche Malerschule zu betrachten ist. Von einem deutschen Künstler in Rom.* Heidelberg und Speyer 1820

1821 RUHL 1821 – J.E. Ruhl: *Kirchen, Paläste und Klöster in Italien, nach den Monumenten gezeichnet und herausgegeben von J.E. Ruhl.* Kassel und Darmstadt 1821

1823 DIEFFENBACH 1823 – Ph. Dieffenbach: *Das Leben des Malers Karl Fohr,* Darmstadt 1823, Neuausgabe Frankfurt a.M. 1918

MISSIRINI 1823 – M. Missirini: *Memorie per servire alla storia della romana Acc. di S. Luca fino alla morte di Antonio Canova.* Rom 1823

1824 BÖRNER 1824 – J.A. Börner: ›Johann Christoph Erhard. Biographische Skizze‹, in: *Sammler für Kunst und Altertum in Nürnberg,* 1824

CATEL 1824 – F. Catel: *Brief vom 20.3.1824 an Johann Gottlob von Quandt.* Teilweise veröffentlicht bei H. Soehner: *Meisterwerke der deutschen Malerei des 19. Jahrhunderts. Ausgestellte Werke II.* Neue Pinakothek und Staatsgalerie, München 1967

1825 HALLER 1825 – J. Haller: *Wöchentliche Kunstnachrichten (Bamberg),* 405, 16.4.1825, S. 149-150

1827 KAUFMANN 1827 (?) – P. Kaufmann: *An der Wiege der deutschen Malkunst des neunzehnten Jahrhunderts. Niebuhr und Cornelius.* o.O. 1827(?)

1828 SCHADOW 1828 – W. von Schadow, ›Meine Gedanken über eine folgerichtige Ausbildung des Malers‹, in: *Berliner Kunstblatt,* I, 1828, S. 264-273

1833 DREI SCHREIBEN AUS ROM 1833 – Catel, Koch, F. und T. Riepenhausen, Thorvaldsen, Veit etc.: *Drei Schreiben aus Rom gegen Kunstschreiberei in Deutschland.* Dessau 1833

KUNSTBLATT 1833 – *Kunstblatt,* 14, 1833, Nr. 95, S. 378-79

1834 KÖLLE 1834 – Kölle: *Rom im Jahre 1833.* Stuttgart 1834

1836 PASSAVANT 1836 – J.D. Passavant: ›Philipp Veits Carton‹, in: *Frankfurter Ober-Postamts-Zeitung,* 131, 11.5.1836

RACZYNSKI 1836-41 – A. Graf Raczynski: *Geschichte der neueren deutschen Kunst,* 3 Bde., Berlin 1836-1838-1841

SCHADEN 1836 – A. von Schaden: *Artistisches München 1835.* München 1836

SCHILLER 1836 – F. von Schiller: *Werke.* Berlin 1836

VEIT 1836 – Ph. Veit: *Zur Feier der Vollendung des Frescobildes, die Entwicklung der Künste in Deutschland durch die Einführung des Christenthums.* Frankfurt a.M. 1836

1837 FELSING 1837 – J. Felsing: ›Über die Freskomalerei von Philipp Veit in dem Staedelschen Kunstinstitute in Frankfurt am Main‹, in: *Kunstblatt,* 24, 1837, S. 93-95

1839 CANITZ 1839 – H. von Canitz (Hrsg.): *W. Waiblingers Gesammelte Werke, mit des Dichters Leben.* Hamburg 1839

1840 REUMONT 1840 – A. von Reumont: *Römische Briefe von einem Florentiner,* Bd. I, Leipzig 1840

RUHL 1840 – L.S. Ruhl: *Geschichtliche Betrachtungen über die Pferderassen.* Kassel 1840

1841 KESTNER 1841 – A. Kestner: *Overbecks Werk und Wort. Ein Aufsatz von einem römischen Kunstfreunde in bezug auf Overbecks Erklärung seines im Städelschen Kunstinstitut befindlichen Bildes ›Triumph der Religion in den Künsten‹.* Frankfurt a.M. 1841

OVERBECK 1841 – F. Overbeck: ›Der Triumph der Religion in den Künsten von F. Overbeck‹, in: *Deutsche Jahrbücher für Wissenschaft und Kunst,* 1841. Wiederabgedruckt bei Friedrich Theodor Vischer: *Kritische Gänge,* I, 1844, S. 163 ff.

1842 FÖRSTER 1842 – E. Förster: ›Aus dem gegenwärtigen Kunstleben am Rhein und in den Niederlanden‹, in: *Schorn's Kunstblatt,* 99, 1842

SCHADOW 1842 – W. von Schadow: *Ueber den Einfluss des Christenthums auf die bildende Kunst.* Düsseldorf 1842

1845 SCHLEGEL 1845 – A.W. Schlegel: *Sämmtliche Werke.* Leipzig 1845

1846 RUMOHR 1846 – *Die Kunstsammlung des Freiherrn C.F.L. von Rumohr.* Lübeck 1846

SCHLEGEL 1846 – F. Schlegel: *Sämmtliche Werke.* Wien 1846

VEIT 1846 – Ph. Veit: *Skizzen eines Compositions-Vereins.* Frankfurt a.M. 1846

1848 LADERCHI 1848 – C. Laderchi: *Sulla vita e sulle opere di Federico Overbeck.* Rom 1848

STIEGLITZ 1848 – H. Stieglitz: *Erinnerungen an Rom und den Kirchenstaat.* Leipzig 1848

1849 Müller 1849 – L. Müller: *Fortegnelse over Malerierne og Tegningerne i Thorvaldsens Museum.* Kopenhagen 1849

1850 Kestner 1850 – A. Kestner: *Römische Studien.* Berlin 1850

1851 Fahrmbacher 1851 – H. Fahrmbacher: *Erinnerungen an Italien, Sicilien und Griechenland aus den Jahren 1826-1844.* München 1851

1853 Kugler 1853 – F. Kugler: *Kleine Schriften.* Stuttgart 1853

1854 Schadow 1854 – W. von Schadow: *Der moderne Vasari. Erinnerungen aus dem Künstlerleben.* Berlin 1854

1855 Förster 1855 – E. Förster: ›Ein Tagebuch von Joseph Anton Koch‹, in: *Deutsches Kunstblatt,* VI, 1855

Förster-Geschichte 1855 – E. Förster: *Geschichte der deutschen Kunst, III: Von der Mitte des 16. bis Ende des 18. Jahrhunderts.* Leipzig 1855

1856 Wiegmann 1856 – R. Wiegmann: *Die Königliche Kunstakademie Düsseldorf.* Düsseldorf 1856

1858 München 1858 – Ausst.-Kat.: *Deutsche allgemeine Kunstausstellung.* München 1858

Passavant 1858 – J.D. Passavant: ›Eduard von Steinles neueste Werke‹, in: *Deutsches Kunstblatt,* IX, 1858, S. 103-105

1859 Schelling 1859 – F.W. Schelling: *Werke.* Stuttgart 1859

1862 Fohr 1862 – ›Fohrs landschaftliche Cartons in München‹, in: *Kunstblatt,* 1862, S. 261-262

Strauss 1862 – J.A. Koch: *Gedanken eines in Rom lebenden Künstlers [1810].* In gekürzter Form in D.F. Strauss: *Kleine Schriften.* Leipzig 1862

1864 Parthey 1864 – G. Parthey: *Deutscher Bildersaal. Verzeichnis der in Deutschland vorhandenen Ölbilder verstorbener Maler aller Schulen.* 2 Bde., Berlin 1863-64

1865 Grimm 1865 – H. Grimm: ›Berlin und Peter von Cornelius‹, in: *Neue Essays,* 1865, S. 70-105

Grimm – Cornelius 1865 – H. Grimm: ›Die Kartons von P. von Cornelius‹, in: *Neue Essays,* 1865, S. 300-344

1866 Alten 1866 – F. von Alten: *Versuch eines Verzeichnisses der Werke und Entwürfe von Asmus Jacob Carstens.* Oldenburg 1866

Apell 1866 – A. Apell: *Das Werk von Johann Christoph Erhard, Maler und Radirer.* Dresden 1866

Riegel 1866 – H. Riegel: *Peter Cornelius. Meister der deutschen Malerei.* Hannover 1866

1867 Atterbom 1867 – P.D. Atterbom: *Reiseerinnerungen aus Deutschland und Italien.* Berlin 1867

Fernow-Riegel 1867 – H. Riegel: *Carstens' Leben und Werke.* (Von C.L. Fernow, vervollst. von H. Riegel). Hannover 1867

Jordan 1867 – M. Jordan: ›Aus Julius Schnorrs Lehr- und Wanderjahren‹, in: *Zeitschrift für Bildende Kunst,* Bd. II., 1867

Köln 1867 – Aukt.-Kat. J.M. Heberle (H. Lempertz): *Johann Anton Ramboux.* Köln 27.12.1867

1868 Böhmer 1868 – *Johann Friedrich Böhmers Leben.* Bd. I: *Briefe und kleinere Schriften* (hrsg. v. Joh. Janssen); Bd. II: *Briefe von 1815 bis 1849.* Freiburg i. Br. 1868

Leipzig 1868 – *Katalog der Ausstellung im großen Saale des Palazzo Caffarelli auf dem Capitol während des Aufenthaltes Sr. königl. Hoh. des Kronprinzen von Preussen im Oktober und November 1828.* Als Anhang III in Chr. von Bunsen: *Aus seinen Briefen und nach eigener Erinnerung geschildert von seiner Wittwe.* Leipzig 1868

Zimmermann 1868 – R. Zimmermann: ›Joseph Führichs biographische Skizze‹, in: *Zeitschrift für Bildende Kunst,* III, 1868, S. 181 bis 187 und S. 209-213

1869 Andresen 1869 – A. Andresen: *Die deutschen Maler-Radirer (peintres-graveurs) des neunzehnten Jahrhunderts, nach ihren Leben und Werken.* 15 Bde. Leipzig 1866-1874

Riegel 1869 – H. Riegel (Hrsg.): *Carstens Werke. In ausgewählten Umrißstichen von W. Müller u. a.* Leipzig 1869

Veit 1869 – Ph. Veit: *Über die christliche Kunst.* Zeitgemäße Broschüren, 1869

1870 Riegel 1870^{2} – H. Riegel: *Peter Cornelius. Meister der deutschen Malerei.* Hannover 1870^{2}

1874 Förster 1874 – E. Förster: *Peter von Cornelius. Ein Gedenkbuch aus seinem Leben und Wirken.* Berlin 1874

1875 Apell 1875 – A. Apell: *Nachträge und Berichtigungen zum Werk des Malers und Radirers Joh. Chr. Erhard.* Leipzig 1875

Grimm 1875 – H. Grimm: ›Cornelius und die ersten fünfzig Jahre nach 1800‹, in: *Fünfzehn Essays.* Berlin 1875, S. 360-524

1876 Reber 1876 – F. Reber: *Geschichte der neueren deutschen Kunst.* Stuttgart 1876

Riegel 1876 – H. Riegel: *Geschichte der deutschen Kunst seit Carstens und Gottfried Schadow.* Erster Teil (mehr nicht erschienen): *Geschichte des Wiederauflebens der deutschen Kunst zu Ende des 18. und Anfang des 19. Jahrhunderts. Ein Beitrag zur Geschichte der allgemeinen Wiedergeburt des deutschen Volkes.* Hannover 1876

1878 Berlin 1878 – Ausst.-Kat.: *Werke von Julius Schnorr von Carolsfeld.* Berlin 1878

Dresden 1878 – Ausst.-Kat.: *Katalog zur Ausstellung erhaltener Werke von Julius Schnorr von Carolsfeld.* Dresden 1878

1879 Förster 1879^{2} – E. Förster: *Peter von Cornelius.* Berlin 1879^{2}

Wurzbach 1879 – C. von Wurzbach: *Ein Madonnenmaler.* Wien–Mainz 1879

1880 Wien 1880 – Ausst.-Kat.: *Historische Porträtausstellung 1680-1880.* Wien 1880

1881 Raich 1881 – J.M. Raich: *Dorothea von Schlegel geb. Mendelssohn und deren Söhne Joh. und Philipp Veit. Briefwechsel.* Mainz 1881

Sach 1881 – A. Sach: *A.J. Carstens Jugend und Lehrjahre nach urkundlichen Quellen.* Halle a. S. 1881

1882 Atkinson 1882 – J. Beavington Atkinson: *Friedrich Overbeck.* London 1882

Ruhl 1882^{2} – L.S. Ruhl: *Über die Auffassung der Natur in der Pferdebildung antiker Plastik.* Kassel 1882^{2}

1883 Führich 1883 – *Joseph Führichs Briefe aus Italien an seine Eltern 1827-1829.* Freiburg i. Br. 1883

Mainz 1883 – Ausst.-Kat.: *Ausstellung der Hinterlassenschaft Dr. von Hauss.* Mainz 1883

Riegel 1883 – H. Riegel: *Peter Cornelius. Festschrift zu des großen Künstlers hundertstem Geburtstag, 23. September 1883.* Berlin 1883

1884 Grimm 1884 – H. Grimm: ›Cornelius betreffend‹, in: *Fünfzehn Essays,* II, Berlin 1884, S. 451-480

1885 Ruhl 1885 – L.S. Ruhl (unter dem Pseudonym Cardenio): ›Aus Kassels Vergangenheit‹, in: *Hessische Blätter,* 17, 1885

Ruhl – Grimm 1885 – L.S. Ruhl (unter dem Pseudonym Cardenio): ›Erinnerungen an Jakob und Wilhelm Grimm‹, in: *Hessische Blätter,* 17, 1885

1886 Howitt 1886 – M. Howitt: *Friedrich Overbeck. Sein Leben und Schaffen.* 2 Bde., Freiburg i. Br. 1886

Richter 1886 – L. Richter: *Lebenserinnerungen eines deutschen Malers.* Frankfurt a. M. 1886

Ringseis 1886 – Joh. von Ringseis: *Erinnerungen.* 4 Bde., Regensburg 1886

Schnorr 1886 – J. Schnorr von Carolsfeld: *Briefe aus Italien, geschrieben in den Jahren 1817-1827.* Gotha 1886

1888 Becker 1888 – H. Becker: *Deutsche Maler. Von Asmus Carstens an bis auf die neuere Zeit in einzelnen Werken kritisch geschildert von Hermann Becker.* Leipzig 1888

1889 DONOP 1889 – L. von Donop: *Die Wandgemälde der Casa Bartholdy in der National-Galerie.* Berlin 1889
1890 WINTTERLIN 1890 – Wintterlin: ›Schick‹, in: *Allgemeine Deutsche Biographie,* Bd. 31, Leipzig 1890
1891 BOETTICHER 1891 – Fr. von Boetticher: *Malerwerke des neunzehnten Jahrhunderts.* Bd. I, Leipzig 1891
SCHADOW 1891 – W. von Schadow: ›Jugenderinnerungen‹, in: *Kölnische Zeitung,* 28.8. und 17.9.1891
VEIT 1891 – Ph. Veit: *Zehn Vorträge über Kunst,* hrsg. v. L. Kaufmann, Köln 1891
1894 FRANKFURT 1894 – Ausst.-Kat.: *Julius Schnorr von Carolsfeld. Ausstellung des Freien Deutschen Hochstifts in Frankfurt am Main.* Frankfurt a.M. 1894
1895 GOEDEKE 1895-96 – K. Goedeke: *Goethes Schriften zur Kunst.* Stuttgart 1895-96
BOETTICHER 1895-1901 – Fr. von Boetticher: *Malerwerke des neunzehnten Jahrhunderts.* Bd. II, Dresden 1895-1901
1897 STEINLE 1897 – E. von Steinle: *Briefwechsel mit seinen Freunden,* 2 Bde., Freiburg i. Br. 1897
1901 SPAHN 1901 – M. Spahn: *Philipp Veit.* Bielefeld–Leipzig 1901
1902 BERLIN 1902 – L. von Donop: *Katalog der Handzeichnungen, Aquarelle und Ölstudien in der Königlichen Nationalgalerie.* Berlin 1902
NOACK 1902 – Fr. Noack, ›Eine historische Weinkneipe in Rom‹, in: *Kölner Zeitung,* 25.5.1902
1904 CORNELIUS 1904 – P. Cornelius: *Literarische Werke,* 4 Bde., Leipzig 1904
1905 JAFFÉ 1905 – E. Jaffé: *J. A. Koch. Sein Leben und sein Schaffen.* Innsbruck 1905
KOCH 1905 – D. Koch: *Peter Cornelius. Ein deutscher Maler.* Stuttgart 1905
WAGNER 1905 – H. Wagner: *Tasso daheim und in Deutschland.* Berlin 1905
1906 BERLIN 1906 – Ausst.-Kat.: *Ausstellung deutscher Kunst aus der Zeit von 1775-1875.* 2 Bde., Berlin 1906
ECKERT 1906 – Ch. Eckert: *Peter Cornelius.* Bielefeld–Leipzig 1906
LICHTWARK 1906 – A. Lichtwark: ›Victor Emil Janssen‹, in: *Jahrbuch der Gesellschaft der Hamburger Kunstfreunde,* 12, 1906
OPPERMANN 1906 – Th. Oppermann: *Kunsten i Danmark under Frederik V. og Christian VII.* Kopenhagen 1906
1907 LICHTENBERG – JAFFÉ 1907 – R. v. Lichtenberg und E. Jaffé: *Hundert Jahre deutsch-römische Landschaftsmalerei.* Berlin 1907
NOACK 1907 – Fr. Noack: *Deutsches Leben in Rom 1700-1900.* Stuttgart–Berlin 1907
1908 BOERNER 1908 – Aukt.-Kat. C.G. Boerner: *Handzeichnungssammlung Eduard Cichorius.* Leipzig, Mai 1908
BERNUS-STEINLE 1908 – A. von Bernus und A.M. von Steinle: *Clemens Brentano und Eduard von Steinle. Dichtungen und Bilder.* Kempten 1909
1909 BOERNER 1909 – Lagerkatalog C.G. Boerner, 31, Leipzig 1909
DÜSSELDORF 1909 – Ausst.-Kat.: *Christliche Kunst.* Düsseldorf 1909
SCHNORR 1909 – Fr. Schnorr von Carolsfeld (Hrsg.): *Künstlerische Wege und Ziele. Schriftstücke aus der Feder des Malers J. Schnorr von Carolsfeld.* Leipzig 1909
SIMON 1909 – K. Simon: ›Franz Pforr‹, in: *Alt-Frankfurt,* 1, 1909, S. 89
1910 JOHANSEN 1910 – P. Johansen: *For Thorvaldsen.* Kopenhagen–Rom 1910
NAGLER 1910 – G. Nagler: Neues Allgemeines Künstlerlexicon oder Nachrichten von dem Leben und den Werken der Maler, Bildhauer ... (München 1835-1852). Linz 1910
STEINLE 1910 – A.M. von Steinle (Hrsg.): *Eduard von Steinle. Des Meisters Gesamtwerk in Abbildungen.* Kempten 1910
1911 SINGER 1911 – H. Singer: *Julius Schnorr von Carolsfeld.* Bielefeld–Leipzig 1911
1912 DREGER 1912 – M. Dreger: *Joseph Führich.* Wien 1912
MÜNCHEN 1912 – *Katalog der Gemäldesammlung der Königlichen Neuen Pinakothek in München.* München 1912
1914 TROST 1914 – A. Trost: ›Das römische Porträtbuch des Julius Schnorr von Carolsfeld‹, in: *Die Graphischen Künste,* 37, Wien 1914
WÖRNDLE 1914 – H. von Wörndle: *Josef Führichs Werke.* Wien 1914
1915 GRIMM 1915 – H. Grimm: *Aufsätze zur Kunst.* Gütersloh 1915
LÜTGENDORF 1915 – W. von Lütgendorf: *Das Overbeck-Zimmer im Museum am Dom zu Lübeck.* Lübeck 1915
WASMANN 1915 – F. Wasmann: *Ein deutsches Künstlerleben, von ihm selbst geschildert.* Leipzig 1915
1916 KUHN 1916 – A. Kuhn: *Die Faustillustrationen des Peter Cornelius in ihrer Beziehung zur deutschen Nationalbewegung der Romantik.* Berlin 1916
SIEBERT 1916 – K. Siebert und M. Ellenrieder: *Luise Seidler.* Freiburg i. Br. 1916
1917 HEIDELBERG 1917 – Ausst.-Kat.: *Verzeichnis der im Kurpfälzischen Museum der Stadt Heidelberg vom 1. Juni bis 1. Oktober 1917 ausgestellten Werke von Ernst Fries 1801-1833.* Heidelberg 1917
STEIN 1917 – W. Stein: *Die Erneuerung der heroischen Landschaft nach 1800.* Straßburg 1917
1918 FIEBIGER 1918 – O. Fiebiger: ›Zwei römische Briefe des Malers Franz Riepenhausen aus dem Jahre 1805‹, in: *Deutsche Rundschau,* CLXXVI, Juli-September 1918, S. 211-227
SCHMIDT–FOHR 1918 – P.F. Schmidt: ›Karl Fohr zur hundertsten Wiederkehr seines Todestages‹, in: *Kunst und Künstler,* XVI, 1918, S. 346-354
SCHMIDT 1918 – P.F. Schmidt: ›Karl Philipp Fohr. Sein Leben und seine Kunst‹, in: *Monatshefte für Kunstwiss.,* X, 1918, S. 310-320
1919 HEIDELBERG 1919 – Ausst.-Kat.: *Heidelberger Maler der Romantik.* Heidelberg 1919
FIRMENICH-RICHARTZ 1920 – E. Firmenich-Richartz: ›Peter Cornelius und die Romantik‹, in: *Hochland,* 17, 1920
1920 KOEHLER 1920 – W. Koehler: ›Die *Nacht mit ihren Kindern* von A.J. Carstens‹, in: *Genius,* 1920, S. 85ff.
1921 HIRSCH 1921 – Aukt.-Kat. E. Hirsch: *Sammlung von Handzeichnungen aus dem Besitz der Fürstin Carolyne Sayn-Wittgenstein (1819 bis 1889).* München, 26.11.1921
KUHN 1921 – A. Kuhn: *Peter Cornelius und die geistigen Strömungen seiner Zeit.* Berlin 1921
1922 DÜSSELDORF 1922 – Ausst.-Kat.: *Große Kunstausstellung.* Düsseldorf 1922
RICHTER 1922² – L. Richter: *Lebenserinnerungen eines deutschen Malers.* Berlin 1922²
SEIDLER 1922 – L. Seidler: *Lebenserinnerungen.* Berlin 1922
WIESBADEN 1922 – Ausst.-Kat.: *Maler und Bildhauer in den Ländern am Rhein.* Wiesbaden 1922
1923 ESCHERICH 1923 – M. Escherich: ›Carl Philipp Fohr‹, in: *Der Cicerone,* 15, 1923, S. 6-11
FINKE 1923 – H. Finke: *Der Briefwechsel von Friedrich und Dorothea Schlegel 1818-1820.* Kempten 1923

JUSTI 1923 – L. Justi: ›Neuerworbene Bilder von Schnorr in der Nationalgalerie‹, in: *Der Cicerone*, 15, 1923
KUR – TRIER 1923 – ›Ein unbekanntes Werk von Ramboux‹, in: *Kur-Trier*, 7, 1923, Nr. 1, S. 5 ff.
WARBURG 1923 – A. Warburg: ›Piero della Francescas *Constantinsschlacht* in der Aquarellkopie des Johann Anton Ramboux‹, in: *Atti del X Congresso*, 1923, S. 326-327
1924 DARMSTADT 1924 – Ausst.-Kat.: *Ausstellung von Gemälden und Skizzen von Carl Fohr und seinen Zeitgenossen*. Darmstadt 1924
GROSSBERGER 1924 – H. Grossberger: *Carl Philipp Fohr. Ein Umriß seiner künstlerischen Entwicklung*. (Diss.) Heidelberg 1924
KUHN 1924 – A. Kuhn: *A. J. Carstens*. Leipzig 1924
LEHR 1924 – Fr. Lehr: *Die Blütezeit romantischer Bildkunst. Franz Pforr, der Meister des Lukasbundes*. (Diss.) Marburg 1924
STRUBING 1924-25 – E. Strubing: ›Fohr-Ausstellung in Heidelberg‹, in: *Kunst und Künstler*, XXIII, 1924-25, S. 491-493
1925 DÜSSELDORF 1925 – Ausst.-Kat.: *Jubiläumsausstellung*. Düsseldorf 1925
HARDENBERG-SCHILLING 1925 – K. Graf von Hardenberg und E. Schilling: *Karl Philipp Fohr. Leben und Werk eines deutschen Malers der Romantik*. Freiburg i. Br. 1925
HEIDELBERG 1925 – Ausst.-Kat.: *Carl Fohr 1795-1818 und die Maler um ihn*. Heidelberg 1925
LOHMEYER 1925 – K. Lohmeyer: *Verzeichnis der im Kurpfälzischen Museum der Stadt Heidelberg vom 1. Oktober 1925 ausgestellten Werke von Carl Fohr, 1795-1818, und den Malern um ihn*. Heidelberg 1925
MARCAN 1925 – F. J. Marcan: ›J. A. Ramboux und seine Fresken in Trier‹, in: *Wallraf-Richartz-Jahrbuch*, Bd. II, 1925, S. 105 ff.
PAULI 1925 – G. Pauli: *Die Hamburger Maler der guten alten Zeit*. München 1925
PRESTEL 1925 – Aukt.-Kat. F. A. C. Prestel. Frankfurt a. M., Mai 1925
SCHELLENBERG 1925 – E. L. Schellenberg: *Der Maler Franz Horny. Briefe und Zeugnisse*. Berlin 1925
1926 FÜHRICH 1926 – J. von Führich: *Lebenserinnerungen*. Höchst-Bregenz 1926
HERZOG ZU SACHSEN 1926 – Prinz J. G. Herzog zu Sachsen: ›Gustav Heinrich Naeke (1785-1835)‹, in: *Festschrift Paul Clemen*, 1926, S. 466 ff.
KOETSCHAU 1926 – K. Koetschau: *Rheinische Malerei der Biedermeierzeit*. Düsseldorf 1926
LEIPZIG 1926 – Ausst.-Kat.: *Deutsch-Römische Malerei und Zeichnung 1790-1830*. Leipzig 1926
LÜBECK 1926 – Ausst.-Kat.: *Overbeck und sein Kreis*. Lübeck 1926
1927 BRASCH 1927 – E. Brasch: *Das nazarenische Bildnis. Ein Beitrag zur Aesthetik und Geschichte der Porträtkunst*. Potsdam 1927
GOLTERMANN 1927 – M. Goltermann: *Franz Horny 1798-1824. Ein Beitrag zur Künstler- und Kunstgeschichte der Romantik*. Frankfurt a. M. 1927
MÜNCHEN 1927 – Ausst.-Kat.: *Ausstellung Carl Philipp Fohr (1795-1818) nebst einigen Arbeiten von anderen Künstlern seiner Zeit*. München 1927
PFORR 1927 – F. Pforr: ›Das Buch Sulamith und Maria‹, in: *Der Wagen. Ein lübeckisches Jahrbuch*, 1927, S. 51 ff.
SCHWARZ 1927 – H. Schwarz: ›H. Reinholds Bericht über seine Reise nach Salzburg, Tirol und Oberösterreich im Sommer 1818‹, in: *Mitt. der Ges. f. Salzb. Landesk.*, 1927
WAETZOLDT 1927 – W. Waetzoldt: *Das klassische Land. Wandlungen der Italiensehnsucht*. Leipzig 1927
GROTE 1927-28 – L. Grote: ›Die beiden Hauptwerke von Josef Wintergerst‹, in: *Zeitschrift für Bildende Kunst*, 1927-28, S. 383-386
1928 DÜSSELDORF 1928 – R. Klaphek: *Die Kunstsammlungen der Kunstakademie zu Düsseldorf*. Düsseldorf 1928
EBERLEIN-HEISE 1928 – K. Eberlein und C. G. Heise: *Die Malerei der deutschen Romantiker und Nazarener*. München 1928
GRIMSCHITZ 1928 – B. Grimschitz: *Die österreichische Zeichnung im 19. Jahrhundert*. Wien 1928
HEINE 1928 – A. Fr. Heine: *A. J. Carstens und die Entwicklung des Figurenbildes*. Straßburg 1928
HEISE 1928 – C. G. Heise: *Overbeck und sein Kreis. Hundert Bildertafeln mit dem Festvortrag und Kunstgeist der Nazarener von Kurt Eberlein zur Erinnerung an die Ausstellung in Lübeck im Sommer 1926*. München 1928
KAUFMANN 1928 – P. Kaufmann: ›An der Wiege der deutschen Malkunst des 19. Jahrhunderts. Niebuhr und Cornelius‹, in: *Preußische Jahrbücher*, 1928, Bd. 12, H. 3, S. 290-319
OLIVIER 1928 – Ferdinand Olivier: *Gedichte*. Wien 1928
SCHWARZ 1928 – H. Schwarz: *Künstlerdokumente*. o. O. 1928
1929 NEUMEYER 1929 – A. Neumeyer: ›Beiträge zur Kunst der Nazarener in Rom‹, in: *Repertorium für Kunstwissenschaft*, 50, 1929
PÖLNITZ 1929 – W. Frh. von Pölnitz: *Ludwig I. von Bayern und Johann Martin von Wagner*. Schriftenreihe zur bayerischen Landesgeschichte, Bd. 2, München 1929
1930 DESSAU 1930 – Ausst.-Kat.: *Gedächtnis-Ausstellung Heinrich, Ferdinand, Friedrich Olivier*. Dessau 1930
DÜSSELDORF 1930 – I. Budde: *Beschreibender Katalog der Handzeichnungen in der Staatlichen Kunstakademie, Düsseldorf*. Düsseldorf 1930
KRAUS 1930 – F. Kraus: *Karl Rottmann*. Heidelberg 1930
SALOMON 1930 – F. Salomon: ›Die Faustillustrationen von Peter Cornelius und Delacroix‹, in: *Studien der Bibliothek Warburg*, 1930
1931 HEISE 1931 – C. G. Heise: ›Overbeck und die Nazarener. Ein Deutungsversuch aus dem Geist unserer Zeit‹, in: *Die Kunst*, 1931, S. 233 ff.
HELBING 1931 – Aukt.-Kat. H. Helbing: *Nachlaß Passavant, Gontard und Johannes Noll*. Frankfurt a. M., Dezember 1931
KOPENHAGEN 1931 – Ausst.-Kat.: *Meddelelser fra Thorvaldsens Museum*. Kopenhagen 1931
NEUMEYER 1931-1932 – A. Neumeyer: ›Johann Anton Ramboux *Rebekka und Eliesar*‹, in: *Zeitschrift für Bildende Kunst*, LXV, 1931 bis 1932
1932 HEISE 1932 – C. G. Heise: ›Josef Wintergerst von Wallerstein, ein vergessener Romantiker‹, in: *Der Wagen. Ein Lübeckisches Jahrbuch*, 1932, S. 52-59
ROM 1932 – Ausst.-Kat.: *Mostra di Roma nell'Ottocento*. Rom 1932
1934 GERSTENBERG-RAVE 1934 – K. Gerstenberg und P. O. Rave: *Die Wandgemälde der deutschen Romantiker im Casino Massimo zu Rom*. Berlin 1934
GROTE 1934 – L. Grote: ›Dokumente romantischer Zeichenkunst: Ferdinand Oliviers Salzburger Landschaften‹, in: *Pantheon*, 1, 1934, S. 300-301
KOETSCHAU 1934 – K. Koetschau: *Peter Cornelius in seiner Vollendung*. Düsseldorf 1934
LEIPZIG 1934 – Ausst.-Kat.: *Bildnis und Komposition 1750-1850. Zeichnungen und Aquarelle aus der Sammlung Heumann, Chemnitz*. Leipzig 1934
MARTIUS 1934 – L. Martius: ›Theodor Rehbenitz‹, in: *Jahresband 1934 der Mitt. der Gesellschaft für Kieler Stadtgeschichte*. Kiel 1934

1935 GROTE 1935 – L. Grote: ›Aus den Briefen von Joseph Sutter an Overbeck und die Lukasbrüder in den Jahren 1810–1815‹, in: *Zeitschrift für Kunstgeschichte,* IV, 1935, S. 127
HAMBURG 1935 – Ausst.-Kat.: *Meisterwerke der deutschen Romantik. Sonderausstellung der Freunde der Kunsthalle e. V.,* Hamburg 1935
LOHMEYER 1935 – K. Lohmeyer: *Heidelberger Maler der Romantik.* Heidelberg 1935
KÖRTE 1935 – W. Körte: ›Der Palazzo Zuccari‹, in: *Römische Forschungen der Bibliothek Hertziana,* XII, Leipzig 1935, S. 58–59
MUSPER 1935 – J.A. Koch: ›Tagebuch einer Ferienreise; 1791, hrsg. v. Th. Musper‹, in: *Jahrbuch der Preußischen Kunstsammlungen,* 1935
SCHILLING 1935 – E. Schilling: *Deutsche Romantikerzeichnungen.* Frankfurt a. M. 1935
SCHNEIDER 1935 – A. von Schneider: *Badische Malerei des 19. Jahrhunderts.* Berlin 1935
TRIER 1935 – Ausst.-Kat.: *Johann Anton Ramboux 1790–1866.* Trier 1935
1936 DENEKE 1936 – O. Deneke: *Die Brüder Riepenhausen.* Göttingen 1936
ECKERT 1936 – K. Eckert: *Das Bildnis der klassizistisch-romantischen Epoche in Deutschland.* Köslin 1936
OLEVANO 1936 – Ausst.-Kat.: *Mostra di pittori dell' 800 a Olevano Romano.* Olevano 1936
SCHWARZ 1936 – H. Schwarz: *Salzburg und das Salzkammergut.* Wien 1936 (Neuausgabe Wien 1977)
1937 DEUSCH 1937 – W.R. Deusch: *Malerei der deutschen Romantiker und ihrer Zeitgenossen.* Berlin 1937
HAMBURG 1937 – Ausst.-Kat.: *Romantik im deutschen Norden.* Hamburg 1937
WIESBADEN 1937 – Ausst.-Kat.: *Zeichenkunst der deutschen Romantik.* Wiesbaden 1937
1938 GROTE 1938 – L. Grote: *Die Brüder Olivier und die deutsche Romantik.* Berlin 1938
1939 ARRIGONI-BERTARELLI 1939 – P. Arrigoni und A. Bertarelli: *Piante e vedute di Roma e del Lazio conservate nella raccolta delle stampe e dei disegni.* Mailand 1939
BENZ-SCHNEIDER 1939 – R. Benz und A. von Schneider: *Die Kunst der deutschen Romantik.* München 1939
BERLIN 1939 – Ausst.-Kat.: *J. A. Koch, Gemälde und Zeichnungen.* Berlin 1939
BOERNER 1939 – Aukt.-Kat. Boerner, 28. April 1939
SCHADOW-FÖRSTER 1939 – W. von Schadow: ›Über Ernst Förster‹, in: *Jahresbericht der Staatlichen Kunstakademie Düsseldorf,* 1939, S. 72–76
SCHADOW 1939 – W. von Schadow: ›Über die Anwendung des Nackten bei bildlichen Darstellungen‹, in: *Jahresbericht der Staatlichen Kunstakademie Düsseldorf,* 1939, S. 76–79
SCHADOW-GESPRÄCH 1939 – W. von Schadow: ›Gespräch des Direktors mit einem Schüler‹, in: *Jahresbericht der Staatlichen Kunstakademie Düsseldorf* 1939, S. 79–84
1940 BENZ 1940 – R. Benz: *Goethe und die romantische Kunst.* München 1940
DER WAGEN 1940 – *Der Wagen. Ein lübeckisches Jahrbuch.* 1940
LUTTEROTTI 1940 – O.R. von Lutterotti: *Joseph Anton Koch.* Berlin 1940
1941 BENZ 1941 – R. Benz: ›Goethes Götz von Berlichingen in Zeichnungen von Franz Pforr‹, in: *Schriften der Goethe-Gesellschaft.* Weimar 1941
BOERNER 1941 – Aukt.-Kat. Boerner 204. Leipzig 1941
EINEM 1941 – H. von Einem: ›Ein unveröffentlichter Brief des Peter Cornelius aus Rom‹, in: *Festschrift für Wilhelm Waetzoldt,* Berlin 1941, S. 308
GRIMSCHITZ 1941 – B. Grimschitz: *Deutsche Bildnisse von Runge bis Menzel.* Wien 1941
GROTE 1941 – L. Grote: ›Ein romantisches Nibelungenlied‹, in: *Zeitschrift des deutschen Vereins für Kunstwissenschaft,* 8, 1941, S. 99 bis 112
KAMPHAUSEN 1941 – A. Kamphausen: *A. J. Carstens.* Neumünster/Holstein 1941
NÜRNBERG 1941 – Ausst.-Kat.: *Vom Biedermeier bis zum Kaiserreich. Zeichnungen und Graphiken.* Nürnberg 1941
1942 KOCH 1942 – A. Koch: *Ricordi della vita romana del pittore Giuseppe Antonio Koch.* Rom 1942
SCHNEIDER 1942 – A. von Schneider: Deutsche Romantiker-Zeichnungen. München 1942
TROST 1942 – A. Trost: ›Nachträgliches zum ›Römischen Porträtbuch Julius Schnorrs von Carolsfeld‹‹, in: *Die Graphischen Künste,* N. S. Bd. 7, Baden bei Wien 1942–1943
1943 GROTE 1943 – L. Grote: ›Zwei Briefe von Julius Schnorr von Carolsfeld an Karl Friedrich von Rumohr‹, in: *Wallraf-Richartz-Jahrbuch,* XII/XIII, 1943, S. 299–311
KLÉE-GOBERT 1943 – R. Klée-Gobert: *Victor Emil Janssen 1807 bis 1845. Ein Hamburger Maler der Romantik.* (Diss.), Berlin 1943
MAY 1943 – H. May: ›Zu Schnorr von Carolsfelds künstlerischer Entwicklung‹, in: *Wallraf-Richartz-Jahrbuch,* XII/XIII, 1943, S. 259 bis 297
TEUPSER 1943 – W. Teupser: ›Pforr und Overbeck, Italia und Germania. Zwei Gemälde der deutschen Frühromantik‹, in: *Der Kunstbrief,* 8, Berlin 1943
WALLRAF-RICHARTZ-JAHRBUCH 1943 – *Wallraf-Richartz-Jahrbuch,* Köln 1943, Bde. XII/XIII, S. 302
1944 BOETTICHER 1944^2 – Fr. von Boetticher: *Malerwerke des 19. Jahrhunderts.* 2 Bde., Leipzig 1944^2
LUTTEROTTI 1944^2 – O.R. von Lutterotti: *Joseph Anton Koch.* Innsbruck 1944^2
1945 RAVE 1945 – P.O. Rave: *Die Malerei des 19. Jahrhunderts, Bilder nach Gemälden der Nationalgalerie.* Berlin 1945
1947 BRAMSEN 1947 – L.H. Bramsen: ›A.J. Carstens‹, in: *Weilbachs Kuntnerleksikon*^{3}, I, Kopenhagen 1947, S. 190 ff.
GELLER 1947 – H. Geller: *Ernste Künstler, fröhliche Menschen. Zeichnungen und Aufzeichnungen deutscher Künstler in Rom zu Beginn des 19. Jahrhunderts. Joseph Führich und seine Freunde.* München 1947
PHISTER-BURKHALTER 1947 – M. Phister-Burkhalter: ›Handzeichnungen von Joseph Anton Koch‹, in: *Zeitschrift für schweizerische Archäologie und Kunstgeschichte,* 9, 1947, S. 34–43
WIESBADEN 1947 – Ausst.-Kat.: *Deutsche Malerei des 19. Jahrhunderts.* Wiesbaden 1947
1949 BASEL 1949 – Ausst.-Kat.: *Deutsche Romantiker.* Basel 1949
CELLE 1949 – Ausst.-Kat.: *Deutsche Romantiker.* Celle 1949
KÖLN 1949 – Ausst.-Kat.: *Deutsche Malerei und Zeichenkunst im Zeitalter Goethes.* Köln 1949
1950 DÖRRIES 1950 – B. Dörries: *Zeichnungen der Frühromantik.* München 1950
FREY 1950 – D. Frey: ›Die Bildkomposition bei Joseph Anton Koch und ihre Beziehung zur Dichtung. Eine Untersuchung über Kochs geistesgeschichtliche Stellung‹, in: *Wiener Jahrbuch für Kunstgeschichte,* 14, 1950, S. 195–224

MÜNCHEN 1950 – Ausst.-Kat.: *Deutsche Romantiker in Italien.* München 1950
PHISTER-BURKHALTER 1950 – M. Phister-Burkhalter: ›Handzeichnungen von J.A. Koch‹, in: *Zeitschrift für schweizerische Archäologie und Kunstgeschichte,* 14, 1950, S. 195 ff.
PICKERT 1950 – L.Ch. Pickert: *Die Brüder Riepenhausen. Darstellung ihres Lebens bis zum Jahr 1820. Versuch einer Einordnung in die künstlerischen Strömungen der Zeit.* (Diss.) Leipzig 1950
SCHNACK 1950 – I. Schnack: *Lebensbilder aus Kurhessen und Waldeck 1830-1930.* o.O. 1950
1951 FISCHER 1951 – O. Fischer: *Geschichte der deutschen Zeichnung und Graphik.* o.O. 1951
KAMPHAUSEN 1951 – A. Kamphausen: ›Zwei aufgefundene Aquarelle von A.J. Carstens‹, in: *Kunst in Schleswig-Holstein,* 1951, S. 171-172
1952 BAUMEISTER 1952 – E. Baumeister: ›Ein Mädchenbildnis von Carl Philipp Fohr‹, in: *Die Kunst und das schöne Heim,* Nr. 51, 1952, S. 16-17
BERGSTRÄSSER 1952 – G. Bergsträsser: ›Illustrationen von C.Ph. Fohr zu Fouqués Zauberring und Tiecks Melusine‹, in: *Zeitschrift für Kunstwissenschaft,* 4, 1952, S. 187-206
GELLER 1952 – H. Geller: *Die Bildnisse der deutschen Künstler in Rom 1800-1830.* Mit einer Einführung in die Kunst der Deutschrömer von H. von Einem. Berlin 1952
LANKHEIT 1952 – K. Lankheit: ›Das Freundschaftsbild der Romantik‹, in: *Heidelberger Kunstgeschichtliche Abhandlungen,* N.S., Bd. 1, Heidelberg 1952
SCHNEIDER 1952 – A. von Schneider: *Carl Philipp Fohr, Skizzenbuch. Bildniszeichnungen deutscher Künstler in Rom.* Berlin 1952
1953 DÜSSELDORF 1953 – Ausst.-Kat.: *Von Gabriel Grupello bis Paul Klee.* Düsseldorf 1953
GOETHE 1953 – J.W. Goethe: *Gedenkausgabe der Werke, Briefe und Gespräche.* Zürich 1953
1954 BENZ 1954^{2} – R. Benz: *Goethe und die romantische Kunst.* München 1954^{2}
DIECK 1954 – W. Dieck: ›Lebenskünstler und Kunstfreund (über Joseph Hayn)‹, in: *Der Trierische Volksfreund,* Nr. 41, 10, 1954, S. 16-17
EINEM 1954 – H. von Einem: ›Peter Cornelius‹, in: *Westdeutsches Jahrbuch für Kunstgeschichte, Wallraf-Richartz-Jahrbuch,* 1954, Bd. 16, S. 104-160. Wiederabgedruckt in: *Stil und Überlieferung.* Düsseldorf 1971, S. 280 ff.
GELLER 1954 – H. Geller: *I Pifferari, musizierende Hirten in Rom.* Leipzig 1954
SCHEIDIG 1954 – W. Scheidig: *Franz Horny. 1798 Weimar – Olevano 1824.* Berlin 1954
SCHLOSS GOTTORP 1954 – Ausst.-Kat.: *100 Jahre Schleswigscher Malerei (1760-1860).* Schloß Gottorp 1954
WIEN 1954 – *Österreichische Galerie des 19. und 20. Jahrhunderts.* Wien 1954
ZEITLER 1954 – R. Zeitler: ›Klassizismus und Utopia. Interpretationen zu Werken von David, Canova, Carstens, Thorvaldsen, Koch‹, in: *Figura,* 5, 1954, S. 129-134
SPEYER 1954/1955 – Ausst.-Kat.: *150 Jahre deutscher Malerei. Meisterwerke der Neuen Pinakothek München.* Speyer 1954/1955
1955 PETERS 1955 – H. Peters: *Meisterwerke der Düsseldorfer Galerie.* Honnef a. Rh. 1955
SMITHSONIAN INSTITUTION 1955 – Ausst.-Kat.: *Austrian Drawings and Prints from the Albertina.* Smithsonian Institution. Washington 1955
WASHINGTON 1955/1956 – Ausst.-Kat.: *German Drawings Masterpieces from five centuries.* Washington 1955/1956
1956 KIEL 1956 – Ausst.-Kat.: *Meisterwerke deutscher und österreichischer Malerei 1800-1900.* Kiel 1956
LANKHEIT 1956 – K. Lankheit: ›Walter Scheidig: *Franz Horny*‹, Besprechung in: *Kunstchronik,* 9, 1956
MARTIUS 1956 – L. Martius: *Die schleswig-holsteinische Malerei im 19. Jahrhundert.* Neumünster 1956
MÜNCHEN 1956 – Ausst.-Kat.: *Deutsche Zeichnungen 1400-1900.* München 1956
1957 BUSIRI VICI 1957 – C. Busiri Vici: ›Francesco Catel pittore e benefattore‹, in: *Atti della Accademia nazionale di San Luca,* 3, 1957/1958, S. 26-33
KETTERER 1957 – Aukt.-Kat. Ketterer: *Sammlung Heumann, Chemnitz, Kunst des 18. und 19. Jahrhunderts.* Stuttgart 1957
LÜBECK 1957 – Ausst.-Kat.: *Die Bildniszeichnung der deutschen Romantik.* Lübeck 1957
MANNHEIM 1957 – Kat.: *Städtische Kunsthalle Mannheim, Verzeichnis der Gemäldesammlung.* 1957
POENSGEN 1957 – G. Poensgen: *C. Ph. Fohr und das Caffè Greco. Die Künstlerbildnisse des Heidelberger Romantikers im geschichtlichen Rahmen der berühmten Gaststätte an der Via Condotti zu Rom.* Heidelberg 1957
ROM 1957 – Ausst.-Kat.: *Il Settecento a Roma.* Rom 1957
1958 BRÜSSEL 1958 – Ausst.-Kat.: *Imago Christi.* Brüssel 1958
EINEM 1958 – H. von Einem: ›A.J. Carstens' *Die Nacht mit ihren Kindern*‹, in: *Arbeitsgemeinschaft für Forschung des Landes Nordrhein-Westfalen, Geisteswissenschaften,* H. 78, Köln–Opladen 1958
ESSEN 1958 – Ausst.-Kat.: *Düsseldorfer Kunstschätze in der Villa Hügel.* Essen 1958
HAMBURG 1958 – Ausst.-Kat.: *Italienreise um 1800. Aquarelle und Zeichnungen aus dem Kupferstichkabinett.* Hamburg 1958
KONSTANZ 1958 – Ausst. Kat.: *Kulturdokumente Österreichs aus dem Germanischen Nationalmuseum in Nürnberg.* Konstanz 1958
MÜNCHEN 1958 – Ausst.-Kat.: *Deutsche Zeichenkunst der Goethezeit: Handzeichnungen und Aquarelle aus der Sammlung Winterstein.* München 1958
RATHKE 1958 – E. Rathke: ›Julius Schnorr von Carolsfeld. Die Hochzeit zu Cana‹, in: *Jahrbuch der Hamburger Kunstsammlungen,* Bd. 3, 1958
RECKLINGHAUSEN 1958 – Ausst. Kat.: *Romantiker aus den Kunstsammlungen des Hessischen Landesmuseums in Darmstadt.* Recklinghausen 1958
1959 CORETH 1959 – A. Coreth: *Pietas Austriaca. Ursprung und Entwicklung barocker Frömmigkeit in Österreich.* München 1959
EICHNER-SCHLEGEL 1959 – F. Schlegel: ›Gemäldebeschreibungen‹, in: F. Schlegel: *Ansichten und Ideen von der christlichen Kunst,* hrsg. v. H. Eichner *(Krit. Friedrich-Schlegel-Ausgabe, Bd. 4).* München–Paderborn–Wien 1959
HEISE 1959 – C.G. Heise: *Große Zeichner des 19. Jahrhunderts.* Berlin 1959
LONDON 1959 – Ausst.-Kat.: *The Romantic Movement.* London 1959
1960 ESSEN 1960 – Ausst.-Kat.: *F. G. Waldmüller und seine Zeit.* Essen 1960
GELLER 1960 – H. Geller: *Franz Catel. Leben und Werk des deutschrömischen Malers.* Leipzig 1960
HALM 1960 – P. Halm: ›Neuerwerbungen 1957-59, Staatliche Graphische Sammlung‹, in: *Münchner Jahrbuch der Bildenden Kunst,* 3, 11, 1960, S. 229-239

1960 NOVOTNY 1960 – F. Novotny: *Painting and Sculpture in Europe.* o.O. 1960
STUTTGART 1960 – Ausst.-Kat.: *Die Hohe Carlsschule.* Stuttgart 1960
TOSCHI 1960 – P. Toschi: *Arte popolare italiana.* Rom 1960
1961 ANDREWS-KOCH 1961 – K. Andrews: ›Neue aufgefundene Zeichnungen von J.A. Koch‹, in: *Öffentliche Kunstsammlung Basel,* 1961
ANDREWS 1961 – K. Andrews: ›Beobachtungen an zwei Nazarenerzeichnungen der Hamburger Kunsthalle. Peter Cornelius und Schnorr von Carolsfeld‹, in: *Jahrbuch der Hamburger Kunstsammlungen,* 1961, Bd. 6, S. 109-116
BREMEN 1961 – Ausst.-Kat.: *Julius Schnorr von Carolsfeld. Ausgewählte Handzeichnungen.* Bremen 1961
DARMSTADT 1961 – Ausst.-Kat.: *Zeichnungen der Romantik.* Darmstadt 1961
DARMSTADT – LANDESMUSEUM 1961 – Ausst.-Kat.: *Romantiker aus den Kunstsammlungen des Hessischen Landesmuseums.* Darmstadt 1961
GELLER 1961 – H. Geller: ›Das Pio Istituto Catel in Rom und sein Stifter‹, in: *Miscellanea Bibliothecae Hertzianae,* 1961, S. 498-501
GERSTENBERG 1961 – K. Gerstenberg: *Italienische Dichtungen in Wandgemälden deutscher Romantiker in Rom.* München 1961
HUMBOLDT 1961 – W. von Humboldt: *Werke.* Stuttgart 1961
KÖLN 1961 – Ausst.-Kat.: *100 Jahre Wallraf-Richartz-Museum 1861-1961.* Köln 1961
LACHNER 1961 – E. Lachner: ›Eine unbekannte Handzeichnung von Joseph Anton Koch‹, in: *Niederdeutsche Beiträge zur Kunstgeschichte,* 1, 1961, S. 262-264
SCHMIDT 1961 – H. Schmidt: ›Wilhelm Schadow‹, in: *Das Tor. Düsseldorfer Heimatblätter,* 1961
STUTTGART 1961 – Kat. der Staatsgalerie Stuttgart: *Neue Meister.* Stuttgart 1961
1962 DÜSSELDORF 1962 – *Kunstmuseum Düsseldorf. Eine Auswahl* (I. Markowitz: Gemälde. H. Peters: Handzeichnungen und Aquarelle.) Düsseldorf 1962
DÜSSELDORF – SCHADOW 1962 – Ausst.-Kat.: *Wilhelm von Schadow 1788-1864.* Düsseldorf 1962
HASSE 1962 – M. Hasse: ›Theodor Rehbenitz und sein Auftrag für den Baron von Ampach‹, in: *Der Wagen. Ein Lübeckisches Jahrbuch,* 1962, S. 95-101
JENSEN 1962 – J.Ch. Jensen: ›Friedrich Overbecks *Familienbild* in Lübeck. Entstehungsgeschichte und Umkreis 1818-1830‹, in: *Pantheon,* 20, 1962, H. 6, S. 336ff.
NEAPEL 1962 – Ausst.-Kat.: *Il paesaggio napoletano nella pittura straniera.* Neapel 1962
PETERS 1962 – H. Peters: ›Wilhelm von Schadow‹, in: *Annalen des historischen Vereins für den Niederrhein,* H. 164, Düsseldorf 1962
TOSCHI-BAGGIO 1962 – P. Toschi: ›Noël dans la tradition populaire‹, in: *Le livre des Jours Italiens. Noël,* hrsg. v. Elena Baggio, Rom 1962
WILLE 1962, – H. Wille: *Ruhrfestspiele Recklinghausen. Idee und Vollendung.* o.O. 1962
1963 BERTINI 1963 – A. Bertini: ›Joseph Anton Koch‹, in: *L'Urbe,* 26, 1963, 1, S. 27-33
GREIFENHAGEN 1963 – A. Greifenhagen: ›Nachklänge griechischer Vasenfunde im Klassizismus (1790-1840). Franz Ludwig Catel: Schinkel in Neapel‹, in: *Jahrbuch der Berliner Museen,* 5, 1963, S. 84-105
JENSEN-OVERBECK 1963 – J.Ch. Jensen: ›Friedrich Overbeck. Die Werke im Behnhaus‹, in: *Lübecker Museumshefte,* H. 4, 1963
JENSEN-PFORR 1963 – J.Ch. Jensen: ›Gedenkblatt für den Maler Franz Pforr, den Freund Friedrich Overbecks‹, in: *Der Wagen. Ein Lübeckisches Jahrbuch,* 1963, S. 83
JENSEN-ZEICHNUNGEN 1963 – J.Ch. Jensen: ›Die Zeichnungen Overbecks in der Lübecker Graphiksammlung‹, in: *Lübecker Museumshefte,* 8, 1963
LINDTKE 1963 – G. Lindtke: ›Von nazarenischer Landschaftskunst – Ferdinand Oliviers Salzburger Landschaften‹, in: *Der Wagen. Ein Lübeckisches Jahrbuch,* 1963
PELLES 1963 – J. Pelles: *Art, artists and society, origin of a modern dilemma. Painting in eighteenth century France 1750-1850.* Englewood Cliff 1963
ZIEMKE 1963 – Hans Joachim Ziemke: *Johann Anton Ramboux und die frühe italienische Kunst.* (Dissertation) Frankfurt am Main 1963
1964 ANDREE 1964 – R. Andree: *Katalog der Gemälde des 19. Jahrhunderts im Wallraf-Richartz-Museum.* Köln 1964
ANDREWS-ALBERTINA STUDIEN 1964 – K. Andrews: ›Zeichnungen zur *Heiligen Cäcilie* von Scheffer von Leonardshoff‹, in: *Albertina Studien,* 2, 1964, S. 32-37
ANDREWS 1964 – K. Andrews: *The Nazarenes. A Brotherhood of German Painters in Rome.* Oxford 1964
BERLIN 1964 – Ausst.-Kat.: *Zeichnungen deutscher Romantiker.* Berlin 1964
HEIDELBERG 1964 – Ausst.-Kat.: *Kunst in Dresden 18.-20. Jahrhundert.* Heidelberg 1964
HÜTT 1964 – W. Hütt: *Die Düsseldorfer Malerschule 1819-1869.* Leipzig 1964
KARLSRUHE 1964 – Ausst.-Kat.: *Deutsche Meister 1800-1850 aus der Staatlichen Kunsthalle.* Karlsruhe 1964
KOCH 1964 – G.F. Koch: ›Italien und die Anfänge der neuzeitlichen Kunstausstellung‹, in: *Akten des 21. Intern. Kongr. f. Kunstgesch. in Bonn,* 1964, S. 30-46
JORNS 1964 – M. Jorns: *August Kestner und seine Zeit. Aus Briefen und Tagebüchern zusammengestellt.* Hannover 1964
LINDTKE 1964 – G. Lindtke: ›Romantiker im Thorvaldsens Museum in Kopenhagen‹, in: *Der Wagen. Ein Lübeckisches Jahrbuch,* 1964
WILLE 1964 – H. Wille: ›Die Sammlung des Malers Carl Eggers‹, in: *Zeitschrift des Deutschen Vereins für Kunstwissenschaft,* 18, 1964
1965 BERLIN 1965 – Ausst.-Kat.: *Deutsche Romantik.* Berlin 1965
HAUFE 1965 – E. Haufe: *Deutsche Briefe aus Italien.* Leipzig und Hamburg 1965
LANKHEIT 1965 – K. Lankheit: *Revolution und Restauration.* Baden-Baden 1965
MANTESE 1965 – G. Mantese: ›Il valdagnese Emilio Valle (1812 bis 1905) e la *Iconografia Dantesca* del pittore Giuseppe Antonio Koch in alcuni carteggi inediti‹, in: *Archivio veneto,* 96, 1965, 112, S. 44-61
SALZBURG 1965 – Ausst.-Kat.: *Romantik in Österreich.* Salzburg 1965
VERBECK 1965 – A. Verbeck: ›Ein Ostermorgen von J.A. Ramboux‹, in: *Festschrift für Herbert von Einem zum 16.2.1965,* Berlin 1965, S. 237
ZÜRICH 1965 – Galerie l'Art Ancien, Aukt.-Kat. 1965. Zürich 1965
DÜSSELDORF 1965/66 – Ausst.-Kat.: *Handzeichnungen und Aquarelle des 19. Jahrhunderts.* Düsseldorf 1965/66

HARTMANN 1965/66 – J.B. Hartmann: ›Feste degli artisti nordici a Roma all'epoca del Thorvaldsen‹, in: *Atti dell'Accademia di San Luca,* VII, 1965/66, fasc. 1, S. 3-83

1966 GROHN 1966 – H.W. Grohn: *Kindlers Malerei-Lexikon.* Zürich 1966

JENSEN 1966 – J.Ch. Jensen: ›Über Overbecks Zeichnung *Ruth und Boas*‹, in: *Lübeckische Blätter,* 125, Nr. 20, 1966. Bildbeilage Nr. 17

KARLSRUHE 1966 – Ausst.-Kat.: *Die deutsche Zeichnung des 19. Jahrhunderts.* Karlsruhe 1966

NÜRNBERG 1966 – Ausst.-Kat.: *Klassizismus und Romantik in Deutschland. Gemälde und Zeichnungen aus der Sammlung Georg Schäfer, Schweinfurt.* Nürnberg 1966

SCHADENDORF 1966 – W. Schadendorf: ›Zur Sammlungsgeschichte des Germanischen Nationalmuseums und der Städtischen Galerie Nürnberg‹, in: *Anzeiger des Germanischen Nationalmuseums,* Nürnberg 1966, S. 160-171

ZEITLER 1966 – R. Zeitler: *Die Kunst des 19. Jahrhunderts.* Propyläen Kunstgeschichte Bd. 11, Berlin 1966

KÖLN 1966/67 – Ausst.-Kat.: *Johann Anton Ramboux. Maler und Konservator 1790-1866.* Köln 1966/67

1967 ANDREWS 1967 – K. Andrews: *I Nazareni.* Mailand 1967

BORRIES 1967 – J. von Borries: ›Joseph Anton Koch. *Heroische Landschaft mit Regenbogen*‹, in: *Bildhefte der Staatlichen Kunsthalle,* Nr. 3, Karlsruhe 1967

BRION 1967 – M. Brion: *Peinture romantique.* Paris 1967

BUSCHBAUM 1967 – M. Buschbaum: *Deutsche Malerei im 19. Jahrhundert. Realismus und Naturalismus.* München 1967

DARMSTADT 1967 – Ausst.-Kat.: *Malerei der Residenz Darmstadt.* Darmstadt 1967

GROTE 1967 – L. Grote: *Europäische Malerei in deutschen Galerien. Meister des 19. Jahrhunderts.* München 1967

HERZOG 1967 – E. Herzog: *Kurhessische Maler 1800-1850.* Kassel 1967

JENSEN 1967 – J.Ch. Jensen: ›Das Werk des Malers Josef Wintergerst‹, in: *Zeitschrift des deutschen Vereins für Kunstwissenschaft,* XXI, 1967, S. 21-58

KOCH 1967 – Georg Friedrich Koch: *Die Kunstausstellung. Ihre Geschichte von den Anfängen bis zum Ausgang des 18. Jahrhunderts.* Berlin 1967

LINDTKE 1967 – G. Lindtke: ›Lübeck. Das Behnhaus‹, in: *Lübekker Museumshefte,* H. 3, 1967

NÜRNBERG 1967 – Ausst.-Kat.: *Der frühe Realismus 1800-1850.* Nürnberg 1967

OKUN 1967 – H. Okun: ›Ossian in Painting‹, in: *Journal of the Warburg and Courtauld Institutes,* XXX, 1967, S. 341

ROBELS 1967 – H. Robels: *Ausgewählte Handzeichnungen und Aquarelle im Wallraf-Richartz-Museum.* Köln 1967

SOEHNER 1967 – H. Soehner: *Meisterwerke der deutschen Malerei des 19. Jahrhunderts. Ausgestellte Werke II. Neue Pinakothek und Staatsgalerie.* München 1967

TECCHI 1967^2 – B. Tecchi (Hrsg.): *W.H. Wackenroder: Scritti di poesia e di estetica.* Florenz 1934, 1967^2

1968 ANDREWS 1968 – K. Andrews: ›Nineteenth-Century German Drawings from Düsseldorf in England‹, in: *Master Drawings,* VI, 1968

BAUER 1968 – H. Bauer: *Katalog Nationalgalerie Berlin.* Berlin 1968

BUDDE 1968 – R. Budde: ›Ein Gemälde von Peter Cornelius‹, in: *Museen in Köln,* 7, H. 11, 1968

DRESDNER 1968 – A. Dresdner: *Die Entstehung der Kunstkritik im Zusammenhang der Geschichte des europäischen Kunstlebens.* München 1968 (1. Aufl. 1915)

DÜSSELDORF 1968 – R. Andree: *Die Gemälde des 19. Jahrhunderts mit Ausnahme der Düsseldorfer Schule.* Kataloge des Kunstmuseums Düsseldorf, Bd. I, Düsseldorf 1968

FABBRICOTTI 1968 – E. Fabbricotti: ›Joseph Anton Koch e la Badia di Grottaferrata‹, in: *Bollettino della Badia greca di Grottaferrata,* N.S. 22, 1968, S. 101-102

FRANKFURT 1968 – Ausst.-Kat.: *Karl Philipp Fohr 1795-1818.* Frankfurt a.M. 1968

HEISE 1968 – C.G. Heise: ›Besprechung von J.Ch. Jensen: Carl Philipp Fohr in Heidelberg und im Neckartal‹, in: *Kunstchronik,* 21, 1968, S. 293-294

INNSBRUCK–WIEN 1968 – Ausst.-Kat.: *Joseph Anton Koch 1768 bis 1839.* Innsbruck–Wien 1968

JENSEN 1968 – J.Ch. Jensen: *Carl Philipp Fohr in Heidelberg und im Neckartal. Landschaften und Bildnisse.* Karlsruhe 1968

JENSEN – WELTKUNST 1968 – J.Ch. Jensen: ›Ausstellung Carl Philipp Fohr in Heidelberg‹, in: *Weltkunst,* 38, 1968, S. 939

LAXENBURG 1968 – Ausst.-Kat.: *Romantik und Realismus in Österreich. Gemälde und Zeichnungen aus der Sammlung Georg Schäfer, Schweinfurt.* Schloß Laxenburg 1968

LIPPOLD 1968 – G. Lippold: ›Joseph Anton Koch zum 200. Geburtstag‹, in: *Dresdener Kunstblätter,* 12, 1968, S. 71-79

LONDON–NEW YORK 1968 – Ausst.-Kat.: *Nineteenth-Century German Drawings and Water-Colours.* London–New York 1968

LUTTEROTTI 1968 – O.R. von Lutterotti: ›Joseph Anton Koch und sein Wiener Kreis‹, in: *Artis,* 11, 1968, S. 20-27

KIEL 1968 – Ausst.-Kat.: *Das goldene Zeitalter der dänischen Malerei.* Kiel 1968

NEIDHARDT 1968 – J. Neidhardt: ›Joseph Anton Koch (1768 bis 1839)‹, in: *Dresdener Kunstblätter,* 12, 1968, S. 81-89

NIPPERDEY 1968 – T. Nipperdey: ›Nationalidee und Nationaldenkmal in Deutschland‹, in: *Historische Zeitschrift,* Bd. 206, 1968, S. 85ff.

PICKERT 1968 I – L.Ch. Pickert: ›E. von Steinle als Mitarbeiter Overbecks in der Portiuncula‹, in: *Miszellen aus Assisi. Mitteilungen des Kunsthistorischen Institutes in Florenz,* 13, 1968, S. 391, 394

PICKERT 1968 II – L.Ch. Pickert: ›E. von Steinle und Wilhelm Ahlborn in San Damiano bei Assisi‹, in: *Miszellen aus Assisi. Mitt. des Kunsthist. Institutes in Florenz,* 13, 1968, S. 395, 396

STUTTGART 1968 – Kat. der Staatsgalerie Stuttgart: *Neue Meister.* Stuttgart 1968

1969 DÜSSELDORF 1969 – I. Markowitz: *Die Düsseldorfer Malerschule.* Kataloge des Kunstmuseums Düsseldorf, Bd. II. Düsseldorf 1969

FABBRICOTTI 1969 – E. Fabbricotti: ›Joseph Anton Koch (1768 bis 1839)‹, in: *L'Urbe,* N.S. 32, 1969, 2, S. 14-15

EBHARDT 1969 – M. Ebhardt: *Die Deutung der Werke Raphaels in der deutschen Kunstliteratur.* o.O. 1969

FRICKS 1969 – H. Fricks: *Meisterwerke der Kunst in der Kunsthalle Mannheim.* München 1969

HARTMANN 1969 – W. Hartmann: *Die Wiederentdeckung Dantes in der deutschen Kunst, J.H. Füssli – A.J. Carstens – J.A. Koch.* (Diss.) Bonn 1969

KARL & FABER 1969 – *Aukt.-Kat. Karl & Faber.* München 1969

KRAFFT – SCHÜMANN 1969 – E.M. Krafft und C.W. Schümann: *Katalog der Meister des 19. Jahrhunderts in der Hamburger Kunsthalle.* Hamburg 1969

1969 LINDTKE 1969 – G. Lindtke: ›Overbecks Karton zum Rosenwunder des hl. Franz in Assisi‹, in: *Pantheon*, 27, 1969, S. 237
LÜBECK 1969 – Ausst.-Kat.: *Deutsche Zeichnungen 1800-1850 aus der Sammlung Winterstein*. Lübeck 1969
SALZBURG 1969 – Ausst.-Kat.: *Romantik in Österreich*. Salzburg 1969
TERNOIS 1969 – D. Ternois: ›Ossian et les paintres‹, in: *Actes du colloque Ingres 1967*. Montauban 1969
WIEN 1969 – Ausst.-Kat.: *Wien 1800-1850. Empire und Biedermeier*. Historisches Museum der Stadt Wien, 26. Sonderausstellung 1969
ZIEMKE 1969 – H.-J. Ziemke: ›Ramboux und die sienesische Kunst‹, in: *Städel-Jahrbuch*, N.F. 2, 1969, S. 255-300
1970 BELLONI 1970 – C. Belloni: *I pittori di Olevano*. Rom 1970
FEUCHTMÜLLER 1970 – R. Feuchtmüller: *Leopold Kupelwieser und die Kunst der Österreichischen Spätromantik*. Wien 1970
GRABERG 1970 – M.L. von Graberg: *Die Nibelungen-Illustrationen von J. H. Füssli und Peter von Cornelius*. (Diss.) Berlin 1970
JENT 1970 – V. Jent: *Emilie Linder 1797-1867. Studie zur Biographie der Basler Kunstsammlerin und Freundin Clemens Brentanos*. (Diss.) Berlin 1970
LENZI 1970 – L. Lenzi: ›Una pesca miracolosa nel Tevere centocinquanta anni fa‹, in: *L'Urbe*, N.S. 33, 1970, 6, S. 1-9
WIEN 1970 – Ausst.-Kat.: *Alltag und Fest im Mittelalter. Gotische Kunstwerke als Bilddokumente*. Wien 1970
1971 BECKER 1971 – W. Becker: *Paris und die deutsche Malerei 1750 bis 1840*. München 1971
BIORDI 1971 – R. Biordi: ›Dagli storici del Caffè Greco ignorato Karl Philipp Fohr‹, in: *L'Urbe*, N.S. 34, 1971, 2, S. 25-30
BÖRSCH-SUPAN 1971 – D.H. Börsch-Supan: *Die Kataloge der Berliner Akademie-Kunstausstellungen 1786-1850*. 3 Bde. Berlin 1971
DÜSSELDORF 1971 – D. Graf: ›Handzeichnungen und Aquarelle 1800-1850‹, in: *Bildhefte des Kunstmuseum Düsseldorf*, 8, Düsseldorf 1971
HINZ 1971 – B. Hinz: *Dürers Gloria. Kunst, Kult, Konsum*. Berlin 1971
KARLSRUHE 1971 – J. Lauts und W. Zimmermann: *Staatliche Kunsthalle Karlsruhe. Katalog neuerer Meister*. Karlsruhe 1971
KÖLN 1971 – Ausst.-Kat.: *Deutsche Malerei des 19. Jahrhunderts*. Köln 1971
LÜBECK 1971 – Ausst.-Kat.: *Unsere schönsten hundert Romantikerzeichnungen*. Lübeck 1971
MENDE 1971 – M. Mende: ›*Apotheose Dürers*. Zu einer Zeichnung von Joseph Wintergerst (1783-1867) in den Museen der Stadt Nürnberg‹, in: *Mitteilungen des Vereins für Geschichte der Stadt Nürnberg*, 58, 1971, S. 287-303
NOVOTNY 1971 – F. Novotny: *Ferdinand Oliviers Landschaftszeichnungen von Wien und Umgebung*. Graz 1971
NÜRNBERG 1971 – Ausst.-Kat.: *Nürnberger Dürerfeiern 1828-1928*. Nürnberg 1971
PRINZ 1971 – W. Prinz: *Die Sammlung der Selbstbildnisse in den Uffizien*. Berlin 1971
ZIEMKE 1971 – H.J. Ziemke: ›Ramboux und Assisi‹, in: *Städel-Jahrbuch*, N.F. 3, 1971, S. 167-212
1972 BÖRSCH-SUPAN 1972 – D.H. Börsch-Supan: *Deutsche Romantiker*. München 1972
CHRISTENSEN 1972 – Ch. Christensen: ›Ossian-Illustrationer i Danmark‹, in: *Fund og Forskning i Det Kgl. Biblioteks samlinger*, XIX, Kopenhagen 1972, S. 7-32
FRANKFURT 1972 – *Kataloge der Gemälde im Städelschen Kunstinstitut Frankfurt am Main*. Frankfurt a.M. 1972
FRANZKE 1972 – A. Franzke: ›August Lucas 1803-1863‹, in: *Kunst in Hessen und am Mittelrhein*, H. 12, 1972
GROTE 1972 – L. Grote: *Joseph Sutter und der nazarenische Gedanke*. München 1972
JØRGENSEN 1972 – L.B. Jørgensen: ›Thorvaldsen and the Nazarenes‹, in: *Apollo*, XCVI, Sept. 1972, Nr. 127, S. 226
LONDON 1972 – Ausst.-Kat.: *The Age of Neoclassicism*. London 1972
KAT. LONDON 1972 – *The Victoria and Albert Museum (Paintings)*. London 1972
ROM/WIEN 1972 – Ausst.-Kat.: *Artisti austriaci a Roma dal Barocco alla Secessione*. Rom/Wien 1972
WENGENMAYR 1972 – A. Wengenmayr: ›Julius Schnorr von Carolsfeld. Die *Hochzeit von Kanaan* der Hamburger Kunsthalle. Zum Italienerlebnis der Nazarener‹, in: *Niederdeutsche Beiträge zur Kunstgeschichte*, Bd. 11, 1972, S. 249-270
ZIEMKE 1972 – H.-J. Ziemke: *Die Gemälde des 19. Jahrhunderts im Städelschen Kunstinstitut*. Frankfurt a.M. 1972
KÖLN 1972/73 – Ausst.-Kat.: *Sehnsucht nach Italien. Deutsche Zeichner im Süden 1770-1830*. Köln 1972/73
1973 ASSUNTO 1973 – R. Assunto: *F. Schlegel, Pagine su Raffaello*. Urbino 1973
BREMEN 1973 – G. Gerkens und U. Heidrich: *Katalog der Gemälde des 19. und 20. Jahrhunderts in der Kunsthalle Bremen*. 2 Bde., Bremen 1973
DORRA 1973 – H. Dorra: ›Influence des Gravures Neerlandaises et Flamandes sur l'Art des Nazaréens‹, in: *Nouvelles de l'Estampe*, 1973, Nr. 11, S. 3-6
GERKENS 1973 – G. Gerkens: ›Julius Schnorr von Carolsfeld: *Der Sechskampf auf der Insel Lipadusa*‹, in: *Niederdeutsche Beiträge zur Kunstgeschichte*, Bd. 12, 1973, S. 47-58
HAMBURG 1973 – Ausst.-Kat.: *Die Gemäldesammlung des Hamburgischen Senators Martin Johann Jenisch d.J. (1793-1857)*. Hamburg 1973
HUTTER – LHOTZKY 1973 – H. Hutter und W. Lhotzky: *Julius Schnorr von Carolsfeld. Römisches Porträtbuch*. Wien 1973
MENDE – HEBECKER 1973 – M. Mende und I. Hebecker: *Das Dürer-Stammbuch von 1828*. Nürnberg 1973
PIANTONI 1973 – G. Piantoni: ›Le obiezioni della critica tedesca: il saggio su Antonio Canova di C.L. Fernow‹, in: *Studi Canoviani*, 1/2, Rom 1973, S. 11-37
PEVSNER 1973² – N. Pevsner: *Academies of Art Past and Present*. New York 1973²
RAMBOUX 1973 – ›Johann Anton Ramboux 1790-1866‹, in: *Düsseldorfer Museen Bulletin*, 5, 1973, 2, S. 149
RECHBERG-HEYDEGGER 1973 – B. Rechberg-Heydegger: *Ludwig Sigismund Ruhl (1794-1887). Leben und Werk*. (Diss.) Gießen 1973
WIEN 1973 – Ausst.-Kat.: *Julius Schnorr von Carolsfeld. Römisches Porträtbuch*. Wien 1973
WYSS 1973 – R.L. Wyss: ›Die Handarbeiten der Maria‹, in: *Artes minores*. Bern 1973
1974 BAUMGART 1974 – F. Baumgart: *Vom Klassizismus zur Romantik 1750-1832*. Köln 1974
BERLIN 1974 – Ausst.-Kat.: *Julius Schnorr von Carolsfeld 1794 bis 1872. Aus dem zeichnerischen Werk. Blätter aus Berlin, Dresden, Leipzig und Weimar*. Berlin 1974
BERNHARD 1974 – M. Bernhard: *Deutsche Romantik. Handzeichnungen*. 2 Bde. München 1974

FINKE 1974 – U. Finke: *German Painting from Romanticism to Expressionism.* London 1974

HAMBURG 1974 – Ausst.-Kat.: *Ossian und die Kunst um 1800.* Hamburg 1974

JENSEN 1974 – J. Ch. Jensen: ›Overbeck in Wien 1806–1807. Kalendarium seiner Freundschaft mit Pforr und die Wandlungen seiner Kunstanschauungen‹, in: *Anzeiger des Germanischen Nationalmuseums.* Nürnberg 1974

KLÉE-GOBERT 1974 – R. Klée-Gobert: ›Janssen‹, in: *Neue Deutsche Biographie,* Bd. X, 1974

KOPENHAGEN 1974 – Ausst.-Kat.: *Romantisk tegnekunst fra Tyskland.* Kopenhagen 1974

MIRIMONDE 1974 – A. de Mirimonde: *Sainte-Cécile, métamorphoses d'un thème musical.* Genf 1974

NOACK 1974 – F. Noack: *Deutschtum in Rom.* Aachen 1974

ROBELS 1974 – H. Robels: *Sehnsucht nach Italien.* München 1974

STEIN 1974 – W. Stein: ›Carl Philipp Fohr. Umrisse eines Malerlebens der Romantik‹, in: *Künstler und Werke,* 1974, S. 17–23

PARIS 1974/75 – Ausst.-Kat.: *De David à Delacroix.* Paris 1974/75

1975 BÖRSCH-SUPAN 1975 – E. Börsch-Supan: ›Das Mädchen aus der Fremde‹, in: *Jahrbuch der Staatlichen Kunstsammlungen in Baden-Württemberg,* 1975, 12, S. 225–260

BREMEN 1975 – Ausst.-Kat.: *Bilder entstehen.* Bremen 1975

DRESDEN 1975 – *Gemäldegalerie Neue Meister. Staatliche Kunstsammlungen Dresden.* Dresden 1975

KOPENHAGEN 1975 – *Thorvaldsens Museum.* Kopenhagen 1975

MÜHLHEIM 1975 – Ausst.-Kat.: *Deutsche Zeichnungen des XIX. Jahrhunderts. Leihgaben aus der Sammlung des Wallraf-Richartz-Museums Köln.* Mühlheim a.d. Ruhr 1975

NOWALD 1975 – I. Nowald: *Die Nibelungenfresken von Julius Schnorr von Carolsfeld im Königsbau der Münchner Residenz 1827 bis 1867.* (Diss.) Heidelberg 1975

PRAUSE 1975 – M. Prause: *Die Kataloge der Dresdener Akademie-Ausstellungen 1801-1850.* 2 Bde., Berlin 1975

WEIMAR 1975 – Ausst.-Kat.: *Italia und Germania. Deutsche Klassizisten und Romantiker in Italien.* Weimar 1975

1976 BACHLEITNER 1976 – R. Bachleitner: *Die Nazarener.* München 1976

BERLIN 1976 – Kat.: *Verzeichnis der Gemälde und Skulpturen des 19. Jahrhunderts.* Berlin 1976

DUBLIN 1976 – Ausst.-Kat.: *Nineteenth-Century German Drawings and Water-Colours from the Collections of the Kunstmuseum Düsseldorf.* Dublin 1976

HAMBURG 1976 – Ausst.-Kat.: *William Turner und die Landschaft seiner Zeit.* Hamburg 1976

LÜBECK 1976 – ›Museum Behnhaus. Das Haus und seine Räume. Malerei, Skulptur, Kunsthandwerk‹, in: *Lübecker Museumshefte,* H. 3, 1976

MÜNCHEN 1976 – Ausst.-Kat.: *Die Kunst der Deutsch-Römer.* München 1976

NEIDHARDT 1976 – H.J. Neidhardt: *Die Malerei der Romantik in Dresden.* Leipzig 1976

ROSENBLUM 1976 – R. Rosenblum: *The International Style of 1800.* New York–London 1976

STUTTGART 1976* – Ausst.-Kat.: *Gottlieb Schick. Ein Maler des Klassizismus. Gottlieb Schick zum zweihundertsten Geburtstag.* Stuttgart 1976

STUTTGART 1976 – Ausst.-Kat.: Die Zeichnungen und Aquarelle des 19. Jahrhunderts. Stuttgart 1976

ZAGARI 1976 – L. Zagari: ›Il santo nudo e la ruota del tempo. L'impasse dell'Intellettuale nella fiaba di Wackenroder‹, in: *Studi Tedeschi,* XIX, 1, 1976, S. 26–73

KLAGENFURT 1976/77 – Ausst.-Kat.: *Deutsche Zeichnungen des 19. Jahrhunderts.* Klagenfurt 1976/77

PARIS 1976/77 – Ausst.-Kat.: *La peinture allemande à l'epoque du romantisme.* Paris 1976/77

1977 BERLIN 1977 – *Nationalgalerie Berlin, Staatl. Mus. Preuß. Kulturbesitz: Verzeichnis der Gemälde und Skulpturen des 19. Jahrhunderts.* Berlin 1977

BRIGANTI 1977 – G. Briganti: *I pittori dell'immaginario.* Mailand 1977

DARMSTADT 1977 – Ausst.-Kat.: *Es ist nur ein Rom in der Welt. Zeichnungen und Bildnisse deutscher Künstler in Rom um 1800.* Darmstadt 1977

FRANKFURT 1977 – Ausst.-Kat.: *Die Nazarener.* Frankfurt a.M. 1977

HENNESSEY 1977 – J. Hennessey: ›Friedrich Overbeck's Drawing of Elijah Casting his Mantle over Elisha‹, in: *The Register of the Museum of Art.* Lawrence, The University of Kansas, 5, 1977, S. 36–49

KASSEL 1977 – Ausst.-Kat.: *Es ist nur ein Rom in der Welt. Zeichnungen und Bildnisse deutscher Künstler in Rom um 1800.* Kassel 1977

KÖLN 1977 – Ausst.-Kat.: *Bertel Thorvaldsen.* Köln 1977

MITTLMEIER 1977 – W. Mittlmeier: *Die Neue Pinakothek in München 1843-1854.* München 1977

OXFORD 1977 – Ausst.-Kat.: *A Selection of Drawings by the Nazarenes and their Associates.* Oxford 1977

VENEDIG 1977 – Ausst.-Kat.: *Classici e romantici in Italia.* Venedig 1977

WIEN 1977 – Ausst.-Kat.: *J. Scheffer von Leonhardshoff.* Wien 1977

WIEN–ADELAIDE 1977 – Ausst.-Kat.: *Masterdrawings from the Albertina.* Wien–Adelaide–Melbourne–Sidney 1977

MAINZ 1977/78 – Ausst.-Kat.: *Philipp Veit, Porträts.* Mainz 1977/1978

1978 BUSCH 1978 – W. Busch: ›Der sentimentale Klassizismus bei Carstens, Koch und Genelli‹, in: *Kunst als Bedeutungsträger. Gedenkschrift für Günter Bandmann.* Berlin 1978, S. 317–343

EINEM 1978 – H. von Einem: *Deutsche Malerei des Klassizismus und der Romantik 1760-1840.* München 1978

GREGOROVIUS 1978³ – F. Gregorovius: ›Die Villa Malta in Rom und ihre Erinnerungen (1888)‹, in: *Wanderjahre in Italien.* München 1978³, S. 249–271

HIESINGER 1978 – U. Hiesinger: ›Canova and the Frescoes of the Galleria Chiaramonti‹, in: *The Burlington Magazine,* Bd. 120, 1978, S. 655 ff.

JENSEN 1978 – J.Ch. Jensen: *Aquarelle und Zeichnungen der deutschen Romantik,* Köln 1978

KARLSRUHE 1978 – R. Theilmann und E. Ammann: *Die deutschen Zeichnungen des 19. Jahrhunderts.* Kataloge der Kunsthalle Karlsruhe, Kupferstichkabinett. Karlsruhe 1978

LUDWIG 1978 – H. Ludwig: *Münchner Malerei im 19. Jahrhundert.* München 1978

NOWALD 1978 – I. Nowald: *Die Nibelungenfresken von Julius Schnorr von Carolsfeld im Königsbau der Münchner Residenz 1827 bis 1867.* Kiel 1978

SCHUSTER 1978 – P.K. Schuster: *Th. Fontane: Effi Briest – Ein Leben nach christlichen Bildern.* Tübingen 1978

1979 BÜTTNER 1979 – F. Büttner: ›Die klugen und törichten Jungfrauen im 19. Jahrhundert. Zur religiösen Bildkunst der Nazarener‹, in: *Städel-Jahrbuch,* 1979, N.F. Bd. 7, S. 216 ff.

1979 BÜTTNER-REVUE 1979 – F. Büttner: ›Les ébauches et les études des fresques des Nazaréens à la Casa Bartholdy‹, in: *Revue de l'Art,* Nr. 45, 1979, S. 21 ff.
CONCINA 1979 – A. Concina Sebastiani: ›Franz Luis Catel‹, in: *Dizionario Biografico degli Italiani*. Rom 1979
EBERTSHÄUSER 1979 – H. Ebertshäuser: *Malerei im 19. Jahrhundert. Münchner Schule*. München 1979
DÜSSELDORF 1979 – Ausst.-Kat.: *Die Düsseldorfer Malerschule*. Düsseldorf 1979
GRAZ 1979 – Ausst.-Kat.: *Die Nazarener in Österreich. 1809-1839*. Graz 1979
KARL & FABER 1979 – Aukt.-Kat. Karl & Faber, Nr. 150, München, 28.11.1979
KELLER 1979 – H. Keller: *Deutsche Maler des 19. Jahrhunderts*. München 1979
KLESSMANN 1979 – E. Kleßmann: *Die deutsche Romantik*. Köln 1979
KRAPF 1979 – M. Krapf: ›Johann Evangelist Scheffer von Leonhardshoff. Ein Beitrag zur Rolle der Nazarener innerhalb der Kunst der Romantik‹, in: *Wissenschaftl. Zeitschrift der Greifswalder E. M. Arndt-Universität,* XXVIII, 1979
KRENZLIN 1979 – U. Krenzlin: ›Zu einigen Problemen nazarenischer Kunst. Goethe und die Nazarenische Kunst‹, in: *Städel-Jahrbuch,* N.F. Bd. 7, 1979, S. 231 ff.
MAINZ 1979 – W. Weber und W. Suhr: *Schätze aus dem Graphischen Kabinett*. Mainz, Mittelrheinisches Landesmuseum 1979
MÜNCHEN 1979 – Ausst.-Kat.: *Münchner Landschaftsmalerei 1800 bis 1850*. München 1979
TSCHMELITSCH 1979 – G. Tschmelitsch: ›Die große Leistung des strengen Klassizismus. Carstens und Wächter als die wahren Philhellenen‹, in: *Blätter für Kunst und Sprache,* 37, 1979, S. 11-16
UDE 1979 – K. Ude: *Künstlerromantik in der Malerei des 19. Jahrhunderts*. München 1979
UFFIZIEN 1979 – Kat.: *Gli Uffici*. Florenz 1979
MÜNCHEN 1979/80 – Ausst.-Kat.: *Von Dillis bis Piloty. Deutsche und österreichische Zeichnungen, Aquarelle, Ölskizzen 1790-1850 aus eigenem Besitz*. München, Staatliche Graphische Sammlung 1979/80
PARIS 1979/80 – Ausst.-Kat.: *Le ›Gothique‹ retrouvé avant Viollet-le-Duc*. Paris 1979/80
1980 BONICATTI – MUSI 1980 – M. Bonicatti und T. Musi: ›Wackenroder: nuove ipotesi interpretative‹, in: *Studi Germanici,* Nr. 2-3, 1980
BÜTTNER 1980 – F. Büttner: *Peter Cornelius. Fresken und Freskenprojekte*. Bd. 1, Wiesbaden 1980
EBERLE 1980 – M. Eberle: *Individuum und Landschaft*. Gießen 1980
BERLIN 1980 – Ausst.-Kat.: *Bilder vom Menschen in der Kunst des Abendlandes*. Jubiläumsausstellung der Preußischen Museen. Berlin 1980
GRAMLICH 1980 – S. Gramlich: *Hl. Caecilia von Scheffer*. (Diss.) Berlin 1980
MÜNCHEN 1980 – Ausst.-Kat.: *Jubiläumsausstellung zur Entstehung und Baugeschichte*. München, Glyptothek 1980
STUTTGART 1980 – Ausst.-Kat.: *Dante Vergil Geryon. Der 17. Höllengesang der Göttlichen Komödie in der bildenden Kunst*. Stuttgart 1980
VAUGHAN 1980 – W. Vaughan: *German Romantic Painting*. New Haven/London 1980
MANDOLINI O.J. – G. Borgia Mandolini: *Brevi notizie intorno alla vita e alle opere di Friedrich Overbeck*. o. O., o. J.
SIMON O.J. – K. Simon: *Die Frühzeit des Peter Cornelius. Sammlung kleiner Düsseldorfer Kunstschriften*. Düsseldorf o. J.

Allgemeine Nachschlagewerke
Thieme – Becker – U. Thieme und F. Becker: *Allgemeines Lexikon der bildenden Künstler*. 37 Bde., Leipzig 1907-1950
Allgemeine Deutsche Biographie. 56 Bde., München 1875-1912